제주 방언의 통사 기술과 설명

—— 기본구문의 기능범주 분석 ——

이 책은 출판비의 일부를 제주발전연구원 제주학연구센터로부터 지원받음

제주발전연구원 제주학총서⑫

제주 방언의 통사 기술과 설명

기 본 구 문 의 기 능 범 주 분 석

김지홍 지음

경진출판

보잘것없는 이 책을,
아름다운 모어로 길러 주시고
슬기도 한데 심어 주시며
보람으로 아름차게 살라시던
부모님을 눈앞에 그리며, 바칩네다.

샛말퉁이(次子 薯童)

제주 방언을 다시 만지작거리면서

올해가 저자로서는 심악(心岳) 선생의 지도로 모어인 제주 방언(이하, 이 방언으로 부름)을 석사논문으로 다룬 지 서른두 해째가 된다. 심악 선생은 1957년 이 방언의 형태론적 연구를 발표하여 든든한 주춧돌을 놓은 바 있다. 서른 해 넘는 동안에 저자는 간간이 이 방언에 대한 논문을 쓴 적이 있었으나, 저자의 본업에 떠밀리어 막연히 의지만 있었지, 본격적인 차비는 전혀 갖추지 못하고 있었다.

우연히 작년에 제주발전연구원의 문순덕 선생으로부터 이 방언의 표기 지침을 마련하고 해설집을 쓰는 일에 참여하겠느냐는 제안을 받았다. 반가움에 선뜻 응락한 것이 저자에게는 이 방언의 연구를 다시 시작하는 계기가 되었다. 고마움을 적어둔다. 이 방언 통사 연구에 대한 조사를 진행하면서 대략 그간의 업적들을 훑어보았는데, 그 색채(스펙트럼)가 너무 다양하게 흩어져 있음을 깨달았다. 목록을 작성하는 정도라든가, 과거의 낡은 생각을 그대로 이 방언에 적용한다든가, 또는 최신 이론의 설명 방편으로 몇 줄의 방언 자료를 끼워 넣고 방언 연구로 내세우는 일에서부터, 탄탄하게 공통어와 국어사의 연구들을 토대로 하여, 이 방언과의 공통 원리와 차별적 매개인자를 찾아내는 글뿐만 아니라, 또한 이 방언의 자료들을 꿰뚫어 보고 해당 자료들을 해석하는 독창적 이론을 제시하는 일들에 이르기까지 참으로 들쭉날쭉 다양하였다. 개인적으로 저자는 오직 후자 쪽에 있는 연구들이라야만, 이 방언의 실체를 드러낼 뿐만 아니라, 우리말 연구에 혜안을 제시해 줄 수 있을 것으로 굳게 믿는다.

이런 측면에서 보면 이 방언 연구에서 가장 시급한 일은 '연구 인력' 양성이라고 판단된다. 이 방언을 다룬다고 깃발만 내건 왜곡된 글들은, 더 이상 이 방언만 아니라 우리말 연구에도 도움 되지 않기 때문이다. 현재처럼 편차가 심한 연구자들의 능력이 가지런히 특정 수준 이상으로 향상될 때, 이 방언의 연구가 우리말 연구는 물론 인간의 보편 언어에 대한 통찰력에도 기여를 할 것으로 본다. 스스로 이 방언을 사랑하고 이 방언의 속내를 깨우친 이들의 연합된 힘들이 온축되어, 현재 터 다지기 작업을 벗어나 한시바삐 더 높고 웅장한 탑을 만들고 풍성한 결실을 거눌 수 있기를 바랄 뿐이다.

저자는 이 방언 자료들이 다른 방언들의 현저한 간섭이 없이 상당한 정도로 독자적인 모습으로 계속 존재해 왔다고 믿는다. 그런 만큼 이 방언을 움직이는 문법적 실체들에 대하여 체계적인 질서를 드러내기에 안성맞춤이다. 이 점이 바로 이 방언이 지닌 진정한 가치라고 본다. 저자는 이 방언의 통사를 연구하는 일에 첫 기초공사가 형태소들에 대한 기술·분석·확정·설명에 있다고 믿는다. 교착어(부착어) 질서를 구현하는 우리말에서는 형태소들의 분석과 확정 작업이 더욱 더 중요하다. 가장 초보적인 이런 작업이 탄탄히 다져질 때에라야, 비로소 다음 단계의 연구가 흔들림 없이 진전되어 나갈 수 있을 것이다.

오랜 기간 고향을 떠나 모어 방언에 대한 현지 조사연구도 못해 보고, 주위에서 모어 방언을 쓸 기회도 드물었다. 오직 저자의 직관에만 매달리며 만용을 갖고 이런 기술·분석·확정·설명 작업을 진행하여 보았다. 개연성만 늘어놓아 한참 부족하다. 그렇지만 다시 새롭게 출발하기 위하여, 급한 대로 일부 그 결과만을 책자로 담아 본다. 전적으로 저자의 개인 방언(옛 제주시 지역)에만 바탕을 두고 이뤄졌고, 촉박한 발간 일정 맞춰야 하기 때문에, 전문가들에게 보여 자문을 받을 시간적 여유도 없었다. 성산포나 서귀포 등 이 방언의 다른 하위방언권 화자들에게는 미흡한 점이 분명히 한둘이 아닐 것이다. 제발 그런 분들의 불만이 많아지고 더욱 더 커져서, 저자의 왜곡된 주장들을 올바르게 고치고, 이 방언을 보다 더 입체적이고 멋지게 연구하는 계기가 되길 바랄 뿐이다.

저자는 이곳 경상대학교 국어교육과에서 스물여섯 해 교수직을 한 자리 더럽히고 있다. 그간 본무에 충실하기 위하여, 부단히 언어라는 좁을 틀을 벗어나 '언어 사용'을 중심으로 하여 넓게 인접 학문들을 더 들거려 보았다. 특히 심리학(언어심리학), 사회학(미시사회학), 철학(분석철학 및 일상언어철학), 수학 기초론, 인지과학 등은 국어교육의 기둥을 이루는 중요한 영역이다. 이런 흐름이 최근에 세계적으로 담화 교육 또는 비판적 담화 분석이란 이름 아래 추구되고 있다. 이것이 이른바 공리공담으로부터 실학(실사구시 학문)으로의 전환인 것이다. 기호학의 용어로 표현한다면 형식 중심에서 내용 중심으로 초점이 바뀐 것이다.

늘 유행만 타는 우리 학문의 흐름에서는 이를 융합 또는 통섭이란 말로 부르기도 한다. 그렇지만 조선조에까지 맥을 이어온 우리 전통은 처음에서부터 끝까지 융합이고 통섭이었다. 말과 행위, 이론과 실천, 지식과 행동이 더 이상 둘이 아니라 온전히 잘 익은 하나의 과실로 모아졌었다. 이런 맥을 되돌아봄도 없이 주위에서 부평초 같은 생각이 융합 흐름을 마치 첨단의 새로운 것인 양 분칠하고 치장하기에 내내 바쁘다.

이런 여러 영역들의 복합 관계를 놓고서 일관된 그림을 마련할 수 있는데, 저자는 오십을 넘기고서야 겨우 한 도막의 단서를 얻을 수 있었다. 이해를 돕기 위하여 이를 원뿔 모형으로 보인다.

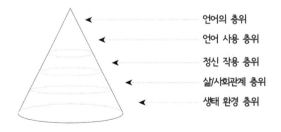

이 원뿔은 여러 층위로 나뉘어져 있다. 이른바 상부구조와 하부구조

또는 표층구조와 심층구조의 관계를 표시해 준다. 맨 위에 있는 원뿔이 언어 층위이다. 이를 가능케 만들어 주는 하부 층위가 언어 사용 층위이다. 만일 언어 사용 상황이 없었더라면, 도구로서의 언어는 존재할 수 없었을 것이다. 언어 사용에서 이용하는 도구는 비단 언어만이 아니라, 행위(몸짓과 얼굴 표정을 비롯하여)도 중요한 요소가 된다. 언어 사용 층위는 다시 우리의 정신 작용 또는 사고 층위에 의해서 뒷받침된다. 우리의 정신 작용을 가능케 하는 우리 두뇌 속의 작동 재료는 계몽주의 시기 이래 크게 구체적인 감각재료와 추상적인 개념재료로 나뉘어 왔는데, 이것들은 서로 복합하게 뒤얽혀 있다. 이들은 전통적으로 각각 images(감각인상)와 ideas(관념, 눈을 감고서 마음의 눈으로 보면 머릿속에서 보임직한 어떤 대상을 가리키는 비유임)로 불려 왔다. 최근에는 짝이 되는 용어를 만들어 percepts(감각적 재료)와 concepts(추상적 재료)로도 불리며, 감각재료는 quale/qualia(감각질에 대한 재귀의식)라는 용어로도 불린다. 정신 작용 층위는 다시 삶의 층위 내지 사회관계의 층위에 의해서 작동의 힘을 얻는다. 만일 우리의 삶 또는 삶을 이루는 복잡한 사회관계가 없었더라면, 우리의 정신도 작동할 아무런 이유가 없다. 고작 동물처럼 본능만으로도 모든 게 충분했을 것이기 때문이다. 마지막으로 우리의 삶 또는 사회관계의 맨바닥은 생태 환경 층위 내지 우주 층위에 토대를 두고 있다.

이를 또한 의식과 관련하여 다음처럼 다시 서술해 놓을 수도 있다. 언어 층위는 언어 의식이 작동하는 영역이고, 언어 사용 층위는 일반 의식이 작동하는 영역이다. 그런데 정신 작용 내지 사고 과정에는 부지불식간에 잠재의식 층위도 긴밀한 몫을 맡고 있다고 알려져 있다. 이런 의식 및 잠재의식들이 또한 우리의 삶을 엮어 준다. 맨 밑바닥에 있는 생태 환경 내지 우주 층위는 우주 의식(아뢰야식)으로 채워진 영역이다. 이 영역에서는 개체나 자아(범어로 아트만)라는 개념은 해체되어 버린다.

좀 더 많이 알려진 용어로 앞의 관계를 나타낼 수도 있다. 퍼어스(Charles S. Peirce, 1839~1914)의 낱말을 중심으로 한 기호학의 틀을 받아들여 표현할 수도 있고, 또는 명제로 더 확대된 카아냅(Rudolf Carnap, 1891~1970)의 모형을 수정하여 제시할 수도 있다.

원뿔 모형 층위	낱말로 된 기호학 틀	명제로 된 모형	층위
언어	기호 $\begin{cases} \text{forms(형식)} \\ \text{contents(내용)} \end{cases}$	표현 $\begin{cases} \text{syntax(통사론)} \\ \text{semantics(의미론)} \end{cases}$	표면
언어 사용	언어 사용 의도	의사소통 의도, 화용 의도	⇧
정신작용	자유 의지	가치와 이념이 깃든 담화, 담론	⇕
삶(사회관계)	삶(사회관계)	삶(사회관계)	⇩
생태 환경	주위 환경	보편 우주	심층

언어학 내지 언어 사용을 가르치는 언어 교육에서는, 이런 층위별 존재 양식들을 한 단계 한 단계 더욱 심도 있게 구명해 나가고, 이를 자각하도록 하는 목표를 지닌다. 이것이 1980년대에서부터 시작된 이른바 '언어 자각'(language-awareness) 운동이다. 맨 꼭대기에만 초점 모은 활동을 친숙히 언어학이라고 부르고, 두 번째와 세 번째 영역을 직접 대면하여 다루려는 활동을 인문학이라고 부르며, 세 번째 영역에서 특히 감성 영역과 대면하는 활동을 예술이라는 범주로 부른다. 그리고 삶과 사회 관계를 직접 다루려는 활동은 편의상 사회학 내지 사회과학이라고 부르고, 우리의 생태 환경을 다루는 활동은 자연과학이라고 부른다.

한 사람의 머릿속에 들어 있는 실체를 어떤 측면에서 어떤 방식으로 다룰 것인지는 본질적으로 열려 있다. 이런 원뿔 모형에서는 언어를 곧장 생태 환경으로부터 도출하는 길을 찾아낼 수도 있고, 사회관계로 부터 유도해 낼 수도 있으며, 우리가 공통적으로 경험하는 정신 작용으로부터 재구성하거나 또는 언어 사용으로부터 연역해 낼 수도 있다. 이런 여러 가지 선택지들은 언어를 다루는 관점을 반영해 주고, 또한 고유한 학파를 형성할 것으로 믿는다.

　이 방언의 연구는 비단 언어 형태나 배열 방식들에 대한 관심과 초점만이 아니다. 이런 형식적 대상들을 놓고서 내던지는 존재론적 물음은, 필연코 더 심층에 있는 하부구조들을 탐색하도록 만든다. 이 책에서 저자는 이 방언의 통사를 기술하면서 적어도 언어 사용 층위 및 정신 작용의 층위에 관련된 진술들을 서술해 내려고 노력하였다. 이는 방언 연구만이 아니라, 소쉬르의 언어학에서 놓쳐 버린 중요한 인문학 질서를 다시 회복하기 위해서, 형식 언어학(구조 언어학)이 반드시 되돌아가야 할 커다란 줄기이다. 이를 망각하면 언어학은 고작 공리공담에 불과할 따름이다. 언어학의 자족성에 대한 주장은 고작 형식에만 그친다. 형식에 대한 연구로서는 현재 인공지능의 연구를 따라갈 수 없는 것이다. 그렇지만 그런 연구의 결과가 재귀적 특성을 지닌 인간 정신의 본질을 밝혀 낼 수 있을까?

　발간 기한에 떠밀려 이제 부족한 채로 원고를 마감하면서, 불현듯 선친의 책 서문에 있는 마무리 구절이 떠오른다(이농 김봉옥, 『제주 통사』, 제주발전연구원, 1987, 2013년 재간행). "태산명동(泰山鳴動)에 서일필(鼠一匹)이라!" 이 방언 통사의 기술과 설명을 놓고서 잘난 척 요란스럽게 외쳐대기만 했을 뿐, 실속은 하나도 없어 크게 두려울 뿐이다.

2014년, 교정에 뒹구는 낙엽들을 바라보면서
이농(怡農) 후인이 적다

※ 덧붙임: 깔끔하게 이 책의 도안과 편집을 맡아 주신 김미미, 김현열 님께
　감사드린다.

목 차

13

제1부

들머리

제주 방언의 통사 기술과 설명

제주 방언(이하 '이 방언'으로 부름)은 지금까지 전해지는 글말 전통이 따로 없다. 광복 후에 들어와서야 이 방언의 특색과 입말 문학(구비 문학, 구전 문학)의 전통이 부각되고 각광을 받으면서, 비로소 여러 연구자들이 편리한 대로 각자 자신의 표기 방식대로 이 방언을 기술해 왔다. 이는 이 방언의 기술에서 입말 특성이 상당히 많이 깔려 있음을 함의한다. 즉, 화용 및 담화의 특징들이 이 방언의 표기 속에 두드러지게 담겨 있을 수밖에 없는 것이다.

최근 들어 전산언어학 또는 말뭉치 언어학을 구축하면서 공통어를 대상으로 하여 화용 및 담화의 특징을 담아내는 표기 방식에 대한 논의가 다양하게 전개되고 있다.[1] 그러나 아직 학계에서 어떤 합의나 공통

---

[1] 자연 언어를 전산 처리한 것을 흔히 '말뭉치(corpus: 연세대 영문과 이상섭 교수가 만든 용어)'라고 부르는데, 말뭉치 구축에 대한 개관은 서상규·한영균(1999), 『국어 정보학 입문: 인문학과 컴퓨터』(태학사)를 보기 바라고, 낱말들의 통계 처리에 대해서는 임칠성 외 2인(1997), 『한국어 계량 연구』(전남대 출판부)를 보기 바란다. 발화 또는 통사를 투영하는 핵어(head)로서 한국어 동사들이 지닌 의미자질(또는 내항)을 어떻게 분석해야 할 것인지에 대해서는 홍재성 외 9인(1997), 『현대 한국어 동사 구문 사전』(두산 동아)이 도움이 된다. 실질적으로 한국어 자료를 전산 처리하는 데에서 부닥치는 문제점과 해결책에 대해서는 임홍빈·이홍식 외(2002), 『한국어 구문 분석 방법론』(한국문화사)을 읽어 보기 바란다. 좀 더 분석 대상을 화용이나 담화 분야로 넓혀 다룬다면, 머카씨(McCarthy, 1998; 김지홍 뒤침, 2010), 『입말, 그리고 담화 중심의 언어교육』(도서출판 경진)과 페어클럽(Fairclough, 2003; 김지홍 뒤침, 2012), 『담화 분석 방법: 사회 조사연구를 위한 텍스트 분석』(도서출판 경진)을 읽어 보기 바란다.

분모에 도달하지는 않은 듯하다. 비록 그렇다고 하더라도, 이 책에서는 제주 방언 통사에 관한 요소들을 중심으로 기술하여 나가되, 발화나 화용의 특징들도 같이 다루어 나가기로 한다.

입말과 글말을[2] 때로 굳이 한자를 써서 각각 구어(口語)와 문어(文語), 또는 음성언어와 문자언어라고도 부르는데, 모두 인간이 쓰고 있는 말이지만 서로 구별되는 특징들이 들어 있다. 입말이 진화론 상에서 더 오랜 기간에 걸쳐서 쓰여 왔고, 또 의사소통에서 전면적으로 쓰이기 때문에, 입말과 글말 중에서 입말을 더 전형적으로 본다. 글말은 인쇄 문화의 보급과 더불어 그 나름대로의 특성을 인정받게 되어, 현재 법정에서 입말보다 글말의 증거력을 더 높게 친다.[3] 입말은 전형적으로 얼굴을 마주보는 두 사람 사이에서 말해진다. 따라서 입말의 특징 중에서 핵심적인 사항을 이런 발화 상황으로부터 찾아내게 된다. 얼굴을 마주보면서 진행되는 입말은 전형적으로 상대방의 반응을 즉석에서 관찰하

---

2) 이렇게 쉬운 학술 용어는 경상대학교 국어교육과에서 가르치셨던 김수업 선생이 몸소 본을 보여 준 것이다. 김수업(2006, 개정판 2012), 『배달말 가르치기: 고치고 더한 국어교육의 길』(휴머니스트)과 김수업(2006), 『김수업의 우리말 사랑 이야기: 말꽃 타령』(지식산업사)과 김수업(2009, 개정판 2012), 『우리말은 서럽다』(휴머니스트)를 읽어 보기 바란다. 장르를 '갈래'로, 그룹을 '모둠'으로, 문학을 '말꽃'으로 가다듬어 누구나 쉽게 알 수 있도록 만들어 놓았다. 학문하는 사람이라면 모름지기 자기 자신의 토박이말을 아끼고 존중해야 할 것이다. 동서고금을 막론하고 인간을 성찰하는 인문학의 마지막 씨알은, 누구나 알아듣기 쉬운 한 묶음의 말들로 모아질 따름이다.

3) 비록 언어의 공통성을 지니지만 입말과 글말은 또한 독특한 나름대로의 성격을 지니고 있다. 입말과 글말의 차이에 대한 첫 국제 학술회의는 호로뷔츠·쌔뮤얼즈(Horowitz and Samuels, 1987) 엮음, 『입말과 글말 이해하기(*Comprehending Oral and Written Language*)』(Academic Press)인데, 모두 13편의 글이 모아져 있다. 클락(Clark, 1996; 김지홍, 2009 뒤침), 『언어사용 밑바닥에 깔린 원리』(도서출판 경진) 제1장에서는 즉각성·매체 속성·화자의 통제 가능성 등을 놓고 입말과 글말의 10가지 차이점을 논의하고 있다. 영국 영어의 입말에 대한 특징을 전산 처리한 덩잇말을 놓고서 분석한 머카씨(McCarthy, 1998; 김지홍, 2010 뒤침), 『입말, 그리고 담화 중심의 언어교육』(도서출판 경진)을 읽어 보기 바란다. 언어 변이체의 모습으로 입말과 글말의 특징을 다루는 논의는 바이버(Biber, 1988), 『말하기와 글쓰기에 걸쳐 있는 변이(*Variation across Speech and Writing*)』(Cambridge University Press)와 바이버(1995), 『언어 투식 변이의 여러 차원: 범언어적인 비교(*Dimensions of Register Variation: A Cross-linguistic Comparison*)』(Cambridge University Press)를 읽어 보기 바란다(변이체 및 언어 투식을 서로 동일한 개념으로 씀). 역사적인 관점에서는 옹(Ong, 1982; 이기우·임명진, 1996 뒤침), 『구술문화와 문자문화』(문예출판사)를 읽어 보고, 문화적 관점에서는 매클루헌(McLuhan, 1962; 임상원, 2001 뒤침), 『구텐베르크 은하계: 활자 인간의 형성』(커뮤니케이션북스)을 읽어 보기 바란다.

고 평가할 수 있다. 그 반응이 말대꾸나 추임새나 또는 상대방의 얼굴 표정으로부터 추려낼 수 있는 것이다. 화자는 상대방의 반응을 즉석에서 간취하고 평가하여, 화자 자신의 의도를 계속 서술해 나갈 것인지, 의도를 바꿀 것인지 여부를 순식간에 결정할 수 있다. 청자 반응에 대한 신속한 대응과 처리가 바로 입말과 글말을 나누는 핵심 요인이다.

이 방언에서는 입말 전통이 강하게 남아 있으므로, 그만큼 얼굴을 마주보는 청자와의 정보 간격만을[4] 언어 표현으로 내세우되, 공통요소들에 대하여 빈번히 생략할 뿐만 아니라, 또한 청자의 반응과 관련하여 여러 계층의 '화용 첨사'들이[5] 체계적으로 쓰이고 있음을 확인할 수 있다. 이와는 달리 만일 산출자로서 필자 및 해석자로서 독자가 시간과 공간의 달리하는 상황에서 쓰이는 글말 중심의 표현이었더라면, 즉각적으로 상대방과 관련하여 이런 화용상의 요구를 담고 있는 첨사들이[6]

---

4) 화자인 나는 알고 있지만, 청자인 상대방은 아직 잘 모르는 어떤 사건이나 정보를 흔히 '정보 간격(information gap)'이라고 부르는데, 프라그 학파에서는 새 정보(new information) 라고도 불렀다. 1980년 이후 의사소통 중심의 언어교육(Communicative Language Teaching) 에서 사용해 오는 용어이다. 서술 서법은 그런 정보 간격을 청자에게 전해 주는 것이지만, 만일 거꾸로 된 상황이라면 화자가 청자에게 질문하여 정보 간격을 언어로 얻어낼 수도 있다. 정보 간격은 흔히 공통 기반(common ground)과 짝이 되는 용어이다.

5) 엄격히 규정하여 화용 첨사는 담화 표지와 구별되어야 한다. 담화 표지는 크게 미시표지 와 거시표지로 나뉜다. 화용 첨사는 발화마다 또 발화의 요소마다 붙을 수 있고, 미시표지와 거시표지와는 성격을 판연히 달리한다. 미시표지(micro-markers)는 핼러데이·허싼(Halliday and Hasan, 1976), 『영어에서의 통사 결속(*Cohesion in English*)』(Longman)에서 다섯 가지를 언급하였는데, 지시 표현과 어휘 사슬, 대용 표현과 생략, 그리고 접속사이다. 이들은 대체로 인간 언어 사용의 보편 요소로 간주된다. 그런데 거시표지(macro-markers) 로 불리는 요소들은 어느 언어에서나 고정된 것도 없고, 화자의 친절한 배려 여부에 따라 언어로 실현될 수도 있고, 그렇지 않을 수도 있다. 이런 거시표지를 파악하기 위해서는 이해 주체의 경험들을 반성해 보는 길밖에 없다. 미시표지와 거시표지를 쿡(Cook, 1989; 김지홍; 2003 뒤침); 『옥스포드 언어교육 지침서: 담화』(범문사)에서는 각각 통사 결속 (cohesion)과 의미 연결(cohrence)로 번역하였는데, 국어과 교육과정에서는 각각 응집성과 통일성으로 번역한다. 응집성(凝集性)이란 한 점에 모아지는 속성이다. 문장이나 발화는 전개되고 펼쳐져 나가므로, 응집성과는 정반대 방향이다. 조어의 오류이지만 잘못된 용어를 맹종하는 이들이 있다. 이런 담화 전개의 모습을 미국의 여러 분과 학문들에서 범학문적으로 접근한 개론서가 나와 있다. 그뢰이써·건스바커·골드먼(Graesser, Gernsbacher, and Goldman, 2003) 엮음, 『담화 처리 소백과(*Handbook of Discourse Processing*)』(Lawrence Erlbaum). 또한 김지홍(2010), 『언어의 심층과 언어교육』(도서출판 경진)을 읽어 보기 바란다.

6) 우리나라 학교 문법에서는 불분명하게 '보조사'로 두리뭉실하게 묶어 버렸다. 그렇지만

21

거의 발달하지 않았을 것이다. 흔히 이런 차이를 고려하여 입말의 단위를 발화(utterance)로 부르고, 글말의 단위를 문장(sentence)으로 불러 구분하기도 한다.

하나의 발화이든 하나의 문장이든 공통적으로 하나의 사건을 표현하고 있다. 이를 단위 사건으로 부르는데, 이를 표현하는 형식을 철학이나 심리학에서는 명제(proposition)라고[7] 부르지만, 의미론에서는 좀더 언어 형식과 맞추기 위하여 '절 유사 단위(clause-like unit)'라고 부른다. 명제로 부르든 '절'이라고 부르든 간에, 내적 분석이 가능한 단위 사건이 인간 생각의 기본 단위이다.[8]

한글 맞춤법은 1933년 만들어진 통일안을 근간으로 하고 있다. 따라서 문장에 관한 규정을 독자적으로 정해 놓지 않았고, 오직 낱말을 중심으로 하여 문장에 관한 관련 사항들을 다루고 있다. 이는 낱말을 중

그 분포나 의미로 보아 주제나 강세 보조사와 같은 계열로 묶일 수 있는 것이 결코 아니다. 첨사(particle)란 용어는 언어 표현의 주요한 핵심 요소가 아니고, 또한 형태가 활용을 하지 않는 언어 요소(단일한 형태)를 가리키기 위한 것이다. 이 방언의 첨사들은 화용상의 기능을 위해 도입되기 때문에 문장의 주요 요소에서는 제외될 수 있고, 또한 첨사들에 대한 기원이 어떠하든지에 상관없이 화용 첨사들이 일반 어미와 달리 활용을 하지 않는다는 점에서 첨사의 특징을 준수하고 있다.

7) 일본 철학의 아버지로 칭송되는 서주(西周: 니시 아마네, 1868~1912)가 '명령문으로 된 표제'라고 잘못 만들어 낸 용어이다. 명령문보다는 오히려 서술 단정문이 되어야 참값과 거짓값을 따질 수 있다. 이런 가장 초보적인 사실을 무시한 채 '명령문'이라는 말뜻을 잘못 덧얹혀 놓았다. 우리 학계에서는 이런 비판을 제대로 하지도 않고 '명제'를 맹목적으로 받아쓰기에 급급한 듯이 보인다. '명제'를 버린다면 어떤 말을 써야 할까? 가장 작은 생각 단위이므로, 이런 점을 고려하면서 말을 만들 수 있을 것이다. 단위 생각, 단위 사고 따위이다. 일상언어 철학에서는 뤄쓸(Russell)과 스트로슨(Strawson)의 논쟁 이후로, 시간과 공간이 들어가 있지 않은 절대적 사고 단위인 proposition(최소 사건 단위)과 실제 시간과 실제 공간이 들어가서 참값과 거짓값을 따지게 되는 statement(진술문)를 서로 구분한다.

8) 전통 문법에서 단순 문장 또는 이를 줄여 단문이라고 부르더라도, 이는 단순 문장 속에 있는 임의의 논항이 수의적으로 내포문으로 나올 수 있다는 간단한 사실을 포착해 주지 못한다. 가령, "철수가 사진을 본다."는 가장 단순한 문장이다. 그렇지만 대격을 받는 논항이 다음과 같이 확장될 수 있다. "철수가 [사진이 없어졌다고] 본다."라고 말할 수도 있고, 또는 "철수가 (잘된) 사진을 [잘못 되었다고] 본다." 여기서 '[ ]' 속에 있는 논항이 확장된 논항이다. 임의의 논항은 문장으로도 나올 수 있고, 명사구로도 나올 수 있다. 따라서 이런 특성이 전통 문법에서 단순 문장이라고 상정한 개념을 무위로 만들어 버린다. 이를 해결하려면 핵어와 핵어가 거느리는 논항으로 구조를 포착해야 한다. 단, 이때 논항은 동사가 지닌 의미자질의 투영에 따라 명사구나 문장으로 나올 수 있다.

심으로 모든 문법을 적어 놓는 시각을 보여 준다. 그렇지만 그 이후 언어학의 몇 가지 단계를 거치면서 발전해 왔고, 또한 문장(통사)을[9] 독립적으로 다루는 '통사론'도 현격한 발전을 이루었으며, 화용과 관련된 내용들도 함께 다루기 위해서 문장(통사)에 관한 내용을 독립시킬 필요가 있다. 또한 이 방언의 특색을 두드러지게 잘 드러내도록 하기 위해서도, 통사(문장)에 관한 내용을 명백히 독립시켜 놓을 필요가 있다. 또한 형식과 내용뿐만 아니라, 기능과 속뜻까지 들어가 있는 복잡한 결합체인 통사(문장)와 발화를 어떻게 제대로 붙들지에 대해서 고민할 필요가 있다. 그런 만큼 기존의 낱말 중심 기술에서 벗어나서 마땅히 새로운 얼개를 상정할 필요가 있다.[10]

---

9) 종전에는 글말만 대상으로 삼았기 때문에 '문장' 또는 '문'으로 불러 왔다. 그렇지만 입말로 된 발화까지 대상으로 삼는다면, 보다 포괄적인 용어가 필요할 것이다. 여기서는 '통사(syntax)'란 용어를 선택한다. 이는 통사의 단위들인 taxeme(통사 요소)들이 함께 배열되어 있다는 뜻이지만, 촘스키 교수의 핵 계층 이론 또는 X-bar 이론에 따라서 핵어 요소 및 핵어가 거느리는 비-핵어들로 이뤄진 단위를 통사라고 간주하겠다. 이때 통사 요소는 낱말 또는 단어보다 더 작은 요소들이 간여한다. 흔히 이를 기능범주로 묶어 놓는다. 어미와 선어말어미와 접사 따위들이 모두 여기에 속한다. 따라서 syntax를 통어론(단어를 거느리는 영역의 논의)으로 번역하는 것이 온당치 않음을 알 수 있다. 낱말 또는 단어보다 작은 단위를 '사(辭: 접미사, 접두사 따위)'로 부르는 것은 오직 우리나라 국어학의 관습에 지나지 않는데, 이는 국어연구사에서 구명해 주어야 할 일이다.

10) 제주 방언의 통사(문법)에 대한 표기 지침을 마련하기 위하여, 여기서 시도된 이 방언의 조사와 어미 체계에 대한 포괄적 기술은, 오직 '첫삽'에 지나지 않는다. 제주 방언의 화자라고 하여 자신이 쓰는 통사 체계를 포괄적으로 말해 주거나 설명할 수는 없다. 이론 얼개가 반드시 들어가 있어야 비로소 대상이 보이기 때문이다. 따라서 여기에 깔려 있는 이론 얼개는 앞으로도 계속하여 여러 전문 연구자들에 의해서 더욱 철저하게 검토되고, 진지하게 대안이 모색되어 나가야 할 것이다. 가령,

　① 시상과 양태의 층위를 나누는 일
　② 종결 어미들을 포착하고 분류하기 위한 형태론적 얼개
　③ 엄격히 이분 대립으로 포착한 네 가지 대우 표현 체계
　④ 종결 어미에 깃든 양태(양상) 요소들에 대한 '경험태'(추체험 가능 여부) 범주 부여
　⑤ 무표적인 반말투 종결 어미에 다시 종결 어미가 융합된 형식(종결 어미 중첩)
　⑥ 화용 첨사들을 다루는 서로 다른 세 개의 층위

등은 아직 다른 사람들에게 알려지지도 않았고, 따라서 공인된 바도 없다. 앞으로 여러 사람들 사이에서 다양한 논의를 거쳐 확정되어야 마땅하다. 그렇지만 어느 누구든지 이 방언의 통사 체계를 다루려면, 어떤 그런 얼개를 잡지 않고서는 이 방언에 대한 체계적 기술과 설명이 불가능하다. 나름대로 일관되고 고유한 이론 질서가 어떤 것이든 세워져 있어야 하는 것이다.

이 방언은 일찍이 다른 방언보다 광복 이전부터 주목을 받고 학계에서 가장 먼저 연구되어 왔다. 그러나 타계한 분들을 모두 포함하여 10명 남짓의 연구자에 의해 진행되어

그런데 흔히 낱말이[11] 우리의 생각에 기본 단위라고 여기기 일쑤이다. 그렇지만 이는 복합적인 사건 연결체들을 반영해 주는 담화나 텍스트의 층위까지 도달할 수 없다. 낱말들이 아무리 많이 모이더라도 어떤

온 이 방언의 통사(문법)에 대한 체계적 기술과 설명은 아직도 여전히 답보 상태이다. 더욱이 어미들의 형태소 확정에도 합의가 이뤄지지 않은 것들이 많다. 오직 능력이 출중하고 이 방언을 사랑하는 후학들을 애타게 기다리고 있을 뿐이다.

이를 방증이나 하듯이, 최근 잘못된 말이 공공연히 공적인 장소에서도 횡행하고 있다. '제주어'란 오직 독립된 국가로서 '제주민국'을 전제로 성립할 수 있는 말이다. 대한민국 헌법에 제주도는 엄연히 대한민국의 부속 도서로 되어 있다. 대표적으로 오용되는 '제주어'란 낱말은 한시바삐 고쳐져야 한다(아마 제주대 박물관 엮음, 1995, 『제주어 사전』이 시발일 듯함). 이 점을 학술적으로 밝힌 조태린(2014), 「제주어와 제주 방언, 이름의 정치학」, 제주발전연구원 엮음, 『제주 방언 연구의 현황과 과제, 그리고 표기법 해설』(37~51쪽)을 읽어 보기 바란다.

제주발전연구원(2014), 『제주어 표기법 해설』에서는 서울말과 대립시켜 '제줏말'을 공식 용어로 채택하여 쓰고 있는데, 그 과정에서 전북대학교 국어국문학과 고동호 교수의 기여가 컸다. 이 책에서는 국어학계에서 쓰고 있는 '제주 방언'이란 용어를 일관되게 따르기로 한다. 이 책자에서 두루 서술되어 있듯이, 제주 방언은 한국어의 질서를 충실히 그대로 준수하고 있는 일개 방언일 따름이다. 비록 작은 부분들이 유별나게 보이더라도, 그것이 전부인 양 과대포장하거나 착각해서는 절대로 안 된다.

그 동안 이 일을 진행해 오면서 1차 원자료로서 조사와 어미들을 목록으로 모아 둔 다음의 선업들이 크게 도움이 되었다. 발간 연대 순서로 적어 둔다.

① 현용준(1980), 『제주도 무속 자료 사전』(신구문화사) 부록 '조사 및 어미 일람표'(902~917쪽)
② 현평효(1985), 『제주도 방언 연구: 논고편』(이우출판사) 부록 '격어미 및 활용어미'(497~633쪽)
③ 박용후(1988a), 『제주 방언 연구: 자료편』(고려대 민족문화연구소)
④ 박용후(1988b), 『제주 방언 연구: 고찰편』(과학사)
⑤ 송상조(2007), 『제주말 큰사전』(한국문화사)의 제2부 '씨끝과 토'(737~966쪽)
⑥ 고재환(2011, 2013 개정판), 『제주어 개론』 상~하권(보고사)

그리고 이 책에서 쓰는 윗첨자 부호들에 대한 약속을 적어 둔다. 별표 '*'는 생성문법에서 받아들일 수 없는 문장이나 잘못된 구성을 가리킨다. 이 별표는 컴퓨터가 보급되기 이전에 서구에서 타자기를 쓰던 시절이 있었는데, 타자기 자판에서 '+'와 '×' 부호를 겹쳐 만들어 쓰던 버릇을 그대로 물려받은 것이다. 의문 부호 '??'는 받아들여 쓰기에 적합하지 않고, 올바른 문장이라고 판정할 수 없는 기표하고 이상한 구성을 가리킨다. 단검(dagger) 부호 '†'은 먼 옛날 이 방언이 도출되어 나왔을 법한 조상 언어(祖語)의 재구성 형태를 가리키기로 한다.

11) 낱말이 생각의 기본 단위라는 주장은 흔히 발화에서 정보 간격을 지닌 요소만 소리로 말해진다는 점에서부터 유도되는 듯하다. 임의의 발화가 하나의 낱말(보통명사)로만 이뤄지는 경우, 이는 기본값으로 존재를 가리키는 '있다'(외연 의미값으로 부름)나 또는 그 존재의 내부 속성을 가리키는 '이다'(내포 의미값으로 부름)로 채워진다. 이는 서술어를 중심으로 하여 임의의 요소가 발화됨을 전제로 한다. 통사론에서는 이를 '투영(projection) 이론'으로 부른다. 동사가 지닌 의미자질이 절(clause)이나 문장을 구성하기 위해 투영되면 비어 있는 자리에 논항들이 자리 잡게 되는 것이다.

제약을 따르지 않는다면 유의미한 일관성을 확보할 수 없다. 낱말이 더 커지기 위해서 그 결합 방식과 단위가 제약되어야 하는 것이다. 따라서 이를 제약하기 위한 방편이 여러 가지 이름으로 불린다. 가령 이음말 단위로 더 크게 생각한다거나 또는 절(철학에서의 '명제') 단위로 간주하는 것이다. 만일 낱말 중심의 관점만을 다루는 틀에 맞춘다면, 아리스토텔레스의 분류학 이상의 작업을 해 나갈 수 없고, 따라서 기본적인 언어 틀도 확정할 수 없으며, 그 틀을 즉석에서 쓰게 되는 의사소통에 대해서도 전반적인 기술을 해 나갈 수 없는 것이다. 문장(글말)이나 발화(입말) 자체가 사회생활 속의 언어 사용을 전제로 한다. 언어 사용은 자유의지에 의해서 의사소통 의도가 결정된 뒤 언어 표현을 선택하여 나온 산출물이다. 이는 결코 낱말 한두 가지만 갖고서 그 실상을 제대로 포착할 수 없는 것이다. 오직 단위 사건들을 이어주는 흐름을 상정해야, 비로소 더 큰 덩이의 복잡한 사건 흐름으로 전개해 나갈 수 있는 것이다.

이는 매우 다양한 변이 모습들을 붙들고 적어 놓는 일이 될 뿐만 아니라, 또한 그것들이 달라지는 조건들에 대한 설명도 한데 곁들여 베풀어 놓아야 한다. 더군다나 이 방언에서 아직 통사(문장)나 화용에 관하여, 본격적으로 전체의 큰 얼개를 서술해 놓은 적은 없는 것으로 안다. 따라서 그 시작으로서 하나의 얼개를 잡게 된 까닭을 놓고, 많든 적든 간에 근거를 밝혀 주는 설명이 베풀어져야 한다.

제2부

기본구문의
기능범주 부류

제주 방언의 통사 기술과 설명

통사(문장)는 가설-연역 접근 체계인 핵 계층(또는 X-bar) 이론에서 크게 어휘범주와 기능범주로 나눈다. 어휘범주는 [±명사 속성]과 [±동사 속성]이라는 의미자질의 배합에 의해서, 네 가지 어휘범주의 요소가 도출되어 나온다. [+명사 속성, −동사 속성]은 전형적인 명사이며, 흔히 대상을 가리키게 된다. [+명사 속성,+동사 속성]는 영어에서 '형용사'로 불리고, 우리말에서 '-답다, -스럽다, -이다, -하다' 등의 접미사(모두 영어의 'be'에 해당함)를 지닌 형용사 어근들로 대응되며, 대상의 상태(일시적 상태)나 속성(영구적 속성)을 가리키게 된다. [−명사 속성,+동사 속성]은 전형적인 동사이며, 하나의 사건(일련의 상태 변화)을 가리키게 된다. [−명사 속성, −동사 속성]은 영어에서 '전치사'로 불리고 시간과 공간 관계를 나타내는데, 우리말에서 일부 격조사들과 대응된다.

기능범주는 어휘범주를 거느리는 핵어(head)이며, 이 또한 [±종결 속성]과 [±시상 속성]이라는 의미자질의 배합에 의해서, 네 가지 기능범주의 요소가 도출되어 나온다. [+종결 속성, −시상 속성]은 전형적인 종결 어미이며, 화자가 청자에게 요구하는 기능과 관련된다. 우리말에서는 서법이라고 부르기도 한다. [+종결 속성,+시상 속성]은 전형적으로 연결 어미에 속하는데, 이들은 단절 현상으로서 일부 환경에 따라 종결 어미로서도 기능을 하게 된다. [−종결 속성,+시상 속성]은 시상과 양태를 표현해 주는 형태소들이다. 상과 시제와 양태들에 대한 표상 방식이 관점에 따라 조금씩 달라질 수 있겠지만, 기본적으로 화자가 관련 사건을 바라보는 일을 가리킨다. 우리말에서는 어말 어미 앞에 놓여 있다고 하여 '선-어말 어미'라고 부른다.[1] 마지막으로 [−종결 속성, −시상 속성]은 일치소를 가리키며, 영어에서는 핵어와 관련된 논항의 성과 수가 일치를 보여야 하지만, 우리말에서는 대우 관계에 따라 일치 형태소를 구현하게 된다.

이런 범주 구분을 전통 문법에서는 체언 및 술어와 관련시켜 왔는데, 체언과 관련된 요소 및 술어와 관련된 요소로 나뉜다. 체언과 관련된 요소는 '조사' 부류로 불리고, 형용사·동사에 관련된 요소들은 '어미' 부류로 불려 왔다. 여기에 다시 명사를 꾸며 주는 요소인 관형사 부류와 동사나 문장 전체를 꾸며 주는 요소인 부사 부류가 다시 추가된다. 핵-계층 이론에서는 이들은 모두 비-논항 또는 부가어로 불리며, 핵어의 의미 자질에 따라 수의적인 것과 필수적인 것으로 나뉜다. 마지막으로 문장의 어느 요소에도 속하지 않는 독립성분이 있다. 전통 문법에서는 이를 감탄사로 묶었고, 핵-계층 이론에서는 화용 요소로 취급하여, 따로 통사에서는 다루지 않는다. 이 방언의 통사에 관해서도 전통 문법의 용어로 표현하면 다음과 같은 부류들을 기본구문으로 다룰 수 있다.

① 조사 부류
② 용언(형용사·동사)의 어미 부류
③ 관형사와 부사 부류

---

1) 이 책에서는 '어말 어미'라는 용어를 쓰지 않는다. 왜냐하면 언어의 기본 단위가 사건이고, 사건은 절 또는 명제로 표현되기 때문이다. 이를 반영하여 문장이나 발화를 종결시키는 어미라는 뜻으로 '종결 어미'를 쓰기로 한다. 그런데 학교문법에서 이 어미 앞에 나오는 어미들은 뭉뚱그려 '선-어말 어미'라고 불러 왔다. 만일 종결 어미라는 용어를 쓴다면, 일관되게 종결 어미 앞에 나오기 때문에 '선-종결 어미'라고 부르든가, 또는 문장의 끝에 온다는 뜻으로 '문말 어미'라고 불러야 일관적이다. 그렇지만 '선어말 어미'를 익숙히 써 왔기 때문에, 이를 다른 이름으로 고쳐 혼란을 주기보다는 이 용어만은 관례대로 써 두기로 한다.

④ 독립 성분의 화용 부류

이 기본구문은 다시 확장될 수 있다. 핵어가 인용·인식·평가·생각·추측 등과 관련된 의미자질을 지니면, 임의의 논항이 문장으로 구현된다. 이를 내포문(또는 일부에서는 보문)이라고 부른다. 그렇지만 핵어가 기능 범주의 연결 어미('&' 범주 또는 'Conj' 범주)일 경우에는 접속문을 구현해 준다. 접속문은 대등·병치·교환 등의 속성에 따라 여러 접속 구문들이 이어져 있는 대등 접속문과 종속 접속문으로 나뉘고, 종속 접속문은 이항 접속문과 다항 접속문으로 나뉜다. 이항 접속문 중에 특이하게 하나의 접속문이 이어지는 접속문에 아무런 조건을 마련하지 못할 경우에(전통 문법에서 방임형 연결 어미 따위) 수의적인 접속문으로 취급된다. 이밖에도 하나의 문장이 통사 자질이나 품사 속성을 바꾸어 다른 핵어의 투영 속으로 새롭게 편입될 수 있다. 이를 전통 문법에서는 '전성 어미'라고 불렀는데, 임의의 절을 명사로 바꾸는 것도 있고, 임의의 절을 명사를 꾸며 주도록 수식어로 만드는 것도 있으며, 임의의 절을 다른 절 속에 편입시켜 전체 발화나 문장을 꾸며 주는 부류도 있다. 이를 각각 명사형 전성어미, 관형사형 전성어미, 부사형 전성어미라고 불러 왔다. 학교 문법에서 인용절이나 서술절로 불러온 것은 각각 핵어인 인용 동사의 내포문으로 구현되고, 핵어인 계사의 투영으로 기술된다. 이밖에도 하나의 낱말마냥 항상 고정되어 있는 표현들이 있다. 이런 요소들이 이 방언의 통사를 다루는 큰 틀을 이루는 요소들이다.[2]

---

2) 이런 틀을 "I. 기본구문 부류, II. 구문 확장 부류, III. 나머지 부류"로 나누고서, 제II부에서 내포 구문과 접속 구문과 전성 어미로 이뤄진 구문을 다룰 수 있고, 제III부에서 감탄사 따위와 고정된 표현을 다룰 수 있다. 이 책에서는 출간 시한에 맞추기 위하여 불가피하게 제I부만을 대상으로 하여 기술 및 설명을 베풀어 놓되, 집중적으로 서술 서법 및 의문 서법의 종결 어미들에 대한 형태소 분석에 주력한다. 앞으로 기회가 닿는 대로 제II부와 제III에 대한 기술 및 설명을 계속 이어나가려고 한다. 잠정적으로 이 책에서 다뤄지지 않은 부분들에 대해서도 개관을 할 수 있도록 이미 필자가 발표하거나 써 둔 글을 부록으로 실어 둔다.

⑤ 내포 구문
⑥ 접속 구문
⑦ 전성어미 부류
⑧ 고정된 표현

위의 8가지 부류들 중에서 조사 부류와 형용사·동사의 어미 부류는 공통어와 차이를 보이는 형태들이 아주 많다. 반면에 관형사 부류와 부사 부류와 기타 독립성분은 공통어와 크게 차이가 나지 않는다.

조사 부류에서는 기본적인 문장에서 나오는 하위 부류 및 동사의 특성 때문에 더 추가되는 하위 부류로 나뉜다. 앞의 것을 구조격이나 정격으로 부르고, 다시 주격과 대격으로 나눈다. 뒤의 것을 부사격이나 사격 또는 어휘격으로 부르고, 다시 처격·여격·목표격·출발격 등 여러 하위 격으로 나눈다. 명사들 사이에서도 명사들의 관계를 표시해 주기 위하여 관형격이 쓰이고, 명사가 더 확장되도록 해 주는 접속 조사도 있다. 이 방언의 조사들은 공통어에서와 마찬가지로

첫째, 조사가 없이 나오기도 하고,
둘째, 단독 형태의 모습으로 나오기도 하며,
셋째, 여러 조사들이 결합된 복합 형태로도 나온다.

조사가 없이 나오는 경우와 격조사가 나온 경우는 서로 화용상의 대립을 보인다. 여러 조사들이 결합되어 있는 복합 형태에서는 화용적인 목적을 지닌 특수 조사(보조사)들의 결합이 더욱 두드러지다.

특수 조사(보조사) 중에는 화용적인 목적으로 문장 자체를 놓고서 일부 요소를 강조하거나 청자에게 동의를 묻는 형태들이 자주 나온다. 이는 조사에만 붙는 것이 아니라, 문장 그 자체에 붙거나 임의의 문장 요소에도 화용상 필요하다고 판단할 경우에 수시로 붙게 된다. 따라서 특수 조사(보조사)라는 범주로 묶기보다는 '화용 첨사'라는 새로운 범주

로 묶는 경우가 편리할 수 있다.

관형사 부류는 고유한 관형사 '옛, 새, 첫, 헛' 이외에도, '이, 저' 등의 지시 관형사, '한, 두, 서너' 등의 수 관형사, '신(新), 구(舊)' 등의 한자어 관형사, 동사·형용사에 관형사형 어미 '-은'과 '-을'이3) 붙거나 또는 명사 뒤에 관형격 조사 '의'가 붙어서 규칙적으로 만들어지는 관형어의 모습은 전반적으로 공통어와 동일하다.

형용사와 동사의 어미 부류는 학교문법에서는 크게 종결 어미(어말 어미)와 선어말 어미로 나눈다. 종결 어미는 종결 어미, 연결 어미, 전성 어미로 나눈다. 그렇지만 이런 삼분법은 핵어로서 동사의 특성에 의해서 만들어지는 내포문을 나타낼 수 없다. 따라서 인용 구문 따위를 나타낼 수 있는 부류를 더 추가하여 인용 어미를 다룰 수 있다. 선어말 어미는 다음처럼 나뉜다.

첫째, 상과 시제와 양태를 나타내는 시상·양태 어미

둘째, 높임이나 대우 일치와 관련된 어미

부사 부류도 또한 공통어와 동일하다. '잘, 매우, 아주, 바로' 등의 고유한 성상 부사가 있고, '촬촬 흐르다[솰솰 흐르다], 콸콸 쏟다' 등의

---

3) 국어 문법의 표기에서는 기술 언어학(descriptive linguistics)의 약속을 받아들여 홀로 독립하여 쓰일 수 없는 의존 요소를 표시하기 위하여 붙임표 또는 하이픈으로 불리는 기호 '-'를 쓴다. 문장에 관한 요소들 중에서는 그 대상이 원칙적으로 의존 형태소인 조사와 어미이다. 그렇지만 한글 맞춤법 붙임표에는 합성이나 접사 또는 어미를 나타낼 적에 쓰도록 규정되어 있다. 비록 의존 형태소이지만 조사는 붙임표를 앞에 붙이지 않은 채 써 오고 있다. 그 까닭을 다음과 같이 생각해 볼 수 있다. '서로 의존적'인 어간과 어미에는 모두 붙임표가 붙어 있는데, 더 덧붙을 필요가 있는 방향으로 붙여 써 준다. 붙임표들이 서로 결합하는 방향을 표시해 주는 것이다. 동사 어근 '잡-'이 부사형 어미와 양태 보조동사 '-아 시-'[-아 있-]와 결합하여 '잡아 시-'[잡아 있-]가 되고, 다시 명령형 어미 '-라' 또는 '-으라'와 결합하여 '잡아 시라'[잡아/잡고 있으라]가 된다. 그렇지만 명사는 홀로 설 수 있는 요소이므로, 따로 붙임표를 붙일 필요가 없고, 또한 때로 격조사가 생략되어 나올 수도 있다. 따라서 홀로 설 수 있는 명사를 기준으로 한다면 '서로 의존적'인 것은 아니고, 오직 한쪽만이 의존적이다. 이런 점을 반영하기 위하여 명사에 붙는 조사는 별도로 붙임표(하이픈)를 쓰지 않는다. 명사 어간 '사름'[사람]이 조사 '이'와 결합하여 '사름이'가 된다.

의성어나 '으실으실 춤다'[으슬으슬 춤다], '주왁주왁 손 내밀다'[??기웃
기웃4) 손 내밀다] 등의 의태어가 부사로 쓰이기도 한다. 지시 관형사
겸 지시 대명사가 붙어서 만들어진 '이레, 저레'[이리로, 저리로]뿐만
아니라, 형용사나 동사에 붙어 부사를 만들어 주는 형태 '-이, -히' 또는
'-게, -츠록[-도록]' 등도 똑같이 쓰인다.

이제 이 방언의 통사(문장)에 관한 내용을 다루되, 기본구문을 이루는
항목들만을 대상으로 하여, 해당 형태소와 실제 사례들을 나열하고 설
명해 나가기로 한다. 다만, 어미들을 다룰 경우에 다양한 변이형태들을
가급적 다 포함시켜 놓되, 일반적인 형태를 먼저 제시하고, 더 긴 형태
로 나오는 것과 줄어든 모습으로 나오는 것을 제시한다. 또한 형태를
밝혀 적은 어미 결합 모습을 주로 시상 형태와 양태 형태를 써서 나타
내기로 한다. 공통어의 대응 형식은 대괄호 '[ ]'로 묶어 나란히 표시해
둔다. 해당 형태에는 밑줄을 그어 두드러지게 해 놓는다.

이 방언의 문법 형태들은 거의 기본적으로 '으' 소리가 들어 있다.
이 소리는 어간에 결합될 적에 앞 음절이 모음이나 'ㄹ' 받침으로 끝나
면, 언제나 '으' 소리는 탈락해 버린다. 반드시 앞 음절에 받침소리가
있어야만, 그 받침소리가 이어져 어미의 음절 초성으로 되는 것이다.
그리고 일부 형태들에서는 '으' 소리와 '어' 소리가 마음대로 뒤바뀌어
쓰일 수 있다. 가령 처격 조사가 다음처럼 변동한다.

---

4) 『표준 국어 대사전』 누리집에 올라 있는 풀이이다. 그렇지만 '기웃기웃'은 목을 빼고 허락
되지 않은 영역을 몰래 살필 적에 쓰는 의태어이다. 여기에서처럼 허락도 없이 뭔가를
얻어 내려고 손을 내밀었다 뺐다 거듭하는 동작을 가리키지는 않는다. 현평효(1962), 『제
주도 방언: 제1집 자료편』(정연사)과 제주대박물관(1995), 『제주어 사전』(제주도)에는 올
라 있지 않다. 송상조(2007), 『제주말 사전』(한국문화사), 598쪽을 보면, '주왁주왁'이 쓰
이는 세 가지 대표적인 상황을 적어 놓았다.
　① 하릴없이 이리저리 돌아다니다
　② 고개를 빼고 이리저리 살피는 꼴
　③ 갑자기 손이나 팔을 내밀다
제주문화예술재단(2009), 『개정 증보 제주어 사전』(제주특별자치도), 770쪽에는 두 개의
풀이 중 첫 번째가 '기웃기웃'으로 되어 있다.

'가이신드레, 가이신더레'[그 아이에게에게, 그 아이 쪽으로]

이런 것들 중에서 세대 사이의 차이를 보여 주는 것도 있다.

'느글이, 느ᄀ칠, 느ᄀ찔'[너같이]
'그 사름부텃, 그 사름부떠'[그 사람부터]

에서처럼 자음 중 거친소리(격음)와 된소리(경음)가, 뜻이 바뀌지 않은
채로 마음대로 바뀌어 쓰일 수 있다.5) 거친소리(격음)가 나이 든 세대의
모습이고, 된소리(경음)가 젊은 세대의 모습이다. 만일 뜻이 뒤바뀌지
않은 채 아무렇게나 마음대로 교체될 수 있음이 사실이라면, 이런 변이

---

5) 받침 'ㅌ' 소리가 된소리 'ㄸ'로도 나는 현상은 현평효(1985: 417쪽), 『제주 방언 연구:
논고편』(이우출판사)에서 처음 지적되었고, 정승철(2000), 「제주 방언의 음운론」, 『탐라
문화』 제21호에서도 논의되었다. 고(故) 현평효 교수는 공통어 '같다'가 이 방언에서 '곹
으다, 곧으다'의 두 어형으로 나온다고 보았다. 2013년 공포된 '제주어 표기법'에서는 이
낱말이 '곹으다'로 표기되며, '으'가 종결 어미의 첫음절로 취급된다. 자세한 논의는 제주
발전연구원(2014), 『제주어 표기법 해설』 제11항 본디 꼴 '어간과 어미' 부분을 읽어 보기
바란다.
　　필자는 'ᄀ트다, ᄀ뜨다'라는 발음이, 하나의 낱말 '곹으다'로부터 공시적인 음운 규칙
의 적용으로 두 가지 표면 형식을 유도하는 것이 올바른 접근이라고 믿는다. 최명옥
(1996: 200쪽 이하), 『국어 음운론과 자료』(태학사)에서 지적되었듯이, 만일 두 어형이
공시적 음운규칙을 적용하여 얻을 수 있는 표면형이라면, 더 이상 복수 어간(쌍형 어간)
으로 설정될 수 없다. 만일 '곹으다'로부터 'ᄀ뜨다'가 도출되는 과정을 표시하면 다음과
같을 것이다. 단, 음절 경계를 '$'로 표시한다.
　　'곹$으$다' → '곧$흐$다' → '곧$드$다' → 'ᄀ$뜨$다' → ᄀ뜨다
　　(기저형)　　(어미 초두 강화)　　(순행 동화)　　(재음절화)　　(표면형)
기저형에서 강세가 제1음절에 주어지면, 내파음 'ㄷ'(받침 ㄷ)으로 변하고, 내파음의 영
향으로 어미의 첫 음절이 강화되어 후두 폐쇄음 'ㅎ'로 바뀐 뒤에 재음절화 과정을 거치
면서 내파음과 동화되어 된소리(경음) 'ㄸ'로 되고, 그 결과 'ᄀ뜨다'로 발음된다.
　　한편, 정승철(2000)에서는 이 방언에서 '복사 현상'이 일반적임을 지적하면서, 그 환경
이 이응 초성(alif)과 관련된다고 보았다. 올바른 관찰로 보인다. 그렇다면 이 현상에 대한
기술은, 왜 그런지에 대한 설명으로 이어져야 할 것이다. 필자의 생각으로는, 복사가 일
어나는 과정이 이 방언의 음절 구조를 유지하기 위한 강세 배당과도 긴밀히 관련되고,
두 음절 사이에 경계가 선명히 유지되기 위한 조치로서 소리값이 없는 이응 'ㅇ'(alif)이
후두 폐쇄음 'ㆆ'[ʔ]으로 되는 듯하다. 만일 후두 폐쇄음이 마련되지 않고 소리값이 없는
이응(alif)으로 되면, 표면형이 'ᄀ트다'로 나올 것이다. 그렇지 않고, 제1음절의 내파음을
유지하기 위하여 강세가 깃들면서 매우 약한 휴지가 제2음절에서 후두 폐쇄음을 마련해
놓은 뒤에 순행동화가 일어나고, 다시 재음절화를 거쳐서 표면형 'ᄀ뜨다'가 도출될 것이다.

모습으로부터 응당 확정된 하나의 형태를 찾아서 고정해 놓아야 한다. 하나의 형태가 음운 변동의 자동적인(때로 수의적인) 규칙의 적용을 받아 달리 나오는 것으로 기술할 수 있다. 그럴 경우에 위의 모습들 중에 '긑이'가 형태를 밝혀 놓은 모습이 된다. 이 형태로부터 음운 규칙의 적용에 따라 자동적으로 바뀌는 것이다. 즉, 음절 재구성이 이뤄진 다음 동화를 일으키는 '이' 모음에 의해서 'ㅌ'가 구개음화되어 'ㄱ치'로 소리가 나거나, 이와는 달리 'ㅌ' 받침소리가 내파음으로 된 뒤 강세가 얹힘으로써 뒤의 '이' 모음이 후두 폐쇄음 'ㅎ'로 바뀌고, 이어 재음절화 과정에서 후두 폐쇄음과 받침소리가 하나의 음소 'ㄸ'(된소리)으로 되면서 '이'에 의해서 구개음 'ㅉ'으로 바뀐 것이 'ㄱ찌'인 것이다. 그런데 '부터'는 비록 어원 의식을 찾을 수 있지만, 이미 공통어에서 고유한 뜻으로 고정되어 있다고 보아 '부터'로 쓰고 있다. 이에 따라 이 방언의 수의적인 교체형도 '부떠'를 쓸 수밖에 없을 듯하다.

제1장

조사 부류

제1절 이른바 구조적으로 주어지는 격조사

§.1-1-1 전형적인 주격 조사: 'Ø, 이, 가'

그 사름_ 오랏수다[그 사람_ 왔습니다]
삼춘이 보냇저[삼촌이 보냈다]
그 아이 지레가 크네[그 아이 키가 크네]

이 방언에서는 공통어에서처럼 격조사가 따로 나오지 않거나(Ø), 앞에 오는 명사가 끝음절에 받침이 있을 경우에 '이'(삼춘이), 받침이 없을 경우에 '가'를 쓴다(지레가). 그런데 격조사가 따로 나오지 않는 경우가 빈도로 보아 더욱 잦고(무표격, 무표지 격으로도 부름), 주격과 목적격에서도 일반적이므로, 이를 이 방언의 입말 표현에서 기본적인 것으로 볼 수 있다. 격조사가 나온 경우에는 특별히 강조하여 청자가 뚜렷이 주목할 수 있도록 만드는 기능이 덧붙여진다고 말할 수 있다. 흔히 '되다, 아니다' 따위의 동사에 이끌리어 보격(보어격) 또는 변성격 조사로 부르는 경우에도 똑같이, 만일 결과 상태에 초점 모으면 '∅, 이, 가'가 나오지만, 진행 과정에 초점 모으면 '로'가 나오므로, 이들 동사만을 따로 독립시켜 놓기도 한다.

이 주격 조사는 뜻을 더해 주는 보조사의 한 갈래인 주제 보조사 '는'에 의해서 바뀌어 쓰일 수 있다. 결코 격조사 뒤에 '*이는, *가는'으로 결합되어 나오지 않고, 반드시 '이, 가'가 없이 '는'으로만 대치되어 나와야 한다. 이 점은 고유한 뜻을 지니고 있는 다음의 주격 조사 §.1-1-2와 서로 구별되는 다른 특성이다.

§.1-1-2 유표적인 주격 조사: '에서', '서, 이서', '라, 래'

ᄆᆞ을에서 다 모이랜 방송ᄒᆞ였수다[마을에서 다 모이라고 방송하고 있습니다]
그 아이 혼차서 그레 갓어[그 아이 혼자서 그쪽으로 갔어]
가이네 둘이서 그 일 ᄒᆞ더라[그 아이들 둘이서 그 일을 하더라]
느네 성제라 모다들엉 도우라![너희 형제가 모여들어 도우렴!]
그 돈을 마련ᄒᆞᆯ 수래 셔?[그 돈을 마련할 수가 있어?]

이 방언에서 '께서'는 관찰되지 않는 것으로 알려져 있다.[1] 단체나 기관이 주어가 될 경우에 '에서'를 쓰고, 사람의 수를 나타내는 '혼차, 둘, 싯'[혼자, 둘, 셋]과 같은 표현에 '서, 이서'가 쓰인다. 특이하게 매우 드물지만 일부 사람들에 의해서 '라'와 그 변이형태인 '래, 레'가 주격 조사로도 쓰인다.[2] 일부 '성제, 아시, 손지'[형제, 아우, 손자]처럼 자주

---

1) 강근보(1978), 「제주도 방언의 곡용에 대하여」, 제주대학, 『논문집』 제10집, 65쪽과 강정희(1988), 『제주 방언 연구』(한남대 출판부), 37쪽에서 모두 이 방언에 '께서'가 쓰이지 않는다고 하였다. 이 방언에서는 자기 겸양을 표현하는 대명사 '저'도 거의 잘 관찰되지 않는다. 무가 채록에서 가끔 대우 표현의 여격 '께'를 볼 수 있다. §.1-2-1-바) 참고.
2) 강근보(1978), 「제주도 방언의 곡용에 대하여」, 제주대학, 『논문집』 제10집, 65쪽에서 제

쓰이는 친족 명사나 형식 명사 '수'와 같은 요소에 나타난다. 그렇지만 언제든지 마음대로 '가'로 바뀌어 쓰일 수 있다. 따라서 '라, 래, 레'는 일부 나이가 든 사람들에 의해서 쓰이는 옛날 표현으로 느껴진다. 앞의 주격 조사 §.1-1-1과는 달리, 이 주격 조사들에 주제 보조사 '는'이 쓰일 경우에 대치되지 않는다. '에서는, 라는' 등과 같이 이들 조사 뒤에 덧붙여진다. 이는 공통어에서와 동일한 현상이며, 이들이 '가'와는 다른 기원을 지님을 시사해 준다.

§.1-1-3 목적격 조사 또는 대격 조사: '∅, 을, 를, ㄹ'

삼춘은 밥_ 먹엇수과?[삼촌은 진지_ 드셨습니까?]
밥상에 국을 떠 놓으라![밥상에 국을 떠 놓으렴!]
가인 놀기를 좋아ᄒ여[그 아이는 놀기를 좋아한다]
둘 중 ᄒ날 ᄀ르라![두 개 중에서 하나를 고르렴!]

대격 또는 목적격 조사(이하 대격 조사로 통일함)도 또한 공통어에서와 같이 격조사가 없이 나오는 경우(무표격, 무표지 격)가 일반적이다. 격조사가 나오면 초점이나 강조의 기능을 지녀, 청자가 쉽게 주목할 수 있도록 만들어 준다. 앞의 명사 요소가 받침으로 끝날 때에는 '을', 받침이 없을 경우에는 '를'('을+을'의 겹친 형식)이 쓰이거나 또는 더욱 줄어들어 받침의 'ㄹ'('을'에서 '으'가 탈락된 형식)로 나온다.

§.1-1-4 대격 조사와 다른 조사가 결합된 복합 형태

§.1-1-4-가) 대격 조사 뒤에 다른 조사가 결합된 경우: '을광, 을광도, 을광은, 을과, 을과도, 을도, 을도나', '을랑, 을란, 을로랑, 을로란', '을다

주도 '서부지역'에서 '레'가 쓰인다고 언급하였다.

가, 을다, 을다가서'

누게가 늘광 일ᄒ없어?[누구가 <u>너와</u> 일하고 있니?]

<u>늘광도</u> 잘 지내사키어![<u>너와도</u> 잘 지내어야 하겠다!]

<u>늘광은</u> 흔디 가지 못ᄒ켜[<u>너와는</u> 함께 가지 못하겠다]

<u>ᄒ를도</u> 꾸준히 지속ᄒ들 못ᄒ엿주[<u>하루도</u> 꾸준히 지속하지를 못했거든]

<u>가일도나</u> 닥달해 보카?[그 아이<u>까지도나</u> 땎달해 볼까?]

그 궤<u>길랑</u>3) 날 ᄃ라[그 물고기<u>는</u> 나에게 달라]

이걸<u>로랑</u> 지들커 홉주[이것<u>을로는</u> 땔감을 삼읍시다]

그 집 ᄆ<u>을다가</u> 끗엉 오라![그 집 말을 끌고 오너라!]

급히 쓴 펜지<u>를다</u> 그 사름 펜이 보내엇저[급히 쓴 편지<u>를</u> 그 사람 편에 보내었다]

그 낭 태운 재<u>를다가서</u> 물로 뭉쳐 낫거든[그 나무 태운 재를 물로 뭉쳐 놓았거든]

그 문세<u>를다가서</u> 곱쪄 불엇주[그 문서를 숨겨 버렸다]

대격 조사는 뒤에 다른 조사들을 결합시켜 복합 격조사로도 나온다. 나열이나 '함께'(동반)를 뜻할 경우에 다음처럼 복합격이 쓰인다.

'을광, 을광도, 을광은, 을과, 을과도, 을도, 을도나'

주제 보조사도 결합시켜 다음처럼 복합격으로 쓸 수 있다.

'을로랑, 을로란, 을랑, 을란'4)

---

3) 이 방언의 표기법에서는 '외'가 중모음으로 발음되므로, 한자어의 경우만을 제외하고 '웨'로 쓰기로 하였다. 개인적으로 저자는 '괴기'라고 쓰고 '외'가 단모음이 아니라 중모음 [we]로 발음된다는 단서만 달면, 공통어의 표기와 유연성이 분명해지고, 뜻을 새기기가 더 쉬워진다는 장점이 있다고 본다. 그러나 이 방언의 표기법은 종전의 표기에서 줄곧 '웨'라는 표기(문자상으로는 삼중 표기 'ㅜ+ㅓ+ㅣ'가 됨)를 써 온 쪽으로 귀착되어 있다.

또한 전환이나 중단의 뜻으로부터 나온 '다가, 다'를 덧붙이거나, 이 형식에 다시 자주 연결 어미에서 쓰이는 '서'를 더 추가하여, '을다가서' (을+다가+서)로도 쓰기도 한다. 이 경우에 모두 '을'이 가장 먼저 명사에 결합되어 있다. 이 점에서 뒤따르는 관련 동사의 격을 표시해 준다는 측면에서 여전히 '대격 조사'의 일을 맡고 있다. 특이한 점은 공통어에서는 '와, 과'라는 격조사가 앞의 받침이 있느냐 없느냐에 따라 달라지며, 이를 음운론적으로 조건 지워진 변이형태라고 부른다. 그렇지만 이 방언에서는 오직 '을광'이나 '광'만이 쓰인다('광'만 있으며, §.1-3-1 참고). '늘광, 느광'[너와], '궤길랑, 궤기랑'[고기는]에서 보듯이 '을'은 수의적으로 탈락될 수 있는 듯하다.

§.1-1-4-나) 다른 조사 뒤에 '을'이 결합한 경우: '딜, 딜랑', '신딜, 신딜랑', '을ㄱ라'

그딜 갑서![그 곳을 가십시오!]
이딜랑 그 사름신디 내어 줍서[이곳을랑 그 사람에게 내어 주십시오]
그 사름신딜 가 봅서![그 사람에게를 가 보십시오!]
가이신딜랑 큰 걸 내주라![그 아이에게는 큰 것을 내어 주어라!]
늘ㄱ라/느ㄱ라 부지런ㅎ댄 ㅎ여라[너에게/너를 보고서 부지런하다고 말하더라]

---

4) 중세국어의 '으란'을 놓고서 정연찬(1984), 「중세국어의 한 조사 '으란'에 대하여」, 『국어학』 제13집에서 대격 '을'과 주제 보조사 '은'이 결합된 복합격이므로 '대제격'으로 부를 것을 제안하였다. 이 방언에서도 '올란, 올랑'이 관찰된다. 그런데 차이점이 존재한다. 이 방언에서는 '올랑으네, 올라그네, 올랑그네'처럼 더 확장된 형식도 가능하다는 점이다. 이는 주제 보조사 '은'이 단일 형태이며 다른 형태가 덧붙을 수 없다는 점에서, 동일한 결합 모습이라고 단언하는 데 장벽이 된다. 이 방언에서 밑줄이 그어진 뒤의 확장 형식은 오히려 계사 '이다'의 활용 모습과 닮아 있으며, 이것이 용언의 접속 어미처럼 활용을 하도록 만들어 준다. 정연찬(1984)에 대하여 이 방언의 자료들을 통한 반론은 강정희(1994), 「방언 분화에 의한 형태 분화: 제주 방언의 '-이랑'과 문헌어의 '-으란'을 중심으로」, 이화여대 국문학과, 『이화 어문 논집』 제13호를 참고하기 바란다.

다른 격조사의 뒤에 '을'이 나오는 경우도 있는데, 앞에서와 같이 언제나 '을, 를, ㄹ'의 변이형태들로 나온다. 가령, 처격 조사 '디, 듸'나 '신디, 신듸'[있는 곳] 뒤에는 '을'이 붙어 '딜, 딀'로 쓰이거나 '신딜, 신딀'이 된다. 이 방언에서 '의'라는 중모음은 주로 첫음절에서 '으'나 '이'로 발음되고, 2음절 이하에서는 '이'로 발음된다. 그렇지만 이 경우 '디'는 구개음화가 일어나는 환경을 보여 주지만, 구개음화가 일어나서 '*지'로 발음되는 법은 결코 없다. 따라서 구개음화가 일어나지 않도록 방벽을 표시해 주기 위하여, 국어사의 문헌 자료에서 찾아지는 형태처럼 '의'를 써서 '듸, 신듸'로 써 주는 것이 바람직하게 보인다. 그렇지만 이 방언의 표기에서는 중모음 '의' 소리가 관찰되지 않으므로, 오직 한 자어를 표기하는 데에만 '의'를 적용하도록 규정하고 있다. 따라서 이를 따르면 '디, 신디'로 쓰게 된다. 그리고 '을랑'과 '을란'은 서로 뜻이 달라지지 않으면서도 사람에 따라 자유롭게 뒤바뀌어 쓰일 수 있다(수의적 변이임). 그렇지만 이 복합 형태가 다시 '을랑으네, 을라그네, 을랑그네'로도 확장될 수 있다는 점이 특이하다. 그리고 '말하다'를 뜻하는 'ㄱ다'라는 동사가, 문법화되어 '을 ㄱ아'[을 말하여]의 모습으로부터 이미 굳어져 '을ㄱ라'[에게]로 쓰이거나, 이것의 줄어든 형태 'ㄱ라'[에게]로 쓰이기도 한다.

제2절 어휘 의미로 부가되는 격조사(부사격)

§.1-2-1 동사와 관련된 경우

생성문법에서는 주격과 대격이 구조적으로 주어지지만, 그 이외의 격들은 어휘의 의미 자질에 의해서 격이 주어진다고 본다. 이런 측면에서 전자를 구조격 또는 정격이라고 부르고, 후자를 어휘격 또는 사격이라고 부르기도 한다. 그런데 이런 가정을 우리말에 적용시킬 경우에는 매개변인을 달리 잡아야 한다. 구조격도 격 표지가 음성실현 형식이 없는 경우가 더 기본값을 반영하고, 격 표지가 나오는 경우에는 그런 조건에 다시 다른 요인이 추가되기 때문이다. 어휘격도 상황이 비슷하다. 우리말의 어휘격 가운데에는 뚜렷이 어원을 추적해 낼 수 있는 경우들도 많고, 이런 어휘격들이 계속 중첩되어 둘 이상 붙어나갈 수도 있기 때문이다. 그렇다면 실사로부터 어원을 추정해 낼 수 있는 것들은 문법화의 과정을 거쳐 부사격으로 발달되었다고 보는 편이 우리말 직관과 어울릴 듯하다. 구조격과 어휘격은 우리말의 격조사들을 분류하는 상위범주로서의 가치만을 지니며, 엄격히 영어에서 정의되는 바와 조금 다른 특성들이 있음을 알 수 있다.

　어휘격은 우리말에서 부사와 비슷한 자격을 부여해 왔기 때문에 부사격으로 부르기도 한다. 여기에서는 크게 동사와 관련되는 경우와 그렇지 않은 경우로 나누어 다루기로 한다. 전자는 처소, 방향, 목표, 출발(기원, 유래), 수여 등과 관련된 하위범주를 나눌 수 있다. 후자는 자격 설정, 도구 이용, 이유 제시, 비교 관계, 공동체 형성 등의 하위범주를 나눌 수 있다. 이런 하위범주 설정은 기계적인 것이 아니고, 연구자에 따라 더 적은 숫자의 범주로 통합할 수도 있고, 더 많은 숫자의 범주로 세분화할 수도 있다.

§.1-2-1-가) 처격 조사: '에, 이/의, 디, 신디', '밖이, 앞이, 우이/우희', '안티, 배꼍디, 두티, 우티, 끝디'

우리 어느 날에 모이코?[우리 어느 날짜에 모일까?]
항에 물 남아 이신가?[물 항아리에 물이 남아 있는가?]
할망 얼굴에 초기 돋았인게[할머니 얼굴에 검버섯이 돋아나고 있네]
그 소님이 집의 메틀 머물렀주[그 손님이 집에 며칠 머물고 있단다]
솟디 밥 잇수다[솥에 밥 있습니다]
그 사름신디 집문세 잇어[그 사람에게 집문서가 있다]

처격 조사가 붙은 부사어는, 동사를 중심으로 하여 꼭 필요한 경우가 있고, 그렇지 않은 경우가 있다. 처격 조사를 더 나누어 놓을 경우에는 조사의 형태뿐만 아니라 또한 이 조사와 어울려 나오는 동사나 형용사들의 의미가 중요한 열쇠 노릇을 하며, 격조사들의 하위 구분을 하는 데에 같이 참여한다. 처격 조사는 본디 움직임이 없이 처소 또는 장소에 있는 어떤 상태만 표시해 주는 경우가 가장 기본적이다. 다시 이는 무대가 되어 그 무대 위에서 일어나는 사건의 움직임이나 진행 과정을 가리키는 경우와 서로 구분된다. 전자를 처격이나 처소격으로 부르지만, 후자는 방향격이나 목표격 등으로 이름을 달리하여 부른다.

이 방언에 처격 조사의 형태는 다른 방언에서 볼 수 없는 것들이 많다. 비록 공통어의 영향으로 말미암아 현재 처격 조사 '에'가 더욱 쓰임을 넓혀 가고 있지만, 본디 이 방언에서 고유하게 갖고 있는 '에'는 다음 몇 가지 부류들과 같이 쓰인다. 이들 명사에는 결코 처격 '이, 의'가 결합하지 않는다.

첫째, 특정 시간 표현(석게날에[제삿날에], 흔날흔 시에[한날한시에]).
둘째, 물건을 담는 용기(구덕에, 항아리에, 그릇에, 차롱에[채롱에]).
셋째, 신체 부위(임댕이에[이마에], 손콥에[손톱에], 몸뚱아리에, 발바닥에).
넷째, 경계가 분명한 대상(밥상에, 초석에, 밖거리에[바같채에], 고팡에[庫房에]).
다섯째, '때문, 값'처럼 경계가 미리 정해진 한정 명사(그 따문에, 무신 값에).

이런 명사 부류들에서 모종의 공통점이 분명히 찾아질 수 없다면, 일단 이들 용례들에서 오직 '관용적'으로 '에'만 나온다고 말해야 한다.

처격 조사로서 '이'(또는 '의')가 자주 쓰이는 경우도 있는데, 모두 공통어의 격형태 '에'로 바뀔 수 있다. 다만 '이'는 더욱 이 방언답게 느껴지지만, '에'로 바꾸면 표준어 교육의 영향을 입은 말투처럼 느껴진다. 이 방언의 표기법에서 형태 표기에 중모음을 인정하지 않으므로, 형태와 소리로만 따질 때에 속격 조사 '이'(또는 '의')와 전혀 구별되지 않는다. 오직 앞뒤 요소들의 관계에 따른 해석을 기준으로 처격 조사와 속격 조사로 나눌 수 있을 뿐이다. 처격 조사 '이'의 용례는 다음과 같다.

"밤이 나댕기들 말라!"[밤에 나돌아다니지를 말렴!]
"가이 몬예 집이 갓저"[그 아이 먼저 집에 갔다]
"느 앞이 보라!"[너 앞에를 살펴보렴!]

단, 중모음 '의'가 현실적으로 '이'로 발음되지만, 국어사 자료의 형태들과의 연관이나 주격 조사 '이'와의 구별을 드러내기 위하여 '의'로 적기도 하였다. 처격 조사 '이'(또는 '의')가 붙는 명사들은 다음과 같다.

첫째, '밤, 낮'과 같은 관례적 시간 표현
둘째, '집, 바당[바다], 낭ㄱ[나무]'와 같은 자주 쓰이는 명사(빈출 낱말)
셋째, '안, 밖, 바깥, 앞, 뒤, 위, 아래, 옆, 곁, 끝, 밑'과 같은 방향성 명사

이 명사들에 '이'(또는 '의')가 붙어 처격 조사로 쓰이며, 그런 표현이 더욱 방언답게 느껴지지만, 아무런 방해도 없이 모두 '에'로 바뀌어 쓰일 수 있다. 현재로서는 '이' 처격이 붙는 이 부류들을 하나로 묶을 수 있는 공통점이 찾아지지 않으며, 다만 '관용적' 표현이라고 말할 수밖에 없다.[5]
만일 경계가 막연한 명사들의 경우에도 분명히 영역을 제한시켜 가리켜야 할 경우에는 '디'[곳에]가 쓰인다(밧디[밭에], 솟디[솥에]). '디'(또는 '듸')에는 기원적으로 형식 명사 '두'와 처격 조사 '이, 의'가 녹아 있

---

5) 부록으로 있는 김지홍(2014), 「제주 방언 통사 연구에서의 현황과 과제」의 각주 29)와 30)에서는 이기갑 교수의 지적에 따라 중세 국어의 분포도 살펴보았다(431쪽 이하 참고). 만일 '에'는 일반적 처소를 가리키는 기본값 조사라면, '의'를 대동하는 명사구들이 빈출 표현 또는 관용적인 표현에서 어떤 행위와 관련된 확정 영역(목표 영역)을 가리킬 가능성도 있을 듯하다. 다시 말하여, 전체 영역(또는 전체 주연) 중에서 특정한 영역이 확정되어, 목표 영역이나 그런 지점으로 구체화되는 일이다. 바로 뒤에 다룰 '듸'(확정 장소 '두'+의)에서도 확정 영역에 대한 의미자질이 깃들 수 있을 것으로 본다. 그렇지만 확정 영역이나 확정 장소를 앞의 '에'가 붙는 부류와 어떻게 구별할지는 차후 과제이다.

다.6) 또한 지시 관형사 겸 지시 대명사인 '이, 저 그'에 '디'가 붙어 '이디, 저디, 그디'로 쓰이는데, 각각 공통어의 '여기, 저기, 거기'와 대응된다. 표준어 교육을 받은 젊은 세대에서는 이 어형들이 마음대로 뒤섞여 어떤 것이든지 나올 수 있다(수의적 변이임). 이 방언에서는 방향을 나타내는 명사 '안, 바깥, 뒤, 위, 끝'에도 '디'가 붙어 처격 조사로 쓰인다(안티, 배꼍디, 두티, 우티, 끝디). 마지막으로 사람과 관련된 처소에는 '신디'[있는 곳에]가 쓰인다. 가령, "가이신디 주라"[그 아이에게 주어라]와 같다.

§.1-2-1-나-a) 처격 조사의 복합 형태 1: '에서, 이서 디서 신디서'

우리 ᄆᆞ을에서 잔치 ᄒᆞ였저[우리 마을에서 잔치하고 있단다]
요ᄉᆞ이 집이서 지내없수다[요사이 집에서 지내고 있습니다]
모살밧디서 물 솟앉어[모래밭에서/모래밭으로부터 샘물이 솟고 있다]
제주 목ᄉᆞ신디서 기별 오랏수다[제주 목사에게서/목사로부터 기별이 왔습니다]

처격 조사는 여러 요소들과 결합하여 복잡하게 나온다. 먼저 '서'와 결합하여 처소나 장소의 의미가 그대로 보존되더라도 상태의 지속을 더해 주거나(집이서 지내다), 기원이나 연원 또는 출발점으로 뜻이 넓혀

---

6) 현실적으로 표면형의 발음은 '이, 의'가 모두 '이'이다. 『제주어 표기법』 제4항에서는 표면형의 발음을 따라 토박이 낱말에는 '이'로 적고, 오직 뜻구분을 위하여 한자어에만 '의'를 허용하고 있다. 그렇지만 토박이말에도 '디'가 구개음화가 일어나지 않는다는 사실을 드러내기 위하여(구개음 '*지'로 발음되지 못하게 하는 요소가 들어가 있음), '듸'라는 표기를 써 넣는 것이 온당함을 앞에서 언급한 바 있다. 일반 낱말로서 '산듸[山稻, 밭벼], 벵듸[坪地, 너른들]'도 구개음화가 저지된다(결코 '*산지, *벵지'로 발음되지 않음). 따라서 이를 표기에 반영하려면 '의'를 토박이 낱말에도 써 넣을 수밖에 없다. 그럴 경우에 문법 형태를 확정한 표기는 격조사 형태 '듸, 신듸'가 되어야 하고, 낱말 '산듸, 벵듸'가 되어야 한다. 그렇다면 앞의 '의'가 표시된 형태가 본디 꼴로 되고, 간편하게 '산디, 벵디'로도 표기될 수 있도록 허용할 수 있을 것이다. 벵듸는 '벵뒤'로도 발음되는데, 평대(坪臺)에서 기원했을 가능성도 있다.

지기도 하고(밧디서 물 솟다), 의지를 지니고서 행동을 일으킬 수 있는
집단이나 사람의 경우에는 주체나 주어의 뜻으로도 확대된다(목ㅅ신디
서 기별이 오다). 처격 조사가 나온 문장은 기본적으로 움직임이나 진행
과정의 의미가 없다. 그러나 '서'가 덧붙게 되면 움직임이나 진행 과정
또는 상태 지속의 의미를 더해 주는 것이다.

이 구분은 다음처럼 이 방언의 다른 처격 조사 부류에서도 가지런히
나타난다. 앞의 격조사는 처소의 뜻을 지니고 정태적인 동사와 어울리
지만, 대립하는 뒤의 격조사는 움직임의 진행이나 과정의 뜻을 지니고
움직임이나 의지를 지닌 행동의 동사와 어울린다.[7]

'안티 : 안터레'('i'와 'ə'의 대립은[8] 상태 동사와 동작 동사에 호응함)

그 사름안티 잇수다 : 그 사름안터레 던지라

[그 사람에게 있어요 : 그 사람쪽으로 던지라]

---

7) 이를 공기 관계(co-occurences)로 서술해 줄 수도 있고, 어떤 핵어의 의미자질이 다른 형식
에 스며들어 지배의 결과로서 하위 범주화(sub-categorization) 틀 또는 선택 제약(selectional
restriction)에 따라 이런 현상이 생겨난다고 볼 수도 있다. 전자는 기술주의 언어학의 시
각이고, 후자는 촘스키 생성문법의 시각이다. 여기서는 후자의 시각을 따르고 있으므로,
핵어를 정해 놓아야 한다. 명사구를 자리 잡도록 허용해 주는 핵어는 동사이다. 따라서
하나의 사건이 동적인 변화(움직임을 유발하는 자질)를 서술해 놓고자 하는 의사소통
의도가 일단 확립되어야 한다. 이런 바탕 위에서 동사의 동작성 의미자질이 지배받는
명사구의 표현 속으로 스며들어 '더레'라는 처격 조사를 선택한다. 반면에 그런 핵어 자
질의 투영에서 움직임을 유발하는 자질이 없다면 '이/의'나 '신디/신듸'나 '디/듸'라는 처
격 조사('이/의'로 엮일 수 있는 처격 조사임)를 선택한다고 서술할 수 있다.

8) '더레'는 '드레'와 수의적으로 뒤바뀌어 쓰일 수 있다. 이는 이전의 모음체계가 '어, 으'를
구분하지 않던 데에서 말미암을 수도 있고, 개인별 발음 습관의 차이에 말미암을 수도
있다. 전자의 경우는 저자가 살고 있는 경남 지역의 방언을 염두에 두고 추정해 보는
것이다. 수많은 인간 언어에서 유독 '어, 으'를 구분하는 언어는 우리말을 비롯하여 일부
에 지나지 않는다. 이런 모음 체계의 변화는 내재적 요인과 외부 요인이 함께 상정될
수 있을 것이다. 만일 외부 요인을 꼽는다면 한자 발음의 영향을 상정해 볼 법한데(최영
애, 2000, 『중국어 음운학』, 통나무, 151쪽 이하 및 269쪽 이하), 중고음에 대한 논의에서
내전(內轉)의 운들 중에 증(曾)에 'ə'음이 배당되어 있다. 외전(外轉)의 운에서 아마 'ŋ'음
을 지닌 과(果) 탕(宕) 운에 짝이 될 듯하다. 그러나 한자 수입 경로와 시기에 대해서는,
과거 시험에 기준을 제공한 독서음(讀書音)을 담고 있는 『예부 운략』이 가장 뒷층위에
큰 영향을 미쳤다는 사실 말고는 전문가들 사이에서도 아직 일치된 견해가 없다.

'바깥디 : 바깥더레'('i'와 'ə'의 대립은 상태 동사와 동작 동사에 호응함)

문 바깥디 싱것다 : 문 바깥더레 나가더라

[문 밖에 심었다 : 문 바깥쪽으로 나가더라]

'신디 : 신더레'('i'와 'ə'의 대립은 상태 동사와 동작 동사에 호응함)

가이신디 맡곗저 : 가이신더레 보내라

[그 아이에게 맡겼다 : 그 아이한테/쪽으로 보내라]

'앞이 : 앞더레'('i'와 'ə'의 대립은 상태 동사와 동작 동사에 호응함)

책상 앞이 슬펴보라 : 책상 앞더레 밀리라

[책상 앞에 살펴보라 : 책상 앞쪽으로 밀어라]

§.1-2-1-나-b) 처격 조사의 복합 형태 2: '엘, 일, 딜, 신딜', '엔, 인, 딘, 신딘', '엘랑, 일랑, 딜랑, 신딜랑', '엘라그네,[9] 엘랑그네, 엘랑으네,

---

[9] 강정희(1988), 『제주 방언 연구』(한남대 출판부)의 제5장 「제주 방언의 접속어미와 동작 상어미와의 상관성에 대하여」와 강정희(1994), 「방언 분화에 의한 형태 변화」, 이화여대 국문과 『이화 어문 논집』 제13집에서는 맨 뒤의 음절이 처격임을 보이려고 일부러 '엘라 근에'로 표기하며, '에' 앞에 있는 'ㄴ'에 이례적으로 명사 속성을 배당한다. 이런 주장에 는 아마 고유한 연결 어미들을 모두 명사 구성으로부터 찾아내려고 하는 가정이 깔려 있는 듯하다(일부 전성된 어미들만 그럴 뿐임). 그렇지만, 이런 주장에는 적어도 다음 제시하는 여섯 가지 이유 때문에 쉽게 동의할 수 없다.

첫째, 맨 뒤의 음절이 처격 조사 '에'인지 여부에 대하여 아직 어떤 증명도 성공한 바 없다. 거꾸로 처격 조사가 아님을 쉽게 반증할 수 있다. '에' 앞에 있는 요소는 결코 명사 구도 명사 상당어도 아니기 때문이다. 둘째, 만일 명사 상당어였더라면 '에' 앞에 오는 선접 형식에 계열체로서 다른 형식들이 실현되었어야 할 것이지만, 'ㄴ'과 계열체를 이루 는 형식은 찾을 수 없다. 그뿐만 아니라, '그네'의 중가 형식이 보여 주는 다양한 변이모습 들('-아그네, -앙그네, -아그넹에, -앙그넹에'에 따위)을 도출해 낼 길도 없다. 셋째, 처격 조사임을 드러내기 위하여 '에'를 밝혀 적는다면, 앞의 중가 모습에서 '-아근엥에'로 써야 한다. 이는 처격 조사 뒤에 다시 처격 조사가 붙은 꼴이 된다. 그렇지만 왜 처격 조사가 두 번씩 붙는지 합리적으로 설명해 줄 길이 없다. 넷째, 만일 이것이 처격 조사였다면 조사의 일반 특징상 수의적으로 '에'가 생략된 '*-앙그넹'이라는 모습도 그대로 허용되어 야 한다. 그렇지만 이는 결코 이 방언의 모습이 아니다. 다섯째, 처격 형태소는 핵어인 동사의 고유한 의미 자질에 의해서 인허되는데, 이런 핵어를 상정할 아무런 근거도 없다. 여섯째, 기본값으로서 어미들이 종결 어미와 연결 어미로 나뉘는 것이 일반적이지만, 연결 어미를 다른 구성으로부터 도출해 내려는 시도는 확실히 전성된 경우만 제외하고 는 성공할 수 없다. 이런 여섯 가지 반증 사실들은 적어도 이 형태들로부터 처격 조사를

일라그네, 일랑그네, 일랑으네, 딜라그네, 신딜라그네, 신딜랑그네, 신딜랑으네'

그 차롱엘 담으라![그 채롱엘/채그릇엘 담으렴!]
지금 집일 값수다[지금 집에를 가고 있습니다]
밧딜 가 보라![밭에를 가 보렴!]
그 아이신딜 글으라![그 아이에게 말해 주렴!]
손엘라그네 칼을 잡고…[손에는 칼을 쥐고…]
앞일라그네 시둘을 싸라![앞에는 뚝을 쌓으렴!]
밧딜라그네 대낭 심그라![밭에는 대나무 심으렴!]
소님신딜라그네 아모날 다시 오랜 글으라![손님에게는 아무날 다시 오라고
　　　말하렴!]

　처격 조사에는 '을'이 덧붙거나(엘, 일, 딜, 신딜), '은'이 덧붙거나(엔,
인, 딘, 신딘), '을랑'이 덧붙을 수 있다(엘랑, 일랑, 딜랑, 신딜랑). '을랑'은
또한 마음대로 '라그네, 랑으네, 랑그네'로 더 늘어날 수 있다. 이는 '-아
그네, -앙으네, -앙그네'(-어서)의 형태는 연결 어미의 경우와도 똑같은
모습이다. 이런 점에서 대격 조사 '을'과 계사가 활용하는 형식이 융합
된 것으로 분석할 가능성을 열어 준다. 처격 조사 '에, 이, 디, 신디'가
모두 같은 모습으로 복합 형태를 지닌다.
　이런 복합 형태들에서 맨 처음 나온 처격 조사를 제외한다면, 어느
조사도 곧장 뒤에 나오는 관련 동사와 직접 이어지지 않는다. 따라서

분석해 내지 못함을 드러내는 것이다.
　연결 어미를 다룰 때에 다뤄져야 하겠지만, 공통어 '-아서'는 이 방언에서 시상의 구별
이 있다. 완료되지 않은 사건을 가리킬 경우에 '-앙, -앙그네, -앙그넹에, -앙으네, -앙으넹
에, -아그네, -아그넹에'가 수의적으로 교체된다. 저자는 이런 변이체들이 '아그네+그네'
와 같이 중가 형태의 모습으로 파악한다(504쪽의 각주 116을 보기 바람). 그러나 당분간
이 형태소를 소리가 나는 대로 써 놓기로 한다. '-아서'가 완료된 사건을 가리킬 경우에
이 방언에서는 '-안, -아네'로 쓰인다. 이들도 수의적으로 교체된다. 이 경우에도 처격
조사를 확정할 수 없으므로, '*-안에'로 표기해서는 안 된다.

처격 조사 뒤에 나오는 '을'을 대격 조사라고 부르지 않고, 대신 초점 또는 강조의 보조사라고 부른다. 이는 대격 조사가 맨 앞에 나오고 다른 조사와 결합한 것과는 다른 모습이다. '을랑' 또는 '을라그네'가 덧붙은 것도 동일하게 주제나 강조의 보조사로 불린다. 음절의 많고 적음에 따라 미세하게 청자의 주의력 모으기에 대한 차이가 날 수 있다. 만일 이 점만을 제외한다면, '엘, 엔, 엘랑, 엘라그네'의 변이 모습은 동일한 기능을 지니고 있다고 말할 수 있다.

§.1-2-1-나-c) 처격 조사의 복합 형태 3: '에사, 에나, 에다가, 에다, 에도, 에만', '이사, 이나, 이다가, 이도, 이만', '디사, 디나, 디다가, 디다, 디도, 디만', '신디사, 신디나, 신디다가, 신디다, 신디도, 신디만'

그영 죽은 구덕에사 뭘 담을 게라?[그처럼 작은 바구니에야 무엇을 담을 것인가?]
그 분을 얼굴에나 불르카?[그 분을 얼굴에나 바를까?]
국을 밥상에다가/밥상에다 올려노라![국을 밥상에다 올려놓으렴!]
집 문세는 방에도 읏수다[집문서는 방에도 없습니다]
그 구덕에만 담으라![그 바구니에만 담으렴!]
그 사름신디사 무사 어려울커라?[그 사람에게야 왜 어려울 것인가?]
삼춘신디나 들어 보카?[삼촌에게나 여쭤 볼까?]
아덜신디다가/아덜신디다 부름씨 시견…[아들에게 심부름을 시켜서…]
가이신디도 떡반 주라![그 아이에게도 떡 반기를 나눠 주렴!]
소님신디만 곤밥을 드렷주[손님에게만 쌀밥을 드렸거든]

처격 조사에는 주제 또는 강조의 보조사 이외에도 뜻을 더해 주는 여러 가지 보조사들이 덧붙는다. 강세의 '야', 선택의 '나', 옮김 또는 전이의 '다가, 다', 포함의 '도', 한정의 '만' 따위도 자유롭게 덧붙어 뜻을 더해 준다. 처격 조사 '에, 이, 디, 신디'도 똑같이 뜻을 더해 주는 보조사가 결합되어 나올 수 있다. 처격 조사의 부류는 가장 쉽게 그리고 가장 빈번하게, 뜻을 덧붙여 주는 복합 형태의 모습을 풍성하게 보여 준다.

§.1-2-1-다-a) 방향 격조사: '으로', '더레, 터레, 드레, 데레, 러레, 레'

구실 털어진 고망으로 들어가 불언게[구슬이 떨어져서 구멍으로 들어가 버렸단다]
이 질로 굳작 가라![이 길로 곧장 가렴!]
우리집더레 건너옵서![우리집으로 건너오십시오!]
솟더레 물 더 비우라![솥에다 물을 더 비워 주렴!]
산더레 비 오랎저[산쪽으로 비가 오고 있단다]
우터레 데낍서![위쪽으로 던지십시오!]
굿사 사름덜이 갯굿드레 값입데다[조금 전 사람들이 갯가쪽으로 가고 있었습니다]
그 사름 바당데레 값이네[그 사람 바다쪽으로 가고 있단다]
산 알러레 가 봅서![산 아래쪽으로 가 보십시오!]
야이 물러레 드려가라![이 아이를 물쪽으로 데려가렴!]
츨리레 다 담으라![자루로 다 담으렴!]
저레 갑서![저쪽으로 가십시오!]

공통어와 같이 '으로'는 이 방언에서도 움직임이나 행동의 방향을 나타내며, 반드시 동작 동사와 어울린다. 그런데 이 방언의 특징적 형태로서 '더레'가 있다. 이는 사람에 따라 뜻이 바뀌지 않은 채 '드레'나 '데레'로 소리가 달리 나기도 한다. '더레'가 장소 명사인 '위, 안'과 결합되면 '우터레, 안터레'처럼 'ㅎ' 소리가 더 붙고, '아래, 알'와 '물' 등의 ㄹ 받침 명사와 결합되면 '알러레, 물러레'로 나온다. 만일 지시 관형사 겸 지시 대명사 '이, 저, 그'와 결합되어

'이레, 저레, 그레'[이쪽으로, 저쪽으로, 그쪽으로]

로 나오거나, '이'모음으로 끝나는 '츨리[자루], 시리[시루], 화리[화로]' 따위의 명사와 결합하여 '츨리레, 시리레, 화리레'로 나온다.

§.1-2-1-다-b) 방향 격조사의 복합 형태: '신더레, 안터레, 배꼍더레, 바깥더레, 앞더레, 두터레, 뒤터레, 우터레, 알러레, 알더레, 옆더레, 즉끝더레'

아덜신더레 짐 지랜 굴앗주[아들더러 등짐을 지도록 말했거든]
그 사름안터레 안네라![그 분께 드리렴!]
문배꼍더레 요강 내어 노라![문바깥쪽으로 요강을 내어 놓으렴!]
그 사름 앞더레 가이가 푸더젓어[그 사람 앞쪽으로 그 아이가 엎어졌다]
두터레 갖다 노라![뒤쪽으로다 갖다 놓으렴!]
지붕 우터레 올리라![지붕 위쪽으로 올리렴!]
알러레 가 봅서![아래쪽으로 가 보십시오!]
옆더레 치우라![옆쪽으로 치우렴!]
베개즉끝더레 밀려 두라![베개곁끝쪽으로 밀려 놔 두렴!]

　방향 격조사의 복합 형태는 기원상 "있는 곳쪽으로"를 뜻하는 '신더레'[더러, 에게]를 제외하면, 방향이나 장소를 가리키는 명사들인 '안, 밖, 바깥, 앞, 뒤, 위, 아래, 옆, 곁끝'에 '더레'가 결합되어 있는 문법화된 모습이다. 이 형태들과 어울려 나오는 동사들은 기본적으로 모두 움직임 또는 동작의 뜻을 지니거나 적어도 상태가 바뀌는 뜻을 담고 있어야 한다. 특이하게 '곁＋끝'이 합쳐진 모습으로 '즉끝' 또는 '즉끝'이 있다. 처소나 장소를 나타내는 '디/듸'와 결합하여 '즉끝디'로 쓰이거나, 움직임 동사에 호응하여 '즉끝더레'로 쓰인다. '즉'은 단일 형태로는 찾아볼 수 없으나 겨드랑이를 가리키는 '즉갱이'에서 같은 어형을 찾을 수 있다.

§.1-2-1-라) 목표 격조사: '꼬지, 꼬정, 에, 신디, 신더레'

모관꼬지 걸어갓주[제주목까지 걸어갔다]
그디꼬정 밧 갈아 두라![그곳까지 밭을 갈아 두렴!]
절간에 갓저[절간에 갔다]
그 사름신디 보내라![그 사람에게 보내렴!]
삼춘신더레 연락ᄒ라![삼촌에게 연락하렴!]

목표 격조사로서 움직임이나 동작의 목표를 나타내는 '까지, 에'는 공통어와 같다. '꼬정'은 '꺼정'으로도 나오며, 사람에 따라 자유롭게 '까지'와 바뀌어 쓰인다. '에'는 같이 어울리는 동사의 의미에 따라 여러 가지 격조사의 기능을 맡는다. 여기서는 움직임이나 이동의 목표를 나타낸다. 이 방언에 고유한 '신디'[에게]도 또한 같이 어울려 쓰이는 동사에 따라서 여러 격으로 분류된다. 여기서는 보내는 동작의 목표 지점이 된다. 그렇지만 가령 '주다' 동사와 어울려 쓰인다면 여격으로 불릴 수 있다. '신더레'[쪽으로]는 목표 쪽을 향한 방향을 나타내므로, 이미 그 속에 행동의 목표가 깃들어 있다.

§.1-2-1-마) 출발 또는 유래 격조사: '에서, 이서, 부터, 으로부터, 에서부터'

조천에서 걸엉 오랎수다[조천리에서부터 걸어서 오고 있습니다]
집이서 나오랎수다[집에서 나오고 있습니다]
난 집이서 옴이어[나는 집으로부터 오는 것이다]
그 일부터 ᄒ라![그 일부터 하렴!]
옛날로부터 전해져 오랎주[옛날로부터 전해져 오고 있다]
그 구석지에서부터 이디꼬지가 가네 땅이어[그 구석지에서부터 이곳까지가
　　　개네 땅이다]

출발이나 유래 또는 기원을 표시하는 격조사는, 이 방언에서만 쓰이는 형태 '이서, 의서'를 제외하면 공통어의 형태들과 동일하다. 복합 격 형태의 모습도 그러하다. 이 격조사들과 어울려 쓰인 동사의 의미가 반드시 동작이나 이동의 뜻을 담고 있어야 한다. 그렇지 않다면 처격 조사와 서로 구별되지 않는다.

§.1-2-1-바) 여격 조사: '에게, 께, 에, ᄀ라, 신디, 신딜, 신딜라그네, 신디라그네, 신디랑, 안티, 안틸, 안틸라그네, 안티라그네, 안티랑, 한티, 앞이, 앞일, 앞일라그네, 앞이라그네, 앞이랑'

아바님께 큰 잔 올리라![아버님께 큰 잔 올리렴!]
그 사름ᄀ라 들어옵센 ᄒ라[그 사람에게 들어오시라고 말하렴]
느신디 책 물려주켜[너에게 책을 물려주겠다]
그 아이신디라그네 큰 떡반 갖다 주라[그 아이에게는 큰 떡 반기를 갖다
　　　주렴]
소님안티라그네 큰 상 출령 잘 대접ᄒ라[손님에게는 큰 상 차려서 잘 대접하렴]
삼춘앞이라그네 술을 따라 드리라[삼촌앞에는 술을 따라 드리렴]

여격 조사는 전형적으로 '주다' 동사에 의해서 표시되는 사건에서 대상과 이동 목표 지점이 표시될 경우에, 전형적으로 그 목표가 사람일 경우를 가리킨다(아이에게 물 주다). 그렇지만 사람이 아닐 경우에는 격조사의 모습도 '에게'에서 '에'로 바뀌게 된다(꽃에 물 주다). '주다' 동사가 확장되어 '가르치다'나 '말하다'로 바뀔 경우에도, 여전히 사람이 목표가 되므로 여격 조사라고 부른다.

그런데 이 방언의 여격 조사는 사람한테 쓰이는 공통어의 '에게'보다는 '신디, 안티' 따위가 주로 쓰인다. 후자 형태는 대우 표현이 없어서, 대신 대우 표현을 쓴다면 '에게'의 대우 형태 '께'를 쓴다(38쪽의 각주 1 참고: 무가에서 '께'를 찾을 수 있음). '신디, 안티'는 사람에 따라 아주

자유롭게 서로 뒤바뀌어 쓰인다. 이 형태에는 대격 조사 '을'에 '랑, 란'이 붙었던 모습과 동일한 모습을 관찰할 수 있다. 그 중에서 가장 긴 형태의 모습은 '신딜라그네, 안틸라그네, 앞일라그네'이며, 뜻을 뒤바꾸지 않은 채 아무렇게나 '신디랑, 안티랑, 앞이랑'으로 줄어들 수 있다. 이는 단순히 주제를 나타내는 '은'이 덧붙었다고 말할 수 없는데, '은'이 활용 어미와 같은 모습을 결코 보이지 않기 때문이다. 아마도 이는 계사 어간이 활용하는 모습을 담고 있는 듯하다(41쪽의 각주 4 참고).

§.1-2-2 동사의 2차적인 요구에 의해서 도입되는 경우

앞에서 다룬 부사격 조사는 동사의 의미 자질에 의해서 예측될 수 있다는 점에서, 그 동사가 의미 자질을 투영하게 되면 필수적인 논항으로서 포착된다. 그렇지만 여기서 다루는 부사격은 동사의 의미 자질에 의해서 예측되는 것이 아니라는 점에서, 몇 가지 경우를 제외하면 수의적인 논항이라고 말할 수 있다. 도구격이나 공동격은 어휘 의미 자질에 의해서 예측될 수 있는 측면이 없지 않다. 그렇지만 대체로 이들은 동사가 요구하는 필수적 논항이 다 채워진 뒤에, 다시 이 구조 위에 부가어로 도입된다는 측면에서 수의적 논항이라고 분류될 수 있으며, 이런 논항이 출현하지 않더라도 문법성에는 크게 지장을 주는 것이 아니다. 따라서 이른바 꾸밈말(수식어)과도 같은 지위에 있다고 말할 수 있다. 논리 형식으로 표현할 적에는 별개의 명제로서 기본 문장에 묶여 있도록 표상되어야 한다. 이들은 다음 절에서 다룰 접속 조사, 관형격 조사, 호격 조사들과는 서로 구분되어야 하겠기에(다른 차원에서 이것들은 필수적임), 여기서는 부가어의 지위를 갖는 수의적 논항을 인허해 주는 격조사들로 범주를 지정해 둔다.

§.1-2-2-가) 자격 격조사: '으로서, 으롭서, 으로'

아시롭서 성을 잘 받들어사주[아우로서 형을 잘 받들어야 한다]
삼춘으로서 도울 일도 웃어[삼촌으로서 도울 일도 없다]
아이로서 웃어른신디 홀 말이 아니라[아이로서 웃어른에게 할 말이 아니다]
츠라리 똘로 태어나시민 좋앗이컬…[차라리 딸로 태어났더라면 좋았을 것을…]

자격 격조사는 사람들 사이의 관계를 대상으로 하여 그 개별 자격을 드러내어 주는 것인데, 이 방언에서는 무가 채록에 보이는 '으롭서'만 제외한다면, 공통어와 다를 것이 없다. '으롭서, 으로서'는 마음대로 바뀌어 쓰이는 듯하다. '으로'와 '으로서'는 '서'가 있고 없음에 따라 의미나 기능의 차이가 있다. 따라서 단순히 '으로서'가 줄어들어 '으로'가 된 것만은 아니다. '서'가 들어 있는 형태는 상태의 지속이나, 행위 가능성을 속뜻으로 담고 있는 것이다.

§.1-2-2-나) 도구 격조사: '으로'

호미로 풀을 비라![낫으로 풀을 베렴!]
그 낭은 자귀로 다듬으라[그 나무는 자귀로 다듬으렴!]
콩으로 메주 숢나[콩으로 메주를 삶는다]

이 방언에서는 공통어에서 찾아지는 도구 격조사 '로, 로써' 중에서 앞의 형태만이 자주 쓰인다. 뒤의 형태 '로써'는 사뭇 글말 투의 느낌을 주고, '을 써서'처럼 문장의 형식으로도 쓰일 듯하다.

§.1-2-2-다) 이유 격조사: '으로, 에'

그 사름 빙으로 오래 전이 죽엇주[그 사람 병으로 오래 전에 죽었단다]

그 식당은 소님덜로 큰 부즈 되엇어[그 식당은 손님들로 큰 부자가 되었다]
ᄌ식덜로 그 집 망ᄒ엿주[자식들로 그 집안이 망하였단다]
요번 태풍에 그 낭 불휘ᄭ지 다 뽑혓어[요번 태풍에 그 나무 뿌리까지 다
　　뽑혔다]

'으로'는 같이 어울리는 동사의 뜻에 따라 하위 분류가 이뤄지며 다음과 같이 구분될 수 있다.

　방향 격조사, 도구 격조사, 이유 격조사 등

'에' 또한 뒤에 이어지는 동사의 의미에 따라 처격 조사, 방향 격조사, 이유 격조사 등으로 하위 분류된다. 여기서는 한 사건을 일으키는 원인이나 요소들이 이들 격조사에 의해 부사의 모습으로 나와 있는 것이다.

　§.1-2-2-라) 비교 격조사: 'ᄀ이, ᄀ치, ᄀ찌, ᄎ록, 추룩, 처룩, 만큼,
　보다, 광, 왕, 이영, 이랑, ᄒ곡'

가이도 느ᄀ치 착ᄒ 아이여[그 아이도 너같이 착한 아이이다]
저ᄎ록 더 아플 줄 누게가 알앗이카?[저처럼 더 아플 줄 누가 알았을까?]
그 사름 지레가 느 지레만큼 크다[그 사람 키가 너 키만큼 크다]
집은 서향보다 동향이 더 낫주[집은 서향보다 동향이 더 낫단다]
느광 그 사름이영 누게가 더 크냐?[너와 그 사람이랑 누가 더 크니?]
느영 나영 누게가 더 슬졋이냐?[너와 나와 누가 더 살쪘었느냐?]
밥ᄒ곡 떡ᄒ곡 는 어느 걸 먹을티?[밥하고 떡하고 너는 어느 것을 먹을래?]

　비교 격조사도 그 형태만으로는 여러 가지 쓰임을 보여 주므로, 반드시 또한 뒤따르는 동사가 두 대상 사이를 비교해 주도록 만들 경우라야 한다. 만일 동사의 의미가 비교하는 것이 아니라면 비교 격조사로 불리

지 않고, 대신 접속 조사로 불릴 것이다. 이 방언의 비교 격조사 형태들은 계사 '이다'와 관련된 '이영'[이랑]만 제외한다면, 비록 조금 다른 소리로 나오더라도 기본적으로 공통어의 형태들과 동일하다(같이, 처럼, 만큼, 보다, 과, 이랑, 하고). '이영'[이랑]은 앞의 명사가 모음으로 끝나면 다만 '영'으로 나온다. '긑이'[같이]는 형태를 밝혀 적은 것인데, 나이든 세대에서는 구개음화가 일어나 'ㄱ치'로 소리 나고, 젊은 세대에서는 된소리가 되어 'ㄱ찌'로 소리 난다. 이들 표면형은 모두 자동적인 음운 변동이지만, 적용 규칙이 서로 다르기 때문에 달리 나온 것이다.

§.1-2-2-마) 공동 격조사: '광, 이영, 이랑, ᄒ곡'

난 그 사름광 느영 ᄒ디 가키어[나는 그 사람과 너랑 함께 가겠다]
가이 이웃 사름이영 싸왓저[그 아이 이웃 사람과 싸웠다]
난 삼춘이영 ᄒ디 일ᄒ엿저[나는 삼촌이랑 함께 일하였다]
느ᄒ곡 가이ᄒ곡 긑이 가라![너하고 그 아이하고 같이 가거라!]

공동 격조사는 개개인 또는 낱개의 대상이 집단이나 합체가 되어 하나처럼 일하는 경우에 맞춰 붙여진 이름이다. 여기서 제시된 용례들에서는 'ᄒ디/ᄒ듸'[함께]와 '같이'라는 부사가 이들을 하나의 집단으로 만들어 주는 일을 떠맡고 있다. 하나의 집단으로 만들어 주는 부사는 공통어에서와 같이 '모두, 다'와 같은 것들도 쓰인다. 뿐만 아니라

'싸우다, 만나다, 마주치다, 사이좋다, 닮다, 트나다[다르다]'

따위의 동사는 그 의미가 둘 이상의 대상이나 사람을 언제나 하나의 관계로 묶어 준다. 이런 조건이 만족될 경우에 어떤 격조사를 선택하든지 간에 공동 격조사라고 부른다. 이들 격조사는 오직 어감의 차이만 있을 뿐, 의미 차이가 전혀 없이 마음대로 바꿔 쓸 수 있다. 격조사의

형태만으로 고유하게 '공동 격조사'를 나누지 못하므로, 때로는 이를 독립된 격조사 항목으로 내세우지 않고, 대신 접속 조사의 특수한 경우로 취급하기도 한다.

제3절 다른 동기로 도입되는 조사

여기서 다루는 조사들은 필수적으로 도입된다는 점만 제외하면, 결코 하나의 범주로 묶이는 것이 아니다. 핵어가 서로 다를 뿐만 아니라, 조사가 실현되는 절차도 다르기 때문이다. 접속 조사의 핵어는 기능범주 '접속사'(& 또는 Conj)이다. 교착어의 특징을 지닌 우리말에서는 접속사라는 범주를 설정하지 않지만, 핵어 투영의 입장에 서면 접속 구조를 투영하는 핵어가 반드시 주어져 있어야 하므로, 이를 위하여 접속사 범주를 내세우게 된다. 관형격 조사는 두 명사구 사이에서 관찰되며, 우리말 후핵성(head-final)의 매개인자에 의하여 핵어 명사가 투영하는 구조에 의해 도입되는 것이다. 그렇지만 관형격으로 분류되는 형태가 하나만이 아니라 여러 개가 있다. 무표적인 ∅와 대립하여 유무 대립을 이루기도 하고, 2항 대립을 이루는 경우도 있으므로, 응당 관형격 형태가 지닌 고유한 의미 자질들이 찾아져야 할 것이다.

마지막으로 호격은 사실 문법 층위에서 도입되는 것이 아니다. 오직 화용 층위에서 청자의 주목을 이끌어 내기 위하여 도입되는 것이므로, 엄격히 문법 영역에서 다룰 사안은 아니다. 그럼에도 불구하고 우리말 문법에서는 친숙하게 보조사 부류들(다음 절들에서 '보조사'와 '화용 첨사'들로 다룸)도 문법 영역에서 다루고 있으므로, 각각의 형태들이 문법 층위에 어떤 '닻 내리기' 작용을 한다고 서술해 놓아야 옳을 듯하다.

§.1-3-1 접속 조사: '∅, 광,10) 이영, 이랑, 이곡, 이멍, ᄒ곡, 에, 에다, 에다가'

수박_ 물외_ 츰외_ 먹엇저[수박_ 물외_ 참외_ 먹었다]

책광 공책광 가방광 삿저[책과 공책과 가방을 샀다]

과자영 사탕이영 음료수영 담으라![과자랑 사탕이랑 음료수랑 담으렴!]

밥ᄒ곡 국ᄒ곡 출레ᄒ곡 이레 앗앙 오라![밥하고 국하고 반찬하고 이쪽으로 갖고 오렴!]

떡에 밥에 궤기에 많이 먹으라![떡에 밥에 고기에 많이 먹으렴!]

접속 조사는 두 개 이상의 명사 부류들을 계속 이어줄 수 있게 해 준다. 본디 두 개 이상의 문장이 똑같은 동사를 갖고 있을 경우에, 이를 줄여서 간단히 명사들의 접속으로 표현한 것이라고 본다. 이 조사에 연결 어미의 형태와 동일한 것이 많은 것도, 애초에 두 개 이상의 문장을 줄여 놓은 것이기 때문이다. 따라서 만일 연결 어미라는 말을 따라 쓴다면, 일관되게 이 조사도 또한 연결 조사라고 불러야 마땅하다. 그렇지만 이미 접속 조사라는 말을 이전에서부터 써 왔으므로, 여기서는 그런 관례를 따르기로 한다. 이런 점들로 말미암아 접속 조사를 다른 부사격 조사들과 달리 취급하는 것이다.

공동 격조사는 연결 또는 접속되는 항목이 모두 필수적이다. 가령, '만나다, 싸우다'라는 동사의 경우 그 의미 때문에 접속 조사로 표시되는 요소가 결코 생략되어서는 안 된다.

---

10) 본디 이 방언에서는 받침소리가 있고 없음에 관계없이 오직 '광'만 쓰였으나, 방송과 표준어 교육으로 인하여 '과, 와'(음운론적으로 조건 지워진 변이형태)도 쓰임을 관찰할 수 있다. '와'는 언제나 표준어 형태로만 쓰기 때문에, 모음으로 끝나는 명사구에는 '와'만 결합될 뿐이다. 이 방언에서 결코 '*왕'이라는 형태소는 존재하지 않는다. 가령 '철수'라는 낱말에는 두 가지 형태가 있을 뿐이다. '철수광'과 '철수와'이다. '철수광'은 이 방언에서 쓰이는 단일 형태의 공동격 조사이다. 표준어에서 불가능한 '*철수과'는 이 방언에서도 결합이 불가능하다. '과, 와'의 실현 조건은 그대로 표준어 규칙을 따를 뿐이다.

'철수영 영이영 서로 싸왓저'[철수와 영이와 서로 싸웠다]

에서 아무렇게나 관련 명사들이 생략될 수 없다. 그렇지만 접속 조사는 문장을 줄여 놓은 것이기 때문에, 임의로 생략해도 문법상에 아무런 장애가 생기지 않는다.

먼저 접속 조사는 다른 표시가 전혀 없이 그대로 나열되는 것만으로도 충분히 본디 목적을 이룰 수 있다. 어느 언어에서이든지 이런 모습이 가장 기본적이라고 한다. 영어에서는 문장을 잇는 형태와 명사를 잇는 형태를 서로 구분하지 않고 똑같이 'and'라는 하나의 형태로 쓰고 있다. 그렇지만 우리말에서는 문장을 잇는 경우와 명사를 잇는 경우를 서로 구분해 준다. 표준어에서 명사를 잇는 형태가 대표적으로 '과, 와'이며, 이 방언에서는 본디 단독 형태 '광'(또는 '을광')만 쓰여 왔다. 또 명사를 이어 주기 위하여 처격의 복합된 형태 '에, 에다, 에다가'도 쓴다. 그런데 문장을 잇는 형태를 빌려 쓸 수도 있는데, 반드시 계사 '이다'를 써서

'이영[이랑], 이랑, 이곡[이고], 이멍[이면서]'

이 쓰이거나 또는 대동사 '하다'를 써서 'ᄒ곡[하고]'이 쓰일 수 있다. 비록 접속 조사의 모습이 서로 다르지만, 아무런 의미의 차이가 없이 이들 접속 조사가 서로 뒤바뀌어 쓰일 수 있다. 연결 어미에서 '고'와 '며'가 서로 의미가 다르지만, 접속 조사로 이용된 형태들에서는 그런 차이를 느낄 수 없다.

공통어에서는 나열해 나가는 요소들 중에서 맨 마지막 명사는 반드시 접속 조사를 없애고 '가' 또는 '를'과 같은 격조사를 써야 한다. 그렇지만 이 방언에서는 그런 격조사를 바꿔 쓰는 일이 필수적이지 않다. 오히려 그대로 똑같은 접속 조사를 써 주는 것이 더욱 방언답고,

'책괌 가방괌을 주다'

처럼 중세 국어의 모습대로 접속 조사 뒤에 격조사를 써 줄 수도 있다.

§.1-3-2 관형격 조사: 'ø, 의'

그 사름__ 사진
그 사름의 건물

관형격 조사는 속격 조사 또는 소유격 조사로도 불린다. 이 방언에서
쓰이는 관형격 조사는 공통어의 형태와 다르지 않다. 다만, 일부 연구
자들이 이 방언을 매우 유별난 별종처럼 만들어 놓고자 골몰하여, 이전
에 마치 관형격 조사 '네'가 있는 것처럼 잘못 주장한 적이 있다. 그렇지
만 잘못이다. '네'는 한 사람의 소속을 나타내어 주는 접미사이고, 집단
이나 단체의 뜻을 담고 있어 자연스럽게 복수 접미사로 쓰일 뿐이다.
한 집단의 각각 또는 각자를 하나하나씩 가리키는 복수 접미사 '덜, 들'
과 구분된다. '네'는 결코 관형격 조사가 아니다. 만일 '네'가 관형격
조사였다면,

'가네의 땅'[그 아이네의 땅]
'야네덜의 사진'[이 아이네들의 사진, 하나하나 각각]

처럼 다시 '네' 뒤에 '의'가 이중으로 붙어 나와서도 안 된다. 하나로도
충분한데, 아무런 이유도 없이 이중으로 격조사가 붙을 수 없기 때문
이다.

'*그 낭네 꽃'[*그 나무네 꽃]
'그 낭기 꽃'[그 나무의 꽃]

또한 앞의 결합 사례에서와 같이 어느 하나가 비문이 되어서도 안 된다. '*낭네'가 불가능하다는 사실은, 이 형태소가 관형격 조사가 아님을 드러낼 뿐이다.

이전에 잘못 관형격 조사 '네'로 제시된 예는, 모두 'ø'가 들어 있는 것들이고, 이런 'ø'는 공통어에서도 똑같이 쓰인다. 그렇다면 'ø'와 '의' 사이에 차이가 있는지 여부를 살펴보아야 하겠는데, 두 구성의 차이는 다음과 같다. 'ø'는 앞의 명사와 뒤의 명사가 하나의 동심원에서 점점 줄어드는 관계를 보이거나 또는 내포의 관계를 보여 줄 경우에만 쓰인다. 그렇지만 '의'가 있는 구성은 이런 관계뿐만 아니라, 더욱 다양한 관계들이 표현될 수 있고, 두 명사 사이에서 뒷 명사를 꾸미는 수식어도 중간에 쉽게 허용해 준다.

가령, '*그 사름ø 찢어진 사진'은 비문법적이다. 수식어가 중간에 가로막아 두 명사들 사이에서 내포 관계나 대소 관계를 성립시켜 줄 수 없기 때문이다. 오직 '그 사름ø 사진'이 먼저 명사구로 묶이고, 이 명사구를 수식어가 꾸며 줄 경우에라야 문법적으로 된다.

'<u>찢어진</u>[그 사름 사진]'

과 같다. 그렇지만

'그 사름의 <u>부서진</u> 건물'

은 두 명사가 '의'에 의해서 묶여 있으므로, 두 명사의 중간에 자유롭게 어떤 수식 요소도 허용해 준다. 또한 그 수식어가 앞으로 옮겨간 표현도 다음처럼 가능하며, 완벽히 수용된다.

'<u>부서진</u>[그 사름의 건물]'

§.1-3-3 호격 조사: 'Ø, 아, 야, 여, 이여'

삼춘__ 어디 값수과?[삼춘__ 어디 가고 계십니까?]
애야 지금 어디 감디?[11][애야 지금 어디 가고 있니?]

호격 조사는 문장 속의 요소가 아니라, 가까이 있는 청자를 불러 화자에게 주목하게 만드는 일을 하므로, 문장 속의 요소로 다루지 않고, 화용이나 담화 표지로 여겨 다른 분야에서 다루기도 한다. 이 방언의 호격 조사는 공통어와 전혀 차이가 없다.

제4절 뜻을 더해 주는 보조사

보조사는 뜻을 더해 준다는 측면에서 격조사와 구별된다. 그렇지만 또 한편으로는 청자에게 어떤 내용을 요구하는 화용 첨사들과도 구별되어야 한다. 여기서는 어떤 언어 요소에 뜻을 더 덧붙여 놓는 부류를 보조사로 부르기로 하겠다. 주제 강조 한정 등의 의미가 이들 보조사에 의해서 더 덧붙여지는 것이다.

§.1-4-1 주제 보조사: '는, 은, ㄴ', '을, 를, ㄹ', '을라그네, 을랑으네, 을라그넹에, 을랑'

가인 지레가 아주 크우다[그 아이는 키가 아주 큽니다]

---

11) '어디 갔디?'는 이미 일어난 사건을 가리킬 경우에 '어디 간디?'로 발화되고, 미래 사건을 가리킬 경우에는 '어디 갈티?/갈띠?'로 발화된다. 결코 '*어디 갔디?'라는 발화는 관찰되지 않는다. 따라서 해당 형태소가 시상을 나타내는 '-앖-'이 아니라, 다른 형태소임을 알 수 있다. 이들 형태소 분석은 각각 '가+음+디?'와 '가+은+디?'와 '가+읋디?'로 이뤄진다. 명사형 어미와 관형형 어미 구성인 것이다. 여기서 현재 사건과 과거 사건과 미래 사건의 대립은 '음 : 은 : 을'에 있음을 알 수 있다. 반말투 종결 어미 '-어'와 융합된 구성으로서 §.3-4-3 '-언댜?'와 §.3-4-4 '-엄댜?'의 논의(295쪽 이하)를 살펴보기 바란다.

밥을 질게 흐엿인게[밥을 실게 해 두었네그려]

소님일라그네 밖거리레 들이라[손님일랑 바깥채 쪽으로 모시어 들이럼]

늘라그네 흐쓸 싯당 나오라![너는 조금 있다가 나오럼!]

이 방언에서 쓰이는 보조사는 몇 개의 경우만 제외하면 공통어의 보조사들과 동일하다. 먼저 주제를 부각시키는 보조사로 '은, 는, ㄴ'이 있고, '을, 를, ㄹ'이 있다. 그런데 이 방언에서는 '을'에 다른 요소가 융합된 '을라그네, 을랑으네, 을라그넹에, 을랑'이 자주 쓰인다. 만일 이들이 수의적 교체 관계가 틀림없다면, 밑줄 그은 요소들이 연결 어미 '-앙'('-어서')에서도 찾아지는 형태와 동일함에 주목을 해야 한다. 앞에 있는 'ㄹ'은 아마 계사의 어간에 잠재되어 있던 것이 발현되어 나온 것으로 보인다. 이는 계사의 활용 형식과 매우 흡사한 것이다. 이것과 매우 유사한 구성이 '그리고서'를 늘여 놓은 형식인

'그리고설랑, 그리고설라그네, 그리고설람, 그리고설라므네'

에서 찾아지는 '-을라그네, -을라므네'도 있다. '-을랑, -을람'에서 다시 연결 어미 모습을 지닌 '-으네' 또는 '-그네'를 찾을 수 있다. 이 형태소가 연결 어미 '-안'의 확장 형식인 '-아네'에서 또는 '-앙'의 확장 형식인 '-아그네'에서 찾을 수 있는 형식과 동일한 것인지 여부는 더 따져 보아야 할 듯하다. 여기서는 이를 처격 조사 '에'로 분석한 강정희(1988)의 주장이 잘못된 것임만 지적해 두기로 한다. 왜냐하면 그런 분석에서는 '은+에'로 상정되는데, '은'을 합리적으로 설명할 수 있는 방안을 전혀 찾을 수 없을 뿐만 아니라, 왜 격조사 '에'가 명사가 아닌 요소에 붙어야 하는지에 대해서도 설명할 길이 없기 때문이다(48쪽의 각주 9 참고).

§.1-4-2 다른 보조사들: '꼬정[까지], 꼬지, 대롬[대로], 대로, 냥으로[대로, 양으로], 을로, 도, 만, 부터, 이사[이야], 이사말로[이야말로], 이나, 이나마, 조차, 밖의[밖에], 백이[밖에], 만이[만큼], 만썩[만큼], 만씩[만큼], 알롸[아울러]'

태어난 날 태어난 시꼬정 곹으다[태어난 날짜 태어난 시간까지 같구나]

흔 번 이녁대로 그 일 해 보주![한 번 이녁(2인칭)대로 그 일 해 보지 그래!]

그 일 느냥으로 ᄒ라[그 일 너대로 혼자서 하렴]

집을 이녁냥으로 짓었저[집을 혼자서 이녁(자기)대로 짓고 있다]

그 일 질로 ᄒ게 ᄀ만이 놔 두라[그 일은 자기대로 하도록 가만히 놔 두렴]

물건도 좋다[물건도 좋다]

빈 가방만 ᄀ젓엉 가라![빈 가방만 갖고 가렴!]

가이부터 오랜 불르라![그 아이부터 오라고 부르렴!]

부지런만 ᄒ민사 가인 사름이사 좋주[부지런만 하다면야 걔는 사람 성격이야 좋지]

그 일이사말로 ᄒ를에 끝내기 어렵주게[그 일이야말로 하루에 끝내기가 어렵단다]

우리 이제 고렴(顧殮)이나12) 가 보카?[우리 이제 문상(問喪)이나 가 볼까?]

그 돈이나마 남아 이시난 다행이주게[그 돈이나마 남아 있으니까 다행이란다]

이녁조차 기영13) 굴앉어?[이녁조차 그렇게 말하는 건가?]

---

12) 이 방언에서는 상가를 찾아가 위문한다는 뜻의 문상(問喪)이란 낱말보다, 시신을 염습(殮襲)하는 일을 돌아보다는 뜻으로 '고렴'(顧殮)이란 말을 자주 쓴다. 시신의 염습은 소렴과 대렴으로 나뉜다. 소렴(小殮)은 운명한 다음날 망자의 시신에 수의를 입히고 이불로 감싸는 일이고, 대렴(大殮)은 관 속에 집어넣기 위하여 소렴이 끝난 시신을 베로 감싸고 묶는 일이다. 이런 상례도 제대로 알지 못하면서, 무책임하게 '고렴'을 몽골어 qurim의 차용어라도 적어 놓은 황당한 주장도 있다(강영봉, 2007,『제주의 민속문화 ①: 제주어』, 국립민속박물관, 115쪽). qurim은 영어로 정반대 의미인 결혼, 잔치 등으로 번역되어 있다.

13) 제주발전연구원(2014),『제주어 표기법』제4항 '자모'에서는 제주 방언의 모음을 표기하는 데에 소리 나는 대로 적도록 규정하고 있다. 제주 방언은 단모음으로 쓰며, 유독 중모음 '외'와 '의'만은 한자어 표기에만 쓰도록 하고 있다. '그영'(그렇게)은 지시 대명사 '그'와 계사 '이다'와 연결 어미 '엉'이 결합되어 있다. 이 표기가 나오는 도출 과정을 단계별로 나타내면 다음과 같다. 초기 표상은 '그+이+엉'(그이엉)이며, 몇 가지 변동이 도출

날 생각해 주는 사름은 느뱆이 읏구나[날 생각해 주는 사람은 너밖에 없구나]

그 사름만이 일 잘홀 사름은 읏어[그 사람만큼 일 잘할 사람은 없다]

ᄒ끔만썩 드라![조금만썩 달라!]

그만썩이사 무사 못 주느니?[그만큼썩이야 왜 못 주겠느냐?]

그만썩이나마 내논 것만도 다행이라[그만큼썩이나마 내놓은 것만이라도 다
행이다]

그 사름알롸 욕ᄒ였저[그 사람도 아울러, 그 사람마저도 욕하고 있네]

이들 보조사는 형태도 거의 공통어에서와 동일하며, 또한 더해 주는
의미도 같다. 약간 다른 형태로서 공통어의 '까지'는 이 방언에서 옛모
습대로 'ᄭ정'으로 나오거나 'ᄭ지'로 나온다. '대로'와 대응될 수 있는
'냥[樣]으로, 양으로'는 명사 직접 붙어서 보조사로도 쓰이며, 공통어에
서처럼 반드시 관형형 어미 '-을'(떠날 양으로, 올 양으로)과 결합하여 의
향이나 짐짓 어떤 행동을 하려는 듯함을 내보인다. 또한 이 방언의 '을
로'도 공통어의 '대로'로 바뀔 수 있는데, 대격 '을'과 도구격 '으로'가
결합하여 기능이 확대된 것으로 보인다. 강조를 해 주는 '이야, 야'는
이 방언에서 '이사, 사'로 나오고, 부정 표현이 나오는 '밖에'는 이 방언
에서 '밖이, 뱆이'로 나오는데 '밖의, 뱆의'로 쓴 경우도 있다. 공통어의
'만큼'은 '만, 만이, 만썩, 만씩'으로도 나오는데, 되풀이 과정을 뜻하는
'씩'이 붙은 경우에는 둘 이상의 대상이나 사람이 전제된다.

이 보조사들은 다시 서로 결합하여 더 큰 덩이가 되거나, 아니면 주

과정에서 생겨난다. 먼저 계사 어간 '이'가 반모음(또는 활음으로도 부름) 'y'로 바뀌면서
하향 반모음으로 되어 '긔영'이 나오고, 이어 다시 순행 동화가 일어나 '긔영'으로 바뀐다.
여기서 이 방언에서 이중 모음을 발음하지 않는 습성 때문에 이중 모음 중 어느 하나가
탈락되어야 한다. ① '으'가 탈락되면 '기영'이 되고, ② '이'가 탈락하면 '그영'이 된다. 이
것이 제17항 '준말'에서 본디 꼴로 내세운 '기영/그영'이다. ③ 이것들은 또한 음절이 더
줄어들어 '경'으로 소리 날 수도 있다. 그런데 '기영'을 결코 구개음화가 일어나 '*지영'으
로 발음되지 않는다. 필자는 이렇게 구개음화가 저지되는 특성이 반영되려면, '이' 모음
앞에 장애 요소를 집어넣은 표기로서 '긔영'이 허용되어야 하지 않을까 의심해 본다. 여
기서는 이 방언의 표기법에 따라 '기영'으로 적어 둔다.

제 보조사 '는' 또는 격조사 '이, 가, 를'이 덧붙을 수 있음은 공통어에서와 꼭같다. 가령, '만큼까지, 만큼씩이나, 만큼이야말로, 만큼씩이라도, 만큼도, 만큼조차도, 만큼부터야, 만큼까지는, 만큼까지를, 만큼까지가', '만도, 만이나, 만이나마', '대로도, 대로나마, 대로는, 대로가', '까지만, 까지도, 까지야, 까지나마, 까지는, 까지를, 까지가', '부터도, 조차도, 조차나마, 부터는, 부터가, 부터를' 등과 같다. 공통어에서 부사로 취급되는 '아울러'는 이 방언에서 '알롸'[아울러]로 나온다. 공통어에서는 "그것도 아울러 다 끝내게!"라고 말할 수 있으므로, 부사임을 쉽게 판정할 수 있다. 그러나 이 방언에서는 음절이 줄어든 형식으로 쓰이며, 또한 바로 명사에 붙어

"그거알롸 다 끝내라!"[그것도 아울러, 그것마저도 다 끝내어라]

와 같이 말하게 된다. 따라서 부사로 보기보다는, 오직 명사에 붙는 보조사로 간주할 수 있다.

제5절 화용 첨사 또는 화용 보조사

화용 첨사 또는 화용 보조사는 단순히 뜻을 더해 주는 것이 아니라, 문장이나 발화를 대상으로 하여 전달 내용을 강조하거나 청자에게 주목하게 만들 뿐만 아니라, 청자에게 동의나 판단을 구하거나 의견을 묻는 일을 하므로, 여느 보조사와 같이 묶일 수 없다. 따라서 따로 '화용 첨사'라고 부르거나 또는 더 중립적으로 불러 '담화 표지'라는 말을 쓰기도 한다. 이하에서는 '화용 첨사'라는 말을 쓰기로 한다. 담화 표지는 미시적 담화 표지와 거시적 담화 표지로 나뉘는데, 화용 첨사와 거시적 담화 표지는 서로 다른 것들이기 때문에, '담화 표지'란 용어는 이 절에서 다룰 형태들을 가리키기에 적합하지 않은 측면이 있다.

이 방언에서 화용 첨사는 아주 빈번하게 그리고 아주 풍부하게 나온다. 그럼에도 불구하고 지금까지 화용 보조사들의 몸체가 한 번이라도 제대로 드러나거나 다뤄진 적이 없다. 막연히 화용 첨사는 아무렇게나 쓰이는 듯이 오해를 빚기도 하지만, 이 방언의 화용 첨사들은 매우 체계적으로 쓰이고 있으며, 놀라울 정도로 엄격히 화자와 청자가 의사소통을 하는 데에 필요한 논리적 측면의 구성을 정연하게 보여 주므로, 이 방언에서 화용 첨사를 쓰는 얼개를 살펴볼 필요가 있다.

먼저 화용 첨사의 상위 개념으로서, 기능상 세 가지 부류를 나눌 수 있다. ① 청자에게 발화에 주목하도록 강조하는 화용 첨사와 ② 그 내용을 이내 받아들이도록 재촉하는 화용 첨사와 ③ 청자에게 확인 반응이나 동의 여부를 보여 주도록 요구하는 화용 첨사이다. 이는 의사소통에서 화자가 청자에게 합리적으로 요구할 수 있는

'주목하기 → 받아들이기 → 반응하기'

의 세 단계이다. 그렇지만 이를 다음처럼 크게 두 단계로도 나눌 수 있다.

'주목하여 받아들이기 → 즉시 판단하고 동의 여부를 드러내기'

앞의 세 단계를 두 단계로 나누는 이유가 있다. 동사 또는 문장 뒤에 붙는 화용 첨사는 세 단계의 구분이 분명히 드러난다. 그렇지만 명사에도 화용 첨사가 붙는데, 이 경우에는 더욱 간단히 두 단계의 구분만이 가능할 뿐이다.

어떤 부류로 나누든지 간에, 이는 다시 하위 구분이 이뤄진다. 즉, 화용 첨사가 붙은 대상이 되는 최소 단위가 다만 발화의 일부인지, 전체 발화인지로 더 나뉜다. 또한 듣는 사람을 높이는지, 아니면 그렇지 않고 평대를 하는지로 더 구분할 수 있다. 발화의 일부가 대상이 되는

지 전체가 대상이 되는지 여부는 독자적인 형태로 구분되지 않고, 오직 화용 첨사가 일부 요소에 덧붙어 있는지, 아니면 발화 맨 끝에 붙어 있는지에 따라 구분될 뿐이다. 그렇지만 상대방을 대우하여 높일지 여부를 보여 주는 화용 첨사는 형태들이 서로 다르다. 이는 직접 청자를 직접 마주 보고 있으므로, 보다 중요한 요소가 뒤쪽으로 자리 잡는 우리말에서는 상대방을 높여야 할지 여부를 언어 표현의 마지막 자리에서 결정하고, 그 결정의 결과를 언어 형식으로 바꾸어 주어야 하기 때문이다. 이 점이 이 방언에서 서로 두 가지로 대립하는 '대우 첨사'와 '평대 첨사'로 나누어 놓는다. 공통어에서 찾아지는 3등급 대우 표현(존대 : 평대 : 자기 낮춤) 중에서 자기 낮춤의 공손법이나 겸양 방식은, 이 방언의 화용 첨사에서 찾아지지 않는다. 오직 두 가지 대우 또는 평대로써만, 다시 말하여 대우 여부로써만 나뉠 뿐이다.

만일 상위 부류를 두 단계로 나눌 경우에, 첫째 청자가 모르고 있거나 잘못 알고 있는 내용을 청자에게 말하여, 지금 통보된 전체 내용에 주목하여 신속히 받아들이도록 재촉하는 부류를 '주목 강조' 첨사나 '수용 촉구' 첨사로 부를 수 있다. 둘째, 화자가 자신이 말한 내용을 놓고서 청자에게 긍정적인 확인 반응을 보이거나, 아니면 동의 여부를 드러내도록 요구하는 부류를 '청자 동의' 첨사로 부를 수 있다. 수용 촉구 첨사는 발화의 일부나 전체를 청자에게 주목하여 받아들이도록 강조한다. 그러나 청자 동의 첨사는 전체 발화에 대한 청자의 판단을 화자에게 즉석에서 보여 주도록 요구하는 것이다.

이런 화용 첨사들은 단독으로 오직 하나만 나올 수도 있고, 서로 다른 이런 두 가지 다른 기능 때문에 화용 첨사들이 둘 이상 계속 붙어 나올 수 있다. 단, 둘 이상이 서로 결합되어 나올 경우에는 자신이 말한 내용을 주목하여 받아들이도록 재촉한 뒤에, 그 내용에 대하여 청자의 판단을 곧 나타내어 보이도록 요구할 수 있는 것이다. 이제 설명의 편의상 화용 첨사가 추가로 덧붙여짐을 드러내기 위하여 '+'를 기호를 쓰되, 화용 첨사가 보조사로 묶이므로, 띄어 쓰지 않고 언제나 앞 요소에 붙여 쓰기로 한다. 둘 이상의 화용 첨사가 나오는 경우들을 먼저 살펴보기로 한다(명령 서법 중 §.4-5-1-가)의 화용 첨사 중복에 대한 논의도 참고하기 바람: 381쪽 이하).

① "가이가 그디 간+마씀+양"[그 아이가 거기에 가서/갔어+라는 말씀입니다+요]

①에서는 발화의 몸체인 '가이가 그디 간'이 있고(§.2-3-1-다)에서 '-안'은 반말투 종결 어미와 인용 어미가 융합된 것으로 논의됨: 163쪽 이하), 이어 두 개의 첨사 '마씀'과 '양'이 덧붙어 있다. 앞의 몸체 '가이가 그디 간'(오름세 억양↗ 또는 내림세 억양↘)은 이 방언에서 두 가지 해석을 지닌다. 하나는 연결 어미 '그 아이가 거기에 가서'로 해석되고, 이 뒤에 후행절이 옴을 알려 주기 위하여 오름세 억양 '↗'으로 끝난다. 다른 하나는 완전히 끝났음을 알려 주는 내림세 억양 '↘'을 띠고, 종결 어미가 되어 '그 아이가 거기에 갔어'로 해석된다. 이 몸체 뒤에 이어진 첨사는 모두 청자를 높이는 것들이며, 그렇지 않을 경우에는 '+이+게'로 바뀌어야 한다. '마씀'은 공통어에서 '말씀입니다' 또는 '라는 말씀입니다'와 대응될 수 있다. 뒤의 '양'은 화자에 따라 제 마음대로 '예'로 바뀌거나 아니면 일부 지역(구좌 쪽)에서 '야'로 바뀔 수 있다. 곧, '마씀+예'나 '마씀+야'로도 나올 수 있다. 이 '양' 또는 '예, 야'는 공통어의 '요'와 대응된다. 이 화용 첨사들의 결합은 청자를 높이어 주는 것이고, 그렇지 않을 경우에는 '+이+게'로 바뀌어 나온다. 학교 문법에서는 '입버릇 및 더듬거림'의 요소를 감탄사로 보기도 하지만, 더듬거림 자체가 감탄할 대상도 없을 뿐만 아니라, 분명한 화용적 기능이 있으므로, 화용 첨사로 취급해야 옳을 듯하다.

그런데 마지막 자리에 나오는 화용 첨사는, 언제나 억양이 두 가지 다른 모습으로 나올 수 있다. 하나는 오름세 억양으로 끝나 청자에게 되묻는 확인 억양이다.

"그디 간+마씀+양?"(↗)

다른 하나는 처음에 의문문처럼 올라갔다가 급속히 떨어지는 설의법의
억양 '↗↘'이다.

"그디 간+마씀+양~!"(↗↘)

여기서 이 발화에 제일 먼저 붙은 화용 첨사 '마씀'은 앞에 나온 발화
몸체의 정보에 청자가 주목하도록 강조하고 있다. 이 뒤에 다시 이어진
화용 첨사 '양'은, 만일 의문 억양 "양?"일 때에 이제 막 전달한 정보가
맞는지 여부를 확인해 달라는 요청이 되고, 만일 올라갔다가 급격히
떨어지는 설의법 억양 "양~!"일 경우에 청자에게 화자 자신이 말한 내
용을 받아들이도록 촉구하고 있는 것이다. 따라서 청자를 높여 주는
표현(대우 표현)으로

"그디 간+마씀+양, 그디 간+마씀+예, 그디 간+마씀+야"
"그디 간+마씸+양, 그디 간+마씸+예, 그디 간+마씸+야"

가 사람에 따라 편한 대로 아무렇게나 바뀔 수 있다. 만일 청자를 높이
지 않은 채 모두 평대의 화용 첨사로 나오면, "가이 그디 간+이+게"로
나온다.
　　화용 첨사가 두 개 결합되는 것은 아주 흔하고, 심지어 세 개까지도
결합될 수 있다. 두 개의 화용 첨사가 결합된 용례를 보기로 한다.

　　② "가이 값어+은게+마씀"(감선게마씀)14)[그 아이 가고 있다+은다+는 말

---

14) 화용 첨사 '은게'에서 '으'는 앞 음절이 모음으로 끝날 때에 언제나 탈락하여 'ㄴ게'로
　　되며, 앞 종결 어미의 받침이 된다. 이 방언에서 '으' 탈락은 비단 이 경우만이 아니라,
　　동사 어간과의 결합에서도 일어난다. 따라서 매우 일반적인 탈락 규칙이다. ②의 '값어+은

쏨입니다]

③ "가이 값인게+게+마씀"(감신게게마씀)[그 아이 가고 있어+요+라는 말
쏨입니다]

②는 '그 사름 값어'[그 사람 가고 있어]라는 완벽한 종결 발화나 문장
으로서, 반말투 종결 어미 '-어'가 들어 있다. ③에서는 이 종결 어미가
'-은게'[-은 거야/것이야]의 구성을 지닌 입말 투의 어미로 바뀌어 나왔
다. 미세한 어감의 차이를 무시한다면, 두 어미는 동일한 기능을 지닌
다. 이 종결 어미 뒤에 붙은 화용 첨사는 ②에서 '은게'이고, ③에서 '게'
인데, 이들은 결코 동일한 것이 아니다. 왜냐하면 ②가 특별히 다음 ④
처럼 말해질 수 있기 때문이다.

④ "값어+은게+게+마씀"(감선게게마씀)[가고 있다+은다+야+라는 말
쏨입니다]
⑤ "값어+은게+게+이"(감선게게이)[가고 있다+은다+야+그렇잖니]

여기 ④에서는 화용 첨사가 셋씩 붙어 있다. 먼저 '은게'가 있고, 다음에
'게'가 있으며, 마지막으로 '마씀'[라는 말씀입니다]이 있다. ⑤도 화용
첨사들의 기능이 동일하지만, 청자를 높이지 않은 평대 첨사의 모습이
다. 이를 이 방언 형태들에 대응하도록 각각 공통어로 표현한다면

⑥ "[가고 있단다야]라는 말씀입니다!/말씀이잖습니까?"
⑦ "[가고 있단다야] 그래!/그렇잖니?"

게+마씀'은 '감선게마씀'으로 소리나고, ④의 '값어+은게+게+마씀'은 '감선게게마씀'
으로 소리난다. 또 '마씀'이란 화용 첨사는 화자에 따라 마음대로 '마씜'으로도 소리난다.
뜻 차이가 없이 아무렇게나 '으'와 '이'가 서로 바뀔 수 있는 것이다. 굳이 차이를 찾으라고
한다면 세대별 차이 정도를 생각해 볼 수 있다. 아마 '마씀'이 더 보수적인 느낌을 지니고,
'마씜'이 젊은이들에게서 쓰일 듯하다. 이는 처격 조사의 변이에서 볼 수 있는 '가이신드레,
가이신더레'[그 아이에게, 그 아이 있는 쪽으로]의 대립에서도 마찬가지인데, 보수적인
느낌의 '으'와 더 젊은이 표현을 실어 나르는 '어'의 차이에서도 비슷한 듯하다.

정도로 표현될 수 있다. ④와 ⑤에서 첫 번째 첨사 '은게'는 청자에게 발화 내용에 주목하도록 하는 강조 첨사이다. 그렇지만 두 번째 첨사 '게'는 청자에게 지금 말해진 발화를 받아들이도록 재촉하는 수용 촉구 첨사이다. 마지막으로 세 번째 나온 첨사 '마씀, 이'는 각각 청자를 대우하여 높이거나 평대를 하는 첨사이다. '마씀'만이 대우 등급을 바꾸어 놓는 역할을 하는데, 주로 반말투 종결 어미 '-어' 뒤에 붙는다. 이들 각각은 다른 기능을 떠맡고 있는 첨사들이다.

이런 점을 고려한다면, ②의 발화에서는 ④의 두 번째 첨사 '게'가 나오지 않은 것이며, 오직 발화에 주목하도록 하는 강조 첨사 '은게'와 청자를 대우하여 높여 주는 첨사 '마씀'이 이어져 있음 알 수 있다. 그런데 ③의 발화에서는 ④의 첫 번째 첨사 '은게'가 나오지 않았다. 대신 ③의 발화는 동일한 형식 '은게'가 이미 종결 어미로 먼저 나와 있다. 따라서 중복을 허락하지 않은 채(*은겐게), 그대로 청자에게 지금 말해진 발화를 받아들이도록 재촉하는 촉구 첨사 '게'만 붙여 놓은 뒤에, 다시 청자를 대우하여 높여 주는 첨사 '마씀'을 쓰고 있다.

이제 이 방언의 화용 첨사들의 체계를 보이면 다음과 같다. 화용 첨사는 이 방언의 어떤 요소이든지 독자적으로 홀로 설 수 있는 가장 작은 단위에서부터 전체 문장이나 발화에 이르기까지 언제든지 마음대로 덧붙을 수 있다. 화용 첨사들은 '게'의 경우처럼 최대한 다음 세 가지 층위에 있는 것들이 서로 결합될 수도 있고, 그렇지 않고 두 개 층위의 결합으로 나올 수도 있으며, 오직 한 층위의 첨사만이 나올 수도 있다. 단, '게'를 제외하고서는 같은 형태의 첨사들이 그대로 중복되는 일이 없어야 하고, 또 대우 등급이 서로 모순되어서도 안 된다(§.4-5-1-가)의 〈도표 14〉를 보기 바람: 383쪽).

(1) 발화의 일부 또는 전체 내용에 주목하도록 강조하는 첨사이고, 내림세 억양 '↘'이며, 각각 앞쪽은 평대이고 뒷쪽은 대우 첨사임. 주목 강조 첨사 또는 주의력 초점 첨사로 부를 수 있음: '은게,

게'(평대), '마씀, 마씸'(대우)

가이 언치냑 떠낫댄 ᄒᆞ연게[그 아이 엊저녁 떠났다고 한다+은다]
느게 ᄒᆞ저게 오라게[너말이야 빨리말이야 오너라+하는 말이다]
삼춘마씀 오늘 이디 오라사컨게마씀[삼촌말씀이에요 오늘 여기 오셔야 할 것이라는 말씀입니다]

(2) 청자에게 발화 내용을 받아들이도록 재촉하는 첨사이고, 내림세 억양 '↘'임. 각각 앞의 것은 평대이고 뒤의 것은 대우 첨사임. 수용 촉구 첨사 또는 청자 동의 요구 첨사로 부를 수 있음: '기!, 게!'(평대), '마씀!, 마씸!'(대우)

서답 다 ᄆᆞᆯ랏주기![빨래 다 말랐다+는 말이다]
비 오랎저게![비 오고 있다+는 말이다]
그 일은 상관 읏곡게[그 일은 상관없고+란 말이다]
그 사름 막 오란마씀![그 사람 막 왔다는 말씀입니다]

(3) 청자에게 발화 내용에 대한 판단이나 동의 여부를 보여 주도록 요구하는 첨사이고, 올라갔다가 급격히 내려오는 설의법 억양 '↗↘'임. 각각 앞쪽의 것은 평대이고 뒷쪽의 것은 대우 첨사임. 청자의 반응 제시 요구 또는 판단 제시 요구 첨사로 부를 수 있음: '이?, 응?, 겐?'(평대), '양?, 예?, 야?, ㅇ[받침 이응]?, 마씀?, 마씸?'(대우)

느네 삼춘 아팟주이?[너희 삼촌 병이 들어 아팠지, 그렇지?]
느 밥 먹엇지응?[너 밥 먹었지, 그렇지?]
ᄒᆞ저 글라겐?[빨리 가자, 안 그래?]
그 사름도 오랏수게양?[그 사람도 왔지요, 안 그렇습니까?]
낭이 빨리 큾수다예?[나무가 빨라 크고 있습니다, 안 그렇습니까?]

어디 값수광?[어디 가고 있습니까+<u>요</u>?]

그 사름 언제 오켄 흐여<u>마씀</u>?[그 사람이 언제 오겠다고 했다+<u>는 말씀입니까</u>?]

대우 첨사 '양'은 일부 하위 방언에서 '야'로도 발화된다. 저자는 구좌쪽 사람들에게서 들었었는데, ① 옛 제주시 방언에서는 '야'가 평대 관계의 첨사로 쓰이므로(381쪽 이하 참고), 이런 발음의 유사성 때문에 얕잡아 보는 말투로 느껴질 수도 있다. ② 또한 대우 표현 방법에서 일부를 생략하거나 제거한다면, 온전한 대우 모습이 갖춰질 수 없기 때문이다. 그렇지만 하위 방언의 표지로 간주할 수 있는 이 화용 첨사가 처음부터 '야'인지, 아니면 '양'에서 단절이 일어나서 '야'로 쓰이는지 여부는 그 하위 방언의 다른 형태들도 같이 비교해 보아야 결정을 내릴 수 있다.

제2장

용언의 활용어미: 서술 서법의 경우

용언의 활용과 관련된 어미들은 매우 방대하므로, 장을 나누기를 서술 서법, 의문 서법, 감탄과 그 외의 서법으로 구분해 놓기로 한다. 제2장에서는 활용 어미(선어말 어미와 종결 어미)들을 개관해 놓되, 주로 서술 서법에 관련되는 종결 어미들을 다루기로 한다. 제3장에서는 의문 서법과 관련된 종결 어미들을 다룬다. 서술 서법과 의문 서법에서 다루지 못한 것으로서 제4장에서는 감탄 서법과 명령 서법 등을 함께 다루기로 한다. 다만, 감탄 서법의 경우는 다수가 서술 서법의 종결 어미로도 쓰이므로, 반드시 감탄 서법의 종결 어미를 따로 구별해 놓아야 한다고 주장할 수 없다. 그렇지만 두드러지게 양태 형태소들이 간여하는 특징이 있으므로, 이 점에 주목하기 위하여 따로 장을 독립시켜 놓은 것에 지나지 않는다. 두 가지 서법에 쓰이는 이런 종결 어미들을 감탄·서술 서법의 종결 어미로 표시해 두었다. 순서상 용언의 활용 어미 부류들에 대하여 먼저 개관해 나가기로 한다.

제1절 용언의 활용 어미 부류

이 방언을 가장 특색 있게 만들어 주고 달리 보이도록 해 주는 것이 바로 용언(형용사와 동사)에 붙는 어미들의 활용 방식이다. 그렇지만 이 방언의 용언 어미들은 수적으로 많을 뿐만 아니라, 그 어미 형태소들의 분석에서도 연구자들 사이에서 어떤 합의에 도달하지도 못하였다. 매우 복잡하게 얽혀 있는 듯한 이런 어미 활용 방식들을 놓고서, 얼마만큼 체계적으로 붙들고 서술할 수 있느냐는 결국 언어를 바라보는 이론 또는 시각에 좌우될 수 있다. 저자는 이 일이 바로 이 방언 연구의 발전에 핵심적이라고 본다. 그렇지만 이 방언의 어미들은 마치 하나의 형태소인 양 융합되어 있는 경우가 많아서, 개개의 형태소 확립이 결코 만만치 않다. 이 방언의 형용사와 동사를 중심으로 하여, 순서대로 활용의 얼개를 매우 소략히 보이기로 한다.

형용사와 동사의 어미는 이들 활용에서 맨 끝자리에 나오는 종결 어미가 있다. 일단 화용 첨사를 제외한다면, 이를 낱말(또는 단어)의 끝에 붙는다고 하여 '어말 어미'로 불렀었지만, 여기서는 발화나 문장을 종결시킨다는 점에 초점을 모아 '종결 어미'로 부르기로 한다. 그리고 이런 종결 어미 바로 앞에 나오는 어미들이 있다. 이를 언제나 어말 어미를 앞선다고 하여 '선-어말 어미'라고 부르고 있다. 이하에서는 이들을 각각 '종결 어미'와 '선어말 어미'로 부르기로 한다.

먼저 이 방언에서는 형용사와 동사의 구분이 공통어에서처럼 뚜렷하지 않음이 지적되어야 한다. 예를 들어 공통어의 형용사 '밝다, 흐리다, 벌겋다/빨갛다, 아프다'는 이 방언에서 '붉다, 흐리다, 벌겅ᄒ다/빨강ᄒ다, 아프다'로 쓰인다. 이 방언에서 이들은 아무런 형태의 변화가 없이 동사처럼 쓰여 다음과 같이 현재 진행을 나타내는 시상 형태소 '-앖-'이 결합될 수 있다.[1] 이런 현상을 퍼젯스키 교수는 '영파생 통사'로 부른다.

---

1) 이 방언의 어휘적 특징인데, 이 현상을 본격적으로 논의한 강정희(1982), 「제주 방언의

날이 붉앖저[날이 밝아지고 있다]

하늘이 점점 흐렸어[하늘이 점점 흐려지고 있어]

가이 양지 벌겅ᄒ없인게[그 아이 얼굴(樣子)이 붉어지고 있구나]

그 사름 지금도 아팟어/아팠어[그 사람 지금까지도 아픈 상태가 지속되고
있다]

공통어에서는 모두 형용사가 동사처럼 쓰이기 위하여, 자동적 변화 과
정을 표현하는 '-아지다'를 결합시키고 있다. 그렇지만 공통어의 접미
사 파생 피동 표현에서 대응하여 이 방언에서 자주 관찰되는 '-아지다'
가 형용사에 붙어 있지 않다. 형용사 어근이 그대로 동사 어근으로 쓰
이고 있는 셈이다. '붉다, 흐리다, 벌겅ᄒ다'는 현재 진행 중인 상태의
변화를 '-앖-'이라는 시상 형태소가 가리켜 주고 있다. 종결 어미 '-저'
는[2] 고유하게 평대 관계의 서술 서법에만 쓰이지만, 반말투 종결 어미

상태 동사의 동작화 과정에 대하여」(강정희, 1988, 제6장으로 재수록됨), 『제주 방언 연
구』(한남대 출판부)를 읽어 보기 바란다. 또한 퍼젯스키(pesetsky 1994) 『영파생 통사(*Zero
Syntax*)』(MIT Press)도 참고 바람.

2) 명확하게 종결 어미의 의미자질을 규명하는 일은 난공불락의 요새와도 같다. 타계한 분들
을 포함하여 10명 남짓한 연구자들만으로는 멀고도 어려운 과업임에 틀림없다. 임시로,
여기서는 저자의 개인적 직관을 소략하게 서술해 두기로 한다. 소리값이 같은 몇 가지
'-저'가 있지만(적어도 의도를 나타내는 '-저'는 직접 어간에 결합하므로 서로 구분되어야
하고, 내포문에서 찾아지는 '-저'와도 구분되어야 함), 이 형용사 구문에서 관찰되는 '-저'
는 다음과 같은 의미가 깔려 있다. 먼저 화자가 사실을 확인하고서, 서로 정보 간격이
있다(청자가 이 사실을 미처 깨닫지 못함)고 판단한 다음, 청자에게 그 사실을 알려 준다는
뜻이 깃들어 있다(사실 확신+통보). '-저'가 이끌어 가는 구문에는 반드시 '사실'에 대한
전제가 깔려 있어야 한다. 이는 '-저'가 오직 서술 서법에만 쓰이고, 다른 서법에는 쓰이지
않는다는 언어적 사실에 의해 뒷받침된다. 의문 서법(*먹었저?), 명령/청유 서법(*먹저!),
감탄 서법(*먹저!). 그리고 추측을 나타내는 '-을 터'이나 예정을 나타내는 '-을 거'[-을
것] 구문과 결코 결합하지 않는다는 언어적 사실로써도 이런 직관이 지지된다. 이들은
오직 '-주'과 결합할 뿐이다. '*갈 테저 : 갈 테주', '*먹을 거저 : 먹을 거주'. 그리고 이
종결 어미 뒤에는 대우를 나타내는 화용 첨사 '마씀'이 결합하지 않는다(*-저마씀). 이런
점에서 고유한 서술 서법의 종결 어미임을 알 수 있다. 본문에 예시된 모든 구문이 '-저'라
는 종결 어미로 교체될 수 있다. "흐렸저, 벌겅ᄒ없저, 아팟저, 아팠저".
또한 소리가 매우 비슷하면서도 다른 의미자질을 지닌 종결 어미 '-주'가 있다. 몇 가지
동음이의 형태소가 구분되어야 하겠는데, 적어도 시상 형태소 '-앖-, -앗-'과 결합하지
않는 청유 서법의 형태 '-주²'와는 구별되어야 한다(§.4-5-2 참고: 387쪽 이하).
그런데 '-주'은 결코 '-저'와 계열 관계를 이루지 않에도 불구하고, 계열체인 것으로
잘못 기술되고 논의되었다(현평효, 1977, 「제주도 방언의 '-저, -주' 어미에 대하여」; 현평

'-어'는 억양을 달리하여 여러 서법에 두루 쓰일 수 있다. 그리고 감탄이나 단정을 나타내는 '-은게'(은+것이야/거야)는 관형형 어미와 형식 명사와 종결 어미가 융합되어 있는 형식으로, '-저'(ㅎ엾저)와 '-어'(ㅎ엾어)와도 교체될 수 있다. 다만 이 융합어미는 시상 형태소 '-앖-, -앗-'이 곧바로 이어지지 않고, 계사 어간(주제화 구문을 투영함)으로 추정되는 '이' 뒤에 결합되어 있다(ㅎ엿인게, ㅎ엾인게).

그런데 '아프다'는 어떤 상태가 다 이뤄진 뒤 그 상태가 그대로 지속되고 있는 경우를 가리킨다. 이 경우에 사건이 끝났거나 상태가 변했음을 나타내는 시상 형태소 '-앗-'이 붙어 '아팟어'(음절 재구성에 따라 '아파

효, 1985, 『제주도 방언 연구: 논고편』, 이우출판사에 재수록됨). 물론 이 종결 어미 '-주!'도 앞의 예문들에서 '-저'를 대체하여 모두 쓰일 수 있다. "붉앖주, 흐렸주, 벌겅ㅎ엾주, 아팟주, 아팠주". 그렇지만 이 종결 어미는 언제나 어떤 화용 첨사와도 자유롭게 어울려 함께 나오기 일쑤이다. 대우의 화용 첨사 '마씀'('-주마씀')이나 대우를 하지 않는(평대) 화용 첨사 '이'('-주이/-줴)도 쓰이는데, 올림세 억양을 지니면 의문 서법, 내림세 억양을 지니면 서술 서법이 된다. 평대 관계에서 어떤 정보를 통보해 주는 화용 첨사 '게'('-주게/-주기')도 자주 관찰된다(언제나 내림세 억양으로만 나옴). 따라서 '-주!'이라는 종결 어미는 반말투 종결 어미 '-어'와 같은 범주에 속하는 것임을 알 수 있다. 반말투 종결 어미이므로, 서법에 아무런 제약도 받지 않고, 억양을 달리하여 모든 서법에 두루 다 쓰인다. 곧, '-주!'은 '-저'와 분포가 엄연히 다른 것이다. 그렇지만 단지 종결 어미 위치에서 관찰된다고만 성급하게 판단하여, 계열체로 잘못 보았던 것임을 알 수 있다(김지홍, 2001, 「제주 방언 대우법 연구의 몇 가지 문제」, 제주대 국어교육과 『백록 어문』 제17호에서도 분포의 차이가 지적되어 있음).

그런데 반말투 종결 어미 '-어'와는 무엇이 다른 것일까? '-어'는 반말투 종결 어미를 대표하며, 이 계열의 기본값을 갖고 있다. 그렇다면 여기에다 다른 의미자질이 추가되어 있다고 가정할 수 있다. 저자의 직관으로는 '-주!'에는 1차적으로 화자의 '의견'이나 '짐작'이 깃들어 있는 듯하다. '붉앖주, 흐렸주'라고 말하면서 해당 사건을 알고 있을 것으로 믿는 상대방 청자로부터 관련 사실에 대한 확인 내지 동의를 요구하고 있는 것이다. 이 점이 다양한 화용 첨사를 대동하여 나오는 까닭일 수 있다. 청자에게 확인을 요구할 경우에는 올림세 억양으로 "붉앖주이?(↗), 흐렸주이?(↗)"로 발화하고, 청자가 주목하지 못하였을 경우에는 내림세 억양으로써 통보 역할을 하는 화용 첨사를 붙여 "붉앖주게!(↘), 흐렸주게!(↘)"로 말함으로써, 해당 사실에 대한 청자의 동의나 확인을 요구하는 의미를 지닐 수 있다.

더 나아가 '-으키어'(으크+이어)[으겠어]와 '-을 테주'[-을 터이지]는 서로 상보적인 관계를 이룰 수 있다. '-으키어'가 순수한 화자의 추측을 담고 있다면, '-을 테주'는 예정된 일이나 기대를 가리킬 수 있기 때문이다. 이런 측면에 대해서도 앞으로 더 깊이 논의가 이뤄져야 할 것이다. 반말투 종결 어미는 여러 서법에 두루 쓰이고 분포가 아주 다양하므로, 더욱 정교하게 분포들을 찾아내고 비교하면서 동시에 일반화 작업이 뒤따라야 할 것이다. '-저'와 '-주!'이 짝을 이룰 수 없는 서로 별개의 범주임을 다루는 논의로, '-저'는 §.2-2-3-나), 그곳의 각주 27)의 〈도표 2〉, '-주!'은 §.2-2-4-나)를 읽어 보기 바란다.

서'로 발음됨)로 말하는데, 그 변한 상태(아픈 상태)가 계속 유지되고 있음을 속뜻으로 담고 있다. 즉, 아프지 않던 상태에서 아픈 상태로 바뀌고, 그 상태가 지속되는 것인데, 오직 아픈 상태만을 '아팠어'로 서술하여 '지금까지'라는 부사를 덧붙여 줌으로써 속뜻을 더욱 드러내고 있는 것이다.

이 구문은 '아팠어'(음절 재구성에 따라 '아팜서'로 발음됨)와도 교체될 수 있다. '-았-'이 지닌 중의적 해석 가운데 하나가 아픈 상태가 계속 유지(지속)된다는 의미를 띠게 된다. 마치 공통어에서 '-고 있다'의 중의적 해석과 비슷하다. '-고 있-'은 하나의 단위 동작이 진행되는 경우도 가리키고, 그런 동작이 끝나고 나서 그 상태가 지속되는 경우를 가리킬 수도 있다. 가령,

"모자를 쓰고 있다"(진행 사건 및 완료 지속 사건)
"옷을 입고 있다"(진행 사건 및 완료 지속 사건)

는 모두 중의적3) 해석을 받는다. ① 하나의 동작이 진행 중인 상태(안 쓴 상태에서 쓴 상태로 바뀌고 있음, 입지 않은 상태에서 입은 상태로 바뀌고 있음)를 가리킬 뿐만 아니라, ② 또한 그 동작이 끝난 뒤에 계속 그 상태가 유지된다는 해석도 들어 있는 것이다(모자나 옷을 벗지 않은 채 그대로 쓴 채로 있고, 입은 채로 있음). 이 방언의 '아팠어'(아픈 상태가 지속됨)는 후자의 해석(②)을 받는다. 공통어에서는 중의성을 해소하여 동작의 진행에 초점을 모으기 위하여 '-고 있는 중이다'라는 구문을 쓸 수도 있다. "모자를 쓰고 있는 중이다, 옷을 입고 있는 중이다"에서는 1차적(주도적)으로 단일한 동작이 진행 중임을 가리킬 수 있다. 그러나 이 방언에

---

3) 어휘 상적 구분을 놓고 우리말의 이런 현상을 본격적으로 밝힌 선업은 양인석(1977), "Progressive and Perfective Aspects in Korean", 『언어』 제2권 1호 및 양인석(1978), "Pragmatics of Going –Coming Compound Verbs in Korean", 김진우 엮음, 『*Papers in Korean Linguistics*』 (Hornbeam Press)이다.

서 '-앖-'은 '-는 중'('*앖는 중')과는 결코 결합하지 않는다. 이 방언에서 형용사 어간과 결합한 '아팠어'는 동작의 진척을 가리키는 것이 아니라, 완료된 결과 상태가 지속되고 있다는 해석을 지닌다. 이런 점에서 동작이 끝난 뒤 그 상태가 지속된다는 뜻이 깃들어 있는 '아팠어'와 공통된 해석 기반을 토대로 하여 서로 교체될 수 있는 것이다.

형용사와 동사들이 지닌 시제 관련 형태들도 공통어와 동일한 것에서부터, 이 방언에서만 독자적으로 쓰이는 것들이 있다. 만일 차이점들을 드러낸다면, 임의의 사건 모습을 나타내는 시상 표현 방식은, 어휘 의미에 깃들어 있는 시상 자질(어휘 상)과 문법 형태소에 의해서 표시되는 시상 형태소가 있다(문법 상). ① 하나의 대상이나 사건의 내적 속성을 가리켜 주는 방식, ② 실제 관찰 가능한 사건을 언급해 주는 방식, ③ 한 사건의 진행 과정이나 완료 여부를 가리켜 주는 방식, ④ 이들 상태의 지속 여부를 가리켜 주는 방식 따위에 이르기까지 다양한 모습을 보여 준다. 이러한 '어휘 상'과4) '문법 상' 두 가지 부류만 있는 것이 아니다. 또한 공통어에서와 똑같이 발화 시점을 기준점으로 하여, 사건이 언제 일어났는지를 따지는 시제도 같이 쓰이고 있다.

종결 어미들도 독자적이고 특징적인 것이 많다. 형태 범주로만 따질 경우에 크게 두 가지로 나뉜다. 첫째, 서법에 따라 독자적이거나 억양을 달리하면서 여러 서법에 걸쳐 두루 쓰이는 고유한 종결 어미가 있다. 둘째, 관형형 어미나 형식 명사 구문을 이용한 방식이거나 또는 내포문이나 접속문으로부터 종결 어미로 바뀐 도출된 종결 어미가 있다. 이 방언에서는 이들에다 또한 화용 첨사가 같이 녹아 있어서 마치 한 덩어리인 양 긴밀하게 붙어 있는 것들도 있다. 따라서 자칫 이 방언의 종결 어미가 방만하게 숫자가 아주 많다는 그릇된 인상을 주기 쉽다.

---

4) 러시아 어와 같이 낱말 자체에 서로 구별되는 '접사'를 지니지 않고(러시아 어는 낱말의 형태적 구분이 가능함), 우리말에서는 아무런 표지도 없이 앞뒤 맥락에 따라 하나의 동사를 상적인 구별에서 여러 가지 동사 범주로 배당해 주어야 하기 때문에, '어휘 상'이란 용어는 인위적인 것일 수밖에 없다.

그렇지만, 이런 도출된 종결 어미들의 내적 구조를 파악하여 종결 어미로 쓰일 수 있는 제약을 드러냄으로써 그런 인상을 크게 줄여 놓을 수 있다.

종결 어미들 뒤에 붙는 화용 첨사들은 세 가지 충위에서 나타난다. 그런데 '게'의5) 중복 허용만을 제외한다면(§.4-5-1의 〈도표 14〉 참고: 383쪽), 어떤 화용 첨사도 중복 없이 하나씩 아무 걸림돌이 없이 자유롭게 종결 어미 뒤에 덧붙을 수 있다. 이는 이 방언의 어미들을 더욱 복잡하고 번잡하며 아무렇게나 쓰고 있다는 인상을 만들어 준다. 화용 첨사들이 덧붙은 다양하고 복잡한 모습들은, §.1-5의 관련된 보조사 기술 부분에서 이미 체계적으로 부착됨을 언급하였으므로, 어미를 다루는 곳에서는 일단 제외해 두기로 한다.

교착어 또는 부착어로 불리는 우리말에서 종결 어미들은 매우 다양하고 복잡하며 쉽사리 일정한 얼개를 붙들 수 없을 듯이 보인다. 그렇지만 어느 언어이든지 공유하는 보편 속성이나 우리말의 여러 방언들에서 공통되게 지니는 특징들을 고려한다면, 이런 분류를 진행해 나가는 데에 큰 도움을 준다. 왜냐하면 이 방언도 한국어의 하위 방언인 만큼, 그런 기본적인 특징들을 그대로 따라 쓸 것이기 때문이다. 그런 얼개를 먼저 제시하고 나서, 이 방언에서 찾아지는 특이한 형태들을 언급하기로 한다.6)

---

5) 이 방언에서 화용 첨사 '게'는 다른 첨사들과는 달리 아주 자유로울 뿐만 아니라 화용 첨사 뒤에 다시 더 붙을 수 있는 특징을 지닌다. 저자의 직관에는 이 첨사가 심층의 모습에서 「화자인 내가 강조하거나 초점 모으는 바가 '그것이다'(그+거+이 → '게')」로 설정될 수 있을 듯하며, 이런 점에서 영어의 'it is ~ that ~' 강조 구문을 닮았다.

6) 오랜 기간 동안 공통어를 대상으로 하여 우리말에서 종결 어미들을 가닥 잡고 기술하고 설명해 왔다. 그러나 종결 어미가 '-습니다'처럼 대우 및 양태 형태소들이 서로 융합되어 있는 모습으로 다뤄져 왔기 때문에, 형태들이 하나하나 붙어 나가는 교착어의 질서를 명확히 다뤄 놓지는 못하였다. 명사와 관련된 문법 형태들은 매우 분석적인 관점을 취하지만(분석주의), 동사의 활용과 관련된 문법 형태들에 대해서는 몇 개를 하나로 묶어 놓은 것이다(종합주의). 이런 태도는 일관되지 못한 측면이 있기 때문에 비판의 표적이 되어 왔다. 만일 하나의 시각을 일관되게 수립하는 것이 올바르다면, 다른 방언과의 간섭이 심하게 일어나지 않은 것으로 보이는 이 방언의 자료들은, 종결 어미와 관련된 여러 형태소의 충위를 분석적 관점에서 찾아내는 일에 이바지할 수 있다. 이 점이 일반적으로

언어 보편적으로 쓰이는 방식은 하나의 대상이나 사건을 말로 나타
내되, 그것이 그 대상이나 사건에 관한 영구적이고 내재적인 속성인지,
아니면 관찰자에 의해서 우연히 지각되는 일시적 상태인지를 구분해
준다. 이 구분은 이 방언에서 특히 똑같은 낱말의 두 가지 다른 쓰임으
로 나타난다. 이를 흔히 어휘의 의미를 구분해 주는 '어휘 상(相)'이라
고[7] 부른다. 이는 다음의 차이에서 드러난다.

　방언 자료를 연구하는 장점이라고 생각된다. 이하에서는, 비록 이 방언의 어미들을 놓고
서 융합되어 있거나 결합된 형식이 임시로 분석 없이 제시된다고 하더라도, 기본적으로
형태소들이 하나하나 분석되고 각 층위별 기능이 주어져 있음을 설명해 나갈 것이다.
　저자가 염두에 두고 있는 기술 방식을 적용하여 보면, 공통어의 융합 종결 어미 '-습니
다'를 다음처럼 재서술할 수 있다. 어미들의 질서도 핵어를 중심으로 하여 진행한다면,
어미들의 계층상 먼저 종결 어미가 핵어가 된다. '-습니다'에서는 '-다'(또는 '이다')가
정보 간격을 청자에게 통보해 주는 역할을 하는 것이다. 종결 어미 '-다'는 자신이 거느리
는 양태 선어말 어미 구성이 있다. 즉, '-느-'는 청자가 관련 행위나 사건을 직접 체험하여
그 참값 여부를 알 수 있음을 나타내고 있다. 이 글에서는 추체험 가능 여부를 표시하는
양태 형태소로 부를 것이다. 그리고 이 양태 형태소가 다시 청자를 대우해 주는 형태소
'-습'을 지배하고 있다. 여기서 모든 형태소들이 청자와 관련된 의미자질을 갖고 있음에
주목하기 바란다. 저자는 청자와 관련된 이런 특성이, 융합되어 있는 종합형 어미(격식
갖춘 서술 서법 어미)를 상정하게 만들어 놓은 주요한 원인으로 파악한다. 이른바 '종합
주의' 관점이 적절한 융합 형태소 구성의 제약을 찾아냄으로써, 일관되게 '분석주의' 관
점으로 환원하고, 한 덩어리로 기술한 어미들을 재구성할 수 있음을 예증하는 셈이다.
　종합주의를 옹호하는 논의는 남기심(1982), 「국어 문법 기술의 단위」, 남기심(1996),
『국어 문법의 탐구 I: 국어 통사론의 문제』(태학사)에 재수록됨(또한 그 책의 제4장 6절
「-었었-'의 쓰임에 대하여」에서 분석하지 않고 이를 하나의 단일한 시상 어미로 보는
태도도 그러함)을 읽어 보기 바란다. 이와는 달리 분석주의를 옹호하는 논의는 임홍빈
(1982), 「기술보다는 설명을 중시하는 형태론의 기능 정립을 위하여」, 임홍빈(1998), 『국
어 문법의 심층: 명사구와 조사구의 문법』(태학사)에 재수록됨을 읽어 보기 바란다. 두
입장을 절충하는 방식으로 볼 수 있는 제안도 있다. 고영근(1993), 『우리말의 총체 서술
과 문법 체계』(일지사)에서는 통시적인 정보를 갖고서 분석을 할 수 있으나 공시적으로
는 나누지 않는 '구성소'라는 개념을 제안하고 있다(고영근·구본관, 2008, 『우리말 문법
론』 집문당, 36쪽도 참고 바람).

7) 러시아 어에서 두드러지게 이런 어휘의 의미 대립들이 관찰되는 것으로 알려져 있고(김
성화, 1990, 『현대 국어의 상 연구』, 한신문화사), 우리말에서도 동사들을 놓고서 어휘상
적 구분을 시도한 적도 있는데(순간 동사, 변화 동사, 행위 동사, 상태 동사, 완성 동사,
심리 동사, 이행 동사 따위), 이를 고영근(2004, 2007 보정판), 『한국어의 시제 서법 시상』
(태학사)에서는 '동작류'라고 부르고 있다. 이런 어휘 의미 대립(어휘상의 대립)도 통사의
표상이 논리형식 부서로 넘어가게 되면, 결국 전칭 양화 표현으로 주어지는지, 아니면
현재 시제 연산자(시점들 사이의 등호 또는 부등호 관계)에 의해 결속된 특징 양화 표현
으로 주어지는지 여부로 구분되어야 할 것이다. 그렇다면 어휘 의미 대립이 개별 낱말에
고유한 것으로 간주하기보다는, 전반적인 언어 운용체계가 시제 연산자와 수량을 가리
키는 양화사의 복합 연산으로 취급할 수 있을 것으로 판단된다.

"아기 배 고픈다 : 아기 배 고팠저"[아기는 배 고픈 법이다 : 아기가 배 고파지

　　　고 있다]

"아기 배 고픈다게! : 아기 배 고팠저게!"

'고픈다 : 고팠저'의 대립은, 다시 화용 첨사 '게!'를 덧붙여 놓으면 더욱
자연스러움이 늘어난다. '고프다'가 형용사이지만, 하나는 대상의 속성
을 일반화하여 말하고 있으며, 다른 하나는 현재의 관찰 사건을 드러내
어 말해 주고 있다. 이런 대립은 다음 형용사 구문에서도 마찬가지이다.

"한라산은 높은다 : 한라산 높으다"[한라산은 본디 높은 법이다 : 한라산이

　　　높구나]

"한라산은 높은다게! : 한라산 높으다게!"

앞의 문장은 산의 일반적인 내부 속성을 말해 주고 있지만, 뒤의 문장
은 현재 관찰 지각하고 있는 산의 상태를 서술해 주는 것이다. 이런
차이를 영구적인 내적 속성과 일시적인 관찰 속성이라고 대립시켜 표
현한다.8) 이런 속성의 차이를 다음처럼 종결 어미의 대립으로 표현하

---

8) 이런 어휘의 의미 대립(어휘상의 대립)이 크랏저(Kratzer, 1988), "Stage-level and Individual
-level Predicates"에서 처음 논의되었다. 이 글은 카알슨·뻴티에(Carlson and Pelletier, 1995)
엮음, 『총칭성 논총(*The Generic Book*)』(The University of Chicago Press)에도 다시 수록되
어 있다. 한 개체(대상이나 사건)의 영속적 속성과 관련되는 것을 '개체 층위의 술어
(individual-level predicate)'라고 부르고, 특정 상황에서 한 개체의 일시적 속성에 대한 관
찰 내용을 '장면 층위의 술어(stage-level predicate)'라고 부른다. 이는 고영진(2007), 「제주
도 방언의 형용사에 나타나는 두 가지 현재 시제에 대하여」, 『한글』 제275호(77~106쪽)
에서 '일시성 : 항상성'으로 언급한 결론과 정확히 일치한다. 개체 층위 술어의 용법은
늘 고유한 속성을 가리키므로 '항상성'을 뜻한다. 그렇지만 화용 상황에서 쓰이는 장면
층위 술어의 용법은 현장에서 관찰 가능한 대상의 어떤 성질을 가리키므로 '일시성'을
뜻한다.
　　'한라산이 높은다'[높은 법이다]라는 표현은, 이 방언의 속담 표현에서 가장 빈번하게
쓰이는 두 가지 종결 어미 '-은다'와 '-나' 중의 하나이다. §.2-2-3-가)에서 다뤄지는 서술
종결 어미 '-은다'도 보편성에 대한 진술에 쓰인다. '-나!'는 감탄·서술 서법의 §.4-1-3에
서 다뤄질 것이다. 겉보기에 단일한 형태인 듯이 보이는 감탄·서술 종결 어미 '-나!'는,
시제 및 양태 범주의 형태로서 발화 시점 현재 언제든 경험할 수 있음을 가리키는 것으로
판단된다. 고재환(2013, 개정 증보판), 『제주 속담 사전』(민속원)에서 해설된 1,620개의

고 있는 것이다.

'–은다 : –앖저' 또는 '–은다 : –으다'

'고프다'의 형용사 용례들은 공통어에서 직접 대응하는 어미를 찾을 수 없으므로, 굳이 번역하기 위하여 몇 가지 가능성을 찾을 수 있다.

(공통어에로의 번역) "배 고픈 법이다 : 배 고파지고 있다"

라고 번역하거나 또는 다음처럼 우회적인 표현을 써야 한다.

(공통어에로의 번역) "한라산이 높은 법이다 : 한라산이 높구나"

형용사 '고프다'가 동사처럼 쓰이려면, 공통어에서는 반드시 자동적 과정을 표시해 주는 '–아지다'가 붙어야 한다. 그러나 이 방언에서는 이런 도출 과정이 전혀 없이, 중세 국어에서처럼 그대로 형용사가 동사로 쓰임을 바꿀 수 있는 것이다. 비단 이런 대립은 형용사에만 그치지 않는다. 동사가 만들어 내는 구문에서도 그런 대립이 그대로 유지된다.

"이 풀은 사름덜이 먹은다 : 이 풀은 사름덜이 먹없저"
[이 풀은 사람들이 먹는 법이다 : 이 풀은 사람들이 먹고 있다]

앞의 문장은 대상에 대한 일반적이고 내재적인 속성을 언급하고 있지만, 뒤의 문장은 1차적으로 현재 상황에서 진행되고 있는 동작을 가리

속담 중에서, '읏나'[없는 법이다]가 68개의 속담에 들어 있고, '싯나'[있는 법이다]가 28회 나온다. '먹나'[먹는 법이다]와 '죽나'[죽는 법이다]도 각각 31개와 22개의 속담에 들어 있다. 계사 구문 '이다'도 매우 특이하게 이 방언의 속담 표현에서는 '–은다'를 붙여 '인다'[~인 법이다]로 표현되는데, 모두 62개가 올라 있다. 뒤의 각주 14)도 참고하기 바란다.

키고 있다. 만일 이 방언의 동사에 붙는 종결 어미의 대립 짝

   (이 방언의 어미 대립) '-ᄂ다 : -앎저'[~는 법이다 : 현재 ~고 있다]

를 공통어에서 대립이 보장되도록 짝을 찾아낸다면, 다음처럼 서로 대
립시켜 줄 수 있다.

   (공통어의 어미 대립) '-는다 : -고 있다'

특히 동사의 경우에는 이런 어휘 의미 대립(어휘상)을 표현하기 위하여
고유한 종결 어미 '-나!'이9) 쓰인다.

---

9) 이 방언의 융합된 어미들에 대한 연구에서 형태소 분석과 확정이 핵심 과제이다. 예리한
식견과 탄탄한 이론이 바탕이 되어야만 비로소 설득력 있는 결론에 도달할 것이다. 타계
한 분들을 포함하여 이 방언의 통사 연구에 전력하고 있는 연구자들을 모두 합쳐 봐야
겨우 10명 남짓에 지나지 않는다. 소수인 만큼 연구자들이 응당 다양한 시각을 제안해야
하며, 두루 그런 안들을 검토하면서 좀 더 핍진한 경계에 도달할 수 있을 것으로 기대한
다. 감탄·서술 서법으로 §.4-1-3에서 다뤄질 '-나!'도 어떻게 분석되어야 할지 고민스럽
게 만드는 종결 어미에 속한다(357쪽 이하).
   저자는 이런 '-나'를 시상 및 양태 범주의 형태가 융합되어 있는 것으로 보고 있다.
해당 사건을 현재 발화 시점에서 언제나 경험하고 확인할 수 있다는 속뜻이 깔려 있으며
(따라서 강한 단정이나 긍정 평가의 함의라고 부를 수 있음), 결과적으로 이 방언의 속담
표현에서 자주 쓰이는 '-은다'와 내포 의미가 서로 겹쳐지며, 두 종결 어미를 서로 뒤바꿔
쓰더라도 크게 뜻이 달라지지 않는다. 다시 말하여 '-나'로 표현된 속담을 모두 '-은다'로
바꿀 수 있다. 그렇지만, 그 역은 참이 아니다(뒤의 각주 14 참고).
   그런데 '-나'의 분석을 가로막는 복병이 있다. 만일 '-나'에서 '-느-'를 분석한다면, 그
결과 '-아'가 남는다. 서술 서법의 종결 어미에서는 이런 종결 어미가 찾아지지 않는다.
오직 의문 서법의 종결 어미 '-아?'가 있을 뿐이며, 의문 서법의 §.3-2-6에서 '-나?'는
시상 및 양태 형태소와 결합한다는 차이점 때문에 별개의 형태소로 간주할 것이다. 이런
상황이 '-나'를 분석하려는 시도를 가로막고 있다. 저자는 일단 명령 서법의 '-으라'에서
찾아지는 변이형태 '-아'를 '-나!'의 분석에 끌어들이려고 한다. 자세한 논의는 §.4-1-3을
살펴보기 바란다. 이런 분석에서 확립되는 '-느-'가 시상 및 양태 범주의 두 가지 기능을
동시에 수행하는 것으로 상정할 것이다.
   양태 형태 '-느-'에 대한 확립은 이와 관련된 의문 서법의 융합 형태소들을 검토할 경우
에 좀더 사정이 나아진다. 가령, 시상 형태소 '-앖-, -앗-'에 붙는 의문 서법의 종결 어미
'-니아?, -냐?, -나?'("먹없니아?↗, 먹없냐?↗, 먹없나?↗", "먹엇니아?↗, 먹엇냐?↗, 먹
엇나?↗")가 있다. 이런 축약 과정은 반말투 종결 어미 '-어'에 각각 '음디아, 은디아'(음/
은+ㄷ+이+아)가 융합된 의문 서법의 종결 어미에서도 똑같이 관찰된다("먹엄디아?↗,
먹엄댜?↗, 먹엄다?↗"와 "먹언디아?↗, 먹언댜?↗, 먹언다?↗"). 단, 시상 형태소 뒤에

"이 풀 사름덜이 먹<u>나</u> : 이 풀 사름덜이 먹<u>없저</u>"

[이 풀 사람들이 먹<u>는 법이다</u> : 이 풀 사람들이 먹<u>고 있다</u>]

'-나'로 끝날 경우에는 풀의 일반적 속성, 즉, 독초인지 아니면 먹을 수 있는 풀인지 여부를 언급해 주는 것이다. 대상에 대한 이런 내재적 속성을 가리켜 주므로 보편성이나 일반성을 표현해 주기에 알맞다. 이 방언의 속담들에서 가장 많이 쓰이는 종결 어미는 '-은다'[-하는 법이다]와 '-나'[-는 법이다]이며, 이것들은 서로 바뀌어 쓰일 수 있다.

'이'가 융합된 경우에는 '먹없이니아?↗, 먹없이냐?↗'로만 발화('머검시니아?↗', '머검시냐?↗'로 재음절화됨)되고, '*먹없이냐?↗'('*머검시나?↗'로 재음절화된 발음은 찾을 수 없음)로는 줄어들지 않는다. 이는 다른 설명이 필요하다. 저자는 관형형 어미와 형식 명사와 의문 종결 어미로 구성된 '-은+이+아?'로 설명할 것이다. 하여간, '-니아?, -냐?, -나?'로 나오는 이 의문 종결 어미는, 다른 융합 형태들의 구조처럼 '느+이+아'(양태 형태+계사 어간+종결 어미)로 분석될 개연성이 아주 높다. '-니아?, -냐?'로만 나오고 '*-나?'로 나오지 못하는 경우는, 앞의 경우(느+이+아?)와는 달리, 관형형 어미 '-은'과 형식 명사 '이'와 여기에 붙은 의문 종결 어미 '-아?'가 융합된 다른 구성으로 보인다(관형형 어미+형식 명사 '이'+종결 어미).

이 방언의 어미들에 대한 융합 형태소를 분석할 경우에 가장 큰 복병은 바로 이 '이'와 관련되어 있다. 분명하게 이러한 '이'가 도입될 만한 구조나 층위에 대해서는 아직 본격적인 논의가 전개된 바 없다. 저자는 이 방언의 종결 어미 구성체를 범주로 나누어 놓고, 융합된 어미들에 주목함으로써, 그런 구조가 가능하게 되는 동기나 바탕을 조금이라도 마련해 놓을 수 있을 것으로 기대한다. 의문 서법의 종결 어미 '-냐?↗'(은+이+아?)는 §.3-2-4에서 관형형 어미 '-은'이 형식 명사 '이'에 융합되고 다시 의문 종결 의미 '-아?'가 덧붙은 것으로 다뤄질 것이다. 만일 '-냐?'라는 형태소를 분석할 수 있음이 사실이라면, 여기서 논의하는 감탄·서술 종결 어미 '-나'도 또한 당연히 분석되어야 할 것이다. 그럴 경우에 (추정된) 계사의 어간 '이'가 없이 직접 양태 형태소에 종결 어미가 결합된 '느+아'의 모습으로 분석될 만하지만, 서술 서법에서 종결 어미 '-아'를 찾을 수 없다는 것이 문제이다. 고유한 서술 종결 어미 '-다'의 형태론적 변이형태로 '-느' 뒤에 나오는 '-아'를 설정할 수도 있겠지만, 이 또한 유일하게 하나의 조건만을 내세운 유표적인 처리 방식으로 일반성을 확보할 수 없다는 단점이 있다.

이 방언의 모어 화자인 저자는 우연히 제주 방언의 표기법을 만드는 모임과 그 해설서를 쓰는 일에 간여하면서, 이 방언의 종결 어미 구성체들을 살펴보게 되었다. 그 전에는 저자가 깨닫지도 못한 다양한 융합 형태소들을 새롭게 주목하게 되었는데, 그 중 특별히 종결 어미들이 (임시) 계사 어간으로 추정되는 '이'가 융합된 형식과, 그런 '이'가 없는 형식이 서로 대립(유무 대립)을 보일 만하다는 인상을 아주 강하게 받았다. 그럴 뿐만 아니라, '이'가 관찰되는 구성도 다양한 후보들로 판단되는데, 저자는 대략 세 가지 범주를 검토할 것이다. 첫째, 계사의 어간 '이-'일 수 있는데, 두 개의 명사 상당어를 요구하는 것이 아니라 오직 하나의 명사 상당어만을 요구하는 '주제화 구문'에 간여하는 경우이다. 둘째, 형식 명사 '이'일 수 있는데, 이는 계사와는 달리 결코 탈락이 일어나지 않는 특성이 있다. 셋째, 화용 첨사 '이'가 융합된 것일 수 있다.

"이 풀 사름덜이 먹은다" ≒ "이 풀 사름덜이 먹나"

만일 이런 현상이 언어적 사실이라면, 이를 적절하게 설명해 주어야 할 것이다. 저자는 하나의 사건에 대한 표현이 각각 시상 범주와 양태 범주를 거쳐 종결 어미로 끝이 난다고 상정하고 있다. 여기서 시상 범주는 현재 발화 시점에서 경험할 수 있는 사건과 관련되고, 양태 범주는 청자가 해당 사건을 추체험하여 참인지 여부를 확인하는 일과 관련되는 것으로 본다. 하나의 사건은 구체적이고 개별적인 하나의 사건이 될 수도 있고, 경험이 누적되고 반복되어 일어남으로써 일반화되어 있는 사건도 있을 수 있다. 일반화된 사건을 가리킬 적에 흔히 '보편 진술'(영원한 진리)이라고 부른다. 보편 진술에서는 시상 범주와 양태 범주가 모두 다 나올 수도 있고("-는 법이다"), 또한 해당 사건의 참값을 확인할 수 있도록 양태 범주 표현만 나올 수도 있다("-은다").

그렇다면 앞의 등식(≒)에서 용언의 어간을 제외한다면, 남아 있는 기능범주 형태는 각각 '-은다, -나'이다. 이것들이 보편 진술에 속한다면, 시상 및 양태 범주 형태들을 모두 갖고 있거나, 또는 최소한 양태 범주 형태만이라도 갖고 있어야 할 것이다. 저자는 이들이 모두 양태 범주 형태만을 갖고 있다고 본다. 이런 접근에서는 '-은다'가 '-은+-다'로 분석될 수 있기 때문에, 이에 짝을 이루기 위해서 '-나'도 또한 '-느-+-아'로 분석될 수 있어야 한다. 여기서 찾아지는 '-아'는 명령 서법의 종결 어미 '-으라'의 변이형태로 간주될 것이다(§.4-1-3 참고: 357쪽 이하). 이런 분석이 가능하다고 하더라도, 문제는 '-은'과 '-느-'가 같은 범주의 요소인지를 논증하는 일이 남아 있다.

이 방언에서 '-은' 요소를 지니고 있는 종결 어미들이 많은데, 일부의 경우에 짝으로서 '-을'도 계열체 대립을 이룸을 관찰할 수 있다. 이런 구성에 기대면 '-은'은 관형형 어미에서 나온 것임을 추정할 수 있겠지만, '-은다'의 경우 왜 계열체로서 '-을'이 찾아지지 않는지에 대한 합리적 설명이 주어져야 한다('-은다'는 가능하지만, '*-을다'는 불가능한 결합임). 저자는 보편 사건 진술이 반드시 반복됨을 경험한 뒤에라야 비로소 일반화되고 보편성을 확립할 것으로 본다. 반복의 개념은 반드시 미리 경험해 본 사건을 대상으로 한다. 두 번 이상의 경험을 통해서만 이것이 반복되는지 여부를 판정할 수 있는 것이다. 그러므로 '완료'의 의미 자질을 지닌 관형형 어미 '-은'만이 보편 진술에 쓰일 수 있는 것이다. 이와는 달리 '-을'은 '미착수, 미완료'의 의미 자질을 지니기 때문에, 불가피하게 해당 사건이 반복되는지 여부를 확인할 수 없고, 장차 일어날 또는 장차 경험하게 될 사건이 하나의 유일한 사건(일반화되지 않은 사건)으로 치부되는 것이다. 따라서 대상의 불변 속성이나 한 사건에 대한 보편 진술(속담 따위)에서 찾을 수 있는 '-은다!'는, 이미 누구나 경험한 하나의 사건이 반복되어 언제 어디서나 일어나는 일을 가리킬 수 있는 것이다.

이 방언에서 찾아지는 양태 형태 '-느-'는 청자 또는 의사소통 참여자가 해당 사건을 추체험하여 곧 해당 사건의 참값을 판정할 수 있다는 함의가 들어 있다. 이는 해당 사건이 반복되는지 여부에는 아무런 언급도 할 수 없지만, 임의의 사건이 언제나 어디서나 의사소통 참여자(특히 청자)에게 참값인지 여부를 경험하여 곧 확인할 수 있다는 속뜻을 담고 있다. 비록 의미 자질이 마련되는 동기는 서로 다르더라도, 결과적으로 언제 어디에서나 참값임을 보장해 줄 수 있는 최종 상태는 서로 공통적인 것이다. 저자는 이런 근거로 이 방언에서 '-은다'라는 종결 어미가 '-나'이라는 종결 어미와 서로 교체되어 쓰일 수 있다고 본다.

반면에, '-앖저'로 끝나는 종결 어미는 현재 진행되고 있는 개별 사건을 언급해 준다. 이는 반복 여부에 대해서는 전혀 문제삼지 않는다. 오직 현재 일어나고 있거나(-앖-) 이미 일어나서 다 끝이 난(-앗-) 하나의 사건을 상대방 청자에게 언어로 전달해 주고 있는 것이다. '-나?'로 끝나는 구문이 만일 오름세 억양을 지니고서 다음처럼 의문 서법으로 말해질 수도 있다. 이 질문 또한 보편 진술에 속한다. 그렇지만 의문 서법의 '-나?'는 또한 시상 및 양태 형태소 뒤에도 나올 수 있으므로, 감탄·

서술 서법의 '-나!'과 달리 동음이의 형태소로 기술되어야 한다.

"이 풀 사름덜이 먹나?"(↗: 오름세 억양임)
[이 풀 사람들이 먹는가?](↗: 오름세 억양임)

이런 질문에 당연히 내림세 억양을 지니고서 동일한 형태로 메아리처럼 대답해 줄 수 있다. 물론 질문에 대하여 답변을 이끌어 주는 감탄사 '오!'[그래, 응]가 먼저 나오게 된다.

"오, 이 풀 사름덜이 먹나!"(↘: 내림세 억양)
[응, 이 풀 사람들이 먹는다!](↘: 내림세 억양)

이 답변이 또한 아무런 제약이 없이 '-은다'로도 발화될 수 있다.

"이 풀 사름덜이 먹은다!"(→: 길게 끄는 억양)
[이 풀 사람들이 먹는단다!](→: 길게 끄는 억양)

그렇다면, 문제는 이 방언의 형용사 구문에서 '높은다, 높으다, 높았저'의 대립을 어떻게 표시해 주는지에 달려 있다. 형용사가 동사처럼 바뀌어 나온 '높았저'는 아무런 의미 차이가 없이 공통어에서와 같이 동일한 '-아지다' 구성을 갖추고서 수의적으로 '높아졌저, 높아졌어'(재음절화를 거쳐 표면형이 각각 '노파점쩌, 노파점서'로 발음됨)로 뒤바뀔 수 있다. 비록 겉으로는 서로 세 가닥으로 대립하는 모습을 보여 주지만, 밑바닥에서는

'{높은다 : {높으다 : 높았저}}'

처럼 먼저 '높은다'와 밑줄 친 나머지 표현들이 대립하고 있다. 그 다음

에 밑줄 친 나머지 표현이 다시 이분 대립을 하고 있다. 다시 말하여, 첫 단계의 대립은 한 대상의 영속적인 내부 속성을 가리키는 표현(보편 진술)과 일시적인 현재 상황의 상태나 사건을 가리키는 표현(개별 사건 진술)이 서로 대립하고 있다. 다시 일시적인 현재 상황이나 사건에 대한 표현은, 각각 대상의 상태라면 형용사로 표현되고, 상태가 변화되는 사건이라면 동사로 표현되고 있는 것이다.

따라서 이 방언에서 종결 어미들을 분류하는 중요한 기준은 시상[10] 선어말 어미가 들어가는지 여부를 놓고서 크게 나눌 수 있다. 시상 선어말 어미는 다음과 같이 대립하고 있다.

---

10) 이 방언의 시상 형태소는 크게 두 가지로 나뉜다. 하나는 사물이나 대상이 관련된 사건이 전개되거나 완료된 모습을 가리키는 것이다. 다른 하나는 자유의지를 지닌 사람이 의도를 지니고서 사건을 전개하거나 완료하는 모습이다. 후자는 특히 '동작'이라고 말할 수 있으며, 이 방언에서 반말투 종결 어미와 융합된 '-엄다?, -언다?' 따위의 의문 서법의 종결 어미가 반드시 얼굴을 마주보고 있는 청자에게만 쓰인다는 점에서 그러하다.

그렇지만 사물이나 물건은 자유의지도 없고, 거기서 도출되는 하위의 의지나 의도도 지니지 못한다. 사물이나 물건(대상)은 동작을 하지 않는다. 따라서 "날이 붉었저"[날이 밝고 있다]는 필연적 자연법칙에 의해서 일어나는 사건의 경과이므로, 동작상 형태소라고 불러서는 안 된다. 오직 사람과 의인화된 동물에게만 '동작'을 적용해야 옳다.

흔히 인류 지성사에서는 자연세계에 법칙이 적용되고, 이 법칙이 생명체에 적용되면 본능으로 불리며, 본능이 인간에게 적용되고 나서도 설명이 안 되는 것을 '자유 의지'라는 개념으로 표상해 왔다(자유 의지란 용어가 방종도 함의하고 있어서 싫어하는 경우도 있음). 매우 단순하지만, 용어 사용은 엄격한 정의 위에 이뤄져야 한다. 이 책에서는 상의 어로 '시상 형태소'를 쓴다. 그렇지만 그 형태소가 자유의지를 지닌 인간의 동작이나 인간이 일으키는 사건에 관련된다면 '동작상'이라고 부를 것이다. 이 방언에서는 오직 마주하고 있는 청자(들)에게만 쓸 수 있는 융합 종결 어미가 있다. 배타적으로 이를 위하여 동작상이란 용어를 쓸 것이다.

저자는 시상이나 동작의 전개 모습이나 완료/완결/완전/종결 모습을 가리키는 용어도 우리말로 쓰는 것이 더 낫지 않을까 생각한다. 사람의 동작과 관련해서는 '안 마침 : 다 마침'을 쓸 수 있고, 사물이나 물건과 관련해서는 '안 끝남 : 다 끝남' 정도로 쓸 수 있을 듯하다. 이런 생각을 하게 된 까닭이 있다. 이 두 범주를 하나로 붙들어 표현하려는 한자 용어가 연구자들 사이에서 '완료, 완결, 종결, 완전' 따위로 서로 합치되지 않고 있기 때문이다. 그렇다면 개념상 무엇이 필요한지를 먼저 합의하고, 그 합의 위에서 쉽게 알아들을 수 있는 용어를 쓰는 것이 바람직할 듯하다. 저자는 연구자들 사이에 가장 먼저 합의해야 할 전제가, 인간의 언어 표현이 자연계의 질서와 인간세계의 질서를 달리 파악하고 드러낸다는 사실에 있다고 본다. 이 방언에서도 그러하다. 배타적으로 인간에게만 적용되고 관련되는 사건은 '마치다'를 중심으로 쓰는 것이 좋을 듯하다. 나머지 생명체를 포함한 자연 현상은 우리가 관찰하는 사건에 해당하므로 '끝나다'를 중심으로 쓸 수 있을 듯하다.

'았 : 앗'[미완료/불완전 : 완료]11)

만일 이런 어미가 나타난다면, 결코 영구히 지속되는 내재적 속성을 가리키는 것이 아니라, 오직 현재 상황에서 일어나고 있는 사건을 관찰하여 일시적인 그 상태를 언급하는 셈이다.

임의의 동사나 형용사는 언제나 두 가지 쓰임새를 지닌다. 하나는 한 대상이나 사건에 대한 변하지 않는 내부 속성을 가리킨다. 다른 하나는 일시적으로 관찰되는 대상의 상태나 사건의 진행 과정 및 결과 상태를 가리킬 수 있다.12) 그런데 공통어에서처럼 이런 차이가 이 방언에서

---

11) 이 형태소의 시상 의미자질은 현평효(1985), 『제주도 방언 연구: 논고편』(이우출판사)에서는 '미완료 : 완료'로 보았고, 고영진(2008), 「제주도 방언의 형태론적 상 범주의 체계화를 위하여」, 『한글』 제280호에서는 '불완전 : 완료'로 보았다. 현평효(1985)에서는 독특하게 미완료 존속(지속)의 '-암시-'와 완료 존속(지속)의 '-아시-'를 주장하였다('존속'이란 말은 오늘날의 문법 논의에서는 '지속'으로 부름). 그렇지만 이는 다분히 제2음절에 있는 '시'를 의도적으로 '이시다/시다'(있다)라는 동사의 어간으로 간주하려는 목적 때문에 나온 듯하다. 만일 '-암시-'나 '-아시-'를 기본 형태소로 잡으면, 잘못된 표면형 '*-암셔, *-아셔'가 나온다. 이를 막기 위하여, 오직 이 경우에만 적용시켜야 하는 유표적이며 부자연스런 '이' 탈락 규칙을 만들어 놓아야 한다. 이런 이례성은 형태소 분석이 잘못되었을 가능성을 점검하도록 만든다.

저자는 오히려 '았+이'와 '앗+이'로 분석되어야 한다고 믿고 있다. 여기서 '이'는 주제화 구문에 간여하는 계사 어간으로 추정한다. 이런 분포를 지닌 '이'는 이 방언에서 여러 융합된 종결 어미들에서 관찰되기 때문이다. §.3-4-2에서는 '불르고?'와 '불렀인고?'가 수의적으로 교체될 수 있다는 전제 위에, 시상 및 양태 범주를 모두 넘나드는 '-느-'와 교체되기 위하여 시상 형태 '-았-'과 양태의 속뜻을 담을 수 있는 계사의 주제화 구문 '이-'가 동치 내지 등가로 상정되어야 하므로(시상 및 양태의 '느' = '시상 았+양태 이'), 이를 유도할 수 있는 후보는 계사일 수밖에 없음을 논의할 것이다(275쪽 이하).

그런데 만일 존속(지속)으로 착각했던 '시'가 오분석의 결과라면, 중요한 질문은 다음과 같다. '완료'와 '완료 존속'(지속)이 굳이 구분되어야 할 것인가? 이 방언에서는 존속(지속) 여부가 언제나 특정한 형태소의 출현에 의해서만 파악되는 것일까? 필자는 그렇지 않다고 본다. 영어의 접속사 and를 공간 나열의 의미자질로부터 상식적인 대화 규범(maxim)의 적용을 통하여, 자연스럽게 시간 나열로 해석되도록 만든 그라이스(H. P. Grice, 1913~1988)의 논법이, 완료 및 완료 지속에도 그대로 적용된다고 믿는다(H. P. Grice, 1989, 『낱말의 작동 방식에 대한 연구(Studies in the Way of Words)』, Harvard University Press). 앞의 §.2-1에서 '아았저'와 '아팟어'가 비록 다른 시상 형태소들이 들어 있지만, 결과적으로 공통된 해석 지반도 공유하고 있음을 살펴보았다. 따라서 잘못 분석한 '시'에 의해서 굳이 존속(지속)이라는 의미자질을 억지로 끼워 넣기보다는, 완료되거나 미완료되거나 간에, 화용적 상식에 의해 해당 상태가 어느 정도 시간 폭을 지니고서 유지된다는 속뜻(완료 지속, 미완료 지속)이 깃들 수 있을 것으로 본다. 오직 이런 접근 위에서라야 비록 '시'라는 형태소가 출현하지 않더라도 '지속'(미완료 상태의 지속, 완료된 결과 상태의 지속)의 함의가 깃드는 언어 사실들을 제대로 설명할 수 있다.

도 낱말 그 자체에 표시되어 있지는 않다.13) 대신 이들 낱말에 이음말로 이어진 앞뒤 환경에 따라서 분명히 구분이 이뤄진다. 앞의 내부 속성(따라서 해당 속성을 언제 어디에서나 누구든지 경험할 수 있음)을 가리키기 위해서는, 청자가 추체험할 수 있음을 가리키는 양태 형태 '-느-'가 녹아 있는 종결 어미 '-나!'을 쓰거나 또는 '-은다'가 연결된다.14) 이와는 달리, 일시에 관찰되는 상태나 과정을 가리키기 위해서는, 동작의 진행과 진행이 지속됨을 가리키는 형태 '-앖-'이 붙는다. 이런 형태소들의 대립은 ① 모든 시간 모든 공간에서 성립하는 진술 및 ② 현재 관련 당사자들이 함께 있는 현장에서 직접 겪고 확인하는 진술을 서로 나누어 놓도록 하는 중요한 단서가 된다. 이런 구분은 이 방언의 종결 어미와 연결 어미들을 나누어 놓는 데에도 결정적으로 매우 중요한 구실을 떠맡고 있다. 그렇지만 이 방언 어미들의 형태소 확립이 제대로 이뤄지지 않았으므로, 아직 이런 사실이 제대로 부각되거나 인식되어 있지 않다.

우리말 종결 어미들을 서술할 때에는 흔히 서법에 따라 분류한다. 이는 1차적으로 말로 주고받게 되는 서법(서술·의문)이 있고, 행위를 매

---

12) 하나의 사건을 외부에서 전체적으로 바라보는 '조망(眺望)'/'외망(外望)' 형태소가 용언의 활용에서는 따로 존재하지는 않는다. 그 대신 사건이 다 끝난 상태가 속뜻으로 전체 사건을 하나로 묶어 줄 수 있을 것으로 본다. 우리말에서 이런 형태소가 설정되어야 한다면, 저자는 개인적으로 부사형 어미 '-아'가 제1 후보라고 본다. 김지홍(1993), 「국어 부사형 어미 구문과 논항구조에 대한 연구」(서강대 박사논문)를 읽어 보기 바란다.

13) 러시아 어 낱말에서는 다양하게 접사들이 붙어 낱말 그 자체로 구분이 이뤄진다고 한다 ('po-, sy-, pri-, vy-, za-, -nu-, -iv-' 따위).

14) 공통어에서는 '-는다'가 나오지만, 왜 이 방언에서는 '-은다'[-는 법이다]로 나오는지에 대한 차이에 대해서도 분명한 설명이 주어져야 할 것이다. 저자는 공통어의 종결 어미 '-는다, -는 법이다'는 시상 범주 및 양태 범주의 형태를 모두 다 실현시킨다고 본다. 반면에 이 방언에서는 양태 범주 형태만을 쓰고 있는 것이다.
  이 방언에서 자주 쓰이는 속담 표현에서 '-나!'로 끝나는 것은 모두 '-은다!'로 바꿔 쓰더라도 그 내용이 달라지지 않는다. 그렇지만 속담 표현에 가장 많이 쓰인 '-은다!'는 거꾸로 일부만이 '-나!'로 바뀔 수 있고, 다른 일부는 바꿔 쓸 수 없다. 이런 점도 같이 논의가 이뤄져야 할 것이다(앞의 각주 8도 참고 바람). 속담에서 자주 쓰이는 '-나!'은 시상 형태에 붙지 않는다. 감탄·서술 서법 중 §.4-1-3(357쪽 이하)의 '-나!'을 보기 바란다. §.3-2-6(261쪽 이하)에서는 의문 서법의 종결 어미 '-나?'를 다루는데, 시상 형태 '-앖-, -앗-'이 허용되어 '-앖나?, -앗나?'[시상+양태]로 실현된다. 이런 구조적 형태 결합의 측면에서 비록 서로 같은 소리값을 지니고 있더라도, 동일한 형태라고 말할 수 없다.

개로 하는 서법(명령·청유·약속)이 있으며, 기타 감탄 등의 서법이 있다. 이들 서법에 따라 ① 각 서법마다 독자적인 종결 어미들이 있고, ② 몇 가지 서법 사이에서 두루 통용되는 종결 어미들이 있다. 이것들이 모두 서법상 일반적인 종결 어미들이 된다.

이와는 달리, 형태상으로 ③ 관형형 어미 '-은, -을'을 매개로 하여 이뤄진 것, ④ 형식 명사 구문을 매개로 하여 이뤄진 것이 있고, ⑤ 접속문을 만들어 주는 연결 어미나 내포문을 만들어 주는 인용 어미 등으로부터 전성된 종결 어미들이 있다. 이들은 모두 도출된 종결 어미로 불릴 수 있다.

그런데 이전에 우리말을 기술하면서 문법 역할을 떠맡은 조사와 어미를 동일한 원리로 적어 놓은 것이 아니라, 서로 다른 원리를 적용시켜 놓았다. 조사들은 하나하나 모두 떼어 놓도록 하였지만, 동사에 붙는 어미들은 한 덩어리로 묶어서 표기해 놓았던 것이다. 이를 각각 '분석주의'와 '종합주의'로 부른다. 이런 생각이 그대로 이어져 오는 측면이 있다. 만일 우리말이 교착어 또는 부착어로 분류된다면, 형태소들이 덧붙는 특징(이항 대립이나 유무 대립을 띰)을 고려하면서 해당 자료를 분석해 나가는 것이 일관적이다. 이는 분석적인 관점을 이 방언의 어미들의 기술해 나가는 것이 바람직함을 함의한다. 이 방언의 종결 어미들을 덩어리진 채 단일한 형태처럼 여기는 것이 아니라, 특정 형태에 어떤 조건에서 다른 형태들이 밀접하게 융합될 수 있는지에 대하여 고민하고, 그런 융합 형태소들을 설명해 주는 분석적인 시각을 확립하는 일을 시도하는 것이다.

제2절 서술 서법의 종결 어미

§.2-2-1 대우 표현의 서술 종결 어미

이 방언에서 서술에 쓰이는 종결 어미들은 대우 표현과[15] 관련된 것과 그렇지 않은 것이 있다. 반말 어투(이 방언에서도 '-어'로 대표됨)에 화용 첨사를 붙이는 경우를 제외하고, 고유한 형태들을 갖고 있는 대우 표현의 종결 어미는, 그렇지 않은 종결 어미들과 비교할 적에 수적으로 상대적으로 아주 적다고 말할 수 있다. 따라서 먼저 대우 표현의 종결 어미들을 살피고 나서, 그 밖의 평대 관계의 종결 어미들을 다루기로 한다(§.3-1에서도 의문 서법의 대우 표현이 논의됨: 228쪽 이하).

이 방언에서 청자를 높이는 대우 표현에 관련된 종결 어미가 두 종류 있다. 대우의 '선어말 어미'라고 불리는 형태소 '-수, -으우-'(음운론적으로 조건 지워진 변이형태)가 들어 있는 것과 '-읍-'이 들어 있는 것이다. 먼저 '-수, -으우-'는 계사 '이다'나 형용사의 어근에 붙거나 동사의 어간에 붙은 시상 선어말 어미 '-앖-'이나 '-앗-' 뒤에 붙는다. '-수'는 받침이 있는 음절에, '-으우'는 받침이 없는 모음 음절에 붙는다(뒤의 각주 19를 보기 바람). 가령, 형용사 '좋다'는 이 방언에서 말하는 사람에 따라 두 가지로 발음된다. 'ㅎ' 받침(내파음이 됨)을 그대로 유지하는 사람은

　"좋수다"[좋아요](독자적인 서술 종결에만 쓰이는 어미)
　"좋수괴, 좋수게,[16] 좋숫괴, 좋수꿰, 좋수께"[좋아요](여러 서법에 두루 쓰이

---

15) 이를 높임 표현으로도 부를 수도 있겠지만, 이는 화자가 자신을 낮추는 표현(겸양 표현)이 배제될 수 있다. 자신을 낮추는 일은 물론 '시이소'처럼 청자와 화자가 대등한 관계에서 화자가 낮아지므로 결국 상대방이 높아지게 된다. 이런 함의 관계를 고려하여, 여기서는 높임 및 낮춤을 모두 싸안을 수 있는 상의어로서 '대우'라는 용어를 쓰기로 한다.

16) 이 방언의 표기법에서는 '외'나 '의'라는 중모음을 인정하지 않고, '웨'라는 중모음(표기는 3중모음 표기가 되어 버렸음)과 '이'라는 단모음만 쓰도록 규정하였다. 이럴 경우에 원래 형태소와의 유연성을 확보할 수 없다는 점이 가장 큰 문제가 된다. 가령, '좋수괴'라는 서술 서법의 발화는 '좋수괴?'(↗, 오름세 억양)라는 의문 서법의 발화와 긴밀히 관련된

는17) 어미)

다. 즉, 대우 형태소 '수'에 '괴, 과?'가 결합되어 있다. 이들이 융합된 복합 어미임을 알 수 있는 것은 각각 서술 서법의 '-이'(반모음 y; '좋데, 좋네, 먹었네, 먹없네, 먹엇데, 먹엇네' 등)와 의문 서법의 '-아?'('좋아?↗, 먹없아?↗, 먹엇아?↗' 등)가 독립된 형태로 쓰이고 있기 때문이다. 이는 '괴, 과?'에서 '고'('ㅗ'는 반모음 w이며, 이것이 'ㅜ'로 표시되면 '구'로도 표기될 수 있음)라는 형태가 분석될 수 있음을 시사해 준다.

그렇다면 이 '고'(또는 '구'로도 표기되겠지만, 단 종결 어미 '-이'와는 '고'가 결합되어야 함) 형태소에 과연 의미자질을 배당해 줄 수 있을 것인가? 아무도 이런 분석 가능성을 진지하게 검토해 보지 않았지만, 교착어 또는 부착어의 질서를 따르면 이런 형태소를 분석해 놓는 것이 일관된 처리 방법으로 보인다. 아직 본격적으로 입증할 수는 없지만, 직관적으로 저자는 공통어 종결 어미 '-구나, -구려'에서 찾아지는 '구'와 연관이 있을 것으로 본다. 그 의미 자질은 '양태 의미'로서 청자와 화자가 같이 있는 <u>현재</u> 상황에서 <u>사실로 주어진 대상이나 사건을 가리키는</u> 듯하다(또한 §.4-1-1에 있는 고유한 종결 어미 '-고라, -과라'의 논의도 참고 바람: 352쪽 이하). 그렇다면, 이 방언에서 이 '고'(또는 '구')와 대립 짝을 이루는 형태소를 찾을 수 있거나 유무 대립을 가정해 주어야 할 것이다.

어떤 후보가 '고'와 짝을 이룰 것인가? 이 방언의 양태 형태소로서 '짐작이나 추정'을 나타내는 종결 어미 '-주'[1]가 설정되는데(시상 형태소와 결합하면 '-앖<u>주</u>, -앗<u>주</u>'가 되며, 대우 표현에서는 '-앖입<u>주</u>, -앗입<u>주</u>'로 되는데, §.2-2-4-나)를 보기 바람: 140쪽 이하), 잠정적으로 의미 자질 상 이 형태소와 대립하는 내용을 지니고 있을 것으로 판단한다. 현재의 분석 방식은 순전히 저자의 작업 가정(working hypothesis)에 불과하며, 다른 기회에 이 가정이 확정되도록 논증해야 할 책임을 지고 있다.

이 방언에서 종결 어미 뒤에 융합되는 화용 첨사 '게'도 관찰된다. 화용 첨사는 종결 어미 뒤에 붙<u>으므로</u> 쉽게 이를 제외시킬 수 있으며, 현재 논의되는 '-게, -궤, -께, -꿰'에도 '좋수궤<u>게</u>, 좋수게<u>게</u>, 좋수꿰<u>게</u>, 좋수께<u>게</u>'처럼 자유롭게 첨가될 수 있다. 그렇다면, 비격식적 대우 형태소 '-수, -으우'와 융합되는 종결 어미 '-게, -께, -궤, -꿰'를 종결 어미로 확정할 수 있다. 이들은 기본 표상이 '-숫고, -으우고'(사이시옷은 의문 서법 종결 어미에서도 관찰됨)나 '-수고, -으우고'에서 더 이상 '고, 구'라는 형태소가 명백히 인식되지 않기 때문에, 하나의 어미 형태소처럼 완전히 융합되어 버렸고, 평음으로 시작하는 '-꿰, -게'나 된소리(경음)으로 시작하는 '-꿰, -께'로 바뀐다. 비록 하나의 형태소인 듯이 보이더라도, 밑바닥의 구조에서는 엄격히

"시상 형태소(앖, 앗)+대우 형태소(수/으우)+양태 형태소(고/구)+종결 어미(이, 아)"

라는 층위를 충실히 실현해 놓고 있음을 확인할 수 있다(이 종결 어미 뒤에 다시 화용 첨사가 덧붙을 수 있음). 따라서 '좋수괴, 좋숫괴'는 엄격히 모든 형태소를 밝혀 적은 기본 표상을 나타낸다. 여기서 융합 과정에 따른 재음절화가 일어남으로써 비로소 '좋수게, 좋수궤, 좋수께, 좋수꿰'가 도출되는 것으로 설명할 수 있을 것이다.

그런데 격식 갖춘 대우 형태소 '-읍'에 딸려 '-읍네께, -읍데게'라는 융합 종결 어미도 관찰된다. 이는 양태 형태소의 층위가 두 번 반복되어 있다고 말할 수도 있겠지만(느/더+이+고+이), 오히려 뒤 쪽의 양태 형태소는 이미 화석처럼 하나로 굳어져 버려(-께, -게) 더 이상 양태의 의미를 느낄 수 없다고 기술할 수 있다. 본디 다른 방언과의 간섭이 상대적으로 적었던 이 방언에서는 '분석주의' 관점에서 어미들의 결합 층위를 찾아낼 수 있는 것이 최대 장점이라는 생각이 든다. '-구'라는 형태소를 분석해 낼 수 있는 것도 다른 계열체와 같이 있기 때문이다.

17) 저자는 §.2-8에서 평대 관계의 종결 어미 목록을 〈도표 4〉로 만들어 보았는데(223쪽), 크게 독자적인 종결 어미와 반말투의 종결 어미로 나뉜다. 전자는 고유한 서법에만 쓰이고, 후자는 억양을 달리하여 두루 여러 가지 서법에 다 쓰인다. 또한 전자는 화용 첨사

로 말한다. 그러나 'ㅎ' 받침(내파음)을 소리 내지 않는 사람은

"좋으우다, 조우다"[좋아요](독자적인 서술 서법의 종결 어미)
"좋으웃괴, 좋으우꿰, 좋으우께"[좋아요](여러 서법에 두루 쓰이는 종결 어미)
"조웃괴, 조우꿰, 조우께"[좋아요](여러 서법에 두루 쓰이는 종결 어미)

로 말한다. 'ㅎ' 받침을 내파음으로 발음하는 쪽이 더 보수적인 형태에 속한다. 미완료나 완료의 시상 선어말 어미가 붙은 용례는 다음과 같다.

'밥 먹없수다, 먹없수괴, 먹없수게, 먹없숫괴, 먹없수께'[밥 먹고 있어요]
'밥 먹엇수다, 먹엇수괴, 먹엇수게, 먹없숫괴, 먹없수께'[밥 먹은 상태로 있어요]

형용사 또는 계사 '이다'에 붙을 경우에는 다음과 같이 쓰인다.

'그거 책이우다/책이웃괴/책이우께[18]'[그거 책이어요]
'방안이 붉으우다/붉으웃괴/붉으우께'[방안이 밝아요]
'가이 아프우다/아프웃괴/아프우께'[그 아이 아파요]

'마씀'이 붙지 않지만, 후자는 '마씀'을 붙여서 청자를 높여 주는 대우 표현으로 만들 수 있다. 두 부류의 종결 어미들에서 일단 여기서는 여러 서법에 두루 쓰인다('두루두루 서법'으로 부를 수 있음)는 점을 부각시켜 둔다.

18) 저자의 직관이나 발음 습관으로만 따질 적에, 형용사와 계사 어간에서는 일반 동사 어간과는 다른 특성이 관찰된다.

'*책이우괴/*책이우게, *붉으우괴/*붉으우게, *아프우괴/*아프우게'

가 성립하지 않기 때문이다. 오직 사이시옷이 들어가 있는 융합 어미들만이 수용 가능하다. 일반 동사의 어간일 경우, 의문 서법의 종결 어미 구성에서 찾아지는 사이시옷이 없는 융합 어미도 가능하고, 사이시옷이 들어간 융합 어미도 가능하다. ① 먼저 과연 다른 화자들에게서도 이와 같은 차이가 있는지 확인될 필요가 있다. ② 다음에 이런 관찰이 사실이라면, 왜 그러한지에 대하여 설명이 뒤따라야 할 것이다. 대우 형태소와 양태 형태소 사이에 특정한 간격이 있다면(기본값 결합이 아니라면), 사이시옷이 들어가서 이들을 묶어 놓을 필요가 있다. 그렇지 않고, 이미 기본값으로 대우 형태소 뒤에 양태 형태소가 들어 있다면, 굳이 사이시옷이 들어갈 필요가 없는 것이다.

이하에서는 '-수, -(으)우' 중에서 '-수'를 대표로 삼아 오직 '-수'로만 쓰기로 한다. 정승철(1995: 155쪽 이하, 1997: 79쪽 이하)에서는 '-쑤-(-수), -으우'라는 두 개의 형태소를 음운론적으로 조건 지워진 변이형태로 상정하였는데,[19] 받침 'ㄹ'과 모음 어간 아래에서는 '-으우'가 나오는 것이다. 다만, 특이하게 '으' 탈락은 사람에 따라 달라질 수 있는데, 수의적으로 "좋다→ 조우다" '으' 탈락이 일어날 수도 있고, 수의적으로 "좋다→ 조으우다"와 같이 '으' 탈락이 일어나지 않을 수도 있는 것이다(수의적 변이형태임).

대우 형태소 '-수'에 수반되는 종결 어미로서는 고유한 서술 서법에서만 관찰되는 '-수다'가 있고, 대우의 화용 첨사 '마씀'이 붙을 수 있는 '-수괴, -수게, -숫괴, -수께'의 두 가지 유형이 있다. 더욱이, '-수'는 서술 서법 및 의문 서법의 종결 어미에서는 나타나지만, 명령·청유 서법과 감탄 서법에서는 나타나지 않는다. §.3-1의 〈도표 6〉을 보기 바란다(235쪽). 감탄 서법은 화자 자신에 관한 일이며, 따라서 청자를 대우할 필요가 없으므로 대우 형태소가 적용되지 않는 것이다.

그렇지만 명령·청유 서법에 대우 형태소 '-수'가 관찰되지 않는 것은 이례적인 일이다. 저자는 그 까닭이 본디 역사적으로 이 형태소가 비롯된 구조를 주목함으로써 설명될 수 있을 것으로 본다. 저자는 이 형태소가 융합되어 하나로 굳어진 것으로서, 본디 종결 어미 '-소, -오'에 직접 마주하고 있는 청자를 대우하는 '-이-'가 종결 어미를 수반하여 '소+이+다' 또는 '오+이+다'로 융합된 데에서 말미암기 때문으로 본다.[20]

---

19) '-으우'라는 형태소는 정승철(1995), 『제주도 방언의 통시 음운론』(태학사)와 정승철(1997), 「제주도 방언 어미의 형태 음소론: 인용어미를 중심으로」, 『애산학보』제20호를 보기 바란다. 정승철 교수는 '-수' 대신 '-쑤'를 기본 형태로 상정하였지만, 저자가 판단하기에 '-쑤'는 앞 음절의 내파음 때문에 자동적으로 생겨난 음운 변동에 불과하며, 본디 이 방언에서 된소리(경음)로 이뤄진 문법 형태소는 없는 듯하다. 한편, 고영진(2002: 29쪽), 「제주도 방언의 상대 높임법의 형태론」, 『한글』제256호에서는 다음처럼 더욱 정밀하게 정리해 놓았는데, 이런 접근에서는 '으' 탈락 규칙이 상정하지 않아도 된다. 편의상 이 책에서는 '-(으)우'로 표시해 놓기로 한다.
  ㉠ '-우'는 어간이 모음 및 'ㄹ'로 끝나는 형용사 및 잡음씨에 통합된다.
  ㉡ '-으우'는 어간이 'ㄹ'과 'ㅅ'을 제외한 자음으로 끝나는 형용사에 통합된다.

이는 텔레비전 사극에서도 들을 수 있는 형식이며, 이들이 융합된 모습을 입말 문학으로서 무가를 채록해 놓은 책들에서 '-쉐다'나 '-웨다'로 표기한 경우를 확인할 수 있다. 이때 '-소, -오'는 본디 고유한 서법의 서술 종결 어미였고, 이것이 융합되기 위하여 오직 무표적인 서술 서법의 독자적 어미만을 허용하였을 뿐이다. 만일 여러 서법에 두루 쓰이는 반말투의 종결 어미 '-어'이었더라면(명령 서법에도 쓰임), 이런 제약을 요구하지 않았을 것이다(어/아+으라 → 어으라/아으라 → 어라/아라). 반말투 종결 어미는 대우 화용 첨사를 추가할 뿐이며, 고유한 제약이 없다. 명령과 청유 서법에는 이미 '-읍-'이란 대우 형태가 있다. 이런 점 때문에 '-수'라는 대우 형태소는 명령 서법에 쓰일 수 없는 것이다.

반면에 격식 차리는 말투에 쓰이는 대우 형태소 '-읍'은 서술·의문·명령·청유의 서법에 두루 다 나타난다. 이 '-읍-'은 서술 서법에서 유일하게 하나의 종결 어미 '-다'만을 수반하고(-읍네다), 의문 서법에서 유일하게 하나의 종결 어미 '-까?'만을 수반하며(-읍네까?), 명령 서법에서 유일하게 하나의 종결 어미 '-서!'(-읍서, §.4-5-1 참고: 378쪽 이하)만을 수반하고, 청유 서법에서 '-주²!'를 수반한다(-읍주, §.4-5-2 참고: 387쪽 이하).

현용준(1980), 『제주도 무속 자료 사전』(신구문화사)이나 진성기(1960, 1968 재판), 『남국의 무가: 제주도 무가 전집』(제주민속문화연구소, 철필 등사본) 등 무가 채록들에서 틈틈이 의고적인 말투를 찾을 수 있다. 이 방언에서 단독 종결 어미로는 쓰이지 않지만, 옛날의 관용구 "임금님께 아뢰오!"에서 볼 수 있는 '-오'에다 다시 이 방언의 격식투 종결 어미를 붙여서 서술 서법에 '-읍네다, -읍데다'(-오+읍네다/읍데다), 의문 서법에 '-읍네까?, -읍데가?'(-오+읍네까?/읍데가?), 청유나 기원 서법에 '-읍서!'를 쓴다('-오+읍서'의 융합이며, §.4-5-3을 보기 바람: 390쪽 이하). 이런 종결 어미들이 이 방언의 사전들에서 비록 융합 구성체임을 의식하지는

---

20) 김지홍(2001), 「제주 방언 대우법 연구의 몇 가지 문제」, 제주대 국어교육과 『백록 어문』 제17호를 읽어 보기 바란다.

못하였지만, 한 덩어리 항목으로 올라가 있다. '-오+-읍-'이 주로 옛날 신분사회(계급사회)에서 존귀한 상대방에게 말을 하는 경우이므로, 더 이상 신분사회가 아닌 현 시점의 공시적 기술 체계에서는 자세히 다루지 않는다.

모든 서법에 두루 다 나타난다는 점에서, '-읍'은 오직 의문이나 서술 서법에서만 나오는 대우 형태소 '-수'와는 다르다. 바로 각 서법마다 고유한 종결 어미를 수반한다는 점이 또한 대우 형태소 '-읍-'의 출현을 '격식 갖춘 어투'(격식투)로 간주할 수 있게 하는 바탕이 된다. 더러, 화자에 따라 양태 형태소 '-네-, -데-'의 모습이 달라져 '-읍니다, -읍디다'도 나오기도 한다. 최근에는 표준어 교육의 영향으로 '-습니다, -습디다'로도 나올 수 있겠지만, 본디 이 방언에서는 '-읍' 형태소만 쓰였고, '-사옵'이나 '-습-'은 없었던 듯하다.

그런데 왜 하필 이 방언에서 청자를 높이는 표현이 둘씩이나 있는지를 질문할 수 있다. 그렇지만 이를 언어 구조적으로 설명할 길은 없다. 왜냐하면 '-수다'와 '-읍네다' 두 체계 사이에서, 분포상의 차이를 전혀 찾을 수 없고 수의적으로 교체되는 듯이 보이기 때문이다. 그렇다면 두 가지 설명 방법을 상정할 수 있다. 첫째, 기능적으로 두 체계의 쓰임상 차이를 지적할 수 있다. 만일 말투를 중심으로 하여 격식 갖춘 대우 표현과 그렇지 않은 대우 표현을 나눈다면, 응당 '-읍네다, -읍데다'가 가장 격식을 갖춘 청자 대우 표현이 된다(단, 무가 채록들에 들어 있는 융합 구성체 '-오+-읍'을 제외할 경우임). 이는 의문 서법에서는 '-읍네까?, -읍데가?'로 나오고, 명령 서법에서는 '-읍서!'로 나오며, 청유 서법에서는 '-읍주!'로 나온다(§.4-5-3을 보기 바람: 390쪽 이하). 그렇지만 '-수'는 서술 서법(-수다, -수궤/수궤, -수게, -수꿰, -수께)과 의문 서법(-수과?, -숫과?, -수꽈?)에만 나온다.

둘째, 어휘 의미 자질을 드러내어 주는 두 가지 방식으로도 간주할 수 있다. 왜냐하면 이 방언에서 '-읍네다'와 현재 진행되는 일의 지속을 나타내는 시상 선어말 어미 '-앖-'와 결합하는 일은 부자연스럽게 느껴지며, 공통어의 '먹고 있습니다'라는 표현을 기계적으로 옮겨 놓은 듯하기 때문이다. "???밥 먹<u>없읍네다</u>" 대신에, "밥 먹<u>없수다</u>"는 매우 자연스럽고 온전한 표현 방식이다. 그렇지만 완료 지속을 가리키는 '-앗-'에서는 두 종류의 표현이 관찰될 수 있다.

"밥 먹<u>어</u> 십데다, 밥 먹<u>엇수다</u>"

에서 보듯이 둘 모두 자연스럽지만, 형태소 분석이 서로 다르다. 전자가 '-어 있-' 보조동사 구문이기 때문이다. 이들 사이의 차이를 드러낸다면, 전형적으로

"가이 밥 먹<u>어</u> 십데다"[그 아이 밥 먹은 상태로 있습디다, 먹어 있<u>습디다</u>]

는 화자가 어떤 사건을 이미 관찰하여 지금 보고하는 형식이다. 그러나

"나 밥 먹<u>엇수다</u>"[나 밥 먹<u>었어요</u>]

는 화자 자신의 행동을 말해 주는 것으로 느껴진다. 사건이 완료된 상태가 있고, 맥락상으로 그 상태가 지속되는 것이다. 물론 "<u>가이</u> 밥 먹엇수다"[<u>그 아이</u> 밥 먹었어요]도 또한 아주 자연스런 형식이다. 다만 보조동사 구문 '-어 십데다'에 녹아 있는 '더'(외부 대상이나 사건을 이미 관찰한 것을 회상하여 지금 보고하므로, 현장의 청자는 더 이상 추체험할 수 없음) 때문에, 나 자신을 관찰한 뒤 보고할 수는 없으므로,

"*<u>나</u> 밥 먹어 십데다"[*<u>나</u> 밥 먹은 상태로 있<u>습디</u>다, 먹어 있<u>습디</u>다]

는 불가능한 표현이다.21)

대우 표현은 또한 반말 어투에 화용 첨사가 붙어 쓰일 수 있다. 이는

비격식적 어투가 된다. 마치 공통어에서 반말투 종결 어미 '-어'에 화용 첨사 '요'가 덧붙어 비격식적 대우 표현 '-어요'가 되듯이, 이 방언에서도 종결 어미 '-안'이나 '-앗어'에 화용 첨사 '마씀, 마씸'(청자에게 통보해 줌)이나 '예, 양, 야'(청자의 주의력을 요구함) 따위가 덧붙어 쓰일 수 있다 (서술은 '-안마씀, -앗어마씀', 의문은 '-안양?, -앗어양?'). 공통어의 반말 어투 '-어'와 마찬가지로, 이 방언의 반말 어투 '-안, -앗어'가 또한 의문이나 감탄 등 여러 서법에 두루 쓰이는 종결 어미인데('-안'은 §.2-3-1-다)에서 반말투 종결 어미와 인용 어미가 융합된 것으로 논의됨: 163쪽 이하), 이런 부류들은 곧 아래에서 다뤄질 것이다. 이 방언에서 대우 표현의 서술 종결 어미를 다음처럼 세 가지 유형으로 정리할 수 있다.

① 격식 갖춘 대우 표현으로 '-읍네다, -읍데다'가 있다. 젊은 층에서는 '-읍니다, -읍디다'로도 쓰인다(의고적 말투를 무가 채록들에서 볼 수 있는데, '-오'에 '-읍-'이 융합된 구성체들이며, '-옵네다, -옵데다, -옵네까?, -옵데가?, -옵서!' 따위는 논의에서 제외함).
② 격식 갖추지 않은 대우 표현으로 '-수-'로 대표되는 형식이 있다. 받침 있는 어간에 '-수다, -수꾀, -수게'가 쓰이고 'ㄹ' 받침이나 모음으로 끝나는 어간에 '-(으)우다, -(으)웃꾀, -(으)우께'가 쓰인다.
③ 격식 갖추지 않은 대우 표현으로서, 반말 어투에다 청자를 대우하여 높여 주는 화용 첨사 '마씀, 마씸'과 청자에게 주목하도록 하거나 반응으로서 동의를 요청하는 '양, 예, 야' 등이 붙어서 나오는 방식이 있다.

접사 형태들이나 다른 형태들을 덧붙여 주지 않고서도 그대로 서로 뒤섞이어 쓰일 수 있다. 대우 표현을 만들어 내기 위하여 ① 높임 낱말을 따로 바꾸어 쓴다든지, ② 이미 있는 낱말에 '-으시-'라는 선어말 어미를

---

21) 예외적으로 꿈속에서 내 영혼이 내 자신으로부터 이탈하고 떠나, 스스로 내 자신(신체)을 바라보는 특이한 경우에만 이런 표현이 가능할 듯하다.

덧붙여 준다든지(단, '으'는 모음 어간과 결합될 경우에 자동적으로 탈락됨), ③ 어말 어미의 모습을 바꾸어 듣는 사람을 높여 주는 방식이 있다. 이는 공통어의 질서와 동일하지만, 그 사용 빈도에서는 차이를 보여 준다.

이 방언의 대우 관계를 다루는 방식은 여러 서법들에서 공통적으로 관련된다. 특히, 언어를 매개로 하여 서로 의사소통을 주고받는 서술 서법과 의문 서법에서 형태소들의 체계적 관련을 찾아볼 수 있다. 행위를 목표로 하는 명령 서법이나 청유 서법은 서술 서법이나 의문 서법만큼 다양하지 않다. 감탄 서법은 맥락에 따라 그대로 서술 서법으로도 쓰이기도 한다. 자세한 논의는 의문 서법의 종결 어미를 다루는 §.3-1에서 진행하기로 한다(228쪽 이하). 여기서는 일단 대우 관계의 표현이 크게 격식성(formality) 및 공식성(publicity, 공공의 모임에서 공적으로 발화하는 형식임) 여부에 의해서 대분된다는 점을 언급하고, 서술 서법의 종결 어미들이 다양하고 풍부하게 관찰되는 평대 관계의 표현들을 놓고서 주된 논의를 전개해 나가기로 한다.

§.2-2-2 평대 관계의 종결 어미

이 방언에서 상대방이나 행위 주체를 높이지 않은 채 쓰이는 '평대 등급'의 종결 어미는 수적으로도 아주 많고, 내부 모습 또한 복잡다단하다. 그런 이유 때문인지 전체의 모습이 제대로 포착되거나 그 분류가 진지하게 이뤄진 바 없고, 이런 종결 어미들을 어떻게 분류해야 하는지에 대해서 기댈 만한 지침도 찾을 수 없다. 이런 처지에서는 아마 이 방언에서 찾아지는 종결 어미들을 충실히 기술하는 일이 선행되어야 할 것이다. 이는 전체 얼개를 붙들기 위하여 불가피하게 기술 과정에서 동시에 어떤 체계를 상정해 보아야 함을 의미한다. 이는 결코 어느 하나의 체계적 접근만이 유일하거나 완벽한 것이 될 수 없으며, 다양한 시각에서 다각도로 이것들을 다뤄봄으로써, 서로간의 우열이 가려지면서 점차적으로 이 방언의 종결 어미 전모를 파악하는 일이 진전될 수 있음을 의미한다.

첫 시작으로서, 이 책에서는 일단 언어학의 상식에 근거하여 종결 어미들을 분류할 수 있는 일반적인 방식을 상정한다. 우리말의 종결 어미들을 분류하는 방식은 크게 형태적인 접근이 있고, 기능적인 접근이 있으며, 화용적인 접근이 있다. 이 세 가지 접근은 서로 배타적인 것이 아니라, 서로 한데 어울려서 복합적으로 이용되어야 하는 유기적인 관계에 있다.

첫째, 형태적으로 분류를 하는 방식은 교착어 또는 부착어로 불리는 우리말의 특성에 따라 종결 어미들의 형태들을 고려하면서 범주를 나누어 놓는 일이다. 이 책에서도 일차적으로 이런 방식을 채택한다. 즉, 고유한 서법에 쓰이는 종결 어미와 여러 서법에 두루 걸쳐 같이 쓰이는 겸용 종결 어미가 있고, 관형형 어미 '-은, -을'이나 형식 명사 구문을 매개로 하여 나온 종결 어미가 있으며, 접속문의 연결 어미나 내포문의 인용 어미로부터 전성되어 나온 종결 어미들을 나누어 주는 것이다. 이런 얼개 위에서 더 필요할 경우에 다른 기준들을 추가하면서 하위분류를 진행하는 것이다.

둘째, 기능적으로 분류하는 방식은 각 종결 어미의 의미 자질들을 찾아내어 그 자질들을 중심으로 몇 가지 범주를 나눠 놓은 일이다. 이는 특히 종결 어미 속에 녹아 있거나 바로 종결 어미 앞에 실현되는 양태 또는 양상과 관련된 '-느-, -더-' 등의 형태(이들은 청자가 발화 관련 사건을 추체험하여 참이나 거짓을 확인할 수 있는지 여부에서 차이가 남)들을 중심으로 하여, 이것들과 대립하는 종결 어미들을 찾아내고 그 자질들을 확립하는 일로 진행된다. 우리말의 연구에서도 종결 어미들을 나누어 주는 기능범주들에 대해서 명확한 합의에 도달한 바가 없이 논의가 계속되고 있는 중이므로,[22] 이 방언을 대상으로 이뤄지는 논의 또한

---

22) 최근 2천 년대 들어서서 윤석민(2000), 『현대 국어 문장 종결법 연구』, 집문당; 한길(2004), 『현대 우리말의 마침씨끝 연구』, 도서출판 역락; 박재연(2006), 『한국어 양태 어미 연구』, 태학사; 허경행(2010), 『한국어 복합 종결어미』, 박문사; 임동훈(2011), 「문장의 유형」,

잠정적일 수밖에 없다.

셋째, 종결 어미들은 구체적인 청자와 화자 사이에서 일어나는 관계를 언어 형태로 매개해 주는 것이다. 따라서 종결 어미들은 의사소통에 참여하는 당사자들 사이의 사회적 관계를 드러내어 주는 지표가 되며, 우리가 스스로 지각하는 사회적 관계들을 각각 대응하는 종결 어미들에 배당해 주고, 그 특성들을 범주화하여 종결 어미들을 분류할 수 있다. 이는 대우 표현과 같이 서로 차등이 있는 사람들 사이의 관계에서는 상당히 명시적일 수 있지만, 대등한 관계를 이루는 참여자들 사이에서 서로 달리 표현되는 종결 어미들을 구별해 주는 데에는 일정한 한계를 지닐 수밖에 없다.

이하에서는 일차적으로 이 방언의 형태적 특징에 따라 종결 어미들을 구분하기로 한다. 이들을 상위 구분에서 본다면, 크게 본디부터 고유한 형태의 종결 어미와 그렇지 않고 도출된 종결 어미가 있다. 전자는 다시 오직 서술 종결 어미로만 고유하게 쓰이는 형식이 있고, 두루 여러 서법에 걸쳐 쓰이되 오직 억양으로써만 개별 서법을 구분하는 종결 어미가 있다. 이를 흔히 '-어'로 대표되는 반말투의 종결 어미라고 부른다. 이 반말투 종결 어미는 의문이나 감탄 등 여러 서법에서 쓰이며, 오직 억양(올림세 억양, 내림세 억양, 길게 끄는 억양 따위)으로써만 각 서법이 구별될 뿐이다. 고유한 종결 어미와 반말투의 종결 어미를 구분하는 기준은, 대우의 화용 첨사 '마씀, 마씸'이 붙을 수 있는지 여부로써 나뉜다. 오직 반말투 어미들에만 '마씀, 마씸'이 덧붙을 수 있기 때문이다.

그런데 고유한 종결 어미들 중에, 종결 어미 범주의 형태들이 다시 겹쳐 쓰인 경우가 있다. 공통어에서도 이런 경우가 있다. 가령,

'-은단다(은다+은다), -자꾸나(자+ㅅ+구나), -자스라(자+ㅅ+으라)'

『한국어 통사론의 현상과 이론』, 태학사 등이 있다.

와 같이 융합된 어미들의 모습을 볼 수 있다. 이 방언의 종결 어미들에서도 두 개 이상의 형태소가 융합되어 마치 하나처럼 쓰이는 경우가 있다.

'먹없어라'[먹고 있더라, 먹없어＋라],
'먹엇어라'[먹었더라, 먹엇어＋라]

에서는 동사의 어간 뒤에 각각 시상 선어말 어미로서 미완료 형태소 '-앖-'과 완료 형태소 '-앗-'이 나오고, 이 뒤에 반말투의 종결 어미 '-어'가 결합되어 '먹없어'[먹고 있어], '먹엇어'[먹었어]로 끝날 수 있다. 이는 이 방언에서 아주 자연스런 발화가 된다. 그렇지만 여기에 다시 계사 어간의 반말투 활용 형식의 종결 어미 '-라'가 융합되어, 마치 하나의 종결 어미 '-어라'처럼 쓰인다. '-라'는 계사 '이다'의 반말투 종결 어미와 관련이 있다. 따라서 자연스럽게 '먹없어라'[먹고 있더라], '먹엇어라'[먹었더라]로 말해질 수 있다.

　단, 여기서 종결 어미 뒤에 종결 어미가 붙은 융합 형식 및 종결 어미 뒤에 화용 첨사가 붙은 형식은 서로 비슷한 기능을 공유한다. 화용 첨사 '게'가 다음과 같이 '먹없어, 먹엇어'에 더 붙을 수 있다.

'먹없어게'[먹고 있단다, 먹고 있어＋게],
'먹엇어게'[먹었단다, 먹었어＋게]

　앞의 융합 형식(-어라) 및 화용 첨사 더 붙은 형식(-어게)이 모두 청자로 하여금 발화에 주목하도록 하는 동일한 강조의 기능을 띠는 것이다. '-어＋라'와 '-어＋게'는 동일하게 화용 첨사의 제1층위의 기능을 떠맡고 있다. 이런 분석이 더욱 분명해지는 것은, 동일한 종결 모습의 '먹없어, 먹엇어'에 다시 종결 어미 '-은게'가 더 붙을 수 있음을 통해서 확인할 수 있다. '-라'와 '-은게'가 서로 계열 관계에 있다. 즉, '-은게'가 다시 융합하여 다음처럼 자연스럽게 발화되는 것이다.

'먹없언게'[먹고 있더구나, 먹고 있어+은게],

'먹엇언게'[먹었더구나, 먹었어+은게]

이 또한 반말투 종결 어미 '어+은게'의 융합 모습으로서 종결 어미가 다시 종결 어미 뒤에 덧붙은 형식이며, 제1층위의 화용 첨사와 동일한 기능을 지닌다. 이 방언의 이런 특성을 제대로 포착하고 기술하지 못하였기 때문에, 이전에 이 방언의 종결 어미가 엄청나게 많고 아무렇게나 쓰는 듯이 호도되었던 것이다.

도출된 종결 어미는 다시 세 가지 부류로 나뉜다. 첫째, 관형형 어미 '-은, -을'을 매개로 하여 이뤄진 종결 형식인데, 명사 부류의 요소가 이어지지 않은 경우이다. 둘째, 관형형 어미와 형식 명사 구문을 매개로 하여 이뤄진 형식이다. 셋째 접속문의 연결 어미나 내포문의 인용 어미에서 종결 어미로 굳어진 것으로서, 전성된 종결 어미라고 부를 수 있다. 이제 이들의 관계를 도표로 정리하면 다음과 같다.

<도표 1> 서술 서법 종결 어미들에 대한 형태상 분류

고유한 부류	① '독자적' 종결 어미	독자적으로 개별 서법에만 쓰이는 것
	② '겸용' 종결 어미	반말투 및 몇 가지 서법에 같이 쓰이는 것
	③ '중첩' 종결 어미	둘 이상의 종결 어미가 융합된 것
도출된 부류	④ '관형형' 종결 어미	특히 관형형 어미 '-을'을 매개로 한 것
	⑤ '형식 명사' 종결 어미	관형형 어미 및 형식 명사를 매개로 한 것
	⑥ '전성' 종결 어미	연결 어미나 인용 어미 등에서 굳어진 것

이 분류표는 직접적으로 서술 종결 어미에 적용될 뿐만 아니라, 또한 제3장에서 다룰 의문 종결 어미에도 적용된다. 그렇지만 행동과 관련된 명령 및 청유 서법, 그리고 화자의 감정 상태에 대한 감탄 서법에서는 이 분류표가 일부만 적용될 뿐이다. 그 까닭은 명령·청유·감탄이 지니는 서법상의 특성 때문이다. 종결 어미가 중첩되는 현상은 비록 범주를 달리하여 각 종결 어미의 기능을 이용하는 방식이지만(시상 층

위가 서로 달라짐만을 제외한다면), 종결 어미에 화용 첨사가 더 붙어 청자로 하여금 주목하도록 강조하는 기능을 띤다는 점(제1층위의 화용 첨사 기능임)에서 서로 공통된 기능을 지닌다.

도출된 부류의 종결 어미에서 관형형 구성과 형식 명사 구성은 '양태' 범주와 관련될 수 있다. 양태 범주 이용에 대한 연구가 더 높은 차원으로 발전한다면, 이 분류 범주도 더욱 간명하게 재조정될 수 있을 것이다. 이 책에서는 이 도표를 이용하여 서술 서법의 종결 어미와 의문 서법의 종결 어미들에 대한 목록을 만들어 둘 것이다. 앞으로 종결 어미에 대한 연구가 진척된다면, 이런 분류와는 다른 대안이 제시될 가능성도 배제할 수 없으므로, '잠정적'이라는 수식어를 달아 둔다.

§.2-2-3 서술 서법에만 쓰이는 고유한 종결 어미

이하에서는 이 종결 어미들이 결합하는 방식을 보여 주되, 다음과 같은 얼개를 따르기로 한다. 종결 어미는 동사와 형용사에 붙게 되는데, 동사의 의미가 대상의 내재적 속성을 나타내는 표현, 현재 관찰 상황의 일시적 상태를 나타내는 표현, 현재 상황의 동작이나 사건 진행 여부를 나타내는 표현을 구분해 준다. 큰 부류로 종결 어미들의 결합을 각각

ㄱ 계사 '이다'
ㄴ '크다, 곱다' 등의 형용사
ㄷ '자다, 먹다' 등의 동사

에 따라 제시해 놓기로 한다. 단, 형용사는 이 방언에서 아무런 형태상의 제약 없이 종종 동사처럼 바뀌어 쓰이기도 하므로(오직 해석의 결과로서만 형용사와 동사를 구별하게 되며, '영파생'으로도 불림), 동사로 전성되기 이전의 기본 형태에 근거하여 형용사 쪽에 몰아서 활용 모습을 보이기로 한다. 가령, '높다'는 형용사이므로 이 방언에서 '높으다'처럼

쓰이기도 하지만, 아무런 제약이 없이

'높앖저, 높앖다, 높앖고, 높앖이네'['높아지고 있다'의 내포 의미가 다른 변이체]

와 같이 시상 선어말 어미 '-앖-'을 결합시켜 쓰기도 한다. 공통어에서
는 반드시 '-아 지다'로 형태를 바꾸어 '높아지고 있다'로 써야 한다.23)

---

23) 이 방언에서는 공통어에서 짧은 형태의 피동 구문들이 다수 '-아 지다'로 나오는 경우가
많다. 이를 피상적으로 기술하면, 공통어의 짧은 피동 구문은 이 방언에서 다수 긴 형식
의 피동 구문으로 실현된다고 말할 수 있다. 아직 저자가 이런 구문들에 대한 비교를
진행해 본 바가 없어서, 두 언어 사이에 분포상의 차이를 설명해 줄 수 있는 어떤 규칙이
숨어 있는지 잘 알 수 없다. '-아 지다' 구문은 기본 의미가 '자동적 진행 과정'(인간의
의지나 의도와 관계없이 일어남)이거나 또는 '그 진행 과정의 결과 상태'를 뜻하므로,
피동 구문은 아무런 의도가 없이 어떤 자연적인 변화 과정 속에 편입되어 그 사건이
만드는 어떤 결과 상태에 이른 것으로 상정할 수 있을 듯하다.

가령, 이 방언에서는 '듣다'와 관련하여 파생된 짧은 피동사 '들리다'가 있고, 부사형
어미 '-아'를 매개로 한 '들어지다'가 있으며, 이 둘이 모두 합쳐진 '들리어지다'가 있다.
이 낱말들이 비록 외연 의미상 '듣다' 사건을 중심으로 하여 하나로 묶을 수 있다고 하더
라도, 도출되어 나온 각각의 내포 의미들이 다르다. 이 점을 일단 저자의 직관에 따라
서로 간의 의미 차이를 설명해 둔다. 만일 '듣다'가 듣는 동작이나 사건을 가리킨다고
하면, '들리다'는 그 사건이 듣는 주체의 자발적 의지와 상관없이 듣게 되는 것임을 말하
는데(피동 사건), 사건의 전개 과정에서 피동적 측면에 강조점이 주어진다. 그렇지만 '들
어지다'는 듣는 주체의 자발적 의지나 의도와 상관없이 듣게 되지만, 여기서는 그 주체의
들은 결과 상태에다 초점이 맞춰져 있고, 결과적으로 어떤 정보를 얻게 되었음을 함의한
다. 이 두 형식이 모두 합쳐져서 유표적으로 만들어진 '들리어지다'도 드물게 쓰일 수
있는데, 사건이 피동 사건으로 일어났고, 그 사건의 결과 상태가 어떤 정보로 남아 있음
을 함의할 수 있다.

형용사가 동사처럼 쓰이는 현상은 강정희(1982), 「제주방언의 상태동사의 동작화 과정
에 대하여」, 이화여대 국문학과 『이화 어문논집』 제5호를 읽어 보기 바란다. 또한 이
방언의 피동 구문에 대한 논의는 강정희(2001), 「제주방언 '-아/어지다' 구문 연구」, 한남
대 국문학과 『한남 어문학』 제25호에서 다뤄진 바 있다. 특히 이 방언에서 대격 표지를
그대로 지닌 채 나오는 "NP를 V-아지다"의 구문에 주목하면서, 이 구문이 피동성보다는
'가능성'(-을 수 없다)의 의미 자질을 지닌 것으로 상정하였다. 그렇지만 이 방언에 '-아-'
로 대표되는 짧은 피동 형식이 존재하지 않았다고 가정하는 데에는 공감할 수 없다. 저자
는 개인적으로 짧은 피동 형식이 어휘화하는 데에 각별히 다른 동기가 깃들어 있을 것으
로 본다. 왜냐하면 일반적으로 우리말에서도 짧은 형식을 지닌 경우가 긴 형식의 경우보
다 문법 발달에서 선행된다고 알려져 있기 때문이다.

그리고 소위 '능격성'이란 개념은 진행 과정 중심 표현(대격 '를' 구문)과 결과 상태
중심 표현(주격 '가' 구문)을 포괄하는 상위 개념으로 쓰이므로, 만일 하위 구분을 중시한
다면 이 방언의 현상을 기술하기 위하여 따로 도입될 필요는 없다고 판단된다. 사건 구조
와 표상 방식에 따라 동사 의미가 점차 확장되어 나가면서 변동하는 실상은 김지홍
(2010), 『국어 통사·의미론의 몇 측면: 논항구조 접근』(도서출판 경진)의 제5부와 레빈·
뢰퍼포엇호봡(Levin and Rappaport-Hovav, 2005), 『논항 실현 모습(*Argument Realization*)

그러나 이 방언에서는 이런 제약이 없이 그리고 문법 기제를 추가함이
없이 '높았저, 높았다, 높았고, 높았이네'로도 쓰이고, 또한 공통어의 모
습처럼 '-아지다'의 기제를 작동시켜 낱말 형식을 바꾼 뒤

   '높아졌저, 높아졌다, 높아졌고, 높아졌이네'[높아지고 있다]

로도 쓰이는 것이다. 이런 두 표현이 수의적인 변이에 불과한지, 어떤
의미 차이가 있는지에 대해서는 응당 여러 연구자들이 다각도로 논의
를 해 보아야 할 것이다. 오직 저자의 직관으로만 보면, 외부 요인이나
외부 영향력이 '-아 지다' 구문에서 더 많이 느껴지며, 상대적으로 '-아
지다'가 없을 경우에는 내부 요인이나 또는 내부 성질에 의한 상태 변
화를 시사해 주는 듯하다.

  이하에서는 기본 형태 '높다'가 형용사이므로, 비록 동사로 성격이
바뀌어 하나의 상태가 아니라 사건의 진행 과정을 가리키더라도, 그대
로 형용사라는 이름 아래 활용되는 모습을 보여 주기로 한다.

  이 방언에서 고유한 부류로 쓰이는 서술 종결 어미는 '-다'로 끝나는
것과 '-어'로 끝나는 것과 그 밖의 것이 있다. 주로 '-다'가 고유한 서술
종결 어미로 쓰인다면, '-어'는 이른바 반말투의 형태로서 억양을 달리
하여 의문·명령·감탄 등의 서법에도 쓰일 수 있는 겸용 서법의 종결
어미이다. '-다'는 계사 '이다'의 관련될 경우에 '-어'와 마음대로 바뀌어
쓰인다. 또한 이미 겪은 일을 회상하여 보고하는 형태소 '-더-'에는[24]

『(Cambridge University Press)과 뢰퍼포엇호밥·도론·지츨(Rappaport-Hovav, Doron, and Sichel, 2010) 엮음, 『어휘 의미론, 통사론, 사건 구조(*Lexical Semantics, Syntax, and Event Structure*)』(Oxford University Press)를 읽어 보기 바란다.

24) 이 방언에 매우 유표적으로 회상 형태소에 '-더-'와 '-어' 따위가 12개 있다는 주장(현평
효, 1985)에 대해서 엄밀한 검토가 필요하다. 이 방언에서도 공통어와 동일하게 '-느-'와
'-더-'가 있다. 그렇지만, 왜 유독 '-더-'의 변이 모습으로, '-어-'를 비롯한 많은 수의 변이
형태들이 있어야 하는지에 대해서는 고영진(1991), 「제주 방언의 회상법의 형태와 관련
된 몇 가지 문제: 회상법의 형태소 정립을 위하여」, 『갈음 김석득 교수 회갑 기념 논문집,
국어의 이해와 인식』(한국문화사)에서 처음으로 의문을 제기한 바 있다.
  그런데 현평효(1985), 『제주도 방언 연구: 논고편』(이우출판사)에서 잘못 지정된 회상

보고 '-어-'의 변이형태들은, 이상하리만큼 반말투 종결 어미 '-어'의 활용 모습과 완벽히 동일하다는 사실에 주목을 해야 한다. 양성 모음에 따라 '-아-'로, 'ㅎ다'에 연결되어 '-여-'로, 계사 '이다'에 연결되어 '-라-'로 나오는 것이다. 회상 보고의 변이형태가 반말투 종결 어미 '-어'의 변이형태와 완벽히 동일하다는 사실은, '-아-'라는 회상 보고의 형태가 잘못 지정되었을 것이라는 언어 내적인 결정적 증거가 될 수 있다. 공통어의 회상 보고의 형태 '-더-'는 결코 이런 변이 모습을 지니지 않는다. 다시 말하여, 변이 모습이라고 주장되어 온 '-어-'는 다른 경로로 우연히 그렇게 느껴졌을 뿐이다. 반말투의 종결 어미 '-어'에다 계사 '이다'의 반말투 활용 형식 '-라'가 융합되어 나왔을 가능성이 아주 높은 것이며, '-어-'가 들어 있는 발화가 공통어의 '-었-'으로도 번역됨(274쪽 참고)을 간과해 버렸다. 이런 완료 해석은 현평효(1985)의 동작상 주장에서는 마치 없는 듯이 말해야 할 개념이었기 때문에 일부러 가려놓았을 법하다.

종결 어미 뒤에 다시 종결 어미가 덧붙어 융합되는 형식은 적어도 이 방언에서 서술 서법에서 5종류, 의문 서법에서 5종류나 관찰된다. 〈도표 4〉와 〈도표 11〉을 보기 바란다. 실제로 이 방언도 공통어와 동일한 반말투 종결 어미 '-어'가 엄연히 있고 빈번히 쓰인다는 사실이 한 번도 제대로 자각된 바 없다. 그럴 뿐만 아니라, 이를 매개로 한 종결 어미의 융합 형식에 대한 착상조차 전혀 움튼 바 없다. 이 방언에 대한 연구가 왜곡되게 이 방언을 별종으로 만들어 놓는 데에만 골몰해 왔고(공통어의 연구 논문들을 전혀 읽을거리로 여기지도 않은 채, 현재도 제주도에 있는 일부 사람은 낯 두껍게 그런 주장만 반복함), 여전히 그런 그늘이 크게 드리워져 있다. 국가를 배경으로 하여 써야 하는 상식을 버린 채, 최근 우스꽝스럽게 '제주어'라는 낱말을 쓰는 일도 그러하다. 이제 그런 왜곡된 관점은 이 방언의 실체를 제대로 바라볼 수 없게 만들어 버리고, 굴곡된 거울처럼 가장 큰 장애가 되고 있음을 잘 깨우쳐야 한다.

회상 형태소와 관련하여 몇 가지 중요한 고려 사항만을 여기에 적어 둔다. 첫째, 이 방언에서만 '-어-'와 '-더-'가 동시에 변이 모습으로 존재한다는 기술 자체가, 우리말의 질서에서 거의 유일한 사례이다. 따라서 그만큼 잘못 지정되었을 가능성이 아주 높다. 둘째, 이 방언도 한국어의 하위 언어이므로, 당연히 양태를 표시해 주는 형태 '-느'가 하나만 있다면(이 방언에서도 하나의 '-느-'만 있음), '-더-'도 또한 하나만 있는 것이 아주 정상적이다. 두 개 이상의 '-더-'를 요구할 아무런 구조적 압력이나 인지적 동기를 찾고자 해도 찾을 수 없다. 언어학적으로도 심리학적으로도 전혀 정당성을 확보할 수 없는 주장인 것이다. 저자는 대우 형태소 '-읍' 뒤에 나오는 '-느- : -더-'를 양태 형태소의 대립체로 간주할 것인데, 이는 해당 대상이나 사건을 청자가 직접 추체험할 수 있는지 여부에서 서로 의미자질이 대립한다.

그렇다면 대안으로서, 잘못 지정되었다고 보는 '-어-'의 실체를 드러내는 길을 제시해 줄 수 있어야 한다. 그것은 종결 어미의 융합 형식이다. '-다문, -으라문, -으멘'을 제외하면, 반말투 종결 어미 '-어'만이 융합 형식을 만드는 데 참여한다. "-어고나, -어네, -언게, -어라, -어니?, -어냐?, -언디? -언댜?, -언가?" 등이다. 종결 서법의 융합 어미는 §.2-3에서, 의문 서법의 융합 어미는 §.3-4에서, 감탄·서술 서법의 융합 어미는 §.4-3에서 다뤄진다. 종결 어미 뒤에 다시 종결 어미가 융합하는 일은 유표적이다. 한 번 서술이 완결된 것을 다시 가져와서 재서술하는 일이기 때문이다. 이런 재서술 과정을 공통어로 번역할 때, 중요하게도 규칙적으로 '-었-'이 들어갈 뿐더러, 또한 양태 요소도 같이 동반됨을 관찰할 수 있다. 즉, 공통어로 번역될 경우에는 두 가지로 가능성이 있다. 하나는 '-었느-'이고(었+느), 다른 하나는 '-었더-'이다(었+더). 이 방언 연구자들은 오직 '-었더-'로 번역되는 것에만 집착하였고, 이를 마치 '-더-'의 변이 모습으로만 착각하여 잘못 지정해 놓았을 개연성이 아주 높다.

공통어의 형태 연결에서는 '-었-' 뒤에 층위가 분명히 나뉘지 않은 채 다시 '-느-, -더-'라는 양태 형태를 연결시키고 있지만, 이 방언에서는 분명히 종결 어미들이 덧붙어 융합 언제나 '-라'가 함께 나온다(-더라).25) 다른 반말투의 종결 어미에서 볼 수 있는 '-라'가 과연 계사나 회상 형태소에서 보이는 '-더라'와 같은 것인지 여부는 잘 알 수 없다. 그밖의 것으로 고유하게 서술 서법의 종결 어미로만 쓰이는 것들이 있는데, '-저'가 있고, '-고라, -과라, -노라'가 있다.

§.2-2-3-가) 고유한 종결 어미: '-다, -어' (시상 결합 형식은 어간에 직접 붙거나, 어간에 '-은다, -는다, -것다'가 붙거나, 시상 형태소에 이어져 '-었다, -엇다'로 되거나, 뒤에서 논의될 융합 형태의 모습으로 '-어라, -을 거다'가 나옴)

계사: 그거 우리 믈이다[그거 우리 말이다]
　　　그거 우리 믈이어[그거 우리 말이야]
　　　기다[그렇다], 기여[그렇다]
　　　아니다[아니다], 아니여[아니다]
형용사: 그 낭은 물 잘 줘사 큰다[그 나무는 물 잘 줘야 큰다/크는 법이다]
　　　그 사름 지레가 크다[그 사람 키가 크다]
　　　그 낭 잘 컸다[그 나무 잘 크고 있다]
　　　그 낭 다 컷다[그 나무 다 컸다, 자랐다]

된 모습을 보여 줌으로써, 공통어에서 보이는 '-었더-, -었느-' 결합을 각각 화자의 경험 영역과 청자의 확인 영역으로 서로 구분할 수 있는 근거를 뒷받침해 주고 있다. 이는 김완진(1975), 「음운론적 유인에 의한 형태소 증가에 대하여」, 『국어학 3』에서 상정한 '느+느'의 중복 실현이 음운론적 요인뿐만 아니라, 어미들이 크게 화자 경험 영역 및 청자(화자) 확인 영역에 관한 두 계열, 즉 '어간+시상' 영역 및 '양태+서법' 영역으로 나뉘어야 함을 반영해 줄 수 있다. 앞으로 저자가 품은 이런 생각은 보다 더 정밀히 다양한 실제 언어 자료들을 통해서 논증을 거쳐야 확정될 수 있을 것이다.

25) 결과적으로 동등한 기능(회상 기능)을 지닌 융합 형태소로서 반말투 종결 어미 '-어'에 '-라'가 결합하여 만들어진 경우에도 '-어라'로 나온다. 그런데 이 '-라'는 계사 어간이 반말투 종결 어미로 쓰일 경우에 관찰되는 것과 동일한 것인지에 대해서도 확정해 주어야 한다. 반말투 종결 어미에는 언제나 화용 첨사 '마씀'이 붙지만, 유독 '-더라, -어라' 뒤에는 화용 첨사 '마씀'이 붙지 않기 때문이다. 서술 서법에 고유한 종결 어미의 목록에는 '-과라, -고라, -노라' 등이 관찰되는데, 아마 이들과 동질의 형태소일 것으로 짐작된다.

그 낭 잘 크것<u>다</u>[그 나무 잘 크겠다]

잘 클 <u>거다</u>[잘 클 것이다]

그 낭 아주 <u>커라</u>['커+라'의 융합 구성, 그 나무 아주 크더라]

동사: 그 도새기 것 잘 먹<u>는다</u>[그 돼지 먹이 잘 먹는다]

그 도새기 것 잘 먹<u>은다</u>[그 돼지 먹이 잘 먹<u>는 법이다</u>]

그 도새기 것 먹<u>없다</u>[그 돼지 먹이 먹고 있<u>다</u>]

그 도새기 것 먹<u>엇다</u>[그 돼지 먹이 먹었다]

그 도새기 것 잘 먹<u>것다</u>[그 돼지 먹이 잘 먹겠다]

그 도새기 것 잘 먹<u>더라</u>[그 돼지 먹이 잘 먹더라]

그 도새기 것 잘 먹<u>어라</u>['먹어+라'의 융합 어미, 그 돼지 먹이 잘 먹더래]

여기에서는 몇 사례를 제외한다면 기본적으로 종결 어미 '-다'의 활용 모습을 보여 주고 있다. 계사 '이다'에서는 모두 '-다'로 나온다. 형용사 '크다'에서는 이 발화와 관련된 대상의 내부 속성을 가리키는 표현으로 '-은다'(불변의 영구 속성으로 부를 수 있으며, §.2-1의 각주 8을 보기 바람: 85쪽)를 쓰고 있다. 이와 대립하여 현재 일시적 상태를 가리키기 위하여 '-은'과 유무 대립을 보이는 'ø'가 들어 있는데, 이것이 소리 형식이 없으므로 그대로 종결 어미 '-다'만을 써서 실현되고 있다. '큰다'[언제 어디서나 크는 법이다]는 대상의 불변 속성을 언급하는 보편 진술에 속하지만, '크다'[현재 상태가 크다]는 발화 시점 현재 경험하는 대상의 일시 상태를 가리키고 있다.

그렇지만 동사로 바뀌어 시상 선어말 어미 '-앖-'[-고 있-]이 붙으면 '크-'의 '으'가 탈락되어 '큾다'로 나오고, '-앗-'[-았-]이 붙으면 '컷다'가 된다. 이 방언에서 현재를 벗어난 다른 시공간의 상태를 가리키는 양태 표현을 하려면 '-것-, -으크-'[-겠-]이나 '-을것, -을커, -으커'[-을 것]와 '-더-'[-더-]가 쓰인다. 여기서는 각각 '-것-'과 반말투 종결 어미의 융합 형식(-어+라)가 쓰여 '크것다, 커라'로 나온다(§.2-3-1-가)에서 '-어+라'가 다뤄짐: 147쪽 이하).

동사 '먹다'에서는 대상이나 사물의 일반적인 내부 속성(영구적인 속성)을 가리키기 위하여 공통어에서와 똑같이 '-는다'가 쓰인다. 여기서 '-는'은 더 분석할 수 있는데, 선행 형태 '-느-'는 시상 범주에 속할 것이고, 여기 융합된 '-은'은 양태 범주에 속할 것으로 보인다. 만일 감탄·서술 서법의 종결 어미 '-나'로 쓰면(§.4-1-3을 보기 바람: 357쪽 이하)

"그 도새기 것 잘 먹<u>나</u>!"[그 돼지 먹이 잘 먹<u>는다</u>/먹는 법이다]

로 말해졌을 것이다. 모두 대상의 불변 속성이나 영속되는 사건에 대한 보편 진술에 해당한다. 그렇지만 발화 시점 현재 상황에서, 시점과 장소가 고정되어 있는 한 사건을 놓고서 시상 선어말 어미 '-없-'[-고 있-]과 '-엇-'[-었-]이 쓰이면, 각각 '먹없다, 먹엇다'로 발화된다. 현재 상황을 벗어난 다른 시공간에서의 일을 가리키는 양태 표현에서는 '-것-'[-겠-]과 '-더-'가 쓰이어 각각 '먹것다, 먹더라'가 된다.

왜 이 방언에서 종결 어미 '-은다'[-는 법이다]와 '-나'[-는 법이다]가 대상의 불변 속성이나 임의 사건의 영속성을 가리키는 보편 진술에 쓰이는지에 대해서는, 84쪽 이하에서 이미 언급하였다. '-은'과 '-느-'가 양태 범주에 속하며 각각 ① 이미 일어난 사건이 있고 이것이 반복되어 일어난다는 속뜻과 ② 임의 사건은 언제 어디서나 의사소통 참여자가 곧 경험하면서 참값인지를 확인할 수 있다는 속뜻 때문에 보편 진술로 해석되는 것이다.

종결 어미 '-다'는 이 방언에서 오직 서술의 종결 어미로만 쓰인다는 점에서 가장 기본적이고, 고유한 것이라고 말할 수 있다. 단, 계사 '이다'에 이어질 경우 '-어'가 붙는데, '-이어'가 줄어들어 '-여'로도 나온다. 이를 반말투의 '-어²'와 구분하기 위하여 '-어¹'로 써 둔다. 이 숫자는 오직 서로 구별하기 위하여 편의상 임시 붙여 둔 것에 지나지 않고, 종결 어미들의 배열 순서와는 전혀 상관이 없다.

회상 형태소 '-더-'[-더-]에만 결합하는 '-라'를 '-라¹'로 써 둔다. 융합 형태소로서 반말투 종결 어미 '-어'에 다시 종결 어미가 결합하여, 동일하게 이런 완료나 회상 기능을 지닌 '-어라'도26) 있다. 이는 이 방언의 반말투 종결 어미 '-라²'와 구분하고, 또한 명령 서법의 형태소 '-으라³'과 구분해 주기 위한 것이다. 오직 서술 서법에만 쓰이는 종결 어미 '-다'는, 억양을 달리하여 여러 서법에 두루 쓰이는 이른바 반말투의 종결 어미 '-어²'와 대립된다. 오직 하나의 서법에서만 쓰인다는 점에서 상대적으로 '-다'는 어투상 다소 격식적일 수 있으나, 반면에 반말투의 '-어²'는 어투상 비격식적이며 부드러운 말투로 볼 수 있다. '-다'는 또한 'ᄒ다'가 이끄는 인용 구문에서 내포문의 종결 어미로도 자주 쓰인다.

"가이네 다 온다 ᄒ여"[그 아이네 다들 온다고 해]

이런 점에서도 '-다, -라¹'가 한 문장이나 발화를 종결짓는 기본 형태로 볼 수 있다. 또한 의문문 형식의 내포문을 요구하는 추측 구문을 말할 경우, 상위문의 종결 어미는 '-은가 푸다, -은가 부다'[-은가 보다]로 고정되어 있는데(붙여 써서 하나의 어미로도 기술할 수 있음), 이 점도 '-다'를 기본 형태로 지정하는 데에 증거로 이용된다.

"떠났인가 푸다, 웃인가 부다"[떠나고 있는가 보다, 없는가 보다]

§.2-2-3-나) 고유한 종결 어미: '-저¹' {반드시 시상 형태소가 결합되어야 하며 '-앖저, -앗저'}

(동사: 가이 이디 오랎저[그 아이 여기 오고 있다],

---

26) '-어라'는 오히려 반말투 종결 어미 '-어'에다, '-더라, -과라, -고라, -노라'에서 관찰되는 종결 어미 '-라'가 덧붙어 있다. 이 '-라'에는 대우를 표시하는 화용 첨사 '마씀, 마씸'이 덧붙지 않는다는 점에서 고유한 서술 서법의 종결 어미라고 말할 수 있다. 이것들은 모두 '-다'에 대한 형태론상으로 조건 지워진 이형태로 기술할 수 있다.

가이 그디 갓저[그 아이 거기 갔다])

이 방언의 종결 어미 '-저''은 오직 동사에서만 쓰이되, 오직 시상 선어말 어미 '-앖-, -앗-'과 결합한다. 동사 'ᄒ다'에는 '엶-, -엿-'으로 나오고(형태론적으로 조건 지워진 변이형태), '오다'[오다]나 쌍형 어간

블르다[벽에 바르다], 몰르다[옷이 마르다], 올르다[산에 오르다], 벌르다[바위를 깨다], 갈르다[가르다], 흘르다[흐르다], 들르다[들다], 눌르다[누르다], 몰르다[모르다]

등의 동사에는 '-랎-, -럾-'으로 나온다. 그런데 현평효(1977)의 「제주도 방언의 '-저, -주' 어미에 대하여」, 현평효(1985)의 『제주도 방언 연구: 논고편』(이우출판사) 재수록에서는 '-저''과 '-주''을 대립시켜 하대나 평대 따위로 잘못 기술해 놓았다. 무비판적으로 이를 그대로 맹종하여 마치 서로 짝이 되는 듯이 호도하는 경우가 있다. 그렇지만 이미 제2장 들머리에 있는 각주 2)에서 자세히 밝혔듯이(79쪽), 어미들이 종결 어미 자리에 나온다는 점만 제외하면, ㉠ 이것들이 서로 출현하는 방식이 현격히 다르고(고유한 종결 어미 : 반말투 종결 어미), ㉡ 분포도 차이가 나며(시상 형태소와만 결합 : 양태 형태소와만 결합), ㉢ 의미 자질도 물론 서로 명백히 다르다(118쪽의 각주 27을 보기 바람). '-주'는 반말투의 '-주'(§.2-2-4-나 참고: 140쪽 이하)과 청유 서법의 '-주'(§.4-5-4 참고: 392쪽 이하)로 구분되며, 계사 '이다'와 형용사에도 결합하고, 동사에서도 대상의 일반적인 내부 속성을 가리키기 위하여 어간에 직접 이어진다.

이 풀 사름덜이 먹주[이 풀 사람들이 먹지]

또한 부사형 어미 '-아'에 보조동사 '있다'가 수반된 형식 '-아 시-'(-아 있-)에도 이어진다.

"우리 믄예 가 시주"[우리 먼저 가 있자]

그렇지만 '-저¹'은 결코 앞의 모습을 지니지 못한다. 분포의 차이 때문에 짝이 될 수 없을 뿐만 아니라, 명백히 의미 자질도 다르다. '-저¹'은 유독 시상 선어말 어미 중 미완료 및 완료 형태소하고만 결합되기 때문에, 그 기능이나 의미 자질이 또한 이런 요소와 서로 잘 맞도록 상정되어야 한다.

만일 저자의 직관대로 의미 자질을 서술한다면, '-저¹'이 쓰일 경우에 화용상 이 종결 어미가 투영하는 명제에 대하여 청자가 깨닫지 못하거나 잘 모르고 있다는 전제가 깔려 있다. 흔히 언어교육에서는 이를 '정보 간격'이라 부르는데, 정보 간격에 대한 확신이 전제되어 있다. 따라서 하나의 사실을 통보하면서 청자에게 확인하고 잘 깨닫도록 권고하는 속뜻을 담을 수 있는 것이다(맥락에 따라 그런 사실을 '여태껏 잘 모르고 있었느냐?'는 비난이나 힐난도 담길 수도 있음). 이런 특성이 바로 시상 형태소를 반드시 요구하게 되고, 시상 형태소로부터 사실성을 보장받게 된다.[27] 이들 형태소는 다시 종결 어미들의 융합 구성에서 잠깐 언급되는데, 특이하게 둘 모두 융합 구성의 종결 어미를 요구하지 않는 특성이 있다.

---

27) 이와는 달리 잘못 짝으로 기술된 종결 어미 '-주¹'(§.2-2-4-나))은 사실성에 대한 확신이나 전제가 전혀 깔려 있지 않다. 거꾸로 어떤 가능성에 대한 짐작과 의견만이 들어 있다. 따라서 청자에게 요구하거나 기대하는 바도 전혀 다르다. '-주¹'은 청자에게 화자가 짐작으로 언급하는 명제가 사실인지 여부에 대하여 확인해 달라는 속뜻이 깔려 있다. 이 점은 또한 첫째, 이 종결 어미가 결합하는 형태소들이 '-을 터이주/테주, -을 거주'나 '-겠주'와 같이 예정되거나 예상된 미래 일에 가능성(형식 명사에 따라 강도가 달라짐) 추정 따위의 형태소와 이어질 뿐만 아니라, 둘째, 청자에게 확인을 요구하는 화용 첨사 '이?'가 덧붙어 '-주이/-쥐'로 실현된다는 언어 사실로써도 입증된다. §.2-2-4-나)에서는 이들 종결 어미가 서로 전제와 함의가 전혀 다르다는 사실이 다뤄져 있다. '-저¹'은 고유한 서술 서법의 종결 어미 '-다'가 지닌 기본값에다 청자 인식 미달의 전제와 청자 수용 촉구의 함의가 더 추가되어 있다. 그렇지만 '-주'은 반말투 종결 어미 '-어²'가 지닌 기본값에다 화자 인식 미달(확실성에 대한 확신이 없음)의 전제와 청자 확인 요구의 함의가 더 추가되어 있다. 이 두 종결 어미가 더 이상 혼동을 불러일으키지 않도록 이런 분명한 차이점들을 다음과 같이 도표로 만들어 둔다.

이 방언에는 '-저¹'과 또 다른 형태소 '-저'가 적어도 두 개 이상 더 설정되어야 한다. 첫째, 화자의 의도를 나타내는 '-저²'가 있다. 이는 시상 형태가 반드시 '-앖이-'로 나오며, 어간에도 직접 붙을 수 있다. 사건의 완료를 가리키는 '-앗이-'는 의도라는 의미 자질과 서로 상충되므로 나올 수 없다. 오직 보조동사 구문 '-아 시-'[-아 있-]가 가능할 뿐이며, 이를 '-앗이-'로 혼동하여 서술하면 모순이 생긴다. 이 구성에서는 반드시 화자가 주어가 되어야 하는 제약(화자 주어 제약)이 들어 있다.

"나 믄예 검질 매<u>없이저</u>"[나 먼저 김 매고 있겠네]
"나만 믄예 영장 밧디 <u>가 시저</u>"[나만 먼저 영장(永葬) 밭[장지(葬地), 매장
　　장소]에 <u>가 있겠네</u>]
"나신디 그 일 맽기라, <u>나가 ㅎ저</u>"[나에게 그 일 맡기렴, 내가 하겠네]

저자의 직관으로는 이 구성이 모두 '-으키어'[-겠어]와 쉽게 바뀌어 쓰일 수 있다.

"<u>나</u> 검질 매없이<u>키어</u>, <u>나</u> 영장 밧디 가 시<u>키어</u>, <u>나</u> 그 일 ㅎ<u>키어</u>"

이들 사이에 내포 의미의 차이가 있는지 여부는 저자로서 잘 알 수 없다. 그런데 이 구성에서 '나'를 '너'로 바꾸면 이 방언에서 간접 명령이나 청유를 나타내는 '-자'를 실현시킬 수 있다(§.4-5-4 참고: 392쪽 이하).

<도표 2> 서로 다른 범주의 종결 어미 '-저¹'와 '-주¹'에 대한 구분

특성　　　　범주	고유한 서술 서법 범주의 '-저¹'	여러 서법에서 쓰이는 반말투 범주의 '-주¹'
계사/형용사 결합	계사와 형용사에는 결합하지 않음	계사와 형용사 어간에도 결합됨
시상 형태소 결합	동사는 '-앖저, -앗저'만이 가능함	동사 어간과, 시상 '-앖주, -앗주'도 가능함
양태 형태소 결합	양태와의 결합은 불가능함	'-을테주, -을 거주, -겠주'처럼 결합함
화용상 갈린 전제	청자 화자 사이의 정보 간격을 확신	청자가 알고 있을 법한 바에 대하여 짐작함
화용상 깃든 속뜻	관련 명제에 대한 사실성이 깃듦	예상된 관련 명제의 가능성이 깃듦
청자에 대한 요구	청자를 일깨워 줘서 정보 간격 없앰	청자에게 사실 여부 확인해 주도록 요구함

"느 문예 검질 매없이자!"[너 먼저 김매고 있으렴!]
"느만 문예 영장 밧디 가 시자!"[너만 먼저 매장 장소에 가 있으렴!]
"느신디 맽기켜, 느가 그 일 ᄒ자!"[너에게 맡기겠으니 네가 그 일 하렴!]

'-저'나 '-자'는 모두 아직 일어나지 않았지만, 곧 일어날 일과 관련되어 쓰이므로, 완료 시상 형태와는 의미 자질상 서로 충돌이 빚어져 두 종결 어미에서 모두 '-앗이-'가 실현될 수 없다. 이 두 종결 어미가 상보적인 분포를 보이는 것인지 여부가 앞으로 좀 더 심층적으로 다뤄져야 할 것이다.

그런데 임의의 기본구문은 언제나 아무런 제약 없이 확장되어 복합 구문으로 나올 수 있다. 이 구성이 다시 이 방언의 인용 어미(-엔/-이언)가 붙어서 내포문 구성으로도 쓰일 수 있다. 이 경우, 똑같이 '-젠'으로 소리가 나오지만, 인용 이전의 원래 형식을 서로 구별해 줄 필요가 있다. 첫째, 확실한 어떤 사실을 청자에게 통보해 준다면 '-저^1'의 구성이다. '-앖젠, -앗젠'처럼 시상 형태 '-앖-, -앗-'이 실현된다. 둘째, 주어의 의도를 나타내는 발화에서는 이와는 다른 '-저^2'가 들어 있다. 시상 형태로는 오직 '-앖이-'만 가능하며, '-앖이젠'으로 구현된다. '-저^2'가 시상 형태가 없이 쓰인 경우,

  "나만 먹젠 ᄒ였어"[나만 먹자고/먹으려고 하고 있어]

처럼 나온다. 여기서는 공통어의 '-자고'나 '-으려고'로 번역된다. 이 때 공통어에서 관찰되는 '-자'는 '-자 하다'라는 내포문을 구성하므로, 이 방언에서 간접 명령이나 청유를 나타내는 종결 어미 '-자!'와는 다르다. 또한 기본구문에서는 화자 주어 제약이 관찰되었었지만, 인용 구문으로 되면 다음 사례에서 보듯이 화자 주어 제약이 더 이상 준수되지 않는다.

  "가이만 오젠 ᄒ였어"[그 아이만 오려고/오고자 하고 있어]

"<u>가이</u> 혼자 검질 매<u>없이젠</u> ᄒ였언게"[그 아이 혼자 김매고 있으려 하고 있더
　구나]

비록 인용 구문으로 되었을 경우에 화자 주어 제약이 사라지더라도,
동일한 종결 어미 '-저²'로 기술해야 옳을 것이다.
　그런데 내포문 구성에서 대상이나 사건을 관찰하면서 그 상태가 막
변화하려거나 사건이 막 시작하려고 함을 표현할 경우에도, 이 방언에
서는 마치 중세국어처럼 '~-저 ~-저 ᄒ다'라는 병렬 구문을 써서 나타
나기도 한다.

"그 못에 물이 얼<u>저</u> 녹<u>저</u> ᄒ<u>는</u>디…"[그 못에 물이 얼<u>까</u> 말<u>까</u> <u>하</u>는데…]
"가이 말 듣<u>저</u> 말<u>저</u> 홀 것도 웃다"[그 애 말을 듣<u>고</u> 말<u>고</u>/들<u>을까</u> 말<u>까</u> 할
　것도 없다]

마치 공통어의 '~-을까 말까 하다'에서와 같은 구성이다. 이 경우에는
기본 형상이 내포문이며, 그 내포문이 한 대상이나 사건이 막 시작하려
는 임계 상태의 모습을 가리키고 있다. 이를 화자 주어 제약을 보이는
'-저²'와 서로 구분해 줄 필요가 있다. 비록 범위를 벗어나므로 이 책에
서 복합구문으로서 내포문 구성을 다루지는 않았지만, 이런 '-저'에 대
해서는 앞의 것들과 서로 구분해 줄 필요가 있다. 이를 '-저³'으로 표시
할 수 있다.

　§.2-2-3-다) 고유한 종결 어미: '-게' {계사 구문으로 '-이게', 융합 형식으로
'-란게'로 나오는데, 대우 형태소 '수'에 이어져서 '-수게'로 됨}

계사: 그거 가이 책이<u>게</u>[그거 그 아이 책이야]
　　　그 사름 지갑이란<u>게</u>[융합 구성 '-라+은게', 그 사람 지갑이던데]

이 방언에서 쓰이는 종결 어미로 '-게¹'이[28] 있는데, 계사 '이다' 구문에서 관찰된다. 또한 대우 형태소 '-수-'에도 이어진다(-수게). §.2-2-1에서는 이를 기본 형상이 '고+이'에서 중모음 '괴/궤'를 거쳐 단모음 '게'로 되었다고 가정하였다(96쪽의 각주 16). 이 형태가 종결 어미 '-은게'(은+거+y)에서 찾아지는 형태와 동일한 것인지, 그리고 화용 첨사 '게'와 관련이 있는 것인지 여부에 대해서는 아직 잘 알 수 없다.[29] 용례로 제시된 '책이게' 이외에도 '책게'라는 발화를 쉽게 들을 수 있는데, 여기서는 계사 어간이 없다. 이를 '-이게'의 어간이 줄어든 것이 아니라, 명사에 화용 첨사 '게'가 붙은 것으로 분석할 수 있다. 세 가지 이유 때문이다.

첫째, 이 방언에서 자주 쓰이는 계사 구문은 계사를 포함하여 계사 활용 어미도 모두 생략한 채 억양을 조금 더 끌면서, 오직 명사만 덜렁 제시되는 경우가 아주 많다. 즉,

"이거 가이 책!"[이것 그 아이 책!]

이란 발화만으로도 충분히 "이거 가이 책이게"[이게 그 아이 책이다]라는 뜻을 전달해 준다. 구조적으로 두 개의 명사구가 주어 자리와 서술어 자리를 차지한 상황에서, '이거'라는 주어 표현이 다음에 서술어가 나옴을 보장해 준다. 둘째, 계사 어간은 받침 있는 명사에서는 생략되

---

28) 여기 붙여 둔 숫자는 오직 구별의 편의를 위한 방편에 지나지 않고, 종결 어미의 순서를 가리키는 것은 아니다. 같은 소리값을 지녔지만, 청유 서법 중 §.4-5-4의 '-게²'도 관찰된다.

29) 저자는 이들 세 가지가 서로 다른 기본 표상을 지닌다고 생각하고 있다. §.2-5-3에서 다뤄지는 '-은게'는 관형형 어미 '-은'과 형식 명사 '거'와 종결 어미 'y'(반모음)로 이뤄져 있으며, 계사 어간이 단절된 형식일 가능성이 있다. 화용 첨사 '게'는 화자 자신이 강조하는 것이 '바로 이거야'라는 형식으로 '거+y'가 상정될 수 있을 듯하다. 그렇지만 여기서 다루는 '게'이 대우 형태소 '수'에 수반되는 '게'와 같은 것이라면, '고+이'에서 재음절화되어 중모음 '괴/궤'로 된 뒤에 다시 단모음화가 일어나 '게'로 된 것이므로, 기본 표상이 서로 다르다. 다만 여기서는 된소리(경음)로 바뀐 '-께'는 관찰되지 않는다. 앞의 §.2-2-1 '대우 표현의 서술 종결 어미'에서 다뤄진 '수괴 → 수궤 → 수게'의 논의를 읽어 보기 바란다.

지 않는다.

　"이거 가이 옷인이어, 옷인게, 옷인라"[이거 그 아이 옷이야, 옷이네, 옷이다]

에서 확실히 관찰할 수 있다. 이런 조건에서는 '책이게'와 '책게'는 다른
구성으로 볼 수밖에 없다. 셋째, 이 구문이 이미 경험한 바를 회상하여
보고하는 '-더'나 융합 형식의 복합 어미를 지녀서 다음처럼 나온다.

　"책인던데"[책인던데, '더+은데'의 융합]
　"책인란게"[책인던데, '이라+은게'의 융합]

여기서는 결코 '이'가 생략될 수 없다.[30] 따라서 "책게"는 명사로만 끝
난 형식 "책"에다 화용 첨사 '게'가 덧붙은 것으로 봐야 함을 알 수 있다.
화용 첨사가 아니지만, §.3-2-1의 판정 의문 어미 '-가?'도 비슷하게
행동하는데, 어미에 속하므로 계사 어간의 생략으로 봐야 한다.

　§.2-2-3-라) 고유한 종결 어미: '-이어¹' {짐작이나 추정을 나타내는 양태
　형태소 '-으크-'[-겠-]와 결합된 것으로서, 어간에 직접 붙거나 시상 형태소와
　함께 '-없이키어, -엇이키어'로 나오거나, 보조동사 구문으로 '-어 낫이키어,
　-어 지키어, -어 젓이키어'로 실현됨}

　계사: 그거 느 책이키어[그거 네 책이겠다]
　형용사: 그 집 널르키어[그 집 넓겠다]

---

30) 우리말에서 계사는 관형형 어미 '-은, -을'과 결합할 경우에는 결코 어간이 생략될 수
　없다. "철수는 신사다"에서는 계사 어간이 생략되어 있다. 그렇지만 관형절 구성의 "신사
　인 철수"에서는 계사 어간이 결코 탈락하거나 생략되지 않는다. 여기서 제시된 환경에서
　도 '-은데, -은게'를 관찰할 수 있는데, 이것들이 모두 관형형 어미에 소속될 수 있다는
　점이 흥미롭다. 또한 바로 다음에 다뤄질 이 방언의 '-고라, -과라' 종결 어미에서도 계사
　어간이 탈락하거나 생략되지 않는다.

그 등피 아주 붉으키어[그 등불 아주 밝겠다]

그 낭 잘 크키어[그 나무 잘 크겠다, 자라겠다]

동사: 밥 먹으키어[밥 먹겠어]

지금 밥 먹없이키어[지금 밥 먹고 있겠다]

보조동사 구문: 느 즈건거 타 나키어[네 자전거 타 보겠다]

이 책 ᄒ쌀 봐 나키어[이 책 조금 봐 보겠다]

일 많앙 가이네 죽어 나키어[일 많아서 그 아이네들 죽어 나겠다]

날 다 붉아 시키어[날이 밝은 상태로 있겠다, 밝아 있겠다]

밥 다 먹어 시키어[밥 다 먹어 있겠다, 먹은 상태로 있겠다]

그디도 가 나 시키어[거기도 갔었었겠다, 간 적이 있었겠다]

발자국 보난 누게 이디 오라 나 시키어[발자국을 보니 누가 여기 왔었
었겠다]

혼차 일어사 지키어[혼자 일어설 수 있겠다, 일어서지겠다]

너무 바빠네 가이신디 그냥 줘 져 시키어[너무 바빠서 무의식적으로
그 아이에게 그냥 주게 된 상태이겠다, 그냥 줘 졌겠다]

그디ᄭ지도 ᄆ딱 불라 져 시키어[그곳까지도 모두 다 발라진 상태로
있겠다, 발라져 있겠다]

이 방언에서는 부사형 어미(또는 보조적 연결 어미) '-아'를 매개로 하
여, 보조동사 '나다' 또는 '지다'가 긴밀히 결합되어 종종 하나의 낱말마
냥 '-아 나다, -아 지다'로 쓰인다. '나다(出)'라는 낱말은 '들다(入)'와 대
립 짝이며, '지다'(피동)는 '하다'(능동)와 대립 짝이다. '-아 나다'는 보조
동사 구문을 이루지만, '-아 들다'는 주로 낱말 합성에 간여한다. 보조
동사 구성에 참여하는 '나다'는 "한 사건을 직접 겪어 본 적이 있다"는
뜻을 담고 있다. 따라서 '-아 나다'는 적어도 직접 경험 및 경험 완료라
는 두 가지 의미를 지니고서, 해당 발화나 문장의 양태 의미를 표시해
주게 된다. '-아지다'는 자동적 진행 과정(사람의 의지나 의도가 없이 사건
이 진행됨)의 의미로 인하여 피동적 쓰임을 보여 준다.

'-어∨나키어[-어 나겠어], -어∨나 시키어[-어 나 있겠어]',
　'-어∨지키어[-어 지겠어], -어∨져 시키어[-어 져 있겠어]'

앞의 구성은 부사형 어미 '-아' 뒤에 보조동사가 결합된 모습을 보여 준다. 각각 종결 어미로서 '-으크-+-이어'(-으키어)가 들어 있는데, 부사형 어미 구문이 하나만 있는 경우와 다시 '-아 있다' 구문으로 된 '-아 시-'가 들어간 경우를 보여 준다. 그런데 양태 형태소 '읍데다/읍네다'(읍+더/느+이다)와 '데/네'(더/느+이)들에서 흔히 '이'가 관찰되는데, 양태 형태소 '으키어'에서도 비슷하게 '이'가 관찰된다.31) 이를 '으크+이+어'로 더 분석할 것인지 여부가 결정되어야 한다.

　'-으키어'에는 화용 첨사 '마씀, 마씸'을 연결할 수 없으므로("*가키어 마씀"), 마지막 음절이 반말투 종결 어미 '-어²'가 아님을 확인할 수 있다. 따라서 이는 고유한 종결 어미로 등록되어야 할 것이다. 또한 앞 음절의 '-이-'가 여러 종결 어미들에서 찾아지는 반모음 '이'[y]와 관련되어 있는 것인지, 아니면 계사의 어간이 만들어 주는 주제 구문(초점 구문)과 관련된 것인지에 대해서도 따져 보아야 한다. 공통어에서는 '-겠-' 뒤에 결코 계사가 나올 수 없다는 사실에 근거하면("*-겠이다'), '-으크-'에 이어지는 '이'를 계사로 보는 데에 큰 장애가 된다.

　그런데 이 방언에서 '-으키어'의 구성과 매우 비슷한 구성으로 '-음이어, -으려'도 관찰되는데, 이것들도 모두 고유한 서술 종결 어미로 쓰이는 것들이다. '-음이어'는 명사형 어미 '-음'에 계사가 붙어 활용되어 있다(후술 및 §.3-4-4의 명사형 어미 '-음'의 융합 구성 참고: 301쪽 이하). 주어가 있으면 이 방언에서 서술어 속에 명사가 계사의 도움이 없이도 한 발화나 문장을 종결할 수 있다. 그렇지만 이 명사형 어미의 경우에는 예외적으로 반드시 계사가 들어 있어야만 한다('*-음어'는 불가능함).

---

31) 시상 형태소 '-앖-, -앗-'에서도 비슷하게 '-앖이-, -앗이-'가 관찰된다. 이것들에서도 찾아지는 '이'가 동일한 것인지 여부를 따져 보아야 한다.

'-으려'는 기원적으로 관형형 어미 '-을'이 형식 명사 구문을 이루는 것으로 짐작된다(§.2-5-6을 보기 바람: 204쪽). 곧, '-을 이어'처럼 되어 있던 것이다. 이 구성은 이 방언에서 자주 관찰되는 '-을 거, -을 커, -으커'[-을 것]와 비교될 수 있다.32) '-을 이어'에서는 계사가 고유한 서술 서법의 종결 어미 '-어¹'를 갖고 있는 것이다. 그렇지만 '-을커, -으커'는 언제나 계사 '이다'가 반말투 종결 어미 '-라²'를 갖고 나온다. 즉, 후자는 언제나 '-을커라, -을케라, -으커라'로만 융합된다. 이는 반말투 종결 어미 '-라²'를 지닌 '-으크-'의 형식 '-으크라'와 대립된다(각주 32 참고).

그렇다면 '-으크-'에 관해서 정연히 네 가지 항목이 다음처럼 대립함을 알 수 있다. '-으크-'는 서술 서법의 고유한 종결 어미를 지니는 구문과 여러 서법에 두루 쓰이는 반말투 종결 어미를 지니는 구문이 있다. 이는 각각 '-으키어'와 '-으크라'로 실현된다. 이는 화자의 경험만을 표현해 주는 방식이며, 화자가 확인할 수 있는 일부 증거만을 이용하여 해당 발화나 관련 명제를 짐작하는 것이다. 그런데 양태 상으로 미래의 사건을 청자도 확인할 수 있다. 이는 형식 명사 구문을 통해 이뤄진다. 이는 서술 서법의 고유한 종결 어미에서는 '-을 이어'의 구성을 지닌 '-으려'로 나오고(§.2-5-6 참고), 반말투의 종결 어미에서는 '-을 거라'의 구성을 지닌 '-을거라, -으커라, -으케라'로 나온다(§.2-5-1 참고).33)

---

32) 공통어에서 '-을 것이다'와 '-겠-'은 모두 공통적으로 미래의 사건을 가리킬 수 있지만, 내포 의미에서는 명백히 차이가 난다. 형식 명사 구문은 반드시 예정된 사건을 언급할 경우에만 쓰인다. 대통령이 다른 나라를 순방할 적에, 내일 일정은 9시 뉴스에서 반드시 형식 명사의 구문으로 나온다(~을 것이다. ~을 예정이다). 이와는 달리 '-겠-' 구문은 현재의 부분적인 사실이나 믿음을 갖고서 미래 사건이 일어나리라고 짐작하고 있을 뿐이다. 화자가 부분적인 사실을 보면서 기대하거나 짐작하고 있을 따름이다. 따라서 미래 사건이 일어나지 않더라도 책임을 질 일이 없다. 가령, '내일 비가 올 것이다'라는 미래 예정 사건에 관한 구문은 미래 사건이 일어나지 않을 경우에 책임을 져야 한다. 그렇지만 "내일 비가 오겠다"고 말할 경우에는 설사 그런 일이 일어나지 않더라도 책임 질 필요가 없는 것이다. 이런 점은 이 방언에서도 '-을 것'과 '-으크-'의 대립 모습에서 찾아진다.

33) 이들 구문을 표상할 경우, '-으려'도 관형형 어미 '-을'과 형식 명사 '이'와 종결 어미 '-어' 가 융합된 형식이고, '-으커라, -으케라'도 또한 관형형 어미 '-을'과 형식 명사 '것'과 반말투 종결 어미 '-라'가 융합되어 있는 형식이다. 차이는 형식 명사가 '이'인지, '것'인지에 있으며, 각각의 형식 명사는 종결 어미 '-어¹'와 '-라'를 수반하는 것이다.

여기서 '-으크-'와 대립하는 형식 명사 구문의 짝들이 모두 계사 구문 (-을 이어, -을 거라)에 근거하고 있으므로, '-으키어'와 '-으크라'의 구성을 일차적으로 '-으크-+계사의 활용 어미'가 아닌지 검토해 볼 수 있다.[34] 계사의 활용 어미(고유한 종결 어미는 '-어[1]'이지만 반말투에서는 '-라[2]'임)가 있다고 하여, 그것이 곧 계사가 들어 있다고 단정할 수는 없다. 왜냐하면 회상 보고의 형태소 '-더-'도 '-데, -더라'에서 보듯이, 비슷한 종결 어미 '-라[1]'을 관찰할 수 있기 때문이다. 일단 추측의 형태소 '-으크-'나 회상 보고의 형태소 '-더-' 등이 모두 동일한 소리값을 지닌 종결 어미가 녹아 있다고 기술해 줄 수 있겠지만, 대우 화용 첨사 '마씀'을 붙일 수 있는지 여부에서 서로 차이가 난다. 이 형태소에 결합되는 '이'에 대해서는 다시 더 뒤에서 논의하기로 한다(앞의 각주 9, 각주 11, 각주 31, 그리고 §.2-3-1 및 의문 서법 §.3-4-2에서 '이'가 계속 언급되며, 양태 범주의 요소로 간주될 것임).

§.2-2-4 여러 서법에 두루 쓰이는 종결 어미

우리말에서 억양을 달리 하여 여러 가지 서법에 두루 쓰이는 종결 어미가 있다. 흔히 이를 반말투의 종결 어미라고 부르는데, '-어'가 대표적이다. 이 종결 어미 뒤에 대우를 나타내는 화용 첨사 '요'가 붙으면, 격식 갖추지 않고 상대방 청자를 높여 주는 말투가 된다. 반말은 생략이 일어나서 다 완벽히 말해지지 않은 반쪽 말투로 규정하는 것은 잘못이다.[35]

---

34) 김지홍(1992: 80쪽), 「{-겠-}에 대응하는 {-으크-}에 대하여: 특히 분석 오류의 시정과 분포 확립을 중심으로 하여」, 『현용준 박사 화갑기념 제주도 언어 민속 논총』(도서출판 제주문화)에서는 양태 형태소 '-으크-'와 '-느-'가 자연부류를 이룬다고 보았었다.

35) 국립 국어원에서 펴낸 『표준 국어 대사전』의 표제에는 '半'이라는 한자어가 들어가 있다. 아마 말끝을 흐린 채 다 맺지 못한다는 뜻에서 집어넣은 듯하다. 그렇지만 이런 생각은 입말 그 자체가 전형적으로 얼굴을 마주보는 상황에서 공유된 내용들을 생략하기 때문에 성립될 수 없다. 이런 의미에서 생략된 발화를 하는 일이 상대방의 감정을 상하게 할 리가 없다. 이와는 달리, 반말은 상대방의 감정을 '거스르거나 어그러뜨리는 말투'이다.

§.2-2-4-가) 반말투 종결 어미: '-아², -어², -라², -여²(ㅎ여)' {시상 없이 어간에 직접 붙거나, 시상 형태소 뒤에 '-앖어, -앗어, -랏어'처럼 붙거나 계사 뒤에 '-이라', 양태 형태소 뒤에 '-으크라'36)}

계사: 이거 중국 돈이라[이거 중국 돈이야]

　　　바당이서 바로 옴이라[바다에서 바로 옴이야]

　　　기라[그래, 기야], 아이라/아니라[아니야]

　　　그거 가이 생각이라[그거 그 아이 생각이야]

　　　그거 삼춘 자전게랏어[그거 삼촌 자전거였어]

　　　그거 삼춘 자전게라낫어[그거 삼촌 자전거였었어]

　　　그거 느 책이라라[융합 구성 '-라+라', 그거 네 책이더라]

　　　틀림 웃이 느 책이커라[틀림 없이 네 책일 거야]

　　　느 책이커라라[융합 구성 '-을 거라+라', 네 책일 거더라]

형용사: 그 낭 아주 커[그 나무 아주 커]

　　　그 낭 잘 커[그 나무 잘 커, 자라]

　　　그 낭 잘 컶어[그 나무 잘 크고 있어, 자라고 있어]

　　　그 낭 다 컷어[그 나무 다 컸어, 자랐어]

　　　그 낭 커라[융합 구성 '-어+라', 그 나무 크더라]

　　　그 낭 크커라/크케라[그 나무 클 거야]

　　　그 낭 크커라라[융합 구성 '-을 거라+라', 그 나무 클 거더라]

이런 뜻의 한자는 '叛'으로 써 주어야 한다. 중국 진나라, 한나라 때까지도 반(反)이란 글자가 거스를 반(叛)으로도 통용되어 쓰였는데, 사마광 『자치통감』에서 확인할 수 있다. 이는 서로를 존중해 주는 말투를 쓸 것이라는 상대방의 기대를 어그러뜨려, 상대방을 깔보면서 불손하게 격식 갖추지 않는 말투를 내뱉는 일이다. 그렇지만 거꾸로 반말투는 사회적 거리감을 없애고, 심리적 거리감을 가깝게 만들기 때문에(짤막한 형식과 근접 거리와는 서로 비례함), 허물없이 서로 가까운 사람끼리 격식 없는 반말을 쓸 수 있다. 일반적으로 '말을 내리거나 말을 놓는' 경우는, 격식을 갖추지 않는 말투를 쓰는 것이며, 친구 간에 또는 나이가 더 적은 사람한테 말할 때에 관찰된다.

36) 반말투 종결 어미 '-어'는 융합된 모습으로 '-어라(어+이라), -라라(이라+이라), -으커라 (으크+어+이라), -으커라라(으크+어라+이라)'가 자주 쓰이는데, 일단 이런 융합 구성들은 예문 옆에 표시해 두며, 다시 §.2-3-1 융합 어미들에서 다뤄진다(146쪽 이하).

그 낭 크크라[그 나무 크겠어]

동사: 가이 밥 잘 먹어[그 아이 밥 잘 먹어]

　　　밥 먹없어[밥 먹고 있어]

　　　밥 다 먹엇어[밥 다 먹었어]

　　　가이 식은 밥 먹어라[융합 구성 '-어+라', 그 아이 식은 밥 먹더라]

　　　나 밥 먹크라[나 밥 먹겠어]

　　　가이 곧 밥 먹으커라/먹을커라/먹으케라/먹커라[그 아이 곧 밥 먹을
　　　거야]

　　　그 사름 밥 먹으커라라/먹커라라[융합 구성 '-을 거라+라', 그 사람
　　　밥 먹을 거더라]

　　　가이 곧 오커라라[융합 구성 '-을 거라+라', 그 아이 곧 올 거더라]

　　　그 사름 오라[그 사람 와/온다]

　　　큰 ᄇ름 불크라[큰 바람 불겠어]

　　　큰 ᄇ름 불커라/불꺼라[큰 바람 불 거야]

　　　밥 먹어져[힘들이지 않고도 어려움 없이 밥 먹어지는 법이야/먹히는
　　　법이야]

'ᄒ다' 동사: 가이 일 잘ᄒ연[그 아이 일 잘해]

　　　펜안ᄒ엾어[편안히 지내고 있어]

　　　펜안ᄒ엿어[편안한 상태로 있어]

　　　펜안ᄒ커라[편안할 것이야]

　　　펜안ᄒ여라[융합 구성 '-여+라', 편안하더라]

　이 방언에서 자주 쓰는 반말투 종결 어미로 공통어와 동일한 '-어'가
있다. 단, 여기서 '-어²'와 '-라²'에 붙은 숫자는, 다만 같은 소리를 지닌
다른 형태가 있음만을 표시하는 구별 숫자일 뿐이다. 결코 무엇이 기본
이고 부차적인지를 가리키거나, 선후 도출 관계를 가리키는 것은 아니
다. 반말투 종결 어미 '-어²'는 어간의 모음에 따라 양성 모음에서 '-아'
로 나오고, 계사 '이다'와 이어질 경우에 '-라'로 바뀌어 나온다.37) '하

다' 동사와 이어질 경우에 공통어는 '해'로 되지만, 이 방언에서는 'ᄒ 여'로 나온다.38) 동음이의 형태로서 계사 '이다'가 서술 서법의 고유한 종결 어미 '-어¹'과 구별하기 위하여, 이 반말투의 종결 어미를 '-어²'로 써 놓는다. 또한 계사 '이다'가 반말투로 쓰일 경우에 '-라²'로 나오는 데,39) 이를 회상하여 보고하는 표현(반말투 어미에 계사가 융합된 형식임) '-더라¹'과 구별해 주고, 명령 서법의 종결 어미 '-으라³'과 서로 구별해 주기 위하여 이를 '-라²'로 써 둔다.

반말투는 서법상으로도 가장 중립적이거나 무표적인 표현이므로, 구 별되는 몇 가지 억양에 따라서 두루 여러 가지 서법에 다 쓰인다. 내림 세 억양이면40) 서술 서법이고, 올림세 억양이면 의문 서법이며(§.3-3-1 에서 다룸), 강하고 약간 길게 끈다면(갑자기 끊김) 명령 서법이고(§.4-5-1 참고), 두 박자 더 길게 끌다가 내리면(천천히 끊김) 감탄 서법이다 (§.4-3-1과 §.4-3-2 참고). 마치 물결처럼 오르고 내리고 오르는 일을 할 경우에는 상대방 청자가 모르는 사실을 통보하면서 청자에게 '안 그런 지' 확인이나 '잘 깨달았는지' 다짐을 받는 경우도 있는데, 따로 이름이 붙어 있지 않다(서술 서법으로 다룰 수 있음). 아마 저자가 미처 깨닫지

---

37) §.2-8에 제시된 평대 관계에 쓰이는 서술 종결 어미들에 대한 목록에서 확인할 수 있겠지 만, 계사 '이다'는 서술 서법의 고유한 종결 어미로 쓰일 경우에는 '이어'라고 활용하고, 억양을 달리하여 여러 서법에 두루 쓰이는 반말투의 종결 어미로 쓰일 경우에는 '이라'로 활용한다. 이들 차이는 대우를 표시하는 화용 첨사 '마씀'이 덧붙을 수 있는지 여부로 나뉜다. 즉, '*이어마씀'은 불가능하지만, '이라마씀'은 언제나 가능한 연결체이다.

38) 또는 이 방언에서도 젊은 층에서 '애'와 '에'가 제대로 구분되지 않고 하나로 통합된 [E]나 [ɛ]로 발음되므로, 표준어의 '해'와는 달리 이 방언의 표기법에서는 소리 나는 대로 '헤' 로 적고 있다. 이 책에서는 일단 보수적인 언어 모습에 초점을 두기로 한다. 'ᄒ여'와 '헤'가 실질적으로 이 방언에서 쓰이고 있지만, 이를 'ᄒ여'로 대표하여 다루어 나가는 것이다.

39) 계사 '이다'와 관련되는 경우 서로 반대되는 실현을 보여 준다는 점에서, 특별히 서로 엇갈려 쓰인 상호 보충법이라고 말할 수 있겠다.

40) 억양(소리 흐름을 누르거나 들리우는 일)에 대한 용어는 연구자들 사이에 서로 합치되지 않은 듯하다. 여기서는 내림세 억양(내려가는 형세의 억양)과 올림세 억양이라는 말을 쓰기로 한다. 내림세 억양과 올림세 억양을 연구자에 따라 하강 어조와 상승 어조라고도 부르기도 한다. 억양이나 어조라는 한자어를 버리고, 가락이라는 우리말을 쓰는 경우도 있다.

못한 다른 억양이나 어조도 더 있을 것이지만,[41] 저자가 다룰 수 있는 정도로만 그치기로 한다.

이런 반말의 어투에는 청자를 높여 주는 대우 화용 첨사 '마씀, 마씸, 양, 예, 야' 따위가 덧붙을 수 있다. 이들 첨사가 반말투의 표현을 청자를 대우해 주는 어투로 바꾸어 놓는다. 또한 이 종결 어미는 모든 시상 형태소와 다 결합할 수 있다. 다만, 서술 서법의 고유한 종결 어미 '-다'와는 달리, ① 일반적인 내적 속성을 가리키는 표현, 그리고 ② 현재 일시적인 상태를 가리키는 표현이 둘 모두

'커'[크다+어]

로 합쳐져서, 표면상의 형태로는 서로 구별할 수 없다. 고유한 서법의 종결 어미에서는

'큰다 : 크다'

에서처럼 확연히 형태를 통해서 구별되던 어휘상의 차이(내재적 속성: 관찰된 일시 상태)가, 반말투에서는 모두 동일하게 '커' 하나로만 실현되는 것이다.

반말투 종결 어미 '-어²'가 시상 형태와 결합하는 모습은 네 가지 유형을 확정할 수 있다.

① 직접 어간에 붙기도 하고,
② 시상 선어말 어미에 붙기도 하며,

---

41) 기본적으로 언어를 주고받는 일이 서술 및 의문 서법이다. 행동과 관련된 일이 명령 및 청유 서법이다. 이와 관련되지 않은 것이 화자가 처음 깨닫거나 느끼는 일(마음의 변화)이 있는데, 감탄 서법이라고 부른다. 억양이나 어조도 또한 이런 서법의 틀을 크게 벗어나지는 않을 것으로 본다.

③양태 형태가 연결되기도 하고,

④다소 복잡하게 융합된 형태들이 나오기도 한다.

우리말 종결 어미 체계를 기술하고 설명하려면 반드시 이런 형태 결합의 틀에 대한 통찰력을 갖고 있어야 한다. ④와 같이 불분명한 경우가 현실적으로 쓰이고 있다는 사실 자체가, 동사와 종결 어미 사이에서 아무렇게나 결합하는 것이 아니라, 어떤 내재적 제약이나 질서에 따라 결합이 허용됨을 암시해 주기 때문이다.

이 방언의 어미들을 범주별로 분석해 보면,[42] 접속문과 내포문이 화용 상황에 의해서 단절(truncation)이 일어나 종결 어미로 전성되는 경우를 제외할 경우, ④에서는 적어도 네 가지 관여 범주를 찾아낼 수 있다.

㉠관형형 어미 '-은, -을'

㉡형식 명사 '이, 것(거), 터' 등

㉢주제화 구문을 만들어 주는 계사의 어간 '이-' 또는 계사 구문

㉣명사형 어미 '-음'

따위가 그러하다. 거시적으로 보면, 이런 융합 모습들은 양태를 표시하기 위한 이 방언의 전략이라는 느낌이 든다. 그렇다면 고유한 양태 형태소들이 있음에도 불구하고, 왜 다른 구조들을 동원하면서 새롭게 양태 표현을 만들려고 하는 것일지에 대한 답변을 찾아내어야 할 것이다.

---

42) 임시이나마(더 연구가 진전되면 수정될 가능성이 높음) 뒤에서 저자는 평대 관계에 쓰이는 종결 어미들을 놓고서 주로 서술 서법, 의문 서법, 감탄 서법, 행위 관련 서법에 대한 목록을 만들어 보았다. ⟨도표 4⟩, ⟨도표 11⟩, ⟨도표 12⟩, ⟨도표 16⟩이다. 저자로서는 평생 처음 시도하는 일이다. 그런데 서술 서법의 종결 어미 목록과 의문 서법의 종결 어미 목록에서 서로 유사한 범주들을 나란히 어렵지 않게 찾아낼 수 있었다. 이런 평행성은 이런 융합 형태소들의 존재가 결코 우연한 결과가 아님을 보여 준다. 그렇다면 마땅히 이 방언에서 왜 그런 범주들을 이용하여 종결 어미들을 대신하여 쓰고 있는지에 대하여 깊이 있는 통찰을 해야 할 것이다. 현재의 사색 단계로서는 §.2-8에서 몇 가지를 추구해 보았으나, 전면적인 해석은 다음 단계의 일로 미룰 수밖에 없다.

③의 고유한 양태 형태소들을 직접적인 양태 표현이라고 부른다면, ④의 복잡한 융합 형태소들은 간접적이고 우설적인 양태 표현으로 불러 대립시킬 수 있다. 저자의 직감으로는 간접 양태 표현에서 핵심 관건은

"왜 명사 상당의 구문이거나 계사 관련의 구문인가?"

에 모아진다. 다시 말하여, 1차적인 직접 양태 표현을 쓰는 일 이외에도, 왜 이 방언에서는 명사 표현이나 주제 표현으로 2차적인 양태를 표현해야 하는가의 문제로 번역할 수 있다.[43] 이는 오랜 기간 상당 수

---

43) 저자가 쉰을 한참 넘기고서야 뒤늦게 겨우 깨우친 비가 있다. 왜 언어 형식에 주요 범주들이 그렇게 제약되어 있는가에 대한 질문과 대답이다. 이른바 존재론적 의문이다. 생성 문법에서는 언어 형식을 어휘범주와 기능범주로 나누는데, 어휘범주는 명사 자질과 동사 자질이 중요한 기본 자질이다. 희랍 시대에서부터 문법을 기술하면서 이들은 각각 대상과 사건이라는 우리의 경험 범주로부터 나온 것임을 쉽게 짐작할 수 있다. 그런데 문제는 이 두 개체가 별개의 것이 아니라 하나의 개념으로부터 나오는 위상 변환의 실체라고 정의할 수 있다는 데에 모아진다. 대상은 '속성이나 성질들의 다발'로 정의된다. 속성이나 성질들은 무생물과 생물에 따라, 그리고 이들을 지배하는 법칙과 본능/의지에 따라, 상태들의 변화에 간여하게 되며, 그 결과는 우리들에게 사건으로 관찰되고 경험되는 것이다. 이런 사고를 일원론적 사고(monism)로 부를 수 있다.

일단 우리의 생각이나 사고의 단위가 절과 비슷한 단위(clause-like unit)이라고 하고, 이것은 실제 세계에서 일어나는 낱개의 사건과 대응한다고 가정하자. 임의의 사건은 인간의 언어에서 문장으로도 나올 수 있고, 아니면 명사구로도 나올 수 있다. 가령, "철수가 영이를 사랑했다."라는 문장을 보자. 이는 하나의 사건을 나타낸다. 그런데 이것이 명사절을 거쳐 명사구로 표현될 수 있다. 명사절은 우리말에서 '~은/을 것'뿐만 아니라 시상 형태소를 지닌 '-기, -음' 명사형 어미 구문을 거쳐, 다시 "철수의 영이 사랑"이란 명사구로도 나올 수 있다. 문장 "철수가 영이를 사랑했다."와 명사구 "철수의 영이 사랑"은 모두 동일한 개념(동일한 논항 및 의미역 배당)을 나타낸다.

그렇지만 명제 형식으로 번역할 경우에 양화사(operator, 명제식을 결속해 주는 운용소인데, 양화사들의 변종처럼 행동하므로 양화사로 부름)들의 범위에서 차이가 나타난다. 시제 양화사와 양태 양화사의 지시 범위가 현격히 달라지는 것이다. 문장은 고정 지시 표현을 지니기 위해 확정적인 시제 양화사와 확정적인 양태 양화사를 선택해야 한다. 그렇지만 명사구는 그런 고정된 한 양화사를 선택할 필요가 없으며, 양화사의 무위 적용 (vacuous application)만을 받는다. 이런 특성을 쉽게 표현하여, 명사구로 표현된 것은 이미 참값으로 전제되어 있다(현존하는 대상처럼 표현되어 있다)고 말한다. 반면에 문장으로 되어 있는 것은 그 문장을 듣는 사람이 언제나 참인지 여부를 따져 볼 수 있는 형식으로 제시되어 있다. 문장은 참과 거짓을 듣는 이가 따져 보아야 하는 형식이다. 반면에 명사구는 이미 참값이 주어져서 실세계에 늘 존재하는 것처럼 표현된 형식이다.

본문에서 제기된 질문에 대해 문장 및 명사의 존재 이유에 대한 이런 모색이 저자가 답변할 수 있는 이정표가 된다. 명사 표현이 참값이 주어져 있음을 함의한다면, 2차적인 양태 표현이 고유하고 1차적인 양태 형태소들에 비해 더 확실히 참값을 보증해 주는

준의 사변과 모색을 거쳐야 가능한 후보를 찾아낼 수 있을 것이다.

시상 선어말 어미는 미완료 및 완료 형태소 '-앖-, -앗-'이 쓰인다.44) 양태 선어말 어미로 이 방언에서 이미 겪은 일을 회상하여 보고하는 형태는 '-더-'가 있고, 짐작이나 추측을 나타내는 형태는 '-으크-'[-겠-]가 있으며, 장차 예정된 일을 가리키기 위해서는 형식 명사 구문으로 된 '-으커-'[-을 거-]가 쓰인다. 한때 회상 보고의 형태는 '-더-'를 비롯하여

'-아, -어, -여, -라, -안, -언, -데, -디, -ㄷ-'

등의 엄청나게 변이 모습을 많이 지닌 듯이 잘못 기술된 적도 있다.45)

방식이라고 상정해 볼 수 있다. 이는 소박하게 고유한 양태 형태소들의 기능을 넘어서서 새롭게 청자를 참값의 세계로 이끌어 들이는 더욱 강력한 언어 기제 내지 언어 표현 전략일 수도 있다. 저자가 이 책에서 제시한 청자 추체험 양태도 이런 고민의 결과이다.

44) 현평효(1985), 『제주도 방언 연구: 논고편』(이우출판사)에서 이 방언의 시상 형태소 '-암시-, -아시-'를 내세운 것은 형태소 분석을 잘못했던 데에 기인한다. 더구나 '시'라는 소리를 놓고서, 미리 '있다'(시다/이시다)로부터 나온 것이라고 믿고, 미완료 '존속'(지속)과 완료 '존속'(지속)이라는 자질을 상정한 것도 오류이다. '-암-'이란 형태소도, 반말투 종결 어미 '-아'와 명사형 어미 '-음'이 융합된 것을 단일 형태소라고 잘못 보았다. 만일 존속(지속)이 없는 '-암-'(미완료)이 분석될 수 있었다면, 당연히 존속(지속)이 없는 '*-아-'(완료)란 시상 형태소도 나란히 짝으로 분석되어 나왔어야 했었겠는데, 그런 형태소는 이 방언에서 결코 찾아볼 수 없다. §.3-4-4에서 반말투 종결 어미 '-어'에 명사형 어미 '-음'이 융합된 구성으로서 '-엄댜?'에 대한 분석과 논의를 참고하기 바란다(301쪽 이하).
   우리말에서 "꽃이 피었다."라는 말은 사건이 완료되어 그 완료된 사건이 계속 유지되고 있음을 가리킨다. 이른바 그롸이스(Grice)의 대화 규범에 따라 완료되어 끝난 사건은 당연히 결과 상태가 지속된다는 속뜻이 도출되어 나오기 때문이다. 좀더 뒤에서 저자는 시상 형태소 '-앖-, -앗-'이 ① 직접 종결 어미를 갖고 나오는 경우에는 "먹없어"[먹고 있어]와 "먹엇어"[먹었어]처럼 나올 수도 있고, ② 양태 형태소들의 구조를 지니고서 계사 어간이 만들어 내는 주제화 구문으로 표현될 경우에는 "먹없이라"(먹고 있으려무나), "먹엇이라"(먹은 상태로 있으려무나)처럼 나오는 것으로 설명할 것이다. '-앖이-, -앗이-'에서 관찰되는 '이'를 §.3-4-2에서는 양태 범주의 요소로 논의할 것이다(특히 281쪽 이하).
45) 이런 불합리성을 처음 지적한 논문이 고영진(1991), 「제주도 방언의 회상법의 형태와 관련된 몇 가지 문제: 회상법의 형태소 정립을 위하여」, 『갈음 김석득 교수 회갑기념 논문집: 국어의 이해와 인식』(한국문화사)이다. 고영진 교수는 이전의 연구와는 달리 이 방언의 연구가 언어 이론에 기초하여 한국어의 변종으로서 이 방언이 연구되어야 함을 명백히 표명하였다. 이런 전제 위에, 현평효(1985), 『제주도 방언 연구: 논고편』(이우출판사)에서 무려 12개씩 제안했던 회상 형태소들 중에서 엄격히 분포를 따져서 오직 올바르게 회상이라는 양태를 드러내는 '-더-' 형태소 하나만을 찾아내어 확립하는 논의를 진행하였다.
   그렇다면 회상을 나타낸다고 잘못 기술된 형태소들의 정체는 무엇일까? 그 해답은 좀

그렇지만 이들은 이 방언의 융합 구조와 형태소 분석을 제대로 하지 못한 데에서 기인한 잘못일 뿐이다.

'-으커라'[-을 거야]는 '-으크라'[-으겠어]와 미세한 발음의 차이 때문에 혼동이 빚어질 소지가 많다. 전자는 '-을 거야'와 대응되고, 후자는 '-겠어'와 대응된다. 이런 점에서 의미도 또한 차이가 난다. 형식 명사 구문이 예정된 사건을 가리키는 표현에 쓰이며, 아직 일어나지 않았지만 계획된 사건들도 이에 해당한다. 그렇지만 '-겠-'은 충분치 않더라도 현재 있는 부분적 근거와 이전의 화자 경험을 동원하여, 미래의 일을 추정하거나 짐작할 뿐이다. 따라서 확실성과 책임성의 두 측면에서 이들 두 형태가 대립한다. '-을 거야'는 미래에 이어날 사건에 대한 언급으로서 확실성이 높은 만큼, 그 일이 일어나지 않을 경우에 화자가 짊어져야 하는 책임도 커진다. 그런 만큼 공신력이 높은 표현이다. 그렇지만 '-겠-'은 확실성을 겨냥한 표현이 아닌 만큼, 그 일이 일어나지 않더라도 그런 짐작이나 추측에 대해 책임질 일이 없는 것이다. 이는 9시 뉴스에서 매우 선명하게 드러난다. 대통령이 외국 순방을 보도하면서 대통령이 장차 경험할 일들은 모두 예정되고 확실한 것들이다. 따라서 '-을 것'의 부류를 이용하여 '-을 예정이다'로 보도한다. 이는 공신력이 생명이 되기 때문이다. 이와는 달리, '-겠-'은 단지 짐작이나 추측을 할 뿐이므로, 그런 예정된 공식 행사들을 언급하는 데에는 쓰일 수가 없다.

공통어의 형태 '-겠-'과 관련하여, 이 방언에서는 독자적인 종결 어미 '-다'와 종결 어미 '-어'¹이 결합할 경우에 또한 서로 차이를 보여 준다. 독자적 종결 어미 '-다'에는

결 어미의 융합 형식에 있다. 반말투 종결 어미 '-어'에 다른 종결 어미가 덧붙어 융합 형식을 이루는 구성에서 그 까닭을 찾을 수 있는 것이다. 이전에 연구에서는 모든 한국어 하위 방언에서 공통적으로 쓰이는 '-어'가 있다는 엄연한 사실도 제대로 주목하지 못하였고, 이 방언에서 그렇게 자연스럽게 자주 쓰인다는 사실도 온전히 기술해 내지 못했다. 또한 '-어-'의 변이형태로 제시한 것들이 모두 동일하게 반말투 종결 어미 '-어'의 변이 모습이라는 점도 간과하지 말아야 한다. 이런 점들은 §.2-3-1에서 다시 융합 형식의 종결 어미를 다루면 자세히 논의될 것이다(146쪽 이하).

'먹것다, 먹을 거다'

로 나오며, 계사 '이다'를 이용하면 오직 후자만이 '먹을 거여'로 나온
다. '-겠-'과46) '-을 것'이라는 형태가 모두 다 나오는데, 아무런 변동이
없이 '-을 것'이라는 형식 명사 구문을 그대로 유지한다. 이 방언에서는
특이하게 형식 명사 구문이, 아무런 종결 어미도 없이 화용상의 맥락만
적절히 주어지면 홀로 '-을 거'만으로도 서술 능력을 지니고 발화된다.
만일 밥상의 음식들을 치우려는 상황에서, 한 화자가 곧 밥을 먹겠다는
뜻으로 '나 먹을 거!'[내가 먹을 거야]라고도 발화할 수 있다. 그렇지만
종결 어미 '-어¹'에서는

'먹으키어, 먹으켜, 먹켜'[먹겠다]

로 나오는데, 동사 어간 뒤에 양태 형태소 '-으크-'[-겠-]가 나온 뒤에
종결 어미 '-이어'가 이어져 있다. 단, 이 종결 어미에서 관찰되는 '이'란
요소는 형식 명사 '이'일 수는 없고, 종결 어미 '-이'일 수도 없으므로,

---

46) 이 방언의 사전들에 '-켓-'이라는 항목을 올려놓고 있다. 공통어의 형태소이지만 이 방언
에서 홑시옷 받침을 쓰는 방식에 이끌리어 쌍시옷 받침 '-겠-'을 '-켓-'으로 바꾸어 놓은
것으로 판단된다. 이 방언에서는 크게 두 종류의 사전을 참고할 수 있다. 이 방언을 연구
하려는 사람들에게 크게 다행스런 일이며, 저자 또한 그분들의 헌신과 노력에 고마운
말씀을 적어 둔다. 고(故) 현평효(1920~2004) 선생이 작업한 사전(이를 개정하거나 증보
한 사전)과 최근 송상조 선생이 작업한 사전이다.
　　전자는 현평효(1962), 『제주도 방언 연구: 자료편』(정연사)을 시작점으로 하여, 현평효
선생이 직접 간여한 제주대학교 박물관(1995) 엮음, 『제주어 사전』(제주도)이 있고, 다시
이를 토대로 개정 증보 작업을 거친 제주문화예술재단(2009) 엮음, 『개정 증보 제주어
사전』(제주특별자치도)이 있다. 그런데 2013년부터 두 해 동안 저자는 우연히 이 방언의
표기법 및 표기법 해설 작업에 참여하면서, 이 개정 증보 작업에 참여한 분들이 직접
이 결과물에 들어 있는 모순과 자가당착을 실토하는 경우를 여러 번 목격한 바 있으며,
이를 이용할 경우에 응당 신중을 기해야 옳다. 현평효(1985), 『제주도 방언 연구: 논고편』
(이우출판사)의 부록에 있는 '격어미 및 활용어미'에 대한 풀이는 다시 단행본 형식으로
나왔는데, 현평효·강영봉(2011), 『제주어 조사·어미 사전』(제주대 국어문화원)이다. 송상
조 선생도 현평효 선생의 틀을 따르면서 풍부하게 표제 항목을 늘이어 2007년 『제주말
큰사전』(한국문화사)을 펴내었다. 여기에도 제2부로 '어미와 조사' 그리고 '접사'들에 대
하여 항목별 풀이와 간단한 예문들을 베풀어 놓았다. 모두 큰 도움이 되는 자료들이다.

반말투 계사 활용 모습 '-이라'와 더불어, §.2-3-1에서 오직 하나의 명사 상당어만을 요구하여 특별하게 주제화 구문을 이루는 (추정) 계사 어간 '이'라고 논의될 것이다. 계사는 고유한 서술 서법의 종결 어미로 나올 경우에 언제나 '-이어'로 나온다고 설명될 것이다.47) 만일 젊은 세대에서 양태 형태소를 '-으크-'가 아니라 교육 및 대중매체의 영향으로 공통어의 '-겠-'을 쓸 경우에는 '먹겠어'로 나올 것이다. 그런데 '-으크-'가 결합된 형태소들은 수의적으로 음절이 줄어들 수 있다. 먼저 종결 어미 '-이어'가 '-여'로 줄어들어 '먹으켜'로 되고, 다시 약한 모음인 '으'가 수의적으로 탈락하여 '먹켜'가 될 수 있다. 이들 사이의 선택은 개인별 선호도에 달려 있고, 어떤 의미 차이도 드러내지 못하는 것으로 느껴진다.

그런데 형식 명사 구문은 다시 계사 '이다'를 매개로 하여 융합된 종결 어미 구문을 만들 수 있다. 가령, 형식 명사 구문 '-을 거'[-을 것]는48) 계사 '이다'의 반말투 종결 어미 '이라'와 융합되어 다음처럼 발화될 수 있다.

'먹을거라, 먹으커라'[먹을 거야]
'먹을케라, 먹으케라, 먹케라'[먹을 거야]

맨 처음 줄에 보인 구성은 '-을 거'[-을 것]를 명확히 보여 준다. 이 구성은 관형형 어미의 받침 'ㄹ'이 탈락되고, 관형형 구성에 깃들어 있는

---

47) 계사가 독자적 종결 어미로 나올 경우에 '이어'로 실현되며(-어¹), 반말투 종결 어미로 나올 경우에는 '이라'로 실현된다(-라²). 전자에는 대우의 화용 첨사 '마씀'이 붙지 않고(*이어마씀), 오직 후자에만 '마씀'이 붙는다(이라마씀).

48) 이 방언에서는 특히 '-을' 관형형 어미 구성이 '을+ㅎ+것/거'이 되거나 '을+ㅅ+것/거'이 되는 두 가지 선택지가 있다. 'ㅎ'이 들어가 있는 것이 보수적 구성이고, 'ㅅ'이 들어가 있는 것이 젊은이들의 발화하는 구성체이다. 이런 세대 간의 차이는 여러 가지 분포에서 관찰된다(특히 합성어 구성에서 빈발함). 만일 모든 형태들을 기본 표상에 나타낸다면, 각각 '먹읈 거'와 '먹읎 거'로 써 주어야 할 것이다. 전자는 '을커'로 발음이 되지만, 후자는 '을꺼'로 발음된다. 그렇지만 여기서는 관례대로 'ㅎ'과 'ㅅ'을 표기하지 않은 채 '먹을 거'로만 써 둔다.

'ㅎ' 요소가 형식명사를 거친소리(격음) 'ㅋ'로 만들어 놓을 수 있는데(기본 표상이 '-을+ㅎ+거+이라'임), 이는 이미 하나의 종결 어미처럼 융합된 모습을 보여 준다. 두 번째 줄에 보인 구성은 계사 어간이 반모음 'y'(또는 'j')로 바뀌어 형식 명사의 음절 속에 편입되고 재음절화된 모습('케')을 보여 준다. 여기서도 관형형 어미의 받침 'ㄹ'이 탈락할 수도 있고, 관형형 구성에 들어 있던 'ㅎ'이 형식 명사의 첫 소리에 얹힐 수 있다. 두 번째 줄에서 '케'로 적혀 있는 것은 'ㅎ'(낱말 만들기에서는 '사이 히읗'으로 부를 수도 있음)이 형식 명사 초성 'ㄱ'에 얹히고, 다시 계사 어간이 반모음으로 된 뒤, 재음절화(거+y)를 거쳐 '케'로 된 결과를 보여 준다. 그런데 관형형 구성을 이룰 때 사이에 끼어 있는 'ㅅ'의 경우(공통어의 구성으로 이 방언의 젊은 세대에서 관찰됨)는, 이런 과정의 변화가 일어나지 않는다(*먹으꺼라, *먹꺼라). 공통어의 구성을 그대로 따르기 때문이다. 오직 보수적인 발화('ㅎ' 소리를 지닌 구성)에서만 이런 변화가 관찰된다.

첫 번째 줄과 두 번째 줄에 있는 변이체들은 모두 개인별 선호도에 따라 선택되는 수의적 변이이며, 이들 사이에서 서로 뚜렷한 내포 의미의 차이를 보여 주지는 않는다. 굳이 차이를 찾으라고 한다면, 반말투 종결 어미에 붙는 대우 화용 첨사 '마씀'이 첫 번째 줄에 붙으면 아주 자연스럽지만(먹으커라마씀), 두 번째 줄에 붙으면 '먹케라마씀'처럼 다소 낯선 느낌이 있다는 점뿐이다.

만일 이 방언에서 공통어 '-겠-'과 대응하는 형태소 '-으크-'가 연결된다면, 반드시 '-으키어'로 나오는데, 대우의 화용 첨사 '마씀, 마씸'이 연결될 수 없으므로('*으키어마씀') 서술 서법에 고유하게 쓰이는 독자적인 종결 어미임을 알 수 있다. 이와는 달리 여러 서법에 두루 쓰이는 반말투 종결 어미 '-어'를 붙여 활용하면, '-으크-'는 계사의 활용 모습('이라')처럼 '으크라'로 나온다(으크+라).49) 이 방언에서 '이라'와 '으크

_____

49) 양태 형태소 '-으크-'는 고유한 서술 서법의 종결 어미를 갖추면 '-으키어'로 나오고('-어'),

라'는 각각 공통어에서 '이야/이어'와 '겠어'에 대응한다. 동사 어간 '먹
-'에 붙으면

'먹으크라, 먹크라'[먹겠어]

로 발화된다. 여기서는 대우의 화용 첨사 '마씀, 마씸'이 언제든지 연결
될 수 있으므로(먹으크라마씀, 먹크라마씀), 이내 반말투의 발화임을 확인
할 수 있다. '먹으크라'에서 주목할 부분은 반말투 종결 어미 '-라²'이다.
이는 전형적으로 이 방언에서 계사 '이다'의 활용과 양태소 '-으크-'의
활용에서만 관찰된다.

이 사실은 이들 형태소의 결합을 분석하는 데에 매우 중요하다. 계사
의 활용 모습과 양태소 '-으크-'의 활용 모습이 동일하다는 것은, 양태
소가 활용할 경우에 계사 구문을 이용한다는 사실을 시사해 주기 때문
이다. 바로 앞에서 고유한 서술 서법 종결 어미로서 '-으키어'를 분석하
면서도 계사의 존재를 상정한 바 있다. 비록 여기 반말투 종결 어미에
서는 계사 어간 '이'가 명시적으로 표면화되어 있지는 않지만,50) 여전

반말투의 종결 어미를 갖추면 '-으크라'로 나온다('-라²'). 이들은 형태소의 서법 선택의
특성만을 제외한다면, 마치 상보적(또는 배타적) 분포를 보임을 확인할 수 있다(고유 어
미 결합 '으키어' : 반말투 어미 결합 '으크라'). 이 방언에서 예정된 미래 사건을 가리키기
위해서는 관형형 어미 구성체 '-을 것'과 문법 구성상 대응하는 '-을커, -으크'가 쓰이는
경우에는 종결 어미가 회상 형태소 '-더-'와 동일한 모습으로 쓰인다. 이 방언에서 '-으커
-'[-을 거]는 고유한 서술 서법의 종결 어미를 갖추면 '-으커라'[으커+라; -을 거+라]로
나오고, 반말투의 종결 어미를 갖추면 '-은게'가 결합하여 '-으컨게'로 쓰인다. 종결 어미
결합 모습이 '역상(inverse image)'인 것이다. 이는 양태 형태소 '-더-'와 동일한 모습이며,
'-더-'가 고유한 서술 서법의 종결 어미를 갖추면 '-더라'(더+라)로 나오고, 반말투의 종
결 어미를 갖추면 '-던게'(더+은게)로 쓰인다. '-으크'와 '-더-'에서는 서법 선택의 특성을
제외한다면, 이들이 모두 다음처럼 동질의 분포를 보여 주는 것이다.
  '-으커라(고유한 어미 결합) : -으컨게(반말투 어미 결합)'
  '-더라(고유한 어미 결합) : -던게(반말투 어미 결합)'
50) 이 방언에서 계사 '이다'는 두 가지 특성을 보여 준다. 하나는 공통어에서와 같이 어간
'이'가 줄어들 수 있는 것이다. 이를 계사 어간 생략 현상이라고 부를 수 있다. 다른 하나
는 어간에 들어 있던 'ㄹ' 소리가 밖으로 드러날 수 있다. 이를 'ㄹ' 발현 현상이라고 부를
수 있다. 그렇다면 비록 계사 어간이 생략되더라도, 'ㄹ'이 군더더기처럼 관찰된다면, 여
전히 계사의 존재를 인식할 수 있는 것이다. 반말투 종결 어미의 활용에서는 계사 어간이

히 계사의 활용 모습을 물려받고 있으므로 '-라'를 유지하고 있는 것이다(§.2-3-1 및 §.3-4-2를 참고하기 바람: 각각 146쪽 이하, 275쪽 이하).

§.2-2-4-나) 반말투 종결 어미: '-주¹, -줘' {시상 없이 어간에 직접 붙을 수 있고, 시상이나 양태 형태소를 지녀 '-앖주, -앗주, -겠주,51) -앖줘, -앗줘, -겠줘'로 나오거나, 보조동사 구문을 지녀 '-아 낫주, -아 나 시주'[-아 나다, -아 있다]로 나오거나, 형식 명사 구문으로 '-을 테주, -을 테줘'로 나옴}

계사: 이거 가이 책이<u>주</u>[이것 그 아이 책이<u>지</u>]
　　 기<u>주</u>[그렇<u>지</u>], 아니<u>주</u>[아니<u>지</u>]
　　 이디 삼춘 집이랏<u>주</u>[여기 삼촌 집이었<u>지</u>]
　　 잘 모른 사름이겠<u>주</u>[잘 모르는 사람이겠<u>지</u>]

필수적으로 생략되어야 하고, 대신 'ㄹ' 소리가 마치 보상 작용처럼 발현되어 나와야 한다고 말할 수 있다.
　그런데 면밀한 검증이 없이 오직 저자의 직관으로만 다음처럼 작업 가정(working hypotheses)을 세워 본다. 이 가정은 앞으로 세부적인 논증 과정이 뒤따라야 한다. 이 방언에서 계사 또는 계사 어간이 문법 구성에 간여하고 있는 모습은 크게 네 가지로 나눌 수 있다.
　첫째, 전형적으로 계사 어간과 잠재적인 'ㄹ'이 발현되는 경우가 있다.
　둘째, 표면상으로 관찰되는 문법 구성체에서 어간 '이'가 관찰되는 경우가 있다.
　셋째, 계사 어간에 잠재되었던 'ㄹ'만이 잔류하여(stranded) 종결 어미가 융합되는 경우가 있다.
　넷째, 단절(truncation) 현상이 일어나 계사 어간만이 마치 종결 어미처럼 쓰이는 경우가 있다.
이 중에서 첫 번째 경우는 계사 구문에 대하여 쉽게 확인될 경우(두 개의 명사구 중에 하나의 명사구에 주격이 표시된 경우)에는 계사 어간이 생략될 수 있다. 그리고 두 번째의 경우는 하나의 명사 상당어만을 요구하는 주제화 또는 초점화 구문에서 비롯될 수 있다. 소위 '무주어 구문'들로 다뤄진 사례들이 이런 구문에 대한 방증 자료가 된다.
　그렇지만 표면상으로 계사 어간이 사라지고 대신에 어간의 일부 요소가 잔류하거나 범주를 바꾸어 종결 어미로 쓰이는 셋째 및 넷째의 경우는 매우 유표적인 경우이다. 더 나아가 네 번째의 경우는 계사 어간이 반모음 'y'로 줄어들어 재음절화 과정을 거쳐 양태 형태소와 융합될 수 있다. 그렇다면 셋째 및 넷째의 유표적인 경우에, 계사의 흔적이 문법 구성으로 존재하기 위하여 반드시 특정한 동기나 필요성이 찾아지거나 갖춰져야 할 것이다.

51) 제주대 박물관(1995), 『제주어 사전』(제주도), 37쪽에는 제주도 전지역에서 쓰는 것으로 '-겟-'과 '-겟수다'가 올라 있고, 이 사전의 개정 증보판 59쪽에는 '-겟수가?'가 올라 있다. 송상조(2007), 『제주말 큰사전』(한국문화사), 741쪽에는 제주도 전지역에서 쓰는 것으로 '-겟-'과 '-겟더-'가 올라 있다.

형용사: 가이 지레 크주[그 아이 키 크지]

좋주[좋지], 나쁘주[나쁘지]

그 낭 잘 컀주[그 나무 잘 크고 있지, 자라고 있지]

그 낭 다 컷주[그 나무 다 컸지, 다 자랐지]

낭덜이 다덜 흙을 테주[나무들이 다들 굵을 테지]

낭이 다덜 흙으겠주[나무가 다들 굵겠지]

동사: 그 풀 사름덜 다 먹주[그 풀 식용으로 사람들이 다 먹지]

가이 그디 값주[그 아이 거기 가고 있지]

가이 그디 갓주[그 아이 거기 갔지]

밥 먹없일 테주[밥 먹고 있을 테지]

가이도 흔디 가겠주[그 아이도 함께 가겠지]

가이도 그디 갈 테주[그 아이도 거기 갈 테지]

그디 가 낫주[거기 가 본 적 있지]

그 떡도 먹어 나 시주[그 떡도 먹어 났지, 먹어 본 경험이 있지]

그것도 먹어 나 실 테주[그것도 먹어 보았을 테지]

'ᄒ다' 동사: 가이 일 잘ᄒ주[그 아이 일 잘하지]

영어 공부 ᄒ없주[영어 공부 하고 있지]

수학 공부 ᄒ엿주[수학 공부 하였지]

국어 공부 ᄒ겠주[국어 공부 하겠지]

미술 공부 홀 테주[미술 공부 할 테지]

명령 서법 중 §.4-5-2의 청유 서법에서도 '-주²'가 쓰임을 관찰할 수 있다(387쪽 이하). 따라서 이것과 서로 구분해 주기 위하여 반말투 종결 어미 '-주'를 '-주¹'로 써 놓고, 청유 서법의 것을 '-주²'로 써 둔다. 청유 서법은 아직 행동이 일어나지 않음을 가리킬 수 있도록 동사 어간만을 쓰거나, 또는 완벽히 끝난 어떤 상태에 도달하도록 희망하는 것이므로, 시상 선어말 어미 중에서 오직 '이'를 수반한 완료 자질을 지닌 '-앗이 -'(앗+이)만을 허용한다. 그렇지만 반말투의 종결 어미 '-주¹'은 '이'가 없는 시상 형태 '-앖-, -앗-'만 허용할 뿐이다. 이 반말투 종결 어미 '-주¹'에는 다시 대우의 화용 첨사 '마씀' 따위가 덧붙어 비격식적인 대우 표현으로 된다. 만일 동사의 '어간'만이 쓰일 경우에는, 청유 서법에서와 동일하게 청자를 높이는 '-읍-'이 어간 뒤에 나와서

'먹읍주, ㅎ주'[먹습니다./먹읍시다!, 합니다./합시다!]

처럼 쓰여 형태상 두 가지 서법이 서로 구분이 이뤄지지 않는다(임시로 서술 서법 해석은 '.'를, 청유 서법 해석은 '!'를 붙여 둠). 만일 계사나 형용사가 투영하는 구문일 경우에는 개념상 청유 서법이 불가능하다. 따라서 서술 서법의 격식 갖춘 대우 표현으로만 해석된다.

'책입주, 큽주'[책입니다., 큽니다.]

만일 이것들로부터 '-읍-'을 제거하면 다음처럼 발화된다.

'먹주, ㅎ주, 책이주, 크주'[먹지./먹자!, ㅎ지./ㅎ자!, 책이지., 크지.]

이 표현에는 다음과 같이 대우의 화용 첨사 '마씀'이 붙을 수 있으므로, 반말투의 종결 어미임을 확인할 수 있다. 이는 내림세·올림세 억양에 따라 서술 서법도 되고 의문 서법도 된다.

'먹주마씀, ㅎ주마씀, 책이주마씀, 크주마씀'[먹지요!/?, ㅎ지요!/?, 책이지요, 크지요]

반말투의 종결 어미 '-주¹'은 수의적으로 '-쥐'로 바뀌어 쓰일 수도 있다. 그렇지만 청유 서법의 '-주²'는 결코 그렇지 않다. 이런 점으로 보면, 반말투의 종결 어미 '-주¹'은 본디 '-쥐'에서 줄어든 것일 가능성이 있다.52)

그런데 여기서 반말투 종결 어미의 숫자와 관련하여 중요한 물음이 제기된다. 이 방언에서

"왜 반말투 종결 어미가 '-어²'와 '-주¹'처럼 둘씩이나 존재하는 것일까?"[53]

이전에 '-주¹'을 놓고서 막연히 '-저'와 대우 관계에서 대립하는 짝(평대 : 하대)으로 다룬 것은 잘못이다.[54] 분포가 서로 다를 뿐만 아니라, '-주¹' 은 다른 반말투 종결 어미 '-어²'와 대립하고 있음을 형태소의 결합에서 여실히 확인할 수 있기 때문이다. 이 '-어²'와 '-주¹'이라는 두 개의 반말 투 종결 어미들 사이에서 보이는 차이는 양태 형태소 유무에서 찾아진

---

52) 맨 뒤에 있는 '이'는 하향 반모음 'y'인데, 이 존재에 대해서는 두 가지 가능성을 생각해 볼 수 있다. 첫째, 화용 첨사 '이'일 수 있다. 둘째, 몇 가지 서법에서 같이 쓰이는 종결 어미 '-네, -데'나 '-녜, -게, -메' 등에서 찾을 수 있는 반모음 '이'[y]와 동일할 수 있다. 첫째 가능성은 '-주이/-쥐'와 같이 분명히 청자에게 주목하여 확인하도록 요구하는 화용 첨사 '이'가 확인된다는 점에서 실례를 갖고 있다는 장점을 지닌다. 만일 이 가능성을 제외한다면, 아마도 둘째 가능성을 검토해 보아야 할 것이다. 계사 어간이 단절(truncation) 현상을 거쳐 어간 한 음절만이 남고, 다시 더 줄어들어 반모음 'y'로 된 다음에 재음절화 과정을 통해서 앞의 음절 속에 편입되는 경우를 상정해 볼 수 있다. 아직 검증을 거치지 않은 하나의 가능성일 뿐이지만, 반모음 'y'의 기원이 계사와 관련될 소지가 없지 않다. 그렇더라도 이런 과정이 맹목적으로 '-네, -데'나 '-녜, -게, -메'에 곧장 적용될 수 없으므 로, 각각의 형태소마다 가능한 기원의 모습을 하나하나 따져 보아야 할 것이다.

53) 같은 종류의 질문을 고유한 서술 서법의 종결 어미 '-다'와 '-저'에 대해서도 던질 수 있다(각주 27의 〈도표 2〉 참고). 여기서 무표적인(unmarked) 또는 기본적인(default 기본 값의) 종결 어미는 '-다'일 것이며, 이런 무표성 위에 어떤 추가 조건이 '-저'를 도입하는 계기가 될 것이다. 저자는 무표적인 경우에는 아무런 전제나 속뜻(또는 함의)을 지니지 않지만, 유표적인(marked) 경우는 전제와 속뜻이 더 깃들어 있을 것으로 본다. 이런 논의 가 한국어의 일반 종결 어미에 대해서도 똑같이 적용될 것으로 보며, 앞으로 더 깊이 있는 성찰이 필요하다. 앞에서의 논의를 근거로 하여 '-저'를 쓸 경우에는 그 조건을 다음 처럼 말할 수 있다. ㉠ 화자가 믿기에 청자의 잘못된 인식 상태 또는 전혀 깨닫지 못함이 '전제'된다(청자 인식 미달의 전제). ㉡ 그리고 화자가 전해주는 현재 발화를 통하여 해당 사실을 받아들여 제대로 깨닫도록 촉구한다는 속뜻이 깃들어 있다(수용 촉구의 함의). 즉, 청자 인식 미달의 전제가 추가되고, 청자에게 수용 촉구의 함의가 추가되어 있는 것이다. 이런 점에서 '-저'는 매우 강한 의미 자질을 지닌 종결 어미인 셈이다.

54) 현평효(1977), 「제주도 방언의 '-저, -주' 어미에 대하여」, 현평효(1985), 『제주도 방언 연구: 논고편』(이우출판사) 재수록에서 대우 관계의 대립이라고 주장하였다. 그렇지만 제2장의 들머리 각주 2), 그리고 §.2-2-3-나)의 논의와 그곳 각주 27)에서 논의되었듯이, 이 두 형태소는 동일하게 종결 어미 위치에서 관찰되더라도 서로 범주와 계열이 서로 다른 것이며, 또한 서로 전제 및 함의 내용도 전혀 다른 것임을 간과해서는 안 된다.

다. '-어²'는 자연스럽게 '-으크-'와 결합된다. 그러나 '-주¹'은 형식 명사 구문과 결합하거나('-을 테주/터이주'는 가능하지만, '*-을 테여/터이어'는 불가능함), 양태 형태소 '-겠-'하고만 결합할 뿐이다('-겠주'만 가능하고, '*-으크주'는 불가능함). 또한 이 차이를 더욱 분명히 만들어 주는 형태소 결합은, 화자가 이미 경험한 것을 회상하여 보고하는 양태 형태소 '-더-'이다. 이 형태소는 오직 '-어²'의 계사 활용 형식 '이라'에만 결합할 뿐이고(-더라), '-주¹'에는 결코 결합되지 않는다(*-더주).

이런 양태 형태소 결합의 제약은 '-주¹'이라는 형태 속에, 이미 겪은 일로서의 양태 의미와 반대되는 양태 의미 자질이 들어 있음을 시사해 준다. 즉, 회상 보고 양태에서 전제되는 직접 경험한 사건이나 일을 가리킬 수 없는 것으로 상정해 볼 법하다. 그렇다면 이는 화자가 언급하는 일이나 사건에 대하여 '추정, 짐작, 미확신' 등의 속뜻이 있을지 여부를 검토해 봐야 한다. 이런 짐작을 잘 드러내어 실증해 주는 구성이 '-을 테주/터이주'이다. 관형형 어미 '-을'의 의미 자질은, 대립 짝 형태소 '-은'과 달리, 아직 일어나지 않거나 겪어 보지 않은 사태를 가리켜 줄 수 있기 때문이다.

일단 이 방언에서도 공통어에서와 같이 무표적인(unmarked, 또는 기본값의 default) 반말투 종결 어미가 '-어²'라고 간주할 수 있다. 분포상에서도 그리고 융합된 어미들을 만드는 구성에서도 그러하기 때문이다. '-어²'는 두루 여러 서법에 쓰일 수 있고, 융합된 어미들을 만들어 낸다는 특징만을 제외한다면, 고유한 서술 서법의 종결 어미 '-다'와 동일한 의미 자질을 지닌 것이다. 그렇다면 반말투 어미의 기본값에다 반말투 종결 어미 '-주¹'은 유표적인 조건을 더 추가해 놓는다고 말할 수 있다. 이는 특히 양태 형태소들과 결합하여 표현되는데, 화자가 언급하는 일 또는 사건(해당 명제)에 대하여 추정하고 짐작하기 때문에(전제에 해당함), 청자로 하여금 해당 명제를 확인하여 주도록 요구하는 함의가 깔려 있다(함의에 해당함). 화자의 인식 미달(화자에게는 해당 명제에 대한 확정적 인식이 없음)이 전제되고, 청자에게 해당 명제가 사실인지 확인해 달라는 요구가 함의되는 것이다. 즉, 화자의 인식 미달 전제와 청자에게 사실 확인 요구의 함의가 추가되는 것이다.

이들 반말투 종결 어미를 분명히 나눠 주는 기준은, 어느 서법에서나 두루 다 쓰이는지 여부이다. '-어²'는 억양을 바꿈에 따라 모든 서법에 두루 다 쓰일 수 있다. 그렇지만 '-주!, -쥐'는 오름세 억양(↗)과 함께 쓰이면, 반드시 메아리마냥 그 내용을 반복하여 말하는 반복 의문처럼, 청자인 상대방으로 하여금 화자 자신이 말한 내용에 대하여 확인이나 동의를 해 주도록 요구하는 의도로만 쓰일 뿐이다.

"느도 값주?(↗↘), 느도 값쥐?(↗↘)"[너도 함께 가고 있지?]

라고 올라갔다가 급격히 떨어지는 억양으로 말하면, '너도 함께 가고 있다고 내가 생각하는데, <u>그렇지 않느냐?</u>'라는 뜻을 담게 된다. 이 경우에는 억양(↗↘)으로 화용 첨사의 기능을 대신하고 있으므로, 달리 화용 첨사가 붙지 않는다. 그렇지만 청자에게 확인이나 동의를 요청하는 화용 첨사 '이'가 덧붙으면, 같은 억양이 화용 첨사로 옮겨가서 자연스럽게 다음처럼 쓰일 수도 있다.

"느도 값주<u>이</u>?(↗↘), 느도 값쥐<u>이</u>?(↗↘)[55]"[너도 함께 가고 있잖니?]

단, 이때에는 반드시 화용 첨사 '이'(↗↘)가 올라갔다가 갑자기 떨어지는 억양에 실려 나온다. 청자가 높여야 할 사람이라면, 다음처럼 '이' 대우의 화용 첨사 '양(또는 '야'나 '예')으로 바뀌거나, 또는 '마씀양?, 마

---

55) 저자는 '-쥐'라는 표현을 소위 중산간 지역('웃드르'로도 부름) 출신들로부터 접할 수 있었다. 저자의 개인 방언에는 오직 종결 어미로서 '-주' 형태만 써 왔다. 따라서 화용 첨사가 융합된 '-쥐'에 다시 '이'가 덧붙을 수 있는지에 대해서는 자신 있게 그렇다고 대답할 수 없다. 추정컨대, 아마 '-쥐 : '가 장음으로 길게 끌면서 발음되지 않을까 판단된다. 이러한 판단에서는 '-쥐이'나 '-쥐 : '가 거의 동일한 값을 지닐 듯하다. 화용 첨사 '이'가 중복 형태소로 들어 있는 것이 아니라, 오직 길게 끌면서 발음되는 '이'가 하나 있는 셈이 된다.

씸양?'과 같이 복합 화용 첨사로 나올 수도 있다.

"삼춘도 값주양?(↗↘), 삼춘도 값주마씀양?(↗↘)"
[삼춘도 가고 있지요?, 삼춘도 가고 있단 말씀이지요?]

반말투 종결 어미에 자주 붙는 화용 첨사들은 이 방언에서 적어도
세 가지 층위(주의력을 끄는 첨사, 수용을 촉구하는 첨사, 판단이나 동의를
제시하도록 요구하는 첨사)를 지니고서 일렬로 이어지거나, 그 중 하나의
층위가 임의대로 선택될 수 있는 듯하다.[56]

제3절 둘 이상의 형태가 융합된 서술 서법의 종결 어미

§.2-3-1 종결 어미가 중첩된 융합 형식

여기서 다룰 종결 어미들의 융합 구성은 반말투 종결 어미 '-어²'에
다른 종결 어미들이 덧붙은 경우이다. 이 부류는 여기서 다루는 서술
서법의 융합된 종결 어미와 §.4-3-1과 §.4-3-2에서 다루는 감탄·서술

---

56) §.1-5(68쪽 이하) 및 〈부록 1〉「제주 방언 통사 연구에서의 현황과 전망」제3장 4절 '보조
  사와 화용 첨사'(444쪽 이하)에서 다뤄져 있다. 저자는 의사소통이 청자와 화자 사이에
  "발화 주목하기 → 받아들이기 → 반응 보이기"
  라는 세 단계의 행위가 복합적으로 얽혀 있다고 가정하고서 세 층위의 화용 첨사를 구분
  하였다. ① 먼저 청자의 주의력을 끌어 들이는 '주의력 초점 첨사'(주목 강조 첨사)가 있
  다. "이레 오라게!"[여기 오려마!]. ② 이어 발화 내용을 청자에게 받아들이도록 촉구하는
  '수용 촉구 첨사'(청자 동의 요구 첨사)가 있다. "가이 오란마씀!"[그 아이 왔다는 말씀이
  에요]. ③ 마지막으로 청자에게 발화 내용에 대한 판단 또는 동의를 제시하도록 요구하는
  '청자의 판단 제시 요구 첨사'(반응 제시 요구 첨사)가 있다. "느네 아기 아팟주이?"[너희
  아기 아팠지, 그렇지?]. 이런 첨사들의 층위를 구별한 까닭은 이 첨사들이 다음과 같이
  계속 이어져 나올 수 있기 때문이다. "그 사름 값어"[그 사람 가고 있어]에 여러 층위의
  첨사(언게+마씀+양)가 붙을 수 있다. 명령 서법 중 §.4-5-1-가)에서는 화용 첨사가 두
  개가 다시 서로 융합되는 모습들이 제시되어 있다(특히 378쪽 이하).
  "그 사름 값언게마씀양?"[그 사람 가고 있단다란 말씀인데, 그렇지 않습니까?].

서법의 융합된 종결 어미가 있다(372쪽 이하). 여기서는 전자의 경우로서 '-라'와 '-은게'와 '-ㄴ'이 가 덧붙은 경우를 다루지만(-어라, -언게, -언), 후자의 경우로서는 '-고나!'와 '-네!/-니에!'를 다루게 된다(-어고나, -어네/-어니에). 이런 융합의 결과로서 공통어의 '-앗-'이나 '-더-'로 번역될 수 있는 환경이 마련된다. 이런 구성을 오직 회상으로 보려던 단순한 생각은 잘못된 형태소 분석에 기인한다. 자세한 논의는 각 서법에 있는 융합 형식의 종결 어미들을 보기 바란다. 의문 서법에서 반말투 종결 어미의 융합 모습은 §.3-4-1에서부터 §.3-4-4까지를 읽어 보기 바란다(§.3-4에 있는 〈도표 8〉과 이에 관련된 물음들도 참고하기 바람: 271쪽 이하).

§.2-3-1-가) 반말투 종결 어미 '-어²'에 고유한 종결 어미 '-라'이 융합된 종결 어미: '-어라' {시상 결합의 형식은 반말투 종결 어미 '-어²'와 같음}

계사: 그거 느 책이랐어라[그거 네 책이었더라]
　　　그 집 분란이랐어라[그 집 분란(紛亂)이 일고 있더라]
형용사: 그 낭 다 컷어라[그 나무 다 컸더라]
동사: 지금도 그디 사람 살앗어라[지금도 거기 사람 살고 있더라]
　　　내창에 물 콸콸 흘럿어라[내에 냇물이 콸콸 흐르고 있더라]
　　　빌레 다 일럿어라[바닥 돌바위 다 치웠더라]

§.2-3-1-나) 반말투 종결 어미 '-어²'에 반말투 종결 어미 '-은게'가 융합된 종결 어미: '-언게, -연게, -란게' {시상 결합의 형식은 반말투 종결 어미 '-어²'와 같음}

계사: 그거 느 책이란게[그거 네 책이더라/이었어]
　　　그 집 분란이란게[그 집 분란(紛亂)이더라/이었어]
　　　가이 우리 무을 아이란게[그 아이 우리 마을 아이더라/이었어]

그 사름 그디 직원이랏언게[그 사람 거기 직원이더라/이었어]

형용사: 그 사름 지금도 고완게[그 사람 지금도 곱더라/고왔어]

그 영화 좋안게[그 영화 좋더라/좋았어]

바당 불앗언게[바다 잔잔하더라/하였어]

동사: 지금도 그디 사름 살았언게[사람 살고 있던데/살고 있었어]

근자꼬지 그 사름 그디 살앗언게[최근까지 그 사람 거기 살았던데/살
았었어]

다덜 그디 값언게[다들 거기 가고 있던데/있었어]

다 그디 갓언게[다 거기 갔었어]

그일 흐였언게[그 일 하고 있었어]

그일 다 흐엿언게[그 일 다 했더라]

가 보난 일 다 끝내없언게[가 보니까 일 다 끝내고 있더라]

가이 약 불랎언게[그 아이 약 바르고 있었어]

약 다 불랏언게[약 다 발랐더라]

물 콸콸 흘렀언게[냇물 콸콸 흐르고 있더라]

빌레 다 일럿언게[바다 돌바위 다 치웠더라]

이 방언의 반말투 종결 어미 '-어²'는 'ᄒ다' 동사에서 '-여'로 나오고,
계사 '이다'에서 '-라²'로 나오며, 양태 형태소에서는 '-으크라'로 온다.
앞의 용례에서 차례대로

"책이라, 분란이라, 아이라, 직원이랏어, 좋아, 고와, 불앗어, 살았어, 살앗어,
값어, 갓어, 흐였어, 흐엿어, 끝내없어, 끝내엇어, 불랎어, 불랏어, 흘렀어, 흘
럿어"

가 모두 충분히 '-어²'만으로도 종결될 수 있다. 반말투 종결 어미 '-어²'
는 그대로 반말투 종결 어미 '-은게'로 바뀌어 나올 수도 있다.

"책인게, 분란인게, 아이인게, 좋은게, 고운게"

이들이 서로 무차별적으로 교체되어 쓰일 수는 없다. 두드러진 차이점
들이 관찰되기 때문이다. 첫째, 시상 형태소와 직접 결합될 수 없다.
시상 형태소와 결합하려면 반드시 '이'를 매개로 하여 결합하기 때문이
다.[57] 가령

  *직원이랏은게(→ '직원이랏인게')

  *불앗은게(→ '불앗인게')

  *살앖은게(→ '살앖인게')

  *살앗은게(→ '살앗인게')

  *값은게(→ '값인게')

  *잣은게(→ '잣인게')

등이다. 앞에 제시된 용례는 모두 괄호 속의 표현이 되어야만 문법적이
다. 둘째, 반말투 종결 어미 '-은게'는 중첩되어 융합 구성을 만들 수
없다. 즉, '*-은겐게'는 불가능하다. 오직 반말투의 종결 어미 '-어' 뒤에
융합되어 '-언게'로 쓰일 따름이다.

  이들 두 종결 어미가 융합된 것인지 여부를 확실히 보여 주기 위하
여, 반말투의 종결 어미 '-어' 뒤에 다시 종결 어미가 붙어 융합된 경우

---

57) 시상 형태소 '-앖-, -앗-'에 '-은게'가 결합되려면 반드시 '이'가 매개되어야 한다(-앖이-,
-앗이-). 즉, '-앖인게, -앗인게'로 나오는 것이다. 이 구성은 계사 '이다'와 '-으크-'가 고유
한 종결 어미로 활용할 때 각각 '이어, 으키어'로 나오는 구성을 연상시킨다. 그럴 뿐만
아니라, 반말투 종결 어미 '-어²'에 융합되는 경우가 '-은게'말고도 '-라²'가 있음에 유의하
기 바란다. '-라²'는 계사가 반말투 종결 어미로 활용할 때의 모습이며, 이 융합 구성을
계사가 투영하는 구문으로 상정할 수 있도록 해 준다. 즉, '이'가 계사 어간일 가능성이
높은 것이다(173쪽 이하). §.2-4 및 §.2-5에서 저자는 관형형 어미 '-을, -은'을 매개로
하여 이뤄진 융합 종결 어미들에서도 반드시 시상 형태가 '이'를 매개로 한 '-앖이-, -앗이
-'를 요구한다는 점에 주목하여, 관형형 어미들이 어간에 붙기 위하여 도입되어야 하는
형식상의 어간일 뿐만 아니라, 또한 관형형 어미들과 함께 양태 범주(청자 추체험 가능성
을 언급하는 양태임)임을 주장할 것이다.

를 비교할 수 있도록 따로 제시해 놓았다. 각각 '-라'과 '-은게'이다. '-라'은 고유한 서술 서법의 종결 어미로서, 양태를 나타내는 '-으커-'[-을 거]와 '-더-'[-더-]에 이어져 있음을 알 수 있다(각주 62의 〈도표 3〉 참고: 154쪽). '-은게'(은+거+y)는 기원상 '-은 것이야'에서 나왔을 것으로 보인다.58) 이들 융합된 종결 어미들 중에서 대우의 화용 첨사 '마씀, 마씸'을 붙여 보면, '*-라라마씀'은 불가능하고, '-은게마씀'만이 가능하다. 따라서 융합된 종결 어미 중에서 후자가 반말투로 쓰임을 알 수 있다.

  그런데 양태 표현 형태소 '-으크-'[-겠-]와 '-으커-'[-을 거]와 '-더-'[-더-]에 융합된 종결 어미들이 결합될 수 없음이 관찰된다(153쪽 이하에서 제시된 예문 ㉠~㉧과 ㉪~㉭을 보기 바람). 이런 제약을 검토하면서 융합된 종결 어미의 의미 자질을 찾아나가기로 한다. 먼저 단일한 종결 어미들과 이들 양태 형태소가 아무런 제약 없이 결합하는 사실부터 확인하기로 한다. 형용사는 이들 양태 형태소가 결합되지 않은 모습도 보여주는데, 대상의 내재적 속성을 가리키거나 또는 현재 관찰되는 있는 상태를 표현해 줄 수 있다.59)

---

58) §.2-5-3에서 '-은게'를 다루면서 논의될 것이다(193쪽 이하). 그런데 반말투 종결 어미에서 계사 '이다'는 '이라'로 활용하지만, 또한 '이게'로도 쓰일 수 있다. 가령 "이거 가이 책이게"[이것이 그 아이 책이야]와 같다. 여기에서도 '게'을 찾을 수 있다. 만일 이것들이 동일한 구성이라면 '책인 거야'에서 관형형 어미 '-은'과 종결 어미 '-아/-야'가 단절되거나 탈락되어야 할 것이다. §.2-2-3-다)에서는 이 방언에서 '책이게'와 '책게'가 둘 모두 가능하며, 전자는 계사의 활용이지만 후자는 활용 첨사가 덧붙는 것으로 보았다(121쪽 이하). 일단 이 방언의 종결 어미 기술 차원에서 '이다'가 '이게'로도 활용된다는 점만을 적어 둔다. 동일성 여부에 대해서는 장차 더 깊은 논의가 필요하다.

59) 반말투의 종결 어미는 대표적으로 '-어'가 형태가 있다. 그렇지만 관형형 어미 '-은, -을'이 형식 명사 '거'와 융합되어 있는 반말투 종결 어미 '-은게'는 단일 형태 '-어²'와 대립하고, '-으커-'(을 거)는 단일 형태 '-으크-'와 대립한다. 이들을 배타적 분포 또는 상보적 분포라고 부를 수 있다. 기술언어학의 음소 정의에서는 배타적 분포 또는 상보적 분포는 동전의 앞뒷면과 같이 하나의 대상임을 드러내는 방식이다. 그러나 통사론에서는 상보적 분포를 보인다고 하여 하나의 형태 또는 형태소라고 묶어 주는 관행은 없다. 오히려 서로 다른 형태들이라고 서술해 주는 편이다. 왜냐하면 의미 자질(또는 내포 의미)이 서로 다르게 설정되기 때문이다.
  먼저 여기서는 단일 형태로서 반말투 종결 어미 '-어²'와 융합된 반말투 종결 어미 '-은게'가 서로 다른 표현에 쓰인다는 점에 주목할 필요가 있다. 각각 단일 형태소 '-으크-'[-겠-]는 단일 형태소 종결 어미 '-어²'와 결합하고(-으키어), 복합 형태소 '-으커-'[-을 거]는

"그 낭 잘 커"[그 나무 잘 커; 대상의 내부 불변 속성을 드러내는 반말투의 표현]

"그 낭 큰게"[그 나무 크구'나; 현재 일시 관찰한 성질을 드러내는 반말투의 표현]

이들 구문도 양태 형태소를 지녀 다음처럼 발화될 수 있다. 이 때 '-으크-'[-겠-]는 짐작의 의미를 띠고, '-을 거'의 융합 형태 '-으커'[-을 거]는 미래 사건의 예정이나 예상을 가리킨다.

"그 낭 잘 크키어/크켜"[그 나무 잘 크겠어; 미래 사건을 짐작하는 표현]

"그 낭 잘 크컨게"[그 나무 잘 클 거야; 예정 또는 예상 사건에 대한 표현]

만일 동사에 결합한다면 다음처럼 '-으크-'[-겠-]나 '-으커'[-을 거]가 동작을 하는 주체의 의지를 가리키게 된다. 이때 '-으크-'[-겠-]는 반드시 화자와 행위 주체가 일치되는 것이 전형적이고, 감정이입을 통하여 다른 사람의 의도를 짐작한 뒤에 제3자 행위주의 의도도 같은 구문으로 표현할 수 있다.

"나 밥 먹으키어/먹키어/먹켜"[60][나 밥 먹겠어; 고유한 종결 어미]

"나 밥 먹으크라/먹크라"[나 밥 먹겠다; 반말투 종결 어미]

"가이 밥 먹으키어/먹키어/먹켜"[그 아이 밥 먹겠다: 고유한 종결 어미]

"가이 밥 먹으크라/먹크라"[그 아이 밥 먹겠다: 반말투 종결 어미]

복합 형태소 '-은게'와 결합한다(-으컨게). 동작 또는 행동과 관련하여 단일 형태소 '-으크-'[-겠-]는 화자 자신의 의도를 드러내는 데에 쓰이고(감정이입을 통해 제3자의 마음을 추정하고 그 의도도 표현 가능함), 복합 형태소 '-으커-'[-을 거]는 어떤 예정 행동이나 사건을 가리키므로, 그 사건을 관찰하는 일 자체가 화자인 나 자신과 행위주가 동일한 사람이 되어서는 안 됨을 알 수 있다.

60) 빗금으로 나뉜 표현 중 수의적으로 어느 하나가 선택될 수 있다. 아무런 변동 없이 기본 형상이 나오면 '먹으키어'가 된다. 만일 약한 모음 '으'가 탈락되면 '먹키어'가 나오고, 종결 어미가 줄어들면 '먹켜' 또는 '먹켜'가 나온다.

반면에 '-으커-'[-을 거]는 예정된 사건이나 예상 사건을 표현하고 있으므로, 화자와 행위 주체가 같은 사람이 되어서는 안 된다. 그 예정된 사건은 화자인 내가 관찰을 할 수 있어야 하므로, 반드시 제3자 행위주가 일으킬 사건을 언급해야만 한다. 화자인 내가 그 예정 사건을 일으키고, 이 사건을 다시 내가 스스로 관찰한다는 것은 도저히 불가능한 일이다.

"<u>가이</u> 밥 먹<u>으커라</u>/먹<u>커라</u>"[그 아이 밥 먹을 거다; 고유한 종결 어미]
"<u>나</u> 밥 먹<u>으커라</u>/먹<u>커라</u>"[나 밥 먹을 거다; 고유한 종결 어미]
"<u>가이</u> 밥 먹<u>으컨게</u>/먹<u>컨게</u>"[그 아이 밥 먹을 것인 거야[61]; 반말투 종결 어미],
"<u>*나</u> 밥 먹<u>으컨게</u>/먹<u>컨게</u>"[나 밥 먹을 것인 거야; 반말투 종결 어미]

회상을 나타내는 양태 형태소 '-더-'[-더-]도 화자가 이미 관찰한 외부 사건을 언급하고 있으므로, 화자와 행위 주체가 같아지면 안 된다. 화자가 스스로 실행하였던 사건이나 행위는 시상 형태소 '-앗-'에 의해 표현된다.

"어제 나 절간에 갓<u>저</u>"[어제 내가 절에 갔지; 고유한 종결 어미]
"어제 나 절간에 갓<u>주</u>"[어제 내가 절에 갔어; 반말투 종결 어미]

그렇지만 다음과 같이 만일 꿈속에서 내 의식과 몸뚱이가 분리되어 내 의식이 내 몸뚱이를 관찰하는 특별한 경우를 상정할 경우 이런 제약이 없어진다.

---

61) 공통어로 '그 아이 밥 먹을 거야, 나 밥 먹을 거야'라고 번역한다면, 문법성에 이상이 없으며 완벽히 수용된다. 여기서는 일부러 형태소들을 하나씩 직접 대응시켜 번역해 놓는다. '을 거'와 '은 거야'를 그대로 대응시켜 놓으면 '먹을 것인 거야/먹을 건 거야'로 옮길 수 있다. 이렇게 옮겨 놓으면 제3자 행위주가 들어 있는 구문은 수용되고, 화자가 행위주로 들어 있는 구문은 수용될 수 없음을 표시해 줄 수 있을 듯하다.

"꿈에 나 절간 가지더<u>라</u>"[꿈에서 내가 절에 가 지더라/가더라; 고유한 종결
　　어미]
"꿈에 나 절간 가지<u>던게</u>"[꿈에서 내가 절에 가 지던/가던 거야; 반말투 종결
　　어미]

그런데 이런 종결 어미들에서는 다음의 사례에서 보듯이, 다시 다른
종결 어미가 덧붙어 융합된 모습을 만들어 줄 수 없다. 단, 유일한 예외
는 '먹<u>크라라</u>'[먹겠어+이라], '먹<u>커라라</u>'[먹을 거야+이라]인데, 그 까
닭을 뒤에서 논의할 것이다.

　㉠*그 낭 잘 <u>커라</u>[반말투 종결 어미: 그 나무 커+이라(언제나 불변 속성
　　표현)]
　㉡*그 낭 <u>큰겐게</u>[반말투 종결 어미: 그 나무 크구나+은게(현재 일시 관찰
　　된 성질)]
　㉢*그 낭 잘 <u>크키어라</u>[고유한 종결 어미: 그 나무 잘 크겠다+이라]
　㉣*그 낭 잘 <u>크컨겐게</u>[반말투 종결 어미: 그 나무 잘 클 거야+은게]
　㉤*나 밥 <u>먹키어라</u>[고유한 종결 어미: 나 밥 먹겠다+이라]
　㉥*나 밥 <u>먹크라라</u>[반말투 종결 어미: 나 밥 먹겠어+이라]
　㉦*가이 밥 <u>먹키어라</u>[고유한 종결 어미: 그 아이 밥 먹겠다+이라]
　㉧가이 밥 <u>먹커라라</u>[고유한 종결 어미: 그 아이 밥 먹을 거다+이라]
　㉨가이 밥 <u>먹크라라</u>[반말투 종결 어미: 그 아이 밥 먹겠어+이라]
　㉩*가이 밥 <u>먹컨겐게</u>[반말투 종결 어미: 그 아이 밥 먹을 거야+은게]
　㉪*나 절간에 <u>갓저라</u>[고유한 종결 어미: 나 절에 갓다+이라]
　㉫*나 절간에 <u>갓주라</u>[반말투 종결 어미: 나 절에 갓어+이라]
　㉬*꿈에 절간 <u>가지더라라</u>[고유한 종결 어미: 꿈에 절에 가 지더라+이라]
　㉭*절간 <u>가지던겐게</u>[반말투 종결 어미: 꿈에 절에 가 지던 거야+은게]

위 사례에서 오직 ㉧과 ㉨만이 문법적이다. 14개 중 12개가 수용 불가

능하다. 이런 현상을 보면서 매우 중요한 사실을 지적할 수 있다. 첫째, 단순히 종결 어미 '-어²'와 '-라'가 결합한 것이 아니라, 이들이 각자 요구하는 통사적 자질이 고려해야 한다. 둘째, 이 방언에서 '-으크-'[-겠-]와 '-으커-'[-을 거]와 '-더-'[-더-]에 붙어서 문장이나 발화를 종결해 주는 종결 어미 '-이어'와 '-라'가, 비록 소리 모습은 다르지만,62) 이것들이 모두 계사에서 파생되어 나온 것일 가능성을 열어 준다. 그런데 다음과 같은 의문이 떠오른다.

"앞의 사례들에서 왜 종결 어미가 아무렇게나 융합될 수 없는 것일까?"

저자는 이 질문에 대한 대답으로, 이들 분포에서 계사와 관련된 형식이 두 번 나오는 것에 주목하고자 한다. 즉, 계사 구문이 계속 반복되지 못하도록 막는 것이 그 제약의 본질일 듯하다. 종결 어미에서 찾아지는 계사 구문은 특히 오직 하나의 명사 상당어만 필수적으로 요구하는 주제화 구문 또는 초점화 구문을 구성한다. 이런 특성이 종결 어미가 두 번에 걸쳐 반복되면서 융합되는 일을 막는 것으로 파악된다. 주제화 구문이나 초점화 구문은 무표적인 구문과 대립하여 기능을 발휘할 뿐이, 주제화들(초점화들) 사이에 대립하는 것이 아니기 때문이다. 이를 '단 한 번의 주제화 구문 이용 제약'으로 부를 수 있다.

---

62) 양태 형태소의 실현은 독자적인 종결 어미에 속한 부류와 반말투 종결 어미 부류들이 정연히 짝을 이뤄 대립한다. 이를 도표로 보이면 다음과 같다(단 '-느-'는 다른 형태와도 복잡하게 얽혀 있어 잠시 유보함). 여기서 유의할 형태소는 '-라'인데, '-으크'와 결합하면 반말투 종결 어미로서 대우 형태소가 붙을 수 있다(-으크라마씀). 그렇지만 '-으커-'[-을 거]와 '-더-'[-더-]에 결합하면 대우 형태소가 붙을 수 없으므로(*-으커라마씀, *-더라마씀), 이 경우에는 고유한 종결 서법의 융합 어미라고 지정해 주어야 한다. 이런 변동을 앞에서는 '역상(inverse image)'이라고 서술해 놓았는데, 장차 이 현상도 왜 그러한 변동을 보이는지 설명될 필요가 있다.

<도표 3> 양태 관련 형태소들의 종결 어미별 결합 모습(단, '[ ]' 속은 공통어 형태임)

형태소	독자적인 종결 어미		반말투 종결 어미('마씀' 결합 가능)	
-으크-[-겠-]	-으키어 (으크+이어)	[-겠다]	-으크라 (으크+라)	[-겠어]
-으커-[-을거]	-으커라 (으커+라)	[-을 거다]	-으껀게 (으커+은게)	[-을 거야]
-더-[-더-]	-더라 (더+라)	[-더라]	-던게 (더+은게)	[-던 거야]

이런 주장을 적용할 수 있는 사례가 '으크+이어+이라'를 융합시켜 놓은 '*-키어라/*-켜라'가 있고(ⓒ ⓜ ⓢ), '으크+이라+이라'와 '더+이라+이라'를 융합시켜 놓은 '*-크라라, *-더라라'가 있으며(ⓗ ⓟ), '은+거이+은+거이'를 융합시켜 놓은 '*-은겐게'가 있다(ⓛ ⓡ ⓩ ⓗ). 거꾸로 이런 관찰로써 양태 형태소 '-으크-'[-겠-]와 '-으커-'[-을 거]와 '-더-'[-더-]가 하나의 자연부류로서 모두 계사 또는 계사 어간과 관련되어 있음을 확인할 수 있다. 앞의 비문법적인 12개의 결합 중 9개가 이 제약을 위배한 것이다.

그렇다면 비문법적 결합 중 남아 있는 것은 두 부류의 세 가지이다(ⓖ ⓚ ⓣ). 첫째, '이다'의 중복과 무관한 종결 어미들의 구문이 있다.

ⓖ "*언제나 그 낭 잘 커라"[그 나무 커+이라(언제나 불변 속성 표현)]
ⓚ "*나 절간에 갓저라"[나 절에 갓다+이라]
ⓣ "*나 절간에 갓주라"[나 절에 갓어+이라]

먼저 ⓖ과 ⓣ이 대우 화용 첨사 '마씀'이 덧붙을 수 있는 반말투 종결 어미이고,[63] ⓚ이 그렇지 않는 고유한 종결 어미이다. 이들 중 ⓖ은 문법성이 회복되는 방식이 있는데, 일시 상태에 대한 관찰을 언급하는 경우에 그러하다. ⓚ과 ⓣ은 종결 어미가 지니는 특정한 의미 자질이 이런 융합 구성을 요구하지 않는 것으로 보인다. ⓖ은 불변 속성('언제나'의 수식을 받음)을 언급하는 표현으로는 적합하지 않지만, 과거에 이미 체험한 일을 회상하여 표현하는 경우에는 수용 가능하며 적합한 표현으로 판정된다.

---

[63] 청자에게 주목하도록 주의를 끌어내는 화용 첨사로서 '게'도 있다. 이는 어느 구문에나 차별 없이 다 붙는다. 따라서 첨사 '게'로는 종결 어미들을 분류하는 잣대로 삼을 수 없다. 이 책에서는 대우의 화용 첨사 '마씀'[말씀입니다]이 반말투 종결 어미에만 붙는다는 특징을 이용하여, 반말투 종결 어미와 고유한 종결 어미를 대분하고 있다.

"지난 번 봤더니, 그 낭은 잘 커라"[그 나무 잘 크더라(일시 상태 관찰 후 회상)]

따라서 이런 해석을 받으려면, ㉠이 일시 상태에 대한 해석을 지녀야 한다. 만일 언제나 관찰되는 불변 속성을 언급한다면 굳이 융합 구성을 이룰 필요가 없다. 이런 차이가 ㉠의 비문성에 대한 원인인 듯하다.

㉠과 ㉤은 이 방언에서 특이하게 관찰되는 특이한 종결 어미들을 지니고 있다. 고유한 종결 어미 '-저¹'과 반말투 종결 어미 '-주¹'을 갖고 있는 것이다.64) '-저¹'은 화자가 어떤 사실을 확인하고서 이를 잘 깨닫지 못한 청자에게 통보해 준다는 뜻을 담고 있다. 그리고 '-주¹'은 '-을 터이주/테주, -을 거주, -겠주'라는 형태소 결합에서 보듯이 의미 자질 속에 화자의 의견이나 짐작을 말하여, 청자로부터 사실인지 여부에 대하여 확인이나 동의를 받으려는 뜻이 들어 있다. 저자는 이런 의미 자질에 따른 특성들이, 융합된 구성 그 자체를 요구하지 않게 된다고 생각한다.

둘째, 비록 중복된 계사 구성을 찾아낼 수 있지만, 앞에서와는 달리 완벽히 수용 가능하다. 이들은 회상의 의미를 지니고서 이 방언에서 자주 쓰인다.

◎ "가이 밥 먹커라라"[고유한 종결 어미: 그 아이 밥 먹을 거다+이라]
㉣ "가이 밥 먹크라라"[반말투 종결 어미: 그 아이 밥 먹겠어+이라]

동일하게 '-라라' 구성을 지닌 사례이지만 비문인 경우도 있다.

㉻ "*나 밥 먹크라라"[나 밥 먹겠어+이라]

---

64) '-저¹'과 '-주¹'의 차이에 대해서는 제2장 들머리의 각주 2)에서, §.2-2-3-나)와 그곳 각주 27)의 〈도표 2〉, 그리고 §.2-2-4-나)에서 자세히 논의되고 있다(각각 79쪽, 118쪽, 140쪽 이하).

ⓗ′ "*나 밥 먹커라라"[나 밥 먹을 거다+이라]

이들 사이의 차이는 행위 주체가 제3자인지, 화자 자신인지 여부에 있는 듯하다. ⓞ과 ⓩ에서는 제3자(그 아이)가 행위 주체이지만, ⓗ과 ⓗ′에서는 화자 자신이 행위 주체이다. 그런데 이런 제약은, 맨 뒤에 있는 '-라'가 융합되어 있지 않은 경우, 즉

"나 밥 먹크라"[반말투 종결 어미: 나 밥 먹겠어]
"나 밥 먹커라"[고유한 종결 어미: 나 밥 먹을 거다]

에서는 아무런 지장도 생겨나지 않고, 그대로 문법적으로 완벽히 수용된다. 그렇다면, 이들 구성에서 그 제약이 무엇이고, 왜 융합 구성의 종결 어미가 그런 제약을 얹어 놓는지에 대하여 논의가 이뤄져야 한다.

먼저, 저자는 ⓗ과 ⓗ′이 화자가 제3의 사건을 관찰하는 구성이므로, 그 사건의 행위주에는 화자가 배제된다(≒행위주와 화자가 서로 달라야 한다)고 본다. 이는 마치 회상 형태소 '-더-'에서65) 보았던 제약과 동일

---

65) 공통어에서 "*내가 밥을 먹더라"는 수용될 수 없는 비문이다(임홍빈 교수는 "나만 혼자서 담배 피우더라"는 반례를 제시한 바 있는데, 이는 예외적으로 내가 내 자신의 경험을 재구성하여 마치 외부 사람의 눈으로 개별 경험들을 비교 서술해 주고 있는 것임). 흔히 이를 사건 행위주와 화자가 달라야 한다는 조건으로 기술할 수 있다. 그렇지만 이 조건이 관형절을 이룬다면 "[내가 ⓔ 먹던] 밥"에서 보듯이 무기력하게 해체되어 버린다. 이 사실은 남기심(1976), 「관계 관형절의 상과 법」, 남기심(1996) 『국어 문법의 탐구 I: 국어 통사론의 문제』(태학사)에 재수록에서 처음 제기되었다. 자세한 논의는 임홍빈(1993), 「다시 [-더-]를 찾아서」, 『국어학』 제23호 및 고영근(2004, 2007 보정판), 『한국어의 시제 서법 동작상』(태학사)을 참고할 수 있다.

먼저 남기심(1996)에서처럼 '-더-'와 '-던'을 별개의 형태소로 볼 것인지, 임홍빈(1993), 고영근(2007 보정판: 144쪽 이하, 203쪽 이하)에서처럼 동일한 형태소로 볼 것인지가 결정되어야 한다. 저자는 후자의 입장을 지지한다. 그렇다면, 이들 두 형태소 사이에 왜 이런 차이가 생겨나는 것일까? 그리고 해결책은 무엇일까?

저자는 이를 해결할 수 있는 방법이 두 가지이라고 본다. 첫째, 종결 어미 앞의 '-더¹-'와 관형형 어미 앞의 '-더²-'를 다른 형태소라고 지정하는 길이 있다. 앞의 형태소는 회상 형태소이지만(먹는 행위를 회상함), 뒤의 형태소는 중단의 형태소이라고 말할 수 있다(먹는 행위가 중단됨). 그렇지만 이 방식은 동일한 양태 범주의 형태소에 속하며, 동일한 소리값을 갖는 형태소를 오직 분포의 차이만을 갖고서 별개의 형태소로 지정하였다는 비판을 받는다. 다시 말하여 공통성이 너무 많은 것이므로, 다른 형태소라고 주장하기가

하다. 융합되어 있는 '-라'가 바로 그런 제약을 도입하는 실체인 것이다. 이는 단순히 '-라'라는 형태가 종결 어미 뒤에 덧붙은 것이 아니라, 이 형태소를 매개로 하여 새로운 구문이 도입되고, 그 구문이 지닌 성격에 맞추어 융합되기 이전의 모습이 재구성됨을 뜻한다. 그렇다면 '-라'의 정체가 무엇이며, 이를 매개로 하여 구문상의 어떤 변화가 초래되는 것일까?

저자는 '-라'에 의해서 특정한 조건의 계사 구문이 도입된다고 가정한다. 이런 융합 형식의 경우도 또한 고유한 서법의 종결 어미와 반말투 종결 어미의 융합으로 나뉜다. 종결 어미 뒤에 다시 '-라'가66) 융합

쉽지 않은 것이다.

둘째, 모두 동일한 형태소이지만, 이 형태소가 요구하는 제약이 더 높은 층위에 있는 관형형 어미 '-은'에 의해서 취소되거나 억제된다고 볼 수 있다. 이는

"내가 먹은 밥"

(먹는 사건이 다 끝났고 그 사건을 발화 시점에서 추체험 불가, 'ø+은')

"내가 먹던 밥"

(먹는 사건이 중단되고 발화 시점에서 더 이상 추체험할 수 없음, '더+은')

"내가 먹는 밥"

(먹는 사건이 계속되며 중단되지 않았으나, 발화 시점에서 추체험할 수 없음, '느+은')

사이에 관찰되는 차이를 얼마만큼 적절히 설명해 줄 수 있는지에 따라서 사실로서 확립될지 여부가 결정된다. 다시 말하여, 이들은 모두 [··· 동사 어간+···+은]의 구성을 지니고 있으며, 중간에 밑줄 친 부분이 'ø : -더- : -느-' 형태소의 선택에서 차이가 난다. 공통적으로 지닌 관형형 어미 '-은'은 발화 시점에서 이미 경험이 완료되어 더 이상 추체험할 수 없음을 가리키는 양태이며, 뒤의 명사에 얹힘 표시해 준다.

이 어미가 거느리거나 지배하는 대립 형태들은 이분 대립을 보여 'ø : [-더- : -느-]'처럼 표시될 수 있다. ø는 해당 사건의 시상 표현이 결여되어 있음을 나타내므로, 사건이 진행되든 아니면 중단되든 상관이 없다는 뜻이다. 오직 해당 사건이 발화 시점에서 참여자들에게 모두 추체험하여 확인할 수 없다는 점만 부각시킨다. 이런 특징이 종결 어미와 결합되었을 때 보았던 '-더-'(추체험 불가능 양태)가 지닌 제약을 무력화해 놓는다(무위 적용이 됨). 그렇지만 시상 표현이 형태소로 표시될 수 있는데, 그 방식은 오직 해당 사건이 진행되고 있는지 아니면 중단되었는지 여부만을 표시해 준다. 이미 상위 층위에 있는 관형형 어미의 의미 자질이 발화 시점에서 추체험할 수 없음을 표시해 주기 때문에, 이와 무관한 고유 의미 자질들만이 '-느- : -더-'에 의해서 표시될 수 있다. 이런 하위의 고유 자질은 각각 해당 사건이 여전히 진행중인지 아니면 해당 사건이 중단되었는지를 가리키게 된다. 관형형 어미가 거느리는 복합 시상 형태소에는 '-었던'이나 경상도 방언에서 관찰되는 '-었는'의 경우도 있고, 이들이 각자 세세한 변별적 기능을 보여 주고 있으나, 또한 이런 자질들도 '-은'의 자질에 의해서 중화될 수도 있을 듯하다.

66) 154쪽의 각주 62)에 있는 〈도표 3〉에서 독자적인 서술 서법의 종결 어미로서 '-으커라'[-을 거다]와 '-더라'[-더라]를 확인할 수 있다. '-라'는 계사의 활용과 '-으크-'에 결합되면 반말투 종결 어미가 되어 대우의 화용 첨사 '마씀'이 붙을 수 있지만, '-으커-'[-을 것]과 '-더-'[-

되거나 또는 '-은게'가67) 융합되는 것이다. 융합된 형식 '-라라'(라+라) 뒤에는 대우의 화용 첨사 '마씀' 붙을 수 없지만(*-라라마씀), 융합된 형식 '-란게'(라+은게) 뒤에는 대우의 화용 첨사 '마씀'이 붙을 수 있기 때문에(-란게마씀) 이런 구분이 가능하다.

다시 '-으크-'[-겠-]과 소리가 비슷하지만 다른 의미 자질을 지닌 양태 형태소 '-으커'[-을 거]가 보여 주는 융합 구성을 살펴보기로 한다.

"그 낭 잘 <u>크커라</u>"[고유한 종결 어미: 그 나무 잘 클/자랄 거야]
"그 낭 잘 <u>크컨게</u>"[반말투 종결 어미: 그 나무 잘 클/자랄 건데]
"가이 밥 먹<u>으커라</u>"[고유한 종결 어미: 그 아이 밥 먹을 거다]
"가이 밥 먹<u>으컨게</u>"[반말투 종결 어미: 그 아이 밥 먹을 것인 거야]

이런 단일한 종결 어미 구성에 다시 종결 어미가 덧붙어 융합될 수 있다.68)

"그 낭 잘 <u>크커라라</u>"[고유한 종결 어미와 융합: 클 거야+이야, 클 거<u>더</u>라69)]
"그 낭 잘 <u>크커란게</u>"[반말투 종결 어미와 융합: 클 거야+인 거야, 클 거<u>던</u>데]

───────────────

더-]에 결합된다면 '*-으커라마씀, *-더라마씀'처럼 대우의 화용 첨사를 수 없으므로 독자적인 서술 서법의 융합 어미라고 지정해야 한다. 이런 현상을 일단 '역상(inverse image)' 현상이라고 서술해 놓았다. '-더라, -으커라'에서는 '-라¹'이 결합되어 있고, '-으크라'에서는 '-라²'가 결합되어 있는 것이다. '-라¹'의 반말투 종결 어미의 짝은 '-은게'이고, '-라²'의 독자적 종결 어미의 짝은 '-이어¹'인 것이다. '-라'의 이런 역상은 장차 그 이유나 필연성이 찾아져야 할 것이다.

67) 반말투 종결 어미가 융합된 형식 "가이 밥 먹크란게"[그 아이 밥 먹겠어+라는 거야], "가이 밥 먹커란게"[그 아이 밥 먹을 거야+라는 거야]가 모두 가능하다.

68) 이 용례는 다시 §.2-5-1에서 형식 명사 구성의 종결 어미 '-을커라, -으케라, -으커라'[-을 거야]에서 다뤄진다(186쪽 이하).

69) 이는 '-이더구나!'라고도 번역될 수 있다. 이하의 예문에서 모두 그러하다. 그런데 공통어에서는 이 종결 어미 앞에 시상 형태소들을 다음처럼 통합시킬 수 있다. '-었구나'와 '-었더구나'와 '-겠더구나' 따위이다. 이들 사이에는 분명한 의미 차이를 지닌다. '-었구나'는 한 사건이 완료되어서 그 완료된 사건을 처음 깨닫는 것이다. 그렇지만 '-었더구나'는 한 사건이 완료되어 있고, 그 사건을 이전 시점에서 화자가 이미 경험하였으며, 그 경험이 새로운 것이었음을 현재 시점에서 보고하여 전해 준다. '-겠더구나'는 해당 사건이 일어남직한 가능성을 처음 추정 또는 짐작하였으며, 그런 경험을 현재 시점에서 보고하여 전해 준다.

"*그 낭 잘 크건겐게"[반말투 종결 어미 '-은게'의 중첩된 융합은 불가능함]

"가이 밥 먹으커라라"[고유한 종결 어미와 융합: 먹을 거야+이다, 먹을 거더라]

"가이 밥 먹으커란게"[반말투 종결 어미와 융합: 먹을 거야+인 거야, 먹을 거던데]

"*가이 밥 먹으커겐게"[반말투 종결 어미 '-은게'의 중첩된 융합은 불가능함]

앞에서 반말투의 종결 어미 '-은게'[-은 거야]는 주제화 내지 초점화를 투영하는 계사 구문을 만들어 줄 수 없기 때문에, 융합된 구성에서 중첩되어 쓰일 수 없다고 서술해 놓았다. 이밖의 것들은 모두 융합 구성을 만들어 준다. 여기서 주목할 것은 이런 융합 종결 어미들이 공통어로 번역될 경우에 '-더-'를 지닐 수 있다는 점이다. 비록 그렇게 번역되더라도, 이 방언 어미들에서는 결코 그런 형태소가 찾아질 수 없다. 그렇다면 이런 현상을 어떻게 설명할 수 있을 것인가?

'-다'로 대표되는 고유한 종결 어미는 계사에서는 '-이어¹'로, 그리고 다른 양태 형태소에서는 '-으키어¹, -으커라¹, -더라¹'로 활용한다. '-어²'로 대표되는 반말투의 종결 어미는 계사에서는 '-이라²'로, 다른 양태 형태소에서는 '-으크라², -으컨게, -던게'로 활용하며, 대우 화용 첨사 '마씀'이 자연스럽게 결합할 수 있다. 일반적으로 서술 서법의 종결 어미는 화자 자신이 이미 경험한 일을 가리키고 있다. 이 경험은 이 어미 뒤에 다시 다른 어미가 융합되어 재서술이 이뤄지면서, 다 끝난 사건을 발화 시점의 현재 상황으로 가져오는 효과를 지닐 것으로 본다. 종결된 사건을 다시 종결 어미를 융합시켜 거듭 종결시켜야 할 이유는, 강조를 하거나70) 이미 종결된 사건이 발화 시점의 현재 상황에 새로 도입되는 일 두 가지밖에 없을 듯하다. 이 방언에서는 후자의 기능을 이용하고 있다고 서술할 수 있다. 이것들이 모두 이른바 언어 구조의 중첩에 따

---

70) 공통어에서 예를 들면 사이시옷 형태를 매개로 한 '-자+ㅅ+구나'(-자꾸나)나 또는 반말투 종결 어미에 명령형 어미가 붙은 '어+으라'(-어라) 따위가 강조를 위한 융합 구성이 된다.

른 언표 효력인 것이고, 이런 효력이 융합된 이 방언의 어미 형태를 공통어의 형태소 '-았-'이나 '-더-'로 번역할 수 있게 만들어 준다.

이렇게 회상 효과가 생겨나는 경우는 §.4-3-1(372쪽)에서 보일 융합 형태소 '-어고나'(어+고나; [-더구나])의 경우에서도 마찬가지이다. 이 방언에서는 이런 효력을 지닌 융합 형태소를 더 찾아낼 수 있다. 가령, §.4-3-2에서 다뤄질 '-어녜'(어+니에)는 '-었-'이 중첩되어 융합된 종결 어미의 언표 효력으로 새로 생겨난다. 의문 서법 §.3-4-1(273쪽)의 융합된 종결 어미 '-어냐?, -어나?, -어니?'와 §.3-4-2의 융합 어미 '-언가?, -언고?'와 §.3-4-3(295쪽)의 융합 어미 '-언댜?, -언다?, -언디?'에서도 또한 '-었-'이 언표 효력으로 생겨나는 것이다. 이들은 각각 해당 항목들에서 논의될 것이다.

마지막으로 융합된 이들 종결 어미 뒤에 붙을 수 있는 화용 첨사들을 살펴보기로 한다. 먼저 제1층위의 화용 첨사이다.71) 제1층위의 화용 첨사는 앞의 네 가지 용례에서도 모두 다 자유롭게 붙을 수 있다. 평대 관계에서 상대방 청자로 하여금 발화에 주목하도록 강조하는 첨사 '게'가 이들 단일한(비융합) 종결 어미 형식에 붙으면 다음처럼 쓰일 수 있다.

크다: "그 냥 잘 크커라게, 그 냥 잘 크컨게게"
먹다: "가이 밥 먹으커라게, 가이 밥 먹으컨게게"

또한 융합된 종결 어미에도 다시 제2층위의 화용 첨사가 붙을 수 있다. 앞의 단독 어미의 네 가지 용례에는 제2층위의 화용 첨사가 동일한 형태의 '게'가 그대로 두 번 나오는데, 우연히 종결 어미 '-은게' 뒤에서는 반복되는 소리값 때문에 세 번처럼 느껴진다.

---

71) 화용 층위는 논리적으로 세 가지 층위로 구분된다. 청자가 발화나 문장에 주목하도록 만드는 것이 제1층위이고, 그 내용을 받아들이도록 하는 것이 제2층위이며, 그 내용에 동의하는지 여부를 반응으로 보여 주도록 요구하는 것이 제3층위이다. §.1-5를 보기 바란다(68쪽 이하).

융합 어미: "잘 크커라라<u>게</u>, 잘 크커란<u>게게</u>, 밥 먹으커라라<u>게</u>, 밥 먹으커란<u>게게</u>"

단일 어미: "잘 크커라<u>게게</u>, 잘 크컨<u>게게게</u>, 밥 먹으커라<u>게게</u>, 먹으컨<u>게게게</u>"

이들 발화에도 마지막으로 동의 여부를 반응하여 주도록 요구하는 제3 층위의 화용 첨사가 마지막으로 더 추가될 수 있다. 상대방을 높여야 할 경우에는 '마씀, 마씸, 양, 예, 야' 따위가 붙지만, 그럴 필요가 없을 경우에는 '이'가 붙는다. 따라서 다음처럼 나올 수 있는데, 각각 앞줄의 용례는 단일한(비융합) 종결 어미이고, 뒷줄의 용례는 융합된 종결 어미이다. 마지막 화용 첨사 '이'를 '마씀'으로 바꾸면 청자를 높여 주는 말이 된다.

융합: "잘 크커라라게<u>이</u>?, 잘 크커란게게<u>이</u>?, 밥 먹으커라라게<u>이</u>?, 밥 먹으커란게게<u>이</u>?"

단일: "잘 크커라게게<u>이</u>?, 잘 크컨게게게<u>이</u>?, 밥 먹으커라게게<u>이</u>?, 밥 먹으컨게게게<u>이</u>?"

융합된 종결 어미에 붙은 화용 첨사들의 층위를 대괄호 속에 아랫첨자로 표시해 놓으면 다음과 같다. 단, '-라$_1$'과 '-은게$_1$'은 융합 어미로서 화용 첨사 구실을 맡고 있다.

[[[[잘 크커라] 라$_1$] 게$_2$] 이?$_3$],　　[[[[잘 크커라] 은게$_1$] 게$_2$] 이?$_3$]

[[[[밥 먹으커라] 라$_1$] 게$_2$] 이?$_3$],　　[[[[밥 먹으커라] 은게$_1$] 게$_2$] 이?$_3$]

단일한(비융합) 어미의 용례에서는 비록 화용 첨사 '게'의 반복을 볼 수 있겠지만, 사실은 각각 고유하고 독자적인 기능들을 지닌 개별 항목이며, 그 자리에서 제 몫을 충실히 다해 주고 있는 것이다. 그런 만큼 이 방언의 화자들은 상호작용에서 매우 긴밀히 청자와 협동하면서 심도 있게 의사소통을 진행하고 있음을 여실히 깨달을 수 있다.

이런 층위는 곧 이 방언의 억양으로 반영되어 있는데, 저자는 스스로 자신의 억양을 되점검하면서, 여태까지 제주 방언 억양을 그대로 공통 어에 무의식적으로 옮겨 쓰고 있음을 자각한다. 억양 전문 연구자는 이를 이내 명백히 잘 밝힐 수 있을 것으로 본다.

§.2-3-1-다) 비록 소리값이 연결 어미와 유사하지만, 서로 완벽히 다른 형태로서 여러 서법에 두루 쓰이는 반말투 종결 어미 '-어'에 '-ㄴ'이 융합된 반말투 종결 어미: '-안, -언, -란, -연' {완료의 의미 자질이 들어 있음}. 내림세 억양(↘)을 지니며, 만일 올림세 억양(↗)이 얹히면 의문 서법이 됨.

동사: 가이 <u>간</u>[그 아이 <u>갔어</u>]
　　　창문 블<u>란</u>[창문 발<u>랐어</u>]
　　　운동장 뛰<u>언</u>[운동장 뛰<u>었어</u>]
　　　밥 다 ᄒ<u>연</u>[밥 다 하<u>였어</u>]
　　　줌 푹 <u>잔</u>[잠 푹 <u>잤어</u>]

이 항의 내용은 종전에 마치 연결 어미처럼 잘못 기술되었기 때문에 지금도 혼란스럽게 접속 구문인 양 착각하기 일쑤이다(각주 73을 보기 바람). 그러나 이는 반말투 종결 어미 '-어'에 인용 어미에서 찾아지는 'ㄴ' 형태가 융합된 형식이므로, 접속 구문에서 다뤄서는 안 된다. 만일 인용 어미에서 찾아지는 'ㄴ'이 융합되었다고 보는 저자의 결론이 옳다면, 오히려 내포문으로부터 나온 것이기 때문에, 그 원형을 내포문으로부터 찾아야 할 것이다. 이제 왜 그런지를 따져 나가기로 한다.

이 방언의 접속 구문에서 관찰되는 '-안'이란[72] 연결 어미는 언제나

---

72) 음성적으로 모음조화에 따라 바뀌는 변이형태(음운론적으로 조건 지워진 변이형태)와 'ᄒ다'의 활용과 계사 '이다'의 활용에 따른 변이형태(형태론적으로 조건 지워진 변이형태)들을 따로 표시하지 않고 '-안'으로 대표 삼아 논의를 진행한다.

수의적으로 '-아네'로 바뀌어 쓰일 수 있다. 이는 대립 짝으로서 '-앙'(또는 더 늘어난 형식 '-앙그네, -앙그넹에' 따위)이 있다. 이들은 시상의 의미 자질로 대립한다. '-안'이 완료의 의미를 지니는 데 반하여, '-앙'은 아직 끝나지 않았음(미완료)을 가리키는데, 해당 사건이 착수되지 않은 채 곧 시작될 것으로 볼 경우에도 쓰일 수 있다. 이는 '시제 해석'과 마찬가지로 이 방언의 시상 형태 '-앙'과 '-안'의 해석에 '발화 시점'이 도입되어야 함을 뜻한다. 엄격히 '미착수'는 관찰될 사건이 '전혀 없음'을 뜻한다. 그렇더라도 발화 시점에서 평가해서 어떤 사건이 곧 일어날 것임을 지정할 수 있을 것이다. '발화 시점'이 이 방언의 시상 해석에 꼭 필요하다는 사실은 매우 중요한데, 시제와 해석 방법이 서로 겹치기 때문이다. 이런 중요한 언어적 사실이 여태껏 주목된 바 없다. 이는 공통어에서 '-아서'와 대응하지만, 공통어의 연결 어미에서는 이런 시상의 대립을 찾아볼 수 없다.

그런데 여기서 찾아지는 '-안'이 과연 접속 구문의 연결 어미 '-안, -아네'와 같은 부류인지 따져볼 필요가 있다. 왜냐하면 ① 종결 어미에서 찾아지는 '-안'은 대립 짝으로서 '-앙'이 관찰되지 않으며, ② 또한 '-안'을 연결 어미에서와 같이 '*-아네'로 복원할 수도 없기 때문이다. 피상적으로 소리가 유사하다고 하여 같은 형태소로 지정할 수는 없는 일이다. 그뿐만 아니라, '-앗어'를 형태를 밝혀 적지 않은 채 소리 나는 대로만 '-아서'로 써 왔기 때문에, 이 형태가 마치 공통어 접속 구문의 연결 어미 '-아서'인 것처럼 착각을 불러일으켜 왔다.[73] 공통어 연결

---

73) 현평효(1985), 『제주도 방언 연구: 논고편』(이우출판사)의 112쪽에 있는 도표에 평서법 'ᄒ여'체 종결 어미와 123쪽의 명령법 종결 어미로 '-아서/-어서'(⇨ 마땅히 '-앗어/-엇어'로 표기되어야 하며, 변이형태로 '-랏어/-엇어'도 있음)가 올라 있다. 다시 115쪽과 119쪽의 의문법 'ᄒ여'체 종결 어미 속에 '-안/-언'이 들어 있다.
   그렇지만 저자의 판단에는 이런 서법 범주 배정도 철저하지 못한 측면이 있다. 저자의 개인 방언으로는 '-언'이 반말투 종결 어미로서 올림세 억양(↗)이 얹히면 의문 서법으로 쓰이고, 반대로 내림세 억양(↘)이 얹히면 서술 서법으로 쓰인다. 가령 의문문으로 다음과 같은 질문에 평대 관계의 청자가 다음처럼 대답할 수 있는 것이다.
   질문: "그 약 먹언?(↗)"[그 약 다 먹었어?]
   답변: "으, 다 먹언!(↘)"[응, 다 먹었어!]

어미 '-아서'는 절을 이어 주는 기능만 할 뿐이지, '완료'와 같은 시상 의미 자질을 지닌 것이 아니며, 또한 종결 어미로 전성되지도 않는다. 언어학의 가장 초보 단계인 '분포 확정과 차이점 기술'에서부터 잘못되었던 것이다.

지금까지 형태를 밝히는 일에 소홀하였기 때문에, 종결 어미 '-앗어'를 접속 구문의 연결 어미 '-안/-아네'의 변이 모습으로만 잘못 파악해 왔다. 그러나 연결 어미 '-안/-아네'이 분명히 완료의 자질을 지니고 있어서, '-앙/-아그넹에'와 대립하고 있다. 그렇지만 종결 어미에서 찾아지는 '-앗어'에서는 결코 이런 대립이 들어 있지 않다. 이러한 매우 자명한 사실이 무시된 채, 마치 '-안'과 '-아서'를 동일한 듯이 기술해 왔다. 공통어의 연결 어미 '-아서'는 결코 시상의 대립을 보여 주지도 않는데, 이런 명백한 차이점이 소홀히 취급되고 간과되어 왔다.

이 책에서는 이 종결 어미 '-앗어'[-았어]가 반말투 종결 어미 '-어'에 시상 완료 형태 '-앗-'이 결합된 것으로 분석되어야 옳다고 본다. 즉, '-앗+어'로 구성된 것이고, 시상의 선어말 어미에서 완료를 가리키는 '-앗-'의 의미가 그대로 보존되는 것이다. 이런 '완료' 의미의 바탕 위에서 '-안'과 뒤바뀌어 쓰인다. 만일 이 방언에서 형태를 밝혀 적는다는 표기 지침을 따르면, '-아서'가 아니라 당연히 '-앗어'로 써 주어야 한다. 여기서 찾아지는 완료의 시상 형태 '-앗-'은 대립 짝으로서 미완료(미착

과 같이 대답할 수 있는 것이다. 동일한 이 방언을 다루면서도 앞선 연구와 서로 분석과 설명의 차이가 나는 까닭은 두 가지에 있다.

첫째, 대우 관계의 체계를 어떻게 설정하는지에 따라서도 달라진다. 현평효(1985)에서는 3분 체계를 주장하였다. 그렇지만 저자는 2분 대립에 따른 2분지 체계를 주장하며, 결과적으로 4분 체계로 귀결된다.

둘째, 이런 대우 체계에 따라 평대 관계의 종결 어미들이 정연히 고유한 종결 어미와 반말투의 종결 어미로 양분된다. 이 체계에 따라 반말투 종결 어미 '-어'의 존재가 이 방언의 연구에서 처음 부각되었고, 융합 종결 어미 구성에 핵심 요소임이 처음 밝혀졌다. 그렇지만 명백히 이는 한국어에서 가장 기본적인 종결 어미에 지나지 않는다.

저자는 이런 관점 또는 시각의 차이가 결국 형태소들에 대한 분석을 달라지게 만들어 놓는 것으로 보인다. 어떤 관점을 취하든 간에, 관점이나 시각들 사이에서도 우열을 가릴 수 있는 척도가 있다. 새롭게 분석 가능성을 열어 줌으로써 일관되게 한층 더 높은 설명력을 보여 주어야 하는 것이다.

수 상태도 포함됨)를 가리키는 '-앖-'을 지니는데, 이 또한 계열체로서 당연히 '-앖어'로 구현된다. 앞에 제시된 예문에서 모두

"값어, 불랐어, 뛰없어, 흥였어, 잢어"[가다/바르다/뛰다/하다/자다+고 있어]

처럼 교체되어 나온다. 교체된 형태는 모두 미완료 사건(접속 구문에서는 미착수 사건까지도 이 범위 속에 포함될 수 있음)을 가리키게 된다. 완벽한 체계적 대응인 것이다.

초보적인 형태소 분석에서부터 잘못되었으나, 아직껏 이를 비판하는 일이 없었으므로, 불행히 이 방언의 사전들에서까지 모두 '-아서'로만 적어 왔다. 여태 이런 잘못된 표기가 크게 영향력을 끼치고 있다. 그렇다면 그런 큰 학자 분들도 이 방언을 기술하고 설명해 왔는데, 도대체 잘못의 원인이 어디에서 비롯된 것일까?

저자의 판단으로 여기에는 두 가지 원인을 지적할 수 있을 듯하다. 첫째, 이 방언에 엄연히 공통어에서와 같이 반말투의 종결 어미 '-어'가 있다는 사실도 전혀 밝혀져 있지 않았다. 이 책에서 그리고 최근 저자의 글들에서 이 방언의 대우 체계를 분석하고, 융합된 어미들을 분석하면서 이미 자연스럽게 두루 쓰이고 있던 반말투의 종결 어미 '-어'가 처음 부각되었다. 둘째, 이 방언에 대한 연구가 왜곡되게 매우 특수한 것만 강조하는 쪽으로 모아져 왔고, 그 인습을 여전히 타파하려는 의식이 부족한 데에서 말미암는다. 설혹 반말투의 종결 어미 '-어'가 있다고 느꼈더라도, 다른 것만을 강조하여 내세우려는 충동에서 무시되었을 가능성도 있다. 이 방언의 연구 흐름에서, 공통어와 비교하여 차이가 있든 없든지 상관없이, 전체 언어 재료를 대상으로 하여 합리적으로 일관된 체계를 세우고 면밀히 이 방언 현상을 설명하고자 하는 노력이 외면당해 왔다. 엄연히 '제주 방언'인 것을, 최근 마치 독립 국가의 언어인 양 '제주어'라는 왜곡된 낱말을 쓰도록 부추기는 이들이 있는데, 아마 이런 왜곡된 시각을 계속 부추기려고 한다는 의구심을 지울 수 없다.

여기서는 형태를 올바로 찾아내어 밝히고, 이를 구분하여 표기하는 분석주의 원칙에 따라, 일관되게 계열체를 이루는 각 형태들을 독립시켜 적어 놓는다. 아직 이 방언의 연구에서 종결 어미들이 서로 융합되어 있다는 자명한 사실조차 제대로 드러난 바 없지만, 몇 예외를 제외하면 언제나 반말투의 종결 어미만이 중첩된 융합 어미들을 만들어 낸다는 분명한 사실은, 뒤에 목록으로 만들어 둔 도표에서 종결 어미의 목록들을 살펴보면 한눈에 선뜻 드러날 것이다. 223쪽 〈도표 4〉, 349쪽 〈도표 11〉, 376쪽 〈도표 12〉, 396쪽 〈도표 16〉을 보기 바란다.

만일 '-안'이 접속 구문의 연결 어미가 전성된 것이 아니라면, 어떻게 하여 '완료'의 시상 의미를 지니게 되고, 형태소의 분석을 어떻게 해야 할 것인가?

'-안'을 분석할 경우에 이 종결 어미가 언제나 '-앗어'(앗+어)로 바뀔 수 있음에 주목해야 한다. 그렇다면 하나의 단일한 형태가 아니라 융합 형식이라고 상정해 볼 수 있다. 그 가능성은 '-아+ㄴ'이다. 앞의 형태는 반말투 종결 어미 '-어'이겠지만, 뒤의 '-은'은 좀더 숙고를 요한다. 왜냐하면 '*-으네'로 이어지지 않으면서도, 또한 반말투 범주로 발화를 매듭지을 수 있는 요소를 찾아내어야 하기 때문이다.

평대 관계의 서술 종결 어미에 대한 〈도표 4〉를 보면 그 가능성은 내포문의 전성 어미들(-깬, 낸, 댄, 젠 등)에서 찾아진다.[74] 주로 인용에 관련된 어미들이며, 화용적 특성 때문에 복원 가능한 핵어 동사가 생략된 채 종결 어미처럼 전성되어 쓰인다. 여기서 찾아지는 요소가 바로 이 'ㄴ'과 관련된다. 이들 인용 어미에서 찾아지는 마지막 요소 'ㄴ'도

---

74) 인용 어미들 중에서 유표적으로 'ㄴ'만 나오는 경우도 있다. 가령 "누게네 물고?"(누구네 말인가?)라는 의문 발화를 인용할 경우에

　　"가이가 누게네 물곤 물어라!"[그 아이가 누구네 말인가고 묻더라]

라고 발화된다. 이런 유표적 경우까지 도출할 수 있는 인용 어미의 기본 표상은 두 가지 가능성이 제시되어 있다. 강정희 교수는 '-인 : -잉'으로 보았고(홍종림 교수도 그러함), 고영진 교수는 단일하게 '-이엔'으로만 보았다(정승철 교수도 그러함). 고영진 교수의 문법성 판단과 저자의 판단이 일치하며, 또한 고영진 교수가 제안한 형태가 공통어의 인용 형태 '-이라고'와 직접 대응을 보인다. 169쪽의 각주 77)도 보기 바람.

결코 연결 어미에서처럼 '*-으네, *-으그네'로 복원될 수 없다는 사실도, 또한 이것들이 같은 자연부류에 속할 수 있음을 보여 준다.

이런 'ㄴ'의 존재는 또한 '-으메'로 끝나는 종결 어미 뒤에도 다시 'ㄴ'이 융합되어 있는 '-으멘'에서도 관찰된다.75) '-으멘'에 대해서는 §.2-7-3과 §.2-7-4에서 논의될 것인데(216쪽 이하), 특이하게 '-으메'가 양태를 표현하는 '-으크-'와는 결합할 수 없지만(*-으크메), 예정된 사건을 가리키는 '-으커'[-을 것]와는 결합하여 '-으커메'라는 융합 종결 어미를 만들어 낼 수 있다. 그런데 'ㄴ'이 맨 뒤에 융합되어 있으면 이런 융합 형식이 저지된다(*-으크멘, *-으커멘).76)

이런 언어적 사실은 'ㄴ'이 어떤 구성을 제약하는 힘이 있거나 또는 이런 양태 형태와 상충되는 의미 자질이 들어 있음을 시사해 준다. 이런 제약이 또한 '-언'에서도 동일하게 관찰된다. 즉, '*-으크언'도 안 되고, '*-으커언'도 불가능한 결합인 것이다(*약 먹으크언, *약 먹으커언). 이런 양태 형태는 모두 짐작이나 예정 사건을 가리킨다. 그렇다면 'ㄴ'이라는 융합 형태가 아마도 이런 것과 어울리지 못하는 '다 끝난 일이

---

75) '-다문'(다+문)에서도 'ㄴ'이 관찰되지만 오직 감탄의 서법에서만 쓰이므로 같은 계열은 아닌 듯하다. 공통어의 '-려무나'에 대응하는 듯하며, 이런 대응이 사실이라면 마지막 음절에서 단절이 일어나 받침 소리로 바뀐 것으로 볼 수 있다.

76) 임홍빈(1998: 603쪽), 『국어 문법의 심층 1』(태학사)에 따르면 공통어에서는 '-어서'에 과거 시제 형태소가 결합하여 '-었어서'가 나올 수 있다. "12a) 철수가 음악회에 갔어서, 나도 갔다."를 예로 들면서 "12a)의 성립은 의심할 수 없을 것이다"라고 강조하였다. 이런 형식은 이 방언에서 완료의 의미 자질을 지닌 '-안/-아네'에 대응할 수 있다. 만일 공통어에서 이 시상 형태가 유무 대립을 보임이 확실하다면, '-∅어서'를 '-앙/-아그네'에 대응시킬 수 있다. 또한 이은경(1996), 「접속문의 독립성과 의존성에 대하여」, 서울대 인문학연구소, 『인문 논총』제36권 1호에 보면, "(58-가) 비가 오겠{-어서/-으니까/-으므로/-기에} 우산을 가져가야겠다."라는 인과 구문을 예로 제시해 놓고 있다. 만일 공통어의 이런 '-겠어서' 구성을 이 방언의 모습으로 바꾸면, '*-으커-'[-을 거]와도 결합하지 않는다(*-으컨, *-으컹). 그 까닭이 이 방언에서 아직 연결 어미 '-안, -앙'이 인과 구문을 이끌지 못하기 때문에 불가능한 것인지, 아니면 또 다른 원인이 있는지 잘 알 수 없다. 그렇지만 이런 관찰과는 달리, 남기심·고영근(1985; 2011 제3판: 406쪽), 『표준 국어 문법론』(탑출판사)에서는 '-어서'에 시상 형태소 '-었-, -겠-, -더-'가 붙지 않는다고 명백히 서술하고 있다(저자도 이런 지적이 옳을 듯한데, 아마 보수적인 판단일 수 있다). 동일한 연결 어미를 다루면서도 서로 제약 내용이 다르게 서술해 놓고 있는데, 아마 일부 화자들에게서 일어나고 있는 변동을 드러내 주는 현상일 가능성이 있다.

나 사건'을 가리키는 속성을 의미 자질로 지니고 있다고 가정할 수 있을 법하다. 이미 반말투 종결 어미 '-어'가 다른 종결 어미와 융합되어 있는 구성에서, 화용상의 속뜻으로 회상이나 완결의 의미가 나옴을 다루었었다. 그렇다면 '-어+ㄴ'의 융합 구성도 거의 유사한 종류의 해석을 유도하고 있다고 말할 수 있다.

그런데 '-언'이 반말투 종결 어미와 인용 어미에서 찾아지는 'ㄴ'이 융합되어 있는 것이라면,[77] 과연 이 융합 형식에서 본디 인용 어미의 속성을 찾을 수 있을까? 저자는 그러하다고 본다.

질문: "약 먹언?"
답변: "으, 약 먹언!"

에서 모두 핵어로서 'ᄀᆞᆮ다'[말하다]를 상정할 수 있기 때문이다.[78] 각각 질문을 하는 경우에는 'ᄀᆞᆮ고프다'[말하고 싶다]를 상정하고('∅' 시상), 답변을 하는 경우에는 'ᄀᆞᆮ는다, ᄀᆞᆲ앖저'[말하고 있다]를 상정할 수 있다('-는-', '-앖-' 시상). 물론 가상적인 핵어가 언제나 생략되어야 한다는 특이성이 덧붙어야 할 것이다.[79] 이런 특이성은 인용 어미들이 마치 종결

---

77) 인용 어미가 '-인 : -잉'의 시상 대립을 보인다고 보는 쪽도 있고(박용후 1960: 397쪽 이하, 강정희 1988과 홍종림 2001), 그렇지 않고 수의적 변이관계에 지나지 않는다고 보는 쪽도 있다(성낙수 1984: 97쪽, 고영진 1984와 정승철 1997과 저자). 그런데 만일 이들이 시상 대립을 보인다면, 접속 구문을 이끄는 연결 어미들과 같이 '*-이네 : *-이그네'로 확장 내지 복원이 이뤄져야 할 것이다. 그렇지만 이런 형태는 이 방언에서 결코 관찰되지 않는 불가능한 형태이다. 따라서 저자는 오직 하나의 '-엔' 또는 '-이언'만이 있다고 본다. 화자에 따라서 수의적으로 '-엥'이라고 발음될 수도 있을 듯하다. 그렇지만 연결 어미처럼 결코 '*-에그넹에'로 늘어날 순 없다.

78) 만일 핵어 동사를 '알고프다, 듣고프다' 정도로 상정할 경우에는 내포문이 '-인지 아닌지 여부를' 정도로 표상할 수 있다. 그렇지만 여기서는 '-인지'에서 '-ㄴ'을 도출하기가 아주 어렵다. 따라서 화행 동사 '말하다, 말하고 싶다' 정도를 핵어 동사로 상정해 둔다.

79) 이 방언에서 인용과 관련된 내포문 어미들은 두 가지 방식으로 종결 어미처럼 쓰인다. 하나는 핵어 동사가 생략되어 오직 내포문 어미만 실현되어 있는 경우이다(-깬, -낸, -댄, -랜, -젠 등). 다른 하나는 핵어 동사 'ᄒᆞ다'가 지닌 일부 속성이 그대로 내포문 인용 어미에 잔류하여 융합되는 경우이다(-나여, -다여, -라여 등). 후자는 §.2-6-2-가)에서 다뤄지고(208쪽 이하), 전자는 §.2-6-2-나)에서 다뤄질 것이다(209쪽 이하).

어미로 쓰이는 성격을 그대로 물려받은 것으로 설명할 수 있다(해당 시상 요소가 인용 어미에 잔류함).

이미 앞에서 회상하는 표현을 다루면서 반말투 종결 어미 '-어'와 다른 종결 어미들이 융합된 뒤 화용상의 속뜻으로 과거에 일어난 일을 도로 끌어온다는 해석이 가능해짐을 논의하였다. 여기서도 이런 융합 구성이 융합된 뒤쪽 종결 어미 '-ㄴ'이 현재 발화 시점을 지시하고 있으며(생략된 핵어의 시상을 물려받음), 이 근거 위에서 앞쪽 종결 어미 '-어'에 의해서 완료의 의미를 속뜻으로 이끌어낸다고 말할 수 있다. 이런 인용 구문을 그대로 교체하여 쓰이는 것이, 바로 완료의 시상 형태를 지닌 반말투 종결 어미 '-앗어'인 것이다. 다시 말하여

"약 먹언 굳고프다"[약 먹었냐고 말하고 싶다]

가 "약 먹엇어?"로 교체될 수 있는 것이며,

"으, 약 먹언 굳는다/굳앖저"[약 먹었다고 말한다]

가 "약 먹엇어!"와 교체될 수 있는 것이다. 모두 반말투 종결 어미로 쓰이지만, 이들 사이에서 문체적 차이라든지 미세한 내포 의미의 차이는 기본값 구문(엇+어)과 융합된 종결 어미 구문(어+ㄴ)의 차이만큼 상정되어야 할 듯하다. 후자의 '-ㄴ'에는 내포문 핵어의 시상이 잔류되어 현재 발화 시점이 되며, 융합 구성을 통해 완료 해석이 나오는 것이다.

이 융합된 종결 어미 '-안'은 억양에 따라 모든 서법에 두루 다 쓰일 수 있다. 이 연결 어미는 ① 모음 조화에 따라 '-안, -언'이 있고, ② 'ㅎ다' 동사에는 언제나 '-연'(ㅎ연)으로 나오거나 줄어들어 '-핸'으로 쓰이며, ③

'올르다(登), 벌르다(斫), 갈르다(別), 날르다(運搬), 들르다(擧)'

등의 동사에서는 '-란'(올란, 벌런, 갈란, 날란, 들런)으로 나오고, ④ '오다' 동사에서는 '-란'이나 '-안'으로 나와 '오란' 또는 '완'처럼 쓰인다. ⑤ 계사와 '아니다'에서는 '-란'(그거 느 거 아니란, 누게 거란?; 가이 거란![그것이 네 것이 아니고 누구 거였어?; 그애 거였어!])이 쓰인다.

공통어의 번역에서는 일관되게 모두 '-았-'으로 번역되어 있다. 이는 연결 어미 '-안'이 완료의 뜻을 담고 있고, 완료 시상을 지닌 반말투 종결 어미 '-앗어'와 수의적으로 교체될 수 있기 때문이다. 비록 '-안'이 마음대로 '-앗어'로 바뀌어 쓰여 재음절화를 거쳐 발음이 '-아서'로 나오더라도, 공통어에서 관찰되는 연결 어미 '-아서'와는 범주에서 차이가 나며 결코 같은 형태소가 아님을 알 수 있다. '-아서'라는 종결 어미를 내세운 것은 이 방언의 형태를 잘못 파악하여 써 왔던 데에서 말미암을 뿐이다. 이는 완료를 가리키는 시상 형태 '-앗-'이 반말투 종결 어미 '-어'에 이어져 있는 구성

'-앗-+-어'

에 지나지 않는다. 이는 정상적이고 전형적인 반말투 종결 어미 구성체이다. 그렇지만 반말투 종결 어미 '-언'은 반말투 종결 어미 '-어'에 다시 인용에 관련된 요소가 융합됨으로써, 이런 융합 구성이 화용 해석에서 현재 발화 시점 이전의 사건을 끌어들이는 특성에 기반하여, 완료의 해석을 확보하게 되고, 급기야 '-안'과 '-앗어'가 수의적인 교체 형식처럼 쓰이는 것이다. 송상조(2011: 322쪽 이하)에서는 '-안'을 연결 어미로 보고 시상 형태 '-앖-'이 결합되지 않지만, '-앗-'은 결합되는 것으로 보았는데, 우창현(2004)에서 다뤄진 '-아 시-'[-아 있-]의 보조동사 구문과 뒤섞인 채 모호하게 문법성 판정을 내린 듯하다. 이 방언의 시상 형태 구현에서 비대칭성이 이것들을 서로 다른 구성으로 보도록 요구하고 있음을 명증하고 있는 것이다. 따라서 '-안'은 접속 구문을 이끌지도 않고, 시상 형태 '-앗-'과 결합하지도 않으며, 오직 보조동사 구문 '-아

시-'와 결합할 뿐이다. 199쪽 §.2-5-4의 '-은 걸' 구성도 핵어(인지 동사)가 의무적으로 탈락하여 자연부류를 이룬다.

아직 이 방언의 통사 연구에서 이런 분포의 차이와 구성 계열의 특성을 제대로 지적한 적이 없다. 이 방언에서 종결 어미들의 구성 방식과 절차들에 대한 검토가 한 번도 이뤄진 적이 없었기 때문에, 반말투 종결 어미 '-어'가 있는지 여부에 대한 자각도 없었고, 이 어미가 얼마나 많이 중첩된 융합 종결 어미들을 구성해 내는지를 생각해 볼 수조차 없었다. 다만, 우연히 소리의 유사성에 이끌려 그릇되게 적어 놓고, 그 잘못을 아무런 비판 없이 그대로 지금까지 답습해 오는 것이다. 접속 구문과 내포문의 구분도 제대로 하지 못한 채(핵어가 서로 다름), 오직 소리값의 유사성에만 집착하여 동일한 구문으로 착각하는 일이 여전히 반복됨은, 갈 길이 먼 이 방언의 연구에서 비극이다. 이 방언의 연구에서 형태소들을 분석하기 위한 이론적인 관점이나 시각이 얼마나 중요한지를, 반말투 종결 어미 '-안'과 '-앗어'는 명백하게 보여 주고 있다.

제4절 관형형 어미가 관찰되는 종결 어미

관형형 어미는 기본적으로 '-을'과 '-은'이 있는데, '-은'은 다시 '-는'(느+은)과 '-던'(더+은)을 파생시킨다. 이 방언에서 관형형 어미가 관찰되는 형식의 분포를 보면, 첫째, 서로 계열체를 이루는 관형형 어미가 모두 형식 명사와 이어져 하나의 종결 어미와 같은 구실을 하는 경우가 있다. 둘째, 어느 특정한 하나의 관형형 어미만이 형식 명사와 이어지는 구성이 있다. 셋째, 관형형 어미와 특정한 형식 명사의 융합 정도가 아주 진전되어, 마치 분석 불가능한 하나의 형태소인 양 느껴지는 경우가 있다. 넷째, 형식 명사가 뒤따르지 않은 채 관형형 어미가 홀로 다른 종결 어미와 융합되어 있는 경우가 있다.

관형형 어미와 형식 명사가 왜 굳이 발화를 종결시키는 데에 참여하는 것일까? 이런 현상은 아무렇게나 우연히 그렇게 된 것은 아닐 것이다. 저자는 관형형 어미와 형식 명사가 양태를 표현하기에 충분하기 때문에 종결 어미처럼 쓰일 수 있다고 본다. 관형형 어미도 시상 자질을 내재적으로 갖고 있을 뿐만 아니라, 형식 명사도 특정한 자질을 지닌 것들이 선택됨으로써, 양태적 의미를 함께 드러내는 것이다. 이 방언에서 만일 관형형 어미와 종결 어미가 융합된 구성을 자세히 분석해본다면, 관형형 어미에 의해서 어떤 양태들이 도입되고, 다른 어떤 양태가 융합된 종결 어미에 의해서 덧붙는지를 밝힐 단서를 찾을 수 있을 듯하다.

그런데 관형형 어미 '-을'은 상대적으로 '-은'에 비하여 분석해 내기가 쉽지만, '-은'의 경우에는 융합의 진전 정도가 심하다. 가령, '-네/-니에'와 같은 복합 형태소에서 '-은'을 찾아내기란 참으로 어렵다. 이 이례적인 복합 형태에서 저자는 '-은 이'를 상정하고서, 이 융합 종결 어미가 지닌 의미 자질을 연역하는 시도를 할 것이다.

그런데 이 방언에서 특이한 현상이 있다. 관형형 어미와 형식 명사만 갖고서도 종결 어미가 덧붙지 않은 채로 완벽히 독립된 발화에서 쓰인다. 이를 종결 어미의 단절(truncation) 현상이라고 기술할 수 있다. 이런 현상은 관형형 어미와 형식 명사의 구성에서만 관찰되는 것이 아니다. 명사 그 자체로 종결 어미가 수반되지 않은 채 발화가 끝나는 현상도 쉽게 마주할 수 있는데, 다음과 같다,

"그거 철수 거"[그게 철수 것이다]

여기서 두 개의 명사구가 나란히 병치됨으로써,[80] 누구나 쉽게 계사

---

80) 이현희(1991), 「중세 국어 명사문의 성격」, 『국어학의 새로운 인식과 전개』(민음사)에서는 '아못거시 아못것'과 같은 구문으로 나타내어 '명사문'으로 불렀는데, 명사문이 중세 국어에서는 문장과 같은 효력을 지녔다고 서술하였다. 그곳의 중세국어의 자료들을 보면 이 방언보다 더욱 빈번하게 명사문들이 쓰였음을 알 수 있다. 여기서는 이 방언의 공시적 자료만을 다루고 있고, 그 자료의 해석도 모어 방언 화자로서 저자가 지닌 직관에

구문을 형성하리라는 것을 예측할 수 있다. 이런 특성 때문에 이런 발화가 가능하다고 해석된다. 이 방언에서도 계사가 고유한 종결 어미로도 활용하고('이어') 반말투의 종결 어미로도 활용한다('이라'). 그럼에도 불구하고 이런 활용 요소가 단절되어, 표면에 나타나지 않는 것이다. 이는 아무렇게나 단절되는 것이 아닐 듯하다. 저자는 이런 단절 현상이 언제나 청자 화자가 같이 얼굴을 마주보고 있는 현장에서 일어나며, 이를 '현장 중심 발화'라고 추론할 수 있다.

이 절에서는 논의의 순서를 관형형 어미 '-을'과 '-은'을 차례로 다루되, 종결 어미가 융합된 경우와 형식 명사 구성을 이루는 경우를 논의하고 나서, 관형형 어미와 형식 명사 구성이 종결 어미를 수반하지 않은 채 나오는 구성을 다루기로 한다.

§.2-4-1 '-을'이 깃든 종결 어미: '-을노라'[81] {동사 어간에 시상 형태소가 없이 붙거나, 시상 형태소를 갖고 '-앖일노라, -앗일노라'로 나옴} ⇨ §.4-1-2의 '-노라!, -노나!'를 같이 보기 바람(354쪽 이하).

동사: 그 일은 내 <u>홀노라</u>[그 일은 내가 할 <u>것이노라</u>]
　　　나 그레 <u>갈노라</u>[나 그레 갈 <u>것이노라</u>]
　　　나 그 물건 다 <u>살노라</u>[나 그 물건 다 살 <u>것이노라</u>]
　　　나 믄예 일어상 그디 <u>값일노라</u>[나 먼저 일어나서 거기 가고 있을 <u>것이</u>

***

만 의존하고 있음을 밝혀 둔다.

81) 이 종결 어미가 '-노라'처럼 감탄 서법에서 다뤄지는 것이 일관될 수도 있겠으나, 다음에 다룰 '-을로고'와 함께 서술 서법에서 다뤄 두기로 한다. 이들 어미가 지닌 서술 통보의 기능을 고려하기 때문이다. '-을노라'가 '??-을노다'로 발음될 수 있는지는 잘 알 수 없다. 다음 항에서 다룰 '-을로라, -을로다'의 간섭 때문에 가능할 것처럼 여겨질 수도 있겠지만, 공통어에서 '나 이제 가노라!'는 가능한 형식이되, 이 형식이 '*나 이제 가노다!'라고 발화되지는 않는다는 사실에 주목하고자 한다. 이런 점을 고려하여 일단 '-을노라'로만 적어 둔다. §.4-1-2의 감탄·서술 겸용 서법에서는 '-노라'라는 종결 어미가 수의적으로 '-노나'로 발음되고, '*-노다'로 발음되지 않는 점 또한 '??-을노다'를 지지할 수 없게 한다. 만일 감탄 서법의 종결 어미 '-노라'와 '-노나'가 수의적 변이체라면, 이런 언어 사실에 근거하여 아마도 '⁺-을노나'라는 형태를 재구성해 볼 수도 있을 듯하다.

<u>노라]</u>

<u>나</u>부터 먹엇일노라[나부터 먹은 상태로 있을 <u>것이노라]</u>

<u>나</u> ᄆᆞᆫ예 차에 올랏일노라[나 먼저 차에 올라 있는 상태로 있을 <u>것이노라]</u>

우리말에서 관형형 어미 '-은, -을'은 전형적으로 형식 명사(의존 명사로도 부름)와 연결된다. 여기서는 형식 명사가 없이 관형형 어미가 관찰되는 비전형적인 경우를 따로 내세워, 관형형 어미가 관찰되는 종결 어미로 부르기로 하겠다. 공통어에서는 의문 서법의 종결 어미 '-은가?, -을까?'에서 유사한 구성을 찾을 수 있다.

이 방언에서 관찰되는 감탄 서법의 종결 어미 '-노라'는 몇 가지 특성을 지닌다(§.4-1-2를 보기 바람: 354쪽 이하). 첫째, 화자 자신이 주어기 되는데, 공통어에서도 "나 이제 가<u>노라</u>, 그만 먹겠<u>노라</u>"에서 확인할 수 있다. 둘째, 계사에 결합되지만, 형용사에 결합되지 않는다. 셋째, 동사의 선어말 어미 '-앖-, -앗-'과 결합하지만(-앖노라, -앗노라), 양태 형태소들처럼 '이'를 매개로 한 '-앖이-, -앗이-'와는 결합되지 않는다(*-앖이노라, *-앗이노라).

그런데 관형형 어미 '-을'을 선행시킨 '-을노라'에서는 이러한 제약이 준수되기도 하고, 그렇지 않기도 한다. 첫째, 화자 자신만이 주어로 나와야 한다. 둘째, 형용사에 결합되지 않는다. 계사 구문에서는 만일 "가이가 성일노라"[그 애가 형일 것이노라]가 성립된다면, 화자 주어 제약이 무위로 된다. 의고적인 말투이기 때문에 저자로서는 확정적인 문법성 판정에 자신이 없다. 그 가능성만 일단 열어 두기로 하겠는데, 다음 항의 '-을로라'에서는 화자 주어 제약이 없다. 셋째, 시상 형태와 결합하는 모습은 차이가 난다. 만일 '-을노라'에 '-앖-, -앗-'이 선행하면 그 발음이 '*-암슬노라, *-아슬노라'가 되겠는데, 이런 결합은 관찰되지 않는다. '-을노라'에는 오직 '-앖이-, -앗이-'와만 결합될 뿐이고, 재음절화를 거쳐 나온 음성 표면형이 '-암실노라, -아실노라'로 발음된다. 이런 특징은 §.2-4-2 '-을로고나, -을로고, -을로다, -을로라'에서도 마찬가지이다. 왜 관형형 어미 '-을'이 '이'가 더 들어가 있는 시상 형태 '-앖이-, -앗이-'를 요구하는지에 대한 논의는 §.2-4-2에서 같이 다루기로 한다.

관형형 어미 '-을' 뒤에 나오는 '-노라'가 더 이상 분석될 수 없는 단일 형태인지, 아니면 응당 더 분석되어야 할 복합 형태인지에 대해서도 논의되어야 할 것이다. 저자는 이것을 복합 형태로 파악한다. 이런 논의는 좀더 뒤에서 유사한 다른 형태소들과 함께 하나의 계열체로서 다루어 나가기로 한다. 우선 종결 어미 '-을노라'가 공통어로 모두 '것이노라'라고 번역해 둔 점에 유의해 두기 바란다. 이런 특징은 다음에 살필 종결 어미들에서도 동일하게 관찰된다.

§.2-4-2 관형형 어미 '-을'이 깃든 종결 어미: '-을로고나, -을로고, -을로다, -을로라' {계사 어간에 시상 없이 '-일로다/-일로라'로 쓰이고, 시상 형태소와 결합하여 '-앖일로고나, -앖일로다/-앖일로라, -앗일로고나, -앗일로다/-앗일로라'처럼 쓰이며, 강세 보조사 '사'[야] 뒤에 이어져 내포 구문의 생략 형식으로 '-어살로고나, -어살로다/-어살로라'도 쓰임} ⇨ §.4-2-2 의 '-고나!, -로고나!'를 같이 보기 바람(368쪽 이하).

계사: 곧사 도망간 거 틀림읏이 가일로다/가일로라[방금 도망친 게 틀림없이 그 아이일 것이로다]

형용사: 고장 피민 춤 고울로고나/고울로고[꽃 피면 참 고울 것이로구나] 그영 말 안들어네 막 미울로다/미울로라[그렇게 말을 안 들어서 아주 미울 것이로다]

동사: 이 망치 못 씰로다/못 쓸로라[이 망치 못 쓸 것이로다] 나 그만 쉴로고/쉴로고나[나 그만 쉴 것이로다/쉬겠다] 느 푹 쉬어살로고나/쉬어살로고[너 푹 쉬어야 할 것이로다/쉬어야겠 구나] 난 그만 일어상 집이 갈로고/갈로고나[나는 그만 일어서서 집에 갈 것이로다]

는 그만 집이 가살로고/가살로고나[너는 그만 집에 가야 할 것이로다]

그 사름 머리 다쳐네 많이 아팠일로고/아팠일로고나[그 사람 머리 다쳐서 많이 아픈 상태로 있을 것이로다, *아프고 있을 것이로다; '-앖이-'가 현재 진행형 '-고 있-'으로 번역될 수 없는 특이한 경우로, 이 방언에서는 접미사가 없이도 또는 zero 파생으로서 형용사가 동사로도 쓰임]

가이 볼써 떠낫일로다/떠낫일로고나[그 아이 벌써 떠나 버린 상태일 것이로다, 떠나 버렸을 것이로다]

가이 그만 떠나살로고/떠나살로다[그 아이 그만 떠나야 할 것이로다]

'-을로고나'[-을로구나]와 '-을로고'[-을로군] 사이에서 마지막 한 음절이 줄어든 차이를 볼 수 있다. '-고나'[-구나]는 뒤의 음절이 단절되어 '-고'로만 쓰일 수 있다.[82] 이 점은 짝이 되는 공통어에서는 받침소리로 잔류되어 '-군'으로 발음되는 것과 대조가 된다. 원래 형식 및 단절된 형식은 여전히 서로 통용될 수 있다. 만일 차이를 드러낸다면, 원래 형태가 감탄 서법의 인상을 주지만, 반면에 줄어든 것은 서술 서법의 인상이 더욱 강하다. 또한 원래 형식은 다시 '-을로고낭아'(-을로고나+ㅇ아)처럼 더 늘어날 수도 있다. 이는 오직 감탄 서법에만 쓰인다.

'-을로고나'와 '-을로다'는 공통된 요소 '을로'를 제외한다면 계열체로서 '-고나'와 '-다'를 분리할 수 있다. 여기서 남아 있는 공통 요소 '을로' 중에서 '을'은 관형형 어미 '-을'로 판단된다. 그러나 '로'가 단일한 형태인지 아니면 복합 형태인지는 잘 알 수 없다.

여기서 관형형 어미 '-을'을 상정해야 하는 이유가 있다. '-을'이 지닌 기능이나 의미 자질 [미완료]를 물려받았기 때문에 '-을로고나, -을로

---

82) 여기서 관찰되는 '-고-'는 종결 서법의 '흐엾수괴, 흐엾수궤'[하고 있어요]나 의문 서법의 '흐엾수과?, 흐엾숫과?'[하고 있어요?]나 감탄 서법 §.4-1-1의 '-고라!, -과라!'에서 관찰되는 '-고-/-구-'와 동일한 양태 범주일 것으로 보인다(352쪽 이하). 공통어에서는 감탄 서법의 어미 '-구나'에서 대응 형태를 찾을 수 있다.

다'의 의미 자질은

"해당 사건이 아직 일어나지 않았거나, 아직 확인되지 않은 일이나 또는 겪
지 않은 일"

따위와 관련된다. 저자의 직관에 만일 '-을로고나'가 감탄 서법의 느낌
을 준다면, '-을로다'가 단정이나 통보의 느낌이 더 깃들 수 있다. 이런
점을 고려하여 이를 감탄 서법에서 다루지 않고, 이곳 서술 서법의 종
결 어미에서 다루고 있는 것이다. 이런 느낌은 마지막에 있는 '-고나'와
'-다'의 대립에서 비롯되어 나올 듯하다.

'-을로다'의 마지막 음절은 자음 동화를 거쳐 '-을로라'로 발음될 수
도 있다. 이 경우에 '화자 주어 제약'이 준수되는지 여부에 따라서, 앞에
서 다룬 '-을노라'와는 서로 분명히 구별된다. 즉, '-을로라'에는 화자
주어 제약이 없다. 따라서 분명히 '노'와 '로'가 구별되어야 함을 알 수
있다. 그런데 동일하게 관형형 어미 '-을'에 이어진 '노'('-을노라)에는 현
재 추체험 가능 양태인 '느'와 관련된 기능을 상정해 줄 수 있다. 그렇지
만 '로'('-을로다)에서는 그런 기능을 찾을 수 없으며, 저자로서는 아직
무슨 기능일지 잘 알 수 없다.

특이하게 '-어살로고나, -어살로다'의 복합 형태가 관찰될 수 있다.
이는 두 가지 기술 방식이 있다. '-어사 ᄒ다'[-어야 하다]에서 내포문을
허용하는 핵어의 어간 'ᄒ-'가 탈락되거나 줄어들었다고 볼 수도 있다.
이와는 달리 '하다'라는 핵어 동사가 없이 그대로 '-어사'에 '-을로고나,
-을로다'가 융합되어 나온 것으로도 기술할 수 있다. 이 방언에서 '-어
사'[-어야]를 인허하는 동사는 비단 'ᄒ다'만이 아니다. '되다, 좋다' 따
위 평가와 관련된 동사도 '-어사'[-어야] 내포문을 요구한다.

"밥을 세 끼 다 먹어<u>사</u> <u>ᄒ다</u>/<u>된다</u>/<u>좋다</u>"[밥을 세 끼니 다 먹어야 한다/된다/
좋다].

만일 '-어사'[-어야]가 이끄는(지배하는) 구문이 내포문이 틀림없다면, 이 내포문을 허용하는 핵어(head)가 반드시 상정되어야 한다. 그 핵어는 인지 또는 평가에 관련된 부류로서 '당위나 허용'의 의미를 지니고 있어야 한다. 이런 점 때문에 '-어사'[-어야]에 직접 종결 어미가 융합되었다고 주장할 경우에는 핵어가 없는 문장이 나온다. 이는 모순이다. 따라서 핵어의 어간 'ㅎ-'가 줄어든 내포 구문으로 기술하는 첫 번째 방식이 문법 속성을 일관되게 준수하게 된다.

본 항에서 다룬 종결 어미들이 공통어로 모두 '것이로구나, 것이로다' 정도로 번역해 놓았음에 주목하기 바란다. 앞 항에서도 그렇게 번역하였다. 만일 이런 번역 방식이 누구에게나 동일하다면, 비록 관형형 어미 '-을'만 나와 있다고 하더라도, 항상 이음말(연어) 형식으로 기본값 형식 명사가 주어져 있고, 그 형식 명사에 계사가 딸려 있다고 상정해 볼 수 있다. 이런 가정에서는 두 형태소가 융합된 '거이'(것+이)가 의무적 탈락 내지 삭제가 이뤄져야 한다고 기술해야 한다. 이 삭제를 유도하는 조건으로서, 여기에서 다룬 종결 어미를 다른 종결 어미들과 차별 짓는 속성을 찾아낸 다음에, 그 자질을 해당 조건으로 내세울 수 있을 것이다. 저자는 동사 의미 자질로서 '판단'이나 '평가'와 관련된 것을 내세울 수 있을 것으로 본다.

이제 이 종결 어미에 붙는 시상 형태에 대하여 다루기로 한다. 이 종결 어미 '-을로고나, -을로다'는 계사와 형용사에도 붙을 수 있다. 동사에서는 시상 형태가 없이 어간에 붙을 수도 있고, '이'에 의해 매개된 시상 형태소 '-앖이-, -앗이-'와도 결합할 수 있다. 이는 앞에서 살펴본 '-을노라'에서도 그러하였다. 이런 사실을 고려한다면, 아마 관형형 어미 '-을'과 '-은'이83) 직접 시상 형태 '-앖-, -앗-'에 붙기보다는, 이 방언

---

83) 193쪽 이하의 §.2-5-3에서는 관형형 어미 '-은'이 다뤄지는데, 동일하게 '이'를 매개로 한 시상 선어말 어미 '-앖이-, -앗이-'와만 결합한다(-앖인게, -앗인게). 관형형 어미 '-을, -은'이 모두 똑같이 행동하는 것이다. 따라서 따로 관형형 어미 형태소를 하나하나 표시하지 않은 채, 관형형 어미라고만 통칭하기로 한다.

에서는 언제나 '이'를 매개로 한 '-앖이-, -앗이-'에 붙도록 제약하는 것으로 보인다.[84] 이를 관형형 어미의 '양태 범주 실현 제약'으로 부를 법하다.

종결 어미들에서 첫소리가 'ㄴ'으로 시작되는 것들 중 시상 형태소 '-앖-, -앗-'과 결합하는 부류로 '-네'(-앖네, -앗네)와 '-노라'(-앖노라, -앗노라)가 있다. 그렇지만 비슷하게 첫소리가 'ㄴ'으로 시작하지만 시상 형태가 언제나 '이'를 매개로 하는 '-앖이-, -앗이-'와 결합하는 종결 어미도 있다. '-네/-니에'(-앖이네, -앗이네)가 그러하다. 이런 특징은 '-네' 와 '-네/-니에'의 결합 구조가 서로 다를 것임을 시사해 준다.

---

84) 여기에서도 단서가 붙어야 한다. 왜냐하면 공통어에서는 관형형 어미가 시제 형태소에 직접 결합하기 때문이다("먹었을 거다"). 그런데 특이한 점은 이 방언의 시상 형태소가 결합하면 '*머거슬 꺼다'로 발음되지 않고, 반드시 '머거실 꺼다'로 발음된다. 이를 형태를 고려하여 표기한다면 '먹엇일 거다'로 된다. 시상 형태소가 변이형태로 두 개 있는 것이 아니라, 오직 하나의 형태소로 귀착된다면, 이 방언에서는 반드시 이 '이'라는 매개체를 규명해 주어야 한다. 다른 글에서 저자는 이를 신비의 '이' 또는 미지의 '이'로 부르기도 하였다. 이런 작업은 먼저 기술 차원에서 '이'의 존재가 분명히 포착되어야 하고, 다음에 이런 존재를 어떻게 설명해 주어야 하는지를 다뤄야 한다.

혹시 '으'가 음운상 '이'로 바뀐다(전설모음화)고 볼 수 있겠지만, 이는 설득력이 없다. 첫째, 동화 주체를 찾을 수 없다. 둘째, 관형형 어미는 모두 약한 모음 '으'로 시작된다. 왜 꼭 같은 부류의 모음을 벗어나서 '이'로 바뀌어야 하는지(그렇다면 이를 이화 현상이라고 봐야 함) 해명하기 어렵기 때문이다.

만일 음운론적 해결이 불가능하다면, 다음 순서로 문법적 설명을 추구해 보아야 할 것이다. 저자는 §.3-4-2의 논의에서 "무사 불르는고? : 무사 불럾인고?"가 수의적으로 교체될 수 있다고 전제하여, '느 늑 앖이'와 같은 등식을 상정한다(특히 281쪽 이하). 이런 동치 내지 등가성을 합리적으로 설명할 수 있는 방법은, '-느-'가 시상 범주 및 양태 범주를 동시에 구현하고 있으므로, 이와 동치 내지 등가의 관계를 유지한다면 '-앖-'이 시상 형태이므로 '이'는 양태를 나타내기 위한 형태일 수밖에 없다고 볼 것이다. 시상 형태가 어떤 사건이 현재 진행되고 있음을 지정해 주거나 이미 완료된 사건을 지정해 주려면 그 후보가 계사 어간일 수밖에 없다고 결론을 내릴 것이다.

그렇지만 계사 '이다'와 관련하여 이 방언의 복합 어미 구성체들은 매우 다양한 모습과 분포를 보인다. 따라서 문법 구성체의 설명에서 너무 계사의 존재를 자의적으로 끌어들인다는 비판도 제기될 소지가 있으므로, 계사 구문을 도입할 경우에는 응당 적절한 제약 조건이 함께 제시되어야 옳을 것이다. 자의적으로 저자가 시상 형태에 수반되는 '이'의 존재를 설명하기 위하여, '시상' 형태 뒤에 반드시 '양태' 형태가 나와야 한다고 집착하고 있는지도 모르겠다. 현재 저자는 공통어의 관형형 어미 구성이 직접 시제 형태소에 붙기 때문에("먹었을 거다"처럼 엄연한 언어 사실임), 이 방언에서 관형형 어미 '-은, -을'이 계사 어간의 형식만 이용한다는 주장도 취약하다는 점을 인정한다("먹었던 거, 먹었는 바, 다 먹겠던 상황"에서는 다시 양태 형태 뒤에 '-은'이 실현됨). 잠정적으로 저자는 '시상+양태' 구성이 이 방언을 특성 짓는 '매개인자'(parameter)로 자리매김해 둘 뿐이다.

시상 형태가 반드시 '이'를 매개로 하여 나오는 것은 앞 항에서 다룬 관형형 어미 '-을'로 시작되는 '-을노라'(-앖일노라, -앗일노라) 이외에도, 여기서 다룬 종결 어미들도 그러하다(-앖일로고나, -앖일로다, -앗일로고나, -앗일로다). 또한 양태 형태소가 실현된 종결 어미 '-으키어'[-으겠다]처럼 반드시 '이'를 매개로 한 시상 형태 '-앖이-, -앗이-'와 결합하여 '-앖이키어, -앗이키어'로 나온다. 만일 '-앖-, -앗-'과 결합되었더라면, '*-앖으키어, *-앗으키어'가 되고 재음절화를 거쳐 발음이 '*-암스키어, *-아스키어'처럼 나왔을 터인데, 이런 결합은 결코 이 방언에서 관찰되지 않는다.

이런 분포 및 결합 특징들은 이 방언에서 시상 형태가 하나의 계열인 '-앖-, -앗-'만 있는 것이 아니라, 왜 굳이 또 다른 계열 '-앖이-, -앗이-'가 있는 것인지에 대한 의문을 제기하게 만든다(§.3-4-2에서 '이'가 양태 범주로 재론되며, 283쪽 이하를 살펴보기 바람).85) 단, 저자의 주장을 수용

---

85) 이 방언의 표기법을 해설하는 자리에서 저자는 '어간과 어미' 부분을 맡았다. 그곳에서는 종전에 알려졌던 시상 형태 '-암시-, -아시-'를 포함하여, 이런 형식이 없이 오직 '-앖-, -앗-'으로만 실현되는 환경도 함께 언급하였다. 그런데 이들을 마치 변이형태의 관계처럼 서술해 놓았는데, 기본 형태가 '-앖-, -앗'로 보았다. 그리고 '-앖이-, -앗이-'(각각 재음절화를 거쳐 '-암시-, -아시-'로 발음됨)가 실현되는 환경을 다음의 네 가지로 밝혀 두었다. 이들 어미 앞에서는 언제나 '-앖이-, -앗이-'가 나오는 것이다('-앖-'의 결합 사례로 예시함).

① 관형형 어미 '-은, -을'을 매개로 하여 융합된 형식(-앖인 생어어, -앖일 거여)
② 연결 어미 '-거든, -으민, -으난, -은디, -곡'(-앖이거든, -앖이민, -앖이난, -앖인디, -앖이곡)
③ 서술 종결 어미 '-저², -네, -으메'(-앖이저[-앖이젠 ㅎ엿어], -앖이네, -앖이메)
④ 의문 종결 어미 '-아?, -이?'(-앖이아?, 이것이 단절 또는 축약되어 -앖이?)

그렇지만 저자가 홀로 완전히 책임을 질 수 있는 글 "제주 방언 연구의 현황과 과제"에서부터는 기본 형태로 '-앖-, -앗-'만을 상정하고, '-앖이-, -앗이-'를 시상 형태가 다른 요소와 복합된 것(앖+이, 앗+이)으로 간주하고 논의를 진행하였다.

이제 이 책에서는 '이'를 주제화 구문을 투영하는 계사의 어간일 수밖에 없고, 그 기능은 해당 시상 형태가 붙은 사건에 대한 양태 서술과 관련됨을 논의할 것이다. 그리고 '앖+이, 앗+이' 뒤에 이어지는 관형형 어미 형태들은 당연히 청자가 추체험할 수 있는지 여부를 가리켜 주는 청자 경험 양태 범주로 지정될 것이다. 이는 시상 형태 뒤에 다시 양태 형태가 이어져 있는 자연스런 구성을 반영해 주는 일에 지나지 않는 것이다. 이는 다시 §.3-4-2에서 "무사 불르는고? : 무사 불럾인고?"가 수의적으로 교체될 수 있다는 전제 위에서 형태소들의 동치 내지 등가성을 다루게 될 것이다. 즉, '-느-'와 '-없이-'가 동치 내지 등가의 관계인 것이다. '-느-'는 시상 범주와 양태 범주를 동시에 구현하고 있다. 그렇지만 수의적 교체형에서는 이를 따로 구현하여 각각 시상 형태로 '-앖'을 양태

한다면, '-았이-, -앗이-'는 시상 형태와 다른 요소가 융합되어 있는 복합 형태이므로, 이 방언에서는 시상 형태가 하나의 계열 '-았, -앗'만이 있을 뿐이다. 시상 형태 뒤의 '이'는 양태 범주의 형태소로 간주되기 때문이다. 이런 사실을 어떻게 알 수 있을까?

저자는 관형형 어미 '-을'이 이끄는 종결 어미의 형상에 주목한다. 관형형 어미 '-을'은 시상의 자질 및 이를 명사구에 이어 주는 연결 기능을 지니고 있다. 시상 선어말 어미 '-았, -앗'도 용언의 어간에 결합하고, 관형형 어미 '-을'도 또한 용언의 어간에 결합하는 것이다. 그런데 문제는 관형형 어미의 경우이다. 시상 선어말 어미는 동사의 어간에 결합하므로 문제될 게 아무런 것도 없다. 그렇지만 '-을노라'와 '-을로고나, -을로고, -을로다, -을로라'에서 맨 처음 관찰되는 요소가 명백히 관형형 어미 '-을'이 맞다면, 이것 또한 용언의 어간에 결합되어야 할 것이다. 그렇지만 이들이 동사 어간 이외(먹을노라, 먹을로고나 따위)에, 시상 선어말어미 '-았, -앗' 뒤에 나올 경우에는 문제가 된다. 시상 선어말 어미가 동사 어간이 될 수 없기 때문이다(어미는 그대로 어미일 뿐이며, 결코 어간이 될 수 없음). 그렇다면 어간을 세울 길을 어떻게든지 모색해야 한다. 공통어에서는 '-겠을, -았을'처럼 시상과 양태 범주가 그대로 결합하지만, 두 범주가 이 방언에서는 '이'를 매개로 하여 실현된다. 그렇다면 '이'가 반드시 요구되는 환경을 모색해야 하겠는데, 바로 여기서 계사 어간 '이-'가 등장하는 것이다.

관형형 어미 '-을'과 융합된 종결 어미들이, 용언의 어간에 결합하여야 하는 일반적인 제약을 준수하는 길은, 모든 의미 자질을 버린 채 오직 어간 형식만을 제공해 줄 수 있는 임의의 용언을 찾아, 그 용언의 어간에 결합하는 것이다. 여기서 계사 '이다'와 대동사 'ᄒᆞ다' 따위가

형태로 '이'를 나눠 놓고 있다. 여기서 양태 기능을 맡는 형태는 주제화 구문을 투영하는 계사 어간 '이-'로 간주되고, 선행한 시상 형태가 가리키는 사건을 초점 맞춰 주목하도록 함으로써, 의사소통 참여자(화자, 청자)가 추체험하여 확인할 수 있는지 여부를 부각시키기 위한 구성으로 볼 것이다.

후보가 된다. 그런데 대동사 'ᄒ다'는 반드시 선행 용언이 있어야 그 용언을 대신할 수 있겠는데, 이 종결 어미들이 투영하는 구문에서는 근본적으로 그런 선행 용언이 존재할 수 없다. 그렇다면 계사만이 후보로 압축된다. 계사 구문은 주제화 또는 초점화 기능을 수행할 적에 오직 하나의 명사구만 요구하는 일이 있다. 그렇지만 관형형 어미 '-을'과 융합된 종결 어미들에서는 주제화나 초점화 기능이 적용될 수 없다. 오직 시상 선어말 어미 '-앖-, -앗-'을 관형형 어미 '-을'에 이어주는 잇기 기능만이 요구되는 것이다. 이것이 형태상 어간 형식만 살아남고(오직 하나의 명사 상당어인 주제화 구문을 투영하는 형식만 필요함), 나머지는 무관하여 제거되어 버리는 것으로 판단된다(두 개의 명사구를 투영하는 능력은 제거됨). 매우 유표적이지만, 관형형 어미와 함께 관찰되는 이 방언의 시상 선어말 어미 형태소는, 관형형 어미가 어간에 결합되어야 하는 조건을 충족시켜 주기 위하여, 계사 어간 '이-'(주제화 구문의 투영과 동일한 구성임)를 빌려 '-앖이-, -앗이-'로 나온다고 진술할 수 있다.

그렇지만 왜 관형형 어미가 다시 시상 선어말 어미 뒤에 나와야 하는 것일까? 이 질문에 대한 저자의 대답은 한결같다. 앞 쪽의 시상 형태는 사건의 전개 모습이나 완결된 전체 사건을 가리킬 수 있다. 그렇지만 뒤 쪽에 나오는 관형형 어미는 청자가 해당 사건을 다시 경험할 수 있는지 여부(추체험 가능 여부)를 가리킬 수 있다. 청자 경험/추체험 양태와 관련된 것이다. 앞의 시상 선어말 어미가 〈화자, 사건〉에 관한 시간 표현이라면(화자가 관찰한 사건의 전개 모습), 뒤의 관형형 어미는 〈청자, 사건〉에 관한 표현인 것이다(청자가 직접 관찰하여 참 거짓 여부를 확인함). 이 방언에서는 시상 범주와 양태 범주가 가지런히 질서를 지키면서, 양태 범주는 두 가지 방법을 이용하여 청자가 추체험할 수 있는지 여부를 구별하여 표현해 주고 있는 것이다(§.3-4-2 논의 참고: 275쪽 이하). 하나는 두 개의 종결 어미들을 반복하여 융합시켜 놓음으로써(융합의 씨앗으로는 특히 반말투 종결 어미 '-어'를 기본적으로 이용함) 청자가 더 이상 추체험할 수 없는 사건임을 가리키게 된다. 다른 하나는 하나의 명사 상당어만 요구하는 주제화 구문(초점 구문)을 계사 '이다'가 투영할 수 있는데, 이런 특성을 이용하여 발화 시점에서 청자가 관련 사건을 추체험하여 확인할 수 있다는 양태 의미가 깃들도록 하는 것이다.

그렇다면 만일 '-았이-, -앗이-'가 실현되어야 하는 종결 어미들을 일반화하여, 이 복합 형태 뒤에 반드시 양태 범주의 형태가 뒤따라야 함을 확정할 수 있다면, 계사의 음성 실현 형식 '이'를 명확히 정의할 수 있다. 즉, 양태를 나타내기 위하여 주제화 구성을 투영하는 계사의 특수한 용법이라고 말할 수 있는 것이다. 이런 계사는 주제화 구문을 확인할 수 있는 또 다른 대안 형태가 따로 없는 한, 어간 생략이 일어날 수 없다고 가정할 수 있다. 과연 그러한지에 대해서는 다른 종결 어미들을 함께 다 모아 놓은 뒤에라야 청자가 경험하는 양태 범주의 실효성 여부를 판단할 수 있다. 181쪽의 각주 85)에서 네 가지로 유형을 세워 놓은 종결 어미들이, 반말투 종결 어미 '-어'와 의문 서법의 '-은가?'의 융합 구성을 다루는 §.3-4-2에서 모두 양태와 직접 또는 간접적으로 관련됨을 논의할 것이다(275쪽 이하). 현재 저자의 능력으로서는 완벽히 깔끔하게 결정적인 논증을 완결할 수 없지만, '이'가 계사 어간이 특수한 용법으로 굳어진 것으로서, 발화 시점에서 청자가 직접 추체험하여 해당 사건을 확인할 수 있는 양태의 속뜻을 담고 있거나, 또는 그런 형태와 결합된다고 잠정적으로 매듭을 지어 두기로 한다.

그런데 '-았이-, -앗이-'는 오직 관형형 어미를 매개로 한 종결 어미에서만 나오는 것이 아니다. 연결 어미와 서술 종결 어미와 의문 종결 어미에서도 관찰되기 때문이다. 가령 '-네'라는 서술 종결 어미는 시상 선어말 어미를 '-았-, -앗-'뿐만 아니라 또한 '-았이-, -앗이-'도 실현시키기 때문에 이런 저자의 가정을 검사해 볼 좋은 사례를 제공해 준다 (§.4-1의 각주 12를 보기 바람: 366쪽).

㉠ "가이 밥 먹없이네"[그 아이 밥 먹(고 있)는 것이네]
㉡ "가이 밥 먹없어네"[그 아이 밥 먹(고 있)던 것이었네]

위의 사례에서 ㉠은 '-없이-'[-고 있는 것]가 실현되어 있고(어간과 선어말 어미의 양성 모음과 음성 모음이 서로 모음조화에 따라 변동함), 현재 화자는 행위 주체가 진행하고 있는 사건을 바라보고 있고, 그 사건을 청자에게 서술해 주고 있다. 그렇지만 ㉡에서는 오직 선어말 어미 '-없-'만이 있고, 이 시상 형태 뒤에 반말투 종결 어미 '-어'가 실현되었다. "가이 밥 먹없어"[그 아이 밥 먹고 있어]가 독자적으로 종결될 수 있는 하나의 독립 발화이다. 이 뒤에 다시 종결 어미 '-네'가 융합되어 있다. 이런 종결 어미들의 융합 구성은 이미 §.2-3-1-가)에서 살펴보았다 (147쪽 이하). 여기에 다시 종결 어미 '-네'가 융합되면서 시상 표현에서 변화가 생겨나는데, 공통어 번역의 회상 선어말 어미 '-더-'에서 보듯이, 더 앞선 사건을 이미 경험하여 언급한다는 함의를 지니게 된다. 반말투 종결 어미 구문에 다시 '-네'라는 종결 어미가 융합되어, 그 속뜻으로서 회상에 대한 함의를 지니는 것이다.

그렇다면 이 사례에서 논의의 초점은 왜 "먹없이네"에서는 시상 선어말 어미로 '-없이-'를 요구하고, "먹없어"에서는 '-없-'을 요구하는지로 모아진다. 이 두 구문 중에서 기본적인 형상은 반말투 종결 어미가 나온 "먹없어"[먹고 있어]이다. 기본 형상(기본값, 무표적 구성)이므로 선어말 어미 뒤에 종결 어미가 결합되어 있고, 아무런 특별함도 없다. 그렇지만 '-네'는 반드시 '-없이-, -앗이-' 뒤에 결합해야 한다. 앞에서 청자 추체험 양태라는 범주가 있어야 함을 언급하였다. 그렇다면 '-네'('-니에'로도 쓸 수 있음)에서도 그런 양태 범주를 확인할 수 있어야 한다. 여기서는 '-네'가 관형형 어미 '-은'과 형식 명사 '이'가 결합하여 자연스럽게 명사 구문의 속성을 띤(이 점이 양태 요소임) 융합된 종결 어미로서, 관형형 어미가 형식 명사를 수반하여 계사가 고유한 종결 어미로 활용하는 모습에 화용 첨사가 붙은 '-은+이+이어이'로[86) 분석될 수

---

86) §.4-1-4에서 논의한 저자의 생각은 다음과 같다. 기본 표상 '-은+이+이어+이'(관형형 어미+형식 명사+계사의 활용+화용 첨사)에서 먼저 계사 어간이 탈락하고 나서(은이 어이), 화용 첨사가 반모음으로 되면서 앞 음절로 편입되면 '은이에'로 된다. 여기서 재음

있음만을 임시 지적하고(공통어 번역에서 형식 명사 '것'에 주목하기 바람), 자세한 논의는 감탄·서술 서법 중 §.4-1-4 '-녜!/-니에!'를 다루는 곳으로 미루기로 한다(360쪽 이하). 만일 '-녜!/-니에!'가 관형형 어미 '-은'을 품고 있다면, 당연히 양태 범주의 일원임을 단정하는 데에 전혀 주저할 필요가 없는 것이다.

제5절 관형형 어미와 형식 명사
'터, 상/모양', '거/것, 이'로 구성된 종결 어미

관형형 어미 '-을, -은'이 결합할 수 있는 형식 명사는, 구체적 내용을 지닌 일반 명사(실사)를 뽑아내어 마치 형식 명사처럼 전용하는 '터'와 '상'(相, 모양)으로부터 시작하여, 전형적인 형식 명사 '거/것'과 '이'에까지 걸쳐 있다. 일반 명사들 중에서 자리를 가리키는 '터' 및 꼴을 나타내는 '상'(모양)이 선택되어 형식 명사로 전용된 다음에, 이것들이 사건이 일정하게 관습화되어 전개되어 나가는 과정(자리, 터)이나 모습(외양, 조짐)을 가리킨다는 사실은, 이런 명사들의 의미가 본디 양태와 관련된 성격을 가리키기에 알맞기 때문에 선택되었을 듯하다. §.3-6에서 논의될 의문 서법의 종결 어미 구성에서는 형식 명사가 오직 '거/것'과 '이'만이 관찰된다(328쪽 이하). 이것과 서로 비교해 보면, 서술 서법에서 쓰이는 형식 명사의 분포가 좀 더 확대되어 있음을 알 수 있다.

§.2-5-1 관형형 어미 '-을'과 형식 명사로 이뤄진 종결 어미: '-을 테쥐, -을 테주'와 '-을 거라, -을커라, -으커라, -으케라'와 감탄 서법의 종결 어미가 더 융합된 '-을 거라고낭아, -으커라고낭아'

절화 과정을 거치면 '으니에'로 발음되고, 이 형식이 언제나 모음 뒤에 붙으므로 약한 모음 '으'가 탈락되어 '니에'로 된다. 마지막으로 다시 축소 과정을 거쳐, 매우 특이하게 1음절 '녜'처럼 되는 것이다.

{어간에도 결합하고, 시상 형태와도 결합함} ⇨ 반말투 종결 어미를 지닌 '-을 거라'는 올림세 억양을 띠면 의문 서법의 종결 어미로도 쓰이는 데, §.3-6-3을 보기 바람(339쪽 이하).

계사: 늦는 건 가일테주/가일테쥐[늦는 건 그 아이일 테지]

　　우리 집이 들린 건 그 사름이랏일테주/사름이랏일테쥐[우리 집에 들렸던 건 그 사람이었을 테지]

　　잰 건 가이커라/가이케라/가일커라/가일 거라[빠른 건 그 아이일 거야/아이겠어]

　　그건 아니커라/아니케라/아닐커라/아닐 거라[그건 아닐 거야/아니겠어]

　　그게 요마기 풀아 분 집이커라/집일커라/집일거라[그게 요전에 팔아 버린 집일 거야/집이겠어]

형용사: 내일도 묽을테주/묽을테쥐[내일도 맑을 테지]

　　그딘 날 우첫일테주/우첫일테쥐[거긴 날 흐렸을 테지]

　　내일도 묽으커라/묽으케라/묽을커라/묽을 거라[내일도 맑을 거야/맑겠어]

　　날 우첫이커라/우첫일커라/우첫일 거라[날 흐렸을 거야/흐렸겠어]

동사: 그디도 밥 먹없일테주/먹없일테쥐[거기도 밥 먹고 있을 테지]

　　밥 다 먹엇일테주/먹엇일테쥐[밥 다 먹었을 테지]

　　그 사름 원튼 않든 이디 오라졋일 테쥐[그 사람 원하든 원치 않든 의도와 무관하게 여기 와졌을 테지]

　　가이 지금 그디 값이커라/값일커라/값일 거라[그 아이 지금 거기 가고 있을 거야/가고 있겠어]

　　그디 다 갓이커라/갓일커라/갓일 거라[거기 다 갔을 거야/갔겠어]

　　그디 값이커라고낭아!/값일커라고낭아!/값일 거라고나![거기 가고 있을 거로구나!]

　　그디 갓이커라고낭아!/갓일커라고낭아!/갓일 거라고나![거기 갔을 거로구나!]

보조동사 '-아 있다' 구문: 날 우쳐 <u>실 거라</u>/우쳐 <u>실커라</u>/우쳐 <u>시커라</u>[날이
흐려 있을 거야/흐린 상태로 있겠어]

가이네 그디 다 가 <u>시커라</u>/가 <u>실커라</u>/가 <u>실 거라</u>[그 아이네들 거기
다 <u>가 있을 거야</u>/가 있겠어]

밥 다 먹어 <u>실테주</u>/먹어 <u>실테줘</u>[밥 다 먹어 있을 테지/먹은 상태로
있을 테지]

그디 가 <u>실 거라고나</u>!/가 <u>실커라고낭아</u>!/가 <u>시커라고낭아</u>![거기 가 <u>있
을 거로구나</u>!/간 상태로 있겠구나!]

여기에 있는 형식 명사 구문은 '-을 터'와 '-을 거'[-을 것]이다. 이들
구문이 모두 만일 화자가 주어가 아닐 경우에는 이 형태소들이 추측하
는 양태와 관련되지만, 만일 화자가 주어이면 화자가 행동으로 옮길
의지를 가리키는 속뜻이 생겨난다. 그렇지만 서로 동일한 의미 기능을
지닌 것은 아니다. '터'가 쓰인 것이 이전에 경험한 근거에 바탕을 두고
서 추측하는 느낌이 강하지만,[87] '거/것'에는 이런 속뜻이 들어 있지
않다. 또한 '거/것'만이 반말투의 종결 어미 '-어'가 더 붙을 수 있는데,
계사의 활용 모습인 '-을 거라/-으커라'로 나온다. '-터'에는 반말투 종
결 어미가 붙지 않고(*-테라), 오직 독자적 종결 어미만 붙는다(테다).
반말투 종결 어미 '-어'는 다시 감탄 서법의 종결 어미 '-고나!, -고낭
아!'[-구나]를 더 허용할 수 있다. '-고나!'[-구나]에 더 감탄의 뜻을 강조
하는 의존 형태 '-응아!'가 덧붙어 '-고낭아!'로 융합되면, 언제나 새롭

---

87) '터'는 일반 명사로 특정한 곳이나 장소를 가리킨다. '곳'은 장소를 가리키는 기본값 명사
로서 아주 일반적인 장소를 모두 다 가리킨다(대상을 가리키는 기본값 명사는 '것'이며,
형태 구성에서 서로 짝이 됨). 그렇지만 '터'는 기본값에서 의미 자질이 더 추가되어야
한다. 즉, '집터, 장터, 빨래터, 샘터'에서와 같이 명확히 한계(경계점)가 주어져 있는 것이
다. '터'는 또한 이음말로서 자리와 함께 쓰이어 '터자리' 또는 더 줄어든 '터전'으로 쓰이
기도 한다. '집터'가 북한 방언에서는 '집자리'라는 말로도 쓰인다고 올라 있다. 저자는
경계가 확실히 그어질 수 있는 측면이, 형식 명사 구문에 적용되면, 절차상 예정된 다음
단계의 일을 가리킬 수 있다고 본다. 이를 화자가 이전에 경험한 일들에 바탕을 두고서
다음 단계의 일이 진행된다는 함의를 지니는 것으로 적어 두었다. 간단히 표현하면 '관습
화된 일의 절차에서 다음 단계'를 가리킬 수 있는 것이다.

게 깨닫거나 새로운 느낌을 지닌다는 속뜻이 깔리게 된다. 하나의 종결 어미처럼 융합된 '-커라고낭아!'는 비로소 새로 깨닫는다는 속뜻이 더욱 강하게 들어 있다. 이렇게 새롭게 깨닫는 일과 관련되려면 무표적인 형식 명사 '거'[것]과 이어져야 함을 찾아낼 수 있다. 이는 '터'라는 형식 명사가 관습적 단계에 따라 진행됨을 함의하므로, 새롭게 깨닫는다는 의미와는 서로 어울리지 않기 때문에, 감탄 서법의 형태와 융합되지 않는 것으로 판단된다(*-을 테라고나).

시상 선어말 어미 '-앖-, -앗-'은 관형형 어미와 결합할 적에 '이'를 매개로 한 '-앖이-, -앗이-'로 실현되어야 함을 다시 동일하게 여기에서도 관찰할 수 있다. 여기서 '이'는 양태 범주를 표현하는 관형형 어미가 통사 구성상 어간에 붙을 수 있도록 해 주는 기능을 떠맡고 있으며, '이' 또한 주제화 구문의 양태 속성이 들어 있다. 그러므로 이 '이' 뒤에 결합된 형식은 모두 양태 범주를 나타내는 표현이다. 앞 절에서는 형식 명사가 없는 구성이었지만, 여기서는 뚜렷이 양태 표현의 형식 명사가 실현되고 있음을 알 수 있다. '터'에는 오직 관형형 어미 '-을'만이 관찰된다. '-을 터'가 관습적인 단계로 해당 사건이 진행된다는 양태 의미를 지니기 때문으로 보인다.

그렇지만 '거/것'은 관형형 어미 '-을'과 '-은'을 모두 실현시킬 수 있다. 다만, '-을 거라'는 기본 표상이 사이히읗을 지닌 '-을ㅎ 거라'로 상정되며, 사이히읗이 형식 명사의 첫소리로 덧얹히면 '-을 커라'로 나오거나 또는 관형형 어미의 'ㄹ' 받침이 탈락하여 '-으커라'로 나온다. 후자는 다시 계사 어간이 반모음 'y'로 실현된 '-으케라'로도 발화될 수 있다.

이와는 달리 '-은 거라'[-은 거야]는 줄어들거나 다른 변이 모습을 보이지 않는다. '-은 거라'[-은 거야]는 공통어에서와 다른 특징이 없으므로 앞의 예시에서는 따로 해당 사례를 들지 않았다. 그렇지만 이런 형식 명사 구성을 이용하지 않고 오직 반말투 종결 어미로 나온 구성과는 양태 상에서 차이가 있다. 가령,

"그 집 가네 집<u>이라</u>"[그 집이 걔네 집이야, 반말투 표현임]

"그 집 가네 집<u>인 거라</u>"[그 집 걔네 집인 거야, 반말투 표현임]

라는 발화는 서로 차이가 있다. 일반 종결 어미 구성은 무표적이다. 그렇지만 형식 명사 구성은, 무표적인 구성을 청자가 알아차리지 못하거나 주의를 하지 않는 경우에 '내가 강조하여 말하는 것이 ~인 거야'라는 구성을 취하여 발화하는 것이다. 따라서 형식 명사 구성은 발화의 초반에는 나올 수가 없다. 오직 ① 상대방 청자가 알아차리지 못하거나 주의를 기울이지 않는다는 판단이 들 경우나, 또는 ② 하나의 대화 주제에 대하여 매듭을 지어주기 위하여 핵심을 정리하려는 단계에서 주제화 구문의 모습으로 발화하게 되는 것이다. 이런 측면이 모두 양태 범주에 속하는 것이다.

그런데 이 방언에서 노년층은 '-을테쥐'라고 말하지만, 젊은층에서는 '-을테주'로 말한다. 또 '-을 거라'는 젊은층에서는 된소리로 발음할 듯하지만('-을꺼라'), 노년층에서는 동화시켜 '-을커라'로 말할 수 있다.[88] 그러나 좀더 일반적인 모습은 관형형 어미 '-을'을 탈락시켜 완전히 굳어진 종결 어미처럼 '-으커라' 또는 '-으케라'라고 말한다. 여기서 {케}는 '-라'가 계사 '이다'와 관련되어 있음을 드러내어 주는 중요한 변이 모습이다.

관형형 어미 '-을'이 탈락되고 'ㅎ'의 흔적으로만 남는 경우는 자주 관찰된다. 가령 "그냥 먹을 걸"의 '-을 걸'도 자연스럽게 하나의 종결 어미처럼 쓰여

"그냥 먹으컬"[그냥 먹을 것을]

---

88) 기본 표상이 각각 사이시옷과 사이히읗을 상정해야 더 올바른 통사 구성 모습이 될 듯하다. 그렇지만 관례상 음운 변동으로만 취급하기 때문에, 사잇소리들을 표기하지 않았다.

처럼 '-으쿨'로 나온다. 그런데 '-을 거' 구분이 이 방언에서는 더 이상 종결 어미가 따로 붙지 않더라도 해당 발화를 종결시킬 수 있다. 대우 표현의 화용 첨사 '마씀'이 쉽게 붙을 수 있다는 사실을 중시하면, '-을 거'는 이 방언에서 반말투의 종결 어미로 분류된다.

만일 '-을 거'에 독자적인 종결 어미 '-다'가 실현되면 이런 상황이 전혀 달라진다. 독자적인 종결 어미는 계사에 쓰일 경우 '-어'로 나오는데(이어), '-을 거이어'가 줄어들어 '-을 거여'로 된다. 여기서는 결코 동화되거나 탈락되는 일이 일어나지 않는다. 즉, '*-을커여. *-으커여'가 모두 불가능하거나, 적어도 저자의 직관에는 아주 어색하게 들린다.

"*값일커여, *값이커여, *갓일커여, *갓이커여"
"값일 거여, 갓일 거여"[가고 있을 거다, 갔을 거다]

이보다는 "값일 꺼여"[가고 있을 거다], "갓일 꺼여"[갔을 거다]가 더 자연스럽게 들린다. 이는 이 방언 화자들이 형식 명사 구문을 명백히 의식하고 있기 때문에, 동화나 탈락이 저지되는 것으로 보인다. 관형형 어미와 형식 명사 사이에 사잇소리로서 사이히읗이나 사이시옷이 들어갈 수 있다. 그러나 유독 이 구성에서만은 아마 관형형 어미 '-을'과 형식 명사 '거' 사이에 된소리만 허용되는 듯하며, 명백한 형식 명사 구성을 그대로 보존하는 듯하다. 이 점이 바로 두루 여러 서법에 같이 쓰이는 반말투의 비격식투 모습('-앖이커라, -앗이커라'도 가능하고 '-앖일 거라, -앗일 거라'도 가능함)과 독자적인 종결 어미를 지닌 격식투의 모습 ('*-앖이커여, *-앗이커여'는 불가능하고, 오직 '-앖일 거여, -앗일 거여'만이 가능함)을 구별해 놓는다.

그렇지만 만일 이런 독자적인 종결 어미가 없이 쓰이는 '-을 걸'의 용례를 보면, 저자의 직관에는 어느 형태이든지 모두 자연스럽게 들린다(화살표 뒤에는 소리 나는 대로 씀).

'값일 걸, 값일쿨, 값이쿨' → "감실 껄, 감실 컬, 감시쿨"[가고 있을 걸]

'갓일 걸, 갓일쿨, 갓이쿨' → "가실 껄, 가실 컬, 가시쿨"[갔을 걸]

따라서 만일 '*값일커여, *갓일커여'라는 모습이 저지됨이 사실이라면, 그 원인은 종결 어미가 반말투인지(-을 거라), 아니면 독자적인 서술 종결 어미인지(-을 거여)에 귀속되는 것이라고 봐야 할 듯하다. 서술 서법으로 쓰이는 '-으커라'에서는 주어에 특정한 제약이 없고, 제3자가 주어로 나올 수 있다. §.3-6-3에서는 반말투 종결 어미 구성(-을 거라, -은 거라)이 다시 오름세 억양을 지니고 의문 서법으로 쓰이는 경우를 논의하게 되는데(339쪽 이하), 의문 서법에서는 상대방 청자가 주어로 나오는 경우가 많다.

§.2-5-2 관형형 어미 '-은', '-을'과 형식 명사 '상/생'(相, 모습)이 쓰이는 경우: '-은 상이어, -은 생이어, -을 상이어, -을 생이어, -을 상바르다, -을 상싶으다, -을 성부르다' {시상의 결합 형식은 '-은 생이란게, -을 상싶엇저, -을 상발랏어라'}

계사: 그거 큰 괴기인 상이어/생이어[그거 큰 물고기인 듯하다]

형용사: 신발 족은 상이어/생이어[신발이 작은 듯하다]

동사: 볼써 다 끝난 상이어/생이어[벌써 다 끝난 듯하다]

밧디 간 상이어/생이어[밭에 간 듯하다]

그 일 잘될 상싶은게[그 일 잘될 성싶다]

큰브름 불 상발라/불 상싶으다[큰 바람 불 성싶다]

그 사름 큰일 낼 상바르다/낼 상싶으다[그 사람 큰일 저지를 성싶다]

이 방언에서 드물게 쓰이지만 형식 명사로서 '상'이 있다. 공통어에서는 이런 경우 '성'(성 싶다, 성 바르다)도 쓰이지만,[89] 이 방언에서는 보수적인 층에서 하나 같이 '상'으로 쓸 듯하다. 계사가 붙어 '상이어,

생이어'로 나오거나, '바르다, 싶다/싶으다'라는 동사가 나오기도 한다.
계사가 이어지면 '-은, -을'이 다 나올 수 있지만, 그렇지 않으면 오직
'-을'만 나오는 듯하다. 이 방언에서는

"다 끝난 <u>모냥</u>이어"[다 끝난 모양이다]

라고도 말할 수 있다. 이를 근거하면, '상'은 한자어로서 '모양 상(相)'에
서 나온 듯하다. "-을 상 발라"[-을 성 바르다]는 반말투 '-어'의 변이
모습이고, "-을 상 바르다"의 '-으다'는 고유한 서술 종결 어미이지만,
마음대로 서로 뒤바뀌어 쓰일 수 있다. 공통어에서는 이런 계열의 형태
들을 모두 보조형용사로 보아서 붙여 쓰고 있다. 이 방언에서도 이를
따른다.

§.2-5-3 관형형 어미 '-은'과 형식 명사 구성의 종결 어미: '-은게'
{어간에 직접 결합하여 '-은게, -는게'로도 쓰이고 시상 형태로 '이'를 매개로
한 '-앖인게, -앗인게'가 쓰이며, 또한 양태 형태와 결합하여 '-으컨게, -는게,
-던게'로도 쓰임}

계사: 이거 ᄂ 책인게[이거 네 책인 거야]
　　　그거 가이 가방<u>이란게</u>[융합된 종결 어미: 그거 그 아이 가방<u>이었던</u>
　　　　거야]
　　　그 회사 빚덩어리<u>이란게</u>[융합된 종결 어미: 그 회사 빚덩이었던 거야]
　　　언치냑 오라난 사름이 그 소님<u>이컨게</u>[엊저녁 왔었던 사람이 그 손님일

---

89) 송상조(2007: 774쪽, 916쪽), 『제주말 큰사전』(한국문화사)에는 '-을 성 부르다'의 용례로
　　"잘 될 성 부르다"[잘 될 성 싶다]와 "경ㅎ민 좋을 성 부르다"[그렇게 하면 좋은 성싶다]가
　　올라 있다. '-성부르다'는 『표준 국어 대사전』에 표제 항목으로 올라 있다. 옛 제주시
　　지역에서 자란 저자의 직관에는 '-을 상 바르다, -을 상 발라'가 더 친숙하게 느껴지고,
　　공통어의 형식 '성부르다'는 다소 낯설다. 혹 공통어와 동일한 '성부르다'라는 형태가 이
　　방언의 하위 방언에 속할 수도 있다. 여기서는 저자에게 친숙한 '바르다' 형태만 언급해
　　둔다.

거야]

형용사: 방안이 붉<u>은게</u>[방안이 밝<u>아</u>]

　　　　날이 붉<u>앉인게</u>[날이 밝고 있어]

　　　　날이 다 붉<u>앗인게</u>[날이 다 밝<u>았어</u>]

　　　　날이 곧 붉<u>으컨게</u>[날이 곧 밝을 거야]

　　　　그 등피 춤 붉<u>던게</u>[그 호롱불 참 밝<u>던</u> 거야]

　　　　그 등피 붉<u>안게</u>[융합된 종결 어미: 그 호롱불 밝<u>았던</u> 거야]

　　　　날 우쳤<u>인게</u>[날 흐려지고 있어]

　　　　날 우<u>쳣인게</u>[날 흐렸어]90)

　　　　날 우<u>치컨게</u>[날 흐려질 거야]

　　　　날 우<u>치던게</u>[날 흐리던 거야]

　　　　날 우<u>천게</u>[융합된 종결 어미: 날 흐리었던 거야]

동사: 그 버섯 사름덜 먹<u>는게</u>[그 버섯 사람들 먹<u>는다</u>]

　　　그 버섯 사름덜 먹<u>앖인게</u>[그 버섯 사람들 먹고 있어]

　　　그 버섯 사름덜 먹<u>엇인게</u>[그 버섯 사람들 먹<u>었어</u>]

　　　그 버섯 사름덜 먹<u>으컨게</u>[그 버섯 사람들 먹을 거야]

　　　그 버섯 사름덜 먹<u>던게</u>91)[그 버섯 사람들 먹<u>던</u> 거야]

---

90) 만일 이를 보조동사 구문 '-아 있다'의 형식으로 보면, 이 방언에서 '우쳐 신게'로 나올 듯하다. 이를 번역한다면 '흐려진 상태로 있어' 또는 '흐려 있어' 정도가 될 것이다. 동사 '먹다'에서도 이 방언에서 '먹어 신게'라고 말할 수 있으며, 그 번역 또한 '먹은 상태로 있어'로 될 듯하다. 이는 역사적으로 보조동사 구문으로 '-아 있다'로부터 '-았'이 발달되었다는 가정을 이 방언의 시상 형태에 적용시켜 본 것이다. 관련된 논의로 우창현(2004), "제주 방언 '-아 시-'의 문법화와 문법 의미", 『한국어학』 제24호를 읽어 보기 바란다.

91) §.2-3-1-나)에서 반말투 종결 어미 '-어'에 '-은게'가 융합된 형식을 다루었다(147쪽 이하). '-언게, -앖언게, -엇언게'이다. 이 형식은 공통어로 번역할 경우 회상의 모습으로 번역되었다. 가령 "그 버섯 사름덜 먹언게"[그 버섯 사람들 먹었던 거야와 같다. 회상 형태 '-더'가 들어 있는 '-던게'는 '-던다'와 같이 '-은다'라는 종결 어미로도 나올 수 있다. "그 사름 인칙 오던디"[그 사람 일찍 오던데]나 "그거 춤 좋던디"[그거 참 좋던데]에서와 같다. 그런데 반말투 종결 어미 '-어'가 '-은디'와 융합되지는 않는다. '*-언디'(어+은디)는 이 방언에서 관찰되지 않는다. 오직 의문 종결 어미 '-은디아?'와만 결합하여 '-언댜?/-언다?/-언디?'로 줄어들 수 있을 뿐이며, 이는 여기서 언급하는 형태와 다른 것이다.

　　같이 회상의 모습을 띠고 있지만, 내포 의미가 서로 다를 듯하다. 저자의 직관으로는 반말투 종결 어미의 융합 형식인 '먹언게'가 1회적인 사건을 경험하고 나서, 그 일을 회상하면서 보고하는 듯하다. 그렇지만 고유한 회상 형태가 들어 있는 '먹던게'는 과거의 관형식 명사 구성은 우리말에서 기본적으로 관형형 어미 '-은, -을'과 형식 명사로 이뤄진다. 그런데 관형형 구성의 종결 어미에서 다룬 '-을'의 경우는, 오직 '-을 터'와 '-을 거'[-을 것]에서만 관찰된다. 특히 '-을 거'의 경우는 더욱 긴밀히 융합되어 '-을커, -으커, -커'로 나오므로, 마치 분석할 수 없는 하나의 형태인 양 착각하기 쉽다.[92] 가령, '오다, 가다' 동사의 경우에 시상 선어말 어미 '-앖이-'와 연결되면 각각 다음과 같이 나온다.

"오랎이<u>커라</u>"[오고 있을 거야, '오랎일 거라'],
"갊이<u>커라</u>"[가고 있을 거야, '갊일 거라']

이는 구조상 '-앖이-'에 '-을 거라'[-을 거다]가 융합된 모습이다. 관형형 어미가 탈락되고 사이히읗 'ㅎ'이 형식 명사에 얹혀져 거센소리(격음, 유기음) 모습의 '커'로 남아 있다.[93] 그러나 이를 '-으크-'와 같은 것으로

습이나 습관처럼 여러 번 겪은 일이나 늘상 하던 일을 회상하면서 보고하는 듯하다. 저자의 개인 방언인지 모르지만, '먹던게'는 시간 폭을 지닌 '늘상'과 더 잘 어울려 쓰일 듯이 느껴진다. "그 약 늘상 먹던게"처럼 쓰이는 것이다. 만일 저자의 직관이 옳다면, 결과적으로 회상의 양태로 해석되더라도 융합 형식의 종결 어미에 의한 회상과 고유한 회상 형태가 서로 다른 속뜻을 지닌다. 즉, 회상이라는 양태도 일회적 사건에 대한 한 번의 경험 보고가 있고(-언게), 어떤 시폭을 지니고 반복해서 일어나는 사건에 대한 여러 차례의 경험 보고를 나눠 줄 수 있는 것이다(-던게).

92) 일부 이 방언의 사전 항목으로 올려놓은 것들 중에서, 사전 편찬자들의 부주의함 때문에 (현평효·강영봉 편저 2011: 294쪽 이하, 『제주어 조사·어미 사전』, 제주대 국어문화원), '-으크-'와 '-으커'를 구분하지 못한 채 뒤섞어 놓은 경우를 종종 발견하게 된다. 후자는 '-을 것이다'를 기반으로 하여 융합된 만큼 언제나 반말투 종결 어미 '-라, -은게'가 붙는다. 따라서 '-으커라'로 쓰이거나 '-으컨게'로 쓰인다. 이들은 모두 반말투이므로 높임 화용 첨사 '마씀'을 붙여 쓸 수 있다.

그러나 '-으크-'는 반드시 '-이어'라는 독자적 종결 어미가 붙어 '-으키어'('-으켜'로 줄어듦)로 실현된다. '-으커-'와는 달리, 결코 '-은게'도 붙지 않고(*-으컨게), 메아리 반복 의문이 아니라면 '마씀'도 붙지 않는다. 매우 작은 차이에 지나지 않지만, 구성부터 다르므로 그 기능과 의미도 응당 서로 다른 것이다. 이 방언을 다룰 적에는 반드시 이들 구성이 현격히 다르다는 점을 놓치지 말아야 한다.

93) '-을 걸'이 이 방언에서는 '-올컬', '-으컬'로 나오고, '-을 거라'가 '-올커라', '-으커라'로 나온다. 관형형 어미 '-을'과 형식 명사 '거'[것]는 이 방언에서 두 가지 표상을 지닌다. 하나는 '사이히읗'이 들어 있는 것이고, 다른 하나는 '사이시옷'이 들어 있는 것으로, 각각 '올ㅎ 거'와 '올ㅅ 거'로 표시할 수 있다. 전자는 '-을 것을'의 모습을 지니고 종결 어미처

보아서는 안 된다. 이들이 표현하는 양태가 서로 다르기 때문이다. 형식 명사 '것'을 지닌 구성은 예정된 사건이나 예측된 일을 가리킨다. 반면에 양태 형태소 '-으크-'가 들어 있는 구성은 현재의 경험을 갖고서 짐작이나 추정할 뿐이다.

관형형 어미 '-을'을 제외한 나머지 구성들은 모두 관형형 어미 '-은'을 기반으로 하여 이뤄져 있다. '-는게, -던게'도 관형형 어미 '-은'에 '-느-, -더-'가 더 추가되어 있는 구성이다. 이 방언에서 자주 쓰이는 종결 어미 '-은게'는 구성상 '-은 거야/-은 것이야'의 모습을 깔아 두고 있다.[94] '-은게'는 언제나 대우의 화용 첨사 '마씀, 마씸'이 붙는다는 점에서, 반말투 종결 어미 '-어²'와 같은 등급이다. 반말투의 기본 형태로 상정된 '-어²'와는 시상 선어말 어미 형태를 결합시키는 측면에서 서로 다르고, 융합된 종결 어미를 구성하는 데에서도 차이를 보여 준다. '-은게'가 반드시 '-았어-, -앗어-'하고만 결합하므로, '-은게'는 양태 범주에 속하는 것으로 볼 수 있으며, 이런 점에서 무색투명한 기본 형태 '-어²'와는 차이가 난다.

'-은게'라는 융합된 종결 어미는 '이'를 매개로 한 시상 형태만을 요구하므로 관형형 어미 '-은'을 분리할 수 있는 충분한 근거가 된다. 만일 이것이 관형형 어미 '-은'이 틀림없다면, 여기에 융합된 '게'는 관형형의 구성상 형식 명사가 될 것이므로, 소리가 같은 '거, 것'으로 지정해 주는 데에 큰 어려움이 없다. 그렇지만 이 형식 명사에 하향 반모음 'y'가 융합되어 있다가 단모음으로 줄어들어 '게'가 되었음을 알 수 있

럼 쓰이면 관형형 어미가 탈락하고 사이히읗이 형식 명사 초성에 덧얹히어 '-으퀼'로 줄어들기 일쑤이다. 후자는 종결 어미를 더 갖춘 완벽한 구성에서 나오며, 형식 명사가 된소리(경음)로 나올 수도 있으며, 젊은 세대들에서는 특히 더 그러하다.

94) 150쪽에 있는 각주 58)에서 반말투 종결 어미에서 계사가 '이라'뿐만 아니라 또한 '이게'로 활용할 수 있음을 언급하였다. "이거 가이 책이게!"[이것이 그 아이 책인 거야!]와 같다. 계사의 어간이 생략되어 "책게!"[책인 거야!]라고도 말할 수도 있다. 저자는 이 구문이 기본적으로 관형형 어미가 시상 형태와 결합될 때에 필수적으로 출현하는 '이'와 같은 종류의 것으로 보고 있다. 왜냐하면 맨 뒤에 있는 형태 '게'가 직접 제시해 보여 주는 양태의 의미를 지니기 때문이다. '게'는 구성상 '-은게'의 '게'나 화용 첨사의 '게'와도 동일하게 형식 명사 '거'와 형식 명사가 활용하는 모습에서 나왔을 것으로 본다.

는데, 이 반모음의 존재는 무엇일까?

두 가지 가능성이 있다. 하나는 고유한 종결 어미로서 반모음 'y'를 지정하는 것이다. 다른 하나는 계사의 활용 모습에서 단절(truncation)이 일어나 계사 어간만이 반모음으로 줄어들면서 종결 어미로 바뀌었다고 보는 것이다.

첫 번째 가능성은 '-은게'의 반말투 모습을 포착해 주지 못한다. 두 번째 가능성은 반말투 계사 활용 '이라'에서 단절이 일어났다고 보는 것이다. 이 경우에는, 형식 명사가 반말투의 계사 구문으로 활용할 경우에 '거이라'에서 어간이 생략되어 '거라'로 줄어들기 일쑤인데, 왜 하필 생략이 잦은 어간이 오히려 잔류되어 남아야 하는지를 설명해 주어야 한다. 저자는 관형형 어미 '-은'이 '-은게'[-은 거야] 구성에서 양태 범주로 쓰일 수 있음에 주목한다. 이 종결 어미가 양태 범주로 쓰일 경우에는 특히 시상 선어말 어미들이 모두 '이'를 갖고 있어야 하는데(-았이-, -앗이-), 이런 특성이 계사의 어간 '이'를 잔류하도록 만들어 놓지 않았을까 의심해 본다.95)

'-은게'는 또한 시상 선어말 어미가 없이 그대로 용언의 어간에도 결합할 수 있다. 계사와 형용사에 결합되면 '-인게'(계사 어간 '이'+은게)와 '-은게'로 되고, 동사에 '-느-'가 붙어 '-는게'로 된다. 이런 경우에는 한 대상이나 사건의 일반적인 내부 속성을 가리키는 것으로 해석된다. 앞에서 제시된 예를 다시 갖고 오면,

---

95) 이런 생각에 반례가 있다. 이 방언에는 '먹없어'에 반모음 'y'가 덧붙어 있는 '먹없에'도 자주 쓰인다. 또한 특이하게 보이는 고유한 종결 어미 '-으메'도 있는데("그거 몸에 좋으메!"[그것 몸에 좋단다]), 이것도 또한 복합 종결 어미로서 명사형 어미에 다른 요소가 융합된 것으로 보이며, '음+에'나 또는 '음+어+이'로 분석될 가능성이 있다. 이런 분석에서 '이'가 반모음 'y'로 되면서 줄어들 수 있는 것인지, 본디부터 '에'라는 고유한 종결 어미가 있는 것인지 따져 봐야 할 것이다. 맨 뒤에 '이'가 서술 서법의 종결 어미 '-쥐, -주!'와 같이 화용 첨사 '이'일 가능성도 따져 보아야 한다. 그렇지만 이들 환경에서는 '-은게'와 같이 양태 범주로 지정할 만한 존재가 전혀 없다. 그렇기 때문에 만일 이것들이 모두 동일한 것이라면, 저자의 이런 생각을 무위로 만들 수 있는 반례로 작용할 소지도 있다.

"느 책인게"[너 책인 거야],

"방안이 붉은게"[방안이 밝은 거야],

"그 버섯 먹는게"[그 버섯 먹는 거야]

에서 대상의 내부 속성(책의 원래 소유주)을 가리키고, 변하지 않는 불변 속성을 가리킬 수 있다.96) 그렇지 않고 동사가 시상 선어말 어미 '-앖이-, -앗이-'와 결합되어 '-앖인게, -앗인게'로 나오면, 현장에서 관찰되고 있거나 관찰된 대상 또는 사건의 일시 과정과 결과 상태를 가리킨다. '-앖이-, -앗이-'는 모음조화에 따라 '-없이-, -엇이-'로 바뀔 뿐만 아니라, 'ᄒ다' 동사에는 '-엾이-, -엿이-'가 붙고, 복수 어간(쌍형 어간)을 지 닌 다음과 같은 낱말에서는

'ᄆ르다/ᄆᆯ르다(燥), ᄇ르다/ᄇᆯ르다(塗), 흐르다/흘르다(流), 가르다/갈르다 (別), 오르다/올르다(登), 모르다/몰르다(不知)'

'-랎이-, -랏이-'가 나온다(ᄆᆯ랎인게, ᄆᆯ랏인게). '오다'는 보수적인 화자는 '-랎이-, -랏이-'를 쓰지만(오랎인게, 오랏인게), 젊은 층에서는 '-앖이-, -앗이-'를 쓴다(왔인게, 왓인게).

미래의 사건에 대한 표현을 하려면 '-을커-, -으커-, -커-'를 쓸 수 있다. 이들은 구성상 '-을 것'으로 이뤄져 있으나, 'ㄹ' 받침이 탈락되고 관형형 구성에서 상정되는 사이히읗(을+ㅎ+거)이 형식 명사 '-커-'에 녹아 있다. 여기에 종결 어미 '-은게'가 붙는다(-으컨게). 과거 경험을 회상하여 보고하려면 '-더-'를 쓸 수 있지만(-던게), 반말투의 종결 어미

---

96) 고영진(2007), 「제주도 방언의 형용사에 나타나는 두 가지 '현재 시제'에 대하여」, 『한글』 제275호와 고영진(2008), 「제주도 방언의 형태론적 상 범주의 체계화를 위하여」, 『한글』 제280호에서 형용사에 붙는 시제를 다루면서 '항상성 : 일시성'의 대립을 찾아낸 바 있다. 이런 지적을 수용하면서 김지홍(2014), 「제주 방언 통사 연구에서의 현황과 과제」(이 책 의 부록에 실림)에서는 '항상성 : 일시성'이 각각 영구 속성을 가리키는 개체 층위의 술어 및 관찰되는 시간대에 일시적으로 적용되는 장면 층위의 술어와도 관련되고, 또한 논리 형식으로 전칭 표현과 특칭 표현으로 번역된다고 언급하였다.

'-어-, -라-'에 다시 '-은게'가 융합되어 결과적으로 회상의 속뜻을 지닐 수도 있다(-언게, -란게).

§.2-5-4 관형형 어미와 형식 명사 구성만 있고, 종결 어미가 안 붙은 경우: '-은 걸, -는 걸, -던 걸, -란 걸, -을 걸, -으킬' {관형형 어미 '-은, -는, -던, -을'이 들어 있음}

계사: 그거 그 사름네 문세란 걸[융합된 종결 어미: 그거 그 사람집 문서이던 걸]

형용사: 불이 붉은 걸[불이 밝은 걸]

동사: 이 낭 너미 진 걸[이 나무 너무 긴 걸]
      다리 다 낫안 이제 잘 걷는 걸[다리 다 나아 이제 잘 걷는 걸]
      가이 잘 돋는 걸[그 아이 잘 달리는 걸]
      나도 삼춘 따라갈 걸/갈킬/가킬[나도 삼촌 따라갈 걸]
      그걸 택흘 걸/택ᄒ킬[그걸 택할 걸]
      미리 사 둘 걸/사두킬[미리 사 둘 걸]
      산더레 비 올 걸[산쪽으로 비 내릴 걸]
      가이 이레 오랎일 걸/오랎일킬/오랎이킬[그 아이 이리로 오고 있을 걸]
      그 사름 집이 오랏일 걸/오랏일킬/오랏이킬[그 사람 집에 왔을 걸]
      그 사름 노래 잘 불런 걸[융합된 종결 어미: 그 사람 노래 잘 부르던 걸]
      가이도 집더레 오란 걸[융합된 종결 어미: 그 아이도 집으로 오던 걸]

먼저, 관형형 어미와 형식 명사로 이뤄진 구성이 대격 조사 '을'을 갖고서 종결 어미처럼 쓰이는 일이 매우 유표적임이 지적되어야 한다. 대격 조사의 존재는 이 구문을 인허하거나 지배하는 핵어(head)의 존재를 추정하게 해 준다. 그런 핵어가 있어야 이런 대격 표지를 받는 구문이 투영되어(논항이 설치되어) 비로소 자리를 잡을 수 있기 때문이다. 만일 이런 일원론적인 핵어 투영 원리를 받아들일 때에, 핵어 동사는 무엇이 되어야 할까? 저자는 기본적으로 '알다, 모르다'로 대표되는 인지 동사라고 보며, 여기서 위의 사례들을 고려하면서 '모르다'라는 의미 자질을 바탕으로 하여 '후회한다, 아쉽다'의 속뜻도 도출해 낼 수 있을 것으로 본다("나도 따라가컬…, 미리 사둘컬…" 등에서 그러함). 그렇다면 핵어로서 인지 동사가 투영하는 논항에서, 새로 알게 되거나 새로 통보하게 되는 내용이 바로 대격 표지를 갖고 실현되어 나오는 것이다. 핵어 동사가 의무적으로 탈락되는 부류로서 또한 163쪽 §.2-3-1-다)의 '-안'이 있었다.

관형형 어미 '-은, -을, -는, -던'이[97] 형식 명사 '거'[것]에 목적격 또는 대격 조사 '을'이 융합되어 '걸'과 같이 되고, 뒤에 나올 동사가 단절되거나 생략되어, 마치 여러 서법에 두루 쓰이는 종결 어미처럼 굳어졌다. 만일 대격 조사 '을'이 탈락되더라도, 이 방언에서는 관형형 어미 '-은'과 '-을' 뒤에[98] 형식 명사 '거'만으로 발화에 직접 참여하여 독립적으로 쓰일 수 있다. 특히 명사구가 종결 어미가 없이 쓰일 수 있는 특징이 이 방언에서 자주 관찰되므로("그거 철수 책!" 따위), 이런 부류와 행동을 같이한다고 서술할 수 있다. 그렇지만 이는 전형적인 구성에서 반드시 쉽게 생략될 수 있는 조건이 충족되어야 일어나는 현상이다.

앞에서 이런 구문이 계사 구문으로 복원되었다.[99] 계사 구문은 두 개의 명사구(명사 상당어)가 통합되어 있을 경우에 누구나 계사가 투영하는 구문임을 쉽게 알 수 있다. 따라서 이런 조건에서 계사의 활용

---

97) 네 개의 관형형 어미는 크게 '-은, -을'을 바탕으로 둘로 나뉘고, '-은'에 다시 '-느-, -더-'가 더 융합된 것으로 보는 편이 더 구조적이며 체계적이라고 본다. 왜냐하면 이들이 양태 범주에 속할 경우에 '-느-'와 '-더-'가 청자가 여전히 추체험하여 해당 명제의 참값 여부를 확인할 수 있는지, 이미 해당 사건이 다 끝나서 더 이상 청자가 추체험할 수 없는지를 표시해 준다고 보면, 이런 특성이 오직 '-은'만이 지닌 의미 자질 '이미 일어난 사건'과 서로 어울릴 수 있기 때문이다. '-을'은 아직 일어나지 않은 사건을 가리키므로, '-느-'와 '-더-'가 지닌 양태적 의미와 서로 어울릴 수 없는 것이다.

98) '-은 거/-는 거/-던 거/-을 거' 따위와 계사 어간이 있을 경우 '-란 거' 등이 모두 이 구성에 포함된다.

99) 고유한 종결 어미에서는 '-은/-을 거여'로 복원되고, 여러 서법에 두루 쓰이는 반말투에서는 '-은/-을 거라'로 복원된다.

모습이 잉여적으로 됨으로써 자연스럽게 계사의 어간과 어미의 생략을 유도한다고 말할 수 있다. 계사가 생략된 이런 구문은 서로 문답을 주고받는 화용 상황에서 자주 관찰될 수 있다.

생략이 반드시 복원 가능성을 전제로 일어난다면, 대격 조사 '을'이 들어 있는 구문은 핵어 동사가 화용 상황에서 복원될 수 있기 때문에 자연스럽게 생략된 것으로 상정할 수 있다. 화용 상황은 기본적으로 인지 동사가 투영하는 인지 내용을 토대로 하여, '모르다'라는 기본값 동사로부터, 앞뒤 맥락에 비춰 화자 자신이 느끼는 아쉬움이나 후회가 깃들거나, 대화 상대방이 지닌 기대나 믿음에 대한 반례의 속뜻을 유도할 수 있다고 본다.

그런데 이 구문이 모두 관형형 어미 '-은'과 '-을'을 지니고 있기 때문에, 이것들이 지닌 의미 자질을 양태의 의미로 물려받고 있다. "집이 가킬!"[집에 갈 걸!]이란 말의 속뜻은 적어도 세 가지로 제시될 수 있다. 첫째, 화자 자신이 주어가 되면 후회하는 듯이 느껴진다(내가 집에 갈 것을…). 둘째, 화자 이외의 사람이 주어가 되면 그 사람이 일으키는 일에 대한 예상이나 추측을 하는 듯이 느껴진다. 이때에는 "집이 갈킬/갈 걸"처럼 관형형 어미 '-을'이 탈락하지 않는 것이 더욱 자연스럽게 느껴진다. 셋째, 상황에 따라 오름세 억양(↗)으로 말해지면, 청자에게 화자의 예상 사건의 진술에 대하여 동의해 주도록 요구하거나, 가부를 묻는 속뜻이 담길 수 있다. 이런 것들이 모두 관형형 어미와 형식 명사의 출현으로 비롯되는 것으로 보인다.

§.2-5-5 관형형 어미들과 형식 명사 '이' 구성으로 쓰인 경우: '-으니, -느니, -으리' [관형형 어미 '-은, -는, -을'이 융합되어 있음] ⇨ §.2-7-5 '-으리'와 의문 서법 중 §.3-2-4 '-냐?'와 §.3-6-4 '-으랴?'의 분석도 참고하기 바람 (각각 221쪽 이하, 250쪽 이하, 343쪽 이하).

형용사: 그건 너미 족으니[그건 너무 작은 것임]

이 약 몸에 좋느니[이 약 언제나 몸에 좋은 것임]

날 줄란 재게 어둑느니[해가 짧아져서 빨리 어둡는 것임/어두워지는 것임]

동사: 이 풀이사 사름 먹느니[이 풀이야 사람 먹는 것임]

내일 오라지커니[내일 와 질 것임/오게 될 것임]

이거 내일이민 보리[이거 내일이면 볼 것임/보게 될 것임]

이들은 옛 문헌에서 찾을 수 있는 형식 명사 '이' 구성이다.100) 공통어에서는 모두 '것임'으로 번역해 두었다. 명사로 끝나는 만큼 권위적이고 확정적인 듯이 들리며, 마치 신이 인간에게 진리를 말하는 듯이 느껴질 수도 있다. 이를 양태로 간주하면 항상성이나 불변의 진리 등을 배당해 줄 수 있다.

그런데 모두 관형형 어미 '-은, -는, -을'에 따라 속뜻이 조금씩 달라지는 듯하다. 형용사 '좋다'(여기서는 평가 구문을 투영하고 있음)의 경우는 특별히 '-는'이 붙었는데, 이 방언에서는 형용사가 아무런 형태를 붙이지 않고서도 동사처럼 쓰이는 현상 때문이다(영파생). 공통어에서는 자동적 과정을 나타내는 '-아지다'로 구성되어야만 '-는'이 붙을 수 있다(어두워지는 것). 고영진(2007: 97쪽 이하)에101) 따르면 형용사의 의

---

100) 허웅(1973: 7쪽) 주해, 『용비어천가』(정음사)에서는 '용비어천가'의 종결 위치에서 자주 보이는 '-니, -리'를 각각 '-니이다, -리이다'의 생략 형태로 설명하였다. 고영근(2010; 제3판: 315쪽 이하), 『표준 중세국어 문법론』(집문당)에서는 '-니, -리'를 반말투로 설명하고 있다. 이현희(1990), 「중세 국어 명사구 확장의 한 유형: 형식 명사 '이'와 관련된 문제」, 『강신항교수 회갑기념 국어학 논문집』(태학사)에서는 해석을 달리하여 새로운 시각으로 해당 형태소를 분석하는데, 관형형 어미와 형식 명사 '이'가 얽힌 구성으로서 크게 관계화 구성 및 명사구 보문 구성으로 되어 있음을 논의하였다. 이 방언에서 관찰되는 '-으니, -느니, -으리'도 또한 관형형 어미와 형식 명사 '이'가 융합되어 있지만, 여기서는 관계화 구성이 아니라 진술 전체와 형식 명사가 동일한 지시 내용을 지니는 명사구 보문 구성(-은 것, -는 것)으로 보인다.

101) 고영진(2007), 「제주도 방언의 형용사에 나타나는 두 가지 「현재 시제」에 대하여」, 『한글』 제275호이다. 형용사의 서술 구문에서는 "할망 배 고프다[일시적 상태] : 할망 배 고픈다[언제나 늘 그러한 속성]"에서 관찰되듯이 'ø : 은'의 유무 대립도 보인다. 이는 본문에 제시된 질문에 대한 긍정 답변이 "돗다[일시적 상태] : 돗은다[언제나 늘 그러한 속성]"로 발화되는 것과 동일한 구성이다. 이는 크랏저(Kratzer) 교수가 동일한 동사가 앞뒤

문문 구성에서 다음과 같은 대립 구성이 가능하다.

"이 구들은 듯으냐?"[이 방은 따듯하냐?]
"이 구들은 듯느냐?"[이 방은 늘 따듯하냐?]

이들은 '-느-'의 유무에 따라 대립하고 있다. '듯으냐?'(일시적 느낌으로 따듯하냐?)는 일시적 상태를 가리키지만, '듯느냐?'(그 방의 속성으로서 언제나 따듯하냐?)는 내재적 속성으로 불변의 상태를 가리킨다. 이 물음에 대한 긍정적인 대답은 각각 "듯다 : 듯은다"로 짝을 이룰 것이다. 만일 이런 대립은 관형형 어미가 들어 있는 구문에서 살펴보면 그 해석이 조금 달라짐을 관찰하게 된다.

"그 고장 고운 거 닮다"[그 꽃이 고운 것 같다/고운 듯하다]
"그 고장 곱는 거 닮다"[그 꽃이 고와지는 것 같다/고와지는 듯하다]

관형형 어미가 형식 명사를 대동하면 '-은 거'[-은 것]로 나올 수 있다. 여기서 유무 대립은 '∅ : 느'로 관찰되며, 이것이 각각 '은 : 는'으로 구현된다. 그렇지만 '곱다'[곱다, 고와지다]는 '느'가 붙게 되면 과정이 진행되는 느낌을 주므로, 안 고운 상태에서 점차 고와지는 상태로 나아가는 듯이 느껴진다. 이런 해석은 앞에 제시해 놓은 종결 어미 '-느니'와는 다소 차이가 있다. 왜냐하면 '-느니'[는+이, -는 것임]는

'듯느냐? → 듯은다'[늘 따듯하냐? → 늘 따듯한 법이다]

에서 관찰되는 해석과 같은 종류의 것이기 때문이다. 따라서 '-느니'[-

맥락에 따라 개체 층위 술어(내부의 불변 속성)로도 쓰이고, 장면 층위 술어(일시적 가변 상태)로도 쓰인다는 주장과도 서로 정합적이다.

는 것임]에서는 항상성이나 불변 속성의 의미가, 융합되어 있는 형태 '-느-'에서 비롯된다고 기술해 두어야 옳을 듯하다. 불변 속성의 의미가 '-은'이 지닌 경험 완료의 속성과 융합되어(느+은), 언제나 불변의 속성이 경험되었음을 표현할 수 있는 것이다.

그리고 표기 방식에서 비록 형식 명사 '이'를 따로 독립시켜 다루지는 않았지만, 이 방언에서 보여 주는 일부 규칙적인 관형형 어미의 결합을 확인할 수 있다. 또한 다른 형식 명사 구문들과 체계적 관련성을 긴밀히 공유하고 있기 때문에, 설명의 편의를 위하여 이를 형식 명사 구성에서 다루는 것이다. 그렇다고 하더라도, 형태를 밝힐 수 없다고 보아 오직 소리 나는 대로 써 놓았다. 왜냐하면 관형형 어미 '-은'에는 회상을 나타내는 '-던'도 계열체로 쓰이고 있지만, 이 구성에서는 찾아지지 않으며, 그런 만큼 이 구성이 유표적으로 닫혀 있다(굳어져 있다)고 간주할 수 있기 때문이다.

§.2-5-6 관형형 어미 '-을'과 형식 명사 '이'가 종결 어미를 지닌 경우: '-으리라', '-으려' [관형형 어미 '-을'이 형식 명사 '이'와 계사의 고유한 종결 어미 활용 '-이어'와 반말투 종결 어미 활용 '-이라'가 융합되어 있음] ⇨ 종결 서법 중 §.2-7-5의 '-으리' 및 의문 서법 중 §.3-6-4의 '-으랴?, [의문사]-으리?'도 같이 살펴보기 바람(각각 221쪽 이하, 343쪽 이하).

동사: 그영 돈당 푸더지려[그렇게 달려가다가 넘어질거다/넘어지겠다, 조심
　　　하라는 경고의 속뜻이 깃들어 있음]
　　　낭이 올랏당 털어지려[나무에 올랐다가 떨어질거다/떨어지겠다, 떨어
　　　질까 봐 걱정스럽다는 속뜻이 깃들어 있음]
　　　가이가 느보다 믄예 그디 가려[그 아이가 너보다 먼저 거기 갈 거다/가
　　　겠다, 서둘러서 빨리 가라는 권고의 속뜻이 깃들어 있음]
　　　날이 붉으민 그 일 시작ᄒ리라[날이 밝으면 그 일 시작할 거야/시작하

겠다]

　만일 형식 명사 '이'가 종결 어미를 갖는다면 두 가지 모습이 가능하
다. 첫째, 계사의 반말투 종결 어미 '-이라'가 붙어 '-으리라'[-을 거야]
로 나온다(을+이+라). 둘째, 계사의 고유한 종결 어미 '-이어'가 붙어
'-으리어'[-을 것이다]가 되고(을+이+어) 다시 더 줄어들어 '-으려'로
나온다. 고유한 종결 어미가 붙으면(-으려), 경고나 걱정이나 권고 등의
속뜻을 나타낸다. 그러나 반말투 종결 어미(-으리라)가 붙으면 확실한
예정 사건이나 약속 또는 다짐과 같은 느낌을 준다. 이런 내포 의미의
차이가 확실히 들어 있다면, 이것들이 동일한 구성이 아니라 서로 다른
구성일 개연성마저 있다. 서로 다른 구성이라면, §.2-7-5에서 정체불명
의 구성으로 논의할 '-으리'에 다시 종결 어미 '-이라'가 융합되어 있을
가능성이 대안 후보일 듯하다(221쪽 이하).

　의문 서법의 종결 어미 §.3-6-4에서는 '-으랴?'를 다루는데(343쪽 이
하), 이것이 결코 '*-으라?' 줄어들 수 없다는 사실을 근거로 하여, 형식
명사 '이'의 존재를 추론할 수 있다. 이 서술 서법의 종결 어미에서도,
'이'가 결코 탈락할 수 없음이 공통적인 특징이다. 이들 구성에서는 서
술 서법의 경우나 의문 서법의 경우에 모두 특정한 함의가 깔려 있다.
만일 이런 함의가 형식 명사의 구성으로부터 말미암는 것이라면, 이는
그롸이스(Grice)의 관습적 함의(conventional implicature)에 해당한다. 그렇
지 않고 우연히 화용 상황에 따라 깃드는 것이라면 대화상의 함의
(conversational implicature)일 뿐이다. 서술 서법에서와 의문 서법에서 모
두 특정한 속뜻이 깔려 있음이 사실이지만, 이런 함의를 명확히 계산해
낼 수 있는 형태 구성을 찾아낼 수 없으므로, 일단 대화상의 함의로
기술해 둔다. 이 책에서는 일단 서술 서법 및 의문 서법의 구성체를
모두 관형사형 어미 '-을'과 형식 명사 '이'와 서술 서법의 종결 어미들
이 결합된 구성으로 간주해 둔다. 비록 '이'라는 형식 명사가 융합되어
있지만, 따로 독립된 채 다뤄지지 않으므로(모든 계열체를 전부 다 허용하

는 것은 아니므로), 더 이상 형태를 밝히지 않고 소리 나는 대로 써 둔다.

제6절 다른 구문으로부터 전성된 종결 어미

§.2-6-1 접속 구문으로부터 전성된 경우

§.2-6-1-가) 접속 구문에서 전성되어 굳어진 서술 종결 어미: ① '-은디', '-은게만', ② '-은고라, -은 생인고라, -은 상인고라', ③ '-거든', ④ '-민', ⑤ '-곡, -고, -곡 말곡, -고 말고', ⑥ '-다 마다' {직접 어간에 붙거나 시상 형태에 결합함 '-는디, -던디, -을 건디, -앖인디, -앗인디, -은게만, -는게만, -던게만, -을 건게만': '-은고라, -은 생인고라'는 연결 어미로 쓰일 때처럼 제약이 없음: '-거든'도 또한 직접 어간에 붙거나 시상 형태와 결합함 '-없거든, -엇거든, -랏거든, -을 거거든, -없이거든, -엇이거든': '-민'은 희망이나 바람을 나타내므로 주로 결과 상태를 가리킬 수 있는 '-앗이민'이 나오나 '-앖이민'도 또한 가능함: '-곡, -곡 말곡, -다 마다'는 뒤에 나오는 '말다'에 전혀 시상 형태가 없이 나오므로 같은 모습을 유지하여 시상이 없는 것이 기본이지만, 하나의 어미로 융합된다면 '-없-'만이 붙을 수 있음}

계사: 그건 아시 적시라신디[그건 아우 몫이었는데]
　　　그게 아니랏거든[그게 아니었거든]
형용사: 방구석도 둣은디[방구석지도 따듯한데]
　　　그 사름 좋던디[그 사람 좋던데]
　　　이 기계 좋은게만[이 기계 좋은데마는]
　　　그 물건 좋다 마다[그 물건 좋고 말고]
　　　내일도 날 몱아시민[내일도 날 맑았으면]
동사: ᄀ사 가이 떠나던디[조금전 그 아이 떠나던데]
　　　우리 몬예 나서는디[우리 먼저 나서는데]

집이 들어가던게만[집에 들어가던데마는]

우린 감제 자주 먹거든[우린 고구마 자주 먹거든]

밖이 비 오랐거든[밖에 비 오고 있거든]

늘랑 이레 오곡[너는 이쪽으로 오고]

그 밧은 느 갖곡[그 밭은 너 갖고]

그 소낭이사 아무나 올르곡 말곡[그 소나무야 아무나 오르고 말고]

그 돈이민 살아지고 말고[그 돈이면 살게 되고 말고, 살 수 있고 말고]

그 일 ᄒ다 마다/ᄒ였다마다[그 일 하고 말고, 하고있고말고]

인칙 그 말 ᄀ다 마다[일찍 그 얘기 했고 말고]

잇날은 모다 삼년상 치렀던고라[옛날은 모두 다 삼년상 치렀었던지]

가이 그디 감신고라[그 아이 거기 가고 있는지]

벌써 다 끝난 셍인고라[벌써 다 끝난 모양인지]

날 우쳐나신 셍인고라[비 내렸었던 모양인지]

나도 ᄀᆮ이 가져시민[나도 함께 가 있는 상태가 되었으면, 가졌으면]

접속 구문에서 바뀌어 종결 어미로 쓰이는 용례들은, 뒤에 이어질 발화들을 쉽게 채워 넣거나 복원해 볼 수 있다는 점에서, 화용상의 생략 구문이라고 말할 수도 있다. 생략의 동기는 아주 다양할 수 있다. 상대방 청자의 의견을 묻는 속뜻이 담길 수도 있고(네 생각은 어떠하니?), 반대되는 상황이 깃들 수도 있으며, 상대방이 갖고 있는 생각에 화자가 동의를 표시해 줄 수도 있고(-고 말고, -다 마다),102) 바람이나 희망 따위가 깃들 수도 있다(-민). 생략의 동기가 다양하고 복원 방식이 또한 열려 있다면, 화자가 일부러 생략하여 종결하였다고 간주할 수도 있다. 또한 입말 문학(구비 문학)에 보고된 자료들에서 이런 용례들을 자주 관찰할 수 있다. 따라서 화용 맥락에 따라 연결 어미가 자연스럽게 뒤에 이어지는 요소를 생략함으로써, 점차 종결 어미로 굳어져 쓰일 수 있다고

---

102) '-고 말고'나 '-다 마다'에는 '따질 것 없이 당연하다'는 뜻이 깃들어 있다.

보는 편이 좋을 듯하다.

§.2-6-1-나) 비록 연결 어미와 소리값이 유사하지만 서로 완벽히 다른 형태로서, 여러 서법에 두루 쓰이는 겸용 종결 어미: '-안, -언, -앗어, -란, -랏어, -연, -엿어' {완료의 의미 자질이 들어 있음} ⇨ 이는 반말투 종결 어미 '-어'에 인용 어미 구문에서 찾아지는 'ㄴ'이 융합된 형식이며, §.2-3-1-다)에서 다뤄졌으므로 163쪽 이하를 보기 바란다.

§.2-6-2 내포 구문으로부터 전성된 경우

§.2-6-2-가) 내포 구문에서 굳어진 종결 어미: '-나여[-나 ㅎ여], -다여[-다 ㅎ여], -라여[-라 ㅎ여], -은다여[-은다 ㅎ여] -라사주[-라사 ㅎ주]' {종결 어미에 붙거나 당위를 표현하는 구문에서 해당 조건을 표시하는 연결 어미에 붙음}

계사: 그 사름 거 아니라여[그 사람 것이 아니라고 해]
형용사: 그 약 몸이 좋다여[그 약 몸에 좋다고 해]
동사: 그 사름 빙 나산 밥도 먹나여[그 사람 병 나아서 밥도 먹는다고 해]
　　　오널 떠난다여[오늘 떠난다고 해]
　　　재게 오라사주[빨리 와야 하지]

이 방언에서는 '-고 하다' 구문이 반말투 종결 어미 '-여², -주¹'로 쓰인다. 'ㅎ다'는 반말투 종결 어미에서 'ㅎ여'(노년층)나 '해'(청년층)로 활용한다. 반말투 종결 어미 '-주¹'은103) 계사와 형용사와 동사 어간에도 결합하고, 시상 형태들과도 결합하며, 형식 명사 구문의 양태 모습(-을

---

103) §.2-2-3-나)에서 고유한 종결 어미 '-저¹'을 다루면서, 이 형태소가 '-주¹'과 계열체로 묶일 수 없음을 논의하였다. 118쪽 이하에 있는 각주 27)에 〈도표 2〉로 정리해 놓았으므로 그곳을 참고하기 바란다.

태주, -을 거주, -겠주)와도 결합한다. '-주¹'의 의미 자질로서 저자는

"화자가 상대방 청자가 알고 있을 법한 바에 대하여 짐작하고, 그 가능성을
말로 표현하여, 청자로 하여금 사실 여부를 확인해 주도록 요구"

하는 특성이 있음을 지적한 바 있다.

그런데 이런 형태들이 줄어들어 마치 하나의 종결 어미 '-나여, -다
여, -라여, -라사주'처럼 쓰이기도 한다. 마치 남의 말을 인용하는 듯이
표현하는 방식이다. 화자에 따라서 줄어들지 않은 형식 '-나 해, -다
해' 또는 '-나 ᄒ여, -다 ᄒ여'로도 쓸 수 있다. 그렇지만 '-나 해' 따위가
줄어들어 '*-내'가 되는 일은 없고, 오직 '-나 ᄒ여'만이 줄어들어 '-나
여'로 쓰일 뿐이다.

'-나여, -다여, -라여, -라사주'를 종결 어미의 융합으로 보지 않고,
왜 꼭 줄어든 형태로 봐야 할까? 이는 한 발화나 문장이 핵어에 의해서
투영된다고 가정하기 때문에 그러하다. 그 핵어는 이 구성에서 인용
형식임을 서로 쉽게 알아차릴 수 있다(언제나 복원 가능하다)는 점에서
생략이 일어난 것이다. 즉, 핵어의 내포문만이 음성 실현으로 구현되어
있는 것이다. 만일 이런 가정이 없다면 이것이 종결 어미들의 융합체인
지, 아니면 생략 현상인지를 구별하거나 판정해 줄 길이 없다.

'-라사주'는 매우 특이하다. 이 복합 종결 어미가 '-라사 ᄒ주'로부터
유도된다고 하더라도, 이 핵어는 의미 자질이 인용과 관련된 화행 동사
가 아니라, 오히려 당위 동사(당연히 해야 할 일이 내포문으로 표현됨)라고
불러야 할 것이다. 물론 이런 의미 자질이 'ᄒ다'에 들어 있는 것이 아니
다. 'ᄒ다'는 무표적으로 묘사(depict) 동사에 속하며, 이 핵어가 거느리는
내포문의 어미와 합성되어 새로운 의미가 추가된다. 여기서는 '-라사'[-
이어야]라는 내포문 어미가 더해져서 당위 동사로 재탄생하는 것이다.

§.2-6-2-나) 인용 구문에서 굳어진 종결 어미: '-고랜, -은가 부댄,

-는가 푸댄, -낸, -낸, -노낸, -댄, -깬, -꽨, -젠, -랜'{어간에도 결합하며,
시상의 형태와의 결합은 '-앖고랜, -앗고랜, -는댄, -어랜, -앗댄, -앗젠, -앖젠,
-앖이랜, -앗이랜'이며, 수의적으로 마지막 'ㄴ' 발음이 'ㅇ' 발음으로도 나올
수 있으나 의미 차이는 없음} ⇨ §.4-1-1의 '-고라', §.3-2-1의 '-은가?',
§.3-2-4의 '-냐?', §.4-1-2의 '-노나!', §.4-1-3의 '-나!' 등 참고.

계사: 이거 느 책이낸[이거 네 책이냐고]

　　　그거 가이 책이랜[그거 그 아이 책이라고]

형용사: 그거 크우꽨[그거 큽니까고]

　　　그 옷 춤 좋댄[그 옷 참 좋다고]

동사: 그 사름 가고랜[그 사람 갔다고]

　　　가이 지금 오랎고랜[그 아이 지금 오고 있다고]

　　　가이 잘 살앖고랜[그 아이 잘 살고 있다고]

　　　어디 값이낸[어디 가고 있느냐고]

　　　그 약 감기에 잘 듣낸[그 약 감기에 잘 듣나고]

　　　그 사름 그디 가노낸[그 사람 거기 가노라고]

　　　그 초기 먹는댄[그 버섯 먹는다고]

　　　믄예 집이 가랜/가더랜[먼저 집에 가더라고]

　　　약 불랏댄[약 발랐다고]

　　　밥 먹젠[밥 먹으려고]

　　　배 들어오랎젠[배 들어오고 있다고]

　　　감귤값 올랏젠[감귤값 올랐다고]

　　　그레 가랜[그리로 가라고]

　　　혼차 밥 먹없이랜[혼자 밥 먹고 있으라고]

　　　그디 갓이랜[거기 가 있으라고]

　　　오늘 ᄌᆞ냑 들어옵네깬[오늘 저녁 들어옵니까고]

추측 동사: 다 털어져신가 부댕[다 떨어져 있는가 보다고]

　　　오줌 ᄆᆞ렵는가 푸댄[오줌 마렵는가 보다고]

이 방언의 간접 인용 형식은 강정희(1984, 1988에 재수록됨)『제주 방언 연구』(한남대 출판부)에서 '-인, -잉'으로 상정된 바 있다.104) 이어 고영진(1984)「제주 방언의 인용문 연구」(연세대 석사논문)에서는 이를 비판하면서 '-엔'으로 제안하였고, 정승철(1997)「제주도 방언 어미의 형태음소론: 인용 어미를 중심으로」,『애산 학보』제20호에서도 '-엔'으로 상정하였다(저자도 고영진 교수와 정승철 교수의 결론이 옳다고 봄). 이 형식은 공통어에서 찾아지는 형식 '-이라고'와 대응을 보여 준다. 만일 인용문을 이끌어 가는 융합된 어미가 계사와 그 활용, 그리고 내포문 어미로 되어 있음이 사실이라면, '-엔'은 아마 기본 표상이 '-이어+ㄴ'으로 상정될 수 있을 듯하다. 여기서 계사의 활용 모습은 독자적인 종결 어미의 모습인 '이어'이며, 바로 이 뒤에 다시 'ㄴ'이 융합되어 있는

---

104) 강정희(1988: 164쪽 이하)에서는 특이하게도 인용 어미가 '-인 : -잉'의 시상 대립을 보인다고 논의하고 있다. 이런 지적은 또한 홍종림(2001: 278쪽),「제주 방언 연결 어미의 'ㄴ', '-ㅇ'에 대하여」,『국어학』제38집에서도 그러하다. 두 분이 우연히 같은 하위 방언권(성산 지역)에 속하는데, 옛 제주시 방언과는 다른 하위 방언의 차이인지 더 면밀히 검토해 볼 필요가 있다.

간단히 저자의 생각을 적어 두기로 한다. 인용 어미는 내포문에 붙는 것이고, 내포문은 핵어 동사에 의해 인허되고 투영된다. 그런데 인용 어미 '-인, -잉'은 접속 구문에서 찾아지는 여느 '-안, -앙' 계열의 연결 어미들(각각 '-아네, -아그네'로 늘어남)과는 판연히 다르다. 비록 서로 받침소리가 비슷하지만, 형태상으로 근본적인 차이가 있다. 왜냐하면 인용 어미들이 '*-이네, *-이그네'로 늘어날 수 없기 때문이다.

홍종림(2001: 278쪽)의 예문 (5)에서 불가능하다고 별표를 붙인 요소들은 옛 제주시 방언을 모어로 하는 저자에게는 모두 수용 가능한 형태이고, 오히려 거꾸로 가능하다고 본 요소들이 모두 변이체로서 일부러 받침소리를 만들어 낸 듯이 느껴진다. 문법성 판정에서 직관이 서로 반대가 되는데, 제주도라는 좁은 땅덩이에서 문법성 판정에 이처럼 정반대의 경우가 생기는 일은 처음 겪어 본다.

저자는 이 방언에서 인용 어미는 오직 'ㄴ'으로 된 '-엔, -이엔'(강정희 교수의 '-인') 하나밖에 없다고 본다. 이는 접속 구문에서처럼 이것이 결코 '*-이네'로 복원되거나 확대될 수 없는 것이다. '-인, -잉'이라는 인용 어미의 설정에 대한 비판은 고영진(1984),「제주 방언의 인용문 연구」(연세대 석사논문)에서 다섯 가지 측면으로 논의되어 있다. 저자의 판단과 동일하게 고영진 교수도 이것들이 수의적 변이형태에 지나지 않는다고 보았다(고영진, 1984: 17쪽). 정승철(1997: 99쪽의 각주 49)에서도 수의적 변이형태로 보았다. 또한 성낙수(1984: 97, 105쪽),『제주도 방언의 풀이씨의 이음법 연구』(정음사)에서도 인용 어미 '-인, -잉'을 서로 변이형태로 보았다.

홍종림(2001: 각주 20)에서는 저자의 직관과는 달리 또한 '-멍'의 확대된 형태 '-멍으네'가 없다고 보는 듯하다. 저자에게는 "집이 오멍/오멍으네 보난 그디 사름덜이 모여 잇어라"[집에 오면서 보니, 거기 사람들이 모여 있더라]처럼 자연스럽게 쓰인다. 아마 하위 방언 간의 차이일지도 모르겠다.

데, 인용 어미의 실현 과정에서 음절이 더 축소되어 나올 수 있을 듯하다. 그런데 여기서 'ㄴ'이 고유하게 다른 형태로 확대되거나 복원될 수 없다는 사실이 명백히 지적되어야 한다.105) 일부에서는 외현된 소리의 닮음으로 말미암아, 인용 어미 '-엔 -이엔'을 연결 어미 '-아네, -아그네'의 시상 대립 짝으로 확대될 수 있는 것처럼 잘못 취급하는 경우들이 있기 때문이다. 여기에서도 비록 인용 어미들이 전성되어 마치 종결 어미처럼 쓰인다고 하더라고, 굳이 필요하다면 내포문을 인허해 주는 핵어 동사의 존재 'ㅎ다'를 복원하거나 상정해 줄 수 있다. 이들 인용 어미들에서는 인용이 되기 이전의 원래 종결 어미들의 모습을 보여 주기 위하여 일부러 모음을 '애, 얘, 에' 등으로 표기한다. 즉, 각각 '-아, -야, -어'로 복원된다는 점을 형태 표기로 반영한 것이다.

제7절 기원을 명확히 밝힐 수 없는 종결 어미

§.2-7-1 기원이 분명치 않은 독자적인 종결 어미: '-이에/-예' {항상 시상 형태하고만 결합하여 '-앖이에, -앗이에'106)}

동사: 가이 볼써 오랏이에[그 아이 벌써 왔으이]]

---

105) 이 'ㄴ'은 §.2-3-1-다)에서 반말투 종결 어미 '-어'에 융합되어 '-언'으로 되고, 이것이 자주 반말투의 종결 어미처럼 쓰일 수 있음을 언급하였다(163쪽 이하). 여기서 관찰되는 'ㄴ'도 '*-어네'로 복구될 수 없음은 동일하다. 그렇다면 '-언'에서도 내포문을 인허하고 투영해 주는 핵어 동사를 상정할 수 있을 터인데, 그 후보로서 'ᄀ다'(말하다)를 상정하였다(ᄀ는다, 굴앉저). 이 융합 어미가 언제나 화용 상황에 쓰이므로 핵어 동사는 잉여적이 되고, 의무적이라 할 만큼 탈락된 모습이 그 자체로 전형적인 표상이다. 이는 완료 시상을 지닌 반말투 종결 어미 '-앗어'와 교체되어 쓰일 수 있다. 이런 특성이 짐작이나 추측을 가리키는 양태 형태 '-으크-'와의 결합을 저지하고(*-으크언), 예상된 일을 가리키는 양태 형태 '-으커-'[-을 거]와의 결합을 저지하는 것으로 본다(*-으커언).

106) 표면형에서 발음은 재음절화 과정을 거쳐서 각각 '-암시에, -암세'로 나오거나 '-아시에, -아세'로 나온다. 이 방언에서는 '-에'나 '-게'로 끝나는 종결 어미도 더러 관찰할 수 있는데(서술 서법 중 §.2-2-3-나)의 '-게¹'과 청유 서법 중 §.4-5-4의 '-게²'도 있는데, 각각 116쪽 이하와 392쪽 이하 참고), 모두 융합된 복합 종결 어미일 개연성이 높다.

나도 그디 값이에[나도 거기 가고 있으이]

　　사름덜 다 그디 값이에[사람들이 거기 다 가고 있으이]

　　사름덜 오랎이에[사람들 오고 있으이]

　　가네덜 다 오랏이에[그 아이네들이 다 왔다]

　　느 오카부댄 해원 지들렀이에[자네 올까 봐서 하루 종일 기다리고 있
　　　으이]

　　그 일 다 ᄒ엿이에[그 일 다 하였으이, 끝낸 상태로 있으이]

　이 방언에서 독자적인 종결 어미 '-이에'도 드물게 관찰되는데, 이는
'-예'로 더 줄어들 수 있다. '-이에/-예'는 감탄 서법의 §.4-1-4에서 다
시 다뤄질 것이다(360쪽 이하). 그런데 이 어미가 완진히 종결 어미에
속한 것인지, 아니면 '이'를 매개로 하는 시상 형태 '-앖이-, -앗이-'에
결합되어 있는 것인지 명확하지 않다. 이 방언의 시상 형태 '-앖-, -앗-'
은 대표적으로 관형형 어미 '-을, -은'이 융합된 종결 어미들 앞에서
반드시 '이'를 수반하였고(-앖이-+-은/-을, -앗이-+-은/-을), 이를 주제화
구문을 투영하는 속성의 계사로 추정하였으며, 이 존재를 통하여 양태
표현이 실현되는 것으로 기술한 바 있다. 이런 구성에서 '-앖이-, -앗이
-'에 결합되는 융합된 종결 어미는 양태의 의미를 지니고 있었다(가령,
'-앖이커라, -앖이커어'). 만일 '-이에'에서의 '이'도 같은 성격의 것이라면,
마지막 남아 있는 음절 '-에'가 양태의 의미를 지닐 것으로 기대된다.
그렇지만 이 '에'에서 특별한 양태 의미를 찾아내기가 어렵다.

　이 종결 어미가 짝으로서 의문 서법이 된다면, '-이아?'로 바뀌므로
(259쪽 이하), 일단 '-에'가 직접 의문을 나타내는 형태 '-아?'의 짝이 된
다고 서술할 수 있다. 짝이 되는 의문 종결 어미 '-앖이아?'는 특별하게
더 줄어들 수 있는데, '-앖야?'로부터 '-앖아?'가 나오거나 또는 맨 뒷음
절이 탈락하여 '-앖이?'로도 나올 수 있다. 그 결과로서 '-앖이?'는 내림
세 억양(↘)을 지니고서 의문사(wh-word) 설명 의문으로만 쓰이게 된다.

　한편, 감탄 서법의 종결 어미들 중에서 §.4-1-4의 '-녜!/-니에!'가 계

사와 형용사의 어간 및 동사의 시상 형태와 결합한다(그러나 동사 어간과는 직접 결합하지 않음: 360쪽 이하). 그런데 시상 형태의 결합에서는 기본적으로 '-았이-, -앗이-'와 결합하는 듯하지만(-았이네!, -앗이네!),107) '-았-, -앗-'과도 이어지는지는 더 검토될 필요가 있다. 이때 전자의 경우에 여기서 다루는 종결 어미 '-예/-이에'와 유사한 듯하다.

이 감탄 서법의 종결 어미 '-네!/-니에!'는 의문 서법의 짝으로서 '-냐?/-니아?'를 갖고 있는데(250쪽 이하), 여기서도 의문 서법 '-아?'(-니아?)와 감탄·서술 서법의 '-에!'(-니에!)의 대립항을 찾아볼 수 있다. 그렇지만 '-예/-이에'와 '-네!/-니에!'가 지닌 속뜻을 고려한다면, 형태소 분석이 달라질 가능성이 있다.

종결 어미 '-예/-이에'는 '-네/-니에'처럼 청자에게 확인 반응을 요구하는 느낌을 준다.108) 이들이 모두 대우 화용 첨사 '마씀'을 덧붙일 수 없다는 사실도 이들이 어떤 공통성을 공유하고 있을 법하다.109) 이는 제1층위의 화용 첨사와 같은 특성으로 느껴진다. 다시 말하여, 서술 종결 어미 '-예/-이에'에서는 청자가 주목하지 못하였거나 잘못 알고 있

---

107) 저자의 직관에는 '-없네'와 '-엇네'는 분명히 가능하다. 그렇지만 '-없네!, -엇네!'가 가능한지 여부는 더 숙고되어야 한다. 전자는 서술 서법의 종결 어미로 느껴지고, 후자는 감탄 서법의 종결 어미로 느껴진다. 그런데 '-네'는 동사 어간이나 또는 시상 형태와 직접 결합하는데, 반드시 '-없-, -엇-'과만 결합하며, '이'를 대동하지 않는 것이다. 그렇지만 '-녜'는 동사 어간에 직접 결합할 수 없다. 그뿐만 아니라 '-녜'의 기본 표상이 관형형 어미 '-은'을 품고 있기 때문에, 그 자연부류를 반영하여 시상 형태는 '이'를 매개로 한 '-았이-, -앗이-'와 결합하는 듯하다. 이와는 달리 '-예'는 두 계열이 다 가능한 듯하다.

108) 이런 느낌을 받는 이유가 화용 첨사 '이'가 녹아 있을 가능성을 배제할 수 없다. 이런 짐작이 사실이라면, 이들 형태를 분석하는 방법도 달라져야 한다. 화용 첨사 '이'가 반모음 'y' 모습으로 융합되어 있음을 보여 주기 위하여 '-이에'가 '-이어+이'나 '-이어+y'처럼 상정될 수 있기 때문이다. 만일 이런 모습이 사실이라면, 이 종결 어미는 '-이어'로 지정되어야 할 것이며, 계기적으로 '-니에'조차 관형형 어미와 형식 명사를 지닌 구성이 아니라, '느+이어+y'로 표상될 가능성이 있다. 일단 '-녜/-니에'를 이 책에서는 '-은+이+이어이'(관형형 어미+형식 명사+계사의 활용과 화용 첨사)로 분석하겠지만, 이 문제를 결정하는 일이 간단치 않다는 점을 부기해 둔다.

109) 이 방언에서는 다음 항에서 다룰 '-네, -데' 이외에도, 반모음 '이'[y]를 녹여 지니고 있는 종결 어미들이 '-에'와 '-게'뿐만 아니라, 또한 '-은게' 또는 '-으메, -으멘'도 있다. 분명히 화용 첨사가 녹아 있는 서술 서법의 '-줘'도 있다. 그렇지만 이런 융합 어미들이 화용 첨사의 융합(-줘)을 빼면, 과연 나머지 'y' 요소가 기원적으로 모두 동일하게 계사와 관련된 부류인지에 대해서는 잘 알 수 없다. 더 깊은 성찰이 필요하다.

는 대상이나 사건에 대하여 다시 화자가 일깨워 준다는 느낌을 받는다. 청자가 모른다는 전제가 부각되고, 화자가 말을 해 주어 그 정보를 일깨워 준다거나, 직접 청자에게 확인해 보라는 속뜻이 깃들어 있는 듯하다. 아마 이런 느낌이 이 종결 어미에 붙은 반모음 '이'[y]의 기능을 화용 첨사로 비정해 볼 수 있게 만든다.

이 방언의 종결 어미 '-예/-이에'는 공통어에서 '하게' 할 자리에 쓰이는 '-으이'로 번역될 수 있겠는데, 이런 종결 어미는 이 방언에서 찾아지지 않는다(§.3-4의 각주 27을 보기 바람: 271쪽).

§.2-7-2 기원이 분명치 않은 독자적인 종결 어미: '느'와 '더' 뒤에 융합된 반모음 'y' {용언 어간에 직접 붙고, 또 시상 형태와 결합하여 '-았네, -앗네, -았데, -앗데'}

계사: 그거 철수 책이네[그거 철수 책이네]
　　　가이 학교서 오데[그 아이 학교로부터 오데]
형용사: 호박 고장이 피네[호박 꽃이 피네]
　　　해가 졌네[해가 지고 있네]
동사: 가이 혼자 오네[그 아이 혼자 오네]
　　　가이 혼자 오았네[그 아니 혼자 오고 있네]
　　　가이 졸았데[그 아이 졸고 있데]
　　　가이 그디 갓데[그 아이 거기 갔데]
　　　가이 오았데[그 아이 오고 있데]
　　　가이 볼써 떠낫데[그 아이 벌써 떠났데]

여기서 관찰되는 양태 형태 '-느-'와 '-더-'는 각각 청자가 여전히 해당 사건을 경험하여(추체험하여) 사실 여부를 판단할 수 있는지 그렇지 않는지를 가리켜 준다. 이 양태 형태들이 '-네, -데'로 발음된다는 사실은, 이 형태들에 반모음 'y'가 녹아 있을 것임을 추정케 해 준다. 이 형태는 공통어에서와 동일하다. 공통어에서는 종합주의 입장에서 이들을 더 분석하지 않고 단일한 종결 어미로 취급한다. 그렇지만 분석주의에서는 여기에 융합되어 있는 반모음의 정체가 무엇인지 탐색되어야 할 것이다. 공통어에서처럼 '-데'가 '-더라'와 교체되어 쓰일 수 있으므로, 양태 형태소 뒤에 계사가 붙어 활용할 가능성이 있다. 이 경우에 왜 한 쪽에서는 반모음으로 되고, 다른 쪽에서는 'ㄹ'이 발현되어 있는지를 설명해 줄 수 있어야 한다. 그럴 뿐만 아니라 다른 양태 형태인 '느'에서는 같은 형상이 구현되지 않는 까닭도 찾아 주어야 할 것이다. 이런 일들이 결코 만만치 않다. 그런데 이 양태 형태를 지닌 종결 어미가 시상 형태와 결합될 수 있다. '-앖-'은 해당 사건이 끝나지 않고 진행되고 있음을 가리키고, '-앗-'은 이미 끝나 있음을 가리킨다.

§.2-7-3 기원이 분명치 않은 종결 어미: '-으메', '-을커메' {어간에 붙거나 시상 형태에 붙어 '-앖이메, -앗이메, -앗일커메, -앗이커메' '-을커메, -으커메', 또는 보조동사 구문으로 '-아 지메'}

형용사: 그 사름 지레 크메[그 사람 키 <u>큼이야</u>]
　　　　지금도 그디 그 낭 이시메[지금도 그 나무 거기 <u>있음이야</u>]
동사: 그 사름 지금도 거기 살메/살앖이메[그 사람 거기 <u>삶이야</u>/살고 <u>있음이야</u>]
　　　가이 그디 잘 가메[그 아이 거기 잘 <u>감이야</u>]
　　　그 사름 볼써 오랏이커메[그 사람 벌써 <u>도착했을 것임이야</u>]
　　　요스이 그디 댕겸이메[요사이 거기 다니고 <u>있음이야</u>]
　　　그디 시라, 곧 그디 <u>가커메</u>[거기에 있으렴, 나도 곧 거기 <u>갈 게</u>/갈 것임이야]
보조동사 구문: 그영 굳지 말아 또 오라지메[그렇게 말하지 말렴 또 오게 될 <u>것임이야</u>/와질 것임이야]

이 방언에서는 또한 공통어에서 거의 관찰되지 않는 구성도 나온다.

'-음이야'로 번역될 수 있는 형태로 '-으메'와 다음 항에서 다룰 '-으멘'이 관찰된다. 명사형 어미 '-음'이 그 후보이지만, 아직 분명한 형태를 찾아낼 수 없으므로, 형태를 밝히지 않고 소리 나는 대로 쓴다. '-으메'는 시상 형태가 없이 어간에 직접 붙기도 하고, 시상 형태로서 '-앖이-, -앗이-'와도 결합된다. 또한 예정된 사건을 가리키기 위하여 이용되는 형식 '-으커-'[-을 것]와도 결합된다. '이'를 매개로 한 시상 형태와 결합하고, 짐작을 드러내는 '-으크-'[-겠-]와 결합하지 않는다는 언어적 사실이, '-으메'가 양태 의미를 담고 있으며, 명사형 어미 '-음'과의 친연성을 시사해 준다.

'-으메'는 서술 서법에서만 쓰이는 고유한 종결 어미로서 대우 화용 첨사 '마씀'이 붙지 않는다. 그렇지만 '-으멘'은 반말투의 종결 어미이고, 언제나 대우 화용 첨사 '마씀'을 붙일 수 있으며, 내림세 억양을 띠면 서술 서법으로 쓰이지만, 오름세 억양을 지니면 의문 서법으로도 쓰인다. '-으메'와는 달리(-으커메), '-으멘'은 '-으커'[-을 것]와 서로 결합될 수 없다(*-으커멘). 물론 짐작을 나타내는 '-으크-'[-겠-]와도 결합하지 않는다(*-으크멘). 아주 특이한 현상이며, 마지막에 융합되어 있는 'ㄴ'이 그런 제약을 만들어 내는 듯하다(167쪽 참고). 여기서는 고유한 서술 종결 어미로만 쓰이는 '-으메'와 분리하여, 따로 다음 항에서 두루 여러 서법에 나오는 종결 어미(의문과 서술)로 '-으멘'을 다루기로 한다.

'-으메'라는 종결 어미의 구성과 관련하여, 만일 공통어와의 상관성을 고려한다면 심층의 모습에서 결과 상태를 가리키는 명사형 어미 '-음'을 기반으로 한 '-음+이어'가 있고, 이 뒤에 다시 화용 첨사 '이'가 융합되어 있는 모습(-음+이어+이)에서, 모종의 원리가 작동하여 이것이 줄어들었다고 볼 수도 있다. 명사형 어미는 통상적으로 계사 구문을 취하기 때문에 '-음이어'라는 표상은 자연스럽다. 또한 여기에 추가적으로 앞 항(-네, -데)에서 살펴보았듯이 반모음 'y'의 존재는 화용 첨사 '이'로 비정될 가능성이 있다. 음운론적 변화의 과정은 계사 활용이 줄어들고 난 뒤에(또는 탈락된 뒤에), 화용 첨사가 하향 반모음으로 바뀌어 융합되고, 다시 재음절화에 의해 'ㅁ' 받침소리가 뒷음절의 초성으로 된 다음에, 단모음화가 일어난다면 현재의 소리값을 얻을 수 있을 듯하다. 즉,

'-음이어이 → -음여이 → -음예 → -으메 → -으메'.

그러나 이 모두 머릿속의 상상에 지나지 않는다. 이런 생각을 뒷받침할 방증 자료가 많지 않기 때문이다. 아마도 관련 형식을 찾는다면 명사형 어미 '-음' 뒤에 계사 어간이 수의적으로 탈락된 채 쓰이는 사례(먹음고?)가 유일할 듯하다.

"뭐 먹<u>음</u>고?, 뭐 먹<u>음</u>이고? → 감제 먹<u>음</u>이어."
[뭐 먹니?, 뭐 먹는 거니? → 고구마 먹는다, 고구마 먹음이다]

아마 젊은이들 사이에서는 '-음'보다 오히려 미완료 지속을 나타내는 시상 선어말 어미 '-앖-'이 더 자주 쓰일 듯하다.

질문: "뭐 먹<u>없</u>어?"[뭐 먹고 있니?]
대답: "감제 먹<u>없</u>저, 먹<u>없</u>어, 먹<u>으멘</u>"[고구마 먹고 있지, 먹고 있어, 먹음이라고]

이 종결 어미는 특이하게 청자와 화자 사이의 심리적 거리가 가까울 적에 쓰일 듯하다(사적 대화임). 일반적으로 명사형 구문이 흔히 좀더 추상적이고 객관적일 수 있다고 알려져 있다. 이런 성격과는 달리 '-으메, -으멘'이 심리적으로 서로 심리적으로 가까운 거리에 있는 사람들끼리 쓰이는 측면은, 일반 명사형 구문의 특성과는 다른 점이다. 명사형 어미를 기본 표상으로 상정하는 경우에, 이런 경정을 적절히 설명해 주어야 할 것이다. 저자로서는 아직 그럴 듯한 답변을 마련할 수 없다.

§.2-7-4 억양에 따라 두루 여러 서법(의문·서술)에 쓰이는 반말투
종결 어미: '-으멘' {어간에 직접 결합하거나 시상과도 결합하여 '-없이멘,
-엇이멘', 또 보조동사 구문으로 '-어 지멘'}

형용사: 그 신발 크멘? 오, 크멘![그 신발 <u>큼이니</u>? 응, <u>큼이야</u>!]
　　느도 표 앗엉 <u>이시멘</u>? 오, 앗엉 이시멘![너도 표 갖고 <u>있음이니</u>? 응,
　　갖고 <u>있음이야</u>!]
동사: 가이 공부<u>ᄒ</u>멘? 오, 공부<u>ᄒ</u>멘![그 아이 공부<u>함이니</u>? 응, 공부<u>함이야</u>!]
　　느 지금 쉬<u>없이</u>멘? 오, 쉬<u>없이</u>멘![너 지금 쉬고 <u>있음이니</u>? 응, 쉬고
　　<u>있음이야</u>!]
　　ᄒ근디 다 돌아다녔<u>이</u>멘? 오, 경ᄒ없이멘![모든 곳에 다 돌아다니<u>고</u>
　　<u>있음이니</u>? 응, 그렇게 하고 있음이야!]
　　사름덜 다 오랏<u>이</u>멘? 오, 다 <u>왓이</u>멘![사람들 다 <u>왔음이니</u>? 응, 다 왔음
　　<u>이야</u>!]
보조동사 구문: 아무 일 웃이 잘 오라 지멘? 오, 경ᄒ여 지멘![아무 불상사
　　없이 잘 잘 오게 <u>됨이니</u>? 응, 그렇게 해 <u>짐이야</u>!]

종결 어미 '-으멘'은 서술 서법에만 쓰이는 종결 어미 '-으메'와 관련
이 있음이 분명하다. 예정 사건의 '-으커'[-을 것] 및 짐작의 '-으크-'[-
젰-]과 결합하지 못하는 점 한 가지만 제외하면, 시상 형태의 결합도
동일하다. 그런데 '-으메'는 오직 고유한 서술 종결 어미로만 쓰인다.
그렇지만 '-으멘'은 서술 및 의문 서법에서 억양만 달리하여 두루 같이
쓰인다. 앞에 제시된 사례에서는 오름세 억양(↗)의 의문을 제시하고,
같은 또래의 벗이 내림세 억양(↘)으로 답변을 하는 것처럼 써 놓았다.
또한 '-으메'는 서술 서법의 고유한 종결 어미이기 때문에 대우의 화용
첨사 '마씀, 마씸'이 연결될 수 없지만(*-으메마씀), '-으멘'은 아무 제약
없이 화용 첨사 '마씀, 마씸'이 덧붙을 수 있다(-으멘마씀).
　'-으메'에서는 '-앗이커메'(앗이+을 거+메), '-으커메'(을 거+메)와 같

이 '-으커'[-을 것] 구성이 이어진다. 그렇지만 '-으멘'에서는 그런 구성이 불가능하다. 이런 현상이 올바른 관찰이라면, 이는 '-으메'에 덧붙은 받침 'ㄴ'이 열쇠를 쥐고 있다고 봐야 옳을 듯하다. 즉, 예정된 사건을 가리키는 양태 표현이 붙지 않도록 제약할 수도 있고, 아니면 이 'ㄴ'이란 형태가 지닌 의미 자질과 상충하기 때문에 '-으커'가 나올 수 없을 수도 있는 것이다. 양태 형태 '-으커'[-을 것] 형식이 예정 사건을 가리킨다. 그렇다면 받침 'ㄴ'의 의미 자질 속에 이미 일어났거나 다 끝난 사건이라는 속뜻이 들어가 있어야 할 것이다. 후핵 언어인 우리말에서는 더 뒤에 있는 형태가 더 앞에 있는 형태의 자질을 지배할 수 있다. 그렇다면 이런 속뜻이 사건의 완료를 가리키므로, 자연스럽게 그 앞에 나오는 형태들 중 예정된 사건을 가리키는 형태들이 실현될 수 없도록 거부한다고 볼 수 있다.

163쪽 이하에서 반말투 종결 어미 '-어²'에 소리값이 동일한 형태 '-ㄴ'이 융합되어 만들어진 '-언'을 다루면서, 이것이 내포 구문의 인용 어미로부터 유래된 것이라면, 내포문을 인허해 주는 핵어를 상정할 수 있어야 함을 논의하였다. '-으멘'의 경우에도 내포 구문의 인용 어미로부터 유래되었을 '-ㄴ'을 융합하여 지니고 있으므로, 만일 자연부류라면 이 또한 내포문을 투영해 줄 수 있는 핵어가 당연히 상정될 수 있을 것이다. 서술 서법의 인용 구문을 투영하는 핵어는 당연히 'ᄒ다'[하다]나 'ᄀ다'[말하다]일 것이며, 의문 서법의 인용 구문을 투영하는 핵어는 'ᄒ다'와 '묻다'일 것이다. 비록 '⁺-으멘 ᄀ앖어'나 '⁺-으멘 묻없어'[-음인지 여부를 말하다/묻다]라는 재구성 형태를 이 방언의 현실 발화에서 관찰할 수는 없지만, '-ㄴ'이란 형태 그 자체에 서술 서법과 의문 서법을 나눠 주는 기능이 내재되어 있을 리 없으므로, 저자의 판단에는 재구성 형태가, 가능한 형식으로서 제1 후보라고 본다. 저자의 직관으로는 의문 서법에서는 '-으멘'이 서로 대립되는 낱말이 병렬되어 그 중 하나를 선택하는 형식으로도 자연스럽게 쓰일 듯하다. "오멘, 안 오멘?"[옴인지, 안 옴인지?], "크멘, 족으멘?"[큼인지, 작음인지?]과 같다. §.3-1의 선택 질문 형식에 대한 논의를 보기 바란다(237쪽 이하). 이런 생각은 다른 자료들을 보충하면서 논증이 더 보강될 필요가 있다.

그런데 '-으메'는 독자적인 서술 종결 어미이지만, '-으멘'은 대우의 화용 첨사 '마씀'이 자유롭게 붙을 수 있는 반말투의 종결 어미이다. 공통의 요소를 공유하고 있으면서도, '-으멘'만이 왜 반말투로 바뀌게 되는 것일까? 이 또한 후핵 언어인 우리말에서는 더 뒤에 있는 형태가 더욱 힘이 강한 핵이 된다. '-으메'에 덧붙어 다른 종결 어미가 융합되어 있다면, 뒤에 있는 종결 어미의 속성이 그대로 계승되고 그 의미 자질이 계속 유효하게 제약을 발휘할 것이다. 그렇다면 맨 뒤에 덧붙은 '-ㄴ'의 속성으로 인하여, 이것이 융합 형태의 핵어로서 구실을 하고, 그 내용이 자연스럽게 융합된 종결 어미 '-으멘'으로 계승된다고 말할 수 있다. 이 점이 '-으메'와 다른 통사 특성을 보이는 까닭일 듯하다.

§.2-7-5 관형형 어미 '-을'에 정체불명의 '-이'가 융합된 듯이 보이는 경우: '-으리' [형용사나 동사 어간에 결합하고, 시상 형태 '-았아-, -앗아-'와도 결합하는데, 짐작이나 추정을 나타냄. 만일 §.2-5-6에서 다룬 형식 명사 '이'를 지닌 구성 '-으리라'와 관련된다면, 또한 의문 서법의 §.3-6-4 '-으라?'가 줄어든 형식 '[의문사]-으리?'와도 관련될 듯함: 각각 204쪽 이하, 343쪽 이하]

형용사: 내일 되민 늦으리[내일이 되면 늦을 거야/늦겠어]
　　　　집이 물애기만 이시리[집에 갓난 아기만 있을 거야/있겠어]
동사: 난 그걸 먹으리[나는 그것을 먹을 거야/먹겠어]
　　　어려운 일 생기기 전이 미리부터 피ᄒ영 이시리[곤란한 일이 생겨나기
　　　　전에 미리 피하여 두고 있을 거야/있겠어]
　　　가이만 흔차 오랎이리[그 아이만 혼자서 오고 있을 거야/오고 있겠어]
　　　그 사름만 그디 나갓이리[그 사람만 거기에 나갔을 거야/나갔겠어]

관형형 어미 '-을'이 융합되어 있음은, 의미상 여기에 제시된 발화들

이 모두 미래 사건과 관련되어 있고, 구성상 또한 시상 형태가 반드시 '이'를 매개로 한 형태로 나와야 함을 근거로 하여 입증될 수 있다. 그렇지만 관형형 어미가 대동하고 있는 '이'의 정체는 잘 알 수 없다. 앞에서는 종결 어미로서 반모음 'y'를 상정한 바 있는데(계사와 관련될 듯함), 여기서는 반모음이 아니라 온전한 자립 모음이기 때문에, 쉽게 동일하다고 단언할 수 없다. 그렇다고 하여 독자적인 자립 모음인 형식 명사 '이'와 관련성도 주장하기 어렵다. 왜냐하면 이들 사례가 화자의 머릿속 짐작을 표현해 주므로, 형식 명사 '이, 것'의 구성과는 의미 차이가 나기 때문이다. 형식 명사 구성은 참값이 이미 확정되어 대상 또는 사건이 미리 주어져 있는 것처럼 운용된다. 따라서 직관적으로 느껴지는 이 종결 어미의 속뜻과는 어울리지 않는다. 또한 의문 종결 어미 중 §.3-6-4 '-으랴?'에서 의문사(wh-word)가 선행함으로써 의문문임을 충분히 나타낼 수 있는 조건에서, 의문 종결 어미 '-아?'가 탈락하는 '[의문사]-으리?'와는 소리값만 같을 뿐, 통사 구성이 다르다(343쪽 이하).

만일 이 융합 어미를 형식 명사 구성 '-을 이'로부터 도출한다면, 이 종결 어미로 발화되는 예문들이 짐작이나 추정을 나타낼 수 있도록

"나는 [　]라고 생각한다."

정도의 상위문을 내세울 수도 있다. 혼잣말로 화자가 자기에게 스스로 말해 보는 경우이다. 그렇다고 하더라도 인용 구문에서 찾아지는 '-엔, -이언'[-이라고]이 필수적으로 탈락해야 하는 이유를, '발화되지 않은 생각' 이외에는 찾아낼 수 없다. 저자로서는 정체불명의 종결 어미이다. 왜 이런 종결 어미가 나오는 것인지에 대해서 앞으로 더 깊은 고민을 할 필요가 있다.

제8절 서술 서법의 종결 어미들에 대한 목록

지금까지 다뤄온 평대 관계의 서술 종결 어미들을 도표로 제시하면 다음과 같다.

<도표 4> 평대 관계의 서술 종결 어미 목록(잠정적임)

독자적인 종결 어미			반말투의 종결 어미		
종결 고유 서법 어미	-다(계사와 추측 양태 뒤에 '-이어[1], -으키어'[1])		반말투	-어[2](계사와 추측 양태 뒤에 '-이라[2], -으크라[2]')	
	-저[1], -저[2]			-쥐, -주[1]	
	-과라[1], -고라[1]		어미 중첩	-어(반말투)+은게	
	-노라[1]			-어(반말투)+고나	
	계사 '이게[1]' 형식			-어(반말투)+ㄴ	
겸용 서법	-네(↘), 감탄(→)		관형형, 형식 명사 구문	-으메+ㄴ	
	-데(↘), 감탄(→)			-은게, -는게, -던게	
	-네/-니에(↘), 감탄(→)	화용 첨사 {마씀} 연결 불가능		-은걸, -는걸, -던걸	
	-예/-이에(↘), 감탄(→)			-을컬, -으컬	화용 첨사 {마씀} 연결 가능함
	-으라(명령)+문(↘), 감탄(→)			-을커라[2], -으커라[2]	
	-나[1](↘), 감탄(→)			-은/을/는/던 생이라[2]	
관형형, 형식 명사 구문	-으니, -느니, -으리			-을테쥐, -을테주	
	-은/을/는/던 생이어		접속문 전성	-을로고나	
	-을노라			-은디, -는디, -던디	
	-을로다, -을로고			-거든	
	-으리라, -으려			-민	
어미 중첩	-다+문(↘), 감탄(→)			-곡	
	-어(반말투)+네		내포문 전성	-곡 말곡	
	-어(반말투)+라			-다 마다	
기타	-이			-갠/괜/줸, -낸, -낸, -댄, -랜	
	반모음 'y'			-고랜, -노낸, -푸댄	
	-으메, -을커메			-줸	
	-게[1]			-나여, -다여, -라여	
	-에			-라사주	

이 도표에 제시된 범주들은 반드시 349쪽 의문 서법의 〈도표 11〉, 376쪽 감탄·서술 서법의 〈도표 12〉, 396쪽 행동 관련 서법의 〈도표 16〉과 서로 비교될 필요가 있다. 개별 종결 어미들에 대한 범주를 다시 상위 범주로 만들어 놓은 것은, 각 서법에서 보여 주는 내용과 서로 비교해 보기 위해서이다. 이런 상위 범주는 각 서법의 어미들에 대한 새로운 통찰력과 시각을 제시해 준다는 점에서 매우 소중하다.

범주의 숫자로만 비교하면 서술 서법과 의문 서법은 거의 비슷하다. 다만, 의문 서법에서 독자적 종결 어미들에서 다른 서법과 겸용하는 부류가 없고, 또한 접속문 구성에서 전용된 범주가 없다는 점에서 차이가 있을 뿐이다. 문장을 접속해 나갈 적에는, 중도에서 의문을 표시해 줄 수 없고, 기본값으로 서술문이 접속될 수밖에 없기 때문이다. 그런데 감탄·서술 서법의과 행동 관련 서법의 종결 어미 목록에서는 현저하게 수적인 차이가 난다. 감탄 서법에는 독자적인 종결 어미 난에 융합 구성의 어미 중첩도 두 개일 뿐이고, 반말투 종결 어미 난에도 하나밖에 없다. 결국, 접속문 및 내포문 연결 어미들은 서술 서법에서만 전용이 일어나고, 관형 구성의 어미 구성체는 서술 서법 및 의문 서법의 종결 어미들에서만 관찰되는 것임을 알 수 있다.

더욱 중요한 것은 행동 관련 서법의 범주들이 너무 간단하다는 사실이다. 396쪽의 〈도표 16〉을 보면, 명령 서법의 구성원이 너무 단출함을 한눈에 알 수 있다. 평대 관계에서 독자적 종결 어미로서 '-으라, -거라'와 반말투 종결 어미로서 '-어'가 있고, 반말투 '-어'에 명령형 어미가 융합된 '-어+으라, -어라'가 있을 뿐이다. 행동과 관련된 서법이므로 그럴 수밖에 없다.

언어는 행동과 관련된 것뿐 아니라, 중요하게 생각과도 관련된다. 후자가 다수 서술 서법 및 의문 서법의 종결 어미로 구현되는 것이다. 이는 이 방언에서 오직 명령 서법에만 치우쳐 주장된 종전의 3분법 대우 체계(현평효 1985)가 결정적 결함임을 명증해 주는 언어적 실례이기도 하다(230쪽의 각주 4 참고). 너무 단출한 명령 서법에 기대어 어떻게 복잡다단한 서술 서법의 종결 어미들을 나누어 놓을 수 있다고 믿었던 것일까? 첫 설계에서부터 중대한 오류가 들어 있었던 것이다.

223쪽의 〈도표 4〉와 376쪽의 감탄·서술 서법의 〈도표 12〉를 비교해 보면, 고유한 감탄 서법의 종결 어미와 감탄·서술 겸용 서법으로 나뉘어 있음을 알 수 있다. 이는 논리상으로 먼저 처음 깨닫거나 느끼는 일이 있고 나서, 그 달라진 마음의 표상을 상대방 청자에게 전달해 주는 일이 이어질 수 있다는 점에서, 범주들의 관련성을 서술해 줄 수 있다.

네 가지 서법에서 관찰되는 종결 어미들을 범주로 묶어 놓고 비교할 때에, 가장 큰 도전거리는 역시 모든 서법에서 나타나는 융합 구성체 (어미 중첩)이다. 왜 이 방언에서 종결 어미의 반복 구현을 필요로 했을까? 이에 대한 답변은 존재론적 물음과 관련되어 형이상학적 가정들이 들어올 수밖에 없다. 다음으로 제기해야 될 물음은, 서술 서법에서와 의문 서법에서는 왜 굳이 관형형 어미를 매개로 한 구성체들을 끌어들여 이용하는가에 대한 것이다.

저자는 이 물음에 대한 상위 명제로, 왜 이런 기능범주들이 반복되는가에 의문을 던져야 한다고 본다. 단일한 종결 어미를 중심(기점)으로 하여, 종결 기능을 하는 기능범주는 앞에서 반복되거나(관형 구성) 뒤에서 반복되고 있는 것이다(어미 중첩). 이런 점에서 두 가지 반복 구현체가 서로 상보적이라고 믿는다. 물론 이미 종결된 뒤에 다시 반복되려면 아무렇게나 허용되는 것이 아니라, 이 방언에서는 전형적으로 반말투 종결 어미 '-어'를 통해 인허해 주고 있음을 쉽게 찾아낼 수 있다. 이렇게 제약된 통사 구성을 깨뜨리지 않으면서 반복될 수 있는 방식 중 또 다른 하나가 임의의 문장을 명사 구성으로 바꾸어 놓는 것이다. 명사 구성으로 바뀌면, 해당 사건이나 명제에 대하여 평가를 덧붙여 놓을 수 있는 것이다.

임의의 문장이 명사구로 바뀔 수 있다는 최초의 자각은 현대 학문의 비조로 기려지는 프레게(Frege)의 착상으로부터 시작되어, 여태 여러 학문에서 논항(argument)이란 용어와 개념을 그대로 물려받고 있다. 그런데 최근 비판적 담화 분석을 수행하면서, 무의식적으로 문장과 명사구를 교체하는 것이 아니라, 화자의 의도에 의해서 그런 일이 일어나며, 그 의도의 실마리에 대한 본격적인 논의가 시작되었다.

페어클럽(2003; 김지홍 뒤침, 2012), 『담화 분석 방법: 사회조사연구를 위한 텍스트 분석』(도서출판 경진, 특히 제8장)에서는 자유의지를 지니고서 특정한 목표를 세우고 그 목표를 달성하기 위하여 하위 사건들을 계획하고 실행해 나가는 과정에서, 문장으로 표현된 방식과 명사구로 표현된 방식들을 면밀히 대조하고 분석한 바 있다. 명사구로 표현된 것은 마치 자연계의 법칙에 의해 이뤄진 듯이 참인 존재를 깔아두기 때문에, 청자나 독자로부터 참·거짓에 대한 시비를 없애는 효과를 지닌다. 뿐만 아니라 결과 상태와 그 산출물에만 초점을 모으게 됨으로써, 해당 사건에 대해 책임질 주체를 모호하게 가려 버리는 효과를 발휘하기도 한다. 이렇게 하나의 사건을 대상화해 놓는 일은, 존재를 이미 주어지고 확립된 전제로 전환시켜 놓음으로써, 그 대상의 평가나 합법화 부여로 이어진다.

저자는 이 방언에서 관형형 어미를 매개로 하여 반복 구현된 기능범주들이 모두 명사화 전략을 이용하는 것으로 본다. 특히 해당 대상이나 사건에 대한 평가의 기능이 이런 논의에 긴밀히 관련된다. 왜냐하면 이것이 양태 표현의 핵심이기 때문이다. 저자는 이 방언 선어말 어미에서 찾아지는 양태 범주가, 의사소통 상대방인 청자가 해당 사건을 직접 체험하여 참 거짓 여부를 따질 수 있는지 여부가 중요하다고 보고, 이를 '청자 추체험 가능 양태'라고 불렀다. 관형형 어미 '-은, -을'에서 찾아지는 완료 여부에 대한 의미 자질이, 이런 양태를 결정하는 데에 유기적으로 맞물려들 수 있는 것이다.

만일 관형형 구성에 대한 저자의 해석이 옳다면, 또한 반말투 종결 어미를 중심으로 다시 종결 어미가 융합되어 있는 것에 대해서도 같은 설명을 적용할 수 있을 것인가? 이는 반말투 종결 어미가 상대적으로 무표적인 의미 자질을 지니고 있으므로, 뒤에 융합되는 종결 어미들의 고유한 의미 자질이 여전히 역할을 할 것으로 판단한다. 그렇다면 반말투 종결 어미와 융합될 수 있는 부류들에 대한 일반 속성을 찾아낼 수 있어야 할 듯하다. 이는 시상 및 양태와 관련된 것뿐만 아니라 또한 주제화나 초점 등과도 관련되며, 화용 첨사와 화용상의 속뜻과도 연결되어 있으므로, 그 갈래가 보다 더 다양함을 알 수 있다. 그러나 이 과제는 아직 저자의 생각이 여물지 않아서 뒷날로 미루어 둔다.

제3장

의문 서법의 종결 어미

제1절 대우 표현 방식에 따라 구별되는 의문 종결 어미

의문 서법을 표시하는 종결 어미들도 청자를 높이는 대우 형태와 그렇지 않은 형태로 나뉜다. 마주하고 있는 청자를 높이는 경우에는 독자적인 의문 종결 어미를 갖고 쓰이는 경우가 있고, 오름세 억양(또는 상승 어조)을 띤 반말투에 대우의 화용 첨사 '마씀, 마씸'이 덧붙어 나오는 경우가 있다. 이는 서술 서법에서와 동일한 질서이다. 격식을 갖춘 서술 종결 어미에서는 '-읍네다, -읍데다'가 있다(단, 무가 채록들에서 의고적인 말투로 종결 어미 '-오'에 다시 '-읍-'이 융합된 어미들이 관찰되는데, 서술 서법 '-읍네다, -읍데다'와 의문 서법 '-읍네까?, -읍데가?'와 명령 청유 서법 '-읍서!' 따위이며, 현재 쓰이고 있는 어미 형태들의 공시적 기술에서는 제외함). 이에 짝이 되는 의문 종결 어미는 '-읍네까?, -읍데가?'이다('격식성 및 공적[public] 담화[1] 속성'의 자질을 모두 갖추어 완벽히 가장 높은 대우 형태가 됨). 앞에서 살펴보았던 덜 격식적인 서술 종결 어미로서 '-수다, -수괴'와 '-(으)우다, -(으)웃괴'가 있다.[2] 다만 '-수괴'는 최근에 '-수게, -숫괴/-숫궤, -수께'로도 발음되고, '-(으)웃괴'는 '-(으)웃궤, -(으)웃게, -(으)우께'로도 쓸 수 있다.[3] 이에 짝이 되는 의문 종결 어미는 '-수가?,

---

1) 공공의 장소에서 공식적으로 여러 사람을 대상으로 하여 발화하는 형식을 말한다. 공공 집회에서 그 모임을 진행하는 말투나 또는 대중매체의 9시 뉴스처럼 많은 사람들을 대상으로 하여 쓰는 말투이다. 만일 9시 뉴스가 '-요'체로 진행된다면, 너무 경박하다는 느낌을 줄 것이다. 공적인 담화에서 반드시 격식 갖춘 말투를 써야 하기 때문이다. 그렇지만 이와는 달리 이경규 씨가 진행하는 방송 프로그램이 '-습니다'체로 진행된다면, 너무 무겁다는 인상을 줄 것이다. 공적인 담화이지만 격식 갖추지 않은 편안한 말투를 써야 시청자들도 부담이 없이 심리적 거리가 가깝게 느낄 것이기 때문이다. 이 방언의 대우 체계를 다뤄 오면서 이런 분명한 구분 방식을 제대로 부각시키지 않았기 때문에, 마치 '-읍네다'라는 말투가 표준어의 영향을 받은 듯이 착각하게 만들었다. 아주 잘못된 시각이다.

이 방언에서도 인간 언어의 기본 질서에 따라, 그리고 한국어의 매개인자에 따라 공식성과 격식성은 중요한 말투(registers, 언어 투식, 화계)들의 변화를 일으키는 속성이며, 일상생활에서 동시에 이용하고 있을 뿐이다. 다만 오늘날은 조선 시대와 달리 한문 또는 한자 어구들을 인용하는 일이 유식한지 여부를 구획해 주는 역할을 하지 못하지만, 일부 보수 계층에서는 인간관계를 표현하는 낱말(부름말, 호칭어)들을 사용하는 방식으로써 유식한지 무식한지를 구분하는 일이 남아 있다. 이뿐만 아니라, 공통어에서는 일반적으로 남에게 자기 식구와 관련된 사람을 가리킬 때에는 겸사의 모습으로 낮추어 표현한다. 말하는 사람의 인품에 대한 평가와 직접 관련되므로 국어교육에서 가르쳐야 하는 중요한 대목이다. 자기 부친을 가리키면서 '저의 집 어른'이라고 부르는 경우이다. 저자의 선친이 당신의 책에 서문을 쓰면서 당신의 아들을 가리켜 '집돼지(家豚, 豚兒)'이라고 낮춰 쓴 일이 있다. 그렇지만 이런 일이 일부에서만 사회 계층 방언으로만 쓰이고, 대체로 이런 지칭 및 호칭들에 대한 분화가 이 방언에서는 다양하게 발달되지 않았을 수도 있다.

2) 저자의 느낌으로는 '-수괴'가 가능하듯이, '-(으)우괴'도 가능할 듯한데, 이를 확정하려면 정밀한 조사가 필요하다. 사이시옷을 수반한 '-(으)웃괴/-(으)우께'는 분명히 자주 관찰된다. 최근 다른 두 편의 글에서 저자는 '-수'가 사이시옷이 없는 형식을 기본으로 삼았고, '-(으)우'는 사이시옷이 들어가 있는 '-(으)웃'을 기본으로 삼은 적이 있다. 필자의 직관을 반영한 것에 불과하지만, 변이 모습이 좀 더 다양해질 수 있지 않을까 의심이 든다. 좀 더 면밀한 현지 조사를 거쳐 결론을 내려야 할 일일 것이다. 중세국어 자료에서는 의문 서법에 사이시옷이 들어 있으므로, 아마 사이시옷이 들어가 있는 발음은 의문 서법으로부터 시작되어 서술 서법으로까지 파급되었을 가능성이 있다.

3) 정승철(1995: 155쪽 이하), 『제주도 방언의 통시 음운론』(태학사)과 정승철(1997: 79쪽 이하), 「제주도 방언 어미의 형태음소론: 인용 어미를 중심으로」, 『애산 학보』 제20호에서 어간이 ㄹ 받침이나 모음으로 끝날 경우에 '-으우'가 쓰인다고 서술하여 이 형태소를 처음 확립해 놓았다. 이 형태소는 모음 어간과 결합하면 '으'가 탈락하게 된다. 고영진(2002: 29쪽), 「제주도 방언의 상대 높임법의 형태론」, 『한글』 제256호에서는 '-우'가 쓰이는 환경과 '-으우'가 쓰이는 환경을 좀 더 정밀하게 기술하여 다음과 같은 조건을 제시하였다.

   ㉠ '-우'는 어간이 모음 및 'ㄹ'로 끝나는 형용사 및 잡음씨(계사)에 통합된다. (크다 → 크우다, 질다 → 지우다)

   ㉡ '-으우'는 어간이 'ㄹ'과 'ㅅ'을 제외한 자음으로 끝나는 형용사에 통합된다. (젊다 → 젊으우다)

-수과?, -숫과?'와 '-(으)우까?, -(으)웃과?'이다. 모두 하나씩 서로 대응
짝을 지니고 있다.

<도표 5> 대우 표현에서 종결 어미의 대립 체계

어 투 　 서 법		서술 서법	의문 서법
격식적인 공적 담화		-읍네다, -읍데다	-읍네까?, -읍데가?
비-격식적 임	어간 받침 뒤	-수다, -수괴, -수게, -숫괴, -수께	-수가?, -수과?, -숫과?, -수꽈? -수가?
	모음 부류 뒤	-(으)우다, -(으)웃괴, -(으)우께	-(으)웃과?, -(으)우꽈?, -(으)우까?

　　이 방언의 종결 어미들을 높임 등급으로 구분하여 놓을 경우에 3등
급으로 나눈 경우가 있다. 서술 및 의문의 서법을 기본적인 것으로 파
악하지 않고서, 대신 명령 서법의 형태만을 빌어 'ᄒ서, ᄒ라, ᄒ여'로
3등급을 나누는 일도 있으며, 서법들을 뒤섞어 '-읍네다, -읍주, -네, -
고라'로 4등급을 나누는 일이다. 이는 의사소통의 기본 동기도 파악하
지 않고 서법 자체도 엄격히 구분하지 못한 분류이다. 이전에 3등급
'ᄒ서체, ᄒ라체, ᄒ여체'의 모습은 모두 '명령 서법'만을 대상으로 하여
나눈 것이다.4) 여기에는 두 가지 오류가 있다. 첫째, 명령 서법의 종결

---

4) 이 방언에서 높임 명령투는 'ᄒ서, ᄒ주'가 있다. 'ᄒ서'는 상대방 청자가 혼자서 행동을
해야 하지만, 'ᄒ주'는 화자와 청자가 함께 행동을 하자는 청유의 뜻이 더 들어 있다.
서술 서법이나 의문 서법이 더 기본적인 데도 불구하고,
　　"대우 등급을 왜 꼭 명령투의 서법을 써서 표현해야 하는지?"
에 대해서는 심각한 물음이 한 번도 제기된 바가 없다. 따라서 이 물음에 대하여 어떤
정당성을 밝히려는 시도조차 전혀 없다. 직관적으로 그 이유를 찾아본다면, 아마 행동을
요구하는 명령 서법이 청자와 화자의 관계를 가장 분명히 보여 줄 것으로 기대되었을
법하다. 이는 서술 및 의문 서법에 따라 높임이나 대우의 등급을 나누어 놓는 것이 아니
기 때문에, 분명히 일정한 구조적 한계를 지닌다. 대우의 등급이 결코 오직 명령 서법
한 가지에만 국한되는 것이 아니고, 또한 의문이나 서술이나 청유 등의 여러 서법에서도
공통된 특성이기 때문이다. 특히 서술문이나 의문문에는 명령문보다 더 세분되는 형태
들이 엄연히 짝들로 존재하기 때문에, 명령의 말투로 대우 체계를 나누는 일은 잘못임을
알 수 있다.
　　그렇다면 모든 서법에 적용될 수 있는 방식을 모색하는 것이 마땅하고 올바른 길일
것이다. 그런 목적을 위한 분류 방식이 첫째, 고유한 종결 어미들을 가진 것과 억양을

어미만을 기준으로 하여, 서술 또는 의문 서법의 종결 어미까지 나눈 일은 아무런 정당성을 찾을 수 없다. 둘째, 고유한 서법의 종결 어미 부류 및 억양만 달리하여 두루 여러 서법에 쓰이는 반말투의 종결 어미 부류를 제대로 구분하지 못하였다. '흐라'[해라]는 고유한 명령 서법의 종결 어미이다. 그러나 '흐여'[해]는 억양을 달리하여 여러 서법에 두루 쓰이는 반말투의 종결 어미이다. 따라서 '흐라'이든 '흐여'이든 같은 등

달리하여 여러 서법에 두루 쓰이는 반말투 어미들을 구별하는 일이다. 둘째 고유한 종결 어미들 중에서 높임 형태들을 따로 분리하고 그렇지 않은 것들과 대립시켜 놓는 일이다.
여기서는 이 방언에서 듣는 사람을 높이는 등급을 3단계로 분류한 것이 잘못임을 지적하려는 목적을 지닌다. 그 이유는 각 서법에 고유한 어투 및 억양만 달리하여 두루 쓰이는 반말투를 제대로 인식하지도 못하였고, 이들을 전혀 구분해 주지도 못하였기 때문이다. 명령 서법과 관련된 것이라고 하더라도, 명백히 두 단계의 대립 형식을 보여 준다는 사실을 찾아내는 일에도 실패하였다. 높여 주는 명령 '흡서'과 그렇지 않은 명령 '흐라'이다. 이는 청유 서법도 동일하다. 높여 주는 청유 '흡주'와 그렇지 않은 청유 '흐주'이다. 서술 서법과 의문 서법에서는 공통적으로 고유한 종결 어미들이 정연히 짝을 이루고 있다. '-읍네다, -읍데다'[-습니다, -습디다]에 '-읍네가?, -읍데가?'[-습니까?, -습디까?]가 있다. 이들이 명령 서법의 '흡주'와 청유 서법의 '흡서'에 대응되는 부류이다. 이들이 모두 공통 기반으로 '-읍-'을 서로 나눠 갖고 있다. 무가 채록들에서 볼 수 있는 종결 어미 '-오'를 매개로 한 융합 구성체로 서술 서법의 '-읍네다, -읍데다', 의문 서법의 '-읍네까?, -읍데가?', 명령이나 청유 서법의 '-옵서!' 따위는 특정 상황(무가 속에서 계급 사회의 존귀한 사람이나 신을 향한 의사소통)에서만 쓰이므로 현행 기술 체계로는 다루지 않는다.
그런데 서술 서법에는 또한 엄연히 청자를 높여 주는 '-수다, -(으)우다, -수괴/-수게, -(으)우괴/-(으)우게, -숫괴/-수께, -(으)웃괴/-(으)우께'가 있고, 질서 정연하게 그 짝이 의문 서법에서는 이 형태가 '-수가?, -수과?, -(으)웃과?, -(으)우꽈?'로 나온다(특별히 '-(으)우'에는 사이사옷이 더 들어가 있음). 이 형태들은 상대적으로 비격식적인 말투이며, 이 어투로는 명령하거나 청유할 필요가 전혀 없다. 만일 비격식적인 명령과 비격식적인 청유가 있다면, 이는 결국 '흐라'와 '흐자'와 동일한 등급이 될 것이기 때문이다. 이런 사실이 제대로 인식된 적도 없고, 따라서 아직까지 지적된 일도 없다. 오직 직관적으로 3등급이나 4등급을 던져 놓았을 뿐, 한 번도 그 등급 설정의 타당성을 증명하거나 비판해 보지 못했던 것이다. 따라서 이제 철저하게 종결 어미의 형태들에 대한 분석을 거친 뒤에 제대로 등급을 세워 나가는 일이 절대적으로 필요하며, 이 논의가 그런 일의 첫 단추가 되기를 희망한다.
이런 이분 대립의 질서는 그대로 교착어 또는 부착어로서의 한국어의 특성을 존중하고 구현해 주는 일인데, 더 강조할 수 없을 만큼 매우 중요한 논제이다. 공통어에서 논의되는 대우의 등급도 궁극적으로는 응당 몇 가지 차원에 근거하여 이분 대립 방식으로 구현해 놓아야 할 것이며, 이제 그 목표를 위한 간편하고 단순한 지침이나 모범 사례가 바로 이 방언의 대우 등급에 대한 기술 방식인 것이다. 아주 미세한 것이지만 의문 종결 어미에서는 사이시옷이 개재된 모습이 관찰된다. 대우 의문 종결 어미 '-읍데가?'에서는 사이시옷이 관찰되지 않으나, '-읍네까?'에서는 사이시옷 때문에 된소리로 된 것이다(사이시옷 개재의 비일관성). 어떤 환경에서 무슨 이유로 사이시옷이 개재되는지를 명백히 밝혀져야 할 것인데, 저자로서는 아직 그 이유를 알 수 없다.

급에서 주고받는 말투일 뿐이다. 이를 하대와 평대로 나눈 것은(현평효 1985) 명백한 오류일 뿐만 아니라, 형태 분석 방법의 틀을 제대로 설정치 못한 데에서 말미암은 것이다.

만일 형태상으로 대우의 등급을 나눈다면, 뒤의 〈도표 5〉에서 보여주듯이, 이른바 대우 명령투 'ᄒ서'[하십시오]의 형태 및 그렇지 않은 명령투 'ᄒ라'[해라]가 대립된다(ᄒ서 : ᄒ라). 억양을 달리하여 여러 서법에 쓰이는 반말투 'ᄒ여'[해] 등급은 그대로 청자를 대우해 주는 화용 첨사 'ᄒ여＋마씀'이 붙어서 대우 등급이 차별화된다(ᄒ여 : ᄒ여마씀). 고유한 명령투와 반말투의 명령 사이에서는 서로 엄연히 언어상의 구분이 있다. 화용 첨사들이 세 층위가 있는데(§.1-5 참고: 68쪽 이하), 청자의 동의 여부를 묻는 제3층위의 화용 첨사를 제외하고서, 이보다 더 아래 있는 층위(청자에게 주목하도록 하여 통보하는 층위)의 대우 화용 첨사 '마씀'이 반말투에만 붙을 수 있기 때문이다. 이런 점에서 반말투가 더 무표적 표현이며, 격식을 전혀 갖추지 않은 말투라고 할 수 있다.

따라서 이 방언에서는 정연히 격식투와 비-격식투로 나뉘고, 각 어투에서 다시 대우 여부에 따라 대립된다. 격식 갖춘 어투에서는 청자를 높이는지 여부에 따라서 오직 두 등급이 대립된다.

'ᄒ서(ᄒ십서) : ᄒ라'[하십시오 : 해라]

이들은 모두 명령 서법의 종결 어미들에 의해 청자인 상대방에 대한 대우 여부가 표시되고 있다. 때로 '-으시-'를 덧붙여[5] 'ᄒ다'의 주체를

---

5) 이전의 논의들을 보면 '-으시-'가 이 방언에서 일부 사회 계층에서 쓰인다고 언급되어 있다. 그런 기술을 하는 쪽에서는 '-으시-'를 안 쓰는 것을 마치 기본값으로 여기는 듯하다. 그렇지만 어려서부터 옛 제주시에서 자란 저자는 대우를 드러내는 일부 어휘 표현과 '-으시-'를 필수적으로 구현하는 언어 환경에 익숙하므로, 이런 '일부 계층'이라는 지적이 이질적으로 느껴지며, '-으시-'의 구현을 동시에 둘 이상을 지닌 언어투식(register)이나 변이체 차원에서 다뤄야 할 것으로 본다. 아마 이 형태소를 사용하지 않는 계층에서는 자기 아버지를 부를 경우에도 지칭어와 호칭어의 구분이 없이 '아방'이라고 말할 듯하다. 좀 더 면밀한 조사가 필요한 대목이다. 국어사에서 이 방언에서 찾아지는 변이 모습은

높이는지 여부에 따라서 '흐십서 : 흐시라'로 하위 구분하거나, 아니면 '{흐십서 : {흐시라 : 흐라}}'로 더 자세히 구분할 수도 있다. 그렇지만 행위 주체를 높이는지 여부는 1차 구분과 관련되지 않고, 오직 부차적일 뿐이다. 그리고 비격식적 어투에서는 화용 첨사 '마씀'의 유무에 따라

'흐여 : 흐여마씀'[해 : 하란 말씀이에요]

처럼 대립되는 것이다. 여기서 화용 첨사가 더 붙는지 여부에 따라 듣는 사람에 대한 대우 여부가 달라지고 있다. 이 방언은 대우 등급에서 일관되게 이러한 이분 대립을 보여 준다.

비록 대우와 관련된 명령 서법의 종결 어미는 오직 '흡서'만 있지만, 서술 서법과 의문 서법의 종결 어미들은 이 등급에서도 엄연히 다시 격식투와 비격식투를 나눠 놓고, 서로 정연히 체계적인 대립을 보여 주는 고유한 형태의 종결 어미들을 갖고 있다. 각각 '서술문 : 의문문'의 대립 짝을 보인다면, 우선 '-읍-'을 공통적으로 갖고 있다.6)

'-읍네다, -읍데다' : '-읍네까?, -읍데가?'
[-습니다, -습디다] : [-습니까?, -습디까?]

이들에서는 모두 '-읍-'[습]라는 공통 기반의 형태를 찾을 수 있다. 명령문의 '흡서'나 청유문의 '흡주'에서도 공통적으로 '-읍-'을 찾을 수 있다. 그렇지만 명령이나 청유는 개념상 양태 형태소 '-ㄴ-, -더-'를 요구할 수 없다. 이들은 대상이나 사건의 관찰이나 서술과 관련되는 것이기 때문이다. 관찰하여 말로 서술하는 일은, 행동 그 자체와는 별개의 일

대우 표현의 등장이나 발달 과정에도 시사점이 있을 듯하다.
6) 이 방언에서는 '-읍네다'만 쓰인다. '-습네다'는 공통어 형태를 반영해 놓은 혼효형이다. '-습-'은 '사뢰다, 솖다'(白)에서 기원한다고 알려져 있다. 이는 이 방언에서 '슬우다, 슬루다'로 쓴다. 그렇지만 이 방언에서는 왜 꼭 '-읍-'만 나타나는지에 대해서도 따로 설명될 필요가 있다.

이며, 결코 서로 관련될 수 없는 것이다. 이런 개념상의 요구가 그대로 언어 형식에도 반영되어 있다.

이 방언에는 기원적으로 중첩된 종결 어미 형식으로 굳어진[7] 대립 형식들도 존재한다. 각각 서술문과 의문문의 형태들을 짝으로 보이면 다음과 같다.

'-수다, -수괴, -(으)우다, -(으)웃괴' : '-수가?, -수과?, -(으)웃과?, -(으)우까?'
[-소이다, -오이다]   : [-소잇가?, -오잇가?]

이들과 대응하는 명령문이나 청유문의 형태는 존재하지 않는다. 이들이 모두 비격식투의 대우 형태이기 때문이다. 대우하지 않는 명령투는 'ᄒ라!'가 되며, 대우하지 않는 청유는 'ᄒ자!'가 된다. 다음 〈도표 6〉에서 명령문이나 청유문에는 '-수-'에 상응하는 비격식투의 형태들은 존재하지 않는다. 명령이나 청유는 대우하는 말투에서 언제나 격식투만 필요한 것이지, 비격식투는 요구될 이유가 없기 때문이다. 명령은 전형적으로 양자 관계에서만 성립하고, 서술 서법과 같이 제3자를 언급하지 않는다. 명령 서법의 종결 어미를 갖고서 이 방언의 대우 또는 높임 체계를 붙들려는 시도는, 서술문과 의문문에서 관찰되는 이런 체계적 대립의 실상을 전혀 보여 줄 수 없는 명백한 한계를 지닌다. 따라서 명령 등급에 따라 대우 표현을 나누려는 3분 등급의 시도(현평효 1985)는 잘못된 것임을 잘 알 수 있다.

청자를 높여 주는 대우 체계는 청자 대우와 평대로 나뉜다. 청자 대우는 서술 및 의문 서법을 기반으로 하여 정연히 체계적으로 격식투와 비격식투로 나뉜다. 양자 관계의 명령 및 청유 서법은 청자를 높이기

---

7) 김지홍(2001), 「제주 방언 대우법 연구의 몇 가지 문제」, 『백록 어문』(7~35쪽)에서 처음 지적되었다. 공통어의 '-소, -오'에 다시 청자를 대우하는 꼭지 달린 '-이다'가 덧붙어 융합된 것이다. 텔레비전 사극에서 가끔 들을 수 있는 '갔소이다, 했소이다'가 바로 이 방언의 '-수'와 일치하는 형태들인데, 중간의 융합 단계로서 '-쉐-'란 형태들이 입말 문학 자료들에서 분명히 관찰된다.

위해 격식투만 갖고 있을 뿐이다. 평대는 각 서법마다 고유 형태가 있고(괄호 속은 '이다' 활용임), 억양을 달리하여 여러 서법에 쓰이는 반말투가 몇 개 있지만, 대표 형태만을 써 둔다. 반말투에는 화용 첨사 '마씀, 마씸' 따위가 덧붙음으로써, 격식 갖추지 않은 청자 대우의 표현으로 될 수 있다.

<도표 6> 각 서법에 따른 대우 체계

어투 / 서법	청자 대우		평대(대우하지 않음)	
	격식투 {읍}	비격식투 {수}	서법 고유 형태	반말투
서술	-읍네다, -읍데다	-수다, -수괴, -수게 -(으)우다, -(으)웃괴, -(으)우께	-다(계사, 이어¹)	-어² (계사, 이라²) (청유 '-게²', -주²'도 가능)
의문	-읍네까?, -읍데가?	-수가?, -수과?, -수가? -(으)웃과?, -(으)우꽈?	-가?(계사, 이가?)	
명령	-읍서!		-으라³!, -거라³!	
청유	-읍주²!		-자!	

인간 언어 사용에서 대우 표현을 보편적인 관점에서 다룰 때에는 정중함이나 공손함이란 개념으로 다뤄 왔는데, 격식성(formality) 여부 및 공식성(publicity) 여부가 중요하게 작용한다. 이들은 서로 별개의 것이 아니라, 서로 긴밀히 관련되어 정도성으로 구분될 뿐이다. 위의 도표에서 격식성 여부는 격식투와 반말투에서 두 극점으로 가리켜 줄 수 있다. 공식성 여부는 청자 화자 사이의 심리적 거리감(심리적으로 가깝다, 멀다)으로 표현되며, 대체로 딱딱하게 느껴지거나 부드럽게 느껴지는 어감의 차이로 나타난다. 공식적일수록 딱딱한 느낌이 더 들어가고, 개인적이고 사적일수록 부드러운 느낌이 깃드는 것이다. 딱딱하게 느껴지면 서로 간의 심리적 거리가 멀고, 부드럽게 느껴지면 심리적 거리가 짧다고 말할 수 있다. 아마 이런 특성이 청자를 높이지 않는 평대 표현에서 두 계열인

'고유 서법 형태 : 반말투 형태'

를 지니게 된 동기일 듯하다. 각 서법마다 고유한 종결 어미 형태들일 수록 딱딱하고 공식적인 상황에 쓰일 수 있다. 그렇지만 두루 여러 서법에 쓸 수 있는 반말투의 종결 어미일수록 부드럽고 사적인 상황에 쓰일 듯하다. 또한 격식투일수록 공식적 상황에서 쓰일 수 있고, 비격식투일수록 개인적이며 사적인 상황에 쓰일 듯하다. 이것이 공통어에서 '-습니다'체와 '-요'체가 구분되는 질서이다. 이 방언에서도 또한 엄연히 '-옵네다'체 및 '-수다' 또는 '-마씀'체가 그러하다. 이런 구분들을 상위 개념으로서 우리가 일상적으로 써 오는 '어투' 또는 '말투'로 묶을 수 있다. 일부에서는 '화계(話階)'라는 표현을 쓰기도 한다. 대우 표현은 어투 또는 말투가 정해지는 하위 갈래일 뿐이다. 무가 채록본들을 보면 임금이나 신을 향하여 말을 할 경우에 '-오'(가령 "임금님께 아뢰오!"라는 관용구에서 보이듯 존귀한 사람과 함께 쓰였음)라는 대우 종결 어미에, 다시 이 방언에서 쓰는 종결 어미들이 융합되어 서술 서법에서 '-옵네다, -옵데다', 의문 서법에서 '-옵네까?, -옵데가?', 명령 청유 기원 서법에서 '-옵서!' 따위도 찾을 수 있다. 그러나 이들은 공시적인 기술 체계에서 일단 제외시켜 둔다.

만일 청자를 높여 주는 대우 형태들을 제외한다면, 이제 고유한 형태들로 나오는 독자적인 의문 어미들을 다룰 수 있다. 의문 어미들은 크게 기능상으로 나누거나, 형태상으로 나눈다. 기능상으로 보면, 다음과 같이 여섯 가지 범주의 의문문을 나눌 수 있다(㉠ ~ ㉻).

㉠ 상대방에게 그러하다거나 아니면 그렇지 않다고 하는 가부 응답(yes or no)을 요구하는 '예-아니오 질문'
㉡ 화자가 모르는 내용을 누구·어디·무엇·어떻게 등의 의문사로 집어넣고, 청자에게 그 의문사의 내용을 알려 주도록 요구하는 '설명 의문'

'예, 아니오(yes or no)'라는 가부 질문 ㉠은 의문 어미 형태가 '-가?'로 끝나지만, 이와는 달리 ㉡의 설명 의문 어미는 '-고?'로 끝나서 서로 구별이 이뤄진다. 가부 질문은 가부를 판정해서 대답해 주어야 하므로 판정 의문이라고도 불린다. 다시, 질문은 다음과 같이 두 가지로 나뉜다.

ⓒ 듣는 이에게 선택을 하도록 하는 선택 질문
ⓓ 스스로에게 던지는 자문의 형식이나, 소리를 내어 발화함으로써 청자가 알아차리고 답변할 수 있는 간접 의문

선택 질문은 두 가지 이상의 선택지를 제시하여8) 청자로 하여금 그 하나를 선택하여 대답하도록 하는 형식이다. 가령

"살안댜(↗), 죽언댜?(↗)"[살았니, 죽었니?]
"값어(↗), 말았어?(↗)"[가고 있니, 가고 있지 않니?]
"올래(↗), 안 올래?(↗)"[올래, 안 올래?]

등과 같다. 대립적인 낱말이 선택지로 제시되거나, 부정 표현의 어구 '말다, 아니' 따위가 덧붙어 제시될 수 있다. 그런데 ⓓ의 간접 의문은 직접 질문에 대립되는 개념이다. 직접 질문은 청자에게 직접 묻는 형식이다. 그렇지만 화자인 내가 스스로 궁금해 하거나 의심스러운 바를 내포문 형식으로 말할 수 있다. 즉,

"나에게는 <u>이것이</u> 궁금하다, 나는 <u>이것이</u> 의심스럽다"

와 같은 형식에서 '이것이'가 문장으로 나올 수 있다. 이를 내포문이라고 말하고(다음 예문에서는 꺾쇠괄호로 묶임), 이를 담고 있는 것을 상위문이라고 부른다. 내포문이 의문문 형식을 띨 경우에 아무런 어미의 도움

---

8) 중국어 백화에서 이런 선택 질문 형식이 자주 쓰인다. 본문에 제시된 것 말고도 이 방언에서는 219쪽의 §.2-7-4의 '~으멘, ~으멘?'도, 261쪽의 §.3-2-6의 '~나, ~나?'도 선택 질문으로 쓸 수 있다.

이 없이 그대로 내포문으로 나올 수 있다.

"나는 [철수가 떠났는가] 궁금하다"
"나는 [그걸 꼭 사야 하는지] 고민스럽다"
"나에게는 [그 강아지가 똑똑할까] 의문이다"

그런데 상위문은 말하는 상황에 따라 수시로 생략되거나 삭제되어, 오직 대괄호 속에 들어 있는 내포문만이 화자의 말소리를 통하여 나올수 있다. 이 때 내포문은 스스로에게 의문을 던지는 형식이지만, 일부러 소리를 내어 상대방이 듣도록 말해 줌으로써,

"내가 궁금히 여기거나 의심스러운 바를 말하니, 청자인 당신이 내게 알려 주시오!"

라는 속뜻이 깃들거나, 아니면 좀 더 강하게 해석되어 명시적으로 상대방에게 답변을 요구하는 것일 수도 있다. 그렇지만 강한 후자의 해석에서는 직접 질문과 간접 의문의 구분이 무너져 버린다.

간접 의문을 쓰는 이유는 근본적으로 청자의 체면을 보호하기 위한것이다. 청자에게 답변을 강요하지 않고 스스로 답변할지 여부를 결정할 수 있도록 해 줌으로써, 비록 답변하지 않고 모른 척 넘어가더라도, 서로 간에 의사소통에 협조하지 않는다고 비난받지 않도록 하려는 배려의 마음이 깔려 있다. 청자에게 답변을 요구하는 강한 해석에서는 이런 배려가 완전히 사라져 버린다. 이 방언의 의문 종결 어미들을 분류할 적에는 간접 의문 형식을 띤 것들이 있으므로, 이런 구분을 유지해 주는 일이 도움이 된다.

ⓜ 상대방의 동의를 요구하거나 상대방의 판단에 대하여 반문을 하는 수사 의문

ⓗ 메아리 반복 의문

수사 의문 형식은 발화나 문장의 꼬리 부분에 따로 동의를 요구하는
표현을 쓸 수 있는데, 이 방언에서는 이 기능이 화용 첨사로도 실행된
다. 공통어에서는 '-잖니?(↘)'라고 굳어진 어미를 쓰거나, 화용 첨사
'요?(↗)'도 쓸 수 있으며, 따로 "네 생각은 어때?"라고 별개의 발화나
문장으로도 물을 수 있다. 마지막으로, 상대방의 발화를 메아리처럼 그
대로 옮기면서, 다만 억양을 올려 그 발화의 내용에 의문을 던지는 것
도 있다. 가령, "철수가 왔다고!(↘)"라는 상대방의 서술문에 대하여, 그
소리 형식을 그대로 옮기고서 마지막에 걸리는 억양만 올려서 "철수가
왔다고?(↗)"라고 반복하는 것이다. 이 방언에서는 이 발화가 "철수 오
랐댄!(↘)"과 같이 말해지고, 이를 메아리처럼 반복하여 억양을 올려
"철수 오랐댄?(↗)"과 같이 물을 수 있는 것이다.

   이렇게 기능별 나눈 의문 형식도 그 어미의 형태들을 고려하면서 서
술의 종결 어미들과 같이 동일하게 여섯 가지 부류로 나눌 수 있다.

<도표 7> 의문 서법의 종결 어미 범주

고유한 부류	① '독자적' 종결 어미	독자적으로 의문 서법에만 쓰이는 것
	② '겸용' 종결 어미	반말투 및 몇 가지 서법에 같이 쓰이는 것
	③ '중첩' 종결 어미	둘 이상의 종결 어미가 융합된 것
도출된 부류	④ '관형형' 종결 어미	관형형 어미 '-은, -을'을 매개로 한 것
	⑤ '형식 명사' 종결 어미	관형형 어미 및 형식 명사를 매개로 한 것
	⑥ '전성' 종결 어미	내포문의 인용 어미 등에서 굳어진 것

이러한 분류의 얼개 속에 각각 앞에서 언급한 기능별로 나눈 의문 내용
들이 더 하위 범주로 구분될 수 있다. 서술 서법의 종결 어미들에서는
반말투의 범주에 내포 구문의 어미뿐만 아니라 접속 구문을 이루는 연
결 어미들도 종결 어미로 전성된 것들이 있었다. 그렇지만 의문 서법에
서는 오직 내포 구문을 이루는 인용 어미들만 종결 어미로 참여하고

있음이 서로 다르다. 논리 전개상 '의문'은 한 발화나 문장이 종결되는 위치에서만 단 한 번 가능하기 때문이다. 다만, 메아리 의문 형식으로는 임의의 서술문도 반문 형식을 띨 수 있다는 점은 예외이다. 이하에서는 이런 순서대로 이 방언의 의문 종결 어미들을 다루어 나가기로 한다.

제2절 평대 관계의 고유한 의문 종결 어미

평대 관계에서 찾아지는 의문 서법의 종결 어미들은 크게 스스로에게 묻는 자문 형식과 직접 얼굴을 마주 보고 있는 상대방 청자에게 상대방이 지닌 정보를 화자인 나에게 알려달라고 요구하는 질문 형식으로 나눌 수 있다. 후자는 다시 '예-아니오'(응-아니) 답변을 요구하는 판정 의문과 의문사(언제, 어디서, 누가, 무엇을, 어떻게 따위)에 대하여 설명을 요구하는 설명 의문으로 나뉘지만, 공통어의 영향 때문에 일부에서만 지켜지고 있으며, 이런 엄격한 구분이 점차 허물어지고 있음을 관찰할 수 있다. 더 세부적으로 들어가면 용언의 어간에 직접 붙는 의문 종결 어미와 시상 형태 뒤에 붙는 의문 종결 어미들에서도 차이를 찾을 수 있다.

§.3-2-1 판정 의문('예-아니오' 답변)의 종결 어미: '-가?'(↗) {계사 어간에 직접 붙거나, 형용사 및 동사의 어간에는 '-은가?, -을까?, -으카?'로 실현됨}

계사: 이거 느 책이가?/책가?[이거 네 책이니?]
　　　저디 가네 집이가?/집가?[저기 그 아이네 집이니?]
　　　기가?, 아니가?/기?, 아니?[그렇니?, 안 그렇니?]
　　　가네 물가?[그 아이네 말인가?]

형용사: 그 고장 고운가?[그 꽃 곱니?]

동사: 가이도 올카?/오카?[그 아이도 올까?]

　　　그 사름 우리 밧 사카?[그 사람 우리 밭 살까?]

　이 방언에서 독자적인 의문 종결 어미 '-가?'는 명사 또는 계사 '이다'
에 연결된다. 명사에 직접 이어지는 경우는, 서술 서법에서도 아무런
종결 어미 없이도 내림세 억양(↘)만으로 발화가 완결된다.

　"이거 느 책"[이거 네 책이다]

에서처럼 아무런 종결 어미가 없이도 충분히 온전한 발화로서 기능하
는 것이다. 두 개의 명사구가 이어질 때에 앞의 명사구가 충분히 주어
자격을 갖춘다면, 잉여적으로 다음 명사구는 서술의 기능이 기본값으
로 확립된다고 말할 수 있다. 바로 이런 구문을 바탕으로 하여, "책가?"
는 의문 종결 어미 '-가?'가 직접 붙은 것으로 볼 수 있다. 그렇지만
계사를 지닌 "책이가?"와 기능상으로 어떤 차이도 느껴지지 않는다. 그
렇지만 '-은가?'라는 종결 어미를 써서 간접 의문 형식으로 될 경우에
는, 오직 계사가 있는 구문 "책인가?"로만 쓰일 뿐, 결코 '*책은가?'는
쓰일 수 없다는 점에서 차이가 있다. 이렇게 계사가 들어 있는지 없는
지를 확정할 수 없는 경우는 또한 '물가?'[말인가?]라는 표현에서도 똑
같다. 계사가 생략되어 있다고 볼 수도 있고, 또는 직접 명사 '물'에9)
의문을 표시하는 '-가?'가 직접 붙었다고 말할 수도 있다.10) 한편, 서술

---

9) 이 방언을 다룬 일부 연구에서는 '외'를 오직 단모음으로만 여기고, 대신 중모음으로
　발음될 수 있는 '웨'를 적은 적이 있다. 그렇게 처리했다면 일관되게 단모음 '위'도 이
　방언에서 중모음으로만 발음되므로, 이 또한 달리 표기하는 방법을 고안했어야 옳았다.
　그러나 오직 '외'만 보았을 뿐, '위'는 전혀 고려에 넣지 못하였다. 설사 고려에 넣더라
　도 중모음을 표기할 수 있는 별다른 방법을 마련할 수도 없었을 것이다. 그 결과로 나온
　표기가 '웨'이다. 공통어에서는 자음이 있을 경우에는 '외'도 중모음으로 나온다. 따라서
　굳이 '되다'나 '된장'을 '뒈다', '뒌장'으로 적어야 할 이유는 없다고 본다. 그렇지만 방언
　의 표기법을 반영하여, 두 표기를 나란히 적어 둔다.

서법 §.2-2-3-다)의 '-게'에서는 명사에 직접 화용 첨사 '게'가 붙은 경우를 다뤘다(121쪽 이하). 그렇지만 여기서는 어미이므로, 계사 어간 이 생략되었다고 보는 쪽이 온당할 듯하다.

'그렇다, 아니다'라는 말은 이 방언에서 독자적 종결 어미를 지녀 "기 다, 아니다"나 "기여, 아니여"로 나오거나, 반말투의 종결 어미를 지녀 "기라, 아니라"로 나오거나 또는 종결 어미가 없이 그냥 "기 : , 아니 : " 로도 말해진다.11) 만일 이를 질문 형식으로 바꾸면 독자적인 의문 어미 "기가?, 아니가?"로도 나오고, 반말투의 의문 어미 "기라?, 아니라?"도 가능하며, 의문 어미를 생략한 채 올라가는 억양으로 "기 : ?(↗)", "아니 : ?(↗)"라고도 말할 수 있다.

형용사와 동사가 나올 때에는 직접 '-가?'가 나오지 않고, 대신 관형 형 어미를 녹여 품고 있는 '-은가?, -을까?, -으카?'를 쓴다. 물론 계사도 또한 이들 종결 어미와 같이 나올 수 있다.

"이거 느 책<u>인가</u>?, 느 책<u>일까</u>?, 느 책<u>이카</u>?"

와 같다. 이 방언에서만 쓰이는 '-으카?'는 '-을까?'에서 나온 것이다.

---

10) 그런데 '쇠카?/쉐카?, 쉴카?/쉘카?[소일까?]라는 말에서는 사정이 달라진다. 비록 겉으로 계사의 모습을 확인할 수 없지만, '-은가?, -을까?, -을카?, -으카?'라는 의문 어미가 반드시 서술문에 붙어야 하기 때문에, 계사가 들어 있다고 기술해야 옳다. 이 경우에는 '-가?'와 달리 화용 첨사 '마씀, 마씸'이 덧붙을 수 있다. "가네 물<u>이카마씀</u>?, 쇠카마씀?/쉐 카마씀?". 독자적인 의문 서법의 종결 어미 '-가?'는 결코 대우 화용 첨사 '마씀, 마씸'을 덧붙일 수 없다. "*가네 물<u>이가마씀</u>?, *쇠가마씀?/*쉐가마씀?" 비록 미세한 차이이지만, 어투에서 확연히 서로 다른 범주에 속함을 알 수 있다. 관형형 어미 '-은, -을'을 매개로 하여 만들어진 의문 서법의 반말투 종결 어미는 뒤에서 다뤄질 것이다. 만일 반말투 종결 어미 중에서 가장 기본적이고 무표적인 '-어²'가 연결되면, 계사의 경우 '-라'로 나오는데, §.3-3-1의 관련 항목 논의를 보기 바란다(267쪽 이하).

11) 김완진(2006), 「대조적 관점에서의 제주도 방언에 대한 연구」, 『대한민국 학술원 논문집』 제45집에서는 이 방언에서 소리의 길이로 뜻이 구분되는 최소 대립쌍이 없다는 점에 주목하면서, 장단음의 차이를 감정적 또는 표현적 가치 정도로 간주한 바 있다. 따라서 주로 형용사나 부사 계열의 낱말들에서 찾아지는 것으로 보았다. 그런데 여기에 제시된 '기 : ?' 또는 '아니 : ?'는 외려 '기이?'나 '아니이?'로 적어도 좋을 만큼 긴 발음이 느껴진 다. 아마 종결 어미로 실현되는 '-이'를 의식하기 때문일 수도 있는데, 만일 '기이?, 아니 이?'에서 줄어들었다면 준말로서 음장을 보존한다고 기술할 수 있다.

관형형 어미 '-을'이 의문 종결 어미 '-가?'와 결합할 적에 이들을 매개해 주는 'ㅎ'이 있는데,[12] 이 소리가 의문 종결 어미에 융합되어 있는 모습이다. 그렇지만 이들은 직접 의문이 아니다. 모두 간접 의문 형식이다. 간접 의문은

"나에게는 <u>이것이</u> 의심스럽다, <u>이것이</u> 궁금하다"

라는 문장에서 '이것이'가 그대로 '의심스럽다, 궁금하다'는 내용을 보여 주는 의문문 형식이다(아래 예문에서 대괄호로 묶여 있음). 이는 문장 속에 다시 문장이 들어 있는 내포문 구성이다. 이를 각각 상위문과 내포문으로 부르는데, 상위문 속에 내포문이 들어 있다.

"나에게는 [이거 네 책인가] 궁금하다, 의심스럽다"

그런데 상위문은 앞뒤 환경에 의해 삭제되거나 생략될 수 있다. 이런 경우를 간접 의문이라고 부르는데, 스스로에게 묻는 자문 형식으로도 해석되고, 또한 상대방에게 그 판단 여부를 묻는 질문 형식으로도 해석될 수 있다. 계사 '이다'가 "책이가?"라는 용례로 엄연히 나와 있기 때문에, 우연히 서로 대비를 통하여 "책인가?"라는 표현이 간접 의문임을 쉽게 알 수 있다. 그렇지만 매번 직접 질문과 간접 의문이 계사의 대비

---

12) 두 가지 표상이 모두 가능한 것이다. 하나는 '-을ㅅ가?'이고, 다른 하나는 '-을ㅎ가?'이다. 이런 모습은 합성어를 만들 때에도 동시에 두 모습이 모두 관찰된다. 제사 지내는 집(食祭)을 이 방언에서는 '식게칩' 또는 '식게찝'으로 말하는데, 각각 '식게ㅅ집' 또는 '식게ㅎ집'이라는 기본 표상에서 나온 것이다. 사이히읗을 넣은 낱말일수록 보수적이며 노년층에서 찾아진다. 반면에 사이시옷을 넣은 낱말일수록 젊은층에서 찾아지며, 공통어의 모습과 일치한다.
  완벽히 내포 의미가 일치하는 식제(食祭)라는 낱말은 『공자 가어』에 용례가 나온다. 송나라 『광운』에는 祭가 거성 괴(怪)와 제(祭) 운에 있으며, 『운경』에서 개구 2등, 개구 3등에 있으므로, 개음(ǐ)이 제주 방언에서 '이, 의'를 거쳐 '에'로 될 수 있다. 이런 환경에서는 구개음화가 저지된다(게, *제). 그렇다면 이 낱말이 중국에서 거성이 발달하기 이전인 상고 시기에 수입되어야 하겠는데, 현재로서는 증명하기 어려운 문제이다.

에서처럼 선명히 찾아지는 것은 아니다.

§.3-2-2 의문사 의문의 종결 어미: '[의문사]-고?(↘)' {-고, -이고?, -음고?, -음이고?': 형용사 동사는 시상 선어말 어미를 함께 갖고서 '-은고?, -을꼬?, -으코?'의 종결 어미와 결합하여 '-았인고?, -았이코?, -았일꼬?, -앗인고?, -앗이코?, -앗일꼬?'로 나뉨} ⇨ 명사형 어미 구성은 §.3-4-4의 '-엄댜?' 참고(301쪽 이하).

계사: 이거 <u>누게</u> 책이고?/책고?(↘)[이거 <u>누구</u> 책이냐?]
　　　저디 <u>누게</u>네 집이고?/집고?(↘)[저기 <u>누구</u>네 집이냐?]
형용사: 그 고장은 <u>무사</u> 경 <u>붉은고?</u>[그 꽃은 <u>왜</u> 그렇게 <u>붉은가?</u>]
　　　태풍 분댄 ᄒ는디 바당은 <u>무사</u> 저영 불았인고?[태풍 온다는데 바다는 왜 저렇게 잔잔해져 있는가?]
동사: 느 지금 <u>어디</u> 감이고?/감고?(↘)[너 지금 <u>어디</u> 감이냐?]
　　　가이 <u>무사</u> 그 일 홈이고?/홈고?(↘)[그 아이 <u>왜</u> 그 일 <u>함이냐?</u>]
　　　자이 <u>어디</u> 값인고?[저 아이 <u>어디</u> 가고 있는가?]
　　　느네 어멍 <u>어디</u> 갓이코?[너희 어머니는 <u>어디</u> 갔을까?])

의문 종결 어미 '-고?(↘)'는 반드시 '누구, 얼마, 어떻게, 언제' 따위의 의문사(wh-word)와 함께 나온다. 이런 의문사에 대한 대답을 해 주어야 하기 때문에, 앞의 '-가?'에 대한 대답이 '응-아니(yes or no)'의 두 갈래로서 '가부 질문'이라고 불리는 것과는 달리, 이런 의문을 '설명 의문'이라고 부르며, 내림세 억양(↘)으로 말해진다. 의문사 낱말과 종결 어미 사이에 있는 이런 긴밀한 관련성을 기술문법에서는 '공기 제약'이라고 불렀고, 생성문법에서는 '하위범주화 내용' 또는 '선택 제약'으로 불렀으며, 최근 말뭉치 언어학에서는 '이음말 제약'이라고 부른다. 중세 국어 자료나 현재 경상도 방언과 같이, 이 방언에서도 의문사와 종결 어미 사이에 긴밀한 관계가 일부에서 여전히 유지되고 있다.

'-고?'도 또한 자유롭게 형용사와 동사에 나오려면 반드시 관형형 어미 '-은, -을'을 녹여 품고 있는 '-은고?, -을꼬?'로 되어야 한다. 이 방언에서는 '-을꼬?'의 관형형 어미 '-을'이 생략되면 중간에 있던 사잇소리 'ㅎ'이 '-고'에 얹혀 특별히 '-으코?'로 나온다. 계사 구문도 '누게 책인고?'[누구의 책인가?], '누게 책이코?'[누구의 책일꼬?]처럼 나올 수 있지만, 이 또한 직접 의문이 아니라, 간접 의문이다. 곧, 본디 다음과 같은 구문에서

"나에게는 [이것이] 궁금하다, 의심스럽다"

에서 대괄호 속에 묶인 '이것이'가 의문문으로 바뀔 수 있다. 이를 내포문이라고 부르는데, 상황에 따라서 상위문이 생략되거나 삭제되어, 대괄호 속의 의문문만 남게 되면, 스스로에게 묻는 자문이 아니라 상대방에게 정보를 요구하는 질문으로 해석될 수 있다. 직접 의문으로 쓰이든, 간접 의문으로 쓰이든 간에, 모두 의문사 '누게'[누구, 누구의]가 나와야 하고, 내림세 억양(↘)을 지닌다는 조건은 언제나 같다.

이 방언에서 '-고?(↘)'가 동사와 결합하는 방식은 먼저 명사형 어미 '-음'으로 된 뒤에 계사 구문의 형식으로 나오는 것이다. '감이고?(↘), 흠이고?(↘)'가 모두 그러하고, 또한 계사의 어간이 생략된 '감고?(↘), 흠고?(↘)'가 그러하다. 여기서도 반드시 의문사 '어디'나 '무사'[왜] 따위와 같이 나와야 하는 설명 의문인 것이다. 여기서 찾아지는 명사형 어미 '-음'은 시상 선어말 어미 '-앖-'과는 범주가 다르다. 'ㅎ다'가 시상 선어말 어미로 연결되었더라면 반드시 'ㅎ엾-'과 같이 나왔을 것이지만, 여기서는 된소리 '*-꼬?'로 나오지 않고 평음(내지 유성음)으로만 실현된다. 따라서 명사형 어미가 들어 있음을 알 수 있다(§.3-4-4의 '-엄다?'의 논의도 참고: 301쪽 이하). 다음 바로 이어지는 절에서는 시상 형태 '-앖-, -앗-'이 선행된 직접 질문 형식의 '-앖고?, -앗고?'('-암꼬?, -앗꼬?'로 발음됨)를 다룬다.

이 간접 의문을 이끄는 종결 어미 '-고?(↘)'는 다시 관형형 어미 '-은, -는, -던, -을'과 결합하여 '-은고?, -는고?, -던고?, -을꼬?, -으코?'로 나오거나 또는 반말투 종결 어미 '-어'에 종결 어미 '-은고?'가 융합되어 '-언고?'로도 나온다. 이들도 모두 설명 의문으로 쓰인다. '-언고?'는 §.3-4-2에서 다뤄지고(275쪽 이하), '-은고?'는 §.3-5-1에서 다뤄지며 (308쪽 이하), '-을꼬?'는 §.3-5-4에서 다뤄질 것이다(325쪽 이하).

§.3-2-3 판정 의문('예-아니오' 답변)의 종결 어미: '-고?(↗)' {시상 형태와 결합하여 '-앖고?, -앗고?'} ⇨ 앞의 간접 의문 형식으로 된 설명 의문 종결 어미 '-고?'와 기능이 서로 다르며, 판정 의문으로 직접 질문을 나타내지만, 동일한 형태로 기술해 둠.

동사: 이녁 지금 집이 값고?[너 지금 집에 가고 있느냐?]
　　　그 사름 볼써 질 나삿고?[그 사람 벌써 길 나섰느냐?]
　　　느 그 일 ᄒ엾고?[너 그 일 하고 있느냐?]
　　　즈 그 일 다 ᄒ엿고?[너 그 일 다 하였느냐?]

앞의 '-고?'와 많은 점에서 공통되지만, 의문사에 대한 설명 의문이 아니라 가부(응-아니) 질문에 쓰이는 '-고?'가 있다. 다른 '예-아니오'(응-아니) 질문과 같이 오름세 억양(↗)으로 말해진다. 이 의문 종결 어미는 반드시 시상 선어말 어미 '-앖-'과 '-앗-' 뒤에 나온다. 그런데, 여기서는 결코 의문사가 요구되지 않고, '응-아니(yes or no, 예-아니오)'로 대답을 해야 한다. 만일 억양의 차이를 제외하다면, 설명 의문 '[의문사]-고? (↘)'를 가부 질문 '-고?(↗)'로 바꾸는 시상 형태 '-앖-, -앗-'이 나온다는 점을 고려하여, '[의문사]-고?(↘)'를 '-고¹?(↘)'로 보고, 가부 질문의 '-고?(↗)'를 '-고²?(↗)'로 간주해야 한다고 결론을 내릴 수도 있다. '-고¹?'이 시상 형태 '-앖이-'를 요구하지만, '-고²?'는 '-앖-'을 요구한다는 점을 크게 부각시킨 것이다. 물론 '-고¹?'의 시상 형태는 반드시 '-은, -을'

이라는 관형형 어미를 수반한다는 부대 조건이 주어져야 한다.

그렇지만 이 방언에서는 설명 의문과 가부 질문이 서로 바뀌는 경우를 세 가지 찾을 수 있다. 다음에 다룰 종결 어미들이 바로 그러하다.

㉠ '[의문사]-니?(↘)'에서 '-아?(↗)'가 덧붙어 '-냐?(↗)'로 될 수 있는데, 여기서 설명 의문이 가부 질문으로 바뀐다(거꾸로 기술될 수도 있음).

㉡ '[의문사]-디?(↘)'에서 '-아?(↗)'가 덧붙어 '-댜?(↗)'로 될 수 있는데, 여기서 설명 의문이 가부 질문으로 바뀐다(거꾸로 기술될 수도 있음).

㉢ '[의문사]-이?(↘)'에서 '-아?(↗)'가 덧붙어 '-야?(↘)'로 될 수 있는데, 여기서 설명 의문이 가부 질문으로 바뀐다(거꾸로 기술될 수도 있음).

이런 현상이 이 방언에서는 자주 일어난다. 아직 이런 뒤바뀜에 대하여 연구자들 사이에 어떤 합의점을 찾을 수 없다. 그렇지만 이런 현상을 놓고서 저자는 가능한 두 가지 설명 방식(확장 : 축소)을 상정할 수 있을 것으로 본다. 첫째, 가부 질문의 의문 종결 어미 '-냐?(↘), -댜?(↘), 야?(↘)'에서 '-아?'가 줄어들어 설명 의문의 '[의문사]-니?(↘), [의문사]-디?(↘), [의문사]-이?(↘)'로 줄어들거나 축약되었다고 볼 수 있다. 둘째, 거꾸로의 방향을 검토할 수 있다. 앞에서 제시하였듯이 '[의문사]-이?(↘)' 계통의 종결 어미에서 '-아?(↗)'가 덧붙어서 늘어난 것으로 적어 놓을 수도 있다.

그런데 줄어들거나 축약되었다고 볼 경우에는, 가부 질문 및 설명 의문에서 오직 설명 의문으로만 용법이 바뀐다고 조건을 달아 주어야 한다. 두 종류의 의문문으로 해석을 가능하게 만들어 주는 형태소가 탈락 또는 생략되면서, 오직 한 종류의 의문으로만 해석된다고 서술하는 것이다. 반면에, 어떤 형태가 덧붙어 늘어난다면, 덧붙는 형태에 의해서 새로운 조건이 생겨난다고 적어 놓을 수 있다. 즉, '언제, 무엇, 어떻게, 누구, 왜' 등의 의문사(wh-word)를 요구하는 형식에, '-아?'가 덧붙으면서 동시에 의문사를 요구하는 조건이 함께 취소되고, 판정 의문문으로도 해석된다고 서술할 수 있다. 단, 그 조건은 새로 덧붙은 형태소 때문에 생겨나는 것이다. 우리말 질서는 교착어/부착어로 불리는 만큼 형태소 실현의 유무에 따라 새로운 제약이 생겨날 수 있다. 선조적으로 앞에서 뒤쪽으로 덧붙는다고 보면, 확장 모습으로 기술해 줄 수 있겠다.

그렇지만 핵 계층 이론으로 본다면 임의의 발화나 문장에는 반드시 핵어가 있어야 하고, 그 핵어는 우리말이 지닌 후핵성 매개인자의 특성으로 뒤쪽에 실현되는 것이 자연스럽다. 이런 관점에서는 탈락하거나 축소되었다고 기술하는 쪽을 택하게 된다. 이 책에서는 탈락 또는 축소의 방식으로 서술해 둔다. 그 까닭은 다음과 같다. 다수의 의문 종결 어미들의 줄어드는 방식이 공통적이다. 첫째, 기본 형상 '이아?'에서 재음절화를 거쳐 '야?'로 되거나, '이'가 탈락하여 '아?'로 되는 선택이 있고(이때에는 기본 형상이 지닌 제약이 모두 보존된다), 둘째, 맨 뒤에 있는 의문 종결 어미 '아?'가 탈락하여 '이?'로 되는 방식이 있기 때문이다(여기에서는 제약이 달라짐). 어떤 변화 과정도 탈락 또는 축소로 일관되게 설명할 수 있다. 그렇지만 이와는 달리 만일 늘어나는 방식을 채택한다면, 기본 형상이 '이'에서 출발해야 한다. 그렇다면 이로부터 '이'가 탈락하고 '아?'만을 붙이는 방식이 있고, '이아?'가 유지되는 방식이 있으며, 또한 이들이 재음절화를 거쳐 '야?'로 되는 방식을 상정해야 한다. 이때에 늘어나는 방식에서 모순되게 왜 꼭 탈락이 도입되어야 하는지를 적절히 방어하기가 어렵다(서로 일관성이 없음).

중세 국어의 자료에서는 설명 의문과 가부 질문이 종결 어미의 형태 '-오' 계열' 및 '-아' 계열로써 명백히 구분되어 있었다. 그렇지만 오늘날 공통어에서는 종결 어미로 이런 계열이 전혀 구분되지 않는다. 가령, 공통어에서 '-니?'는 가부 질문으로도 쓰인다.

"너 지금 학교 가니?(↗)"[응-아니 질문],
"너 지금 <u>어디</u> 가냐?(↗)"[응-아니 질문 및 설명 의문]

여기서 쓰인 '어디'는 중의적이다(의문사 및 부정칭). 만일 '가냐'에 강세가 주어지면, '어디'는 의문사가 아니고 임의의 곳을 가리키는 부정칭 대명사이다. 따라서 '응-아니'(예-아니오) 중에 하나를 택하여 대답하게 된다. "응, 어디 가(↘)". 부정칭 대명사를 이용한 대답인 것이다. 이 의문 종결 어미는 또한 그대로 억양만 달리하여 설명 의문으로도 쓰이는데, 반드시 의문사에 강세가 주어져야 한다.

"너 지금 어디 가니?(↘)"[의문사에 대답해야 하는 설명 의문]
"너 지금 어디 가냐?(↘)"[의문사에 대답해야 하는 설명 의문]

여기서는 반드시 의문사 '어디'에 대하여 대답을 해 주어야 하는 설명 의문인 것이다. "응 학교에 가(↘)". 공통어에서는 형태상의 구분이 사라지고 오직 억양으로만 그 쓰임을 구별할 뿐이다.

두 계열의 형식을 구분해 주던 중세 국어와 이를 구별해 주지 못하는 현대 공통어 사이에서는, 그런 변화가 어떻게 왜 일어났는지를 놓고, 그 중간 과정을 설명해 줄 합당한 길을 찾을 수 없다. 그렇지만 이 방언에서 찾아지는 이런 구분 현상이 서로 다른 변화의 길을 제안할 수 있게 해 준다. 이 방언에서 '-아?'라는 형태는 판정 의문과 설명 의문에 두루 다 쓰이고 있다. 그렇지만 '-아?'가 탈락된 모습 '[의문사]-이?'(↘)는 오직 설명 의문의 종결 어미로만 쓰인다. 공통어에서는 이러한 구분이 없이 탈락된 경우에도 모두 판정 의문과 설명 의문으로 쓰이고 있으므로, 탈락 현상이라기보다는 줄임말처럼 그대로 '-아?'의 특성이 보존되고 있음을 알 수 있다. 이 방언에서는 분명한 탈락 현상이므로, 이 형태소의 탈락으로 말미암아 제약이 달라져 버린다. 그렇지만 공통어에서는 줄어든 현상이므로 본디 성격을 그대로 물려받고 있다고 설명할 수 있다.

만일 이 절의 '-고?'(↗)와 §.3-2-2절의 '-고?'(↘)가 동일하다는 저자의 주장이 옳다면, 특이하게 설명 의문에서는 현재 관찰 가능한 사건의 시상을 명사형 어미 '-음'과 계사 구문을 이용하여 표현하고, 판정 의문에서는 시상 형태 '-앖-'을 이용한다고 기술해 놓아야 한다. 이 특이성이 간접 의문과 직접 의문 사이에 차이점 때문에 비롯되는지 여부는 더 깊이 숙고해 보아야 할 사안이다. 다시 말하여, 같은 형태소가 간접 의문과 직접 질문 형식에 쓰이어 서로 다른 선행 형태들을 요구할 수 있을지에 대한 타당성을 따져 봐야 한다.

§.3-2-4 설명 의문에 쓰이는데 관형형 어미 '-은'과 형식 명사 '이'가 융합되었다고 보아야 할 종결 어미: '-냐?, [의문사]-니?(↘)' {어간에 직접 결합하거나 시상 형태와 결합하여 '-앖이냐?, -앗이냐?, -없느냐?, -엇느냐?, -없느니?, -엇느니?, -없니?, -엇니?', 보조동사 구문을 만들어 '-아 졌이냐?, -아 졋이냐?, -아 졌니?, -아 졋니?, -아 낫냐?, -아 낫니?', 양태 형태와 결합하여 '-느냐?, -느니?, -앖느냐?, -앗느냐?'로도 쓰이고, 관형형 어미와 함께 '-을러냐?, -을러니?'로도 쓰이며, 반말투 어미 뒤에 융합된 형식으로 '-어냐?, -어니?, -라냐?, -라니?, -여니?'도 가능함} ⇨ 서술 서법의 종결 어미 중 §.2-5-5 '-으니'(-은+이)도 같이 보기 바람(201쪽 이하).

계사: 저디 신 아이 느 아덜이냐?(↗)/아덜이니?(↗)[저기 있는 애 네 아들이냐?]
　　　저 사름 누게이냐?(↘)/누게냐?(↘)/누게니?(↘)[저 사람 누구이냐?/누구니?]
　　　그 사름 누게라냐?(↘)/누게라니?(↘)[융합 어미: 그 사람 누구였던 거니?]
형용사: 그 고장 곱느냐?(↗)[내재적 속성으로 인하여, 그 꽃 언제나 고운 거니?]
　　　무사 그 고장 곱느냐?(↘)/곱느니?(↘)[내재적 속성으로 인하여, 왜 언제나 그 꽃이 고운 거니?, 곱지 않다는 속뜻]
　　　그 고장 무사 고우냐?(↘)/고우니?(↘)[현재 일시적으로, 왜 그 꽃 고운 거니?]

그 고장 고우냐?(↗)/고우니?(↗)[현재 일시적으로 그 꽃 고운 거니?]

그 고장 무사 안 고와냐?(↘)/고와니?(↘)[융합 어미: 특정 시점에서,
일시적으로 왜 그 꽃 안 고운 거니?, 고왔다는 속뜻]

그 고장 고와냐?(↗)/고와니?(↗)[융합 어미: 그 꽃 고왔던 거니?]

그 방 어둑느냐?(↗)[내재적 속성으로 인하여, 그 방 언제나 어둡는
거니?]

무사 그 방 어둑느냐?(↘)/어둑느니?(↘)[내재적 속성으로 인하여, 왜
그 방 어둡겠니?, 어둡지 않다는 속뜻]

그 방 어둑으냐?(↗)/어둑으니?(↗)[현재 일시적으로, 그 방 지금 어둡니?]

방 돗이느냐?(↗)[내재적 속성으로 인하여, 방 늘 따듯한 거니?]

무사 그 방 돗이느냐?(↘)/돗이느니?(↘)[왜 그 방 따듯하겠니?, 방이
춥다는 속뜻]

방 돗으냐?(↗)/돗으니?(↗)[현재 일시적으로, 방 지금 따듯하니?]

방 돗아냐?(↗)/돗아니?(↗)[융합 어미: 방 따듯했던 거니?, 따듯하더냐?]

동사: 가이도 곹이 오느냐?(↗)[그 아이도 같이 오는 거니?]

가이도 곹이 오랎이냐?(↗)/오랎이니?(↗)[그 아이도 같이 오고 있는
거니?]

무사 안 오느냐?(↘)/오느니?(↘)[왜 꼭 안 오겠니?, 반드시 온다는 속뜻]

느 오널 떠나느냐?(↗)[너 오늘 떠나느냐?]

느 오널 떠났이냐?(↗)/떠났이니?(↗)[너 오늘 떠나는 거니?]

어느제 떠나느냐?(↘)/떠나느니?(↘)[언제 떠나느냐?, 떠나는 거니?]

어떵 이딜 오라 졋이냐?(↘)/오라 졋이니?(↘)[보조동사 구문: 어찌
여기 와 진 거니?, 오기 매우 힘들거나 와서는 안 될 데를 찾아왔다
는 속뜻]

그 냄비 어떵ᄒ연 그디가 눌러졋이냐?(↘)/눌러졋이니?(↘)[그 남비
왜 그곳이 눌린 거니?][13]

---

13) 보조동사 구문 '-아 져 있다'로도 해석될 수 있다. 이 경우에는 '눌러져 시니?'로 적어야

물애기가 <u>어떵</u> 밥 먹느냐?(↘)/먹느니?(↘)[갓난애가 <u>어떻게</u> 밥 먹겠니?]

가인 밥 잘 먹느냐?(↗)[그 아이는 밥 언제나 잘 먹<u>니</u>?]

밥 먹없느냐?(↗)[밥 먹고 있는 중인 거니?], '*먹없느냐?'는 불가능함

밥 먹없냐?(↗)/먹없나?(↗)/먹없니?(↗)[먹고 있는 거니?]

밥 다 먹엇느냐?(↗)14)[다 먹은 거니?]

밥 먹엇냐?(↗)/먹엇나?(↗)/먹엇니?(↗)[밥 먹은 거니?]

밥 먹없<u>이</u>냐?(↗)[먹고 있는 거니?]

밥 먹엇<u>이</u>냐?(↗)15)[다 먹은 거니?]

<u>무사</u> 좇아오랎냐?(↘)/오랎나?(↘)/오랎니?(↘)[왜 따라오고 있니?]

잘 좇아오랎냐?(↗)/좇아오랎나?(↗)/좇아오랎니?(↗)[잘 따라오는 거니?]

<u>무사</u> 좇아오랎<u>이</u>냐?(↘)/오랎이니?(↘)[왜 따라오고 있는 거니?], '*오랎이나?'는 불가능함

잘 좇아오랎<u>이</u>냐?(↗)/좇아오랎이니?(↗)[잘 따라오고 있는 거니?], 역시 '*오랎이나?'는 불가능함

가이 <u>무사</u> 좇아오느냐?(↘)/오느니?(↘)[그 아이 왜 따라오겠니?]

가이 <u>무사</u> 일 ᄒ느냐?(↘)/ᄒ느니?(↘)[그 아이 <u>왜</u> 일 ᄒ겠니?]

가이 일 ᄒ느냐?(↗)[그 아이 일 하는 거니?]

<u>무사</u> 일 ᄒ없냐?(↘)/ᄒ없나?(↘)/ᄒ없니?(↘)[왜 일 하고 있니?]

일 ᄒ없느냐?(↗)16)[취업을 하여 직장에서 일 하고 있는 거니?]

일 ᄒ없냐?(↗)/ᄒ없나?/ᄒ없니?[일 하고 있니?]

일 ᄒ없<u>이</u>냐?(↗)17)[현재 시점에서 지금 어떤 특정한 일을 하고 있<u>니</u>?]

ᄀᆞᆺ<u>사</u> <u>누게</u> 오라냐?(↘)/오라니?(↘)[융합 어미: 방금 전에 <u>누가</u> 왔니?]

가이도 오라냐?(↗)[융합 어미: 그 아이도 <u>온</u> 거니?, <u>왔니</u>?]

옳고 '눌려 있는 거니?'라고 번역할 수 있다.

14) '*먹엇느<u>나</u>?'는 불가능하다.

15) '*먹엇<u>이나</u>?'는 불가능하다.

16) '*ᄒ없느<u>나</u>?'는 불가능하다.

17) '*ᄒ없<u>이나</u>?'는 불가능하다.

그 사름 무사 안 오랏이냐?(↘)/오랏이니?(↘)[그 사람 왜 안 온 거니?]

무신 ㅂ름 영 불었이냐?(↘)/불었이니?(↘)[웬 바람 이렇게 불고 있는
　거니?]

가이 무사 일어샀이냐?(↘)/일어샀이니?(↘)[그 아이 왜 일어서고 있
　는 거니?]

무사 일어샷이냐?(↘)/일어샷이니?(↘)[왜 일어선 거니?]

힘들영 춫아 왓인디 무사 재수 안 좋을러냐?(↘)/좋을러나?(↘), 재수
　라도 좋을러냐?(↗)/좋을러나?(↗)[힘들여 찾아 와 있는데 왜 운수
　좋지 않을까?/좋은 운수라도 있겠을까?]

보조동사 구문: 가이 그 글 어떵ᄒ연 익어 졌이니?(↘)[그 아이 그 글 어떻게
　하여 읽히고 있니?]

노래 어떵 다 잘 불러 졌이니?(↘)[노래 어떻게 다 잘 불러지게 되었니?]

어떤 일로 오라 져냐?(↘)/오라 져니?(↘)/오라 젼?(↘)[융합 어미: 무
　슨 용무로 와 진 거니?]

아무 일 웃이 잘 오라 져냐?(↘)/오라 져니?(↘)/오라 젼?(↘)[융합 어
　미: 아무 탈 없이 잘 와진 거니?]

노래 다 불러 져냐?(↗)/불러 젼?(↗)[융합 어미: 노래 다 불러진 거니?]

밥 먹어 시냐?(↗)[밥 다 먹은 상태로 있는 거니?]

그디 어느제 가 낫이니?(↘)/가 낫니?(↘)[거기 언제 갔었니?]

그디 어느제 가 낫어니?(↘)[융합 어미: 거기 언제 갔었더냐?]

　'-냐?(↘), -니?(↘)'에서는 모든 시상 형태가 다 나온다. '-냐?'에서는
마음대로 설명 의문이 될 수도 있고(내림세 억양 ↘), 응–아니(yes or no)로
대답하는 가부 질문이 될 수도 있다(오름세 억양 ↗). 그러나 '-아?'가
탈락하여 '-니?'로 나오면, 의문사(wh-word)가 같이 나와야 하고, 내림
세 억양(↘)으로 끝난다. 즉, 설명 의문으로 되는 것이다. 이런 현상은
'-댜?, -다?, -디?(↘)'와 '-야?, -아?, -이?(↘)'에서도 똑같이 관찰된다.
여기서는 의문 종결 어미 '-아?'가 탈락하면서, 일반적인 경향으로 판정

의문과 설명 의문으로 쓰이는 속성에 제약이 생겨나서 오직 설명 의문으로만 쓰인다고 기술해 둔다.

그렇지만 가부 질문에서 '-냐?'(↗)와 '-니?'(↗)도 관찰되기 때문에, 이런 제약이 강한 진술 형태로 될 수 없다. 가령, 계사 구문에서 '아덜이냐?'(↗)와 '아덜이니?'(↗)가 모두 관찰될 수 있다. 저자의 느낌으로는 의문 종결 어미가 단절된 형식이 여성들에게서 쓰이는 부드러운 말투를 가리킬 듯하다. 동사의 활용에서는 가부 질문으로서 '오널 떠나느냐?'(↗)는 가능하지만, '*오널 떠나느니?'(↗)는 낯설어 보인다. 그러나 시상 형태 뒤에 나온다면 '오널 떠났이냐?'(↗)도 가능하고 '오널 떠났이니?'(↗)도 가능할 듯하다. 의문 어미가 단절된 형식은 여전히 부드러운 말투를 가리킬 듯하다. 현재 저자로서는 예민하게 변동하는 이런 현상을 놓고 정밀한 제약을 찾아내고 설명해 줄 수 없으며, 다른 연구자들의 몫으로 돌려야 할 듯하다.

의문 종결 어미 '-냐?(↗), -나?(↗)'에서 주목해야 할 사실은, 양태를 나타내는 형태 '-느-, -더-'와의 결합 모습이다. 특히 형용사에서 '곱느냐?, 곱느니?, 고우냐?, 고우니?'에서 보여 주는

'-느- : ∅'

의 대립이다. 공통어의 번역에서는 '-느-'가 있을 경우에 서로 구별해 주기 위하여 부사 '언제나'를 더 추가해 놓았다. 둘 모두 속성이나 상태를 가리키지만, 하나는 대상의 내부에 들어 있는 영구적인 속성이며, 다른 하나는 현장 상황에서 관찰되는 일시적인 상태이다.

"어둑느냐? : 어둑으냐?"[어둡는 거냐? : 어두운 거냐?]

의 대립에서도 마찬가지이다. 방의 내부 속성이 음달에 자리잡고 있어서 불을 켜 놓더라도 항상 어둡다면 '-느-'가 들어 있어야 한다. 그렇지

만 우연히 전깃불이 안 켜져 있어서 일시적으로만 어둡다면 '∅'로 나와야 한다. 고영진 교수는 이를 항상성과 일시성으로 대립시켜 놓았고, 크뢋저(Kratzer) 교수는 개체 속성 층위 술어와 일시 장면 층위 술어로 구분하였다. 이런 특성을 일부에서는 '어휘 상'의 대립으로 부르기도 한다. 종결 어미에 '-느-'가 있고 없음에 따라 동사나 형용사 어휘의 속성이 명백히 나뉘는 것이다.

　이런 구분은 동사에서도 그대로 나타난다. "먹느냐? : 먹냐?"에서 '-느- : ∅'가 대립하고 있다. 공통어에서는 이들 어미가 둘 모두 '먹니?'로 번역될 수 있지만, 앞의 것은 반드시 "언제나 먹니?"라는 속뜻을 지녀야 하므로,

　"약 먹느냐?"[약을 늘 복용하는 거니?]

라는 표현에서 더욱 적합하다. 시상 선어말 어미가 나올 경우에는 '-느-'의 기능이 선어말 어미의 의미에 어울려서, 청자나 화자가 언제나 추후에 경험을 하여 확인할 수 있다는 속뜻을 지니게 된다. 따라서 이 방언에서 미완료 시상 형태 '-앖이-'가 들어 있는

　"먹없이느냐? : 먹없이냐?"[늘 먹고 있는 거냐? : 현재 시점에서 먹는 거냐?]

에서도 '-느-'가 들어 있는 표현이, 청자나 화자로 하여금 추후에 늘 경험하여 확인할 수 있는 특성이 담기어 있다. 형용사의 일종인 존재사 '이시다'[있다]로[18] 바꿀 때에 이런 대립적인 속뜻이 확연히 드러난다.

---

18) 제주 방언 사전들에서는 '이시다, 잇다, 시다, 싯다'의 4쌍 낱말이 올라 있다. 중세 국어에서처럼 '잇다, 싯다'는 자음으로 시작되는 어미들이 뒤에 이어질 때 나오는 것으로 알려져 있다. 가령, 이 방언의 종결 어미 '-주'와 연결 어미 '-거든'은 자음으로 시작되는 어미들이므로, '잇주, 싯주' 또는 '잇거든, 싯거든'과 결합한다. 그런 발화도 자연스럽지만, 또한 다음처럼 '이시다'와 결합된 발화도 아주 자연스럽게 들린다.
　"늘랑 이디 이시주!"[너는 여기 있으렴]

"그 사름 집이 이시느냐?/싯느냐? : 그 사름 집이 시냐?/이시냐?"

[그 사람 늘 집에 있는 거냐? : 그 사람 지금 현재 집에 있니?]

'-느-'가 들어 있는 표현에는 '언제나, 늘'이라는 부사가 들어 있어야 하는데, 언제나 청자이든 화자이든 필요하다면 곧장 경험하여 확인할 수 있음을 뜻한다. 그렇지만 이와 대립하는 '∅' 표현은, 현재 질문하고 있는 시점에서 집에 있는지 여부를 가리키므로, 공통어 번역에서 '지금 현재'라는 부사를 더 집어넣었다.

이런 대목은 다시 관형형 어미를 매개로 하여 의문 종결 어미로 쓰이는 것들이 양태 기능에서 매우 중요한 구실을 하고 있음을 알 수 있다. '-냐?, -니?'와 관련된 관형형 어미는 '-을러냐?, -을러니?'가 있다. 관형형 어미는 기본적으로 '-은 : -을'의 대립을 기반으로 하는데, 이 방언에

"가이만 이시거든 조용히 フ르치라"[그 아이만 있거든 조용히 타일러라]

이런 변이 모습들이 나오는 조건과 환경이 좀더 정밀히 조사될 필요가 있다. 그런데 공통어 '있다'와는 달리 이 방언에서는 겹받침으로 된 된소리가 나오지 않는다. 가령, 친구에게 '돈이 있니, 없니?'라고 물을 적에, 이 방언에서 반말투 종결 어미 '-어'가 붙으면 다음 두 가지 발화 모습이 가능하다.

"돈 잇서 읏어?" 또는 "돈 셔 읏서?"

형태를 밝혀 적는 원칙을 적용하여 "잇어, 읏어?"와 "셔, 읏어?"로 적게 된다. 결과적으로 이 방언에서 형용사의 일종인 존재사 '잇다(在)'는, 실을 잇는다는 뜻의 동사 '잇다, 닛다 (繼)'와 활용의 형태상 전혀 구별되지 않는다. 아마 이런 점이 이 방언에서 공통어에서 쓰이는 시상 형태 "-았-"을 중세 국어의 모습처럼 '-앗-'으로 적어 온 까닭일 듯하다. 또한 이 방언에서 짐작이나 추측을 나타내는 데에서 더러 관찰되는 형태도 현대 공통어의 '-겠-'과는 달리 중세 국어처럼 '-것-'으로 쓴다. 이 둘이 모두 동일한 토대 위에 있다고 보기 때문이다.

과거 시제 형태 '-았-'의 겹받침과 관련하여 이 글을 쓰면서 읽어본 국어사의 논의는 크게 두 가지이다. 고영근(1981: 53쪽),『중세국어의 시상과 서법』(탑출판사)에서는 현대 공통어의 '-았-' 속에 '있-'이 녹아 있다고 지적하였다. 허웅(1987: 235쪽),『국어 때매김 법의 변천사』(샘문화사)에서는 19세기 말에 '오분석'으로 말미암아 '-았-'이 나왔다고 본다. '-겠-'도 또한 이승욱(1997: 369쪽),『국어 형태사 연구』(태학사)와 이광호(2004: 359쪽),『근대 국어 문법론』(태학사)에서는 '있-'이 녹아 있는 받침이 '-았-'에 유추되어 쌍시옷의 겹받침을 갖게 된 것으로 보았다.

이 방언의 '있다'에 대한 글은 강근보(1972),「제주도 방언 「잇다」 활용고」, 제주대학『논문집』 제4집에서 처음 본격적으로 다뤄졌다. 그렇지만 홍종림(2001: 276쪽),「제주 방언 연결 어미의 'ㄴ', 'ㅁ'에 대하여」,『국어학』 제38집의 각주 7)을 보면, 성산읍 지역과 옛 제주시 지역에서의 방언 차이를 지적하고 있어서 주목된다. 앞으로 반드시 면밀한 현지 조사가 있어야 할 것이다.

서 쓰이는 종결 어미들이 '-은'을 매개로 하여 만들어진 것과 '-을'을 매개로 하여 만들어진 것이 나란히 있다. '-은'을 매개로 하여 만들어진 종결 어미들은 '완료'의 의미를 지니어, 화자가 이미 경험하여 완료된 것이라는 양태의 의미 자질을 공유한다. 그렇지만 '-을'을 매개로 하여 만들어진 종결 어미들은 아직 일어나지 않았다는 양태(양상) 의미(또는 아직 착수하지 않았다는 의미)를 지니며, 이를 토대로 여러 가지 부차적인 파생 의미가 나오게 된다.

형태도 비슷하고 행동도 유사한 독자적 의문 종결 어미들로서 '-댜?, -다?, [의문사]-디?'와 '-야?. -아?, [의문사]-이?'가 있다. 특히 의문사 (wh-word)를 지닌 설명 의문이, 가부(yes or no, 예-아니오) 질문으로 바뀌면서 종결 어미가 '-댜?, -다?' 또는 '-야?, -아?'로 나올 수 있다. 저자의 직관으로는 이들 사이에서 마음대로 뒤바뀔 수 있으며, 전혀 의미 차이가 느껴지지 않는다. 이 책에서는 형태 확장의 기술보다 '-댜?, -야?'에서 '이'가 줄어들어 '-다?, -아?'가 되는 것으로 기술해 놓는다.

그런데 모습이나 행동이 거의 비슷한 '-냐?, [의문사]-니?'의 경우는 결코 '*-나?'를 허용하지 않는다. 이 현상은 이 종결 어미의 구성을 밝힐 수 있는 중요한 언어적 사실이다. 혹시 이 까닭이 독자적인 의문 종결 어미 '-나?'가 따로 있기 때문이라고 볼 수도 있겠다. 그렇지만 '먹었냐?'와 '먹었나?'가 모두 가능한 발화이기 때문에, 이는 올바른 해결책이 될 수 없다. 따라서 다른 가능성을 모색해 봐야 한다. 저자는 '-냐?'라는 종결 어미가 기본적으로 '-은 이아?'[-은 거야?]로부터 나온 것으로 본다.[19] 여기서 '이'는 계사 어간이 아니라 범주가 판연히 다른 형식 명사이므로, 계사 어간이 탈락되듯이 마음대로 탈락될 수 없다. 이런 구성상의 특징(형식 명사는 결코 탈락할 수 없음) 때문에, 양태 형태

---

19) §.3-6-4에서는 짝이 되는 관형형 어미 '-을'이 들어 있는 형식 '-을 이아?' 또는 '-으랴?'가 논의될 것이다(343쪽 이하). 또한 §.4-1-4에서는 다시 감탄·서술 서법의 종결 어미 '-네/-니에'를 다루면서 동일한 구성의 종결 어미(관형형 어미 '-은'＋형식 명사 '이'＋종결 어미 '어이')를 논의할 것이다(360쪽 이하).

인 '-느-'를 지닌 경우도('-느냐?'로 썼지만 기본 표상을 밝혀 적는다면 '-는 이아?'로 써야 할 것임) 결코 '*-느나?'로 줄어들 수 없다. '무사 먹었느냐?'[왜 먹고 있는 거야?]는 가능한 발화이다. 만일 기본 표상인 형식 명사 구성을 밝힌다면 '무사 먹었는 이아?'로 적어야 할 것이다. 이 구성에서 의문사가 선행하므로 이것이 설명 의문임을 알려 줄 수 있다. 이런 의문사 선행 조건으로 인하여 의문 종결 어미 '-아?'가 잉여적으로 되어 탈락할 수 있다. 이것이 바로 '무사 먹었느이?/먹었는 이?'[왜 먹고 있는 거?]인 것이다. 형식 명사 '이'는 계사 어간과 결코 달리 탈락할 수 없으므로, '*먹었느나?'[*먹고 있는 거나?]로 줄어들 수 없는 것이다.

그렇지만 '먹었냐?'(먹+없+느+이아?)는 시상 형태가 양태 형태와 결합하고 계사 어간이 이어진 구성을 보여 준다. 여기서는 계사 어간이 수의적으로 탈락할 수 있어서 '먹었냐?'가 '먹었나?'로 발화될 수 있다. '먹었냐?'와 '먹었나?'는 모두 가능한 발화이다. 그런데 '먹었나?'가 두 가지 표상을 지닐 수 있다. 한편으로 '먹었냐?'의 구성에서 계사 어간가 줄어들어 '먹었나?'로 될 수도 있지만, 또 다른 표상에서는 간접 의문 형식의 '먹었나?'가 나올 수 있다. '먹었냐?'는 지금 먹고 있는 사건을 확인할 수 있는지를 가리킨다. 그렇지만 간접 의문으로서 '먹었나?'는 다음과 같이 스스로 묻는 자문 형식에 쓰일 듯하다.

"나에게는 [   ] 궁금하다"

라는 구문에서, 대괄호 속에는 오직 '가이 밥 먹었나?'만이 자리잡을 수 있고, '*가이 밥 먹었냐?'는 들어갈 수 없는 것이다.

의문 종결 어미 '-냐?, -나?'는 보조동사 구문으로 '-아 지다, -아 나다'에 결합될 수 있다. 주로 자동적 과정을 뜻하는 '-아 지다'에는 시상 선어말 어미 형태 '-앖이-'와 '-앗이-'가 나올 수 있으며, '-아 졌이니?, -아 젓이니?'가 관찰된다. 그렇지만 '-아 져니?'도 또한 관찰된다. 또한

'-니?'가 반말투 어미 '-어'에 융합된 모습(-어+-니?)으로 '-아 졌어니?, -아 젓어니?'로도 나올 수 있다. 융합된 형태는 §.3-4의 의문 종결 어미 중첩에서 따로 다뤄질 용례이다(269쪽 이하).

　보조동사 구문을 이루는 '나다(出)'는 '들다(入)'와 짝이 되고, 둘 모두 '-어 나다, -어 들다'로 결합될 수 있다. '나다'는 한 사건을 이미 겪어 본 일이 있다는 뜻을 담게 된다.

　　'가 나다'[간 적이 있다]
　　'와 나다'[온 적인 있다]

에서 보듯이 보조동사 구문의 '나다'는 이미 경험을 하였다는 속뜻이 깃들어 있다. 따라서 '-아 나다'에는 "직접 경험, 경험 끝남"이라는 양태 의 의미가 들어가 있다. '들다'는

　　'야금야금 먹어들다, 한꺼번에 모다들다/모여들다, 물이 줄어들다'

따위에서처럼 합성어를 이루는 듯하다. 보조동사의 특성상 '-아 나다' 는 완료 형태 '-앗-' 또는 '-앗이-'와 결합하여, '-아 낫이니?, -아 낫니?' 가 관찰될 뿐만 아니라, 또한 반말투 종결 어미 '-어' 뒤에 융합된 형식 으로 '-아 낫어니?'도[20] 나온다. 이는 §.3-4-1의 융합된 복합 어미에서 다뤄질 것이다(273쪽 이하).

　§.3-2-5 설명 의문의 종결 어미: '-이아?(↘), -야?(↘), -아?(↘), [의 문사]-이?(↘)' {-이?}' 경우를 보면 시상 형태의 결합이 '[의문사]-앖이?(↘), [의문사]-랏이?(↘), [의문사]-앗이?(↘), [의문사]-아 졌시?(↘), [의문사]-아

---

20) 일부에서는 '-아 나서니?'로 표기되어 왔다. 보조동사 구문 '-아 나다'에 완료 형태 '-앗-' 과 반말투 종결 어미 '-어'가 결합되어 '-앗어'로 되고, 여기에 다시 의문 종결 어미 '-니?' 가 덧붙어 융합된 형식이다.

젓이?(↘), [의문사]-아 낫이?(↘)'이며, 나머지 형태들의 시상 결합도 동일함}

계사: 이거 느 거 아니랏이아?(↗)/아니랏야?(↗)/아니랏아?(↗)[21)[이거 네
　　 것 아니었니?]

　　 무사 느 거 아니랏이아?(↘)/아니랏야?(↘)/아니랏아?(↘)/아니랏이?
　　 (↘)[왜 네 것 아니었니?]

동사: 비 언제부터 오랎샤?(↘)/오랎사?(↘)/오랎이?(↘)[언제부터 오고 있니?]

　　 밖이 비 오랎이아?(↗)/오랎야?(↗)/오랎아?(↗)[밖에 비 오고 있니?]

　　 가이 집이 오랏이아?(↗)/오랏야?(↗)/오랏아?(↗)[그 아이 집에 왔니?]

　　 무사 오랏야?(↘)/오랏아?(↘)/오랏이?(↘)[왜 왔니?]

　　 내창에 물 홀럿야?(↗)/홀럿아?(↗)[시내에 물 흘렀니?]

　　 무사 그디 들어갓야?(↘)/들어갓아?(↘)/들어갓이?(↘)[왜 거기 들어
　　 갔니?]

　　 가이 집이 들어갓야?(↗)/들어갓아?(↗)[그 아이 집에 들어갔니?]

　　 어떵ᄒ연 오라젓야?(↘)/오라젓아?(↘)/오라젓이?(↘)[어떻게 하여
　　 오게 되었니?/와졌니?]

　　 돈도 웃이 어떵 살앖야?(↘)/살앖아?(↘)/살앖이?(↘)[돈도 없이 어떻
　　 게 살고 있니?]

　　 느네 그디 살앖야?(↗)/살앖아?(↗)[너희집 거기 살고 있니?]

　　 언제부터 그디 살앗야?(↘)/살앗아?(↘)/살앗이?(↘)[언제부터 거기
　　 살았니?]

　　 가네 이디 살앗야?(↗)/살앗아?(↗)[그 아이네 여기 살았니?]

---

21) 이전에 '아니라샤?, 아니라사?'처럼 쓴 경우가 있지만, 계사와 '아니다'에 붙는 시상 선어
　 말 어미 완료 형태 '-앗-'의 변이 모습은 '-랏'이다. 모두 공통어의 '-았-'에 대응한다.
　 규칙적인 형태를 밝혀 적는 원칙에 따라 '-앗-, -랏-, -엿-'으로 써 주어야 옳다. 이는 결코
　 '-아시-' 형태가 아니다. 완료 형태 '-앗-'은 서술 서법에서 찾아지는 '아니랏저, 아니랏주,
　 아니랏노라, 아니랏네, 아니랏데' 등과 일관된 모습을 보여 준다. 이 방언에서는 결코
　 '*아니라시저, *아니라시주, *아니라시노라, *아니라시네, *아니라시데'
　 라고 말하지 않는다. 이런 사실이 시상 완료 형태소 '-앗'이 들어 있음을 보여 주는 것이
　 며, 그 형태소가 시상 완료 지속 '-아시-'가 아님을 반증해 준다.

보조동사 구문: 느네 저디 언제 <u>살아낫야</u>?(↘)/<u>살아낫아</u>?(↘)/<u>살아낫이</u>?(↘)
[너희 저기에 <u>언제</u> 살았었니?]

느네 저디 <u>살아낫야</u>?(↗)/<u>살아낫아</u>?(↗)[너희 저기 살았었니?]

<u>어떵</u> 그걸 다 <u>불러졋야</u>?(↘)/<u>불러졋아</u>?(↘)/<u>불러졋이</u>?(↘)[<u>어떻게</u> 그
걸 다 부르게 <u>되고</u> 있니?, <u>불러지고</u> 있니?]

그걸 다 <u>불러졋야</u>?(↗)/<u>불러졋아</u>?(↗)[그걸 다 부르게 <u>되고</u> 있니?, 불러
<u>지고</u> 있니?]

<u>무사</u> 그거 <u>그려졋야</u>?(↘)/<u>그려졋아</u>?(↘)/<u>그려졋이</u>?[<u>왜</u> 그것 <u>그려졌</u>
니?]

그림 잘 <u>그려졋야</u>?(↗)/그림 잘 <u>그려졋아</u>?(↗)[그림 잘 <u>그려졌니?]</u>

이들 용례의 의문 종결 어미 '-야?, -아?'는 먼저 반말투 종결 어미
'-어²?'와 다르다는 사실이 확인될 필요가 있다. 반말투의 종결 어미에
는 언제나 대우의 화용 첨사 '마씀, 마씸'이 덧붙음으로써 비격식투의
대우 표현이 된다('말씀이에요'로 번역될 수 있음). 그렇지만 여기 제시되
어 있는 용례들에는 '마씀, 마씸'이 붙게 되면 받아들여지지 않는다. 곧
비문인 것이다. 이런 사실은 종결 어미 '-야?, -아?'가 고유하고 독자적
인 의문 서법의 종결 어미임을 드러낸다. 그뿐만 아니라, 의문사(wh-
word)가 앞에 나온 경우, 뒤에 이어지는 의문 종결 어미가 탈락하여 '-
이?(↘)'가 될 수 있는데, 이는 오직 설명 의문으로만 쓰인다. 이는 '-
냐?'에서 이른바 의문 종결 어미 '-아?'가 탈락된 '-니(↘)' 및 '-댜?'에서
마찬가지 방식으로 나온 '-디?(↘)'와도 동일한 자연부류를 이루고 있
다. 계사 어간과 의문 종결 어미로 구성된 형태가 의문 서법의 종결
어미의 한 계열을 이루고 있음을 확인할 수 있다.

§.3-2-6 시상 선어말 어미와 함께 의문 서법에 쓰는 종결 어미:
'-나²?' {어간에 직접 결합하거나 시상 형태소 뒤에 결합하여 '-없나?, -엇나?,
-것나?, -겟나?'로 나오며, 의문사가 나오면 반문하거나 그렇지 않다는 속뜻을

깔고, 길게 빼면서(→) 점차 내림세 억양(↘)으로 쓰임}

형용사: 가이 지레 크나?[그 아이 키 큰가?]

얼마나 크나?[얼마나 큰가?, 중의적인데 설명 의문과 반문으로 쓰임]

날이 덥나?[날이 더운가?]

어릴 때 얼굴 고왔나?[어릴 때 얼굴 고왔는가?]

그 약 몸에 좋나?[그 약 몸에 좋은가?, 중의적이며 설명 의문과 반문의
   뜻을 지님]

무시거가 몸에 좋나?[어떤 것이 몸에 좋은가?]

그 사름 빙 좋앗나?[그 사람 병 나았나?]

그 사름 느신디 욕해도 좋겟나?/좋것나?[그 사람 너에게 욕해도 좋겠나?]

그 사름도 흔디 있나?[그 사람도 같이 있니?]

동사: 그 기계 지름 하영 먹나?[그 기계 기름 많이 먹는가?]

혹교 가나?[학교 가니?]

어디 가나?[어디 가니?, 중의적이며 억양에 따라 판정 의문과 설명
   의문이 됨]

느 혹교 값나?[너 학교 가고 있니?/다니고 있니?]

느 지금 어디 값나?[너 지금 어디 가고 있니?]

밥 잘 먹나?[밥 잘 먹니?]

뭐 먹냐?[뭐 먹냐?, 중의적이며 억양에 따라 판정 의문과 설명 의문이 됨]

밥 먹없나?[밥 먹고 있니?]

무시거 먹없나?[뭘 먹고 있니?, 중의적이며 억양에 따라 판정 의문
   과 설명 의문이 됨]

다덜 밥 먹엇나?[다들 밥 먹었나?]

가이도 좀 잢나?[그 아이도 잠 자고 있나?]

느도 강셍이 질럾나?[너도 강아지 키우고 있나?]

소님덜 불써 오랎나?[손님들 벌써 오고 있나?]

다덜 오랏나?[다들 왔니?]

누게가 오랐나?[누구가 왔니?, 중의적이며 억양에 따라 판정 의문과
　설명 의문이 됨]

그 사름 만나보앗나?[그 사람 만나보았나?]

오널 비행기 떴나?[오늘 비행기 뜨고 있나?]

이런 날 비행기 뜨겟나?/뜨것나?[이런 날씨 비행기 뜨겠나?]

오널 비행기 떴나?[비행기 떴나?]

가이 느 말 고정 듣것나?/듣겟나?[그 아이 네 말 곧이 듣겠나?]

　§.2-1에서 서술 서법의 종결 어미를 다루면서 속담에서 자주 보이는
'-나!'[-는 법이다!/-는다!]을 언급한 바 있다(87쪽). 또한 감탄·서술 서
법 중 §.4-1-3에서 다시 '-나!'이라는 종결 어미를 다룬다(357쪽 이하).
서술 서법에서 관찰되는 '-나!'은 오직 시상 형태가 없이 어간에만 붙
는 특징이 있었고, 이런 특징을 방언의 속담 표현에서 자주 들을 수
있다.

　그런데 의문 종결 어미로서 '-나²?'는 시상 형태가 없이 어간에 직접
결합할 뿐만 아니라, 또한 시상 선어말 어미 '-앖-, -앗-'뿐만 아니라,
'-것-, -겟-'과도 결합한다. 비록 소리값이 같더라도 결합 방식에서 차이
가 있으므로 서로 다른 형태로 봐야 할 것이다. 물론 여기서 '-겟-'은
공통어의 형태가 동질의 형태인 '-것-'과 뒤바뀌어 쓰이는 사례이다.[22]
공통적으로 동사와 형용사의 어간과 결합하는 경우만 제외하고서는,
동사의 시상 선어말 어미 결합 방식이 다르다는 언어적 사실을 합리적
으로 설명해 줄 필요가 있다. 이 책에서는 서술이나 감탄 서법의 종결

---

22) 이 용례 '뜨것나?'는 '결코 뜨지 않는다'라는 뜻으로 마치 반어처럼 들린다. 이런 발화에
　속뜻이 깃들어 있다는 점은 이 구문이 내포문으로 쓰일 수 있는 특징과도 서로 맞물려
　있다. 그렇지만 아무런 전제가 없이, 만일 예정된 사건을 가리키는 '-으커'[-을 거]를
　써서 말한다면, 중립적으로 쓰일 수 있다. '뜨커냐?'[뜰 거냐?]로 묻고, 대답을 '오, 뜨키
　어!'[옹, 뜨겠어]라도 대답할 수 있다. 화용상의 속뜻이 중립성 여부에서 '-것-/-겟-'이란
　형태와 이 방언에서 자주 나오는 양태 형태가 서로 구별되는 것으로 기술할 수 있을
　듯하다. '-것-'의 받침을 쌍시옷으로 하지 않은 것은 이 형태 속에 녹아 있다고 보는 공통
　어의 '있다'가 이 방언에서는 '잇다, 싯다'로 쓰이기 때문이다.

어미 '-나¹!'과는 다르다고 보아, 비록 소리값이 같지만 범주가 다른 의문 종결 어미로서 '-나²?'를 세워 둔다. 달리 말하여, 동사의 시상 결합에서 관찰되는 차이를 근거로 하여 이들 종결 어미를 서로 다른 것으로 지정해 주는 것이다.

그런데 이 종결 어미는 단순문에서도 쓰이지만, 또한 내포문에도 쓰인다.

"나에게는 [이것이] 의문스럽다/궁금하다/알고 싶다"

에서 대괄호로 묶인 '이것이'를 대신하여 그 속에 들어갈 수 있다. 만일 이런 내포문 형식이 상위문이 없이 발화될 경우에는 스스로 묻는 형식인 '자문'으로 분류될 수 있다. 비록 스스로에게 물으면서도 남이 알아듣도록 발화함으로써, "내게 궁금한 내용에 대하여 어떤 정보를 갖고 있다면 알려 다오!"라는 화용상의 속뜻이 깔릴 수 있다. 자문으로 분류할 수 있지만, 상대방이 내포문의 내용에 대하여 어떤 정보를 갖고 있다는 전제 아래 일부러 소리를 내어 발화됨으로써, 질문의 효력을 획득하게 되는 것이다. 이런 효력이 굳어져서 마치 의문 서법 종결 어미의 하나로서 기능이 질문을 떠맡는 것처럼 분류되는 것이다. 스스로 묻는 내용은 두 가지 정반대의 선택을 다음처럼 병렬하여(선택 질문)

'⋯ -나?, 아니 ⋯ -나?'
"갓나? 안 갓나?"[갔는지 안 갔는지?],
"오랎나? 안 오랎나?"[오고 있는지, 안 오는지?],
"곱나? 안 곱나?"[고운지, 안 고운지?]

하나를 선택하는 모습으로도 제시될 수 있다. 이런 형식을 고려하면 스스로 묻는 내용이 어떤 것이 실제 사실이 되는지에 대하여 궁금히 여기고 묻는 형식임을 알 수 있다. 따라서 감탄이나 서술 서법에서 관찰되는 '-나!'의 형태와 다른 의문 서법의 어미 '-나?'는 그 의미 자질도 또한 크게 다름을 결론지을 수 있다. 즉, 동음이의 형태소들인 것이다.

앞에서 다룬 독자적 의문 종결 어미 '-냐?'(관형형 어미 '-은'+형식 명사 '이'+의문 어미 '-아?'의 결합으로 추정하였음)는 결코 내포문 속에 들어갈 수가 없다. 이 점이 '-나²?'와 '-냐?'가 확연히 나뉘는 특징이다. 내포문에 삽입 가능성 여부를 염두에 둔다면, 비록 서로 소리값이 유사하더라도 '-나²?'와 '-냐?'에서 서로 양태 형태소 '-ㄴ-/-느-'를 공유하고 있을 가능성은 낮으며, 또한 기본 구성 자체가 다를 개연성이 높다. 의문 종결 어미 '-냐?'에서는 관형형 어미 '-은'이 형식 명사로 보이는 '이'를 매개로 하여 의문 종결 어미 '-아?'가 결합한 형식이다. 그렇지만 '-나?'에서는 그런 '이'가 없이 양태 형태소 '-느-'에 의문 종결 어미 '-아?'가 결합하였을 개연성이 높다. 여기서 상정되는 의문 종결 어미 '-아?'는 독자적으로 쓰이지 않는다. 그렇지만 '-가?'의 변이형태로 기술할 수 있다.

의문 종결 어미 '-나²?'는 형용사와 동사의 어간에 직접 결합할 수 있다. "그 고장 곱나?"[그 꽃 곱니?/고운가?]라고 말할 수도 있고, "가이도 가나?"[그 아이도 함께 가니?/가는가?]라고도 발화된다. 뿐만 아니라 시상 선어말 어미를 선행시켜 '-았나?, -앗나?'로도 나온다. 양태 표현의 경우에는 이 방언에서 자주 쓰는 기본적인 양태 표현 형태 '-으크-'[-겠-]나 '-으커-'[-을 거]와 결합하지 않는 특성을 보인다(*-으크나?, *-으커나?). 대신 공통어에서처럼 '-것-' 또는 '-겟-'을 선행시킬 수 있을 뿐이다('좋것나/좋겟나', '말 듣것나/듣겟나'). 이는 매우 특이한 형태소 결합이다. 저자는 '-나²?'라는 의문 종결 어미가 '자문 형식의 내포문'으로 들어 있는 것이 본연의 모습이고, 그 내포문이 두 가지 선택지를 함의한다고 본다. 아마 스스로에게 묻는 이런 특성이 이 방언에서 자주 쓰이는 양태 형태 '-으크-'[-겠-]와 '-으커-'[-을 거]를 저지하는 원인으로 상정할 수 있을 듯하다. 형태 요소들의 배열만으로는 왜 이 방언에서 기본적으로 쓰이는 양태 형태가 저지되는지에 대한 이유를 마련할 길이 없을 것으로 본다.

또한 이 의문 종결 어미 '-나?'는 아무런 제약이 없이 시상 형태 '-았-, -앗-'과 결합할 수 있다("먹었나?, 먹엇나?"). 이런 구성 또한

　"먹었나, 안 먹었나?"[먹고 있나, 안 먹고 있나?]

와 같은 두 가지 선택지 질문으로도 자유롭게 구현되고, 또한 자문 형식의 내포문 모습으로도 구현될 수 있다. 따라서 기본 표상이 자문으로 상정되고, 해당 내포문의 정보를 청자가 갖고 있다는 전제 아래, 이 내포문이 상대방 청자가 알아들을 수 있도록 소리 내어 발화됨으로써, 상대방 청자로 하여금 그 정보를 말로써 화자인 내게 알려달라는 속뜻이 깔리게 된다. 즉, 자문에서 질문으로 기능이 바뀔 수 있는 것이다. 이러한 질문에 대한 긍정 대답으로는

　"먹었저"[먹고 있다]
　"먹었어"[먹고 있어]

가 쓰일 듯하다. 이들이 해당 사건을 통보해 주는 기능을 지니고 있기 때문이다. 이들은 각각 고유한 서술 종결 어미와 반말투의 종결 어미이다. '-저¹'은 화자가 청자와의 정보 간격을 확신하고 청자를 일깨워 줘서 그런 간격을 없애려는 속뜻이 깔려 있다.[23] 대표적인 반말투의 종결 어미로서 '-어²'는 사실을 제시한다는 중립적인 의미를 지닌다.

---

23) 고유한 서술 종결 어미 '-저¹'에 대해서는 79쪽의 각주 2), 그리고 §.2-2-3-나)의 논의와 118쪽의 각주 27)을 읽어보기 바란다. 계사와 형용사에 결합하지 않고, 양태 형태와도 결합하지 않으며, 오직 시상 형태하고만 결합한다. 그 의미 자질은 "청자가 모르는 어떤 사실을 확신하고, 그 사실을 알려줘서 청자를 깨우쳐 줌"으로 설정할 수 있다.

제3절 여러 서법에 두루 쓰이는 반말투 종결 어미
: 의문으로 쓰인 경우

반말투 종결 어미는 동일한 형태가 억양만을 달리하여 두루 여러 서법에 쓰일 수 있다. 여기서는 두 가지 형태만 다룰 것이다. 극단적으로 이 절에서 다루는 사례들 중에서 '예-아니오' 판정 의문으로 쓰일 경우에는, 질문 내용을 그대로 내림세 억양으로 발화하면 '메아리 답변'이 된다. 질문에 대한 답변의 모습을 갖추기 위하여 감탄사 '오!'[웅], '기여!'[그래!]를 내세운 뒤에, 메아리 답변 자체만으로도 의사소통이 충분히 이뤄진다. 특이하게 §.2-7-3의 '-으메'(아마 기본 표상이 명사형 어미의 구성으로 추정됨)라는 서술 서법의 종결 어미와 인용 어미 '-ㄴ'을 융합하여 만들어진 §.2-7-4의 '-으멘'이 이와 같은 메아리 답변이 아주 잦다는 점 또한 주목할 만하다(219쪽 이하).

§.3-3-1 반말투 종결 어미: '-어²?, -이라²?' {직접 어간에 결합하거나 시상 형태와 결합하여 '-앖어?, -앗어?', 보조동사 구문으로 '-아 낫어?', 계사와 연결될 경우에는 '-이라?, -이랏어?'}

계사: 이거 가이 책이라?(↗)[그 아이 책이야?]

　　　이거 누게 책이라?(↘)[이거 누구의 책이야?]

　　　그디 가이네 집이랏어?(↗)[그곳이 그 아이네 집이었어?]

　　　그디 누게네 집이랏어?(↘)[그곳이 누구네 집이었어?]

　　　저거 누구네 쇠/쉐라?(↘)[저거 누구네 소이야?]24)

---

24) 이 방언에서 처음으로 '표기 지침'을 공동으로 정해 놓자는 공식적 모임이 있었다. 우리 학계에서는 처음 있는 일인데, 그 결과가 2013년 『제주어 표기법』으로 고시되고, 2014년 제주발전연구원에서 『제주어 표기법 해설』이 발간되었다. 그곳에서는 이 방언에서 '외'가 단모음으로 발음되지 않기 때문에 굳이 중모음임을 밝히기 위하여 '웨'로 적도록 규정해 놓았다. 이전까지 이 방언을 표기하던 분들이 이런 선택을 해 왔었다. 그렇지만 저자는 공통어와 형태상의 연관성을 포착할 수 있다는 점에서 '외'로 쓰되, 이 발음이 중모음임을 부차적으로 덧붙여 놓는 것만으로 충분하다고 판단한다. 가령 '된장'이란 낱말 표기

철수네 쇠/쉐여, 철수네 쇠/쉐라(↘)[철수네 소이다, 소야]

저거 느네 쇠/쉐커라?(↗)[저거 너희 소일 거야?]

아니, 우리 쇠/쉐 아닐 커라(↘)[아니, 우리 소 아닐 거야]

저거 느네 쇠/쉐크라?(↗)[저거 너희 소이겠어?]

오, 우리 쇠/쉐크라(↘)[응, 우리 소이겠어]

형용사: 가이 고와?(↗)[그 아이 고와?]

어릴 때 고왓어?(↗), 고와 낫어?(↗)[어릴 때 고왔어? 고왔었어?]

가이 지레 커?(↗)[그 아이 키 커?]

동사: 그 사름 무신 일 잘ᄒ여?(↘)[그 사람 무슨 일 잘해?]

가이 어느제 공부ᄒ여?(↘)[그 아이 언제 공부해?]

가이 공부ᄒ엾어?(↗)[그 아이 공부하고 있어?]

가이 혹교 갓어?(↗)[그 아이 학교 갔어?]

어느제 갓어?(↗)[언제 갔어?]

그 사름 영장 밧디 가 낫어?(↗)[그 사람 영장[永葬] 밭[葬地]에 갔었어?]

가이 언제 그영 슬젓어?(↘)[그 아이 언제 그렇게 살쪘어?]

가이 요즘 놀멍 슬엾어(↘)[그 아이 요즘 놀면서 살찌고 있어]

반말투 종결 어미 '-어'는 내림세 억양(↘)으로 말해지면 서술 서법으

에 '웨'를 써야 한다면, '뒌장'이라고 써야만 한다. 공통어 표기에서는 '되어서'를 줄이면
'돼서'로 쓴다. 이는 분명히 중모음 형식이다. 그렇다면 '외'가 중모음임을 드러내기 위하
여 왜 표기 방식을 '왜'가 아닌 '웨'로 선택해야 하는지에 대한 의문도 뒤따른다. 저자가
표기법을 정하는 모임에 일원으로 참여하여 '중모음 발음' 부칙을 제안하였지만 받아들
여지지 않았다.
    표기법을 고시한 뒤에 제주 방언의 학술 발표에서 표기법 작업에 같이 참여하였던 고
동호 교수와 만난 적이 있다. 사석에서 고동호 교수는 이 방언을 표기하기 위하여 반모음
으로 '오'가 아닌 '우'도 필요하다고 언급하였다. 가령, '몰리다(to dry up, 乾燥)'는 사역
형태로 '몰리우다'가 쓰인다. 이 형태가 연결 어미 '-앙'과 결합하면, '몰리우앙'이 된다.
이는 음절이 줄어들어 '몰리왕/몰리왕'도 되고, 더 줄어들어 '몰퐝/몰퐝'도 된다. 고동호
교수는 후자의 반모음 표기가 원래 형태와의 유연성을 그대로 보여 주기 때문에 '왕,
왕'이란 음절 표기가 필요하다고 저자에게 언급해 주었다. 이미 고시되어 확정된 이 방언
의 표기법은 앞으로 여러 차례 이 방언의 입말 자료들을 현지 조사를 통하여 받아 적어
가면서, 고시된 표기법에서 제대로 포착하지 못한 점들을 찾아내고, 고시된 표기법을
디딤돌로 삼아 더욱 진전된 표기 지침이 마련될 필요가 있을 것이다.

로 쓰이고, 반대로 올림세 억양(↗)으로 말해지면 의문 서법으로 쓰인다. 두루 여러 서법에 걸쳐 쓰이는 반말투 종결 어미 '-어²'에 대해서는 이미 서술 서법을 다루는 §.2-2-4-가)에서 다뤄진 바 있다(128쪽 이하). 따라서 의문 서법을 놓고서 특별하게 언급해야 할 바는 없다. 만일 양태 형태 '-으커'[-을 것]이나 '-으크-'[-겠-]이 연결될 경우를 살펴보면, 계사에서는 '-일커라?, -이커라?'로 나오고, 형용사나 동사에서는 어간에 직접 이어져 '-으커라?, -을케라?, -으케라'로 나온다. 이들은 §.3-6-3의 관형형 어미가 매개된 구문에서 다뤄질 것이다(339쪽 이하).

§.3-3-2 의문·서술 서법에 쓰이는 반말투 종결 어미: '-으멘?(↗)' {직접 어간에 결합하거나 시상 형태와 결합하여 '-없이멘?, -엇이멘?, -어 지멘?'} ⇨ 이는 이미 §.2-7-4에서 두루 여러 서법에 쓰이는 종결 어미로 다뤄졌으며, 그곳을 참고하기 바란다(219쪽 이하).

제4절 둘 이상의 형태가 융합된 의문 종결 어미

융합된 종결 어미 구성은 이 방언에서 본질적이라 할 만큼 빈번히 그리고 두루 모든 종결 어미에 걸쳐 일어나는 현상이다. 그렇지만 이 방언의 연구에서 명령 서법만을 고려하여 잘못된 대우 체계를 상정하였었기 때문에, 반말투 종결 어미 '-어'를 찾아내지도 못하였고, 따라서 이런 현상이 있는지조차 깨닫지 못하였다. 이 방언에 대하여 개괄적으로 보고하는 여러 편의 논문들에서도 이런 점에 주목할 수 없기는 마찬가지였다. 그렇지만 이런 구성은 문법화 현상을 다루는 쪽에서뿐만 아니라, 본질적으로 어떻게 한 사건의 시상을 서로 다른 양태 표현 방식으로 드러내는지에 관심을 갖는 연구자들에게는 매우 소중한 '언어 자료'를 제공해 준다. 저자는 이런 논의가 다른 방언의 연구 및 우리말의 공시적 통사 구문의 해석에 일정 부분 영향력을 지닐 것으로 확신한다.

반말투 종결 어미 '-어'가 허용하는 융합된 형식의 종결 어미는 이미 서술 서법의 §.2-3-1에서(146쪽 이하)

㉠ '-어+-라'(§.2-3-1-가),

㉡ '-어+-은게'(§.2-3-1-나),

㉢ '-어+ㄴ'(§.2-3-1-다)

등으로 다룬 바 있다. 의문 서법에서도 반말투 종결 어미 '-어'에 다시 의문 종결 어미가 융합된 경우가 여섯 종류인데, '-어+-냐?, -어+-은고?/-은가?, -어+-은댜?, -어+-음댜?, -어+ㄴ?, -으메+ㄴ?'이다. 또한 제4장에서 감탄·서술 서법의 종결 어미들을 다루면서 이렇게 융합된 어미 구성으로 세 종류로서 '-어+-고나!, -어+-니에!, -다+-문!'이 다뤄질 것이다(§.4-3-1, §.4-3-2, §.4-4-1). 단, 서로 짝처럼 같은 구성이 서술 서법과 의문 서법에서 쓰이는 경우가 있는데, 대표적으로 '-으멘? : -으멘'과 '-언? : -언'이다(다음 〈도표 8〉에서는 밑줄을 그어 놓았음).25) 그런데 이런 융합 구성의 종결 어미를 허용하는 것이 배타적으로 반말투 종결 어미 '-어'만은 아니다. 더 찾아보아야 하겠으나, 현재 저자가

---

25) 상대방에게 대한 질문으로 "먹으멘?"[먹는 거니?]에 대하여 "오, 먹으멘."[응, 먹는 거야]이라고 대답할 수 있고, "가이 간?"[그 아이 갔니?]라는 물음에 또한 "오, 간."[응, 갔어]이라고 대답할 수 있다. 특히 반말투 종결 어미 '-안'은 이 방언에서 매우 잦게 쓰이는 융합된 복합 종결 어미이다. 그렇지만 지금까지 형태소 분석뿐만 아니라 그 쓰임에 대한 서술까지도 잘못 기술되어 마치 접속 구문의 연결 어미 '-아서'로 착각해 왔다(현평효 1985: 112, 115, 119, 120, 123쪽). 아직 아무도 이런 오류를 명백히 지적하여 고쳐 놓으려고 노력한 적이 없다. 눈을 감고 맹종해서는 이 방언 연구를 계속 퇴보시킬 뿐이다. 이런 점은 관점 및 이론이 서로 다른 다양한 연구자들이 이 방언의 자료를 분석하고 설명하는 일을 계속해야 함을 웅변해 주는 것이다. 이 방언을 모어 방언으로 쓰는 한 사람으로서 몇 구비 획기적 발전이 이 방언의 연구에서 여러 차례 일어나기를 간절히 바랄 뿐이다. 이미 §.2-3-1-다)에서 충분히 논의된 것인데(163쪽 이하), 만일 '-안'이 접속 구성의 연결 어미에서 나왔더라면, 반드시 '*-아네'로 확장될 수 있어야 한다. 그러나 이는 결코 불가능한 형식이다. 뿐만 아니라 '-아서'라는 형태소 분석도 잘못되었다. 이는 시상 형태 '-앗-'이 반말투 종결 어미 '-어'를 실현시킨 모습에 지나지 않으므로 '-앗+어'로 형태를 밝혀 써 주어야 했다. 그렇지만 이런 기본적인 형태소 분석과 아주 생산적으로 발화를 만들어 내는 그런 형태를 밝혀 적는 원칙도 수립하지 못하였기 때문에, 이 방언에 마치 '-아서'라는 단일 형태소가 있는 것처럼 오판을 하였던 것이다.

알아낸 것으로는 서술 서법에서 고유한 종결 어미 '-다' 뒤에 '-다+-문!'[-단다!]이 붙어 감탄 서법의 종결 어미로 쓰이거나, 명령형 종결 어미 '-으라' 뒤에 '-으라+-문!'[-려무나!]이 붙거나, 또는 고유한 복합형 서술 종결 어미 '-으메' 뒤에 다시 '-으메+-ㄴ'[-음이란다]이 결합하는 경우도 있다.26) 일단 이들을 대상으로 하여 다음처럼 도표로 정리할 수 있다.27)

<도표 8> 융합된 복합 종결 어미들의 구성에 대한 분류(단, 밑줄은 서로 동일 형태임)

종결 어미 종류	서술 서법	의문 서법	명령 서법	감탄 서법
고유한 어미	-으메+-ㄴ	-으메+-ㄴ?	-으라+-문!	-다+-문!
반말투 '-어'	-어+-라 -어+-은게 -어+-ㄴ	-어+-냐? -어+-은가? -어+-은고? -어+-ㄴ?		-어+-고나! -어+-니에!

이런 복합 종결 어미들을 놓고서 일반화하여 서술한다면, 일부 종결 어미들이 다시 다른 종결 어미들을 허용하여 융합 구성을 이루고서 '복합 구성의 종결 어미'가 나온다고 말할 수 있다. 그렇다면 이런 언어

---

26) 종결 어미 '-으메'가 그 자체로 복합 구성체이다. §.2-7-3에서는 명사형 어미 '음'과 고유한 계사 활용 어미 '이어'와 화용첨사 '이'가 융합되어 있는 것으로 파악한다(216쪽 이하). 이런 과정은 감탄 서법의 '-니에!'에서도 동일하게 관찰될 수 있다. §.4-1-4에서는 이 종결 어미의 기본 표상을 의문 서법의 종결 어미 '-냐?'와 마찬가지로, 관형형 어미 '-은'이 형식 명사 '이'와 계사 활용 어미, 그리고 화용 첨사 '이'가 융합된 형식으로 파악한다(360쪽 이하). '-으메, -냐?, -니에'에서 공통적으로 관찰되는 과정 때문에, 이들 융합 절차가 하나의 자연부류를 이룬다고 말할 수 있다.

27) 융합된 복합 종결 어미를 확정할 때에 화용 첨사 '이, 게' 따위가 녹아들 수 있으므로 목록의 확정에 주의를 기울일 필요가 있다. 특히 계사 활용 어미 뒤에 화용 첨사 '이'가 융합되어 있는 소수의 사례를 상정한 바 있는데(대표적으로 서술 서법의 종결 어미 '-쥐, 주'가 그러하고, 종결 어미 뒤에 다시 융합되는 '이'가 그럴 개연성이 높음), 이는 저자의 이론 구성이 불충분하여 잘못 분석하였을 개연성을 배제할 수 없다. 왜냐하면 화용 첨사는 통사 구성에 수의적이며 따라서 생략되거나 붙지 않더라도 여전히 그 앞의 종결 어미 구성을 문법성에 지장을 받지 않기 때문이다. 현재로서는 계사 활용 형식 뒤에 상정되어야 하는 '-이'를, 공통어 '하게' 체에서 찾아지는 '-이'(『표준 국어 대사전』의 '-이28'의 용례로서 "자네 솜씨가 정말 대단하이; 요사이 날씨가 꽤 차이; 이 늙은 가슴이 미어지는 듯 아프이"가 올라 있음)가 이 방언에서는 찾아지지 않으므로, 불가피하게 화용 첨사의 존재를 들여온 것으로 기술해 둔다.

사실을 놓고서 던져야 할 질문이 생겨난다. 첫째, 융합된 복합 종결 어미의 존재론적 물음이다.

"왜 종결 어미들을 융합시켜 굳이 복합 구성을 만들어야 할까?"

이 물음에는 이미 있는 기능범주(문법 형태소)들의 몫과 공유되는 부분이 있는지 여부에서 찾아져야 한다. 혹시 서로 공유되지 않는 별개의 몫이 융합 구성에 따른 의미 자질로 상정할 수 있다면, 당연히 복합 종결 어미의 '존재 당위성'이 확보될 것이다.

둘째, 융합 방식이나 절차에 대한 물음이 제기되어야 한다. 아무런 종결 어미나 모두 다 융합 구성을 허용해 주지 못하고,

"왜 일부의 종결 어미만 그런 역할을 할 수 있는 것일까?"

이 질문에는 저자가 작업 가정으로서 가장 무표적인 부류의 종결 어미들만이 융합 구성에 참여할 것으로 본다. 고유한 서법에만 쓰이는 종결 어미들 중에서 서술 서법의 '-다'나 명령 서법의 '-으라'는 해당 서법에서 대표성을 띠며, 그만큼 기본값(default)을 지닌 종결 어미들로 판단된다. 다만 '-으메'라는 복합 종결 어미가 문제가 되는데, 이는 명사형 어미 구문을 매개로 하여 만들어진 것임을 고려한다면, 동사에 관여하는 종결 어미들과는 비교할 수 없을 정도로 명사형 어미가 선택할 수 있는 범위가 제한되므로, 기본값을 지녀야 한다는 진술을 위배하는 반례라고 판정할 수 없을 듯하다.

이 방언을 비롯한 우리말 종결 어미들의 복합 구성을 분석하는 연구가, 이런 기술과 보고를 기점으로 하여 크게 진작되고, 여러 사람들의 색다른 시각과 논지들을 디딤돌(scaffold)로 삼아 뒷 연구자들이 더 나은 이해와 해당 구성의 요체에 도달하기를 희망한다.

§.3-4-1 반말투 종결 어미 '-어'에 융합된 의문 종결 어미: '-어냐?, -어니?, -라냐?, [의문사]-라니?(↘)' {직접 어간에 결합하거나 시상 형식과 결합하여 '-앖어냐?, -앗어냐?, -앖어니?(↘), -앗어니?(↘), -아 낫어니?(↘)'로 나오며, 계사와 연결될 경우에는 '-이라냐?, -이라니?(↘), -이랏어냐?, -이랏어니?(↘)'로 됨}

계사: 이 장갑 <u>누게</u> 거라냐?(↘)/거라니?(↘)[이 장갑 <u>누구</u> 거였니?]

　　　 이 장갑 철수 거라냐?(↗)[이 장갑 철수 거였니?]

　　　 그거 <u>누게</u> 옷이랏어냐?(↘)/옷이랏어니?(↘)[그거 <u>누구</u> 옷<u>이었니?</u>]

　　　 그 사름 옷이랏어냐?(↗)[그 사람 옷이었니?]

형용사: 맞춘 옷이 <u>무사</u> 족아냐?(↘)/족아니?(↘)[맞춤복이 <u>왜</u> 작았니?, 작은 거야?]

　　　 그 옷 그영 족아냐?(↗)[그 옷 그렇게 작았니?, 작은 거야?]

　　　 가이 <u>무사</u> 핼쑥ㅎ엿어냐?(↘)/핼쑥ㅎ엿어니?(↘)[그 아이 <u>왜</u> 핼쑥해져 있었니?]

　　　 가이 핼쑥ㅎ엿어냐?(↗)[그 아이 핼쑥해져 있었니?]

동사: 그 사름 <u>무사</u> 밤 새<u>와</u>냐?(↘)/새<u>와</u>니?(↘)[그 사람 <u>왜</u> 밤 새<u>웠니?</u>, 새운 거야?]

　　　 가이 밤 새<u>와</u>냐?(↗)[그 아이 밤 새<u>웠니?</u>, 새<u>우더냐?</u>, 새운 거야?]

　　　 <u>무사</u> 밤 새<u>앖어냐?(↘)/새<u>앖어니?(↘)[<u>왜</u> 밤 새우<u>고</u> 있었니?, 새우<u>고</u> 있더냐?]

　　　 가이 밤 새<u>앖어냐?(↗)[그 아이 밤 새우<u>고</u> 있었니?, 새우<u>고</u> 있던 거야?]

　　　 <u>무사</u> 밤 새<u>왓어냐?(↘)/새<u>왓어니?(↘)[<u>왜</u> 밤 새<u>웠었니?</u>, 새운 거였어?]

　　　 가이 밤 새<u>왓어냐?(↗)[그 아이 밤 새<u>웠었니?</u>, 새<u>웠더냐?</u>, 새운 거였어?]

　　　 가이 밤 새<u>와</u> 낫어냐?(↗)[보조동사 구문: 그 아이 밤 새<u>웠던</u> 적이 있었니?]

　　　 돈도 웃이 어떵 살<u>앖어냐?(↘)/살<u>앖어니?(↘)[돈도 없이 <u>어떻게</u> 살<u>고</u> 있었니?]

가이 잘 살았어냐?(↗)[잘 살고 있었니?, 살고 있는 거야?]

그거 어떻 먹어냐?(↘)/먹어니?(↘)[그거 어떻게 먹었니?]

가이 그 약 먹어냐?(↗)[그 아이 그 약 먹었니?, 먹더냐?, 먹은 거야?]

가이 그거 어떻 먹었어냐?(↘)/먹었어니?(↘)[그 아이 그거 어떻게 먹
고 있었니?]

그 약 먹었어냐?(↗)[그 약 먹고 있었니?, 먹고 있더냐?, 먹고 있는
거였어?]

이들 구성이 반말투 종결 어미 '-어'에 다시 '-냐?'가 융합되어 있는
구성이며, 이런 융합 구성의 결과로 이 발화가 공통어로 번역할 경우에
'-았-' 또는 '-더-'로 바뀔 수 있음은 이미 서술 서법의 융합 구성에서
논의한 바 있다(111쪽의 각주 24, 134쪽, 152쪽 이하). 여기서는 주로 '-았-'
으로 번역해 놓았지만, 충분히 '-더-'로도 번역될 수 있다.

복합 구성의 의문 종결 어미 '-어냐?'는 오름세 억양으로 발화되면
'응-아니(yes-no)'로 대답하는 가부 질문이 되고, 내림세 억양으로 발화
되면 의문사(wh-word)가 들어 있는 설명 의문이 된다. 그런데 '-어냐?'
에서 만일 의문 종결 어미 '-아?'가 탈락하여 '-어니?(↘)'로 되면, 대체
로 설명 의문으로만 쓰인다. 이는 독자적인 의문 종결 어미로서 '-냐?'
와 '[의문사]-니?'에서도 이미 살펴본 바 있다(§.3-2-4: 250쪽 이하).

그런데 '-냐?'는 '*-나?'로 줄어들 수 없었다. 반말투 종결 어미 '-어'
뒤에 융합된 경우에도 '-어냐?'만이 가능하고, '*-어나?'는 관찰되지 않
고, 오직 '[의문사]-어니?(↘)'만이 가능하다. 다시 말하여, 어간에 직접
이 복합 종결 어미를 붙여 활용해 보면, '먹어냐?'는 가능하지만, '*먹어
나?'는 불가능하고, '먹어니?'는 가능하다. 만일 시상 형태를 놓고 활용
해 보더라도 똑같이 '먹었어냐?'는 가능하지만, '*먹었어나?'는 관찰되
지 않고, 오직 '먹었어니?(↘)'만이 가능하다. 여기서 다루는 융합된 종
결 어미에서는 '-나?'로[28] 줄어들 수는 없는 것이다.

이런 언어 사실을 중시하여, 저자는 '-냐?'라는 종결 어미를 복합 구

성체로 보고, 관형형 어미 '-은'과 형식 명사 '이'와 의문 종결 어미 '-아?'가 융합되어 있는 것으로 상정하였다. '-은+이+아?' 이런 구성에서는 의문 종결 어미가 형식 명사와 재음절화를 거쳐 '야'로 되거나 숫제 탈락되어 '이'로 나올 수 있는 것이다. 선행한 관형형 어미는 언제나 모음으로 끝나는 종결 어미 뒤에 실현되어 약한 모음 '으'가 탈락되므로, 결국 '-냐?' 또는 '-니?'로 나올 수밖에 없는 것으로 설명하였다. 이런 측면에서 앞에 제시된 예문들이 '-는/은 거야?'라고 번역하더라도 크게 해석에 지장을 초래하지 않음을 확인할 수 있다.

§.3-4-2 반말투 종결 어미 '-어'에 융합된 의문 종결 어미: '-언가?, [의문사]-언고?(↘)'29) {어간에 직접 결합하거나 시상 형태와 결합하여 '-았언가?, [의문사]-았언고?(↘), -앗언가?, [의문사]-앗언고?(↘)'}

계사: 그거 느네 물이란가?(↗)[그거 너희 말이었는가?, 말이었던가?30)]

---

28) 이 의문 종결 어미는 간접 의문 형식으로 형용사나 동사 어간에 직접 연결되어 "나에게는 [그가 밥 먹나] 궁금하다"에서와 같이 내포문으로 들어가거나, 이 내포문을 허용해 주는 상위 동사가 생략됨으로써 스스로에게 묻는 자문 형식으로도 쓰일 수 있었고, 이것이 청자가 들을 수 있는 모습으로 소리 내어 발화된다면, 청자가 알고 있는 사실을 내게 알려달라는 요구 또는 요청의 질문으로 쓰일 수 있다.

29) 의문 종결 어미 '-은고?'는 다시 §.3-5-1에서 다뤄지므로 그곳을 살펴보기 바란다(308쪽 이하). 반말투 종결 어미 '-어' 뒤에 관형형 어미를 지닌 '-은고?/-은가?'도 결합할 수 있지만, 또한 명사형 어미 '-음'이 결합하여 '-어+-음이고?, -어+-음고?'로도 실현될 수 있다. 이들 사이에서 관찰되는 관형형 어미 '-은'과 명사형 어미 '-음'이 지닌 의미 자질의 차이만큼 그 해석에서도 동일한 것이 아니다. 시상 결합을 허용하는 것은 '-어+-은고?/-은가?'뿐이다. §.3-4-4에서는 지속 폭을 지닌 하나의 사건 구조를 상정할 경우에(301쪽 이하), 관형형 어미 '-을'이 기점에 관련된 형태소이고, '-은'이 종점에 관련된 형태소이며, 명사형 어미 '-음'은 오직 종점에 있는 결과 상태를 가리킨다고 논의할 것이다.

30) 공통어에서 시상 형태 '-았-' 뒤에서 관찰되는 양태 형태 '-느- : -더-'의 대립은 완료된 해당 사건을 청자가 발화 시점 현재 추체험할 수 있는지, 그렇지 않은지를 가리킨다. 계사 구문에서는 이런 점이 크게 부각되지 않지만, 형용사 구문에서 '바다가 잔잔했는가?'는 잔잔해진 완료 상태를 '-느-'의 출현으로 관련된 의사소통 참여자(의문문에서는 질문을 하는 화자가 됨)가 추체험하여 확인할 수 있다는 속뜻이 깔려 있다. 반면에 '잔잔했던가?'는 완료된 그런 상태를 더 이상 발화 시점에서 의사소통 참여자가 추체험하여 확인할 길이 없다는 속뜻이 깔려 있다. 이 방언의 융합 종결 어미 '-어+-은가?/-은고?'는 어느 쪽으로도 번역될 수 있다. 이런 사실은 이를 단순히 회상 형태 '-더-'에 대응시킬 수 없음을 명백히 보여 준다. 따라서 '-어-'를 회상 형태소로 지정한 것이 잘못임을 재확

누게네 물이란고?(↘)[누구집 말이었는가?, 말이었던가?]

누게네 물이랏언고?(↘)[누구집 말이었었는가?, 말이었었던가?]

그 집 물이란가?(↗)[그 집 말이었는가?, 말이었던가?]

그 집 물이랏언가?(↗)[그 집 말이었는가?, 말이었던가?]

이거 무사 이녁 옷 아니란고?(↘)[이거 왜 네 옷 아니었는가?, 아니었던가?]

형용사: 밤이 무사 시끄르완고?(↘)[밤이 왜 시끄러웠는가?, 시끄러웠던가?]

그 집이 인칙 무사 그영 시끄르왓언고?(↘)[그 집 일찍 왜 그렇게 시끄러웠었는가?, 시끄러웠었던가?]

바당 블안가?(↗)[바다 잔잔했는가?, 잔잔했던가?]

바당 블앗언가?(↗)[바다 잔잔했었는가?, 잔잔했었던가?]

동사: 가이 어드레 간고?(↘)[그 아이 어디로 갔는가?, 갔던가?]

가이 어드레 값언고?(↘)[그 아이 어디로 가고 있었는가?, 가고 있었던가?]

가이 어디 갓언고?(↘)[그 아이 어디 갔었는가?, 갔었던가?]

집이[31] 간가?(↗)[집에 갔는가?, 갔던가?]

집이 값언가?(↗)[집에 가고 있었는가?, 가고 있었던가?]

집이 갓언가?(↗)[집어 갔었는가?, 갔었던가?]

무사 날 불런고?(↘)[왜 날 불렀는가?, 불렀던가?]

무사 날 불럾언고?(↘)[왜 날 부르고 있었는가?, 부르고 있었던가?]

무사 날 불럿언고?(↘)[왜 날 불렀었는가?, 불렀었던가?]

늘 불런가?(↗)[너를 불렀는가?, 불렀던가?]

늘 불럾언가?(↗)[너를 부르고 있었는가?, 부르고 있었던가?]

인할 수 있다.

31) 이 방언의 표기법에서 '의'라는 현실 발음이 단모음 '이'로 나오므로, 한자어를 제외하고는 '이'를 쓰기로 규정하였다. 그렇지만 개인적으로 문법 형태가 주격의 '이'와 처격의 '의'가 형태상 서로 구별되는 것이 더 나은 선택으로 판단된다. 그렇지만 여기서는 이 방언의 표기법에 따라서 '이'로만 써 둔다. 단일한 낱말의 표기에서도 '의'를 살려 써야할 경우들이 있다. 46쪽의 각주 6)을 같이 보기 바라고, '의'를 표기에 도입해야 하는 이유들이 더 있는지 면밀히 살펴볼 필요가 있다.

가일 불렀언가?(↗)[그 아이를 불렀는가?, 불렀던가?]

무스거[32) ᄒᆞ연고?(↘)[뭐 했는가?, 했던가?]

무스거 ᄒᆞᆫᆹ언고?(↘)[뭐 하고 있었는가?, 하고 있었던가?]

무스거 ᄒᆞ엿언고?(↘)[뭐 했었는가?, 했었던가?]

가이 그 일 ᄒᆞ연가?(↗)[그 아이 그 일 했는가?, 했던가?]

그 일 ᄒᆞᆫᆹ언가?(↗)[그 일 하고 있었는가?, 하고 있었던가?]

그 일 ᄒᆞ엿언가?(↗)[그 일 했었는가?, 했었던가?]

보조동사 구문: 나 무사 이디 오라 젼고?(↘)[내가 여기 왜 와 졌는가?, 와 졌던가?, 본인 의사와 관계 없이 오게 되었는가?, 오게 되었던가?]

가이 무사 이디 오라 졌언고?(↘)[그 아이 여기 왜 와 지고 있었는가?, 와 지고 있었던가?, 본인 의사와 관계 없이 오게 되었었는가?, 오게 되었었던가?]

가이 무사 이디 오라 졋언고?(↘)[그 아이 여기 왜 와 졌었는가?, 와 졌었던가?, 본인 의사와 관계 없이 오게 됐었는가?, 오게 됐었던가?]

가이 무사 와 낫언고?(↘)[그 아이 왜 와 났었는가?, 와 났었던가?, 온 적이 있었는가?, 온 적이 있었던가?]

가이 무슨 일 ᄒᆞ여 낫언고(↘)?[그 아이 무슨 일 해 났었는가?, 해 났었던가?, 한 적이 있었는가?, 한 적이 있었던가?]

두루 여러 서법에 걸쳐 쓰이는 반말투 종결 어미 '-어'에 의문 서법의 반말투 종결 어미 '-은가?, [의문사]-은고?(↘)'가 덧붙어 나온 융합 형태 '-언고?, -언가?'를 확정하기 위하여, 다음과 같이 '-어'가 없이 쓰인 용례와 대조할 필요가 있다. 여기서는 '[의문사]-은고?'만을 다루지만, 동일하게 '-은가?'에도 그대로 적용된다(§.3-5-1에서 다시 이 의문 종결

---

32) '무스거'[무슨+것]는 '무시거'로도 발음된다. '무스거'는 좀 더 보수적이고, '무시거'는 젊은 층에서 관찰될 듯하다. 뒤에 있는 마지막 용례에서 '무슨 일'도 또한 '무신 일'로도 발음되는데, '무슨'이란 발음이 보수적으로 느껴지고, '무신' 발음이 더 개신적이라는 느낌을 준다.

어미가 논의됨: 308쪽 이하). '-은고?'가 이끄는 구성이 상위문 '궁금하다, 알고 싶다' 등의 투영 속에 내포절로 실현될 수 있으며, 이는 스스로에게 묻는 형식으로 해석될 수 있다. 만일 청자가 해당 사건을 잘 알고 있다는 화용 맥락이 주어진다면 자문에서 질문으로 전환할 수 있는 것이다. 그렇지만 '-은가?'는 직접적으로 상대방에게 질문하여 대답을 요구하는 데에 쓰인다. 이는 중세 국어에서 '-가? : -고?' 계열이 서로 판정 의문과 설명 의문으로 구분되던 사정과는 아무 관련을 보이지 않는 점이 특이한데,[33] 이런 현상이 이 방언의 독자적 발달과 관련이 있는 것인지는 더 깊이 연구해 봐야 할 것이다.

먼저 간단한 활용을 지닌 계사 구문을 살펴보기로 한다.

누게네 쇠고?(↘)[누구집 소인가?] : 누게네 쇠란고?(↘)[누구집 소였는가?, 소였던가?]

편의상 '쇠/쉐'로 병렬된 표기를 간단히 '쇠'로만 적기로 한다. '[의문사] -은고?' 앞에서 각각 '쇠(쇠+은고?) : 쇠라(쇠라+은고?)'가 대립하고 있다. 우연히 이 방언에서는 주어 다음에 나오는 명사는 구조상 서술어라는 기본값을 얻을 수 있으므로, 계사 '이다'가 없이도 말해질 수 있다. '-은고?'가 덧붙지 않은 상태로 모두 '쇠 : 쇠라'와 같이 모두 아주 자연스럽게 종결이 이뤄진다. 그런데 '쇠란고?'에서는 '쇠라+은고?'[-이다+은고?]가 융합되어 있다. 공통어로는 '-였는가?, -였던가?'로 번역해 놓았다. '-은고?'라는 종결 어미에 들어 있는 것이 '완료'를 가리키는 관형형 어미 '-은'이기 때문에, 더 이상 청자나 화자가 해당 사건을 경험하여 '확인'할 수 없다는 측면에서만 본다면, '소였던가?' 하나로만

---

33) 중세 국어에서 관찰되는 의문 종결 어미 '-가? : -고?'의 대립은 이 방언에서 현재 엄격하게 지켜지지 않는다. 아마 공통어의 영향인 듯하다. 따라서 설사 '-고?'로 나와야 할 의문사(wh-word) 구문이라 하더라도, 판정 의문의 종결 어미 '-가?'도 쓰일 수 있다. 전형적인 발화 "누게네 쇠고?/쉐고?"뿐만 아니라, 또한 "누게네 쇠가?/쉐가?"도 수용 가능한 발화이다. '쇠/쉐'는 '염쇠/염쉐'[염소]란 낱말도 쓰므로 본디 단일 어형일 수 있다.

번역할 수 있을 것이다. 그렇지만 여러 용례들을 살펴보면 꼭 하나로만 번역될 수 없고, '소였는가?'로 번역되는 것이 적절할 경우도 있다. 공통어의 '-는가?'에 있는 '-느-' 발화 시점 당시에도 청자와 화자가 확인할 수 있다는 속뜻을 담고 있는 것이다(청자 추체험 가능 양태임). 그렇다면 용례들이 쓰이는 상황에 따라서 이 방언의 형태 '-언고?'는 '-었는가?'나 '-었던가?'로 대응한다고 해 두는 편이 보다 더 융통성이 있다.

형용사와 동사가 만들어 놓는 구문에서는 계사 구문과는 다른 점이 관찰된다. 먼저 형용사 구문을 보기로 한다.

"무사 시끄르운고?/시끄룹는고?" : "무사 시끄르완고?"
 [왜 시끄러운가?/시끄럽는가?] : 시끄러웠는가?/시끄러웠던가?]

형용사 '시끄럽다'는 이 방언에서 어간이 '시끄룹-, 시끄르우-'로 나온다. 먼저 어간에 종결 어미가 붙은 용례는 각각 '-은고?, -는고?'를 보여 준다. '-은고?'는 일회적으로 현장에서 느끼는 상태를 가리키지만, '-는고?'는 대상의 내부 특성으로 나오는 영속적이거나 지속적인 속성을 가리켜 준다. 이는 이미 §.2-1에서 논의된 바 있다(78쪽 이하).

잠시 이런 대립을 접어두고서, '-은고?'가 나온 경우만을 비교하기로 한다. 이들 용례에서 '-은고?'를 제거할 경우,

 '*시끄르우- : 시끄르와-'(←시끄르운고? : ←시끄르완고?)

가 된다. 이들 중 오직 후자만이 문법적이다. 동사와 형용사는 결코 어간만으로 종결될 수 없기 때문이다. 이런 대조를 통하여, 의문 종결 어미 '-은고?'가 어간에 직접 연결될 수도 있고, 또한 반말투 종결 어미 '-어' 뒤에 덧붙어 융합된 형태를 만드는 데에도 참여하고 있음을 알수 있다.

그런데 '-어+-은고?'가 융합되면 공통어의 번역에서 반드시 '-었-'이

나오는데, 이는 결코 이 방언의 표면 형태에서 찾을 수 없다. 오직 종결된 발화를 다시 한 번 더 서술해 주는 종결 어미 중첩 또는 종결 어미 융합으로부터 새로 부각되어 나오는 것이다. 이른바 '언표 속에 깃들어 있는 힘'인 것이다(§.2-3-1에 있는 융합 구성의 논의를 보기 바람: 146쪽 이하). 이미 다 서술이 종결된 것을 다시 재서술한다는 일 자체가 '완결된 사건을 재도입'하는 효과를 지니는 것이다. 이 점을 다음처럼 동사 구문에서도 다시 확인할 수 있다.

"무사 날 불르는고?/불렀인고?" : "무사 날 불런고?/불렀언고?"
  [왜 날 부르는가?/부르고 있는가?] : [왜 날 불렀는가?/부르고 있었는가?, 있었던가?]

'부르다(呼)'라는 동사는 이 방언에서 '불르-, 부르-'라는 두 개의 어간을 지닌다. 형용사의 용례에서는 어간에 '-은고?, -는고?'가 연결될 수 있었지만, 동사의 경우에는 '-는고?'만이 연결된다. 이는 형용사는 하나의 상태를 가리키지만, 동사는 개념상 적어도 두 상태 이상이 바뀌어 가는 일을 요구하므로, '-은고?'의 의미 자질과 서로 모순됨을 알 수 있다.
  앞의 사례에서는 단일한 종결 어미 구성체와 융합된 복합 종결 어미 구성체가 대조를 보여 준다. 먼저 왼쪽에 제시된 두 개의 단일한 종결 어미 구성체를 살펴보기로 한다.

"무사 날 불르는고?"[왜 나를 부르는가?, 왜 날 부르는지 궁금하다]
"무사 날 불렀인고?"[왜 나를 부르고 있는가?, 왜 날 부르고 있는지 궁금하다]

이들은 모두 대우 화용 첨사 '마씀'이 쓰일 수 있으며, 스스로에게 묻는 자문 형식이 간접적으로 청자에게 소리를 통해 전달됨으로써 청자가 그 의문에 대답해 줄 수 있는 질문 형식이다. '마씀'이 붙으면 더욱더 청자에게 부르는 까닭은 알려 달라는 요구의 해석으로 기울어지게 된다. 이 두 발화가 비록 수의적으로 교체되어 쓰일 수 있다고 하더라도, 이들은 형태소의 실현이 서로 다르다. 앞에서는 동사 어간(이른바 쌍형 어간, 복수 어간) '불르-, 부르-'에 시상 및 양태를 나타내는 '-느-'가 나온 뒤에 종결 어미 '-은고?'가 나왔다. 그렇지만 변이 모습으로 제시된 사선 뒤의 형태에서는 '이'를 매개로 한 시상 형태 '-없이-'가 나온 뒤에 종결 어미 '-은고?'가 실현되어 있다. 수의적 교체 형태의 초점은 결국 '-느-'와 '-앐이-'에 모아진다. '-느-'는 시상 범주로 쓰이면 발화 시점 현재 진행되고 있는 사건을 가리키고, 양태 범주로 쓰이면 의사소통 참여자(화자, 청자)가 해당 사건을 직접 추체험할 수 있음을 가리킨다. 반면에 시상 형태 '-앐-'은 해당 사건이 아직 착수되지 않은 단계에서부터 착수되더라도 완료되지 않고 진행 중인 사건까지 가리킨다. 만일 이 두 발화가 교체 가능하다고 전제한다면, '-느-'가 수행하고 있는 두 가지 기능이 각각 '-앐-'과 '-이-'에 의해 이뤄지고 있다고 상정할 수 있다. 다시 말하여

'느' ≒ '앐+이'

라고 말할 수 있는 것이다. 위의 식형은 '-느-'가 품은 시상 및 양태의 기능이 마치 산수에서 '5=3+2'가 되듯이 각각 시상 형태와 양태 형태로 나뉘는 것으로 보자는 주장이다. '-앐이-, -앗이-'에서 시상 형태는 각각 '-앐-, -앗-'이 맡고 있다. 그런데 여기에 딸려 있는 '이'가 어떻게 양태의 몫을[34] 맡을 수 있는 것일까? 이에 대한 답변을 저자가 이 방언을 다루면서 직감적으로 느끼는 바를 서술하면서 제시하기로 한다.

저자는 이 방언에서 어미들의 기본값 구성(무표적인 구성) '대우 형태 +시상 형태+양태 형태+종결 어미'를 제외한다면, 종결 어미들을 구

---

34) 지금까지 저자는 여러 군데의 각주들에서 주제화 구문을 이루는 계사 구성일 가능성을 언급해 두었다. 제2장의 각주 9), 11), 50), 57), 84), 85) 등을 보기 바란다.

현하는 방식이 최소한 두 가지 종류로 구현되고 있음을 깨달았다. 이는 비록 이 방언의 종결 어미들을 대상으로 하여 그 결합 구성들을 분석한 뒤 내용들을 귀납하여 일반화시킨 결과일 뿐이며, 따라서 일반화 상의 오류가 깃들 수 있겠지만, 저자는 이것들이 '이항 대립의 가치'를 발휘하고 있음에 주목하고자 한다. 하나는 종결 어미 뒤에 다시 종결 어미가 융합되어 나오는 복합 종결 어미 형식이다. 다른 하나는 주제화 구문을 투영하는 계사 구문을 이용한 형식이다.

융합된 복합 종결 어미는 시상에 대한 표현에서 특이하게 현재의 발화 시점보다 더 앞선 시점의 사건을 가리켰다. 비록 앞뒤 순서로는 융합된 복합 구성체이지만, 이는 후핵성(head final) 매개인자를 바탕으로 하여 두 개의 종결 어미가 관찰될 적에는, 맨 뒤에 있는 종결 어미가 더 지배력을 많이 지니고 있고, 더 뒤에 있는 종결 어미를 기준으로 하여 하나의 사건이 종결되어야 함을 의미한다. 그런데, 이런 종결 기능이 끝났지만, 다시 이 핵어가 투영하는 논항 구조에서 다시 융합의 씨앗이 되는 다른 종결 어미가 관찰된다. 이는 현재 발화 시점에서 종결이 이뤄진 사건에 대하여, 다시 새로운 사건이 종결됨을 의미하는 것이다. 이런 두 차례의 종결 행위가 바로 더 앞서 일어났던 사건을 가리키게 되는 것으로 본다. 저자는 화용 상으로도 이미 종결된 사건을 놓고서 다시 종결한다는 것은, 두 차례의 종결 행위로써 더 앞서 일어난 사건을 가리킬 수 있는 근거가 마련된다고 믿는다.

다른 하나는 전형적으로 두 개의 명사구를 요구하지 않고, 오직 하나의 명사 상당어만을 요구하는 계사 구문을 주제화 구성 요건으로 보고, 이 방언에서 이런 구성이 있음을 찾아내고 기술할 수 있었다. 대표적인 경우가 바로 '-으키어'이다. 이는 양태 형태 '-으크-'[-겠-]가 평대 관계의 고유한 서술 서법의 종결 어미로 나온 것이고, 이 구성이 적어도 '으크+이어'로 분석된다. 공통어에서는 양태 형태가 곧장 종결 어미와 결합하여 '겠+다'(고유한 종결 어미)와 '겠+어'(반말투 종결 어미)로 나오지만, 특이하게도 이 방언에서는 '이'를 수반한 종결 어미가 관찰된다.

고유한 종결 어미에서는 '-으키어'[-겠다]이고, 반말투 종결 어미에서는 '으크라'[-겠어]이다. '으키어'와 '으크라'에서 공통 요소를 해체해서 분립시킨다면, '-으크-'[-겠-]와 '-이어, -라'를 찾아낼 수 있다.35) 이들은 계사 '이다'의 옛 형태를 재구성한 '⁺일다'로부터 도출해 낼 수 있다. 계사는 우리말에서 공통적으로 두 가지 특징을 지니는데, 첫째, 어간이 탈락하기도 하고, 둘째, 'ㄹ' 소리가 발현되어 나오기도 한다. '-으키어, -으크라'에서 추출되어 나온 '-이어, -라' 중 '-이어'는 계사 어간이 그대로 있고 활용하기 위하여 고유한 종결 어미가 붙은 모습을 보여 준다. '-라'는 어간이 생략되고 대신 'ㄹ'이 발현된 뒤 반말투 종결 어미가 실현된 모습이다. 만일 이들이 모두 동일하게 계사 어간이 투영하는 구성체로 귀결된다면, 양태 형태가 발화 시점에서의 양태를 지정해 주기 위하여 '주제화 구문을 투영'하는 계사 특성을 이용한다고 기술할 수 있을 것으로 본다. 이런 구성의 선택이 저지될 경우에는, 종결 어미를 두 번 반복시켜 융합해 놓은 구성이 대신 선택되는 것이다. 단, 이 방언에서 양태를 표현하는 방식이 두 가지 선택지가 있다고 전제될 경우에, 이들 사이의 대립적 가치가 발현되기 때문에 그러하다. 저자의 작업 가정에서는 이런 단서가 반드시 참값으로 주어져 있어야만 한다.

저자는 '-앖아-, -앗이-'에서 찾아지는 '이'에 대해서도 똑같은 논의를 적용할 수 있다고 믿는다. 저자는 평대 관계의 종결 어미들을 대상으로 하여 시상 형태 '-앖-, -앗-'이 곧장 결합하지 않고 반드시 '이'를 매개로 하여 결합하는 구성들을 네 가지로 정리할 수 있었는데(§.2-4-2의 논의와 각주 85를 보기 바람: 181쪽 이하), 다시 아래에 가져오기로 한다.

① 관형형 어미 '-은, -을'과 관련된 형식(-앖인게, -앖인 생이어, -앖일 걸, -앖이컬)

---

35) 이것들이 모두 '-앖이키어'와 '-앖이크라'처럼 시상 형태가 선접되어 나올 수 있다. 이 경우에도 '이'를 매개로 한 시상 형태들이 나와야 한다.

② 연결 어미 '-거든, -으민, -으난, -은디, -곡'(-앉이거든, -앉이민, -앉이난, -앉인디, -앉이곡)

③ 서술 종결 어미 '-저², -녜, -으메'(-앉이저[-앉이젠 ᄒ여], -앉이녜, -앉이메 등)

④ 의문 종결 어미 '-아?, -이?'(-앉이아?, 이것이 탈락하거나 줄어들어 -앉이?)

관형형 어미에 선행하는 '이'를 다루면서 174쪽 이하 §.2-4-1과 §.2-4-2에서 관형형 어미 '-은, -을'이 양태(청자의 추체험 가능 여부를 나타냄)를 나타내며, 이것이 시상 형태에다 계사 어간을 매개로 하여 자신이 실현될 수 있는 터전을 마련해 놓는 것이라고 논의한 바 있다. 두 번째 연결 어미들은 조건절을 이끄는 '-거든, -으민'[-거든, -으면]과 이유절을 이끄는 '-으난'[-으니까]이 있고, 해당 사건과 관련된 다른 사건을 부연하거나 도입하기 위하여 터전을 마련하는 '-은디'[-은데]와 공간 나열 또는 시간 나열의 '-곡'[-고]이 있다. 조건절이나 이유절은 상위 범주로서 조건절로 모아질 수 있다. 이유절이 이미 일어난 사건을 놓고서 이를 일으킨 조건을 언급해 주는 것이기 때문이다. 그렇다면 조건절에서는 일단 발화 시점에서 양태 요소를 실현시켜야 한다고 기술할 수 있다. 설명 부연절 '-은디'[-은데]라는 연결 어미는, 구성상 관형형 어미 '-은'과 처소를 가리키는 형식 명사(ᄃᆡ)를 찾아낼 수 있으므로, 관형형 어미의 설명으로 대치할 수 있다. 마지막으로 나열 어미 '-곡'[-고]이 남아 있는데, 이 연결 어미가 직접 어간에 연결될 경우에는 시상이나 양태 요소를 뒤에 이어지는 후행절로부터 공급받게 된다(동일한 구성성분으로서 지배 구조에 따라 c-command[구성성분을 거느림]에 의해 영향력을 발휘하거나, 또는 지배 구조에 따라 비어 있는 기능범주 자리에 복사 현상이 일어난다고도 설명할 수 있음). 여기서도 '이'를 매개로 한 양태 요소를 실현시킨다고 기술해 두기로 한다.

세 번째 종결 어미들도 양태 의미를 지니고 있다. '-저'[-자, -자고 하다]는 주어의 조건에 따라서 화자의 의도나 장차 일어날 일을 가리키는 데에 쓰이고, '-녜'는 관형형 어미 '-은'과 형식 명사 '이'와 종결 어미의 복합 구성(은+이+이어+이)으로 간주될 수 있으며(§.4-1-4를 보기 바람: 360쪽 이하), 또한 '-으메'도 또한 명사형 어미 '-음'에 종결 어미가 융합된 복합 구성으로 파악된다(§.2-7-3을 보기 바람: 216쪽 이하). 네 번째 의문 서법의 어미는 조건절의 연결 어미와 나열의 연결 어미에서처럼 '이'를 매개로 한 구성체를 지니고 있다고 기술할 수 있다.

여기서 이 방언의 시상 형태 '-앖-, -앗-'이 '이'를 수반하여 실현된다고 기술된 구성들에서, 첫째 '이'가 무엇이고, 둘째 왜 '이'가 필수적으로 있어야 하는지를 설명해 주어야 한다. 두 가지 물음이 별개로 제시되었지만, 대답은 동시에 서로 맞물려 있다. 저자는 이 방언에서 유표적인 종결 어미의 구성체가 이분 대립으로 구현됨에 주목하고자 한다. 하나는 종결 어미들의 융합을 통하여 이뤄지는데, 이는 첫 종결 어미로 표시된 사건이 더 이상 청자가 추체험할 수 있는 사건이 아님을 표시해 준다. 또 다른 하나는 현재 발화 시점에서 직접 청자가 추체험하여 확인할 수 있는 사건임을 표시해 주는 방식이다. 이는 하나의 명사 상당 어만을 요구하여 주제화 구문을 투영하는 계사를 이용하는 것이다. 이런 핵어는 주제화 구문을 나타내어 줄 다른 대안 요소가 없는 한 결코 생략될 수도, 반모음 'y'로 줄어들 수도 없다고 본다. 즉, 청자 추체험 가능 양태를 표시해 줄 수 있는 씨앗 형태로 보자는 것이다. 미지의 '이' 또는 신비의 '이'에 대하여, 저자가 제시할 수 있는 답변이 현재로서는 이 정도까지일 뿐이다.

다시 '불르는고?/불렀인고?'의 논의로 돌아가기로 한다. 이 구문과 비교될 수 있는 또다른 구문이 명사형 어미 '음'을 매개로 하여 의문 종결 어미가 이어진 구문이다. 여기에는 직접 어간에 이어진 것과 반말투 종결 어미 '-어' 다음에 융합된 것이 있다. 각각 '부름고?'[부름인가?]와 '불럼고?'[불렀음인가?, 불렀는가?]이다(§.3-2-2 참고: 244쪽 이하).36)

---

36) 만일 시상 형태 '-앖-'이 들어 있었더라면 '불렀고?'가 된소리(경음)로 발음되어 '불럼꼬?'로 나왔을 것이다. 그렇지만 이 환경에서는 된소리(경음)로 되지 않으며, 따라서 명사형 어미 '-음'이 실현되었음을 알 수 있다. 또한 반말투 어미 '-어'가 없이 직접 어간 '불르-/

"무사 날 불르는고?"[왜 날 부르는가?, 왜 부르는지 궁금하다는 간접 질문
　　형식]
"무사 날 불렀인고?"[왜 날 부르고 있는가?, 왜 부르고 있는지 궁금하다는
　　간접 질문 형식]
"무사 날 부름고?/불름고?"[왜 나를 부름이야?, 직접 질문 형식임]
"무사 날 불럼고?"[왜 나를 불렀음이야?, 불렀나?, 직접 질문 형식임]

이들 형태소의 구성을 다음과 같이 분석해 볼 수 있다. '불르는고?'는
동사 어간 '불르-'와 '-느-'와 '-은고?'가 결합되어 있는 구성이다. 동사
어간과 결합한 '-느-'는 따로 시상 형태가 없으므로 시상의 역할과 양태
의 역할을 겸하고 있다. 지금 현재 호출 사건을 청자와 화자가 직접
추체험할 수 있는 것이다. 이 발화와 교체되어 쓰이는 '불렀인고?'에서
는 시상 형태와 양태 형태가 각각 '-앉-'과 '-이-'로 구현되고, 부르고
있는 사건을 발화 시점에서 청자와 화자가 모두 추체험할 수 있다(계속
화자를 오도록 호출하고 있음). 이들은 '궁금하다, 잘 알 수 없다, 알고 싶
다(알고프다)'와 같은 핵어 동사에 의해 내포문으로 표상되는 자문의 형
식이지만, 소리 내어 주변 사람들이 듣도록 함으로써, 화행상 내가 궁
금한 대목(스스로에게 묻는 질문)에 대하여 청자로 하여금 답변해 주도록
요구하는 함의가 깔린다. 이를 특정한 의문 종결 어미가 떠맡는다고
보아, 일상언어 철학자 그롸이스(P. Grice) 용어로는 특정 형식을 쓰는
일이므로 관례상 깃들게 되는 속뜻(conventional implicature)이라고 부를
수 있다.37)

부르-'에 명사형 어미 '-음'이 결합된 구성으로부터도 명사형 어미와 관련되어 있음을
확인할 수 있다. §.3-4-4에서 반말투 어미 '-어'에 명사형 어미 '-음'이 융합된 형식 '-엄
댜?'에 대한 논의도 살펴보기 바란다(301쪽 이하).

37) 그롸이스(P. Grice, 1989), 『낱말 사용 방식 연구(*Studies in the Way of Words*)』(Harvard
University Press)를 보기 바란다. 그롸이스 주장에 대한 위상은 그뢴디·워너(Grandy and
Warner, 1986) 엮음, 『합리성에 대한 철학적 기반: 의도·범주·목적(*Philosophical Grounds
of Rationality: Intentions, Categories, Ends*; 앞글자만 따면 P. GRICE가 됨)』(Clarendon
Press)에서 처음 다각도로 논의되었다(19편의 논문이 실림). 그롸이스의 가치에 대한 글

그런데 명사형 어미가 들어 있는 경우는 두 가지 방식으로 실현될 수 있다. 먼저 동사 어간(부르-/불르-)에 직접 명사형 어미 '-음'이 결합할 수 있고, 이 뒤에 계사 활용 형식으로 '-이고?'가 실현되거나(부름이고?, 불름이고?),38) 아니면 계사 어간이 탈락된 채 의문 종결 어미 '-고?'가 붙을 수 있다(부름고?, 불름고?). 이들 사이는 수의적 교체로 보이고, 내포 의미의 차이가 들어 있는 것 같지 않다. 이 경우에는 직접 상대방을 마주하여 묻는 경우에 발화될 수 있다.39)

그렇지만 반말투 종결 어미 '-어'(불러)에 다시 명사형 어미 '-음'이 융합될 경우에는 오직 의문 종결 어미 '-고?'만이 실현된 구성만 허용된다(불르+어+음+고?).40) 일부 연구자들은 명사형 어미 뒤에 아무런 용언도 없이 직접 의문 종결 어미가 붙음을 부각시켜, '-고?' 따위를 의문 종결 어미라고 부르지 않고 이른바 의문 '첨사'(particle)라고도 부른다. 아마 활용 형식이 아니라는 뜻에서 붙여진 듯하다. 그런데 의문 종결 어미가 없이 '*불르, *불름'만으로는 비문법적이므로 수용될 수 없다. 반면에 반말투 종결 어미 '-어'가 실현되어 '불러?'로 종결될 수 있으며,

---

은 그롸이스(1991), 『가치의 복합 개념(*The Conception of Value*)』(Clarendon Press)를 보기 바란다. 칸트의 순수 이성 및 실천 이성에 대한 구분을 비판하고 오직 단일한 하나의 이성에 대한 두 가지 구현 방식에 지나지 않는다는 논의는 그롸이스(2001), 『이성의 여러 측면(*Aspects of Reason*)』(Clarendon Press)을 읽어 보기 바란다.

38) 반말투 어미로 실현되면 '부름이라?, 불름이라?'로 나온다.

39) 이 구성은 유표적으로 서로 얼굴을 마주보고 있는 화자와 청자 사이에서 쓰인다. 여기서 공통어에서 쓰이는 명사형 어미 '-음'('보문 어미'로도 불림)이 이끄는 명사절은 화자와 청자가 공유하는 정보를 가리킨다. 서로에게 공유된 정보가 이미 참값으로 주어져 있으므로 명사 표현을 쓴다고 설명할 수 있다. 동사로 표현한 것은 해당 사건의 진위 여부를 청자가 따져 보고 결정할 수 있도록 제시한 것이다. 임의의 사건이나 개념은 어떤 언어에서나 동사의 구성으로도 표현할 수 있고, 명사의 구성으로도 표현할 수 있다. 그렇지만 이런 표현은 서로 내포 의미의 차이가 뚜렷하다. 동사를 이용한 표현은 참인지 거짓인지를 화자가 단정하고 있고, 해당 사실 여부를 청자가 뒤이어 체험하고 확인하도록 제시되어 있다. 그렇지만 명사를 이용한 표현(명사절, 명사구, 명사 표현)은 원천적으로 참 거짓 여부를 따질 수 없도록 봉쇄되어 있다. 이런 표현상의 구분은 '비판적 담화 분석(critical discourse analysis)'에서 매우 중요하게 다뤄진다. 자세한 논의는 페어클럽(Fairclough, 2003; 김지홍 뒤침, 2012), 『담화 분석 방법』(도서출판 경진)의 제8장 7절과 그곳의 역주들을 읽어 보기 바란다.

40) 반말투 종결 어미 '-어' 뒤에 명사형 어미 '-음'이 융합되어 만들어지는 복합 종결 어미는 §.3-4-4에서 '-엄디아?, -엄다?, -엄다?, [의문사]-엄디?'로 다뤄질 것이다(301쪽 이하).

이 형식이 다시 종결 어미 '-ㄴ?'과 '-은고?'를 취하여 융합 구성을 이룰 수 있다. '불런?'[불렀니?] 또는 '불런고?'[불렀던고?, 부르던고?]가 그러하다('-은고?'는 §.3-5-1에서 논의됨: 308쪽 이하). 이런 융합 구성에서는 이미 논의된 대로 양태 의미로서 청자가 발화 시점에서 추체험할 수 없는 사건을 가리키므로, 공통어로 번역할 경우에 이것들이 과거 시제(-았-)나 회상 형태(-더-)를 지니게 된다.

이 방언에서 반말투 종결 어미 '-어' 뒤에 '-은고?'가 덧붙어 융합된 형태(-언고?)는 직접 어간에 결합하여

"무사 먹<u>언고</u>?"[왜 먹었는가?]
"어느제 오<u>란고</u>?"[나도 알아차리지 못하게, 언제 왔던가?]

와 같이 '-언고?'[-었는가?, -었던가?]로 쓰일 수도 있고, 시상 선어말 어미 형태 '-앖이-, -앗이-'와 결합할 수 있다.

"무사 안 먹<u>없인고</u>?"[왜 안 먹고 있는가?, 안 먹고 있는 것인가?]
"어느제 오<u>랏인고</u>?"[나도 모르게 언제 왔는가?, 온 것인가?]

처럼 '-없이-'는 아직 착수하지 않은 일(미착수)을 포함하여 현재 채 끝나지 않고 진행 중인 사건을 가리키거나, '-엇이-' 이미 다 끝난 일을 가리켜 청자에게 물을 수 있다.

그렇지만 '이'를 매개로 하지 않은 채 '-앖-' 및 '-앗-'에 직접 반말투 종결 어미 '-어'가 결합할 수도 있다(-앖어, -앗어). 이 구성에 다시 '-은고?'라는 의문 종결 어미가 융합될 수 있다.

"무사 안 먹<u>없언고</u>?"[무슨 까닭으로 안 먹고 있었는가?/있었던가?]
"어느제 오<u>랏언고</u>?"[나도 알아차리지 못하게 언제 왔었는가?/왔었던가?]

'-앖언고?'[-고 있었는가?, -고 있었던가?]와 '-앗언고?'[-았었는가?, -았었던가?]도 또한 동시에 관찰되는 것이다. 후자는 여태까지 형태를 밝히지 못한 채 '-아선고?'로 잘못 적히던 구성이지만, 반드시 '-앗언고?'로 올바르게 적혀야 한다.41)

다음에 의문사(wh-word)를 지닌 구성으로서, 스스로에 대한 물음뿐만 아니라('궁금하다, 알고 싶다, 모르겠다' 등의 인지상태를 나타내는 동사에 의해서 투영되는 내포문이 됨), 이런 궁금한 내용을 놓고서 그 내용을 잘 알고 있을 것으로 판단하는 상대방 청자가 들을 수 있도록 소리를 내어 말을 함으로써 질문의 지위를 얻는 '-은고?'를 중심으로 하여, 어떤 형태들이 실현되어 나오는지를 도표로 만들어 제시하기로 한다('ᄒ다'[to

---

41) 이 방언의 연구들에서 잘못되게 'ᄒ여라 : ᄒ여서'를 대립 짝으로 상정하여, 회상 보고의 형태 '-여-'를 추출하는 일이 있었다(현평표 1985). 그렇지만 이는 표면 대립에만 집착한 분석 오류에 지나지 않는다. 이는 마땅히 다음처럼 표기되어야 하며, 서로 같은 층위에 있는 종결 어미들도 아니다.

'ᄒ여라 : ᄒ엿어'

여기서 'ᄒ여라'는 두 개의 종결 어미가 융합된 형식이다. 반말투 종결 어미 '-어'가 'ᄒ다'라는 낱말에서는 '-여'로 바뀐다. 이 종결 어미 뒤에 다시 계사가 활용하는 반말투의 종결 어미 '-라'가 덧붙어 융합된 것이다. 융합된 형식은 언제나 재서술의 기능을 지니므로, 이 기능에 의해서 공통어로 번역할 경우에 과거 시제 형태 '-았-'이 들어가게 된다. 비록 명시적인 과거 시제 표시 형태가 없더라도, 종결 어미 뒤에 다시 종결 어미가 덧붙어 재서술되는 기능이 그 자체로 하나의 완료된 사건을 다시 발화 시점에서 서술하게 되므로, 구조적 특성에 의해 과거 시제가 저절로 깃들게 되는 것이다. 이 융합 종결 어미에 대한 공통어 번역은 일관되게 서술 서법에서는 '-았네, -았데'이고, 의문 서법에서는 '-었는가?, -었던가?'로 된다. 여기서 공통되게 들어 있는 '-었느-, 었더-'를 확인할 수 있다.

이전의 이 방언 연구들에서는 'ᄒ여라'의 피상적인 번역에만 집착하여, 급기야 '-여-'를 회상 보고의 형태로 잘못 지정해 버리는 길로 들어서 버렸다. '-었-' 뒤에 나오는 양태 형태 '-느- : -더-'는 청자(화자) 확인 영역의 요소들이다. '-느-'는 청자가 해당 명제나 주장을 직접 다시 경험하여 확인할 수 있음을 가리킨다. 그러나 '-더-'는 더 이상 화자가 주장한 명제 내용을 직접 경험할 수 없으며, 철저히 화자의 판단에 의존해야 함(화자를 발언을 믿어야 함)을 함의한다.

그리고 이에 대립하는 것으로 잘못 내세워진 'ᄒ여서 → ᄒ엿어'는, 시상 완료 형태 '-앗-'이 반말투 종결 어미 '-어'에 연결된 것으로서, 공통어의 번역에서 '했어'와 정확히 일치한다. 차이가 있다면 이 방언에서는 완료 형태 '-앗-'이 쓰이지만, 공통어에서는 과거 시제 형태 '-았-'이 쓰였다는 점뿐이다. 여기서는 결코 '-었느-, -었더-'의 기능이 찾아질 수 없다. 따라서 이들이 더 이상 서로 대립되는 짝도 아님을 알 수 있다. 이런 착오가 생겨난 이유는 종결 어미들의 목록을 충실히 찾아내어 제대로 작성해 보지도 못하였고, 그 목록에서 찾아지는 범주들에 대해서 어떤 기능이 깃들어 항목상 서로 대립하는지에 대하여 성찰해 보려고 하지 않았던 데 있다.

do]라는 동사의 활용 모습인데, 형태론적 조건 변이로 어미들이 모두 '-어'에서 '-여'로 바뀜).

<도표 9> 의문사(wh-word)를 지닌 '-은고?'의 실현 모습('-없-, -없이-' 사례)

단독 구성					융합 구성	최종 결과물(주어 실현에 제약이 있음)
어간	시상	양태		종결		
흐-			-으커-	-은고?		가이 뭘 흐컨고?
	-없-, -엇-	-이-		-은고?		가이 뭘 흐없인고? : 흐엿인고?
	-없-, -엇-	-이-	-으커-	-은고?		가이 뭘 흐없이컨고? : 흐엿이컨고?
				-어?		우리/느/가이 뭘 흐여?
				-어?	-은고?	가이 뭘 흐연고?
	-없-, -엇-			-어?		느 뭘 흐없어? : 흐엿어?
	-없-, -엇-			-어?	-은고?	가이 뭘 흐없언고? : 흐엿언고?
			-으크-	-이어!		나 그거 흐키어!(고유한 서술 어미)
			-으크-	-라!		나 그거 흐크라!(반말투 서술 어미)
	-없-, -엇-	-이-	-으크-	-이어!		나 그거 흐없이키어!(고유한 서술 어미) : 흐엿이키어!
	-없-, -엇-	-이-	-으크-	-라!		나 그거 흐없이크라!(반말투 서술 어미) : 흐엿이크라!
			-으커-	-라?		느 뭘 흐커라?
			-으커-	-라?	-은고?	가이 뭘 흐커란고?
	-없-, -엇-	-이-	-으커-	-라?		느 뭘 흐없이커라? : 흐엿이커라?
	-없-, -엇-	-이-	-으커-	-라?	-은고?	가이 뭘 흐없이커란고? : 흐엿이커란고?

〈도표 9〉에는 위 아래로 네 개의 형태 범주가 실선에 의해 서로 구분되어 있다. 먼저 반말투 의문 종결 어미 '-은고?'의 어미 결합 모습이 제시되어 있다. 그 다음에 억양을 달리하면서 여러 서법에 두루 쓰이는 무표적 반말투 종결 어미 '-어'의 결합 모습이 제시되어 있다. 그 아래에 비록 의문 종결 어미는 아니지만 양태 형태의 결합 모습을 보이기 위하여 고유한 서술 서법의 종결 어미와 반말투 서술 서법의 종결 어미를 제시해 두었다(구별이 쉽도록 일부러 그림자를 깔아 둠). 여기서 의문 종결 어미 '-은고?'는 오직 '-으크-'[-겠-]와 결합하지 않고(*-으큰고?), 반드시 '-으커-'와만 결합함을 알 수 있다(-으컨고?). 마지막에 제시된

줄들에서는 반말투 종결 어미 '-어'가 계사의 활용으로 구현될 경우 '-라'로 나옴을 보여 준다. 여기서에서도 '-은고?'가 언제나 '-으커'와 결합할 뿐, '-으크-'와 결합하지 않음을 보여 준다. 첫째 줄 및 셋째 줄에서 제시된 현상과 일치한다(-으컨고?). '-은고?'가 지닌 모종의 특성이 '-으크-'와 어울리지 않음을 거듭 보여 주는 것이다. 저자는 이를 설명하기 위하여 '-은'이라는 관형형 어미의 의미 자질과 '-으크-'의 의미 자질이 서로 상충된다고 본다. '-은'은 흔히 시상 및 양태에서 다 끝나거나 끝난 상태가 계속 유지됨을 가리킨다. 이는 확실한 사건이 확정적으로 주어져 있음을 뜻한다. 그렇지만 이런 확정성과 어울릴 수 있는 후보는 '-으크-'[-겠-]가 아니라 오직 '-으커'[-을 거]일 뿐이다. '-으크-'는 제3자 주어의 구문에서는 짐작이나 추정의 양태를 드러내는데, 이는 '불확정성'을 함의하기 때문이다(후술 참고 바람).

맨 뒤에서 관찰되는 형태 '-은고?'를 기준으로 삼고서 이들 구성 모습을 따져 보면, 우선 두 개의 모습을 찾을 수 있다. 단독 구성체 및 융합 구성체이다. 단독 구성체는 다시 둘로 나뉜다. 하나는 반말투 종결 어미 '-어?'를 지닌 것이고, 다른 하나는 단독 형식의 종결 어미 '-은고?'이다. 반말투 종결 어미는 시상 형태 '-앖-, -앗-'에 결합한다(-앖어?, -앗어?). 그렇지만 '-은고?'가 결합하는 시상 형태는 '이'를 매개로 한 '-앖이-, -앗이-'이다(-앖인고?, -앗인고?).

그런데 만일 동사 '먹다'를 활용시킨 사례 "먹없인고?"와 "먹없어?" 사이에는 의미 차이가 있는 것일까? 첫째, 인용문을 만들 경우에 인용 방식에서 차이를 찾을 수 있다. "먹없인고?"는 자문의 형식으로 쓰일 경우 발화되지 않고 머릿속 생각만을 가리키므로

"뭘 먹없인고 궁금하네!"(화자가 제3자의 사건을 궁금하게 여김)

에서와 같이 아무런 인용 어미가 없이 내포문을 형성할 수 있다(자문 형식이 지닌 특징임). 그렇지만 "먹없어?"는 질문 발화이므로, 이를 인용

할 경우에 직접 인용이 아니라면,42) 반드시 다음과 같이 인용 어미 '-엔' 또는 수의적 변이 모습 '-이엔'이나 '-옌'이 덧붙어 나와야 한다.

"뭘 먹었어<u>이엔</u>43) 물었어."(화자가 제3자의 물음을 인용하여 말함)

그렇지만 이런 지적에서는 '-앖-'과 '-앖이-'의 차이에 대하여 언급해 주는 것이 하나도 없다. 이들 형태 사이의 차이를 드러내려면 양태 형태들의 실현을 주목해야 한다. 〈도표 9〉에서는 두 개의 양태 형태를 볼 수 있다. 하나는 '-을 거'[-을 것]으로부터 굳어져 하나의 형태처럼 쓰이는 '-으커-'이고, 다른 하나는 이 방언에서 공통어의 '-겠'과 대응할 수 있는 형태 '-으크-'이다.44) '-으커-'는 예정된 일이나 사건을 가리키며, 청자가 장차 추체험하여 그 일이나 사건을 확인할 수 있음을 함의한다(미래 사건의 확정성 함의). 초점이 시상 측면에서는 장차 일어날 사건에 있고, 양태 측면에서는 장차 청자가 확인할 증거에 모아져 있다. 반면에 '-으크-'는 화자가 발화 시점 현재 확보할 수 있는 증거들을 토대로 하여 짐작하거나 추정하는 일을 가리킨다. 따라서 그 초점이 시상 측면에서 장차 일어날 일을 가리킬 수 있지만, 양태 측면에서 현재 일부분의 근거에 바탕을 두고 있으므로, 예정이나 확정 등의 속뜻은 지닐 수 없다(미래 사건의 불확정성 함의).

이는 공통어에서도 마찬가지이다. 제3자가 행위 주체인 사건을 놓고

---

42) "「뭘 먹었어?」 그영 곧더라"[뭘 먹었어?, 그렇게 말하더라]는 형식을 원래 발화의 억양까지 그대로 흉내를 내어 전해 주는 직접 의문 형식으로 볼 수 있다.

43) 저자는 간접 인용 형식의 인용 어미도 공통어의 '-이라고'에 대응될 수 있는 '-이엔'으로 본다. 기저의 표상인 '먹었어<u>이엔</u>'으로부터 도출될 수 있는 표면형 발음의 변이체가 다수 나온다. '먹었어옌/먹었엔/먹었엔'과 같다. '-옌'은 '-이엔'이 1음절로 줄어든 것이다. 회복 가능성이 여전히 있으므로 더 줄어들어 종결 어미 '-어'와 합쳐져 재음절화된 '-엔'도 가능하고, 이것이 단모음으로 발음된 '-엔'도 가능하다. 이들 변이체는 각각 '머검서옌, 머검셴, 머검센'으로 발음된다. 모두 수의적인 변이체들이다.

44) 자세한 논의는 김지홍(1992), 「-겠-」에 대응하는 〔-으크〕에 대하여: 특히 분석 오류의 시정과 분포 확립을 중심으로 하여」, 『현용준 박사 화갑기념 제주도 언어 민속 논총』(도서출판 제주문화)을 읽어 보기 바란다.

서 세 가지 시점을 대립적으로 상정해 보기로 한다. 각각 "먹었을 거다, 먹고 있을 거다, 곧 먹을 거다"와 "먹었겠다, 먹고 있겠다, 곧 먹겠다"를 서로 비교할 수 있다. 시상의 측면에서는 둘 모두 동일한 사건을 가리키므로 서로 구분되지 않는다. 그렇지만 이 형태들은 양태의 측면에서 서로 다르다. '-을 거' 형태는 예정된 일이므로, 양태로는 청자가 미래 시점에서 해당 사건을 확인할 수 있다는 의미를 담고 있다. 청자 추체험의 결과에 대한 '확실성'이 더 추가되는 것이다. 그렇지만 '-겠-' 형태는 현재 확보할 수 있는 일부 증거로 추정하는 데 지나지 않으므로, 대립적으로 표현하면 청자가 추체험한 결과에 확실성의 보장이 없고, 오히려 여전히 '불확실성'이 깃들어 있는 것이다(대립적인 측면을 보여주기 위하여 '개연성'이란 말을 일부러 피함). 간단히 말하여, 두 형태가 모두 현재 발화 시점에서 확인할 수 없는 일이나 사건을 가리킨다. 그러나 '-을 거'는 양태의 측면에서 화자가 해당 사건의 참값에 대한 '굳은 믿음'(참값임을 확신함)을 지니고서 발화함으로써, 청자가 추체험하여 확인할 수 있다는 확실성의 함의가 깃들어 있다(미래 사건의 확실성 함의). 그러나 '-겠-'은 현재 일부 또는 간접 증거만을 갖고 있으며, 해당 사건에 대한 화자의 믿음 자체가 '아마도'의 약한 정도로만 그치므로, 단정적이지 않고 오히려 청자가 추체험하더라도 틀릴 수 있다는 불확실성의 함의가 깃들어 있는 것이다(불확실성 함의). 이런 함의는 강한 단정이 아니라, 오히려 누그러뜨려 단정의 책임을 피할 수 있는 측면이 있다. 즉, 상대방 청자의 판단을 구속하기보다도 거꾸로 자율적인 판단을 유도하는 것이므로, 책임 완화 표현(hedge)에 적합한 것이다.

이런 배경 지식을 갖고서 〈도표 9〉를 살펴보면 유의미한 결합을 찾아낼 수 있다. '-으크-'[-겠-]는 서술 서법으로 실현되어 시상 형태가 없이 나올 수도 있고(-으키어!, -으크라!), '이'를 수반한 시상 형태와도 결합한다(-앖이키어!, -앖이크라!). 이 점은 '-으커-'[-을 것]에서도 마찬가지이다. 시상 형태가 없이 종결될 경우에 서술 서법의 '-을 거여!, -으커라!', 의문 서법의 '-을 거가?, -으커라?'가 있으며(복잡성을 피하기 위하

여 일부러 도표에서는 제시해 놓지 않음), 반말투 의문 어미로서 '-으컨고?'
도 있다(도표의 제1줄). 만일 시상 형태를 구현한다면, 또한 반드시 '이'
를 매개로 하여 이뤄짐을 알 수 있다.

  '-없이컨고?, -없이커라?, -없이커란고?'
  '-엇이컨고?, -엇이커라?, -엇이커란고?'

이런 결합 관계의 분포를 놓고서 '이'가 '-으커-'[-을 거](예정·확정의 함
의가 깃듦)와는 서로 어울려 쓰일 수 있지만, '-으크-'[-겠-](확정되지 않음
의 함의가 깃듦)와는 그렇지 않다는 언어적 사실을 확립할 수 있다. 이런
언어적 사실은 '이'의 의미 자질을 추정해 나가는 데에 결정적인 한 가
지 요소가 된다. 즉, 서로 어울려 쓰인다는 것은 의미 자질이 서로 유사
하거나 공통 분모가 있음을 뜻하고, 그렇지 않다는 것은 의미 자질이
서로 충돌하고 있음을 의미한다. '-으커-'[-을 거]는 양태 측면에서 추체
험 결과 해당 사건에 대한 확정성(예정된 사실임)이 들어 있다. 그러나
'-으크-'[-겠-]는 비록 청자가 확인을 위해 추체험하더라도 해당 사건이
사실일지 여부는 여전히 불확실한 채 남겨져 있는 것이다(사건이 예정된
것인지에 대해서는 아무 정보도 들어 있지 않음). 여기서 대립적인 양태 특
성으로, 청자가 추체험한 결과, 해당 사건에 대한 참값이 보장되는지
여부를 말할 수 있다. 이를 확실성(예정 사실)과 불확실성으로 짝을 만들
어 언급하였다.

  그렇다면 '이'는 확실성이라는 양태와 관련성을 고려하면서 그 의미
자질을 수립할 수 있을 것이다. 앞에서 저자는 이 '이'를 두 개의 명사
상당어를 요구하지 않고, 오직 하나의 명사 상당어만을 요구하는 주제
화 구문(초점)과[45] 동종의 것으로 파악하고, 이를 특정한 계사 구문으로

---

45) 하나의 주제에 여러 가지 초점이 제시될 수 있으므로, 주제화 구문을 꼭 초점 구문으로
   말할 수는 없을 듯하다. 주제화라는 언어 기제는 그 자체로 청자에게 주목하여 해당 주제
   에 대한 의사소통에 참여하도록 권하는 것이다.

제안하였다. 이런 특성이 또한 계사의 어간 생략과 'ㄹ' 발현을 저지한다고 보았다. 주제화 구문은 청자로 하여금 해당 주제와 그 주제가 담고 있는 사건에 대하여 주목하여 주의를 기울이도록 하는 언어 기제이다. 이런 주제화 속에 담긴 함의와 '-으커-'[-을 거]의 확실성(예정 사실)에 대한 함의가 서로 공통된 기반을 지닌 것으로 믿는다. 현재 발화 시점에서 확실한 해당 사건('-앖-, -앗'으로 표현된 사건)에 대하여 주목하고 주의를 기울이도록 요구하는 특성인 것이다. 현재로서는 이 정도가 왜 굳이 '이'가 일부 구성에서 시상 형태에 수반되고, 과연 그 기능이 무엇인지에 대하여 답변할 수 있는 저자 지식의 전부인 셈이다.

융합을 허용할 수 있는 형식은 전형적으로 반말투 종결 어미 '-어'가 대표적이며, §.3-4의 〈도표 8〉과 관련하여 이 방언의 현상을 논의하였다(271쪽). 서술·명령·감탄 서법에서 찾아지는 융합 종결 어미가 각각 '-으멘, -으라문, -다문'이 있었다. 만일 이것들을 제외한다면, 모든 융합 구성이 반말투 종결 어미 '-어'를 씨앗으로 하여 이뤄진다고 말할 수 있다. 이런 측면에서 반말투 종결 어미의 의미 자질이 가장 무표적이며 기본적이라고 추정할 수 있다. 〈도표 9〉에서 '-라?'에 '-은고?'가 융합된 모습은 반말투 종결 어미가 계사의 활용 모습으로 나타난 것이며(형태론적으로 조건 지워진 변이형태임), 반말투 종결 어미의 범주를 벗어나지 않는다. 이런 측면에서 '-은고?'는 두 번 중첩되어 융합 구성을 만들 수 없었다. 그 까닭은 이 의문 종결 어미가 무표적이고 기본적인 지위가 아니라, 유표적인 의미 자질이 더 추가되어 있기 때문이라고 설명할 수 있다.

§.3-4-3 반말투 종결 어미 '-어'에 '-은댜?'가 융합된 의문 종결 어미: '-언댜?, -언다?, [의문사]-언디?(↘)' {일부 계사 구문이 가능하고, 청자가 주어로 나와야 하므로 형용사는 결합할 수 없으며, 동사를 활용하는 반말투 종결 어미 '-어'에 선행하는 시상 형태가 모두 가능하고, 또한 보조동사 구문으로 '-아 젼댜? -아 난댜?'가 있음. §.3-4-4에서는 명사형 어미가 들어

있는 '-엄댜?'가 다뤄지고(301쪽), §.3-5-2에서는 단일한 의문 서법의 종결
어미로서 '-은댜?, -은다?, [의문사]-은디?'가 다뤄짐(319쪽)}

계사: 그 회사 과장이란댜?/과장이란다?[그 회사 과장이었니?, 청자가 주어임]
    어느제부터 과장이란댜?(↘)/과장이란다?(↘)/과장이란디?(↘)[언제
    부터 과장이었던 거니?, 청자가 주어임]

동사: 시험 봔댜?/봔다?[시험 본 거니?, 청자가 주어임]
    <u>무사</u> 시험 봔댜?(↘)/봔다?(↘)/봔디?(↘)[<u>왜</u> 시험 본 거니?, 청자가 주
    어임]
    가이 시험 보았언댜?/보았언다?[그 아이 시험 보고 있었던 거니?]
    가이 시험 보앗언댜?/보앗언다?[그 아이 시험 봤던 거니?]
    가이 <u>무신</u> 시험 보았언댜?(↘)/보았언다?(↘)/보았언디?(↘)[그 아이
    어떤 시험 보고 있었던 거니?]
    거의 다 오란댜?/오란다?[거의 다 도착한 거니?, 청자가 주어임]
    <u>무사</u> 오란댜?(↘)/오란다?(↘)/오란디?(↘)[<u>왜</u> 온 거니?, 청자가 주어임]
    밥 ᄒ연댜?/ᄒ연다?[밥 지은 거니?, 청자가 주어임]
    <u>무사</u> 하영 ᄒ연댜?(↘)/ᄒ연다?(↘)/ᄒ연디?(↘)[<u>왜</u> 많이 지은 거니?,
    청자가 주어임]
    그 사름 밥 하영 ᄒ였언댜?/ᄒ였언다?[그 사람 밥 많이 짓고 있었던
    거니?]
    좀 푹 잔댜?/잔다?[잠 푹 잔 거니?, 청자가 주어임]
    어떵ᄒ연 좀 못 잔댜?(↘)/잔다?(↘)/잔디?(↘)[웬 일로 잠 못 잔 거니?,
    청자가 주어임]
    가이 좀 푹 잣언댜?/잣언다?[그 아이 잠 푹 잤던 거니?]
    <u>누게</u>가 그런 짓을 ᄒ연댜?(↘)/ᄒ연다?(↘)/ᄒ연디?(↘)[<u>누가</u> 그런 짓
    을 한 거니?]
    죽언댜? 살안댜?/죽언다? 살안다?[죽은 거니 살아 있는 거니?, 청자가
    주어임]

죽언? 살안?[다른 융합 구성임, 너 죽었니, 살았니?]

보조동사 구문: 어떵 그 책 익어 <u>젼댜</u>?(↘)/<u>젼다</u>?(↘)/<u>젼디</u>?(↘)[너 <u>어떻게</u>
　　그 책 <u>읽힌</u> 거니?, 청자가 주어임][46)]

　　그 책 잘 익어 <u>젼댜</u>?/익어 <u>젼다</u>?[그 책 잘 <u>읽힌</u> 거니?, 청자가 주어임]

　　<u>무사</u> 그디 가 <u>난댜</u>?(↘)/<u>난다</u>?(↘)/<u>난디</u>?(↘)[<u>왜</u> 거기 <u>갔었던</u> 거니?,
　　청자가 주어임]

　　그디 <u>가</u> <u>난댜</u>?/<u>난다</u>?[너 거기 <u>갔었던</u> 거니?, 청자가 주어임]

　여기에 제시된 용례에서 '-언댜?, -언디?'가 어떻게 분석되어야 할지
가 문제될 수 있다.[47)] 그 방법은 두 가지이다. 첫째, 현평효(1985: 119쪽)
에 제시된 의문 종결 어미 '-언'에 독자적 의문 종결 어미 '-댜?, -디?'가
덧붙어 융합되었다고 보는 것이다(언+댜?). 이 방언에서는 '-언'이 의문
종결뿐만 아니라 서술 종결에서도 관찰되므로 여러 서법에 두루 쓰임
을 알 수 있고, 의문 종결 어미라고 지정한 것은 철회되어야 한다. 둘째,
반말투 종결 어미 '-어'에 독자적 의문 종결 어미 '-은댜?, -은디?'가 붙
어 융합되었다고 보는 것이다(어+은댜?). 두 가지 융합 형식이 모두 가
능할 듯하지만, 올바른 분석을 위해 여러 가지를 고려해 보아야 한다.
　첫째 입장에서는 세 가지 어려운 문제가 생겨난다. ㉠ '-언'은 반말투

---

46) 보조동사 구문 '읽어 지다'[어려움 없이 쑥쑥 잘 읽히다]의 사례들을 보면 모두 '읽어
　　져!'라는 반말투 종결 어미의 구성이 분명히 자립적으로 쓰이고 있음을 알 수 있다. 따라
　　서 여기에 '-은댜?'가 융합된 것이다(-아 젼댜?). 그렇지만 '-아 나다'라는 보조동사 구문
　　이 이 방언에서는 "가 나다, ᄒ여 나다"[간 적이 있다, 한 적이 있다]처럼 쓰여 이미 어떤
　　경험을 한 적이 있음을 가리킬 수 있지만, "??가 나!, ??ᄒ여 나!"처럼 반말투 종결 어미
　　'-아'의 실현은 아주 어색하거나 가능한 것 같지 않다. 종결 형식이 되려면 시상 형태를
　　지니고 "가 낫어!, ᄒ여 낫어!"로 되어야 하며, 여기에 '-은댜?'가 융합된 형식은 "가 낫언
　　댜?, ᄒ여 낫언댜?"로 발화된다. 모두 관찰 가능한 발화이다. 만일 이런 점을 고려한다면
　　융합 형식이 아니라, 오히려 보조동사 어간 '나'에 '-은댜'가 결합된 것으로 볼 수도 있겠
　　지만, 문제는 '-은댜?'가 어간에 직접 결합되지 못한다는 데에 있다. 문제점만 지적해
　　두고 넘어가기로 한다.
47) '-언댜?'는 본래 형식 '언디아?'에서 줄어든 형식이며, '-언댜?'는 본디 형식 '-언디아?'에
　　서 '이'가 탈락하여 나온 것이다. 이들 사이에서는 특별한 의미 차이가 느껴지지 않으므
　　로, 여기서는 '-언댜?'로만 대표하기로 한다. 다음 절에서 다룰 '-엄디아?, -엄댜?, -엄다?'
　　에서도 마찬가지로 '-엄댜?'만을 내세우기로 한다.

종결 어미 '-어' 뒤에 인용 어미에서 찾아지는 '-ㄴ'이 융합되어 있는 형식이다(§.2-3-1-다)를 참고: 163쪽 이하). 만일 이 뒤에 '-댜?, -디?'가 융합되어 있다면, 적어도 융합 형태소에 다시 융합된 것이므로, 이례적으로 두 번의 융합이 일어나야 할 당위성이 분명히 제시되어야 한다. 이런 형식은 이 방언에서 찾아지지 않으므로, 만일 두 번의 융합 구성으로 지정한다면 유일한 사례가 될 것이다. 이런 융합이 있다면 맨 뒤의 종결 어미를 기준으로 하여 과거 시점을 거쳐 다시 격리되어 있는 더 먼 과거-과거 시점을 상정해야 할 텐데, 이런 시제 구성은 그 자체로 우리말에서 관례적이지 않다. ⓛ 융합의 씨앗은 '-으메, -으라문, -다문'을 제외하면, 모두 반말투 종결 어미 '-어'를 통해서 이뤄진다. 왜 굳이 다른 종결 어미('-언')에 융합 구성이 허용되는지에 대한 까닭을 찾아내기 어렵다. ⓒ 융합된 종결 어미 '-언'은 그 자체로 완료의 속뜻을 지니게 된다. 이 자질은 자신이 거느리는 하위의 시상 요소에서 '완료'와 충돌되는 요소는 배제하게 된다. 그렇지만 앞의 사례에서는 사건이 다 끝났음을 가리키는 '-앗-'뿐만 아니라, 또한 다 끝나지 않음을 가리키는 '-앖-'도 선행하고 있다. 왜 의미 자질이 서로 충돌되는 형태가 허용되는지를 제대로 설명할 수가 없다. 이런 난점들이 쉽게 해결될 수 없는 것이므로, 여기서는 둘째 분석 가능성을 검토해 본다.

둘째 입장에서는 쉽게 다른 융합 구성도 찾을 수 있다. 바로 다음 절에서 다뤄질 '-엄댜?, -엄디?'가 그러하다. 이런 융합 구성이 모두 무표적인 반말투 종결 어미 '-어'를 매개로 하여 이뤄진다는 점도 융합 구성의 자연부류에 합치되고, 또한 앞에서 제시된 난점들이 모두 해소될 수 있다. '-어+은댜?'에서 반말투 '-어'에 융합된 요소가 관형형 어미 '-은'과 관련된 구성이기 때문이다.[48] 이런 융합 구성은 양태 해석으

---

48) 저자는 이 구성이 관형형 어미 '-은'+처소 명사 '드'+계사 활용형 '이아'로 추정할 수 있을 것으로 본다. 처소 명사로 언급한 이유는 번다하게 다른 가능성을 찾기보다, 이미 있는 후보들 중에서 범주를 찾아보는 것이 간편할 듯하기 때문이다. 즉, '-은데'라는 연결 어미의 구성에서도 같은 부류의 명사를 상정할 수 있을 유연성을 고려한 것이다.

로 일관되게 '발화 시점 현재의 경험'이 완료된 상태에서, 이보다 다시 더 앞선 시상을 해당 사건에 도입하게 해 주는 해석을 낳는다. 여기서는 둘째 분석이 여러 가지 점에서 옳은 방식이라고 결론을 내린다. 공통어 번역에서는 일부러 모두 '-은 거니?'라는 형식 명사 구성으로 옮겨 놓았다.

그런데 이 방언에서 의문 종결 어미 ' -댜?, -다?, -디?'는 아주 특이하게 반드시 청자에게만 질문하는 형식으로 쓰인다(감탄 서법 중 §.4-1-2[354쪽]에서 다뤄질 '-노라!'는 언제나 화자 자신이 주어가 되어야 한다는 제약이 있는데, 이 제약과 정반대가 됨). 따라서 현장에 화자와 청자가 반드시 같이 있어야 하는 것이다. 단, 참여자들이 현장에 같이 있어야 하는 조건은, 기계의 발달로 인하여 휴대 전화나 카카오톡 등으로 직접 현장에 접속할 수 있는 조건으로 좀 더 넓혀질 수 있다. 이들 발화에서는 비록 굳이 주어 '너'가 발화에 등장하지 않았더라도, 즉각 상대방 청자인 '너'로 이해하게 된다. 이런 특이한 조건 때문에, 의문 종결 어미 '-댜?, -다?, -디?'에서는 계사와 형용사 구문은 관찰되지 않고, 오직 현장에서 관찰되는 사건과 관련된 동사 구문에만 나온다. 그렇지만 이런 제약도 허물어지는 단서가 바로 '누구'를 주어로 하는 구문이다. 이런 붕괴가 한 단계 더 진행한 것이 시상 선어말 어미 '-앖-, -앗-'을 지니고서('*-앖이-, *-앗이-'는 불가능함) 제3자인 '가이'[그 아이, 걔]를 주어로 한 구문이다. 이런 변화의 촉발 단서와 확산 과정에 대한 좀더 면밀한 검토가 응당 뒤따라야 할 것이다. 여기서는 오직 이런 변화의 조짐을 기술하는 것으로 그치기로 한다.

서술 서법의 논의에서 반말투 종결 어미의 융합 형태들을 다루면서 이미 §.2-3-1-다)에서 '-언-'은 반말투 종결 어미 '-어'에 내포문에서 관찰되는 '-ㄴ'이 융합되어 있는 복합 형태임을 다루었다(163쪽 이하). 이는 또한 보조동사 형태로 나온 '-아 지다' 구문에서도 관찰된다('-아 젼댜?, -아젼다?'). 이를 시상 선어말 어미로 기술해서는 안 된다. 보조동사 구문 '-아 지다'의 반말투 어미 '-아 져'에 다시 '-은다?'가 융합되어 있는 것이기 때문이다. 저자가 어린 시절에 '곱을락'[술래잡기]49) 놀이에서 다음처럼 선택 의문을 자주 쓴 적이 있다.

　"죽언댜(↗) 살안댜?(↗)"

이 발화뿐만 아니라, 똑같은 맥락에서 다음처럼 말해진 것도 분명히 기억한다.

　"죽언(↗) 살안?(↗)"

그렇지만 이들이 관계에서는 통사적 차이도 찾아낼 수 있다. '-언댜?'에서는 반드시 얼굴을 마주보는 상대방 청자가 주어로 나와야 하는 제약이 있었다. 그렇지만 '죽언(↗) 살안(↗)?'에서는 이런 제약이 없이 제3자 주어도 가능하다.

　"그 사름 죽언(↗) 살안?(↗)"[그 사람 죽었니 살았니?].

이런 통사 제약의 차이로 '죽언댜?'와 '죽언?'은 서로 다른 구성이라고 보아야 한다. 즉, 형태소 분석이 서로 다른 것이다. 전자는 '죽어＋은댜?'로 융합되어 있지만, 후자는 '죽어＋ㄴ?'으로 구성되어 있는 것이다. 전자에서는 관형형 어미 '-은'이 깃든 형식이지만, 후자는 인용 어

---

49) 이 방언에서 '숨다'라는 말은 흔히 '곱다'로 쓴다. '숨다'에서 숨바꼭질이 만들어지듯이, '곱다'에서 '곱을락'이 만들어졌다('-을려 하다'와 '-아기/-악'이 합쳐진 형태임:곱＋을＋악). '숨다, 곱다'가 모두 이 방언에서 쓰이는 낱말이지만, 내포 의미가 서로 차이가 나는지는 저자의 감각으로는 잘 알 수 없다. 짧은 형태의 사역 동사를 만들면 각각 '숨기다(숭기다), 숨키다(숭키다), 숨지다'가 가능할 듯하다(송상조, 2007, 『제주말 사전』, 한국문화사, 439쪽에는 '숨쳐-뎅기다'도 표제 항목으로 올라 있음). 후자는 '기' 접미사가 구개음화되어 오직 '곱지다'만이 가능한 것으로 느껴진다. 물건을 숨겨 놓기는 '곱질락'이라고 말하는데, '?''숨길락'은 낯설게 느껴진다. 파생어를 만드는 과정에서 왜 이런 차이가 있는지도 궁금할 뿐이다. §.4-5-4의 각주 24)도 보기 바람(393쪽).

미와 관련된 '-ㄴ'이 들어 있다. 계열이 서로 다른 어미들이 융합되어 있는 것이다. 물론 '죽언?'에서도 상대방 청자가 다음과 같이 주어로 쓰일 수 있다.

"느 죽언(↗) 살안?(↗)"[술래잡기 놀이에서, 너 죽었니 살았니?].

접속문을 이어 주는 연결 어미에서 관찰되는 '-언 : -엉'(완료 : 미완료)이 있는데, 이들은 각각 '-어네 : -어그네'로 복원될 수 있다. 그렇지만 여기서 관찰되는 '-언'은 결코 '*-어네'로 복원되지 않는다는 사실을 통해서, 이들이 비록 소리가 비슷하더라도 서로 다른 어미임을 확인할 수 있다. '-언'은 반말투 종결 어미가 융합 구성을 지닐 때에 더 앞의 사건을 가리키는 특성 때문에, 때로 회상의 해석이 나오기도 하고 또한 때로 완료의 해석을 지니기도 한다.

§.3-2-4에서 살펴본 의문 종결 어미 '-니?(↘)에서처럼(250쪽 이하), '-디?(↘)'에서도 동일하게 언제나 앞에 의문사(wh-word)가 나와 있어야 한다. 이 조건은 원래의 기본 형태로 비정된 '-댜?'나 '-다?'가 되면 없어져 버리고, 판정 의문이든 서술 의문이든 억양을 통해서만 구별될 뿐이다. 즉, '-댜?'와 '-다?'는 마음대로 의문 종류가 바뀌는 듯하다. 그렇지만 비슷한 의문 종결 어미인 '-냐?'는 '*-나?'로 줄어들 수 없었고, 이런 특성을 고려하면서 형태소 분석도 관형형 어미와 형식 명사 구문을 상정한 바 있다.

§.3-4-4 반말투 종결 어미 '-어'에 명사형 어미와 '-음'과 의문 종결 어미 '-댜?'가 융합된 의문 종결 어미: '-엄댜?, -엄다?, [의문사]-엄디?(↘)' {시상 형태나 양태 형태와는 결합하지 않고, 상대방 청자가 주어가 되어야 하므로 형용사나 계사에 결합하지 않으며, 보조동사 구문으로는 '-아 졈댜?'만이 쓰이고 '*- 아 남댜?'는50) 없음} ⇨ §.3-2-2의 '-음고?, -음이고?'도 참고하기 바람(244쪽 이하).

동사: 검질 매엄댜?/매엄다?[밭에서 김을 매는 거니?, 청자가 주어임]

가이도 검질 흔디 매엄댜?/매엄다?[가이도 김을 함께 매는 거니?]

나 조름에 잘 따라오람댜?/오람다?[내 뒤에 잘 따라오는 거니?, 청자가 주어임]

좇아오람댜?/오람다?[따라오고 있는 거니?, 청자가 주어임]

무사 오람댜?(↘)/오람다?(↘)/오람디?(↘)[왜 오는 거니?, 청자가 주어임]

무시거 허젠 좇아오람댜?(↘)/오람다?(↘)/오람디?(↘)[뭐 하려고 따라오는 거니?, 청자가 주어임]

어디서 오람댜?(↘)/오람다?(↘)/오람디?(↘)[어디서 오는 거니?, 청자가 주어임]

무사 안 오람댜?(↘)/오람다?(↘)/오람디?(↘)[왜 안 오는 거니?, 청자가 주어임]

이디 오람댜?/오람다?[여기 오는 거니?, 청자가 주어임]

그 일 ᄒ염댜?/ᄒ염다?[그 일 하는 거니?, 청자가 주어임]

무시거 ᄒ염댜?(↘)/ᄒ염다?(↘)/ᄒ염디?(↘)[뭐 하는 거니?, 청자가 주어임]

무신 공부 ᄒ염댜?/ᄒ염다?/ᄒ염디?[무슨 과목 공부를 하는 거니?, 청자가 주어임]

무신 일 ᄒ염디?(↘)[무슨 일을 하는 거니?, 청자가 주어임]

약 불람댜?(↗)/불람다?(↗)[약 바르는 거니?, 청자가 주어임]

무신 약 불람댜?(↘)/불람다?(↘)/불람디?(↘)[어떤 약 바르는 거니?, 청자가 주어임]

가이도 노래 불럼댜?/불럼다?[그 아이도 너와 함께 노래 부르는 거니?, 청자가 보조사 '도'에 의해 깃들어 있음]

---

50) '-아 나다'라는 보조동사 구문은 언제나 행위 주체가 이미 어떤 일을 경험하였다는 속뜻을 갖고 있다. 사건이 다 완결되어 끝나 버렸기 때문에, 한 사건의 결과 상태를 가리키면서 그 함의로 한 사건을 전체적으로 표시해 주는 '-음'과 서로 의미 자질이 충돌한다.

그디 <u>감댜</u>?/<u>감다</u>?[<u>거기 가는 거니</u>?, 청자가 주어임]

<u>무사</u> 그디 <u>감댜</u>?(↘)/<u>감다</u>?(↘)/<u>감디</u>?(↘)[<u>왜</u> 거기 가는 거니?, 청자가 주어임]

책 <u>보암댜</u>?/<u>보암다</u>?[책 보는 거니?, 청자가 주어임]

<u>무신</u> 책 <u>보암댜</u>?(↘)/<u>보암다</u>?/<u>보암디</u>?(↘)[<u>무슨</u> 책 보는 거니?, 청자가 주어임]

요사이 <u>놀암댜</u>?/<u>놀암다</u>?[요사이 쉬는 거니?, 청자가 주어임]

밥 <u>먹엄댜</u>?/<u>먹엄다</u>?[밥 먹는 거니?, 청자가 주어임]

<u>무시거</u> <u>먹엄댜</u>?(↘)/<u>먹엄다</u>?(↘)/<u>먹엄디</u>?(↘)[뭐 먹는 거니?, 청자가 주어임]

이 구성에서는 형태소들을 확정짓는 일이 선행되어야 한다. 첫째, 이런 발화에서는 시상 형태소 '-앖-'이 실현되지 않았음이 확인되어야 한다. 만일 시상 형태의 실현이었더라면, '먹없다!'에서와 같이 반드시 시상 형태 뒤에 오는 자음이 된소리(경음)로 바뀌었을 것이지만('머검따!'로 소리가 남), 여기서는 결코 그런 된소리(경음)가 확인되지 않는다. 오직 유성음화가 관찰될 뿐이다. 시상 선어말 어미가 아니라면, 다음으로 가능한 후보는 244쪽 이하 §.3-2-2에서 살펴보았던 명사형 어미 '-음'이 있다.[51] 바로 앞 항에서 '-은댜?'를 설명하면서 이 의문 종결 어미에 주어 제약(상대방 청자가 주어라야 함)이 들어 있음을 언급하였다. 이런 제약은 '-음

---

51) 이 방언의 명사형 어미 '-음'에 대해서는 이른바 '동명사'라는 용어를 써서 한영균(1984), 「제주방언 동명사 어미의 통사구조」, 『국어학』 제13집(국어학회) 및 강정희(2008), 「제주방언 동명사 구문의 문법화 연구」, 『어문연구』 제57집(한국 어문교육연구회)에서 자세하게 다뤄진 바 있다. 그 논문들을 살펴보기 바란다. 저자는 동명사라는 용어가 알타이 조어에서 문장이 모두 명사문으로 끝났을 것이라는 가정을 받아들여, 비록 동사가 투영하는 문장이라도 명사 형식을 띤다는 생각을 담고 있는 것으로 이해한다(영어의 '-ing'가 투영하는 구문과는 다른데, 이는 우리말에서 명사형 어미 '-기'와 대응함). 그렇지만 지금까지 알려진 담화 분야의 논의에서 명사 모습의 진술 및 동사 모습의 진술은 서로 속에 담긴 뜻이 매우 다르다는 점에서(287쪽의 각주 39를 보기 바람), 알타이 조어에 대한 그런 가정 자체가 엄격한 검증이 없이 제안되었을 것으로 판단한다. 이런 이유로 선업에서는 '동명사'라는 말을 썼지만, 이 책에서는 이를 받아들이지 않고 일관되게 명사형 어미라는 말을 쓰고 있다.

댜?'에서도 찾아진다. "가이도 흔디 매엄댜?"에서는 보조사 '도'로 말미암아 다른 주어도 상정할 수 있으며, 이 경우에 '느영'[너와]과 같은 주어가 복원될 수 있으므로, 청자 주어 제약이 허물어진 것은 아님을 알 수 있다. 그렇다면 같은 계열의 구문이고, 관형형 어미 '-은'과 유사하거나 자연부류(국어사에서 소위 동명사로 언급하는 '-ㄴ, -ㅭ, -ㅁ')로 묶일 수 있는 후보임을 알 수 있다.

만일 이 융합 구성이 반말투 어미 '-어'에 명사형 어미 '-음'과 '-댜?'로 이뤄진 것이라면, 단독 구성으로서 종결 어미로 쓰이는 '-음고?, -음이고?'와는 무엇이 다른지 궁금해진다(§.3-2-2: 244쪽 이하). 또한 관형형 어미는 시상 완료 여부에서 확장되어, 청자의 추체험이 가능한지 여부를 나타내는 양태 범주로도 쓰일 수 있지만, 왜 굳이 명사형 어미 '-음'이 이런 융합 구성에 쓰여야 하는지 설명해 주어야 한다. 다시 말하여, 명사형 어미 '-음'에 양태 범주로 확장될 수 있는 속성이 있는지 여부를 따져 봐야 하는 것이다.

저자는 공통어에서 자주 쓰이는 명사형 어미 '-음'과 '-기'가 낱말을 만드는 접미사 '-음'과 '-기'에서 찾을 수 있는 의미 자질을 그대로 물려받고 있는 것으로 본다. 저자는 일련의 레빈·뢰퍼포엇호봡(Levin and Rappaport-Hovav) 글들을[52] 읽으면서, 어휘 의미가 확장되거나 파생되는 낱말들이 기본적으로 진행 과정에 초점을 모으는 것 및 결과 상태에 초점을 모으는 것으로 대분되어야 함을 배울 수 있었다. 우리말 '묻다,

---

52) 김지홍(2010), 『국어 통사·의미론의 몇 측면: 논항구조 접근』(도서출판 경진)의 제5부에서 주된 흐름을 개관할 수 있다. 레빈·뢰퍼포엇호봡(Beth Levin and Malka Rappaport-Hovav, 1998), "동사 의미 수립하기(Building Verb Meanings)", Butt and Geuder 엮음, 『논항들의 투영(The Projection of Arguments)』(CSLI at Stanford University); 레빈·뢰퍼포엇호봡(1999), "어휘 의미론으로부터 논항 실현에 이르기까지(From Lexical Semantics to Argument Realization)", Boerer 엮음, 『형태통사론 및 논항 구조 소백과(Handbook of Morphosyntax and Argument Structure)』(Kluwer Academic Pub.); 레빈·뢰퍼포엇호봡(2005), 『논항 실현(Argument Realization)』(Cambridge University Press); 뢰퍼포엇호봡 외 2인(2010) 엮음, 『어휘 의미론, 통사론, 사건 구조(Lexical Semantics, Syntax, and Event Structure)』(Oxford University Press)를 읽어보기 바란다. 또한 바워먼·브롸운(M. Bowerman and P. Brown, 2008) 엮음, 『논항 구조에 대한 범언어적 관점들(Crosslinguistic Perspectives on Argument Structure)』(Lawrence Erlbaum)도 참고하기 바란다.

지우다, 먹다, 웃다'의 파생 사례를 빌려 이를 나타내면 다음과 같다.

<도표 10> 명사 상당어를 만들어 내는 형태들의 상호 관계

동사 기본형		진행 과정 '-기'		결과 상태 '-음'		결과 산출물 '-이' 등	
묻-	to bury	묻기	burying	묻음	buried	무덤	burial
지우-	to erase	지우기	erasing	지움	erased	지우개	eraser
먹-	to eat	먹기	eating	먹음	eaten	먹이	food
웃-	to laugh	웃기	laughing	웃음	laughed	웃음, 웃이	laughter, laugh

동사의 기본형은 우리말에서 모두 '-다'로 표시한다(영어에서는 to). 그런데 동사가 파생되어 진행 과정을 가리키는 경우는 언제나 '-기'를 붙이고, 영어에서는 '-ing'를 쓴다. 그런데 이것이 마지막 상태에 이른다면 결과 상태라고 부르며, 우리말에서는 접미사 '-음'을 쓰고 영어에서는 '-ed'를 붙인다. 영어의 과거 분사라는 용어 자체가 결과 상태에 이르렀으므로, 이를 하나의 상태 표시로도 쓰고 형용사로도 쓸 수 있음을 가리키는 것이다. 그런데 이 결과 상태로부터 어떤 산출물이 나올 수 있다. 우리말에서는 대표적으로 '-이'를 내세우지만, 낱말에 따라서 '-개, -엄/-암, -음'도 쓰일 수 있다. 웃음의 결과 나온 산출물을 중세 국어에서는 '웃이'라고 하였으나, 이 말은 사라지고 대신 '웃음'으로 쓴다.[53] 영어에서는 고유한 접사 '-er, -or'이 붙기도 하고, 결과 상태의

---

[53] 우리말에서 동족목적어 구성이 언제나 '숨쉬기, 뜀뛰기, 잠자기'와 같이 '-음' 접미사가 '-기' 접미사 속에 들어 있는 것도 마찬가지이다. '숨, 뜀, 잠'이 결과 상태에서 산출물로 변동한 것이다. 따라서 대상을 놓고서 어떤 작용을 하는 구조로, '숨쉬기, 뜀뛰기, 잠자기' 라는 구성이 나오는 것이다. 뒤바뀐 형식 '*쉬기숨, *뛰기뜀, *자기잠'이란 구성은 절대 불가능하다. 진행 과정을 나타내는 표현이 대상물을 가리킬 수 없기 때문이다. 영어의 어휘 의미 표상에 대한 연구에서는 이런 종류의 낱말들이 연속적으로 점진적인 띠를 이루고 있음을 보여 준다.

① 반드시 수식어를 요구하는 동족목적어 구성(I dreamt a horrible dream, 무서운 꿈을 꾸었다)
② 재귀대명사를 지닌 자동사의 중간태 구성(the bread cuts itself easily, 빵이 잘 잘린다)
③ 결과 상태 구문의 가짜 목적어(fake object) 구성(the river froze itself, 강이 단단히 얼었다)

레뷘·송·앳킨즈(Levin, Song, and Atkins, 1997), "말뭉치 자료 이해하기: 소리 관련 동사

표현을 그대로 명사로 쓰기도 하며(thought), 동사 기본형을 악센트만 바꾸어서 명사(cónstruct)로 만들기도 한다(아무 접사도 붙지 않으므로 zero 파생으로도 불리며, 명사 부류는 언제나 앞 음절에 악센트가 옴).

왜 굳이 우리말에서 명사형 어미(또한 명사 파생 접미사)가 두 개가 있는지는 범언어적 또는 보편적 요구 사항에 따른 것이다. 우리 인간의 정신 작용이 진행 과정 및 결과 상태를 서로 구별해 놓기 때문이다. 이 방언에서 관찰되는 명사형 어미 '-음'도 또한 한 사건의 결과 상태를 표현하고 있으며, 이 특성이 자연스럽게 양태 표현으로 확장될 수 있는 것이다. 관형형 어미 '-은, -을'이 역동적인 사건 진행의 단계를 분할 구획하여 두 측면을 각각 완료와 미완료(미착수를 포함함)로 가리킨다. 시상 형태 '-았-, -앗-'은 하나의 사건에 대한 분할과 구획을 더욱 세분 시켜 가리켜 줄 수 있다. 그러나 명사형 어미 '-음'은 전체 사건을 정태 적으로 드러내어 결과 상태(때로는 결과물)를 지시할 뿐이다.

비록 공통어를 대상으로 해서도 아직 이런 점이 제대로 부각되지 않 았지만, 이 방언에서 관찰되는 언어적 사실들로써도 언어 보편적 속성 을 뒷받침해 줄 수 있을 것으로 믿는다. 임의의 사건은 크게 ① 착수 여부를 기점으로 하여, ② 진행 여부(또는 의지를 지닌 주체가 아니라면 자동적인 과정으로 표현할 수 있음)를 가리키거나, ③ 종점에 이르러 관찰 되는 결과 여부를 나타낼 수 있다. 이를 구분하도록 요구하는 것이 바로 인간 정신 작용이라고 말할 수 있다. 거칠게 대응시켜 말한다면, 관형형 어미 '-을'이 기점에 관련된 형태소이고, '-은'이 종점에 관련된 형태소 이다. 중간의 진행 여부를 세밀히 따지는 형태소들이 바로 시상 선어말 어미 '-았-'(아직 끝나지 않음)과 '-앗-'(다 끝남)이다. 명사형 어미 '-음'은 오직 종점에 있는 결과 상태만을 가리킬 뿐이다. 그런데 '-음'이라는

의 사례(Making Sense of Corpus Data: A Case Study of Verbs of Sound)", 『말뭉치 언어학 국제 학술지(*International Journal of Corpus Linguistics*)』 제2권 1호를 보면, 영어의 동족목 적어는 자생적인 내부 요인을 갖는 자동적인 행위동사들에서 관찰되는데, 목적어가 결 과 상태를 표시하며, 그 목적어에 감정이나 태도를 드러내는 수식어가 붙는다고 한다.

어미가 결과 산출물을 가리키는 데에도 쓰인다는 사실은, 결과 상태가 하나의 대상물처럼 전체 사건을 가리킬 수도 있음을 함의한다.

이런 측면에서 보면 결과 상태를 가리키는 명사형 어미 '-음'은 양태 범주에서 의사소통 참여자에게 언제나 경험할 수 있는 사건을 뜻한다고 말할 수 있다. 저자는 바로 이런 점이 이 방언에서 종결 어미의 구성체 속에 명사형 어미를 이용하는 이유라고 본다. 그렇지만 명사형 어미의 존재 이유를 확립해 놓더라도, 여전히 왜 '-댜?'가 명사형 어미와 결합하는지에 대해서 설명을 해 주어야 한다. 앞 항에서 '-언댜?'를 설명하면서 관형형 어미 '-은'에 붙어 있는 '-댜?'가 처소 명사 '드'와 계사 활용 형식 '이아?'로 추정한 바 있다. 그렇지만 명사형 어미 '-음' 뒤에 왜 처소 명사 '드'가 나와야 하는 것일까? 이 질문에는 '-댜?'가 이미 의문 종결 어미로 굳어졌을 것이라는 추정 이외에 저자가 더 적합한 답변을 구성해 줄 수 없다. 저자보다 더 뛰어난 연구자가 풀어 주어야 할 몫이다.

제5절 관형형 어미가 관찰되는 의문 종결 어미

관형형 어미 '-은, -을'은 이 절에서처럼 의문 종결 어미가 직접 붙기도 하고, 다음 절에서처럼 형식 명사 '것, 이' 따위에 이어질 수도 있다. 이 절에서 다뤄지는 의문 종결 어미들 중에서 '-은가?, -은고?'와 '-으카?[-을까?], -으코?[-을꼬?]' 계열은 특이하게 스스로에게 묻는 형식 (자문 형식)이 가능하다. 자문 형식이 인용 내포문으로 편입될 경우에는 인용 어미가 붙지 않는 특성이 있는데, 다른 의문 형식의 경우에는 반드시 '-엔/-이엔/-옌'이라는 내포문 어미와 융합되어 있다. 그리고 자문 형식은 다시, 상대방 청자가 잘 들을 수 있도록 소리 내어 발화됨으로써 질문의 효과를 지니게 된다.54) 또한 의문 종결 어미 '-댜?, -다?, -

---

54) 따라서 의문 서법의 경우에는 하위범주로서 '자문'과 '질문'을 넘나드는 종결 어미 및

디?'로 끝나는 것들은 관형사형 어미 '-은, -을' 및 반말투 종결 어미 '-어'와 융합된 명사형 어미 '-음'에 결합되어 있다. 또한 의미상으로도 자연부류를 이루어 특이하게 현재 얼굴을 마주보고 있는 상대방 청자의 행위나 동작과 관련된 내용을 묻게 된다.

§.3-5-1 관형형 '-은'을 지닌 의문 종결 어미: '-은가?, [의문사]-은고?(ↆ), -는가?, [의문사]-는고?(ↆ), -던가?, [의문사]-던고?(ↆ), -을는가?, [의문사]-을는고?(ↆ), -을런가?, [의문사]-을런고?(ↆ)' {계사나 형용사의 경우 어간에 직접 결합하기도 하고, 또 시상 형태 '-앖어, -앗어'에 결합하며, 특히 양태 형태 '-느, -더, -을느' 및 의도를 나타내는 '-으려'와 결합하여 '-는가?, -는고?, -던가?, -던고?, -을는가?, -을는고?'와 '-을런가?, -을런고?'로 나옴}

계사: 그거 <u>누게</u>네 물<u>인고</u>?(ↆ)/물<u>인가</u>?(ↆ)[55)[그거 <u>누구</u>네 집 말<u>인가</u>?]
　　　그 집 물<u>인가</u>?[그 집 말<u>인가</u>?]
　　　<u>누게</u>네 물이랏<u>인고</u>?(ↆ)[<u>누구</u>네 집 말이<u>었는가</u>?]
　　　그 집 물이랏<u>인가</u>?[그 집 말이<u>었는가</u>?]
형용사: <u>무사</u> 그영 붉<u>은고</u>?(ↆ)/붉<u>은가</u>?(ↆ)[<u>왜</u> 그렇게 밝<u>은가</u>?]
　　　그디 불 붉<u>은가</u>?[거기 불 밝<u>은가</u>?]
동사: 가이 <u>어디</u> 값<u>인고</u>?(ↆ)[그 아이 <u>어디</u> 가고 <u>있는가</u>?, 어디 가고 <u>있나</u>?]
　　　집이 값<u>인가</u>?[집에 가고 <u>있는가</u>?, 가고 <u>있나</u>?]
　　　그 사름 <u>어디</u> 갓<u>인고</u>?(ↆ)/갓<u>인가</u>?(ↆ)[그 사람 <u>어디</u> <u>갔는가</u>?, 어디 <u>갔나</u>?]

오직 '질문'에만 쓰이는 종결 어미로 대분할 수 있을 것으로 본다.

55) 보수적인 쓰임에서는 의문사가 있으면 의문 종결 어미 '-고?'가 나와야 한다. 그렇지만 이런 제약이 지켜지지 않고 변동되는 듯하다. 비록 의문사가 있고 판정 의문에 쓰이는 '-가?'가 내림세 억양으로 나오더라도 일부에서는 수용될 듯하고, 또 다른 일부에서는 여전히 어색하게 느껴진다(개인적 편차가 있을 듯함). 만일 억양이 오름세로 바뀌어 '그거 누게네 물인가?'(↗)로 발화되면 당연히 '누게네'는 의문사가 아니라 특정한 대상을 가리키는 for some x에 해당하며, 따라서 확인하지 않고 뭉뚱그려 표현하는 부정칭 some x yet unidentified를 가리킬 수도 있다.

집이 갓<u>인가</u>?[집에 <u>갔는가</u>?, 갔나?]

<u>뭐</u> 흐엾<u>인고</u>?(↘)[뭐 하고 <u>있는가</u>?, 뭐 하고 있나?]

그 일 흐엾<u>인가</u>?[그 일 하고 <u>있는가</u>?, 하고 있나?]

<u>무사</u> 이치록 추지게 비 오랎<u>인고</u>?(↘)/오랎<u>인가</u>?(↘)[왜 이처럼 눅눅
하게 비 <u>오고 있는가</u>?, 비 오고 있나?]

다덜 오랎<u>는가</u>?[모두들 <u>오고 있는가</u>?]

<u>무사</u> 오랎<u>는고</u>?(↘)/오랎<u>는가</u>?(↘)[왜 <u>오고 있는가</u>?]

다덜 오랏<u>는가</u>?[모두들 <u>왔는가</u>?]

<u>무사</u> 인칙 오랏<u>는고</u>?(↘)/오랏<u>는가</u>?(↘)[왜 일찍 <u>왔는가</u>?]

그 사름 이 밤이 <u>어디</u> 갈<u>는고</u>?(↘)/갈런고?(↘)/갈런가?(↘)[그 사람
이 밤에 어디 가<u>겠는가</u>?]

저 사름 지금사 가<u>는가</u>?[저 사람 지금에야 떠나<u>는가</u>?]

저 사름 <u>어디</u> 가<u>는고</u>?(↘)[저 사람 <u>어디</u> 가<u>는가</u>?]

그 사름 <u>무사</u> 가<u>던고</u>?(↘)/가던가?(↘)[그 사람 <u>왜</u> 가<u>던가</u>?]

앞에서 반말투 종결 어미 '-어'와 융합된 의문 종결 어미들을 다루었
는데, §.3-4-4의 명사형 어미 '-음'도 있었고(-엄댜?, -엄디?), §.3-4-3의
'-은댜?'도 있었으며(-언댜?), §.3-4-1의 '-냐?'도 있었고(-어냐?), §.3-4-2
의 '-은고?, -은가?'도 있었으며(-언고?, -언가?), 내포문 어미와 자연부류
를 이루는 '-ㄴ'(-언?)도 있었다. 반말투 종결 어미의 융합 구성의 특성
에 따라 이들은 공통어로 번역될 경우에 모두 과거 시제 '-았-' 또는
회상 양태 '-더-'로 대응하였다. 290쪽의 〈도표 9〉에서는 의문사를 지닌
구성이 '-은고?'라는 종결 어미를 지니는 경우를, 단독 종결 어미 구성
체와 융합 종결 어미 구성체로 나누어 형태들의 결합을 예시해 놓았다.
그곳에서 '-은고?'가 예정된 일을 가리키는 양태 형태 '-으커-'[-을 거]
와만 결합하고, 제3자의 주어 구문에서 짐작이나 추측을 드러내는 '-으
크-'[-겠-]와는 결합하지 못함을 살펴보았다. 그 까닭으로 '-은고?'가 관
형형 어미 '-은'이 지닌 의미 자질을 물려받고 있으므로, 다 끝난 사건

이거나 완료된 상태가 유지되는 특성이 오직 확정성(예정 사건)을 표시하는 '-으커-'[-을거]의 의미 자질과 어울릴 수 있다고 설명하였다.

이제 여기서는 '-은고?'라는 의문 종결 어미의 존재론에 대한 물음부터 다루기로 한다. 이 방언에는 이미 독자적인 의문 종결 어미 '-가?, [의문사]-고?'가 있다. 그럼에도 불구하고, 다시

"왜 굳이 '-은가?, [의문사]-은고?'라는 형식이 있어야 하는 것일까?"

'-은가?, [의문사]-은고?' 형식은 관형형 어미 '-은'이 더 들어가 있다고 보아야 한다. 이 점을 저자는 다음 두 가지 사실을 통하여 확인할 수 있을 것으로 본다. 첫째, 290쪽의 〈도표 9〉에서 '-은고?'는 언제나 확실성(예정 사실) 함의를 지닌 '-으커-'[-을 거]와 결합할 뿐이고(-으컨고?, -없이컨고?), 불확실성(추정이나 짐작) 함의를 지닌 '-으크-'[-겠-]와 결합하지 않았다(*-으큰고?, *-앖이큰고?). 이는 오직 관형형 어미 '-은'이 지닌 '완료, 완료 상태'의 의미 자질을 '-은고?'가 물려받았다고 가정해야만 올바르게 설명될 수 있었다. 둘째, '-은고?, -은가?'는 양태와 관련된 형태를 다시 끌어들이어 '-는고?, 던고?, -을는고?'처럼 확장된 모습을 보여 준다. 이런 형태소 결합이 가능해지려면 오직 '-은고?'의 '-은'이 관형형 어미와 같다고 가정하거나 또는 최소한 동일한 자연부류에 속한다고 가정해야만 하는 것이다. 이 책에서는 '-은고?, -은가?'에서 관찰되는 '-은'이 비록 뒤에 형식 명사가 수반되지 않더라도, 줄곧 이것이 관형형 어미에 토대를 둔 자연부류의 형태라고 가정할 것이다.

이제 존재론적 물음에 답하기 위하여, 계사 '이다' 구문을 중심으로 독자적인 기능을 찾아냄으로써, 왜 '-은가?, -은고?'가 존재해야 하는지를 밝혀 나가기로 한다.

㉠ "누게가 철수이고?(↘)/철수고?(↘)"56)[누가 철수이니?]

㉡ "누게가 철수인고?(↘)/철순고?(↘)"[누가 철수인가?]

이 방언에서는 주어가 외현적으로 나오면, 뒤따르는 명사 또는 명사 구문은 굳이 계사가 없더라도 충분히 서술 능력을 지닐 수 있음을 언급 하였다. 두 개의 명사 상당어가 나와 있는 이런 환경에서는 계사 '이다' 가 잉여적일 수 있기 때문이다. 위 예문에서 '-고?'가 계사 없이 명사 '철수'에 붙을 수도 있고, 아니면 계사 '이다'를 매개로 하여 '철수이다' 에 붙을 수도 있다. ㉠은 직접 얼굴을 마주보는 상대방 청자에게 묻는 경우이다. 화자의 판단에 상대방 청자는 그 정보를 이미 지니고 있고, 그 정보를 화자인 나에게 말로써 전해 주도록 요구하고 있는 것이다. ㉡ 구문에서도 관형형 어미 '-은'은 계사 어간에 붙거나(-인고?) 또는 명 사에 직접 붙는다(철순고?). 이미 지적한 것처럼 의문 종결 어미 '-은고?' 가 붙은 형식은

㉢ "나에게는 [이것이] 궁금하다" 또는 "나는 [이것이] 의문이다"

라는 형식 속에서 대괄호 속에 밑줄 친 내용으로 들어갈 수 있다. 이는 스스로에게 묻는 물음으로서 자문 형식으로 불린다. 그런데 자문 형식을 빌어 남이 들을 수 있도록 소리 내어 말해 줌으로써, 화용 상황에서 남에 게 묻는 일로 간주된다. 이를 '간접 의문 형식'이라고 부른다. 이 경우에

---

56) 이 방언에서 의문사(wh-word) 의문에 종결 어미 '-고?'가 나오고, '예-아니오'로 대답하는 판정 의문에 종결 어미 '-가?'로 나오는 것이 전형적이다. 이런 현상을 여러 언어학파에 서 다른 용어를 써 왔다. 전통문법에서는 서로 호응한다고도 말하고(호응 관계), 기술 언어학에서는 공기(co-occur) 관계라고도 부르며, 생성 문법에서는 하위 범주화 제약이 나 선택 제약으로도 부르고, 말뭉치 언어학자 씽클레어(John Sinclair, 1933~2007) 교수는 관용적 결합 관계로 부른다. 그렇지만 공통어의 영향으로 말미암아 이 방언에서 이는 필수적이고 엄격한 제약이 아니다. 다시 말하여 의문사 의문에 '-가?'라는 종결 어미가 나오더라도 수용 가능한 것이다. 따라서 의문사 의문에 전형적으로 '-은고?'가 나오지만, 여전히 이미 있던 제약이 늦춰지거나 무너져서 '-은가?'로 바뀌어 나오더라도 충분히 수용 가능하다. 그렇지만 이런 제약이 몇몇 의문 종결 어미 형태가 줄어든 '[의문사]-디?, [의문사]-은디?, [의문사]-을티? [의문사]-이?'나 또는 '[의문사]-을코?' 따위에서 여전히 지켜지고 있는 듯하다. 그렇다면 의문사와 여전히 호응하는 일부의 어미 모습들이 기존 에 있던 문법 제약(의문사의 종결 어미 제약 또는 거꾸로 종결 어미의 의문사 요구)이 어떻게 변동되면서 약화되거나 무너지는지를 추적할 수 있는 재료들로 판단된다.

는 간접 인용 구문에서 필수적으로 관찰되는 인용 어미 '-엔/-이엔'이 결코 나타나지 않는다. 그 까닭은 남의 발화를 듣고서 인용하는 것이 아니라, 화자가 자기 자신의 의심 내용을 표현하고자 하기 때문이다.

　　㉣ "나에게는 [누게가 철수인고] 궁금하다"
　　㉤ "나에게는 [*누게가 철수이고] 궁금하다"
　　㉥ "누게가 철수인고?"

대괄호 속에는 오직 ㉡만 들어갈 수 있다. ㉠은 언제나 분명히 청자를 바로 앞에 두고 나서야 발화될 수 있는 '직접 질문 형식'이다. 따라서 ㉤에서 보여 주듯이 자문 형식인 대괄호 속에는 들어갈 수 없다. 자문 형식 ㉣은 물론 화용 상황에 따라 상위문이 생략되고, ㉥에서와 같이 대괄호 속의 내포문만 발화되어 나올 수 있다. 이는 청자로 하여금 대답을 하도록 요구하는 속뜻을 지니며, 흔히 비언표 효력(illocutionary force)을 지닌다고 언급된다. 따라서 왜 굳이 '-은고?, -은가?' 형식이 있어야 하는지에 대한 물음에, 전형적인 의문이 남을 상대로 하여 묻는 것이라면, 이와 다른 형식은 스스로에게 묻는 '자문 형식을 변별해 주기 위해' 마련된 것이라고 대답할 수 있다.
　　이런 형식의 전용은 독자적인 의문 종결 어미에서뿐만 아니라, 또한 반말투의 종결 어미에서도 언제나 가능하다. 다소 사례를 바꾸어 '이것이 누구의 책이냐/책인지'라는 용례를 중심으로 하여 살펴보기로 한다.

　　㉦ "이거 누게 책이라?(↘)"[이거 누구 책이야?]
　　㉧ "이거 누게 책이란고?(↘)"[이거 누구 책이었는가?]

반말투의 종결 어미 '-어'는 계사 '이다'나 추측 양태의 형태소 '-으크-'[-겠-]와 이어질 경우에는 언제나 '-라'로 나온다(-이라, -으크라). 사례 ㉦이 이를 보여 준다. 반말투 종결 어미 '-라'가 실현되어 있다. 그런데 이 발화에 '-은고?'가 덧붙어 융합 형식으로 되면, 재서술 형식이 되어 공통어로 번역할 경우에 표면에 없던 과거 시제 형태 '-었-'이나 회상 양태 '-더-'가 생겨나게 된다. 그런데 다음 용례들에서는 좀 더 다양한 변이를 보여 준다.

  ㉢ "누게 책이랏이아?/책이랏야?"[누구의 책이었니?]
  ㉣ "누게 책이랏이?"[누구의 책이었니?, ㉢이 줄어든 형태임]
  ㉠ "누게 책이랏어?"[누구의 책이었어?]
  ㉤ "누게 책이랏인고?"[누구의 책이었나?/책이었는지?]
  ㉥ "누게 책이랏언고?"[누구의 책이었는가?/책이었던가?]

우선 세 가지 의문 형식을 찾을 수 있다. 첫째, 독자적인 의문 종결 어미 '-이아?'와 그 줄어든 형태 '-이?', 둘째, 반말투 종결 어미 '-어', 셋째, 반말투 의문 종결 어미 '-은고?'와 반말투 종결 어미 '-어'와 융합 형태 '-언고?'이다. ㉢과 ㉠과 ㉤은 각각 종결 어미 '-이아?, -어?, -은고?'를 보여 준다. ㉢은 고유한 의문 종결 어미이며(-이아?), 흔히 줄어들어 1음절로 나올 수 있다(-야?). ㉠은 반말투 종결 어미로서 올림세 억양을 띠고 의문 서법으로 쓰인다. ㉤은 본디 자문의 형식이지만, 화용 맥락상 소리 내어 발화됨으로써 상대방 청자에게 정보를 알려달라는 요구로 쓰인다. 따라서 공통어로 옮길 경우에 '-었는지?'로도 번역될 수 있다.[57] 그런데 ㉢의 의문 종결 어미 '-이아?'에서 맨 뒷 음절이 탈락하여 ㉣처럼 나올 수 있는데, 이 경우에는 엄격히 내림세 억양의 의문사 의문으로만 쓰인다(설명 의문). 본디 중세국어에서부터 있었던 제약이 여전히 강력히 작용하여, 축소된 형태에서 이를 지키지 않을 경우에는

---

57) 저자는 공통어로 번역된 형태 결합 '-이었나?, -이었는지?'에서 공통적으로 '-이었느-'가 들어 있음에 주목한다. '이'는 계사 어간이고(융합된 종결 어미로 구실을 한다는 점에서 하이픈을 앞에 붙였음), '-었-'은 시제 형태이다. 그런데 저자는 '-느-'가 양태 형태이며, 청자가 발화 시점 현재 해당 사건을 추체험하여 참값을 결정해 줄 수 있는 요소라고 본다. 이 요소가 이 방언에서는 시상 형태 '-앖-, -앗-'에 수반된 '이'라고 보는 것이다.

비문으로 판정된다(각주 56을 보기 바람). ㉞은 ㉠이 다시 융합 구성을 이뤄 놓은 결과이며, 공통어 번역에서는 공통된 과거 시제 형태 '-았-' 이외에, 청자가 해당 사건을 추체험하여 확인할 수 있는지 여부를 가리켜 주는 '-는가? : -던가?'로 어느 쪽이든 상관없이 번역될 수 있다.

이런 융합의 형식은 이 방언에서 매우 규칙적인 방식에 지나지 않는다. 서로 다른 층위의 종결 어미가 결합되어 있기 때문에(발화 시점의 종결 어미 및 사건 시점의 종결 어미), 융합된 결과 현재 발화 시점보다 더 앞선 시점의 사건을 가리켜 주게 된다. 이런 융합 특성을 일반화할 수 있는 이 방언의 자료가 우리말 문법을 설명하는 데에 매우 중요한 몫을 할 것으로 믿는다. 왜냐하면 융합될 수 있는 요소가 명백히 제한되어 있기 때문에, 그 요소들을 대상으로 하여 일반화시켜 준다면, 바로 우리말에서 양태 표현이 왜 필요하며, 어떻게 구현되는지를 논의할 수 있게 해 주기 때문이다. 이 방언에서 융합 구성은 오직 두 개의 종결 어미들로 이뤄져 있고, 주로 반말투 종결 어미 '-어'를 융합의 씨앗으로 삼아 형성됨을 찾아낼 수 있었다. 이런 융합 구성에서 뒤에 결합된 종결 어미가 발화 시점에서 나타낼 수 있는 시간 지표를 가리킨다면, 그 앞의 종결 어미는 해당 사건의 시점을 나타낼 수 있다. 이런 두 가지 층위가 구별됨으로써 더 앞선 시점의 사건을 가리켜 줄 수 있었는데, 그 결과 공통어로 번역될 경우에 과거 시제 '-았-' 또는 회상 형태 '-더' 로 옮겨 놓을 수 있었다. 아직 공통어에서는 이런 두 층위의 융합 형식을 지닌 어미들에 대한 일반적인 논의가 심도 있게 진행되어 있지 않은 듯하다. 그렇지만 이 방언의 자료를 해석하면서, 이런 융합 종결 어미와 관련된 층위가 관련 사건에 대한 시상 층위 및 그 사건에 대한 양태 층위(청자 추체험 가능성 여부를 가리킴)가 기본적인 종결 관련 어미들의 배열 형식임을 명백히 주장할 수 있다. 이 방언에서(그리고 더 나아가 우리말에서) 활용 형식은 기본값으로 네 가지 층위를 지니고 있다. 앞뒤 일직선 방향으로는 대우 일치 선어말 어미, 시상(착수, 다 끝남, 끝난 상태) 선어말 어미, 양태(청자 추체험 가능태) 선어말 어미, 종결 어미이다.

시상 선어말 어미는 적어도 세 가지 부등호(inequality) 관계를 표시해 준다. 착수 여부, 다 끝났는지 여부, 끝난 상태가 지속되는지 여부이다. 양태 선어말 어미는 마주하여 의사소통을 하고 있는 청자가 추체험하여 해당 사건의 참값이나 거짓값을 확인할 수 있는지 여부에서 형태소들이 나뉠 수 있다.

김지홍(2010a, b)에서는 동사 어간에 가까이 있을수록 '화자 경험 영역'라고 불렀고, 종결 어미에 가까이 있을수록 '청자 확인 영역'라고 불렀다.[58] 청자 또는 청·화자 확인 영역은 이 방언에서 이른바 양태가 제몫을 하는 영역인 것이다. 서구 학계에서 다뤄져 온 인식 양태와 의무 양태의 개념에서 과감히 벗어나서, '증거태'라는 새로운 인식 양태의 개념이 부각된 바 있다. 배 이야기(Pear Story)라는 담화 화용 연구로 유명한 쉐이프(Chafe) 교수 연구진에서는[59] 다양한 남미 인디언 발화들을 집중적으로 연구하여 '증거태'라는 양태를 새로 제시하였다. 단순히 서구 언어의 조동사들을 구분하여 세운 두 가지 양태 말고도 다른 양태 개념이 자연언어에서 발견할 수 있다는 이런 지적은, 이 방언에서 종결 어미의 융합 형식에 대한 분석을 통하여 '청자 추체험 가능 양태'를 상정할 수 있게 해 준다. 특히 '-은고?'와 융합될 수 있는 형식이 '-느-,

---

58) 김지홍(2010a), 『국어 통사·의미론의 몇 측면: 논항구조 접근』(도서출판 경진) 제1장과 김지홍(2010b), 『언어의 심층과 언어교육』(도서출판 경진) 제2장을 보기 바란다.

59) 미국 '국립 정신 건강 연구소'의 방대한 기금 지원 아래 전 세계적으로 자연스럽게 쓰이는 담화 및 화용 연구가 버클리에 있는 캘리포니어 대학 쉐이프(Chafe) 교수의 연구진에 의해서 꾸준히 이뤄졌다. 쉐이프(Chafe, 1980) 엮음, 『배 이야기: 서사 이야기 산출에서 인지·문화·언어적인 측면(The Pear Stories: Cognitive, Cultural, and Linguistic Aspects of Narrative Production)』(Alex Pub.)에서 입체적인 연구가 성과를 거두기 시작하였다. 우리 말 자료는 인디애너 대학의 이효상 교수가 제시한 것으로 알려져 있다. 한 걸음 더 나아가 1981년 대대적인 학술회의를 거쳐 인식 양태의 하위 개념으로 쉐이프·니콜즈(Chafe and Nichols, 1986) 엮음, 『증거태: 인간 인식의 언어 입력 기호(Evidentiality: The Linguistic Coding of Epistemology)』(Alex Pub.)에서 비로소 처음으로 '증거태'라는 개념이 부각되었다. 이 대형 연구 과제들은 1987년 당시까지 25권의 연구 성과로 발간된 바 있다. 논항 구조와 관련해서는 두보이스·컴프·애슈비(Du Bois, Kumpf, Ashby, 2003) 엮음, 『선호된 논항 구조: 기능을 위한 문법 구조물(Preferred Argument Structure: Grammar as Architecture for Function)』(John Benjamins)을 읽어 보기 바란다. 쉐이프(1994; 김병원·성기철, 2006 뒤침), 『담화와 의식과 시간: 언어 의식론』(한국문화사)에서는 쉐이프 교수가 지닌 관심과 전반적인 지도를 살펴볼 수 있다.

-더-, -을느-'(-는고?, -던고?, -을는고?)라는 사실도, 이들을 청자(청·화자)가 여전히 해당 명제를 경험하여 확인할 수 있는지 여부로 나눌 수 있도록 하는 기반을 제공해 준다. '-느-'는 여전히 발화 시점에서 관련 사건이나 일에 대한 추체험 가능성을 열어 주고 관련 사건을 확인할 수 있게 해 준다는 점에서 '열린' 추체험 양태를 가리킨다. 반면에 '-더-'는 발화 시점 현재 관련 사건이나 일을 더 이상 청자가 추체험할 수 없음을 가리키며, 이런 점에서 '닫힌' 추체험 양태라고 부를 수 있다.

서구에서는 양태의 개념을 크게 인식 및 의무 양태의 두 가지 범주로 나누어 왔다. 이는 서구 문화권에서 말과 행위, 진리와 실천, 또는 칸트의 용어로 순수이성과 실천이성으로 양대분하는 전통을 그대로 반영해 준다. 인식 양태는 말, 진리, 순수이성이라는 표현으로 달리 포장되어 있다. 의무 양태는 행위, 실천, 실천이성 따위로 포장되어 있다. 최근에 독일 사회철학자인 하버마스는 이런 구분을 각각 의사소통 행위와 전략적 행위로 구분하고, 전자에서는 상호이해가 목적이지만 후자에서는 이득 추구가 목적이라고 보았다.

그렇지만 이 방언에서 보여 주는 두 층위의 융합 구성을 일반화해 놓음으로써, 양태란 개념의 실체나 실상을 더욱 쉽게 파악할 수 있게 된다. 즉, 양태란 한 발화 또는 한 명제에서 화자 영역과 청자 영역을 나눠 놓고, 청자가 곧 확인할 수 있도록 만들어 주는 언어적 장치에 불과한 것이다. 의사소통은 나의 경험 영역을 상대방에게 표현해 주거나 상대방의 행동을 요구하는 일이다. 두 방향의 의사소통에서는 청자에 대해서 그 역도 또한 동일하게 성립한다. 하나의 발화나 명제는 언제나 화자 영역과 청자 영역이 서로 맞물려 표현된다. 우리말에서는 이를

대우 범주·시상 범주·양태 범주·서법 범주

들로 구현해 놓는다. 시상과 양태의 관계를 현상학의 용어로 바꾼다면,

1인칭 관점에서 서술하고(화자 영역), 3인칭 관점으로 마무리하는 일(일 반화된 청자 영역)이다. 우리말의 활용 어미들을 다룰 적에 왜 굳이 교착 어(부착어)의 질서를 따라 형태별로 각각 결합하는 방식을 서술해 놓지 않고, '-습니다'처럼 뭉뚱그려 제시하는지(이른바 '종합주의'로 부름) 그 이유도 결국 청자 영역을 한데 묶어 놓으려는 무의식적 작용 때문임을 알 수 있다(양태 및 서법 영역이 청자 관련 영역이기 때문임). 언어에 따라서 두 영역을 별개의 낱말로 표현하여 놓기도 하고(가령 영어에서 양태 표현 의 조동사를 명확히 갖는 경우), 우리말에서처럼 하나의 형태에 두 기능을 한데 뭉쳐 놓기도 하며(특히 '-느-'가 시제 및 양태 범주의 중의적 기능을 지님), 중국어에서처럼 오직 상황에 맞춰 찾아내도록 하는 경우도 있다. 이 방언의 종결 어미 융합 형식은, 우리말 분석에서 두 영역이 어떻게 결합하고 언어 형식으로 표현되는지를 드러내어 주는 소중한 자료를 보존하고 있는 것이다.

의문 종결 어미 '-은가?, [의문사]-은고?(↘)'는 다시 양태 형태와 융 합되어 '-는가?, [의문사]-는고?(↘)', '-던가?, [의문사]-던고?(↘)'로 나 올 수 있다. 이들은 '-느- : -더-'가 대립하여 만들어진 구성이다. 이것들 이 다른 형태와 결합되는 방식은 적어도 세 가지가 있다. 첫째, 어간에 직접 결합된다.

"밥 먹<u>는가</u>? 뭐 먹<u>는고</u>?(↘)"[밥 먹는가?, 뭘 먹는가?]
"밥 먹<u>던가</u>?, 뭐 먹<u>던고</u>?(↘)"[밥 먹던가?, 뭘 먹던가?]

여기서는 '-느-'와 '-더-'가 시상(현재, 과거) 및 양태(추체험 가능, 추체험 불가능) 기능을 동시에 수행하고 있다.

둘째, '-는가? [의문사]-는고?(↘)'에는 다시 관형형 어미 '-을'이 선접 되어 '-을는가?, [의문사]-을는고?(↘)'와 같이 융합될 수 있다. 여기서는 당연히 더 앞선 형태인 관형형 어미 '-을'이 시상 범주의 몫을 맡고 있을 것이며, 해당 사건이 아직 착수되지 않음을 가리키므로, 시제로서는 미래의 해석이 나온다. '-을'에 융합된 '-느-'는 양태 범주의 몫을 맡는데, 미래 사건에 대하여 발화 시점에서 그 사건과 관련된 정황을 추체험하여 참과 거짓 여부를 판정할 수 있다는 속뜻이 들어 있는 것이다.

"밥 먹<u>을는가</u>?, 뭐 먹<u>을는고</u>?(↘)"[밥 먹을 건가?/먹겠는가?, 뭘 먹을 건가?/ 먹겠는가?]

이는 미래 사건에 관한 일이므로, 당연히 이미 경험하였음을 가리키는 형태소 '-더-'는 의미 자질이 서로 상충되어 이 구성에서는 실현될 수 없다(*-을던가?, *-을던고?).

그런데 이 방언에서는 이 융합 형태와 매우 비슷하게 소리가 나는 '-을런가?, [의문사]-을런고?(↘)'도 관찰되는데, 서로 계열이 다른 어미가 들어 있는 것으로 판단된다. 의도 표현의 어미가 이 방언에서는 '-으려/-을려'[-으려 하다]로 발음된다. 이 어미는 의문 서법으로 종결되기 위해서는 종결 어미로서 반모음 'y'가 덧붙거나 의문 첨사 '아?'가 덧붙어 '-을래?'(먹을래?) 또는 '-을라?'(먹을라?)로 발음된다. 그렇다면 '-을런가?'는 '-으려+은가?'나 '-을려+은가?'의 결합에서 단모음화가 일어난 것으로 보아야 할 듯하다. 이런 융합의 결과, 그 의미는 상대방 의도에 대하여 스스로 묻는 일을 나타내게 된다. 이와는 달리 '-을는가?'에서 자음 동화가 일어나 '-을런가?'로 되었다고 주장할 수도 있겠지만, 이런 주장에서는 왜 '으'(-을느-)가 '어'(-을러-)로 되는지에 대하여 합리적으로 설명할 길이 없다. 해당 사건을 일으키려는 의도를 스스로 묻는 형식은, '-을는가?'의 의미(미착수 사건에 대한 정황 확인)와 결과적으로 서로 겹치는 영역이 있기 때문에, 마치 수의적인 변이인 양 서로 뒤바꿔 쓰일 가능성도 배제할 수 없다.

셋째, '-는가?, -던가?'가 시상 형태 '-앖-, -앗-'에 수반되어 나올 수 있다(-앖는가?, -앗는가?, -앖던가?, -앗던가?). 시상 형태에 이어져 나온 형태는 당연히 양태 범주이며, 청자가 해당 사건을 여전히 확인하여 참 거짓을 판정할 수 있음을 나타낸다. 시상 형태는 완료와 미완료(미착수를 포함함)의 의미 자질로부터 각각 과거 시제와 현재 시제로의 해석이 이뤄진다. 양태 범주의 형태는 해당 사건에 대하여 의문 서법의 경우에 화자 자신이 해당 사건을 추체험하여 참 거짓을 확정할 수 있는지 여부를 가리키게 된다. 이런 결합을 보이면 다음과 같다.

"밥 먹<u>없는가</u>?, 뭐 먹<u>없는고</u>?(↘)"[밥 먹고 있는가?, 뭘 먹고 있는가?]
"밥 먹<u>엇던가</u>?, 뭐 먹<u>엇던고</u>?(↘)"[밥 먹었던가?, 뭘 먹었던가?]

이들은 모두 스스로에게 묻는 형식에서, 상대방에게 관련 정보를 알려 주도록 요구하는 질문으로 확장되어 쓰이는 형식이다. 이와 대조되는 형식이 직접 상대방에게 질문을 하는 고유한 형식이 있다. 이 방언에서는 다음 항에서 다룰 '-디아?/-댜?' 계열이 대표적이고, 또한 시상 형태에 직접 수반된 '-가?, -고?' 계열이 있다. 이들 사이의 구분은 다시 해당 발화가 인용될 경우에 쉽게 드러난다. 자문 형식의 발화는 내포문을 이끄는 인용 어미가 따로 붙지 않더라도 그대로 내포문으로 자리 잡을 수 있다. 그렇지만 상대방 청자에게 묻는 형식의 질문은 인용될 경우에 기본적으로 내포문을 이끌어 주는 내포문 어미 '-엔/-이엔'이 구현되어야 하는 것이다.

§.3-5-2 관형형 '-은'을 지닌 종결 어미: '-은댜?, -은다?, [의문사]-은디?(↘)' {직접 마주보고 있는 상대방 청자에게 묻는 청자 관련 질문이고(2인칭 질문), 시상 형태는 '이'를 수반한 '-앖이-, -앗이-'가 결합함. ⇨ §.3-4-3 '-언댜?'(어+은댜)를 참고하기 바람: 295쪽 이하}

계사: 그디 과장<u>인댜</u>?/과장<u>인다</u>?[거기 과장<u>인</u> 거니?, 청자가 주어임]
      어느제부터 과장<u>이란댜</u>?(↘)/과장<u>이란다</u>?(↘)/과장<u>이란디</u>?(↘)['-라²'
      융합 구성: 언제부터 과정이<u>었던</u> 거니?, 청자가 주어임]

는 흑생인댜?/흑생인다?[너는 학생인 거니?, 청자가 주어임]

형용사: 집이 <u>신댜</u>?/<u>신다</u>?[60][집에 머물러 있는 거니?, 청자가 주어임]

동사: 그 약 잘 <u>먹없인댜</u>?/<u>먹없인다</u>?[그 약 복용을 잘하는 거니?, 청자가 주어임]

<u>무신</u> 약 <u>먹없인댜</u>?(↘)/<u>먹없인다</u>?(↘)/<u>먹없인디</u>?(↘)[<u>무슨</u> 약 복용하는 거니?, 청자가 주어임]

그 출레 다 <u>먹엇인댜</u>?/<u>먹엇인다</u>?[그 반찬 다 먹었던 거니?, 청자가 주어임]

<u>무사</u> 출렐 혼자 <u>먹엇인댜</u>?(↘)/<u>먹엇인다</u>?(↘)/<u>먹엇인디</u>?(↘)[<u>왜</u> 그 반찬을 혼자서 먹었던 거니?, 청자가 주어임]

언치냑 집이 들어<u>오란댜</u>?/<u>오란다</u>?['-어' 융합 구성: 어제 저녁 집에 들어<u>온</u> 거니?, 청자가 주어임]

그 일 다 ㅎ<u>연댜</u>?/ㅎ<u>연다</u>?['-어' 융합 구성: 그 일 다 <u>한</u> 거니?, 청자가 주어임]

<u>어느제</u> 다 ㅎ<u>연댜</u>?(↘)/ㅎ<u>연다</u>?(↘)/ㅎ<u>연디</u>?(↘)['-어' 융합 구성: <u>언제</u> 다 <u>한</u> 거니, 청자가 주어임]

밥 <u>먹언댜</u>?/<u>먹언다</u>?['-어' 융합 구성: 밥 <u>먹은</u> 거니?, 청자가 주어임]

가이도 노래 <u>불런댜</u>?/<u>불런다</u>?['-어' 융합 구성: 그 아이도 노래 <u>부른</u> 거니?, 보조사 '도'에 의해서 청자가 주어로 함께 깃들어 있음]

반말투 종결 어미 '-어'와 융합된 종결 어미 '-언댜?, -언다?, [의문사] -언디?(↘)'는 이미 §.3-4-3에서 다뤄졌다(295쪽 이하). 그곳에서는 반말투 종결 어미의 특성을 물려받기 때문에 시상 형태가 '-앖-, -앗-'과 결합할 수 있었다. 그렇지만 단독으로 쓰인 의문 종결 어미 '-은댜?'에서

---

60) 여기서는 '시다'가 자연스러운 듯하고, "??집이 이신댜?"는 좀 이상하게 들린다. 왜 그런지 알 수 없다. 그렇지만 "늘랑 이디 이실탸?, 늘랑 이디 실탸?"라고 말할 경우에는 '이시다, 시다' 둘 모두 가능하다. 물건을 소유하는지를 물을 경우에도 "느 돈 이시냐?, 느 돈 시냐?"라고 물을 수 있는데, 둘 모두 자연스럽다.

는 상대방 청자가 주어인 계사와 '있다' 구문에서 어간에 직접 결합한다. 동사에서는 오직 '이'를 수반한 '-앉이-, -앗이-'만이 가능할 뿐이다. 이는 동일하게 '-은댜?'에 자연부류로서 관형형 어미가 들어 있음을 가리켜 주는 일반적 특성이다. '-은댜?' 계열의 의문 종결 어미는 기본적으로 얼굴을 마주보고 있는 상대방 청자를 향하여 청자가 주어가 되는 구문에서만 쓰인다. 사람이 주어가 되어야 하고, 그것도 상대방 청자가 주어로 나와야 한다는 것(2인칭 주어 제약)은 매우 유표적인 제약이다. 이 제약과 반대의 제약도 관찰된다. 감탄 서법 중 §.4-1-2에서(354쪽 이하) 다뤄질 '-노라!'는 언제나 화자 자신이 주어가 되어야 한다. 이는 제약 내용에서 서로 거울 영상처럼 반대 내용을 담고 있어서 흥미롭다.

이 방언의 시상 형태를 다루면서 일찍이 '동작상'이란 개념을 세운 일이 있었다(현평효 1974, '제주도 방언의 정동사 어미 연구', 동국대 박사논문). 만일 우리가 관찰하는 사건 또는 상태 변화가, 일차적으로 무생물에게서 일어나는 인과율에 따른 자동적 과정이 있고(법칙에 지배됨), 다시 이런 인과율이 생명체(특히 짐승)에 적용될 경우에 본능에 의해 행동을 하는 부류가 있다(본능으로 설명됨). 생명체의 움직임을 설명하는 인과율이 사람에게 적용되었을 경우, 법칙과 본능으로는 설명하지 못하는 영역이 있다. 서구에서는 흔히 이를 자유의지(free will)로 불러왔다. 무생물은 작용을 하고, 기계는 작동을 하며, 생명체는 행동을 하고(행동은 시작과 끝점이 관찰되므로 흔히 '행동거지'라고 부름), 인간은 행위(내면적인 사고 행위도 포함함)를 한다. 만일 인간 행위를 특별히 윤리와 관련지어 부를 경우에는 주로 '행실'이란 말을 써 왔다(행실이 바르거나 그르다).[61] 그런데 만일 자유의지를 지닌 인간의 행위를 동작이라고 부른다면(동작이 굼뜨거나 재빠르다), 동작상은 엄격하게 '사람에게만' 적용되어

---

61) 영어에서는 외부에서 관찰 가능한 행동을 behaviour로 부르고, 인간의 사고 행위를 포함하여 단일한 행위를 act로 부르며, act가 모여 이뤄진 일련의 행위를 action이라고 부른다. 윤리적 평가를 담은 인간의 행실을 conduct나 deed(어원은 do)로 부른다. 이런 여러 종류의 행위들을 모두 싸잡아 activity라는 말로 묶기도 한다.

야 할 것이다. 이런 점에서 이 방언에서 찾아지는 동작상의 후보는 바로 '-은댜?, -을댜?' 계열의 종결 어미와 결합하는 시상 형태 '-앖이-, -앗이-'와 '-엄댜?(어+음댜)'에 국한하여야 할 것이다. '-앖-, -앗-'은 인간의 동작만을 가리키는 것이 아니라, 포괄적으로 무생물의 자연적 진행 과정과 결과까지도 언급하게 되므로, '동작상'이란 낱말은 적합하지 않다. 이 책에서는 대신 '시상'이란 말로 써 왔다. 자연계의 상태 변화(또는 움직임이 깃든 사건)나 생명체(더 좁혀서 짐승)의 행동은 자유의지의 소산이 아니다. 짐승과 인간 사이를 구획하는 일이 우리말에서 대립 낱말로 다수 존재하고, 일부 '-에(+사물), -에게(+사람)'와 같은 문법 형태가 있지만, 어미 계통에도 찾아지는지는 아직 잘 알 수 없다. 이 방언에서 반드시 청자가 주어가 되는 '-은댜?, -을댜?, -엄댜?(어+음댜?)' 계통의 종결 어미는 인간의 동작을 표시해 준다는 점에서 매우 특이한 경우라고 할 것이다.

§.3-5-3 관형형 '-을'을 지닌 종결 어미: -을탸?, -을타?, [의문사]-을티?(↘) {앞에 있는 '-은댜?, -은다?, [의문사]-은디?'와 동일한 제약을 지닌 자연부류이지만, 시상 형태는 '-앖이-'만 가능하고 '*-앗이-'는 결합이 불가능함. 단, 비록 소리가 동일하지만 보조동사 구문으로 '-아 실탸?'[-아 있다]가 있음}

형용사: 늘랑 집이 이실탸?/이실타?[너는 집에 있을래?, 청자가 주어임]
　　무사 집이 이실탸?(↘)/이실타?(↘)/이실티?(↘) 글이 나글라![왜 집에 있을래?, 같이 나가자!, 청자가 주어임]
동사: 뭐 홀탸?(↘)/홀타?(↘)/홀티?(↘)[뭐 할래?, 청자가 주어임]
　　비 쏟아지민 어떵 홀탸?(↘)/어떵 홀타?(↘)/어떵 홀티?(↘)[비 쏟아지면, 어떻게 할 거니?, 청자가 주어임]
　　날 울엉 부름씨 ᄒᆞ여 줄탸?/ᄒᆞ여 줄타?[나를 위해 심부름 하여 주겠니?, 청자가 주어임]

<u>무사</u> 가이 부름써 <u>홀탸</u>?(↘)/<u>홀타</u>?(↘)/<u>홀티</u>?(↘)[<u>왜</u> 개 심부름을 하겠
니?, 심부름하지 말라는 권고이며, 청자가 주어임]

그만 일어상 <u>갈탸</u>?/<u>갈타</u>?[그만 일어나서 가겠니?, 권고의 뜻이며, 청
자가 주어임]

그레 놀레 <u>갈탸</u>?/<u>갈타</u>?[그쪽으로 놀러 갈래?, 청유 서법으로도 해석되
며, 청자가 주어임]

<u>어디</u> 놀레 <u>갈탸</u>?(↘)/<u>갈타</u>?(↘)/<u>갈티</u>?(↘)[<u>어디</u> 놀러 가겠니?, 청자가
주어임]

지금 이레 <u>올탸</u>?/<u>올타</u>?[지금 이쪽으로 오겠니?, 청자가 주어임]

느만이라도 이레 <u>오랎일탸</u>?/<u>오랎일타</u>?[너만이라도 이쪽으로 오고 있
겠니?]

책 <u>보앖일탸</u>?/<u>보앖일타</u>?[책 보고 있을래?, 청자가 주어임]

<u>무신</u> 책 <u>보앖일탸</u>?(↘)/<u>보앖일타</u>?(↘)/<u>보앖일티</u>?(↘)[<u>무슨</u> 책 보고 있
을래?, 청자가 주어임]

<u>무사</u> 그디 가 <u>실탸</u>?(↘)/<u>실타</u>?(↘)/<u>실티</u>?(↘) 집이나 이시라![보조동사
구문: <u>왜</u> 거기 가 <u>있을래</u>? 집에나 있으렴!, 청자가 주어임]

이 종결 어미는 관형형 어미 '-을'이 지닌 의미 자질을 물려받고 있기
때문에, 완료 시상 형태 '-앗이-'가 결합할 수 없는 것으로 보인다. 관형
형 어미 '-은'과 대립하는 '-을'은 아직 착수하지 않은 미래의 일을 가리
키므로, 어떤 일이 이미 다 끝났거나 끝난 상태가 지속되는 선어말 어
미와는 서로 어울릴 수 없는 것이다. 얼굴을 마주보고 있는 상대방 청
자가 주어가 되어야 하는 제약은 여기에서도 그대로 준수되어야 한다.
그런데 관형형 어미 '-을'이 관련된 종결 어미 구성에서는 받침 'ㄹ'이
탈락되기 일쑤이지만, 여기서는 결코 받침 'ㄹ'이 탈락하는 일이 없다
는 점을 특기해 두어야 한다. 보수적인 발음에서는 '-을'과 '-디아?/-
댜?' 사이에 사이히읗 소리가 들어 있으며, 이것이 '-을티아?/-을탸?'로
발음된다. 다른 경우에는 거친 소리(격음)로 나오면 뒤이어 받침 'ㄹ'이

탈락되는데, 이 경우만은 그렇지 않고, 여전히 받침 'ㄹ' 소리를 유지하고 있다. 젊은 사람들에게서는 아마 사이시옷 소리가 들어가서 발음이 된소리(경음) '-을띠아?/-을때?'로 나올 듯하다. 관형형 어미들은 모두 '이'를 수반한 시상 형태와 결합하였는데, 여기서는 '-을'에게서 물려받은 의미 자질 때문에 '-앖아-'하고만 결합하더라도, 여전히 시상 형태들 (-앖아-, -앗아-)의 결합 모습에서 동일한 자연부류에 속함을 알 수 있다. 공통어의 번역에서는 '-을래?'나 '-겠니?'로 대응시켜 놓았는데, 청자의 의지나 의도에 더 초점을 맞추어 놓기 때문이다. '-을 거니?'라는 구성은 무생물 주어를 포함한 임의의 예정된 사건을 가리키므로, 이렇게 번역해 놓으면 이들 발화의 속뜻이 달라져 버릴 수 있다. 그렇지만 이들 구성은 상대방 청자의 의지나 의도를 묻고 있다.

이런 측면에서만 보면, 이 방언의 '-을티아?/-을탸?/-을타?'는 공통어의 '-을 터이냐?/-을 테냐?'라는 구성과 매우 유사한 측면이 있고, 의미 또한 중첩될 수 있을 듯하다. 그렇지만 이 방언에는 '-을 테주'[-을 터이지]라는 구문도 쓰이는데, 그 의미는 미래의 예정된 일을 짐작하는 속뜻을 담고 있다. 아마 동일한 형식 명사 '터'를 이용하고 있지만, 공통어의 '-을 테냐?' 구성에서는 의도나 의지가 깃들어 있고, 이 방언의 '-을 테주'에서는 미래 예정된 일에 대한 짐작의 속뜻이 들어 있다. 이러한 차이는 최종 핵어가 되는 마지막 종결 어미의 의미에서 비롯되는 듯하다. 118쪽의 각주 27)에 밝혀 놓았듯이 이 방언의 종결 어미 '-주'가 이 쓰이는 경우에

① 화자는 청자가 알고 있을 법한 바에 대하여 짐작하고,
② 관련 사건이 사실성보다는 가능성 정도만이 언급되며,
③ 청자에게 해당 사건에 대한 사실 여부를 확인해 주도록 요구한다

는 속뜻이 담겨 있다. 이런 의미 자질이 이 핵어가 구성성분으로 거느리고 있는 하위 형태소들에 그대로 반영되는 것이다. 저자는 '-을티

아?/-을탸?'에서 찾아지는 형식 명사는, '-은디아?/-은댜?' 및 반말투 종결 어미 '-어'와 명사형 어미 '-음'이 융합된 뒤 이에 수반되는 종결 어미 '-엄디아?/-엄댜?'에 있는 '-디아?/-댜?' 요소(ᄃ+이+아)와 공통적이라고 본다. 여기에는 'ᅟᅳᆮ'라는 재구성 형태의 형식 명사가 깃들어 있다. 즉, 관형형 어미 '-을' 뒤에 사이히읗이 개재되어 있는 표상을 상정하는 것으로, '-을+ㅎ+ᄃ+이+아?'(관형형 어미+사이히읗+형식 명사+계사+의문 종결 어미)라는 표상에서 사이히읗은 언제나 재음절화를 거쳐 '티'로만 실현되는 것이다. 젊은 층에서는 사이히읗이 사이시옷으로 바뀌어 발화되므로, '-디아?/-댜?'는 언제나 '-띠아?/-땨?'로 소리 날 것이다. 비록 공통어에서 찾아지는 '-을 터이냐?'와 형식 및 의미상으로 공유 기반을 어느 정도 지니고 있다고 하더라도, 이 방언에서 찾아지는 자연부류의 계열체인 '-디아?/-댜?'로부터 고유하게 형태소 분석과 의미 자질의 확립이 이뤄져야 할 것이다.

§.3-5-4 관형형 '-을'을 지닌 의문 종결 어미: '-을까?, -으카?, [의문사]-을꼬?(↘), [의문사]-으코?(↘)' {'-은가?, [의문사]-은고?(↘)'와 같이 본디 자문 형식으로부터 화용 맥락에 따라 질문으로 쓰이는 간접 의문 형식이며, 어간에 직접 결합하거나 '이'를 매개로 한 시상 형태 '-앖이-, -앗이-'에 결합하며, 관형형 어미 '-을'로부터 물려받는 제약이 더 추가됨}

계사: 가네 ᄆᆞᆯ이카?/ᄆᆞᆯ 일카?/ᄆᆞᆯ 일까?[그 아이네 말일까?]

　　　그거 가네 ᄆᆞᆯ 아니카?/아닐카?/아닐까?[그거 그 아이네 말 아닐까?]

형용사: 그 고장 고우카?/고울까?[그 꽃 고울까?]

　　　그 집 넙으카?/널르카?62)[그 집 넓을까?]

---

62) 이 방언의 사전을 찾아보면, 공통어의 '넓다'는 이 방언에서 '넙다'로 올라 있다. 마치 겹받침 '읽다'가 유독 '익다'로 홑받침만 쓰이는 것과 같다.
　　"글 익으라!"[읽으렴!]
　　"책 다 익엉 봐 두라!"[읽어 두렴!]
　　"그 글 익어 보젠?"[읽어 볼래?]

그 집 <u>무사</u> <u>좁으코</u>?(↘)/<u>좁을꼬</u>?(↘)/<u>좁으카</u>?(↘)[그 집 <u>왜</u> 좁을까?]

가이 지레 <u>크카</u>?/<u>클까</u>?[그 아이 키 클까?]

동사: 가이 지금 <u>가카</u>?/<u>갈까</u>?[그 아이 지금 갈까?]

가이 <u>무사</u> 지금 <u>가코</u>?(↘)/<u>갈꼬</u>?(↘)/<u>가카</u>?(↘)[그 아이 <u>왜</u> 지금 갈까?]

우리 흔디 가 <u>보카</u>?/<u>볼까</u>?[우리 함께 가 볼까?]

가이 지금 <u>오랎이카</u>?/<u>오랎일까</u>?[그 아이 지금 오고 있을까?]

가이 <u>무사</u> <u>오랎이코</u>?(↘)/<u>오랎일꼬</u>?(↘)/<u>오랎이카</u>?(↘)[그 아이 <u>왜</u> 오고 있을까?]

가이 거즘63) <u>오랏이카</u>?/<u>오랏일까</u>?[그 아이 거의 다 왔을까?]

가이 <u>무사</u> <u>오랏이코</u>?(↘)/<u>오랏일꼬</u>?(↘)/<u>오랏이카</u>?(↘)[그 아이 <u>왜</u> 왔을까?]

보조동사 구문: 가이 멀리 강 이신디 그영 재게 오라 <u>지카</u>?/<u>질까</u>?[그 아이 지금 멀리 나가 있는데 그렇게 급히 돌아와 질까?]

그 돈으로 <u>무신</u> 걸 사 <u>지코</u>?(↘)/<u>질꼬</u>?(↘)/<u>지카</u>?(↘)[그 돈으로 뭘 사

공통어 '읽다'가 이 방언에서 오직 '익다'의 홑받침으로만 쓰이는 유일한 예일 듯하다. 왜냐하면 겹받침 '긁엉, 낡안, 붉안, 긁으멍'에서는 모두 겹받침 소리가 뒤따르는 모음 어미에 얹혀서 모두 실현되기 때문이다. 전자 서신으로 '넓다'라는 형용사의 활용을 문의 하자, 송상조 선생은 '넙으카?'가 이 방언의 활용 모습이라고 답변을 주셨다. 문순덕 선생은 "널르다, 넙작하다" 정도가 자연스럽다고 답변해 주셨다. 공통어의 '너르다'가 이 방언에서는 '너르다, 널르다'의 복수 어간을 지니고 있다. 두 분께 감사드린다.

송상조(2007), 『제주말 사전』(한국문화사)의 124쪽과 125쪽에 보면 부사로 파생될 경우에, '널찍이'가 올라 있고, 또한 '넙직이, 넙작이'도 올라 있다. 즉, "넙직이 벌려 놓으라!, 널찍이 벌려 놓으라!"가 모두 가능하다. 제주문화예술재단(2009) 엮음, 『개정 증보 제주어 사전』(제주특별자치도)의 172쪽과 174쪽을 보면, 표제 항목으로 '널찍ᄒ다'와 '넙찍ᄒ다'가 모두 올라 있고, 후자의 풀이에서 제주 전역에서 '널찍하다'도 쓰는 것으로 적혀 있다. 아직 방언 사전들에 올라 있지는 않지만, 이 방언에서 '널널ᄒ다'도 쓰이므로("널널ᄒ게 벌려 놓으라!") 어간 형태가 '널-'도 있음을 확인할 수 있다. 파생어들이 각각 두 개의 받침을 하나씩 구현한다는 점에서 보면, '넓다'는 이 방언에서 아마 복수 어간 '넙다, 널으다, 널르다'가 있는 게 아닐까 의심이 든다.

63) '거의 다' 정도의 뜻을 지녔다. 중세국어에서는 '거싀'로 표제 항목이 올라 있으므로, 'ㅿ'이 이 방언에서는 'ㅈ'으로 바뀌었음을 짐작할 수 있다. 김민수(1997) 엮음, 『우리말 어원 사전』(태학사)의 55쪽에는 중세국어에 '거싀다'(가깝게 되다)라는 동사가 있다고 적혀 있다. 송상조(2007), 『제주말 큰사전』(한국문화사)의 40쪽과 41쪽에 '거줌, 거진, 거짐, 건줌' 등이 표제 항목으로 올라 있다. 제주문화예술재단(2009) 엮음, 『개정 증보 제주어 사전』(제주특별자치도)의 46쪽과 48쪽에는 '거의, 거줌, 거진, 건줌' 등이 표제 항목으로 올라 있다. 'ᄒ꼼'[조금]에서와 같이 부사를 만들어 주는 접미사가 덧붙었을 듯하다.

질까?, 돈 액수가 너무 작다는 속뜻임]

의문 종결 어미 '-을까?, -으카?' 계열은 이미 §.3-5-1에서 다룬 '-은 가?' 형식과 구성상 자연부류를 이루는데(308쪽 이하), 관형형 어미가 '-은'에서 '-을'로 교체되어 있다. '-은가?'라는 종결 어미가 본디 스스로 에게 묻는 자문 형식으로부터, 화용상의 맥락이 주어지면 상대방에게 질문하는 형식으로까지 확대되어 쓰일 수 있었듯이, '-을까?, -으카?'라 는 종결 어미에서도 동일한 모습을 살펴볼 수 있다. '-으카?'는 보수적 인 용법으로 관형형 어미 '-을' 뒤에 사이히읗이 있고, 이것이 의문 종 결 어미 '-가?'에 얹히면서(-카?) 의문 종결 어미를 쉽게 알아볼 수 있으 므로, 급기야 관형형 어미의 'ㄹ' 받침이 탈락하기에 이른 것이다. 그렇 지 않고 사이시옷이 개재되어 나온 '-을까?, [의문사]-을꼬?'는 공통어 와 동일한 모습으로 나온 것인데, 표준어의 영향을 많이 받는 젊은 층 에서 쓸 것으로 짐작된다. 그런데 공통어의 번역에서는 의문사가 나오 더라도 모두 '-을까?'로 되어 있지만, 이 방언의 실현에서는 여전히 '[의 문사]-으코?'가 전형적으로 쓰이므로, 예시의 순서에서 맨 처음 제시해 두었다. 이 방언에서도 '[의문사]-으코?'가 판정 의문의 종결 어미 '-으 카?'로 바뀌어 쓰이더라도 수용성에 크게 지장이 없는 듯이 느껴진다. 아마 공통어의 영향으로 말미암은 변화로 보인다.

'-으카?, [의문사]-으코?(↘)'가 시상 형태 뒤에 나올 경우도 있는데, 반드시 '이'를 매개로 한 '-앖이-, -앗이-' 뒤에 결합된다. 이는 관형형 어미들을 하나의 자연부류로 묶는 특성이었다. 시상 형태 뒤에는 양태 범주의 형태가 결합되는데, 관형형 어미 '-을'은 해당 사건을 장차 추체 험하여 참 거짓을 확인할 수 있음을 가리킨다.

§.3-5-5 명사형 어미 '-음'을 담고 있는 형태는 모두 반말투 종결 어미 '-어'와 융합되어 있음: '-엄댜?, -엄다?, [의문사]-엄디?(↘)' ⦗① 음운론적으로 조건 지워진 변이형태로서 모음끼리 조화되는 '-암댜?' 따위

가 있고, 형태론적으로 조건 지워진 변이형태로서 'ᄒ다'에는 '-엄댜?' 따위가 '오다'에는 '-람댜?' 따위로 바뀜. ② 시상 형태 '-앖-, -앗-' 및 양태 형태와 결합하지 않으며, ③ 오직 상대방 청자가 주어가 되는 구문만이 가능하므로, 결코 형용사와 계사[64] 어간과는 결합하지 않으며, 동사와만 결합함} ⇨ §.3-4-4의 '-엄댜?'를 보기 바람(301쪽 이하).

제6절 관형형 어미와 형식 명사 '거/것' 및 '이'로 구성된 의문 종결 어미

이전에 이 방언을 다룬 글들에서는, 공통어와 동일한 구성을 지닌 채 발화되는 이런 구성이 엄연히 이 방언에서 자주 쓰이는 실체이지만, 아예 없는 듯이 무시해 왔다. 굳이 유다른 것만을 강조하려는 잘못된 시각에 갇혀 있어서, 정작 이런 구성이 빈발함에도 불구하고 전혀 연구 대상으로 삼을 생각을 못했던 것이다. 이는 소쉬르의 구조주의에서 언어를 부분이나 조각으로 봐서는 안 되고, 반드시 전체를 조망하면서 다뤄야 한다는 초보적인 주장을 애초부터 무시하였던 것에 지나지 않는다. 그간의 일부 연구가 얼마나 이 방언을 왜곡하려고 하였는지를 대표적인 표본으로 잘 보여 주는 셈이다. 설령 공통어의 구성과 동일한 것이라 하더라도, 이 방언에서 보여 주는 관형형 어미와 형식 명사의 구성은 이른바 일부 문법화의 과정을 밟고 있는 것으로 판단된다. 이런 점에서도 또한 외견상 공통어와 동일한 구성을 보인다고 하여 평가 절하하거나 폄하하여, 이 방언의 실체가 아닌 것처럼 취급했던 과거의

---

64) "느 반장이라?"[너 반장이니?]라는 질문이 가능하다. 따라서 상대방 청자가 주어가 되는 '-음댜?' 구문을 만들어 볼 수 있겠지만, 그 결과 "*느 요사이 반장이람댜?"[*너 요사이 반장이고 있니?]는 발화는 비문 판정을 받는다. 왜냐하면 "느 지금 오람댜?"[너 지금 오고 있니?]라는 발화에서는 같은 활용 모습이 공통어 번역에서 '-고 있다'로 대응되어 있기 때문이다. 계사는 결코 과정을 나타낼 수 없다. 이런 특성 때문에 계사가 형용사처럼 취급되기도 한다.

연구들은 잘못이라 할 수 있다.

관형형 어미와 형식 명사 '거, 것'으로 이뤄진 구성은 다시 의문 종결 어미들에 따라 하위범주로 나눌 수 있다. 독자적인 의문 종결 어미 '-가?'를 요구하는지(-을컷가?/-으컷가?, -은 것가?), '-냐?'를 요구하는지(-을 거냐?, -은 거냐?), 아니면 반말투 종결 어미 '-이라'를 요구하는지(-을 케라?, -은 게라?)에 따라 나뉜다. 그런데 형식 명사가 또한 '이'가 이용될 수도 있다.

§.3-2-4에서 '-냐?'(-은+이+아?)를 논의하면서(250쪽 이하), 이 형태의 기본 표상을 관형형 어미 '-은'과 형식 명사 '이'와 의문 종결 어미 '-아?'의 융합으로 상정한 바 있다. 이 융합 구성에는 형식 명사 '이'가 들어 있는데, 여느 계사 어간과는 달리 이 '이'는 결코 생략될 수 없다. 이런 이유로, 이 융합 구성은 오직 '-냐?, [의문사]-니?(↘)'로만 실현될 뿐이다. '-댜?, -다?, [의문사]-디?(↘)'에서는 계사 어간이 생략되고 의문 종결 어미가 직접 형식 명사와 결합되어 단모음으로 된 '-다?'가 나올 수 있다. 그렇지만 '-냐?'에서는 결코 단모음 '*-나?'로 실현될 수 없다. 이를 설명하는 길은 계사가 아니라, 형식 명사 '이'가 들어 있다고 보는 길뿐이었다.

그런데 만일 이처럼 형식 명사 '이'가 들어 있다고 하는 분석이 옳다면, 당연히 자연부류로서 그 짝이 되는 관형형 어미 '-을'도 같은 구성을 이룰 것이며, 관련 융합 구성을 찾을 수 있어야 한다. 이런 예상대로 이 방언의 의문 종결 어미에서 '-으랴?'를 찾을 수 있다(§.3-6-4 참고: 343쪽 이하). 이것이 바로 관형형 어미 '-을'이 형식 명사 '이'에 이어지고, 다시 의문 종결 어미 '-아?'가 융합된 형식인 것이다.

§.2-5의 서술 서법의 종결 어미에서는(186쪽 이하) 관형형 어미와 형식 명사로서 '거/것'과 '이'의 구성 이외에도 형식 명사로서 '터'와 '상' (相, 모양)도 관찰할 수 있었다. 후자는 임의의 사건이 관례화되어 고정된 전개 방식으로 진행된다는 함의가 깔리거나, 그런 진행 모습을 뜻하였다(양태적인 의미로 고정됨). 서술 서법의 종결 어미 구성에 참여하는

형식 명사가, 실질적인 뜻을 추출할 수 있는 일반 명사들을 빌려 쓰고 있다는 점에서, 저자는 이를 다소 확대된 얼개로 간주하였다. 이런 점에서 오직 '거/것, 이'만이 관찰되는 의문 서법의 경우가 더 제약되어 있으며, 상대적으로 보수적인 구성 형태라고 간주할 수 있다. 더군다나 관형형 어미와 형식 명사로 이뤄진 구성이 그대로 통사적인 틀을 유지하는 것이 아니라, 문법화 과정을 거쳐 점차 형태론적 단위로 바뀌는 변화(의미 자질도 따라서 바뀜)를 보여 준다는 점에서, 이 방언에서 이런 구성들의 분포를 자세히 분류하여 검토한다면, 이른바 문법화 과정의 시발점과 중간 과정 등을 구체적으로 다룰 수 있을 것으로 본다.

§.3-6-1 관형형 어미 '-을'과 '-은'에 각각 형식 명사 '거, 것'이 뒤따르고, 의문 종결 어미 '-가?'가 나옴: '-을 것가? -으컷가? -을컷가?, -으커가?'와 '-은 것가?, -은 거가?' {어간에 직접 결합하거나 '이'를 수반한 시상 형태 '-앖이-, -앗이-'와 결합하여 '-앖이컷가?, -앖이커가? -앗이컷가?, -앗이커가?'}

계사: 저디 오는 게 아는 사름<u>이컷가</u>?/사름<u>일컷가</u>?/사름<u>이커가</u>?[저기 오는 것이 면식 있는 사람<u>일 건가</u>?/사람<u>이겠니</u>?]

　　　저거 느네 물<u>이컷가</u>?/물<u>일컷가</u>?/물<u>이커가</u>?[저거 너의 집 말<u>이겠니</u>?]

형용사: 그 낭 고장 피민 고<u>우컷가</u>?/고<u>울컷가</u>?/고<u>우커가</u>?[그 나무 꽃 피면 고<u>울 건가</u>?/<u>곱겠니</u>?]

　　　그 집 마당 넙<u>으컷가</u>?/넙<u>을컷가</u>?/넙<u>으커가</u>?[그 집 마당이 넓<u>을 건가</u>?/<u>넓겠니</u>?]

동사: 그 일 언제 끝낼 <u>것가</u>?[그 일을 언제 끝낼 <u>건가</u>?, 행위 주체의 의도에 관련됨]

　　　그 일 언제 끝내<u>컷가</u>?/끝내<u>커가</u>?[그일 언제 끝내겠니?, 관찰자의 추측과 관련됨]

　　　일 다 끝낸 <u>것가</u>?/끝낸 <u>거가</u>?[일 다 끝낸 <u>건가</u>?]

느만 온 <u>것가?</u>/<u>거가?</u>, 가이도 같이 온 <u>것가?</u>/<u>거가?</u>[너만 <u>온 거니</u>, 걔도
같이 <u>온 거니?</u>]

그 사름 그디 강 <u>놀았이컷가?</u>/<u>놀았일컷가?</u>/<u>놀았이커가?</u>[그 사람 거기
가서 <u>놀고 있겠니?</u>]

가이 집이 거즘 다 <u>오랐이컷가?</u>/<u>오랐이커가?</u>[그 아이 집에 거의 다
<u>오고 있겠니?</u>]

<u>무사</u> 늦없이컷가?/<u>무사</u> 늦없이커가?[<u>왜</u> 늦고 있겠니?]

가이 <u>무사</u> 그 일을 <u>몰랐이컷가?</u>/<u>몰랐일컷가?</u>/<u>몰랐이커가?</u>[걔 <u>왜</u> 그
일을 <u>몰랐겠니?</u>]

이 방언에서 찾아지는 대립 구성체로서

'-을 것가?/-을 거가?' → '-으컷가?/-으커가?'로 줄어듦
'-은 것가?/-은 거가?' → 줄어드는 일이 없음

는 표면상으로만 보면 서로 완벽한 짝을 이룬다. 그렇지만 실제 발화에
쓰일 경우에는 구성체의 실현에서 차이를 보여 준다. '-을 것가?'는 기
본 표상이 사이히읗이나 사이시읏이 개재되어 있었을 것으로 판단된
다. 왜냐하면 이 방언에서 아주 자연스럽게 하나의 형태소처럼 쓰이는
'-으컷가, -으커가?'에서 격음(거센소리 ㅎ)의 존재를 확인할 수 있기 때
문이다. 그렇다면 다음 의문이 생긴다. '-을'과 '-은'이 관형형 어미라면,
아무런 매개체가 없이 그대로 명사 상당어에 연결되어야 한다. 그럼에
도 불구하고 왜 꼭 '-을'을 사잇소리를 대동하는 것일까? 사잇소리는
서로 상보적인 두 가지 조건에서 실현되지만, 결과적으로는 인지적으
로 두드러지게 만들어 주어, 쉽게 지각할 수 있게 해 준다는 공통점이
있다. 첫째, 사잇소리는 이례적인 결합을 보일 경우에, 그 이례성을 보
상하여 규칙적으로 만들어 주기 위한 방편이다. 둘째, 이와는 정반대의
경우로서, 규칙적인 결합을 벗어나서 새로운 결합 방식을 가리키기 위

한 방편으로도 도입된다. 관형형 어미는 기본 개념이 규칙적으로 명사를 꾸며 주는 역할을 한다. 그렇다면 규칙적인 결합을 파괴하는 쪽으로 사잇소리가 들어 있다고 보아야 할 것이다. 사잇소리를 매개로 하여 지각상으로 두드러지게 만들어 줌으로써 어떤 결과를 얻어내는 것일까? 현재 필자의 지식으로는 양태 의미를 추가시켜 놓는 일 이외에는 다른 대답을 해 줄 수 없다.

저자는 앞에 제시된 예문들 중에 동사의 활용에 주목한다. '끝낼 것가?'(의도)와 '끝내커가?'(추측)는 기본 표상이 동일하게 관형형 어미 '-을'과 형식 명사 '것/거'와 의문 종결 어미 '-가?'로 이뤄져 있다. '-을 것'이 유지되는 구성에서는 관련 사건이 예정된 것임을 드러내어 준다. 그렇지만 이것이 융합되어 줄어든 다음에는, 예정 사건을 가리키기보다 오히려 해당 사건을 추측이나 짐작하는 양태의 의미로 쓰이고 있다. 이런 양태 상으로 지닌 의미 변화와 원래 형식으로부터 줄어들어 완전히 융합된 구성 사이에 서로 일치하는 특성이 있다. 특히 '이'를 대동한 시상 형태 '-앖이-, -앗이-'와 결합할 경우에(-앖이커가?, -앗이커가?)에는 전적으로 추측 내지 짐작의 양태 의미만 지닌다고 기술할 수 있다. 아마 이런 이유로 말미암아, 본디 추측 양태를 나타내는 '-으크-'[-겠-]는 이 환경에서 실현될 수 없는 듯하다(*-앖이크가?, *-앗이크가?).

이와는 달리 동일한 구성체이지만 '-은 것가?/-은 거가?'는 더 이상 줄어들 수 없다. 그리고 관형형 어미가 지닌 '완료'의 의미 자질로 말미암아 해당 사건이 이미 끝났음을 가리키며, 발화 시점에서 더 이상 해당 사건을 추체험할 수 없다는 양태 의미가 속뜻으로 깃들 뿐이다.

그런데 '이'를 매개로 한 시상 형태 '-앖이-, -앗이-'는 '-을 것가/-을 거가?'와 결합하면 자연스럽게 느껴지지만(-앖이커가?, -앗이커가?), '-은 것가?/-은 거가?'와 결합될 경우에 다소 낯설게 느껴진다(ʔ-앖인거가?/ʔ-앖인것가?, ʔ-앗인거가?/ʔ-앗인것가?). 이런 결합 사례가 비문으로 판정될 수 없는 것은 다음과 같은 예문들이 수용될 수 있을 듯하기 때문이다.

"아직도 그 약 먹었인 거가?"[아직도 그 약 먹고 있는 거니?][65)

"가이도 청첩장 받았인 거가?"[그 아이도 청첩장 받은 거니?/받은 상태인
　　　거니?]

이렇게 드물게 쓰이는 사례는, 동일한 구성을 지닌 다른 융합 구성체들
과 비교하면, 자연스럽게 느껴짐 정도의 차이를 확인할 수 있다. 특히
'-은게'로 끝나는 서술 서법의 반말투 종결 어미가 '이'를 매개로한 시
상 형태를 자유롭게 실현시킨다(-없인게, -앗인게). §.2-5-3에서 융합 종
결 어미 '-은게'(193쪽 이하)도 또한 관형형 어미 '-은'과 형식 명사 '거'와
종결 어미로서 반모음 'y'를 상정해 놓았다. '-은 거가?'에서 의문 종결
어미 '-가?'와 '-은게'에서 서술 종결 어미 'y'를 제외한다면, 이것들이
모두 동형 구성임을 이내 쉽게 알 수 있다('-은 거'). 뿐만 아니라,
§.2-5-4에서 서술 서법으로 다룬 내포문 구성의 단절 형태소 '-은 걸!'
[-은 것을]에서도(199쪽 이하) 마찬가지로 '이'를 매개로 한 시상 형태만
이 허용된다. '-없인 걸, -앗인 걸'[-고 있는 것을!/-는 것을!, -아 있는
것을!/-았는 것을!]로 자연스럽게 결합하여 나오는 것이다.

하나의 자연부류로 묶이는 관형형 어미 '-은, -을'은 이 방언에서 모
두 '이'를 매개로 한 시상 형태 '-없이-, -앗이-'와만 결합한다. 만일 의
문 종결 어미 '-은 거가?'의 구성에서 '-은'이 관형형 어미임이 확실하다
면, 또한 '이'를 매개로 한 시상 형태가 응당 결합할 수 있어야 한다.
그렇지만 저자의 느낌으로는 '-없이-, -앗이-'와 결합된 융합 구성체인
'?-없인거가?, ?-앗인거가?'는 낯설게 느껴진다. 오히려 시상 형태 '-없

---

65) 관형형 어미와 형식 명사 '거'로 구성된 다음 구문들은 상대적으로 수용성이 완벽하다고
　　본다.
　　　　㉠ "그 약 아직도 먹없인 게! : 그 약 볼써 다 먹엇인 게!"
　　　　㉡ "그 약 아직도 먹없인 걸! : 그 약 볼써 다 먹엇인 걸!"
　　　　㉢ "그 약 아직도 먹없인 건가?/먹없인 겐가? : 그 약 볼써 다 먹엇인 건가?/먹엇인 겐가?"
　　그렇지만 이들 시상 형태를 다시 '-느- : ∅'의 대립 구성으로 바꿀 경우에는 수용성이
　　서로 차이가 난다. 오직 ㉡ '먹는 걸! : 먹은 걸?'과 ㉢ '먹는 건가? : 먹은 건가?'만이 자연
　　스럽게 받아들여지기 때문이다.

이-, -앗이-'보다는 대신 시상과 양태를 모두 표현할 수 있는 '-느- : ∅' 가 실현된 경우에는 자연스러움이 다시 회복된다(-는 거가? : -은 거가?).

"아직도 그 약 먹는 거가?"[아직도 그 약 먹는 거니?]
"가이도 청첩장 받은 거가?"[그 아이도 청첩장 받은 거니?]

저자는 이런 차이가 형용사 구문에서 살펴보았던 대립적 구성과 관련 있을 것으로 본다. §.2-1에서는 '높다, 아프다'라는 형용사를 놓고서(85쪽 이하),

'높은다 : 높으다 : 높았저'
[언제나 높은 법이다 : 지금 현재 높다 : 지금 현재 높아지고 있다]

의 세 가지 활용이 가능함을 언급하였다. 이것들은 먼저 '높은다'와 '높으다, 높았저'가 대립하였다. 전자는 한 대상이나 사건의 내부 속성(영속성)을 가리키고, 후자는 현재 발화 시점에서 관찰되는 일시적 상태를 가리켰다. 다시 후자는 현재 발화 시점에서 관찰되는 대상의 상태를 가리키거나 또는 상태의 변화를 가리켰다. 또한 §.3-2-4에서도 마찬가지로 존재 동사(또는 형용사로 묶을 수 있음) '있다'와 동사 '먹다'를 이용하여 이런 대립이 관찰됨을 논의하였다(255쪽의 각주 18도 보기 바람).

'싯느냐? : 이시느냐? : 이시냐?'
[언제나 있는 법인가? : 있는 거니? : 현재 시점에서 있는 거니?]
'먹느냐? : 먹없이느냐? : 먹없이냐?'
[언제나 먹는 법인가? : 먹고 있는 거니? : 현재 시점에서 먹고 있는 거니?]

여기서도 '-느-'라는 형태(먹느-, 싯느-, 이시느-)와 시상 형태 '-앉이-'가 나온 구성(먹없이-)이 이분 대립을 보인다. 단, '있다'는 형용사처럼 '이시∅'로 나온다. 크롯저 교수는 전자를 한 대상의 내부 속성이나 불변의 속성을 드러내는 개체 속성 층위(individual level) 술어로 불렀고, 후자는 구체적인 현장에서 관찰되는 일시 상태나 가변의 성질을 드러내는 현재 장면 층위(stage level) 술어로 불렀다. 고영진 교수가 부여한 항상성과 일시성이라는 개념도66) 거의 같은 의미라고 저자는 이해한다. 시상 형태 뒤에서 다시 '-느- : ∅'의 대립을 보이는데, 이는 청자 추체험 확인 가능성 여부를 나타내는 양태 범주에 속한 형태이다. 따라서 '-앖이느-'는 진행되고 있는 해당 사건을 청자가 언제든지 추체험하여 참인지 여부를 확인할 수 있다는 속뜻이 깃들어 있다.

이제 이런 사실을 응용하면 다음과 같이 이들 차이를 논의할 수 있다. '-느- : ∅'로 표현된 구문 및 '-앖이- : -앗이-'로 표현된 구문은 각각 어느 시점에서라도 보편적이고 일반적인 진술 및 현재 발화 시점에서 관찰되는 사건에 대한 진술로 대립하고 있다. 전자는 주어와 특정 시점이 도입되면 개별화되고 구체적인 사건을 가리키게 되므로, 결과적으로 후자의 형태소로 표현된 사건의 해석과 같은 뜻을 지니게 된다. 그렇지만 시상 형태는 그 역할이 오직 현재 발화 시점에서 관찰되는 또는 관찰된 구체적인 사건을 가리킬 뿐이고, 보편적이고 일반적인 진술을 위한 용도로 쓰이지는 않는 것이다.

비록 이 현상에 대하여 형용사 구문에서 찾아지는 사례와 동일한 것으로 다루고 있지만, 그 해석은 열려 있다. 결코 저자의 해석만이 유일하거나 가능성이 높은 것이 아니다. 언어 현상에 대한 해석은 이론과 관점에 따라 크게 달라질 수밖에 없다. 그런 점에서 이 현상을 저자의 현재 설명보다는, 다른 연구자들의 높은 식견으로부터 더 나은 해석이 나올 수 있음을 적어 둔다. 아직 저자가 충분히 공부해 보지 않았지만, 아마

---

66) 크롯저(Kratzer, 1988), "현재 장면 층위 술어와 개체 속성 층위 술어(Stage-level predicates and Individual-level predicates)", 카알슨·펠리티어(Carlson and Pelletier, 1995) 엮음, 『총칭성 책자(*The Generic Book*)』(Chicago University Press)와 고영진(2007), 「제주도 방언의 형용사에 나타나는 두 가지 '현재 시제'에 대하여」, 『한글』 제275호를 보기 바란다.

문법화 과정을 다루는 시각에서 본다면 또다른 설명이 나올 법하다.

§.3-6-2 의문 서법에 쓰이는 형식 명사 구문의 종결 어미: –을 거냐?, –을 거니?, –은 거냐?, –은 거니? {어간에 직접 결합하거나, '이'를 수반한 시상 형태 '–앖이–, –앗이–'와 결합함. '–을'을 대동하면 '–앖이커냐? –앗이커냐?', '–은'을 대동하면 '–앖인 거냐?, –앗인 거냐?'로 나오며, 보조동사 '–아 지다' 구문도 자주 쓰이어 '–아 질 거냐?, –아 지커냐?, –아 지케냐?'가 쓰임}

계사: 저기 아른히 보이는 거 사름이커냐?/사름일커냐?/사름일꺼냐?[저기 어렴풋이 보이는 것이 사람이겠니?]

　　　저런 못된 놈도 다 사름인 거냐?[저렇게 못된 놈도 다 사람인 거니?]

　　　저디 가이네 집 아니커냐?/아닐커냐?/아닐꺼냐?[저기 그 사람네 집이 아니겠니?]

　　　가이가 실수흔 거 아닌 거냐?[그 아이가 실수한 것이 아닌 거니?]

형용사: 그거 고장 다 핀 거냐?[그거 꽃이 다 핀 거니?]

　　　그 낭에 고장 언제 필 거냐?/필 거니?[그 나무에 꽃이 언제 필 거니?/피겠니?]

동사: 그 사름 그냥 가커냐?/갈커냐?[그 사람 그냥 가겠니?]

　　　그 사름 그냥 갈 거냐?[그 사람 그냥 갈 예정인 거니?]

　　　그 사름 그냥 간 거냐?[그 사람 그냥 간 거니?]

　　　어느제 간 거냐?/간 거니?[언제 간 거니?]

보조동사 구문: 우리영 흔디 가 지커냐?/가 질커냐?/가 지케냐?[우리와 함께 가지겠니?/갈 수 있겠니?]

　　　그 사업은 어떵 잘 흐여 졌이커냐?/흐여 졌일 커냐?[그 사업은 어떻게 잘 운영될 수 있겠니?/운영되고 있겠니?]

　　　신창에 똥 볿아 젓이커냐?/볿아 젓일 커냐?/볿아 젓이케냐?[신발창에 똥 밟아졌겠니?]

어떻 살아 졌인 거냐?/살아 졌인 거니?[67][이 방언에서 쓰이는 인사
말투, 어떻게 살아가고 있는 거니?/살아지고 있는 거니?]

　여기서도 앞항에서처럼 '-을 것' 구성이 예정 사건만을 나타내는 것
이 아니라, 또한 추측이나 짐작의 양태 범주로도 쓰이고 있다. 관형형
어미 뒤에 사이시옷이 들어 있어 '거/것'을 된소리(경음)로 만들어 주는
환경을 제외하고서, 사이히읗이 실현된 구성에서 'ㄹ' 탈락이 일어나고
사이히읗이 형식 명사에 덧얹힌 경우가 그러하다. 동사의 사례에서는
융합되어 마치 하나의 형태처럼 쓰인 '-으커냐?'가 추측이나 짐작의 해
석으로 번역되어 있지만, '갈 거냐?'('거'가 된소리로 발음됨)에서는 예정
사건으로 번역되어 있음에 주목하기 바란다. 이런 분화는 '-은 거냐?'에
서는 관찰되지 않는다.

　한편 §.3-2-4에서 의문 종결 어미 '-냐?'를 다루면서(250쪽 이하) 여느
의문 종결 어미 구성과는 달리 '*-나?'로 줄어들지 않음을 근거로 하여,
이 형태가 관형형 어미 '-은'과 형식 명사 '이'와 의문 종결 어미 '-아?'
의 융합체로 상정한 바 있다. 만일 이런 분석이 옳다면, '-을 거냐?'와
'-은 거냐?'는 형식 명사 구성을 두 번 취하고 있는 셈이다. 다시 말하
여, '-을 건 이아?'와 '-은 건 이아?'와 같이 형식 명사 '거' 구성이 다시
관형형 어미 '-은'을 매개로 하여 형식 명사 '이'에 이어져 있고, 마지막
으로 의문 종결 어미 '-아?'가 실현되어 있는 것이다. 그렇다면, 먼저
두 개의 형식 명사가 허용될 수 있는지에 대한 의문이 생긴다. 다음으
로, 왜 두 번 형식 명사 구성을 요구하는 것인지 설명해 주어야 한다.
첫 번째 질문에는

---

67) 더욱 일반적으로는 "어떻 살아졌인이?"[어떻게 살아가고/살아지고 있는 것이니?]와 "어
떻 살아졌인이?"[어떻게 살아가고/살아지고 있니?]가 자주 쓰인다. 전자는 관형형 어미
'-은'과 형식 명사 '이'가 있고, 같은 소리를 지닌 고유한 의문 서법의 종결 어미 '[의문사]
-이?'가 결합된 것이다. 이 종결 어미는 본디 '-야?/-이아?'에서 줄어든 형식이다. 따라서
구성상 형식 명사 '거'와 동일하다. 그렇지만 후자는 '이'를 매개로 한 시상 형태 '-았이-'
뒤에 고유한 의문 종결 어미 '-이아?'가 줄어든 형식 '[의문사]-이?'가 결합되어 있다.

"그가 오지 않는다는 <u>게</u> 맞는 <u>거</u>니?, 그가 오지 않는 <u>게</u> 사실인 <u>거</u>니?"

와 같은 예시를 제시하여, 동일한 형식 명사가 첫 번째 경우와 두 번째 경우에서 서로 다른 역할을 하고 있음을 지적하는 것으로써 답변을 대신하기로 한다. 첫 번째 형식 명사 '거'는 하나의 절 또는 명제를 명사 구문으로 만들어 주고 있고, 두 번째 형식 명사 '거'는 그 명제에 대한 판단을 표시해 주고 있다. 동일한 형식 명사 '거/것'을 이용하여 필요하다면 얼마든지 통사 구성에 두 번씩 참여할 수 있는 것이다.

　두 번째 질문에 대답하려면 이들 구성을 면밀히 주목할 필요가 있다. 앞의 구성은 '-을 거, -은 거'이고, 뒤의 구성은 '-은 이'이기 때문이다. 앞의 구성에서 관형형 어미 '-을, -은'은 각각 미완료/미착수의 의미 자질과 완료의 의미 자질을 갖고 있기 때문에, 관련 사건이 각각 장차 일어날 수 있음과 이미 일어났음을 가리킬 수 있다. 다시 말하여 시상의 기능을 떠맡을 수 있는 것이다. 그렇지만 뒤의 '-은 이' 구성체는 오직 완료 자질을 지닌 '-은'만 실현되어 있는데, 이는 양태의 의미로서 청자가(또는 의문 서법일 경우에는 화자가) 더 이상 추체험하여 참인지 거짓인지 확인할 수 없음을 나타낸다. 형식 명사가 두 번 나오더라도 더 앞에 나온 형식 명사는 시상 범주로 구실을 하고, 뒤의 형식 명사는 양태 범주로 구실을 하고 있는 것이다. 그런데 이 경우에 관형형 어미 '-은'이 두 번 나오는 경우가 있다. '-은 거+-은 이아?'의 구성이다. 여기서 앞의 관형형 어미 '-은'이 지닌 의미 자질이 완료 및 완료된 상태의 지속을 가리킬 수 있는데, 뒤의 관형형 어미에 의해서 그런 완료 지속 상태에 대한 추체험을 할 수 없다는 속뜻이 깔리므로, 오직 완료되어 발화 시점 현재 그 사건에 대한 참값이나 거짓값을 추체험하여 확인할 수 없음을 가리키는 것으로 해석할 수 있다.

§.3-6-3 의문·서술 서법에 같이 쓰이는 형식 명사 구문의 반말투 종결 어미로서 오름세 억양(↗)으로 발화됨: '-을 거라?, -을 커라?, -으커라?, -으케라?'와 '-은 거라?, -은 게라?'(어간에 직접 결합할 수도 있고, '이'를 매개로 하여 시상 형태 '-앖이-, -앗이-'에 결합함) ⇨ §.2-5-1 서술 서법의 종결 어미에서 '-을 거라, -은 거라'의 논의도 같이 살펴보기 바람(186쪽 이하).

계사: 이번 고시 붙은 아이 가이<u>커라</u>?/가이<u>케라</u>?/가일<u>커라</u>?/가일 <u>거라</u>?[이번 고시 붙은 아이 그 아이<u>이겠니</u>?]

저 가방 가이 거 아니<u>커라</u>?/아니<u>케라</u>?/아닐<u>커라</u>?/아닐 <u>거라</u>?[저 가방 그 아이 것이 아니<u>겠니</u>?]

형용사: 가이 물려받은 재산 많<u>으커라</u>?/많<u>으케라</u>?/많<u>을커라</u>?/많을 <u>거라</u>?[그 아이 물려받은 재산 많<u>겠니</u>?]

등피 싸문 방이 어둑<u>으커라</u>?/어둑<u>으케라</u>?/어둑<u>을케라</u>?/어둑을 <u>거라</u>?[호롱불 켜면 방이 어둡<u>겠니</u>?]

동사: 내일도 이디 오<u>커라</u>?/오<u>케라</u>?/올<u>커라</u>?/올 <u>거라</u>?[내일도 여기 오<u>겠니</u>?]

이녁 내일 뭐 ㅎ<u>커라</u>?/ㅎ<u>케라</u>?/홀<u>커라</u>?/홀 <u>거라</u>?[너 내일 무슨 일 하<u>겠니</u>?]

이녁 이디서 혼자 놀앖이<u>커라</u>?/놀앖이<u>케라</u>?/놀앖일<u>커라</u>?[너 여기서 혼자 놀고 있<u>겠니</u>?, 상대방에게 놀고 있도록 권유하는 함의가 깃듦]

이녁 이디서 혼자 놀앖일 <u>거라</u>?[너 여기서 혼자 놀고 <u>있</u>을 거니?, 앞의 예문과는 달리 권유의 속뜻이 들어 있지 않고, 오직 상대방에게 질문을 하고 있을 뿐임]

그 뻔한 일을 그 사름이 몰랒이<u>커라</u>?/몰랒이<u>케라</u>?/몰랒일<u>커라</u>?/몰랒일 <u>거라</u>?[그 뻔한 일을 그 사람이 몰랐<u>겠니</u>?/모를 수 있<u>겠니</u>?, 다 알고 있다는 함의가 깃듦]

보조동사 '-아 지다'와[68] '-아 있다' 구문: 이 밥 다 먹어 지<u>커라</u>?/먹어 지<u>케라</u>?/먹어 질<u>커라</u>?/먹어질 <u>거라</u>?[이 밥 다 먹<u>어지겠니</u>?/먹을 수 있겠

니?, 먹을 수 없다는 함의가 깃듦]

그 일 혼차 다 ㅎ여 지커라?/ㅎ여 지케라?/ㅎ여 질커라?/ㅎ여 질 거라?[그 일 혼자서 다 하여지겠니?/할 수 있겠니?, 혼자 할 수 없다는 함의가 깃듦]

일어상 걸어 지커라?/걸어 지케라?/걸어 질커라?/걸어 질 거라?[일어나서 걸어지겠니?/걸을 수 있겠니?, 걸을 수 없다는 함의가 깃듦]

혼자 외로왕 어떵 살아 졊이커라?/살아 졊이케라?/살아 졊일커라?/살아 졊일 거라?[혼자 외로워서 어떻게 살아지고 있겠니?/살 수 있겠니?, 살 수 없다는 함의가 깃듦]

이 약이라도 이녁 양지 상처에 ᄇᆞᆯ라 시커라?/ᄇᆞᆯ라 시케라?/ᄇᆞᆯ라 실커라?[69)[이 약이라도 네 뺨에 난 상처에 발라 두겠니?/발라 두고 있겠니?, 발라 두도록 권유하는 함의가 들어 있음]

이 약이라도 이녁 양지 상처에 ᄇᆞᆯ라 실 거라?[이 약이라도 네 뺨 상처에 발라 두고 있을 거니?, 특정 함의를 지닌 앞의 사례와는 달리 상대방에 대한 질문만을 하고 있음]

이 반말투 종결 어미 구성은 §.3-6-1에서(330쪽) 다룬 동일한 구성의 고유한 의문 종결 어미 '-을 거가?/것가?, -은 거가?/것가?'와 비교할 수 있다.70) 왜냐하면 고유한 의문 종결 어미와 반말투 의문 종결 어미는

---

68) 비록 보조동사 구문을 드러내기 위하여 일부러 띄어쓰기를 해 놓았지만, 실제 발화에서는 마치 하나의 낱말처럼 '먹어지다, ㅎ여지다, 걸어지다, 살아지다'로 쓰인다.

69) 그런데 이 발화와 바로 뒤 제시된 발화를 '-아 있다'의 보조동사 구문이 아니라, 시상 형태 '-앗이-'의 실현으로 파악할 가능성도 있다. 이럴 경우에 표기는 'ᄇᆞᆯ랏이커라?'와 'ᄇᆞᆯ랏일 거라?'로 되어야 하는데, 여기서는 해석상의 문제가 생겨난다. 이 형태는 공통어로 옮길 경우에 '발랐겠니?'와 '발랐을 거니?'라고 표현되며, 이는 완료된 임의의 사건에 대한 추측이나 예정 확인을 가리키게 된다. 이는 본문에서 예시된 해석과 다른 의미를 지니게 된다. 이런 난점을 피하기 위하여, 여기서는 '-아 시다'[-아 있다]의 보조동사 구문으로 파악해 둔다.

70) 오직 관형형 어미 '-을'을 지닌 경우에만 줄어드는 현상이 관찰된다. 계사 활용을 제외하면 결과적으로 세 가지 표면형을 낳게 된다. 하나는 '-을+ㅎ+거/것'에서 사이히읗이 형식 명사에 덧얹혀 '-올커'로 나오는 것이고, 둘째, 관형형 어미 'ㄹ'이 탈락되어 '-으커'로 나오는 모습이며, 셋째, 사이히읗 대신 사이시옷이 들어가 형식 명사에 덧얹혀 된소리

서로 말투에서의71) 차이에 지나지 않고, 해당 절이나 명제의 의미 해석
은 동일하기 때문이다. 반말투 종결 어미가 올림세 억양에 얹혀 의문
서법으로 쓰이면, 이에 대한 대답으로 '오!'[응!]이란 응답과 함께 해당
발화를 그대로 메아리처럼 복사하여 내림세 억양으로 말할 수도 있다.
여러 서법에서 두루 쓰일 수 있는 반말투 종결 어미의 특성을 이용하기
때문이다. 미세한 형태상의 차이이지만, 고유한 의문 종결 어미 '-으커
가?/-으컷가?'에서는 계사 어간의 흔적이 찾아지지 않는다(*-으케가?/*-
으켓가?). 그렇지만 반말투 종결 어미 '-을 거라?'에서는 계사 어간이
수의적으로 나올 수도 있고(-으케라?) 또는 탈락될 수도 있다(-으커라?).
이는 고유한 의문 종결 어미 '-가?'의 특성을 반영하는 것으로 보인다.

(경음) '-을 꺼'로 나오는 것이다. '-으커, -을커'는 이미 융합되어 하나의 어미처럼 행동하
는 듯하다. 그러나 '-을 꺼'는 원래 표상의 의미도 지닐 수 있고, 융합되어 하나의 어미처
럼 쓰일 소지도 있다. 이런 일이 '-은'에서는 일어나지 않는데, §.3-6-1에서도 동일한
행태를 관찰할 수 있었다(330쪽 이하).

71) 핼러데이(Halliday, 1978),『사회 기호학으로서의 언어: 언어 및 의미에 대한 사회적 해석
(*Language as Social Semiotic: The Social Interpretation of Language and Meaning*)』(Edward
Arnold)에서는 이를 언어 투식 또는 말투 변이(register variation)라고 불렀다. 흔히 사회
언어학에서는 한 사람이 머릿속에 들어 있는 여러 가지 말투 또는 언어 투식을 'register'라
고 부른다. 만일 우리말에서 쉬운 번역 용어를 찾는다면, 아마 말버릇이나 말투 중에서
고를 수 있을 듯한데, 말버릇은 습관적으로 고정되어 있어서 적당치 않다. 저자는 입말과
글말을 모두 싸안기 위하여 '말투'의 '말'을 '언어'로 확장시켜 '언어 투식(register)'으로
쓰고 있다. 지역적 변이체인 방언(dialect)은 대부분의 사람들이 머릿속에 하나만 갖고
있다. 그렇지만 언어 사용 상황에 따라 달리 써야 하는 투식(말투)은 누구든지 적어도
두 가지 이상 서너 개도 가질 수 있는 것이다(회장을 대할 때 말투, 친구를 대할 때 말투,
자식을 대할 때 말투, 공식적인 회의석상에서의 말투 따위). 언어교육에서는 이를 흔히
격식 갖춘 말투와 비격식적 말투로 부르며, 다시 공식성 여부에 따라 하위 구분이 더
이뤄질 수 있다. 우리말에서는 대우 표현에 이런 개념이 스며들어 있다. 영어를 놓고
언어 투식의 변이들을 다룬 업적으로 최근에 더글러스 바이버(Douglas Biber) 교수의 저작
들이 잘 알려져 있는데, 전산 처리된 방대한 자료들을 바탕으로 하여 사전 형식으로도
출간한 바 있다. 이런 방대하고 탄탄한 업적들을 펴낼 수 있는 풍토가 부럽기 그지없다.
  ① 바이버(1988),『입말과 글말에 걸친 변이(*Variation across Speech and Writing*)』
    (Cambridge University Press)
  ② 바이버(1995),『언어 투식 변이의 차원: 세계 언어들 사이의 비교(*Dimensions of Register
    Variation: A Cross-linguistic Comparison*)』(Cambridge University Press)
  ③ 바이버·조핸슨·리취·콘뢰드·퓌니건(Biber, Johanssen, Leech, Conrad, and Finegan,
    1999),『입말 및 글말 영어에 대한 롱먼 문법(*Longman Grammar of Spoken and
    Written English*)』(Longman)
  ④ 바이버·콘뢰드·리취(Biber, Conrad, and Leech, 2002),『입말 및 글말 영어에 대한
    롱먼 학생 문법(*Longman Student Grammar of Spoken and Written English*)』(Longman)

이 어미는 사잇소리(이 방언에서는 사이히읗 및 사이시옷이 관찰됨)를 매개로 하든, 아니면 그런 사잇소리가 없이 직접 명사나 어간에 붙을 수 있기 때문에, 굳이 계사를 수반하지 않은 구성도 만들어 내는 것이다.

'이'를 수반하는 시상 형태 '-앖이-, -앗이-'에 '-을 것' 구문이 결합된 경우에는 또다른 특징이 관찰된다. 고유한 의문 서법의 융합형 종결 어미 '-앖이커가?/-앖이컷가?'와는 달리, 반말투의 종결 어미 실현인 '-앖이커라?'에서는 화용상의 함의가 깃들 수 있다는 점이다. 또한 '-아 지다'와 '-아 시다'[-아 있다]의 보조동사 구문에서도 이런 함의가 느껴진다. 이들이 융합되기 이전의 본래 표상 '-앖일 거라?, -아 질 거라?' 모습으로 발화될수록 함의의 정도는 약해지고, 마치 중립적인 표현인 듯 느껴진다. 말투에서의 차이가 표현에 깃든 속뜻에 관한 차이를 만들어 냄은 매우 이례적이라고 판단된다. 물론 이런 일은 기계적이거나 필수적인 과정을 거쳐 딸려 나오는 것이 아니다(그롸이스의 용어로는 관습적 함의[conventional implicature]가 아니므로 미리 계산될 수 없음). 언제나 화용 상황에 따라 도입되는 것이므로(대화상의 함의[conversational implicature]임) 강하게 주장을 할 수는 없다. 그렇게 깃드는 함의는 상대방 청자로 하여금 행동을 하도록 권유하는 속뜻이나 또는 해당 명제에 대한 반대 상황의 속뜻으로 나뉜다. 이런 속뜻에 대한 존재가 확실하다면, 왜 유독 특정한 말투에만 그런 속뜻이 깃들 수 있는지를 물을 수 있다. 저자는 형식 명사 '거/것'으로부터 속뜻을 촉발하는 동기를 찾아낼 수는 없다고 본다. 그 대신 ① 시상 형태의 출현과 ② 반말투 종결 어미가 억양만을 달리하여 두루 여러 서법에 이용한다는 사실 그 자체가, 다른 함의를 촉발하는 계기나 원인이 되는 게 아닐지 의심해 본다.

§.3-6-4 '-을 이'로 추정되는 형식 명사 구문의 종결 어미: -으랴?, [의문사]-으리?(↘) {어간에 직접 결합하거나[72] 또는 '이'를 매개로 한 시상 형태 '-앖이-, -앗이-'에 결합됨} ⇨ 서술 종결 어미로서 §.2-5-6의 '-으려, -으리라'(204쪽 이하)와 의문 종결 어미로서 §.3-7-2의 '[의문사]-을이?/-으리?'도 참고하기 바람(347쪽 이하).

계사: 언치냑 왔당 곧 떠난 사름이 그 사름이랴?[엊저녁 왔다가 곧 떠난 사람이 그 사람이랴?, 그 사람이 아닐 것이라는 속뜻이 깃듦]

   그 일 ᄒ는 게 무사 가이이랴?/가이이리?[그 일 하는 것이 어찌 그 아이이랴?, 그 아이가 아닐 것이라는 속뜻이 깃듦]

형용사: 지금쯤이민 그 낭에 무사 고장 안 피엇이랴?/피엇이리?[지금쯤이면 그 나무에 왜 꽃이 만개하지 않았으랴?, 꽃이 피어 있을 것이라는 속뜻이 깃듦]

동사: 어떵 그 일을 ᄒ랴?/ᄒ리?[어떻게 그 일을 하랴?, 할 수 없을 것이라는 속뜻이 깃듦]

---

72) 특히 이 방언에서 속담 따위에서는 '-은다!, -나!'라는 종결 어미가 압도적으로 많이 쓰이고, 계사의 활용 모습인 '-인다!'와 명령 종결 어미 '-라!'가 쓰이며, 명사로 끝나는 구문도 자주 쓰인다. 이런 빈도 순서에 뒤이어 여기서 다루는 의문 종결 어미 '-으랴?'도 관찰된다. 1,620개의 제주 속담을 풀이하고 있는 고재환(2013 개정 증보판), 『제주 속담 사전』(민속원)으로부터 다음과 같이 스무 개 남짓한 속담을 찾을 수 있다. 모두 어간에 결합한 것들이고, 속담에서 묻는 경우와 반대 상황이 참이라는 속뜻 깔려 있다(뜻풀이는 해당 책자의 쪽수를 찾아보기 바람). "① 개랑 눈 쑤시랴?(고재환, 32쪽), ② 글 ᄒ엿젠 백 년 살멍, 활 ᄒ엿젠 백 년 살랴?(고재환, 71쪽), ③ 나록쌀이 물 지레 가멍, 산뒷쌀이 낭 지레 가랴?(고재환, 93쪽), ④ 나 하뎅 우의 앗곡, 나 족댄 아래 앗이랴?(고재환, 101쪽), ⑤ 늙엇젱 ᄆ에 무덤 가멍, 젊엇젱 나중에 무덤 가랴?(고재환, 131쪽), ⑥ ᄆᆯ 둔(馬屯)을 쉐 둔(牛屯)이엥 ᄒ랴?(고재환, 246쪽), ⑦ 벳 난 날에 비 오랴?(고재환, 278쪽), ⑧ 보리떡을 떡이엥 ᄒ멍 다심아방 어명을 부모엥 ᄒ랴?(고재환, 280쪽), ⑨ ᄇ름 불엉 절 잔 날 시멍, 하늘 울엉 날 존 날 시랴?(고재환, 299쪽), ⑩ 서월놈 글 곡지사 몰른들 말 곡지사 몰르랴?(고재환, 341쪽), ⑪ 송낙 썻젠 다 중이랴?(고재환, 357쪽), ⑫ 쇠 먹어난 디 ᄆᆯ 배 불르랴?(고재환, 367쪽), ⑬ 아니 질은 굴목에 내 나랴?(고재환, 398쪽), ⑭ 어멍 신들 어멍 원(怨)ᄒ멍, 아방 신들 아방 원(怨)ᄒ랴?(고재환, 431쪽), ⑮ 우는 사름 입 고우멍, 화난 사름 말 고우랴?(고재환, 461쪽), ⑯ 외 몰르곡 좃 몰르랴?(고재환, 469쪽), ⑰ 인정(人情) 엇인 문이 올리멍, ᄉ정(事情) 엇인 문이 올리랴?(고재환, 481쪽), ⑱ 중놈 데가리에 상퉁이 시랴?(고재환, 529쪽), ⑲ 지 부모 놔 뒁 놈을 부모엥 ᄒ랴?(고재환, 535쪽), ⑳ 청국장을 장이엥 ᄒ멍, 다심 어멍을 어멍이엥 ᄒ랴?(고재환, 568쪽)." 이 방언에서 쓰이는 속담들에 대한 개관으로는 고재환(2001), 『제주 속담 총론』(민속원)을 보기 바란다.

나가 무사 그 일을 ᄒᆞ랴?/ᄒᆞ리?[내가 왜 그 일을 하랴?, 그 일을 하지 않을 것이라는 속뜻을 깖]

그 사ᄅᆞᆷ 아니민 누게가 그걸 ᄒᆞᆯ 수 이시랴?/이시리?[그 사람이 아니면 누가 그것을 할 수 있으랴?, 그 사람만이 그 일을 할 수 있다는 속뜻이 깔림]

얼마나 미워 ᄒᆞ엾이랴?/ᄒᆞ엾이리?[얼마나 미워하고 있으랴?, 엄청나게 미워하고 있을 것이라는 속뜻이 깔림]

얼마나 하영 먹엇이랴?/먹엇이리?[얼마나 많이 먹었으랴?, 겨우 조금만 먹었을 것이라는 속뜻이 깔림]

누게가 이디 오랎이랴?/오랎이리?[누가 여기에 오고 있으랴?, 아무도 오고 있지 않을 것이라는 속뜻이 깔림]

무사 그 약 ᄇᆞᆯ랎이랴?/ᄇᆞᆯ랎이리?[웬일로 그 약을 바르고 있으랴?, 그 약을 바르고 있지 않을 것이라는 속뜻이 깔림]

가이가 그걸 다 ᄒᆞ엿이랴?[그 아이가 그걸 다 하였으랴?, 다 하지 못하였을 것이라는 속뜻이 깔림]

그게 그영 족족ᄒᆞᆫ 돈으로 되는 일이랏이랴?[그것이 그렇게 자잘한 돈으로 되는 일이었으랴?, 큰 돈으로도 겨우 할 수 있을 것이라는 속뜻이 깔림]

관형사형 어미 '-을'이 형식 명사 '이'에 결합된 구문은 서술 서법 §.2-5-6에서도 '-으려, -으리라'로 다뤄진 바 있다(204쪽 이하). 서술 서법에서는 고유한 종결 어미 '-어'를 지닐 경우에 '-을이어'로부터 줄어들어 '-으려'로 융합되었고, 반말투 종결 어미 '-라'를 지닌 경우에 '-을이이라'에서 계사 어간이 탈락되고 다시 재음절화 과정을 거쳐서 '-으리라'로 융합되었다. 그런데 의문 서법으로 쓰일 경우에는 관형형 어미 '-을'과 형식 명사 '이'와 의문 종결 어미 '-아?'가 결합되어 '-을+이+아?'가 재음절화 과정을 두 차례 거치면서 '-을아?'로부터 최종적인 융합 형식 '-으랴?'로 실현된다. 이런 구성에서도 '*-을아?, *-으라?'로 실현될 수 없는 까닭은 형식 명사 '이'가 계사 어간과는 달리 결코 탈락될 수 없기 때문이다. 만일 의문사(wh-word)가 선행하여 이 구문이 의문 서법의 것임을 쉽게 알 수 있을 경우에는, 맨 뒤에 의문 종결 어미가 탈락되고, 의문사 의문으로 되어 '-으리?(↘)'처럼 나올 수 있다. 이는 §.3-7-2 '[의문사]-으리?'에서 논의될 내용과 아주 유사한 측면이 많다 (347쪽 이하). 그렇지만 현재 형식 명사 '이'를 명확히 독립된 형태로 내세워 놓을 수 없으므로, 잠정적으로 별개의 항목처럼 기술해 둔다.

그런데 이 의문 종결 어미가 나올 경우에 항상 반대의 경우가 참임이 속뜻으로 깃들어 있다. 이는 '-으랴?' 의문 종결 어미로 끝나는 속담에서도 그러하다. 이런 경향은 언어 형식이나 구성으로부터 함의가 깃들 수 있다는 가능성을 높여 준다. 그렇지만 저자의 지식으로는 형식 명사 '이'가 과연 속뜻을 촉발해 주는 요소가 될지에 대해서는 잘 알 수 없다. 따라서 현재로서는 이런 속뜻을 화용 상황에 따라 깃들게 되는 '대화상의 함의' 정도로만 기술해 둔다.

제7절 기원을 명확히 밝힐 수 없는 의문 종결 어미

§.3-7-1 관형형 어미 '-을'이 들어 있는 듯하고, 상대방 청자의 의지를 묻거나 청자에게 요청하는 경우: -을래?, -을라? {동사 어간에 직접 붙거나, 또는 '이'를 매개로 한 시상 형태 '-앖이-'와만 결합하여, '-앖일래?, -앖일라?'로 쓰이고, 보조동사 '-아 시-'[-아 있-]의 구문으로 '-아 실래?, -아 실라?'로 쓰임}

형용사: 집이 이실래?/이실라?[집에 머물러 있을래?/있겠니?, 청자에게 요청함]

동사: 이디 올래?/올라?[여기 오겠니?, 청자에게 요청함]

　　　이디 어떵 올래?/올라?[여기 어떻게 올 거니?, 청자에게 물음]

돈도 웃이 <u>어떵</u> <u>살래?</u>/<u>살라?</u>[돈도 없이 <u>어떻게</u> 살아갈래?, 청자에게
물음]

출레 웃어도 밥 <u>먹을래?</u>/<u>먹을라?</u>[반찬 없어도 밥 <u>먹겠니</u>?, 청자에게
물음]

떡반 <u>갈랎일래?</u>/<u>갈랎일라?</u>[떡반 <u>나누고 있을래</u>?, 청자에게 요청함]

이 물건 <u>지컸일래?</u>/<u>지컸일라?</u>[이 물건 <u>지키고 있겠니?</u>/<u>있을래</u>?, 청자
에게 요청함]

몬예 <u>값일래?</u>/<u>값일라?</u>[먼저 <u>가고 있겠니?</u>/<u>있을래</u>?, 청자에게 요청함]

애기영 곹이 <u>놀앖일래?</u>/<u>놀앖일라?</u>[아기랑 같이 <u>놀고 있을래?</u>/<u>있겠</u>
<u>니</u>?, 청자에게 요청함]

보조동사 구문: 그 돈 <u>맡아 실래?</u>/<u>맡아 실라?</u>[그 돈 <u>맡아 두고 있을래</u>?, 청자
에게 요청함]

그 정도만이라도 <u>갚아 줄래?</u>/<u>갚아 줄라?</u>[그 정도만이라도 <u>갚아 주겠</u>
<u>니?</u>/<u>갚아 줄래</u>?, 청자에게 요청함]

몬예 <u>가 실래</u>/<u>가 실라?</u>[먼저 <u>가 있겠니</u>?, 청자에게 요청함]

이 구성은 관형형 어미 '-을'이 들어 있는지, 아니면 의도나 의지를
나타내는 '-을라'[-으려]가 들어 있는지 확실치 않다. 더욱이 시상 형태
중에서 '-앗이-'는 나오지 않고, 오직 보조동사 '-아 있다' 구문의 모습
'-아 시-'가 들어 있는 것으로 보인다. §.3-7-2의 '-을리?'와 비교할 때
(347쪽), 시상 형태가 자유롭게 나오지 않기 때문에, 이 융합 구성에 과
연 관형형 어미가 들어 있는지 의심이 간다.

'-을래?'와 '-을라?'는 수의적으로 교체되는 듯하다. 그렇다면 더 긴
형식에서 짧은 형식으로 줄어들었다고 기술하는 쪽이 더 유리할 듯하
다. 임의의 형태가 더 덧붙는다고 하면, 후핵성을 지닌 교착어(부착어)
로서 우리말의 질서에서는 화용 첨사 이외에 다른 요소들이 종결 어미
의 제약을 뒤바꿔 버릴 소지가 있기 때문이다. 그렇지만 맨 뒤에 있는
반모음 'y'가 무엇인지에 대해서는 현재 저자로서는 잘 알 수 없다.

다른 의문 서법의 종결 어미들에서는 하나의 자연부류로서 '-야?, -아?, [의문사]-이?', '-댜?, -댜?, [의문사]-디?', '-냐?, -냐?, [의문사]-니?'와 같이 규칙적인 줄임 꼴을 관찰할 수 있었다. 그렇지만 '-을래?, -을라?'는 이런 과정을 따르는 것 같지 않다.

그리고 바로 뒷 항목으로 다룰 '[의문사]-을리?(↘)'가 이들과 한 부류인지 검토할 필요가 있다. 후자에서는 '-앖이-, -앗이-'와 자유롭게 결합한다는 점에서 '-앖이-'만 허용하는 '-을래?, -을라?'와는 조금 다르게 느껴진다. 의도나 의지를 나타내는 '-을라'[-으려]가 반모음 'y'와 융합된 구성일 수 있다. 뒷날 과제로 남겨둔다.

§.3-7-2 관형형 어미 '-을'이 들어 있는 듯하고, 추측하여 묻는 경우: [의문사]-을리?(↘)/-으리?(↘) {어간에 직접 붙거나 '이'를 매개로 한 시상 형태 '-앖이-, -앗이-'와 결합하여 '-앖일리?, -앗일리?'로 쓰임} ⇨ 또한 §.3-6-4 '[의문사]-으리?(↘)'를 참고하기 바람(343쪽 이하).

형용사: 그 낭에 고장 무사 안 필리?/피리?[그 나무에 꽃이 왜 안 피랴?/피겠니?, 핀다는 속뜻이 깔림]

　　가이신디 무신 돈이 이실리?/이시리?[그 아이에게 무슨 돈이 있으랴?/있겠니?, 돈이 전혀 없다는 속뜻이 깔림]

동사: 가이 무사 안 올리?/오리?[그 아이가 왜 안 오랴?/오겠겠니?, 반드시 온다는 속뜻이 깔림]

　　무사 이디 올리?/오리?[여기 왜 오겠니?/오랴?, 결코 오지 않는다는 속뜻이 깔림]

　　무사 혼차만 먹없일리?/먹없이리?[왜 혼자서만 먹고 있으랴?/있겠니?, 혼자만 먹지 않는다는 속뜻이 깔림]

　　캄캄한 밤인디 어떵 나갓일리?/나갓이리?[캄캄한 한밤인데 어떻게 나갔으랴?/나갔겠니?, 나가지 않았다는 속뜻이 깔림]

앞의 의문 종결 어미 '-을래?, -을라?'와 겉으로 보기에 상당히 유사하지만, '[의문사]-을리?(↘), -으리?(↘)'에는 형식 명사로 추정할 만한 존재 '이'가 들어 있다. 이는 '-을래?, -을라?'에서는 찾아볼 수 없는 요소이다. 비록 기원을 명확히 밝혀 내지 못하는 항목으로 다뤄지고 있지만, 이 의문 종결 어미의 구성과 그 속뜻이 §.3-6-4에서 다룬 '-으랴?, [의문사]-으리?(↘)'에서 언급된 내용과 핍진하다(343쪽 이하).

우연히 표면상의 소리값 '-을'이 명확하게 관찰되므로, 앞 항의 '-을래?, -을라?'와 함께 제3장 7절에서 다뤄지고 있다. 만일 그러하다면, 관형형 어미 '-을'과 형식 명사 '이'가 결합한 '-을이'라는 기본 표상에서, 마치 '붙으다'가 '붖으다, 부뜨다'로 소리 날 수 있듯이, 받침 소리 'ㄹ'가 중가되어 '-을리'를 거쳐 다시 관형형 어미의 받침 'ㄹ'이 탈락하면 '-으리?'가 도출될 수 있다. 그런데 문제는 형식 명사 '이'가 어떻게 의문 종결 어미의 구실을 할 수 있는지에 모아진다. 저자는 기본적으로 이 융합 구성의 초기 표상을 §.3-6-4에 있는 '-을 이아?'와 같은 것으로 본다(343쪽 이하). 이 표상에서 의문사(wh-word)가 선행하면서 의문 종결 어미 '-아?'가 잉여적으로 간주되어 드디어 탈락한 것으로 가정한다.

그렇다면 여기서 제시된 예문들이 모두 '-아?'가 탈락하기 전의 모습 '-을 이아?'로 회복될 수 있을 것인가? 이 방언에서는 '-가? : -고?'로 대표되는 판정 의문과 설명 의문의 대립이, 아마 공통어의 영향 때문에 실제로 일부 보존되기도 하고, 일부 허물어지기도 한다. 따라서 의문 종결 어미 '-아?'가 탈락하기 이전의 구성도 여전히 의문사와 같이 수반될 수 있기 때문이다. 저자의 직관으로는 앞에 제시된 예문들이 모두 '-으랴?'로 확장되더라도 지장이 없는 것으로 느껴진다. 그렇더라도 더 정밀한 논의를 위해 뒷날 과제로 남겨 둔다.

제8절 의문 서법의 종결 어미 목록

지금까지 다뤄진 의문 종결 어미들을 목록으로 만들어 다음과 같이 제시할 수 있다. 앞의 제2장 8절에서는 각 서법에서 찾을 수 있는 범주들을 비교하면서 존재론적 이유들을 생각해 보았다. 각 서법에서 찾아지는 범주는 223쪽의 〈도표 4〉, 376쪽의 〈도표 12〉, 396쪽의 〈도표 16〉을 보기 바란다.

〈도표 11〉 평대 관계의 의문 종결 어미 목록(잠정적임)

독자적인 종결 어미			반말투의 종결 어미		
종결 고유 서법 어미	-가?	마씀 연결이 불가능함 (×)	반말투	-어²?(계사와 추측 형태 뒤에 '-이라?, -으크라?')	마씀 연결이 가능함 (○)
	-고?, wh-고?(↘)			-쥐?, -주¹?	
	-냐?, wh-니?(↘)		어미 중첩	-어(반말투)+은가?, wh-어(반말투)+은고?(↘)	
	-나²?			-어(반말투)+ㄴ?	
	-댜?/다?, wh-디?(↘)			-으메(고유 어미)+ㄴ?	
	-야?/아?, wh-이?(↘)		관형형, 형식 명사 구문	-은가?, -는가, -던가?, wh-은/-는/-던고?(↘)	
어미 중첩	-어(반말투)+냐?, wh-어(반말투)+니?(↘)			wh-은/-는/-던디?(↘)	
	-어(반말투)+은댜?/다?, wh-어(반말투)+은디?(↘)			-을카?, -으카?, wh-을코?/-으코?(↘)	
	-어(반말투)+음댜?/다?, wh-어(반말투)+음디?(↘)			-을커라?, -으커라?	
관형형, 형식 명사 구문	-은/-는/-던댜?/다?, wh-은/-는/-던디?(↘)			-은거라?, -은게라?	
	-으랴?, wh-으리야?		내포문 전성	인용: -갠?, -팬?/펜?, -낸?, -낸?, -댄?, -랜?, -고랜?, -푸댄?, -노낸?	
	wh-을리?/-으리?(↘)				
	-을컷가?, -으커가?				
	-은 것가?, -은 거가?				
	-을래?, -을라?				
	-을러냐?, wh-을러니?(↘)				
	-을탸?/타?, wh-을티?(↘)				
	-을커냐?, -으커냐?, wh-으커니?(↘)				
노년 여성	-순?, -심?, -산?		의도: -젠?		

서술 서법 종결 어미의 범주들과는 작은 차이를 보인다. ① 독자적 종결 어미란에서 겸용 서법의 어미가 없고, ② 반말투 종결 어미란에서 접속문으로부터 전성된 것이 없다. ①에 대한 설명은 서술 서법과 감탄 서법이 기본적으로 화자 중심 서법이기 때문에 그러하다. 의문 서법은 청자와 관련된 두 방향의 서법이다. ②에 대한 설명은 224쪽을 보기 바란다.

제4장

감탄·서술 서법, 그리고 그 외의 경우

여기서는 앞의 서술 서법과 의문 서법에서 다뤄지지 않은 종결 어미들을 다루기로 한다. 주로 감탄 및 서술 서법에 공통적으로 쓰이는 종결 어미, 그리고 행동과 관련된 명령이나 청유나 약속 서법에 쓰이는 종결 어미들이다. 서법은 크게 언어적인 정보를 주고받는 서법과 그렇지 않은 서법으로 나뉜다. 전자는 서술 서법과 의문 서법으로 나뉘는데, 흔히 정보 간격(information gap)이란 개념을 중심으로 이 하위 두 서법을 나누게 된다. 서술 서법이란 화자가 상대방 청자와 마주하여 상대방이 잘못 알거나 모르고 있는 바를 가늠하고서 그것을 말로 상대방에게 전달해 주는 일이다. 의문 서법은 정반대의 경우다. 상대방 청자가 화자 자신이 모르고 있거나 알고 싶어 하는 바를 알고 있다고 가정하고서, 화자가 청자에게 그 정보를 말로 전해 주도록 요구하는 일이다.

후자는 흔히 언어 정보와 대립시켜 '행위'를 내세운다. 그렇지만 여기에는 화자 자신이 처음 깨닫는 바를 말로 다른 사람에게 알려 주는 감탄 서법도 있기 때문에, 배타적인 대립 방식이 더 올바른 것이다(언어

: 비언어). 감탄 서법을 제외한다면 행위를 요구하는 일이 후자와 관련된다. 상대방 청자에게 행동하도록 요구하는 경우를 명령 서법으로 부르고, 화자와 청자가 함께 행동하는 것을 청유 서법으로 부른다. 물론 이런 개괄적 서법의 분류 방식은 세부 사항으로 들어가면 응당 각론 맞춰 조정될 필요가 있다. 때로 감탄 서법 속에 바람이나 희망을 나타내는 기원 종결 어미도 포함시키기도 하지만, 이 책에서는 행위 관련 서법에서 다루기로 한다. 이 장에서는 주로 감탄·서술 서법에 관련된 종결 어미들에 초점을 모아 다뤄 나가기로 한다.

이 방언에서는 감탄 서법의 종결 어미가 독립적으로 풍부하게 많이 존재하는 것 같지는 않다. 또한 세부로 들어가면 서술 서법과 감탄 서법의 종결 어미가 엄격히 따로 구분되어 쓰이기보다는 서로 혼용되어 있는 듯하다. 그렇지만 공통어에서 대표적으로 '-구나!'와 '-네!'라는 종결 어미가 감탄 서법에서 쓰인다. 이 방언에서 이에 대응하는 것이 '-고나!, -고낭아!'와 '-느-' 계열의 융합 구성체이다. 따라서 이것들을 한데 모아 감탄·서술 서법의 종결 어미로 다루지만, 감탄 서법이 화용 맥락에서는 서술 서법으로도 이해될 수 있음을 미리 유의해 두는 것이 바람직하다.

이 서법에서도 서술 및 의문 서법에서와 같이 관련된 종결 어미들을 ① 고유하게 감탄 서법에서만 쓰이는 종결 어미, ② 서술 서법과 감탄 서법에 공유되어 쓰이는 종결 어미, ③ 반말투 종결 어미에 융합된 복합 종결 어미, ④ 기원을 알 수 없는 종결 어미로 나눌 수 있다.

제1절 감탄 서법의 종결 어미

§.4-1-1 감탄 서법의 고유한 종결 어미: '-고라!, -과라!' {시상 결합 형식은 '-이고라, -이과라, -이랏고라, -이랏과라, -앖고라, -앖과라, -앗고라, -앗과라'}

계사: 저디가 그 사름 살아난 집이고라![저곳이 그 사람 살았던 집이이도다!]

　　 그거 이녁 책이랏고라![그것 네 책이었도다!]

형용사: 그 일은 나쁘고라![그 일은 나쁘도다!/나쁘구나!1)]

　　 가이 아팟고라[그 아이 아팠도다]

동사: 그 일 나가 잘 ᄒ과라[그 일 내가 잘 하도다]

　　 나 혼자 다ᄒ고라[내 혼자서 다 하도다]

　　 이디서 밥 먹없고라[여기서 밥 먹고 있도다]

　　 그것도 보앗고라[그것도 보았도다]

'-고라, -과라'는 이 방언에서 특이한 서술 종결 어미이다.2) 이들이 단독으로 쓰일 수도 있지만, 빈번하게 인용문의 형식 '-이엔 ᄒ다/-옌 ᄒ다'[-이라고 하다]와 결합하여 '-고랜 ᄒ다'의 인용 구문으로도 나타난다. 이런 인용 구문은 또한 상위 동사 'ᄒ다'가 생략되고서 종결 어미로 전성되어 굳어진 모습의 '-고랜'으로도 나온다. 그뿐 아니라 형식 명사의 구문을 갖추고서 접속문의 복합 연결 어미에서도 관찰된다.

　　 '-은 생인고라, -을 생인고라'[-은 모양(相)인지, -을 모양(相)인지]

---

1) 공통어의 종결 어미 '-구나!'는 처음 깨닫고서 감탄하는 느낌을 담고 있지만, '-도다'는 상대방 청자에게 관련 정보를 통보해 주는 느낌을 더 많이 담고 있다. '-구나!'는 정보 간격과 관계없이 화자가 처음 깨닫는 바를 나타낸다. 그렇지만 '-도다!'는 상대방 청자가 모르고 있는 바를 가늠하여, 상대방 청자에게 통보하여 깨우쳐 주는 인상이 짙다.

2) 이 종결 어미에 대해서는 홍종림(1983), 「제주도 방언의 소위 회상법 형태에 대하여」, 『국어 교육』 제44~45합집에서 '-더-'와 대립시켜 '-과-'를 화자의 적극적 정신활동의 회상으로 처음 언급되었다. 다시 홍종림(1990), 「제주 방언 선어말 어미 '-과-'에 대하여」, 『강신항 교수 회갑기념 국어학 논문집』(태학사)에서 본격적으로 논의되었는데, '화자의 적극적 의식에 대한 회상'으로 의미 자질을 배당하였다. 이는 다시 홍종림(1991), 「제주 방언의 양태와 상 범주 연구」(성균관대 박사논문) 제2장 4절에서는 이 방언의 '-과'("난 이제사 오과라!"[나는 이제야 오도다!])라는 형태소와 '-노-/-누'("난 집더레 가노라!"[나는 집쪽으로 가노라!])라는 형태소를 대립시키는 쪽으로 발전되었는데, 전자가 "화자의 적극적 의식"이라는 의미자질을 지니고 있음을 논의하였다. 그렇지만 이런 의미 자질은 주어가 화자일 경우에 그러한데, 본문의 예로 제시된 "저디가 ~이과라, 그 책이 ~이과라"에서 알 수 있듯이, 장소나 대상이 주어로 나왔을 경우에는 전혀 설명력이 없다는 한계가 있다.

이 구문은 추정을 표시해 준다(§.2-5-2를 보기 바람: 192쪽 이하). '-고라'가 '-과라'로도 나오므로, 복합 형태일 가능성을 배제할 수 없다. 뒤에 있는 '-라, -아라' 형태가 덧붙어 융합된 것일 수 있다. 만일 이들에서 '-고-+-아라'를 분석해 낼 수 있다면, 이 '고'가 대우 형태소 '-수-'에 붙는 종결 어미 '-수괴, -숫과?'의 '고'와 관련되는 것인지에 대해서도 검토해 보아야 할 것이다.

저자는 이들 종결 어미의 공통어 번역을 모두 감탄 서법으로 옮겨 놓았다. '-도다!' 또는 '-구나!'인데, 모두 '-고라, -과라'의 말맛을 담을 수 있을 듯하다. 감탄이나 장중한 어감을 띠는 듯이, 이 방언에서도 상대적으로 어감상 무거운 듯하며, 화자가 근엄하게 청자에게 통보하므로 더 이상 청자가 시비를 걸 수 없다는 느낌을 준다. 그렇지만 형식 명사 구문 '-은 생인고라'에서는 이런 말맛이 아주 약해지는데, '생'(相, 모양)이라는 낱말 뜻이 가능성만을 담고 있기 때문인 듯하다.

이 종결 어미는 또한 다음에 다루게 될 '-노라, -노나'와 서로 관련되는 측면이 많다. 그러나 §.4-2-2에서 다뤄질 서술·감탄 서법에 같이 쓰이는 종결 어미 '-고나'와 비교할 경우(368쪽 이하), 비록 감탄을 나타내는 점에서 비슷한 측면이 있지만, 이는 결코 '*-과나'라는 형식을 갖고 있지도 않고(형태 결합이 서로 다름), 계사 구문에서 반드시 '-로고나'로만 나오므로, '-고나'와는 동일한 부류가 아님을 알 수 있다.

§.4-1-2 감탄 서법의 종결 어미: '-노라!, -노나!' {어간에도 결합하며, 시상 형태와도 결합하여, '-이노라, -이랏노라, -일노라, -앖노라, -앖노나, -앗노라, -앗노나'} ⇨ §.2-4-1에서 다뤄진 '-을노라'를 보기 바람(174쪽 이하).

계사: 나 이디 사장이노라![나 여기 사장이도다!]

　　　나 이 집 주인이랏노라![나 이 집 주인이었도다!]

동사: 나 이디서 밥 먹노라/먹노나![나 여기서 밥 먹는도다!]

나 밥 먹었<u>노라</u>!/먹었<u>노나</u>![나 밥 먹고 있<u>는도다</u>!]

나 혼자 장이 가<u>노라</u>/가<u>노나</u>![나 혼자 장에 가<u>는도다</u>!]

나 혼자 장이 갔이 갔<u>노라</u>![나 혼자 장에 가고 있<u>는도다</u>!]

나 다 먹엇<u>노라</u>![나 다 먹었<u>도다</u>!]

이 종결 어미 '-노라'는 계사에서 마음대로 '-노나'로 바뀔 수 있고, 동사 어간과 결합될 경우도 그러하다. 저자의 개인적 느낌에 '-노라'는 매우 자연스럽지만, '-노나'는 다소 낯설게 느껴지며, 의고적인 듯하다. 이들이 과연 수의적 교체인지도 엄격히 따져 보아야 한다. 이들 사이의 의미상의 공통성이 뚜렷하고, 통사상 인용 구문으로 편입될 경우에도 동일한 행태를 보인다는 점이 이들을 한데 묶어 줄 가능성을 제공해 준다. 그렇다고 하더라도 형태상으로 '-나'에서 '-라'로 바뀔 수 있는 길은 없으며, 이것들이 서로 다른 형태일 개연성이 있다.3) 더욱 깊이 있게 논의하여 결론을 짓기 전에는, 임시방편으로 이것들을 오직 부드럽게 발음하기 위하여 소리가 바뀐다는 활음 현상으로 설명할 수 있을 뿐이다(공통어의 '-노라'와 '-로라'가 특히 계사 어간 뒤에서 활음화 현상으로 설명되는 변이체임). 여기서는 잠정적으로 '-노라!'와 '-노나!'의 관계를 수의적인 변이체로 기술해 둔다.

이 종결 어미는 주어로서 <u>항상 화자 자신과 관련되어</u> 쓰일 뿐이다. '-고라, -과라'와는 인칭 제약이 전혀 없다는 점뿐만이 아니라, 또한 형용사와 결합되지 않는다는 점에서도 차이가 난다. 다만, 기본값으로 화자가 주어가 되는 내부 감각 동사 '덥다, 춥다'와 외부대상 지각 동사 '뜨겁다, 차겁다'와는 결합할 수 있다.4)

---

3) 잠정적으로 저자는 '-노라, -노나'를 수의적 변이체로 기술해 둔다. 그렇지만 이 방언에서 '-고라'(§.4-1-1, 통보의 의미)와 '-고나'(§.4-2-2, 감탄의 의미)가 다른 의미 자질을 지니고 있음을 관찰할 수 있다. 만일 이것들을 서로 평행한 구조로 간주할 경우에, '-노라'는 '-고라'와 한 계열을 이룰 듯하고, '-노나'는 '-고나'와 짝을 이룰 듯하다. 뿐만 아니라 서술 서법 중 §.2-4-1의 '-을노라'는 '??-을노나'로 나올 것 같지 않고, 오히려 '-을노다'와 교체될 듯이 느껴진다. 아마 예리하게 이런 여러 가지 구현 모습들을 자세히 관찰한 뒤에 결정을 내리는 편이 온당할 것이다.

"그 물이 뜨겁노라!"[내가 느끼기에 그 물이 뜨겁도다!]

"이디가 아주 춥노라!"[내가 느끼기에 이곳이 아주 춥도다!]

따라서 여전히 화자 자신에 관해서만 쓰여야 한다는 제약이 들어 있는 듯하다. 의문 서법 중 §.3-4-3과 §.3-5-2에서 다뤄진 '-댜?, -다?, [의문사]-디?' 종결 어미들이 항상 얼굴을 맞보는 상대방 청자만 주어가 될 수 있었다(각각 295쪽, 319쪽 이하). 제약 내용에서 이런 현상과 서로 정반대이고 대칭적이므로, 거울 영상 제약으로 부를 수도 있을 것이다.

그렇지만 '-노라, -노냐'도 인용 구문 '-노랜 ᄒ다, -노낸 ᄒ다'로 자주 쓰이고, 또한 상위 동사 'ᄒ다'가 생략되어 종결 어미로 바뀐 '-노랜, -노낸'도 관찰된다. 더욱 중요한 특징으로서, 시상 선어말 어미 '-았-, -앗-'과만 결합되고, '이'를 매개로 한 시상 형태 '-았이-, -앗이-'와는 결합하지 않는다.[5] 이런 특징이 또한 '-고라, -과라'에서도 똑같이 관찰된다. 그러므로 이들이 시상의 측면에서 이것들이 동일한 자연부류에 속할 것임을 짐작하게 만든다. 만일 이들이 자연부류로 묶인다면, 형태소의 결합에서도 어떤 공통된 기반을 찾아낼 수 있을 것이다. 이것들이 계열 관계로 묶여 있다면, 아마 '-고- : -느-'가 계열체를 이룰 가능성이 있으며, 시상의 범주라기보다 양태의 범주에 속할 것이다. 만일 양태의 범주로 이들을 대립시켜 나타낸다면 의미 자질이 각각 '처음 깨닫다 : 직접 겪다' 또는 '자각 : 체험'을 중심으로 하여 찾아질 수 있을 듯하

---

4) 제대로 다뤄진 적이 없지만, 우리말에서 감각 동사는 경험주 하나만을 요구하는 내부 감각 동사가 있고, 경험주와 자극물을 모두 요구하는 외부 지각 동사가 있다. 전자는 내파음 '옵'으로 된 "춥다, 덥다"이고 후자는 "차겁다, 뜨겁다"로 대표된다. 전자는 화자가 경험 주체이며, 경험을 하는 주체가 하나만 있으면 된다. 그렇지만 후자는 대상 의미역을 받는 외부 자극물이 있어야 하며, 그 자극을 느끼는 경험 주체가 있어야 한다. 두 개의 논항이 주어지며, 각각 경험주와 대상 의미역이 배당된다.

5) 비록 매우 미세하더라도, 시상 선어말 어미 '-았-, -앗-'과 이들 선어말 어미가 계사로 추정되는 형태(주제화 또는 초점 구문을 만듦)와 융합된 '-았이-, -앗이-'가 분포상 서로 구분되어야 한다. 저자는 전자가 반드시 전체 사건이 하나의 단위로서 현장에 묶여 있어야 하지만, 후자는 현장에서 일어나는 사건 중에서 특정한 부분에 초점에 모아진다고 본다.

다. 이들 형태가 수반하는 종결 어미는 '-오라, -와라'인데, 이것들이 더 분석될지 여부는 잘 알 수 없다. 더욱이 '-고라'와 '-고나'가 의미 자질에서 차이가 관찰된다는 점을 고려하면, 그 차이는 맨 뒷 음절에서 비롯되는 것일 수 있다. 그렇다면, '-고-'라는 공통 요소에 '-오라 : -나' 또는 '-라 : -나'의 계열적 대립을 상정해 볼 수 있을 듯하지만, 아직 저자의 준비가 덜 되어 더 이상 자세히 논의를 진행할 수 없음을 적어 둔다.

§.4-1-3 감탄·서술 서법의 고유한 종결 어미: '-나!(↘)' {시상 형식이 결합되지 않고 어간에만 직접 붙으며, 속담 표현에 자주 씀}

형용사: 그 집 좁나![그 집 좁다!]

　　　　나무 그늘은 안 덥나![나무 그늘은 안 덥다!]

　　　　날이 곧 붉나![날이 곧 밝는다!]

　　　　물약 그 빙에 좋나![물약 그 병에 좋다!]

동사: 경 곱져 불민 흐를 해원 춫나![그렇게 감춰 버리면 하루 종일 찾는다!]

　　　그 기계 지름 하영 먹나![그 기계 기름 많이 먹는다!/들어간다!]

　　　그거 실컷 먹당도 남나![그것 실컷 먹다가도 남는다!]

이 방언에서 관찰되는 감탄·서술 종결 어미 '-나!'에는 내림세 억양 또는 내려 끄는 억양이 얹힌다. 이 형태는 §.2-1에서 시상 및 양태 범주를 다루면서(78쪽 이하), 이 방언의 속담 표현에도 자주 쓰임을 언급한 바 있다(85쪽 이하의 각주 8과 9를 참고). 그렇지만 만일 오름세 억양이 얹혀 의문 서법으로 쓰이는 '-나?(↗)'도 또한 관찰된다. 이 의문 종결 어미는 이미 §.3-2-6에서 논의된 바 있다(261쪽 이하). 비록 겉보기에 같은 소리 '-나?'로 나지만, 이는 자문 형식에서 선택지 질문을 거쳐 일반 질문 형식으로 바뀌어 쓰이는 고유한 의문 종결 어미이다.6) 따라서 감탄·서술 서법의 종결 어미 '-나!'와 같은 것이 아니다. 시상 선어말 어미들의 결합도 감탄·서술 서법에서와 의문 서법에서 서로 다르다. 이는 의미상 그리고 형태 결합상으로 이들이 같은 형태가 아님을 드러 내어 준다. 즉, 감탄·서술 서법에서 관찰되는 '-나¹!'은 언제나 형용사· 동사 어간에만 쓰인다. 그렇지만 의문 서법에 쓰이는 '나²?(↗)'는 어간 뿐만 아니라 시상 선어말 어미를 '-앖-, -앗-'과도 결합된다.

"느 밥 먹없나?↗"[너 밥 먹고 있니?↗]
"느 책 촟앗나?↗"[너 책 찾았니?↗]

서술 서법의 종결 어미 '-나¹!'은 모두 시상 형태가 없이 쓰인 종결 어미 '-노라!, -노나!'와 뒤바뀌어 쓰일 수 있다(편의상 저자에게 친숙한 형태 '-노라!'로만 예시해 둔다).

"덥노라!, 좁노라!, 붉노라!, 좋노라!, 촟노라!, 먹노라!, 남노라!"

그렇지만 '-노라!'는 시상 형태 '-앖-, -앗-'과 결합될 수 있다는 점에서, 서술 종결 어미 '-나¹'과 차이가 난다. 또한 화자가 주어로 쓰여야 하는 '-노라'에 있는 제약이, '-나¹'에서는 찾을 수 없다는 점도 차이가 난다. '-노라!, -노나!'는 발화 시점 현재 의사소통 참여자들이 직접 경험할 수 있는 사건을 가리켜 준다.

그런데 '-나¹!'은 현재 발화 시점뿐만 아니라, 언제 어디에서나 참이 되는 보편적인 영속 사건이나 영구적인 속성까지 다 가리킬 수 있다. 즉, §.2-1절의 도입 논의에서 한 대상의 내재적 속성을 가리키게 되므 로, 이런 진술이 보편성 또는 영구적 속성을 지닌다고 해석하였다(85쪽

---

6) "나에게는 [____] 궁금하다/알고 싶다"에서 밑줄 속에 '-나?' 의문 발화가 들어간다. 이런 형식이 전형적으로 스스로에게 묻는 자문 형식이다. 자문 형식은 화용 맥락에 따라 '긍정 ∼나?, 부정 ∼나?'의 선택 질문으로도 쓰일 수 있고, 상위문이 없이 상대방 청자가 들을 수 있도록 발화됨으로써 해당 정보를 요구하는 질문 형식으로도 쓰일 수 있다.

의 각주 8도 참고 바람). 특히 '-은다'라는 종결 어미와 서로 교체될 수 있다는 점에 주목하면서, 이것들이 교체될 수 있는 형태적 기반을 논의하였다. 이 방언의 시간 표현은 임의의 사건이 질서 정연하게 시상 범주와 양태 범주가 표현되고 나서 종결 어미가 나온다. '-은다'는 양태 범주의 형태가 종결 어미를 수반한 구성으로 파악하였다. 이에 따라 평행한 구성으로서 '-나' 또한 양태 범주의 형태 '-느-'와 명령 서법의 종결 어미 '-으라³'에 변이형태로 찾아지는 '-아³'이라는[7] 종결 어미를 내세웠다.

비록 각각의 양태 범주는 '완료'와 '추체험 가능성'으로부터 유도되어 서로 다른 경로를 거치더라도, 최종적으로 언제 어디에서나 곧 해당 사건을 경험하여 참값 여부를 확인할 수 있다는 점에서 공통적인 기반을 형성하는 것으로 파악하였다. 즉, '-은다'는 해당 사건이 늘 반복되어 어디에서나 경험할 수 있으므로 일반화된 보편 사건을 가리킬 수 있다. '-느-+-아' 또한 해당 사건을 언제 어디에서나 즉시 경험하여 참값 여부를 확인할 수 있다는 점에서 보편 사건을 가리키는 것이다. 바로 이런 특성으로 말미암아 '-나!'가 속담이나 경구를 표현하는 종결 어미로 쓰이게 되는 것이다.

작은 문제이지만, 같은 소리값을 지닌 '나'가 또한 다른 감탄 서법의 종결 어미 '-고나!'에서도 찾아진다. 만일 이 형태소가 앞에서 살펴본 '-고라!'와 계열체를 이루고 있다면, 당연히 공통 요소로서 '-고-'를 제외하고서 남아 있는 형태 '-나 : -오라(라)'를 찾아낼 수 있다. 바로 여기서 분석되어 나온 '-나'가 지금 논의하고 있는 '-나!'인지 여부를 검토해 보아야 하는 것이다.

---

7) 반말투 종결 어미 '-아²'로 지정한다면 당장 대우 표현의 화용 첨사 '마씀'을 붙여 쓸 수 있어야 하겠는데, 이런 일은 불가능하다. 따라서 고유한 종결 어미로 간주하고, 그 후보를 찾아내어야 할 것이다. 저자가 찾을 수 있는 후보는 명령 서법의 종결 어미 '-으라³'에 변이형태로서 '-아'을 상정해 본다. 고재환(2013, 개정 증보판), 『제주 속담 사전』(민속원)에서 해설하고 있는 1,620개의 속담 중에서 명령 서법의 종결 어미 '-으라!'로 표현된 것이 80개 정도이다. 저자는 이런 점에 착안하여 '-나!'에서 분석되어 나올 수 있는 후보로 '-아'를 명령 서법의 종결 어미에 대한 변이형태로 간주하는 것이다.

§.4-2-2에서 다뤄지는(368쪽) 감탄 종결 어미 '-고나!'[-구나!]는 특정한 조건이 만족되면 단절 현상에 의해서 뒷 음절이 탈락된 '-고!'로도 나오고(또한 §.2-4-2에서도 '-을로고나'가 '-을로고'로 줄어듦: 176쪽 이하), 다시 '-웅아!'가 덧붙어 '-고낭아!'로도 확장될 수 있다. 일단 '-고나!'의 '-나'는 단절 현상에 의해 탈락될 수 있음에 주목하기로 한다. 이는 고유한 기능을 지니지 못하고 잉여적인 것으로 취급받음을 뜻한다. 이런 점에서 여기서 논의하는 필수적인 감탄·서술의 종결 어미 '-나!'와는 서로 다른 것으로 보고자 한다.

§.4-1-4 감탄 서법의 종결 어미: '-네/-니에, -예/-이에' {계사나 형용사 어간에 직접 붙거나 동사에서는 특히하게 시상 형태 '-앖-, -앖이-, -앗-, -앗이-'와 모두 결합하여 '-앖니에, -앖이니에, -앗니에, -앗이니에'로 나오며, '-을 커니에, -앖이에, -앗이에'로도 나옴} ⇨ 서술 서법 §.2-7-1의 '-이에/-예'도 참고 바람(212쪽 이하).

계사: 이거 가이 책이네!/책이니에![이거 그 아이 책이로다]
　　　 저거 이녁네 강생이네!/강생이니에![저거 너희집 강아지이로다]
형용사: 그 사름 지레 크네!/크니에![그 사람 키가 크도다]
　　　 그 고장 고우네!/고우니에![그 꽃이 곱도다]
동사: 가이 이디 오랎이네!/오랎이니에![그 아이 여기 오고 있도다, '-앖이-'가 결합]
　　　 사름덜 다 오랏이네!/오랏이니에![8][사람들 다·와 있도다, '-앗이-'가

---

8) 저자의 직관으로는 '-네!/-니에!'는 시상 형태와 결합하려면 '이'를 매개로 한 '-앖이-, -앗이-'가 나와야 하는 것으로 느껴진다. 가령 '-앖-, -앗-'과만 결합되어 있는 경우는 다음 예문처럼 비문으로 느껴진다. 이 점은 §.2-4-2(176쪽 이하)에서도 언급된 바 있는데, 더 심도 있는 논의가 필요하다.
　　 "??가이 느 불럾네!/불럾니에!", "??사름덜 다 오랏네!/오랏니에!"
　그렇지만 '-예/-이에'의 경우에는 둘 모두 허용된다. '-앖-, -앗-'도 가능하고 '-앖이-, -앗이-'도 가능한 것이다. 바로 이런 점이 이들 사이에 구성 모습이 다른 것이 아닌가 의심케 만든다.

결합]

저 구름 보라, 비 곧 올커녜!/비 곧 오커니에![저 구름 보렴 비 곧 올 거로다, '올 거'의 결합]

사름덜 다 그디 값예!/값이에![사람들이 거기 다 가고 있도다]

사름덜 오랎예!/오랎이에![사람들 오고 있도다]

가네덜 다 오랏예!/오랏이에![그 아이네들이 다 왔다]

느 오카부댄 해원 지들럾예!/지들럾이에![너 올까 봐서 하루 종일 기다리고 있다]

그 일 다 ᄒ엿예!/ᄒ엿이에![그 일 다 끝낸 상태로 있다/했다]

이 방언에서 쓰이는 종결 어미 '-녜/-니에, -예/-이에'는9) 매우 특이한 형태소이다.10) 여기서는 의문 서법의 대립 짝 형태소(-니아?/-냐?, -

9) 이들이 의문 서법의 종결 어미로 바뀔 경우에는 각각 '-냐?/-니아?'와 '-야?/-이아?'로 된다. 의문 종결 어미는 '예-아니오' 판정 의문이 될 수도 있고(올림세 억양), 무엇에 대한 설명 의문이 될 수도 있다(내림세 억양). 여기서는 판정 의문의 질문과 대답을 적어 두는데, 다음과 같이 짝을 이룰 수 있다.

질문: "값야?/값이아? ↗, 갓야?/갓이아? ↗, 먹없야?/먹없이아? ↗, 먹엇야?/먹엇이아? ↗"
대답: "값예!/값이에! ↘, 갓예!/갓이예! ↘, 먹없예!/먹없이예! ↘, 먹엇예!/먹엇이예! ↘"
질문: "값이냐?/값이니아? ↗, 갓이냐?/갓이니아? ↗, 먹없이냐?/먹없이니아? ↗, 먹엇이냐?/먹엇이니아? ↗"
대답: "값이녜!/값이니에! ↘, 갓이녜!/갓이니에! ↘, 먹없이녜!/먹없이니에! ↘, 먹엇이녜!/먹엇이니에! ↘"

그런데 특히 '-냐?/-니아?'는 '먹없느냐?, 먹엇느냐?'와 같이 시상 형태소 '앖, 앗' 뒤에 다시 '느'라는 형태소도 나타난다. 그런데 만일 이들이 '느'라는 양태 형태소가 중가되어 (느+느) '먹없+느+느+이아?, 먹엇+느+느+이아?'로 분석될 수 있다면('먹없는이아? → 먹없느냐?'로 재음절화가 이뤄짐), '이'를 형식 명사로 추정할 개연성이 있다. '-녜!/-니에!'는 관형형 어미와 형식 명사가 융합된 '-은 이어'가 기본 표상이라고 본다. 그렇지만 '-예!/-이에!'에서는 관형사형 어미의 흔적을 찾을 수 없다. 그렇다면 계사의 가능성을 상정해야 할 듯하다(§.2-7-1을 참고 바람: 212쪽 이하). '값이아?'는 의문사와 함께 나오면 내림세 억양으로 '의문사+값이?(↘)'처럼 말해진다. 이 점은 '값이니아?'에서도 마찬가지이다. 비록 이렇게 공통적인 측면이 있더라도, 이 책에서 마치 자연부류인 양 한데 모아 놓은 이 종결 어미들이 과연 자연부류가 맞는지 여부도 더 깊이 있게 검토해 봐야 할 것이다. 열린 물음으로 놔 둔다.

10) 홍종림(1999), 「현대 국어의 의문법 체계 고찰 1: 제주 방언을 중심으로」, 청주교대 『논문집』 제36집을 보면, "느 밥 먹엄디에?"[너 밥 먹고 있지]라는 발화에서 '-디에?'라는 의문 종결 어미도 '-디아?'와 함께 언급하고 있다. 옛 제주시 방언을 쓰는 저자로서는 처음 보는 발화이다. 아마 홍종림 교수의 모어 방언인 옛 남제주군 성산읍 쪽에서 쓰는 하위

이아?/-야?)를 근거로 하여 줄어든 소리로 나오는 모습인 '-네, -예'로 쓰지 않고, 각각 일부러 '-네/-니에, -예/-이에'로 병기해 둔다. 몇 요소가 융합된 복합 형태소임을 드러내는 데에 더 알맞기 때문이다.

먼저, '-이에'는 배타적으로 언제나 동사와 결합하되, 시상 선어말 어미는 '-앖-, -앗-'뿐만 아니라 또한 '-앖이-, -앗이-'와도 결합한다. 이점은 '-네/-니에'와 서로 다른 측면이다. '이'가 매개되지 않은 시상 형태 '앖/앗+이에'는 재음절화되어 마치 하나의 단일한 형태인 듯 '-세'로만 들릴 수 있다. 가령, '가다, 오다'의 활용에서 '갔에, 오랐에, 갓에, 오랏에' 등이다. 그러나 '-앖이-, -앗이-'와 결합한 경우에는 이와 같이 줄어들지 않고 '갔이에, 오랎이에, 갓이에, 오랏이에' 등으로 발화되며, 줄어들더라고 보상적 장음화가 관찰될 수 있을 듯하다. 매우 민감하게 차이가 나는 대목이므로, 시상 형태 '-앖-, -앗-'이 결합되어 있는지, 아니면 '-앖이-, -앗이-'가 결합된 것인지를 선뜻 판정하기가 어렵다. 저자는 일단 '-예'가 '-네'와 다른 구성을 지닐 것으로 짐작한다. 더 깊이 논의되어야 할 사안이다.

그런데 이 방언에서는 비슷하게 소리값을 지닌 '-네'를 찾을 수 있다. '-네'는 계사와 형용사와 동사에서 모두 관찰되며, 고유한 감탄·서술 서법의 종결 어미로 취급될 수 있다. 또한 '-네/-니에'와 유사한 소리를 지닌 §.4-2-1에서 '-네'도 있다(367쪽 이하). 매우 특이한 이 형태를 어떤 결합체로 보아야 할지가 문제로 대두된다.[11]

지역 방언인 듯하다. 저자는 의문 서법에서 찾아지는 이 형태소를 §.3-4-4에서 시상 형태 '-없-'이 아니라, 반말투 종결 어미 '-어'와 명사형 어미 '-음'이 융합된 복합 형태로 보았다(301쪽 이하). 따라서 홍종림 교수와는 형태소 분석 자체가 달라진다.

11) 종결 어미 '-네!/-니에!'뿐만 아니라 '-네'도 대응되는 의문 서법의 발화가 각각 '-냐?/-니아?'와 '-나?'이지만, 이들을 또한 언제나 기본적인 종결 어미 '-다'로 바꿀 수 있다. 만일 '오랎이네'와 '오랎네'를 '-다'로 바꿔 보면 된소리(경음) '오랎다'로 나오므로, 된소리를 만들어 내는 '-앖' 형태소를 확인할 수 있다. 비록 이 종결 어미 '-네'의 첫 소리 'ㄴ' 때문에 'ㅅ' 탈락이 일어나지만, 그 기본 모습은 '오랎네'임을 알 수 있다. 이 방언의 감탄·서술 서법의 종결 어미 '-네'와 '-네'는 서로 시상 선어말 어미와의 결합에서 대립을 보인다. '-네'는 '-앖이-, -앗이-'와만 결합한다(오랎이네, 오랏이네). 그렇지만 언제나 '-네'는 '-앖-, -앗'과만 결합한다(오랎네, 오랏네). 시상 형태소의 결합 구성상 '-네'와 '-네'는 서로 동일한 형태소라고 주장할 수 없다.

그런데 '-녜'와 '-네'는 동사와 결합할 경우에 큰 차이를 보인다. '-녜'는 동사 어간과 결합할 수 없고, 반드시 시상 선어말 어미 '-앖어, -앗어-'의 뒤에서만 관찰된다. 이는 대상이나 사건의 일반적인 내적 속성을 가리킬 수 없고, 오직 현재 관찰하고 있는 사건의 일시 상태만을 언급한다는 뜻이다. 이는 계사와 형용사에 붙는 '책이네, 크네'에서도 또한 현재 관찰 가능한 대상이나 사건의 일시적인 상태의 언급임을 알 수 있게 해 준다. 이 방언에서는 '*먹녜'라고 말할 수 없다. 오직 '먹네'로만 나온다. 반면에 '-네'는 시상 선어말 어미 '-앖-, -앗'과만 결합하는데, '-앖어-, -앗어-'와는 결합할 수 없다.

'먹없이녜'[먹고 있는 중이네], '먹엇이녜'[먹은 상태이네]

는 가능하다. 그렇지만 결코

'*먹없이네, *먹엇이네'

라고 말할 수 없다. 오직

'먹없네'[먹고 잇네], '먹엇네'[먹었네]

만이 가능하다. 따라서 '-녜'와 '-네'는 비록 소리가 비슷하더라도 서로 다른 종결 어미임을 알 수 있다.

'-녜'는 모두 이 방언에서 쓰이는 독자적인 서술 종결 어미 '-다'나 또는 반말투 종결 어미 '-어'로 바뀔 수 있지만, 속뜻이 조금 달라진다. 이런 '-녜'의 존재는 '-예'라는 형태의 구조를 밝히는 데 중요하다. 겉으로 들리는 '-셰'가 '시+에'의 결합이 아니라, 'ㅅ+예'로 분석되고, 'ㅅ'이 앞에 있는 시상 선어말 어미의 받침(-앖-, -앗-)이 재음절화 과정의 결과로 뒷 음절에 넘어온 것임을 알 수 있기 때문이다. 이런 사례는

'-네'가 어떻게 분석되어야 할지를 결정하는 데 도움을 준다. 융합된 종결 어미 '-네'를 분석하는 방법으로 세 가지 정도를 고려할 수 있다.

 ① '니+에'
 ② '느+예'
 ③ '은+이어이'

먼저 '니+에'의 결합 가능성을 살펴보기로 한다. 이 방언에서 서술 종결 어미로서 '*-니'를 찾을 수 없다. 오직 의문사를 지닌 의문 종결 어미로서 '[의문사]-니?'가 있을 뿐이다. 그렇다면 분석 가능성 중에서 ①은 제외되어야 한다. 두 번째 가능성을 살펴보기로 한다. 이 방언에서는 감탄·서술 서법의 종결 어미로서 '-네'를 관찰할 수 있다(§.4-2-1 에서 다룸: 367쪽 이하). 여기에는 양태 형태소 '-느-'가 녹아 있다. 만일 이것과 동일한 구성체라면, '-네'에서 '느'를 추출하면 '-예'가 남게 된다. 즉 '-느-+-예'의 구성인 것이다. 만일 이런 분석이 옳다면, 양태 범주의 계열체로서 '-더-'도 이 구성에 참여할 수 있고, 당연히 그 결과로서 '*-데'가 쓰일 것으로 기대되지만, 이런 형태 결합은 이 방언에서 찾아지지 않는다. 따라서 ②의 가능성도 철회되어야 한다.

그렇다면 이제 마지막 남은 가능성을 검토해 보아야 한다. 이는 의문 종결 서법 중 §.3-2-4에서 '-냐?'를 관형형 어미 '-은'과 형식 명사 '이'와 의문 종결 어미 '-아?'의 융합 구성으로 파악한 논의를 응용하는 것이다(250쪽 이하). '-네!/-니에!'를 관형형 어미 '-은'과 형식 명사 '이'의 구성으로 파악한다면, 또한 관형형 어미 '-을'이 형식 명사 '이'에 이어져 있는 구성을 기대할 수 있어야 한다. 이는 서술 서법 중 §.2-5-6의 '-으리라, -으려'와(204쪽) 의문 서법 중 §.3-6-4의 '-으랴?, [의문사]-으리?'와(343쪽) §.3-7-2의 '[의문사]-을리?'(347쪽)에서 곧 그 존재를 확인할 수 있다. 더구나 관형형 어미 앞에서 관찰되는 시상 형태들이 모두 '이'를 매개로 한 '-앖이-, -앗이-'라는 사실도, 이들 구성이 하나의 자연부류로 묶일 수 있는 가능성을 더 높여 준다.

여기서 문제는 형식 명사 '이' 뒤에 있는 종결 어미이다. 형식 명사 뒤에는 고유한 서술 서법의 종결 어미로서 계사의 활용은 '이어[1]'이 나오고, 반말투의 종결 어미로서 계사의 활용은 '이라[2]'로 나온다. 이를 결합시킬 경우에, 하나는 '-은+이+이어'이고, 다른 하나는 '-은+이+이라'이다. 이런 구성에서 계사 어간은 선행한 형식 명사와 같은 소리값을 지니기 때문에 쉽게 탈락할 것이며, 그렇다면 '-은이어'와 '-은이라'라는 형태 결합을 얻게 된다. 이것들이 재음절화 과정을 거치면 각각 '-으녀'와 '-으니라'를 얻을 수 있다. 그렇지만 이는 논의 중인 형태인 '-네!/-니에!'를 도출해 낼 수 없다.

두 후보 중에서 고유한 종결 어미로서 계사 활용 모습 '-으녀'가 '-네!/-니에!'와 관련될 가능성이 높겠지만, 여전히 반모음 'y' 내지 '이' 모음이 더 추가되어야 함을 알 수 있다. 저자는 여기에 덧붙을 수 있는 요소가 화용 첨사 '이'라고 본다. 서술 서법 중 §.2-2-4-나)에서 '-주[1], -줘'를 다루면서, '-줘'에 화용 첨사가 융합되어 있음을 보았다(140쪽 이하). 이런 점에 근거하여 '-네/-니에'를 관형형 어미 '-은'과 형식 명사 '이'와 고유한 서술 서법의 계사의 활용 모습 '이어[1]'과 화용 첨사 '이'가 덧붙어 융합된 모습으로 상정하는 것이다.

'-은+이+이어+이'에서 먼저 형식 명사와 소리값이 같은 계사 어간이 탈락되고, 재음절화 과정을 거치면, '-으니어+이'가 나오는데, 다시 화용 첨사가 반모음 'y'로 바뀌면서 '-으니에'로 줄어들 수 있다. 이 융합 구성은 언제나 시상 형태소 '-앖이-, -앗이-'와 결합하므로, 약한 모음 '으'가 탈락되어 결국 '-니에/-네'라는 복합 형태가 나오게 된다.

이렇게 복잡한 구성은 결국 관형형 어미와 형식 명사를 이용한 양태 표현과 관련된다. 명사 구성체는 해당 표현을 이미 주어진 사실처럼 하나의 대상이나 사건을 바꿔 놓는다. 페어클럽(2003, 김지홍 2012 뒤침)의 제8장 7절과 그곳의 번역자 주석을 읽어 보기 바란다. 또한 §.3-4-2에서 명사형 어미 '-음' 구성체와 관련하여 287쪽의 각주 39)도 참고하기 바란다. 그렇다면 '-네/-니에'라는 융합 구성체는 참값을 지닌 관련 사건을 청자에게 말하면서 확인해 보도록 재촉하는 속뜻을 지녔고, 이 의미가 양태 범주에 속한다.

한편, 감탄이나 서술 서법의 종결 어미 '-예, -네!/-니에!'들은 청자에게 확인 반응을 요구하는 느낌을 주며, 이들이 모두 '마씀, 마씸'이란 화용 첨사를 덧붙일 수 없음은, 이것들이 어떤 공통성을 공유하고 있음을 시사한다. 이 방언에서는 반모음 '이'[y]를 녹여 지니고 있는 종결 어미들이 '-네, -데' 이외에도 '-쥐, -은게' 또는 '-으메'도 있다. 이들이 모두 기원적으로 동일한 부류의 화용 첨사인지는 더 깊이 논의해야 할 과제이다. 그렇지만 저자의 직관으로는 제1층위의 화용 첨사와 같은 특성으로 느껴진다. 다시 말하여, 감탄이나 서술 서법의 종결 어미 '-네/-니에, -예'가 쓰인 발화에서는 청자가 주목하지 못하였거나 잘못 알고 있는 대상이나 사건에 대하여 다시 화자가 일깨워 준다는 느낌을 받는다. 청자가 모른다는 전제가 부각되고, 화자가 말을 해 주어 그 정보를 일깨워 준다거나, 직접 청자에게 확인해 보라는 속뜻이 들어 있는 듯하다. 특히 '-네'는 반말투 종결 어미 '-어' 뒤에 다시 덧붙어 §.4-3-2에서 중첩된 종결 어미 '-어네'(어+네)로 융합되어 쓰이기도 한다(373쪽).[12] 반말투의 종결 어미에 다시 덧붙어 복합 구성을 형성할 수 있다는 사실이, 또한 '-네/-니에'에 눌러붙은 반모음 '이'[y]의 기능을 다른 것이 아니라 바로 화용 첨사 '이'로 찾을 수 있는 간접 근거가 될 듯하다.

---

12) '먹었어, 먹엇어'에 다시 '-네'가 융합되어(어+네) '먹었어네, 먹엇어네'로 나온다. 이는 시상 형태와 '이'가 들어 있는 '먹없이네, 먹엇이네'와는 분명히 구분되어 다뤄져야 한다. 후자를 '-이네'라는 종결 어미로 분석할 수 없는 까닭은, 형용사에서는 어간에 직접 결합하여 '크네'로 발화될 수 있기 때문이다. 따라서 종결 어미 '-네'를 중심으로 하여 기술하면, '이'를 매개로 한 시상 형태 '-앖이-, -앗이-'와 결합한다고 기술할 수 있다.

제2절 서술·감탄 서법에 공유되어 쓰이는 단일 형식의 종결 어미

§.4-2-1 서술·감탄 서법의 종결 어미: '-네, -데' {어간에 직접 결합하거나 시상 형태와 결합하여 '-앖네, -앖데, -앗네, -앗데'로 쓰이거나 양태 형태와 결합하여 '-것네, -것데'로 쓰임}

계사: 그거 그 사름 책이네[그거 그 사람 책이로구나]

　　　그거 그 사름 책이데[그거 그 사람 책이더구나]

형용사: 분 불르난 얼굴이 곱네[분 바르니까, 화장하니까 얼굴이 곱구나]

　　　분 불르난 얼굴 곱데[분 바르니까, 화장하니까 얼굴 곱더구나]

　　　가이 점점 커 가멍 얼굴 고왒네[그 아이 점점 자라면서 얼굴 고와지고 있구나]

동사: ᄇᆞ름 부네[바람 부네]

　　　ᄇᆞ름 불없네[바람 불고 있네]

　　　큰 ᄇᆞ름 불엇네[큰 바람 불었네]

　　　큰 ᄇᆞ름 불것네[큰 바람 불겠네]

　　　ᄇᆞ름 불데[바람 불더라]

　　　ᄇᆞ름 불없데[바람 불고 있더라]

　　　큰 ᄇᆞ름 불엇데[큰 바람 불었더라]

　　　큰 ᄇᆞ름 불것데[큰 바람 불겠더라]

보조동사 구문 '-아 나다': 큰 ᄇᆞ름 불어낫네[큰 바람 불었었네]

　　　큰 ᄇᆞ름 불어낫데[큰 바람 불었었더라]

서술·감탄 서법에 쓰이는 종결 어미 '-네, -데'는 양태 형태소 '-느-, -더-'와 종결을 떠맡은 반모음 '이'[y]가 융합되어 있는 형태이다. 아마 반모음 'y'는 두 가지 가능성을 탐색할 수 있다. 서술 서법 중 §.2-5-3의 '-은게'에서 찾아지는 반모음 '이'[y]는 계사 활용 모습에서 단절 현상에 의해 어간만이 남아 있는 것으로 상정되었다(193쪽 이하). 그러나 §.2-7-3

의 '-으메'에서 상정되는 반모음 'y'는 화용 첨사 '이'와 관련이 있는 것으로 상정되었다(216쪽 이하). 여기서는 '-은게'에서 찾아지는 반모음 'y'로 지정해 둔다.

서술과 감탄 서법은 오직 어조를 길게 끌어 말하는지 여부로써 구분될 뿐이다. 길게 끄는 억양에 얹혀야 감탄의 서법이 된다. 만일 종결 어미 '-네, -데'가 동사와 함께 쓰이면, 시상 형태가 없이 나오기도 하고, 시상 선어말 어미들을 결합시키기도 한다. 그런데 시상 형태 '-앖-'은 '먹없데'에서 '-데'를 된소리로 만들어 준다. 따라서 '먹없네'의 분석에서도 비록 종결 어미 'ㄴ' 앞에서 'ㅅ' 소리가 탈락되어 발음되지 않지만, 서로 계열체를 이루므로, 모두 같은 시상 형태 '-앖-'을 지니고 있음을 확정할 수 있다. 그런데 만일 '이'를 매개로 한 시상 형태와 결합하였더라면, 각각 '*먹없이네, *먹없이데'와 '*먹엇이네, *먹엇이데'로 발화되었을 것이다. 그렇지만 이런 결합은 이 방언에서 관찰되지 않는다.

이들 용례를 의문 서법의 오름세 억양으로 말한다면, 바로 앞의 화자가 말한 내용을 그대로 메아리처럼 반복하여 그 내용에 대하여 의문을 제기하는 것처럼 느껴진다. 이런 경우를 '메아리 반복 의문'이라고 부르며, 그 반복되는 내용이 틀렸다거나 잘못이라는 함의가 깃들어 있다. "ᄇᆞ름 불없네?(↗)"와 같이 올라가는 억양으로 말한다면, "그렇지 않고, 네가 잘못 알고 있다!"라는 속뜻이 깔리고, 이런 메아리 반복 의문으로써 상대방의 인식이나 판단을 바꿔 주려는 시도를 담고 있다.

§.4-2-2 서술·감탄 서법의 종결 어미: '-고나, -고낭아, -고, -로고나, -구나' {직접 어간에 결합하거나, 시상 형태와 결합하여, '-앖고나, -앗고나, -더고나, -을로고나, -이랏어고나, -앖어고나, -앗어고나'로 나옴} ⇨ §.2-4-2의 '-을로고나, -을로다'를 같이 보기 바람(176쪽 이하).

계사: 이웃칩 애기로고나[이웃집 아기로구나]

느 책이로고나[네 책이로구나]

느네 물이로고나[너희집 말이로구나]

느네 물이랏고나[너희집 말이었구나]

검질 매는 홍애기로고낭아[김 매는 노동요 홍아기로구나]

이녁 말 춤말이로고나[네 말 참말이로구나]

기로고나[그렇구나]

아니로고[아니로군]

형용사: 가이 잘도 밉고낭아[그 아이 아주 밉구나]

그 귤 잘도 시고낭[그 귤 아주 시구나]

그영 미왓고나[그렇게 미웠구나]

동사: 가이 목씰엉 싸움 안 질로고나[그 아이 모질고 사나워서 싸움 안 지겠
구나]

그집 사름덜 순ᄒ영 다 잘 될로고[그집 사람들 모두 성격이 순하여서
다 잘되겠군]

밖이 비 하영 오람고낭아[밖에 비 많이 오고 있구나]

이디 물 새라낫고나[여기 물 새었었구나]

보조동사 '-아 지다' 구문: 크민 고와질로고나[보조동사 구문: 자라면 고와지
겠구려]

공통어의 '-구나'에 대응하는 이 방언의 형태는 '-고나'이다. 그렇지
만 특이하게도 마지막 소리가 탈락하여 '-고'만으로도 쓰일 수 있다.
공통어에서 '-군'으로 줄어들더라도 마지막 음절의 요소가 일부 남아
있는 일과는 차이를 보인다. 단, 이 종결 어미 '-고'는 의문 서법에서
관찰되는 '-고?'와는 다르다(§.3-2-2: 244쪽 이하). 의문 서법에서는 바로
명사 뒤에도 '-고?'가 나타날 수 있지만

"누게 책고?"[누구의 책인고?]

서술·감탄 서법에 쓰이는 '-고'는 반드시 계사 '이다'가 들어가 있음을

드러내어 주는 형식으로 '-로고'처럼 나오는데(-이로고), '-이고나'로 또는 '-이로고나'로 교체될 수 있다.

"좋은 책이로고"[좋은 책이로군]

앞에 들어 놓은 모든 용례들에서 '-고나'의 맨 뒷 음절이 줄어들어 마음대로 '-고'로만 끝날 수 있다. 만일 '-고'로만 끝날 경우에는 다시 오름세 억양(↗)을 쓰면 의문 서법이 되고, 내림세 억양(↘)을 쓰면 서술 서법이 된다. 또한 '-고나'에 다른 형태가 더 덧붙어서 '-고낭아!' 또는 '-고낭!'처럼 나올 수도 있다. 이는 두드러지게 감탄의 서법으로만 쓰인다. 위 용례에서 형용사들에는 일부러 더 긴 형태를 보여 두었다. '잘도'라는 부사에 의해서 더욱 감탄의 느낌이 강해진다.

종결 어미 '-고나, -고낭아, -고'가 계사 '이다'와 결합될 경우에는 몇 가지로 변동을 보인다. 시상 형태소가 없다면 '-이로고나'로 나오지만, 과거 시제 형태소 '-앗-'이 붙으면(이엇-) '-랏고나'로 바뀌고(이랏-), 미래 시제 형태소 '-을'이 붙으면 '-을로고나'로 바뀐다. 또한 형용사와 동사의 결합에서 특이한 구성은 종결 어미 뒤에 다시 종결 어미가 붙어 나오는 것이다(§.4-3-1에서 논의됨: 372쪽). 반말투의 종결 어미 '-라' 뒤에 다시 이 종결 어미 '-고나'가 덧붙어 융합되는 것인데, 가령 형용사 '맛이 시다, 얼굴이 곱다'와 같은 구문에서는 다음과 같다.

'시크라+고나'[시겠어+구나],
'고왓어+고나'[고왔어+구나]

형용사 어간에 각각 추정을 나타내는 '-으크-'와 완료를 나타내는 '-앗-'에 반말투 종결 어미 '-라, -어'가 붙어서13) 이것만으로도 충분히 끝날

---

13) 흔히 다른 연구들에서는 '고와서'라고 표기해 왔었고, 여기에서 시상 선어말 어미로서

수도 있다. 그렇지만 다시 '-고나'가 덧붙어 융합되어 있어서, 마치 하나의 종결 어미 '-라고나, -어고나'인 양 행동한다. 동사 '바람 불다, 그 아이 오다'와 같은 구문에서는

'ㅂ름 불커라+고나'[바람 불 거야+구나]

'가이 오랎어+고나'[그 아이 오고 있어+구나]

'가이 오랏어+고나'[그 아이 왔어+구나]

동사 어간 뒤에 형식 명사 구문 '-을 거', 시상 선어말 어미 미완료 형태소 '-앖-', 완료 형태소 '-앗-'이 붙어 있고, 이 뒤에 반말투 종결 어미 '-어, -라'가 나와 있는데, 이것만으로 충분히 완결된 문장이나 발화가 된다. 그렇지만 '-고나'가 덧붙어 융합된 채 하나의 종결 어미인 양 행동한다. 종결 어미 뒤에 다시 종결 어미가 덧붙는 구조는 제1층위의 화용 첨사와 동일한 기능을 지니며, 청자로 하여금 발화 내용에 더욱 주목하도록 요구한다.

　모두 이들 덧붙은 종결 어미는 '-라고낭아, -라고낭, -라고'처럼 되어, 마음대로 늘어나거나 또는 줄어들 수 있다. 만일 '-고'로 줄어들었을 때에는 앞에 나와 있는 반말투 종결 어미 '-어, -라'가 다른 서법으로

완료 지속 형태 '-아시-'를 상정해 왔다. 그렇지만 '-아시-'에 종결 어미 '-어'가 붙을 경우에 수용 불가능한 '*-아셔'로 나와야 한다. 이전 연구에서는 매우 자명한 이런 사실을 일부러 무시하였다. 그 대신 어떻게든 중모음이 단모음으로 나오는 듯이 자의적으로 간주하여 '-아서'라는 형태로 도출된다고 보았다. 그러나 이런 중모음의 실현이 이 방언의 표면 모습에서 결코 찾아지지 않는다는 점에서 명백한 분석 오류이다. 이런 오류를 고쳐 놓는 해답은 매우 단순하지만 미완료 형태 '-앖-'에 짝이 되는 완료 형태 '-앗-'을 상정하는 일이다. '-앗-'이 반말투 종결 어미 '-어'와 연결되어 '-앗어'로 나오는 것이다. '-앗+-어'의 연결체는 '-으크+-라'가 연결되는 방식과 완벽히 일치된다.

　지금까지 이 방언을 다루면서 종결 어미들의 틀을 만드는 시도를 소홀히 해 왔다. 관형형 어미나 형식 명사 구문, 연결 어미 구문들의 전성된 쓰임, 종결 어미들의 중첩뿐만 아니라, 세 층위씩이나 되는 화용 첨사까지 고려한다면, 이른바 수학의 '지수 법칙'이나 '몇 제곱의 법칙'에 따라 엄청나게 많은 숫자가 결과되어 나오기 때문이다. 그렇다면 종결 어미들에 어떤 제약을 가해 줄 방식을 찾아내는 것이 종결 어미들의 틀을 만들어 내는 지혜가 될 수 있다. 내재적으로 서술 서법에서 찾아지는 틀이 의문 서법에서도 그대로 적용된다면, 내적 일관성 측면에서 상당한 정도로 그 틀이 안정성을 확보할 수 있다.

될 수 있는 길이 막히고, 오직 반드시 내림세 억양만 붙은 채 서술 서법으로만 쓰이게 된다(-어고, -라고). 더 늘어난 형식이 감탄 서법으로 이해되는 것과는 대조가 된다.

제3절 융합된 형식의 감탄·서술 서법의 종결 어미

§.4-3-1 반말투 어미 '-어²'에 '-고나'가 융합된 종결 어미: '-어고나' {계사 어간에 '-이라고나'처럼 직접 결합하거나, 시상 형태소와 결합하여 '-이 랏어고나, -앖어고나, -앗어고나, -을 커라고낭아, -커라고나'}

계사: 그거 철수 책이라고나[그것 철수 책이더구나]
　　　걸음 잰 사름이랏어고나[걸음 빠른 사람이었더구나]
　　　두린 아이랏어고나[어린 아이이었더구나]
형용사: 옷이 족아고나[옷이 작더구나]
　　　그 귤 시크라고나[그 귤 시겠더구나]
　　　일어낭 보난 날이 다 붉앗어고나[깨어나 보니 날이 다 밝았더구나]
　　　어릴 땐 고와 낫어고나[보조동사 구문: 어린 땐 고왔었구나]
동사: 가이 학교 일찍 가고나[그 아이 학교에 일찍 가더구나]
　　　흔디 먹없어고나[함께 먹고 있었더구나]
　　　혼차 울엇어고나[혼자서 울었더구나]
　　　영장 끝낫어고나[영장(永葬) 끝났더구나]
　　　울담 다 물아질커라고낭아[울담 다 무너질 거였더구나+응아]
　　　그 사름도 오커라고나[그 사람도 올 거였더구나]
　　　큰 ᄇᆞ름 불커라고낭아[큰 바람 불겠더구나]
　　　가이 ᄆᆞᆫ예 집이 오랏어고나[그 아이 먼저 집에 와 있었더구나]

'-어고나'도 반말투의 종결 어미 '-어²'에 다시 감탄 서법의 종결 어미

'-고나'[-구나]가 덧붙어 융합되어 있는 것이다. 이 종결 어미 또한 '-어고낭아, -어고낭'처럼 형태가 더 늘어나서 감탄하는 느낌을 더해 주기도 한다. 거꾸로 소리가 줄어들어 '-어고'처럼 쓰이면(단절 현상의 일종임), 감탄의 뜻이 제거되고 서술 서법으로 느껴지기도 한다.

이 융합 어미의 속에는 과거 시제나 과거 경험에 대하여 회상하는 형태소가 전혀 없다. 그렇지만 공통어로 옮기면서 '-었-'이나 '-더-'를 집어넣고서 일관되게 '-었더-'로 표시해 두었다. 이는 다른 중첩 종결 어미에서도 동일하다. 종결 어미가 중첩되는 구성이 과거 경험을 불러내어 보고하는 속뜻을 지니기 때문이다.

§.4-3-2 반말투 어미 '-어²'에 '-니에/-녜'가 융합된 종결 어미: '-어니에/-어녜' {계사 어간에 붙어 '-이라녜', 다른 어간에 붙어 '-어녜, -여녜', 시상 형태에 붙어 '-앖어녜, -앗어녜, -을 커라녜'로 나옴} ⇨ §.4-1-4의 '-니에/-녜' 참고(360쪽 이하).

계사: 이거 가이 책이라녜[이거 그 아이 책이었지, 그렇잖니?]
형용사: 그 사름 지레 커녜[그 사람 키 컸지, 그렇잖니?]
동사: 가이 책 보앖어녜[그 아이 책 보고 있었지, 그렇잖니?]
　　　가이 그 책 다 보앗어녜[그 아이 그 책 다 본 상태로 있었지, 그렇잖니?]
　　　밖이 구름 보라, 비 오커라녜[밖에 구름 보렴, 비 올 기세였지, 그렇잖니?]
　　　날 우치젠 ᄒ난 애기 비청ᄒ여녜[날이 비가 오려고 하니까 아기가 비를 청하는 소리로 '부부~'하였지,[14) 그렇잖니?]

여기에서 관찰되는 '-어²'는 공통어에서와 마찬가지로 이 방언에서

---

14) 어원상 '비를 청(請)하다'에서 나왔을 것으로 보인다. 이 방언에서는 마치 한 낱말처럼 '비청' 또는 '비청하다'로 쓴다. '??비청을 하다'라는 표현이 아주 어색하다. 이런 점에서 '비를 청하다'라는 구문이 상정되어야 할 것이다. 즉, 명사 '비청'에서 동사 '비청하다'로 파생된 것이 아니라, 동사 '비 청하다'에서부터 임시 명사처럼 '비청'으로 쓰이는 것이 아닌가 한다.

자주 쓰고 있는 반말투의 종결 어미이고, '-네!/-니에!'는 이미 §.4-1-4 에서 다뤘다(360쪽 이하). 여기서 제시된 용례들은 모두 '-네'가 없이도 자연스럽게 종결될 수 있다는 점에서, '-어녜'가 중첩된 형태의 종결 어미임을 확인할 수 있다.

그런데 공통어로 대응시킨 사례들이 비록 모두 '-었-'으로 표현되었 지만, 방언 형태에서는 과거 시제의 존재를 찾아낼 수 없다. 이는 종결 어미가 중첩된 융합 구성에서 비롯되는 것으로 보인다. 반말투의 종결 어미로 일단 하나의 발화나 문장이 끝날 수 있다. 첫 종결 어미가 나왔 다는 사실 그 자체가, 해당 사건이나 일에 대한 마감이나 마무리를 전 제로 한다. 이에 근거하여 한 부류에서는 '-더-'의 속뜻이 덧붙고, 다른 부류는 '-았-'의 속뜻이 추가되는 것으로 이해할 수 있다. 즉, 중첩 구조 에 따른 언표 효력이다.

여기에 '-네/-니에'가 덧붙어서 청자로 하여금 화자가 말하는 내용에 대하여 '그렇지 않느냐?'고 확인을 요청하고 있는 것이다. 종결 어미 뒤에 다시 종결 어미가 덧붙어서 화용 첨사로서의 기능을 수행하고 있 는 셈이다. 올라가다 급작스레 내려가는 억양을 지니고 청자에게 확인 반응을 요청하는 화용 첨사 '이?'(↗↘)가 덧붙는 것이 더욱 자연스럽게 들린다.

"책이라녜<u>이</u>?(↗↘), 커녜<u>이</u>?(↗↘), ᄒ여녜<u>이</u>?(↗↘),
보았어녜<u>이</u>?(↗↘), 보앗어녜<u>이</u>?(↗↘) 오커라녜<u>이</u>?(↗↘)"

이럴 경우에는 이들을 모두 수사 의문문<u>으로도</u> 분류할 수 있다.

제4절 기원을 알 수 없는 감탄·서술 서법의 종결 어미

§.4-4-1 기원이 분명치 않은 융합형 종결 어미: '-문' {종결 어미에 붙어 '-다문, -으라문'으로 쓰이므로, 앞의 나온 종결 어미의 시상 제약을 따름}

형용사: 이 약 느신디 좋다문[이 약 너에게 좋단다]
동사: 재게 오라문[빨리 오렴으나/오려무나]
　　얼뜬 일어사라문[얼른 일어서렴으나/ 일어서려무나]

가끔 이 방언에서 들을 수 있는 '-문'은 공통어에서 청자에게 부드럽게 명령하는 '-하렴'에 감탄 형식 '-으나'가 융합된 '-려무나!'에 가깝게 느껴진다. 형태상의 공통점을 고려하면서 결과 상태를 나타내는 명사형 어미 '-음'과 다른 형태의 결합을 상정할 수도 있겠다. 그렇지만 현재 저자의 능력으로는 이 역시 아직 확증할 수는 없다.

　종결 어미 '-문'을 없애면 각각 명령 서법의 종결 어미 '-으라'와 독자적인 서술 서법의 종결 어미 '-다'를 찾을 수 있다. '-으라문'은 충분히 권고나 부드러운 명령의 의미를 띨 수 있으며, 공통어와 공유될 수 있는 모습을 상정할 수 있다. 그렇지만 이 방언에서는 독자적인 서술 종결 어미 '-다' 뒤에도 '-문'이 덧붙어 융합되어 있다. 만일 이를 번역할 수 있는 공통어의 대응 형태를 찾아본다면, '-단 말인가?'에서 줄어들었다고 설명되는 자문 형식의 '-담?' 정도일 뿐이고, '*-담으나!, *-다무나!'라는 형태는 가능할 것 같지 않다. 이런 대응 요소가 쉽게 찾아지지 않기 때문에 성급한 결론을 내릴 수는 없다.

　이상에서 논의한 감탄·서술 서법의 종결 어미들을 다음처럼 목록으로 만들 수 있다. 223쪽의 〈도표 4〉, 349쪽의 〈도표 11〉, 396쪽의 〈도표 16〉도 함께 비교해 보기 바란다.

<도표 12> 감탄·서술 종결 어미 목록

독자적인 종결 어미			반말투의 종결 어미		
고유한 감탄 서법	-고라, -과라	{마씀} 연결 불가능	반말투	-고나, -고낭아 (계사는 -이로고나)	{마씀} 연결 가능함
	-노라				
	-노나				
	-고				
감탄·서술 겸용 서법	-네/-니에		어미 중첩	-어(반말투)+고나	
	-예/-이에				
	-네, -데				
	-나				
어미 중첩	-어(반말투)+네/니에				
	-다(고유서법)+문				
기타	-문				
	-읍서(기원 형식임)				

제5절 행동을 요구하는 종결 어미

행동과 관련하여 가장 대표적인 경우가 명령하는 일이기 때문에, 흔히 이를 명령 서법으로 부르기도 한다. 그렇지만 하위로 가면 반드시 명령만 있는 것이 아니라, 청유도 있고 권유도 있으며 약속도 있으므로, 차라리 중립적인 용어를 만든다면 행위 관련 서법이라고 말할 수 있다. 옥스퍼드 대학의 일상언어 철학자 오스틴(J. L. Austin, 1911~1960)은 약속이나 사과에 관련된 발화가 참값이 되기 위한 조건들을 연구하면서, 이런 일들이 모두 수행과 관련된다고 보아 수행문(performative)이란 개념을 발전시켰다. 애초에는 이를 참 거짓을 따지는 진술문(constative)과 대립시켰었다. 그러다가 진술 그 자체도 주장하는 행위로 환원할 수 있기 때문에, 모든 화용 행위가 행위를 지속해 나가는 '수행문'이라는 결론에 이르게 되었다. 그렇지만 전통적으로 이분법으로 제시된

'지식과 실천, 앎과 행함, 이론과 행동, 인식과 참여, 생각과 실행'

등의 구분이 머릿속에서 일어나는 일 및 손과 다리를 움직이는 일을 서로 나누어 놓도록 이끌어 가고 있으므로, 행동이란 개념을 따로 내세우는 것이 여전히 바람직하다고 본다.

이 방언에서 행동 관련 서법 속에 하위 구분되는 내용은 명령, 청유, 권유, 기원, 약속 등이다. 그런데 권유는 고유한 종결 어미를 갖고 있지 않으므로 청유와 함께 다룰 수 있으며, 기원은 상대방 청자에게 행위를 요구하는 간접 표현 방식이므로 명령에서 같이 다룰 수 있다. 이하에서는 간단히 하위 범주들 중에서 고유한 종결 어미들을 중심으로 살펴보기로 한다. 비록 행동 관련 서법을 세운다고 해도, 언어 사용에 따른 표현 선택 과정에서 언제나 직접 표현이 있고, 간접 표현이 있으므로, 행위 관련 행위를 반드시 이런 종결 어미들로써 말한다고 매듭지을 수 없다. 화자가 의사소통 의도를 결정하였을 경우에 이 의도가 언어라는 매개체로 표현되는 과정은 다음 네 가지 선택지(①~④)에서 어느 하나의 경로를 택한다.

<도표 13> 언어 표현의 갈래에 대한 선택지

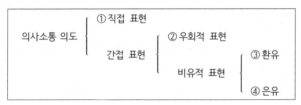

가령, "~하면 좋을 걸!"과 같은 기원이나 희망 표현도, 화용 상황이 갖추어지면 상대방 청자로 하여금 행동을 일으킬 수 있는 것이다. 또 "~하지 않을래?"와 같은 의문 표현도 상대방의 자율적 결정을 존중하면서 행위를 이끌어 낼 수 있는 것이다. 청유라는 서법도 직접적으로 명령하는 느낌을 줄여 놓고 함께 행동한다는 뜻을 표현하기 때문에, 실질적으로 명령의 효과를 거둘 수 있는 우회적 표현 방법이 된다.

이 책에서 다루는 서법의 종결 어미들 중에서 행동 관련 서법은 고유한 종결 어미들의 숫자가 가장 적다. 그 까닭은 아마 두 가지 정도로 보인다. 먼저 생각과 행동의 구분 때문이기도 하고(따라서 계사와 형용사에는 결합될 수 없고 오직 동사에만 결합되며, 이 또한 기본적으로 발화 시점부터 이후의 시간 영역에 걸쳐서 일어나므로 시상 형태 및 양태 형태의 실현에도 제약이 가해짐), 또한 다른 서법의 종결 어미들을 이용하여 속뜻으로 행위를 하도록 이끌어 낼 수 있기 때문이기도 하다.

§.4-5-1-가) 명령 행위와 관련하여, 고유한 종결 어미 '-으라³, -거라³', 반말투 종결 어미 '-어²', 대우 표현의 종결 어미 '-읍서'가 있음 {시상 형태 '-앖이-'와 결합할 수 있으며, 보조동사 구문 '-아 시-'도 쓰임}

① 동사+-읍서!(대우 형태): 올 때랑 그 책도 웃엉 읍서![올 때는 그 책도 갖고 오십시오!]

올 때랑으네 그 책도 웃엉 오십서![오실 때에는 그 책도 갖고 오십시오!]

말 ᄎ᷉ᆫᄎ᷉ᆫ히 굴읍서![말씀을 천천히 하십시오!]

잘 들읍서![잘 들으십시오!]

비밀번호 안 잊어 불게 멩심ᄒᆞᆸ서!/멩심ᄒᆞ십서![비밀번호 잊지 않도록 명심하십시오!]

ᄒᆞ나씩 ᄂᆞ눴입서![하나하나씩 나누고 계십시오]

잘 살앖입서![잘 살고 계십시오!, 인삿말]

보조동사 '-아 있-' 구문: 이삿짐 풀어 십서!15)[이삿짐 풀어 두고 있으십시오]

손지덜 오기 전이 방청소 다ᄒᆢ 십서![손자들 오기 전에 방청소 다하여 두십시오]

---

15) 관용 표현으로 공통어에서 "게 섰거라!"(거기 서 있거라!)나 옛날 임금이 거둥할 때에 방해되지 않도록 길을 치우는 일(벽제, 辟除)에서 "물렀거라!"(물러서 있거라!)라고 말한다. 여기서처럼 '있-'이 더욱 줄어들어 한 음절의 받침소리로 나올 수 있다. 이 방언에서 보조동사 구문 '-아 시-'도 "느 방으로 갓거라!"[네 방으로 가 있거라!]라고 줄어들 수 있을 듯하다. 이런 구성을 잘못 해석하여 과거 시제 '-앗-'으로 봐서는 안 된다.

② 동사+-거라!: ㄱ만히 놔 두거라![가만히 놔 두렴!]

　줄 둥기지 말고 그만 놓거라![줄 당기지 말고 그만 놓으렴!]

　늠도 먹게 그만 먹거라![남도 먹도록 그만 먹으렴!]

　이레 오거라!/오너라![이리로 오너라!]

　가이영 흔디 놀았이거라!/놀았거라![그 아이랑 함께 놀고 있으렴!]

③ 동사+-으라!: 이레 왕으네 밥 먹으라![이리로 와서 밥 먹으렴!]

　숨넘어가려, 말 춘춘히 글으라![숨넘어가겠다, 말 좀 천천히 하렴!]

　헐은 거 다 줏이라!/줏으라![제대로 담지 못하고 옆으로 샌 거 다 주워
　　담으렴!]

　그걸랑 나신디 드라![그것은 나에게 달라!]

　출출ㅎ민 감재라도 먹없이라![배 고프면 고구마라도 먹고 있으렴!]

　이디서 기다렸이라!/지들렀이라![여기서 기다리고 있으렴!]

　점방 강 이시라![점포/가게에 가서 있으렴!]

　보조동사 '-아 있-' 구문: 느 믄예 가 시라![너 먼저 가 있으렴!]

　흔차 적적ㅎ다, 느라도 오라 시라!/와 시라![혼자 적적하다, 너라도
　　와 있으렴!]

④ 동사+-어!(반말투): 그만 먹어![그만 먹어!]

　놀지만 말앙 부지런히 공부ㅎ여![놀지만 말고 부지런히 공부해!]

　재게 이레 와![재빨리 이리로 와!]

⑤ 반말투 어미 '-어'와 명령 종결 어미 '-라'의 융합 구성: 이레 와라![이리로
　　오렴아!]

　그 일 재게재게/재기재기 ㅎ여라![그 일 빨리빨리 하려무나!]

⑥ 반말투 어미 '-라'에 다시 명령 종결 어미 '-라'가 융합된 구성: 이레 오라
　　라![이리 오려무나!]

이 방언에서 대우 표현의 명령형 종결 어미는 공통어의 '-으십시오'와 대응되는 '-읍서'가 쓰인다. 경우에 따라서 행동 주체를 높이는 대우 형태 '-으시-'가 들어가 '-으십서'가 쓰일 수 있는데, 금지 명령 '말다'에서 '마십서'라고 하거나, 또는 식사를 권하는 '드십서, 자십서, 잡수십서' 따위에서 들을 수 있다. 저자가 작년부터 참여하였던 이 방언의 표기 지침을 논의하는 자리에서 몇 분과 얘기를 나누는 동안, '-으시-'가 사회 계층 방언에 속하는 형태임을 확인할 수 있었다. 이숭녕(1957; 1978 재간행), 『제주도 방언의 형태론적 연구』(탑출판사)의 66쪽 이하에서는 분명히 '극존칭' 활용으로 '-으시-'를 다루고 있다.

시상 형태가 결합된 인사말투 '잘 살았입서!'[잘 살고 계십시오]로부터 '이'를 매개로 한 '-앖이-'가 결합됨을 확인할 수 있다. 그렇지만 곧 행위가 일어나도록 만들어 주는 명령형 종결 어미에는 개념상 결코 과거 시제 형태가 결합될 수 없다. 일부에서는 형태소 분석을 잘못하여 명령형 종결 어미가 완료 지속 현태와 결합한 듯이 본 경우도 있고, 대우 형태소 '-으시-'로 잘못 분석한 경우도 있다. 응당 보조동사 '-아시-'[-아 있-] 구문으로 바로 잡아 주어야 한다. "믄예 가 십서!"[먼저 가 계십시오!]를 잘못 분석하여 '가십시오!'처럼 서술하였지만(현평효 1985: 194쪽), 보조동사 구문의 실현일 뿐이다(오분석임).

평대 관계에서 특이한 점은 고유한 명령 종결 어미 '-으라' 이외에도 '-거라' 또한 적잖은 분포에서 관찰될 수 있다는 점이다. 대신 공통어에서 동사 '오다'에 결합하는 '-너라'는 표준어 교육의 영향을 제외하면 거의 안 쓰이고, 대신 '오거라!'로 활용할 수 있다. '-으라'도 또한 시상 형태와 결합할 수 있는데, '-읍서'에서와 동일하게 언제나 '-앖이-'에 수반될 뿐이다. 잘못 분석한 과거 내지 완료 지속 형태는 보조동사 '-아시-'[-아 있-] 구문을 올바르게 보지 못한 데에서 나왔을 뿐이다.

반말투의 종결 어미 '-어'는 억양을 달리하면서 두루 여러 서법에 쓰이는 특징이 있다. 명령형에서도 '-어!'가 관찰된다. 이 경우 반드시 동사 어간에만 붙는 특징이 명백히 서술되어야 한다. 만일 시상 형태에 수반된다면 언제나 '-없-, -엇-'이 가능한데, '-없어, -엇어'는 더 이상 명령 서법이 아니다. 오직 대상을 서술해 주는 서술 서법의 종결 어미로 쓰인 것이다. 이 반말투 종결 어미는 명령 서법에서도 융합 구성을 만들 수 있다. 공통어에서와 동일하게 '-어²'와 '-으라'가 융합되어 '-어라!'로 나오는 것이다. 가령 '오라!, 와!, 와라!'나 'ᄒ라!, ᄒ여!, ᄒ여라!'는 서로서로 다른 형태소들이 실현된 것이다. 처음 두 경우는 고유한 명령 종결 어미(오라, ᄒ라)와 두루 여러 서법에 쓰이는 반말투 종결 어미가 나온 것이다(와, ᄒ여). 뒤에 있는 것(와라!, ᄒ여라!)은 두 종결 어미가 융합되어 있는 것이다. 송상조(2007), 『제주말 큰사전』(한국문화사) 778쪽에 보면 '-라라²'가 들어 있다. 이 경우에 선행한 종결 어미는 '오다' 동사가 반말투 어미로 실현된 것이다. 이 뒤에 다시 명령형 종결 어미 '-으라'가 덧붙었다. 이런 융합은 상대방 청자가 부주의하여 화자의 명령을 잘 듣지 못하였을 경우에, 화자인 내가 말하고 있는 것이 "「와!」이다, 「ᄒ여!」이다, 「으라!」이다"라는 뜻으로 발화되는 것이다. 이런 구문은 이미 영어 'it ~ that ~'의 구문으로 실현된다는 사실이 일상언어 철학자 그롸이스(Grice) 교수에 의해서 잘 밝혀진 바 있다.

명령 서법에서는 상대방 청자에게 화자의 말을 듣고서 행동하기를 촉구하는 뜻이 덧붙여지기도 한다. 이 방언에서는 특히 그 기능이 화용 첨사들에 실려 있다(§.1-5의 논의 참고: 68쪽 이하). 이들에는

"게, 이, 야16)"[평대]

---

16) "짐 조그만이 지라야!"[짐을 조금씩 짊어지렴+야!]에서 '야'는 화자의 발화에 주목하도록 촉구하는 화용 첨사이다. "가인 볼써 떠낫다야!"[그 아이는 벌써 떠났다+야!]에서도 마찬가지이다. 저자가 느끼기에, 이 화용 첨사 뒤에 "넘어지겠다/떠났다 그것도 모르니?"라는 함의가 덧붙을 수 있는 듯하다. 이런 속뜻은 저자가 제시한 화용 첨사 층위에서 제3층위와 관련되며, 상대방 청자쪽에서 긍정적인 판단이나 반응을 제시함으로써 화행의 한 매듭이 종결될 수 있다.

아직 화용 첨사 목록에 올라 있지 않지만, '뭐'도 같은 기능을 할 수 있다. "짐 조그만이 지라뭐!"[짐을 조금씩 짊어지렴+뭐!]. 아마 고유한 서술 종결 어미 '-다'나 고유한 명령 종결 어미 '-라' 뒤에 융합될 수 있는 듯 느껴진다. '상대방 청자가 잘 알고 있는지 궁금하고, 반응을 보여 달라!'라는 요구를 담고 있는 듯하다. 이는 '야!'와 마찬가지로 제3층위의

"양, 예, 마씀"[대우]

등이 있다. 이들은 평대 첨사와 대우 첨사로 나뉘는데, 반말투 어미에
붙어 대우 등급을 바꾸는 '마씀'을 제외하고 대우 첨사 '양, 예'는 대우
표현에 붙는다.

§.1-5의 논의(68쪽 이하) 및 146쪽의 각주 56)에서 이 방언에서 관찰
되는 첨사를 선적 연결로 된 세 가지 층위로 나누었다. 첫 층위는 청자
에게 주목하도록 요구하므로 주목 강조 첨사 또는 주의력 초점 첨사로
불렀다. 두 번째 층위는 청자에게 수용을 촉구하거나 동의를 요구하므
로 수용 촉구 또는 동의 요구 첨사로 불렀다. 세 번째 층위는 청자의
반응을 보여 주거나 판단을 제시하도록 요구하므로 반응 제시 또는 판
단 요구 첨사로 불렀다.

평대에서 쓰이는 화용 첨사들은 1차적으로 '게'가 청자에게 발화 내
용에 주목하거나 수용하도록 요구한다(1층위 또는 2층위). '이'는 청자에
게 수용을 촉구하거나 동의할 수 있는지를 묻고 있다(2층위). '야'는 "해
당 진술을 잘 깨닫지 못하느냐?"고 반문하는 속뜻을 지닐 수 있으며,
반응을 제시하도록 요구하는 제3층위의 첨사로 판단된다. 대우 화용
첨사 '양, 예'는 1차적으로 '이'와 동일한 기능을 맡는다. 일부 하위방언
(구좌면 등지)에서 '양'이 다시 '야'로 줄어들 수 있다(옛 제주시 지역에서
는 줄어든 '야'가 평대 첨사 '야'를 연상시키므로 자칫 남을 얕잡는 것으로 들려
오해받을 소지가 있음). 다만, '마씀'은 반말투 종결 어미 '-아' 뒤에 융합

기능으로 간주할 수 있다. 그렇지만 공통어에서 임의의 어절 뒤에 붙을 수 있는 '요'와
같이 행동하는 경우도 있다. "철수 그디 값수다."라는 발화에서 어절 뒤에 계속 붙을 수
있는 것이다.
  "철수뭐, 그디뭐, 값수다뭐!"
이런 경우에는 「다름 아니라 바로 '철수'가, 다름 아니라 바로 '그디'를, 다름 아니라 '가
고 있습니다」로 번역해 줄 수 있다. 제1층위의 화용 첨사 기능도 맡을 수 있는 것이다.
그렇다면 일부 화용 첨사는 여러 층위들에 걸쳐 실현될 수 있고, 또 다른 일부의 화용
첨사는 고유한 층위를 떠맡고 있을 가능성이 높다. 최근에 젊은 연구자들 사이에서 이
방언의 화용 첨사들에 대한 관심이 커지고 있는 것은 반가운 일이다. 속히 이런 화용
첨사들에 대한 포괄적인 기술과 설명이 나오기를 희망한다.

되어 대우의 등급을 바꾸어 주는 역할을 한다.

그런데 평대 첨사는 다시 두 개가 서로 배합되어 복합 기능을 수행할 수 있다. '게, 이, 야'를 기계적으로 서로 둘씩 배합하면 다음과 같이 모두 3의 제곱(3^2)인 아홉 가지 결과가 나온다. 이들 중에서 이 방언의 자료에서는 네 가지 결합이 관찰되지 않고, 나머지 다섯 가지 배합이 나올 수 있다.

<도표 14> 평대 화용 첨사들의 중복 결합 방식

선행함 \ 후행함	게(겐)	이	야
게	게게(게겐)	게이	게야
이	이게(이겐)	*이이	*이야
야	야게(야겐)	*야이	*야야

'게게'로부터 '야야'까지 대각선을 긋는다면, 하단 부분의 대각선에 해당하는 형태(네 개의 칸)들 '*이이, *야이, *이야, *야야'가 결합 불가능한 것이다. 허용되거나 불가능한 결합 구성이 들쭉날쭉 아무렇게나 퍼져 있는 것이 아니라, 균질적으로 한 쪽과 다른 쪽에 서로 몰려 있다. 이는 화용 첨사의 내적 질서가 자의적이지 않고, 체계적임을 시사해 준다.

〈도표 14〉의 첫 줄에서 '게게, 게이, 게야'가 있다. '게게'는 '게겐'으로도 실현된다.17) 이는 뒤에 있는 형태 '겐'이 앞의 화용 첨사와 다른 속성을 지니고 있음을 시사해 준다. 세 가지 평대 화용 첨사에서 특이하게 'ㄴ'이 덧붙을 수 있는 것은 오직 '게'뿐이다.

---

17) 이 중에서 선행한 형태만이 '기'로 줄어들 수 있다. 따라서 '기게, 기겐'이 변이 모습으로 나올 수 있는 것이다. 그런데 '게'가 '기'로 줄어들 수 있다는 사실은 '게'의 내부 구성이 최소한 '거+이'로 이뤄져 있음을 시사해 준다. 이런 구성은 '게'가 제3층위에도 자리 잡을 수 있는 까닭을 설명해 줄 수 있다. 일단 다른 화용 첨사도 단일한 형태인 양 제시되어 있으므로, '게' 또한 단일한 듯 제시해 둔다. 이 첨사가 어떤 구성으로 이뤄졌을지에 대해서는 오직 분석 가능성만 적어둘 뿐이다.

'게'에 덧붙어 있는 'ㄴ'은 인용 어미 'ㄴ'이 융합된 것이며, 이미 서술 서법 및 의문 서법에서 다룬 융합된 복합 종결 어미 '-으멘, -언'과 같은 구조를 공유하고 있다. 이는

"내가 [   ] 요구한다/말한다!"

라는 구문이 기본 표상으로 상정되며, 꺾쇠괄호 속에 내포문으로 자리 잡은 형식이다. 단, 여기에서 화용 맥락이 쉽게 복원될 수 있으므로, 상위문이 생략된 채 오직 꺾쇠괄호 속에 있는 내포문만 실현된 모습을 보인다. 그렇다면 '겐' 뒤에 더 이상 다른 평대 등급의 화용 첨사가 붙을 수 없다는 언어적 사실을 고려할 경우, 이 첨사의 층위는 맨 마지막 제3층위에 나오는 청자의 반응이나 판단을 요구하는 첨사임을 알 수 있다. 〈도표 14〉를 보면

① 오직 첫 번째 칸에서만 모두 '게겐, 이겐, 야겐'이 결합한다.
② 첫째 줄에서 보듯, 첨사 복합 구성에서 '게'가 선행 요소로만 실현된다(게 이, 게야).

는 사실도, 모두 '겐'의 실현 층위가 제일 바깥에 있는 층위임을 짐작하 게 해 준다. 이런 근거로 미루어, '게게' 내지 '게겐'은 제1층위(주목 강 조)와 제3층위(반응 제시 요구)의 결합이거나, 또는 제2층위(수용 촉구)와 제3층위(반응 제시 요구)의 결합으로 해석할 수 있다.

〈도표 14〉의 첫째 줄에서 '게이'는 제1층위와 제2층위 화용 첨사가 결합한 것으로서, 주목 강조 및 수용 촉구의 뜻을 담고 있다. '게야'는 제1층위와 제3층위, 또는 제2층위와 제3층위가 결합된 것으로 보인다. 그렇다면 나머지 결합인 제1열(첫 번째 칸)의 제2행과 제3행의 '이게'(이 겐)와 '야게'(야겐)를 보기로 한다. 이들은 층위들이 거꾸로 적용되어 있 다. '게'가 전형적으로 제1층위의 '주의력 초점' 또는 '주목 강조' 첨사인

데, 제2층위 및 제3층위 밖에 실현되어 있기 때문이다. 그런데 이 도표를 다시 자세히 드려다 보면서 해석을 한다면, 제2행과 제3행에서는 오직 '게'만 화용 첨사 복합 구조에 참여하고 있음을 확인할 수 있다. '게'가 제1층위, 제2층위, 제3층위를 넘나들면서 실현될 수 있는 유일한 화용 첨사인 것이다. 첨사 복합 구성에서, 만일 후행하는 '게'와 '겐'이 동일한 기능을 지니고 제3층위에 실현되어 있다면, 오직 '야게'(제3층위+제3층위)만을 제외하고서, 어떤 복합 구성에서도 일관된 층위별 설명력을 지닐 수 있다.

저자는 이를 언어 사실로 받아들여 다음과 같은 화용 첨사 실현 방식을 서술할 수 있을 듯하다. 화용 첨사로서 가장 전형적인 기능을 맡고 있는 것이 제1층위의 주목 강조 첨사 또는 주의력 초점 첨사이다. 이 첨사는 화용 첨사의 전형이므로, 어떤 화용 첨사의 확장에서도 그 확장을 마무리하는 데에 참여할 수 있는 특권을 지녔다고 가정한다. '게게/게겐'(1층위+3층위)의 경우와 '이게/이겐'(2층위+3층위)의 경우는 층위의 역전이 없으므로, 일관되게 그대로 설명을 할 수 있다. 상대방 청자에게 주목하도록 강조하거나(제1층위) 수용하도록 촉구하는 일(제2층위) 뒤에, 다시 상대방 청자의 판단이나 반응을 요구하는 제3층위가 배열되어 있기 때문이다.

문제는 '야게/야겐'이다. 이미 '야'를 제3층위(청자의 반응이나 판단 제시 요구 첨사)의 것으로 보았기 때문이다. 그렇다면 '야게/야겐'의 복합체는 '제3층위+제3층위'(동일 층위의 반복)로 설명되어야 하므로, 저자가 화용 첨사들이 층위별로 나온다는 주장에 모순이 될 수 있다. 필자는 이 모순스런 결합을, 화용 첨사 '게/겐'이 원래 지녔을 것으로 상정한 상위문 구성에 기대어 해결하고자 한다. 이는 영어의 'it ~ that ~' 구문과 동일한 것으로서, 화자가 상대방 청자에게

「해당 명령이나 진술에 대하여 즉각 판단이나 반응을 제시하도록 요구하는 일」(제3층위)

을 거듭 강조하거나 초점 모으고 있는 것으로 본다. 다시 말하여 '제3층위'의 화용 첨사가 이내 복원될 수 있는 상위문 구성에 들어가 있다고 상정할 수 있다. 이런 구성에 호소한다면, 동일 층위가 반복된 것이 아니라, 제3층위의 '반응 내지 판단 제시' 요구를 다시 한 번 강조하여 청자에게 환기시키고 있다고 설명될 수 있다. 이를 통해 제3층위가 반복되었다는 모순을 피할 수 있을 듯하다(제3층위의 요구에 초점을 모으도록 강조하고 있음).

화용 첨사 층위 및 첨사 복합 구성체에 대한 저자의 기술과 설명이 모두 다 오류이고 거짓으로 판명될 수 있다. 이 방언이 특정 연구자의 전유물일 수 없기 때문이다. 그렇지만 모처럼 모어 방언을 기술하고 설명하려고 노력하면서, 저자는 이 방언의 화용 첨사들의 층위 내지 위계가 설정되어야 한다는 사실(세 가지 층위)도 처음 깨우쳤다. 더욱이 그 화용 첨사들이 복합 구성을 이루되, 엄격한 질서를 따르기 때문에, 〈도표 14〉와 같이 체계적인 허용과 제약이 포착될 수 있다는 사실도 처음 깨달았다. 현재 저자로서는 이 정도의 체계 기술이 나름대로 최선을 다한 인식 결과이다. 언어학 영역에서는 관점과 시각이 다르면 현상에 대한 설명도 확연히 달라질 수밖에 없음을 잘 배울 수 있다. 역사주의 언어학, 구조주의 언어학, 생성문법, 담화 접근 등이 계속 언어학의 발전을 보여주기 때문이다. 이제 이 방언에서 관찰되는 화용 첨사들의 내재적 질서에 대한 천착은 다른 연구자들의 몫으로 넘길 수밖에 없다.

§.4-5-1-나) 나이 든 여성이 손아랫사람(남녀 불문)에게 쓰는 '-으심', '-으순', '-으손'이 있으나, 저자는 겨우 '-으심'을 한 번 들어보았을 뿐이다.18) '-으순, -으손'에 대해서는 결코 들을 수 없었다. 여성들이

---

18) 수년 전에 노환으로 세상을 버리신 저자의 어머니는 옛제주시 옆의 애월읍 애월리가 고향이다. 그렇지만 '-으심', '-으순'이란 종결 어미를 쓰는 것을 저자는 한 번도 들어보지 못하였다. 대신 30년 전쯤에 이른바 '웃드르'(중산간 지역)로 불리는 곳에서 온 노파로부터 '흔저 들어오십!'이라는 발화를 들은 적이 있다. 노파가 젊은 남성에게 했던 발화이다. 이숭녕(1957, 1978 재간행: 66~67쪽, 117쪽)에서는 '부녀어'로 '-으심'을 올려놓았고, 박

동년배나 손아랫사람에게 박절하지 않게 말하는 어투의 종결 어미로
풀이가 되어 있다. '지 생각대로만 ᄒ지 마심!', '밥 ᄒ엾순!'과 같은
예들이 제시되어 있다. 그렇지만 저자로서는 이것들에 대한 직관이
없으므로 자세한 활용 모습을 기술하거나 설명해 줄 수 없다.

§.4-5-2 금지 명령 '말다'의 경우:

㉠ '맙서, 마십서'(대우) ⇨ '맙서게, 마십서게, 맙서이, 마십서이'(화용
첨사의 융합), '맙서양, 마십서양, 맙서마씀, 마십서마씀'(대우 화용
첨사의 융합);

㉡ '맙주, 마십주'(대우) ⇨ '맙주게/맙주기, 마십주게/마십주기, 맙주이,
마십주이'(화용 첨사의 융합), '맙주양, 마십주양, 맙주마씀, 마십주마
씀'(대우 화용 첨사의 융합);

㉢ '말라, 말거라'(평대) ⇨ '말라게, 말라겐, 말라이, 말라문, 말라야',
'말거라게, 말거라겐, 말거라이, 말거라문, 말거라야'(화용 첨사의 융
합), '*말라양, *말라마씀, *말거라양, *말거라마씀'(대우 화용 첨사가
융합될 수 없음);

㉣ '말자, 말게, 말주'(평대), '말자게, 말자겐, 말자문, 말자이', '말게게,

용후(1960), 『제주 방언 연구』(동원사, 철필 등사본)의 340~343쪽에서는 나이 많은 여성
이 손아랫사람에게 쓸 수 있는 '-센, -손'을, 345쪽 이하에서는 '-심'을 올려놓았다.
　이례적으로 '-순'을 강영봉(2007), 『제주의 민속문화 1: 제주어』(국립 민속박물관)의 99
쪽 이하에서는 의문 서법으로 올려놓았다. 정승철(1997), 「제주도 방언 어미의 형태 음소
론: 인용 어미를 중심으로」, 『애산 학보』 제20호의 93쪽 이하에서는 의문 종결 어미 '-
순?'에 대한 '문법성 판정'까지도 언급하여 이채롭다.
　그렇지만 고재환(2013 개정판), 『제주어 개론』 하(보고사), 252쪽 이하 및 396쪽에서는
최초로 이 종결 어미를 다룬 연구자들과 동일하게 '서술 서법'의 종결 어미로 해설하고
있는데, 가장 풍부한 사례들이 제시되어 있다. 고재환 교수는 1950년대에 보고된 이런
종결 어미의 사용을 당시 청년 시절에 직접 경험하였을 것이다. 또한 그 분의 설명 내용
들을 읽어 보면, 결코 의심스런 가공의 자료가 아니라, 직접 체험을 하여 직관을 지니고
있다는 믿음이 간다. 만일 이것이 서술 서법의 종결 어미가 분명하다면, 최근의 연구자들
은 아마 '메아리' 의문으로 되묻는 것을 잘못 기술하여 의문 종결 어미라고 지정하였을
가능성도 배제할 수 없다.

말게겐, ?말게믄, 말게이', '말주게, 말주겐, 말주믄, 말주이(화용 첨사
의 융합), '*말자양, 말게양, 말주양, *말자마씀, 말게마씀, 말주마씀'
(대우 화용 첨사가 붙어 대우 등급 전환됨)

동사: 그영 곧지 맙서[그렇게 말하지 마십시오]
      데껴/뎎여 불지 마십서[던져 버리지 마십시오]
      그 일 ᄒ지 말앖입서[그 일 하지 말고 계십시오]
      그 일 ᄒ지 맙주[우리 그 일 하지 맙시다, 청유 서법]
      그 물 쏟아 불지 마십주[그 물 쏟아 버리지 맙시다, 청유 서법]
      그디 가지 말라[거기 가지 말라]
      그디 가지 말거라[거기 가지 말라]
      그디 가지 말주[거기 가지 말지]
      그디 가지 말게[우리 거기 가지 말자, 청유 서법]
보조동사 '-아 시-'[-아 있-] 구문: 짐 아직 풀지 말아 십서[짐 아직 풀지 말고
      계십시오]
      그디 눌르지 말아 십서[거기 누르지 말고 계십시오]

금지 명령을 나타내는 동사 '말다'는 대우 표현으로 명령 종결 어미
'-읍서'와 청유 종결 어미 '-읍주'가 붙는다. 이들 대우 종결 어미에는
사회 계층에 따라 행위 주체를 높이는 '-으시-'가 선행되어 '-으십서,
-으십주'로 발화되기도 한다. 저자는 '-으시-'가 꼭 들어가야 할 자리에
이 형태를 집어넣지 않는 것은 일부러 상대를 얕잡는 것으로 느껴진다.
일부 하위 방언 화자들이 '-으시-'가 마치 불필요한 듯이 서술하는 것은
사회방언의 질서를 무시하는 잘못으로 보인다. 이런 변이 모습은 아마
우리말의 대우 표현의 기본값과 최대값을 역사적으로 설명하는 데에
도움을 줄 수 있는 듯하다. 이 종결 어미 뒤에 다시 화용 첨사가 뒤따라
나올 수 있는데, 평대 화용 첨사와 대우 화용 첨사가 다 가능하다.
      평대의 고유한 명령 종결 어미로는 '-으라!'와 '-거라!'가 있다. 공통

어에서는 동사 '오다'와 '가다'에 각각 '-너라!'와 '-거라!'가 실현되어 형태론적으로 조건 지워진 변이형태로 불린다. 이 방언에서는 동사 '오다'에는 드물게 '오너라!'가 쓰이고 대신 '오거라!'도 자주 쓰인다. 금지 동사 '말다'에도 '말라!, 말거라!'가 모두 관찰된다. 이런 현상은 §.4-5-1-가)에서 마찬가지였는데(378쪽 이하), 수의적 교체 관계는 아니다. 왜냐하면 '말거라!'가 이 방언의 인용 구문 속에 들어갈 적에는 '-엔/-이엔'과 융합되어 '*말거랜 ᄒ여'라고 발화될 터인데, 이런 구성은 찾아지지 않기 때문이다. 반드시 '말랜 ᄒ여'로 나와야 하는 것이다. 그렇다면 '말거라'가 인용 구성 속으로 들어갈 수 없도록 하는 어떤 요소가 있을 듯하며, 아마 '거'를 중심으로 찾아져야 할 것이다.

맨 마지막에 제시된 구성은 청유 서법의 '말자, 말게, 말주'이다. 여기서 '말자'는 고유한 청유 종결 어미이며, '말게, 말주'는 대우 화용 첨사 '마씀'이 붙을 수 있는 반말투 청유 종결 어미이다. 평대 관계의 명령 어미에 대우 화용 첨사가 붙으면, 우리말의 후핵성 매개인자에 따라서 대우 표현으로 등급이 올라간다. 고유한 명령형의 대우 종결가 격식적 대우를 떠맡는 반면, 이들은 비격식적인 대우에 해당한다. 그런데 평대 관계의 어미들에서는 특이하게 '문'이라는 화용 첨사를 덧붙일 수 있다. ㉢은 독자적으로 고유하게 쓰이는 평대 명령 종결 어미이다. 따라서 여기에는 반말투에서와 같이 화용 첨사가 덧붙어 대우 등급을 높일 수 없다. '말자'는 화자와 청자가 함께 한 집단을 이룬 '우리'가 주어로 상정된다. 따라서 스스로 높여 대우하는 일은 논리상 불가능하다. 따라서 ㉣에서 '*말자양, *말자마씀'이 비문법적이라고 표시되어 있는 것이다.

반말투의 청유 종결 어미 '-게², -주²'는 모두 서술 서법의 종결 어미 §.2-2-3-다)의 '-게¹'과 §.2-2-4-나)의 '-주¹'에서도 관찰된다(각각 121쪽, 140쪽 이하). 비록 이들 사이에 유연성이 있을 개연성이 있지만,19)

---

19) 이는 이하에서 언급되는 차이점들이 모두 동일한 형태가 청유 서법에 쓰일 수 있도록 만들어 주는 제약 조건으로 간주될 수도 있기 때문이다.

명확히 이들이 동일한 것인지에 대해서는 좀 더 심사숙고한 뒤에 결론이 내려져야 할 것이다. 일단 겉으로 관찰되는 차이는 다음과 같다. '-게¹'은 명사에도 직접 붙을 수도 있고 계사 어간에도 붙는다. 청유형 종결 어미 '-게²'는 오직 동사와만 결합할 뿐이다. '-주¹'은 시상 형태와 이어질 경우에 '-앖-, -앗-'만이 관찰된다(-앖주, -앗주). 그렇지만 청유 서법에서는 시상 형태가 결합될 경우에 반드시 '-앖이-'만 선택해야 한다(먹없이게, 먹없이주). 일부에서 잘못 과거 시제 또는 완료 지속 형태를 제시한 것은 '-아 시-' 보조동사 구문을 혼동하여 과거 시제 '-앖-'으로 왜곡한 것에 지나지 않으며, 장차 일어날 행위와 관련된 청유 서법에서는 논리상 '-앗'도 '-앗이-'도 결합할 수 없다. 또한 '-주¹'은 수의적으로 화용 첨사가 융합되어 '-쥐'로 나오지만, 이런 융합 구성이 청유 서법에서는 쓰일 수 없다. 일단 여기서는 시상 형태의 결합이 구조적으로 다르다는 점을 근거로 하여, 여기서는 잠정적으로 다른 숫자를 윗첨자로 붙여 청유 서법의 '-게², -주²'로 따로 기술해 둔다.

§.4-5-3 대우의 서술 종결 어미 '-오'와[20] 대우의 명령 종결 어미 '-읍서'가 융합되어, 바람 희망 소원 따위를 나타내는 기원 종결 어미: '-옵서!, -시옵서!'와 '-옵소서!' {어간에 직접 결합하거나 또는 '이'를 매개로 한 시상 형태 '-앖이-'를 선행시켜 '-앖이옵서'로 나옴[21]}

---

20) 이 방언에서는 단독으로 종결 어미 '-오'가 쓰이는 것은 아니다. 공통어에서는 옛날 임금이나 상관에게 아뢸 적에 관용적으로 "아뢰오!"라고 말하므로 '-오'가 대우해 주는 종결 어미임을 알 수 있다(더 뒤에는 융합 구성체인 '아뢰옵나이다'가 쓰임). 이른바 현대 국어에서 '하오'체로 언급되는 이 종결 어미는 '뭐 하오?'에서처럼 의문 서법으로도 쓰일 수 있고, 여기에 대한 대답으로 '책을 읽는 중이오!'라고 서술 서법으로도 쓰일 수 있으며, '그만 집에 돌아가오!'처럼 명령 서법에도 쓰인다.

21) 고재환(2013, 개정판), 『제주어 개론』 하(보고사), 376쪽 이하에는 관용구로서 "술잔 받줍서!"를 올려놓았는데, 어른에게 공손히 말하는 표현으로 설명하였다. 그렇지만 설명은 반대로 되어 있다. 이것이 '받잡다'와 같은 형태인지는 의심스럽다. 왜냐하면 '받잡다'는 주어 형태가 아니라 대격 형태(목적어)를 높여 주는 것이기 때문이다. "제가 아버님의 글월 받잡고, …"에서는 주어가 대우 받는 것이 아니라, 편지라는 목적어가 높임을 받는 것이다. 자기를 낮추는 겸양 형태 '습, 읍, 숍'의 자연부류에서 나온 것이다. 이 방언에서는 몇 가지만을 제외한다면 자기를 낮추는 어휘나 형태소가 거의 발달되어 있지 않다.

동사: 아덜 잘 끌어 주<u>옵서</u>![아들 잘 끌어 주<u>십시오</u>, 간접 명령]

절 받<u>으시옵서</u>![절 받<u>으십시오</u>,간접 명령]

미음 식기 전이 <u>드시옵서</u>![죽 식기 전에 <u>드십시오</u>!, 간접 명령]

일어낭 은대양에 세수나 <u>ㅎ옵소서</u>![일어나서 은대야에 세수나 하<u>시옵</u>
<u>소서</u>; 현용준, 1980,『제주도 무속 자료 사전』, 신구문화사, 246쪽]

나 등을 보<u>옵소서</u>![내 등을 보<u>시옵소서</u>; 현용준, 1980: 267쪽]

ㅈ청비를 만나키영 일러주<u>옵소서</u>![자청비를 만나겠다고 일러주<u>시옵</u>
<u>소서</u>; 현용준, 1980: 352쪽]

낭군님아, 본매나 주어 두고 가<u>옵소서</u>![낭군님아, 본망이나[22] 줘 두고
가<u>시옵소서</u>; 현용준, 1980: 125쪽]

어서 걸랑 <u>그럽소서</u>![어서 그것일랑 그렇게 하<u>시옵소서</u>; 현용준, 1980:
146쪽, 321쪽]

이 방언에는 '-오'라는 종결 어미가 단독으로 쓰이는 바 없다. 융합
구성체인 대우 형태 '-수, -(으)우-'에서도 '-소, -오'를 분석할 수 있었
지만, 이들 역시 이 방언에서 단독 종결 어미로 쓰이지 않는다. 오직
융합된 형식으로만 찾아낼 수 있을 뿐이다. '-옵서!'는 옛날 대우 말투
"임금님께 아뢰<u>오</u>!"라는 관용구에서 짐작할 수 있듯이, 어느 시기인가
는 대우 등급이 높은 종결 어미였을 것으로 보인다. 이 '-오'에 대우를
해 주는 명령 종결 어미 '-옵서!'가 융합되어 간절한 청원이나 정중한
부탁으로 들린다. 상대방 청자를 대우해 주는 이 종결 어미가, 매우 드

그렇다면 '술잔 받<u>줍서</u>!'[술잔 받아 주십시오]를 어떻게 분석해야 할까? 대우 명령 종결
어미 '-옵서'를 제외하면 남는 것이 '받주'이다. 이는 '-주²'와 동일한 것으로 보이며, 평대
명령 종결 어미에 대우 화용 첨사가 덧붙듯이, 대우 명령 종결 어미가 더 융합되어 있는
것으로 생각된다.

22) 본망(本望)을 잘못 말한 듯하다. 본망은 세세대대로 내려오는 명망가(世家望族)의 호적
(貫籍)을 가리킨다. 이 채록본에는 '본매 본장'이란 짝을 이룬 어구도 자주 등장한다. 본장
(本章) 또한 원래 증서(原作)를 가리킨다. '본망 본장' 또는 이 낱말의 무속 관용음 '본매
본장'이란 결국 명망 세가의 호적을 증명해 주는 문서이다. 이 무가에서는 부부가 서로
헤어지기 전에, 장차 어린 자식이 장성하면 멀리 떠나 있는 아버지를 찾아 나서게 되는
데, 아버지를 찾았을 때 서로 부자지간을 증명할 수 있는 근거물을 가리킨다.

물게 주체나 주어를 대우해 주는 '-으시-'를 대동하여 제한적으로나마 '-으시옵서!'(받으시옵서, 드시옵서)로 나올 수 있을 듯하다.

무가 채록에서는 '-오'에 바람이나 기원을 표시하는 종결 어미 '-읍소서!'가 융합되어 있는 사례가 빈번히 나온다. '-읍소서'라는 종결 어미도 이 방언에서는 단독으로 쓰이지 않으며, 어떤 융합 구성을 이루는지 잘 알 수 없다. 『표준 국어 대사전』에는 정중한 부탁이나 간절한 청원을 하는 종결 어미 '-옵소서!, -ㅂ소서!, -으소서!, -소서!'로 올라 있다. 무가 채록에서는 '-옵소서!'에 주체나 주어를 대우해 주는 '-으시-'가 들어 있지 않다. 이는 이들 사이에 아직 필수적인 수반 관계(공기 관계, 하위범주화 또는 선택 관계)를 채 형성하지 못한 상태를 보여 주는 듯하다. 이 형태는 이 방언의 공시적 모습을 기술하고 설명하려는 이 책자의 범위를 벗어나므로 이 정도로 언급해 둔다.

§.4-5-4 청유나 권유의 종결 어미:

㉠ '-읍주², -으십주²'(대우) ⇨ '-읍주게, -읍주기, -읍주겐, -읍주이, -으십주게, -으십주기, -으십주겐, -으십주이'(화용 첨사의 융합), '-읍주양, -으십주양, -읍주마씀, -으십주마씀'(대우 화용 첨사의 융합);

㉡ '-주²' ⇨ '-주게, -주기, -주겐, -주이'(화용 첨사의 융합), '-주양, -주마씀'(대우 화용 첨사가 붙어서 대우 등급이 전환됨);

㉢ '우리 ~자' ⇨ '-자게, -자겐, -자이'(화용 첨사의 융합), '*-자양, *-자마씀'(스스로를 높여 대우할 수 없음);

㉣ '우리 ~ 글라[가자]'²³⁾ ⇨ '글라게, 글라겐, 글라이'(화용 첨사의 융합),

---

23) "흔디 글읍서!"의 대우 표현과 "흔디 글어!"의 반말투 종결 어미 표현이 모두 가능하다. 정승철 교수는 '가다'와 같은 의미를 지닌 불구 동사의 어간 '글-'을 '걷-'(to walk, 步)에서 기원한 것으로 본다(정승철, 1997, 「제주 방언의 특징」, 『한국 어문』 제4호, 한국정신문화연구원, 111쪽). 혜안이 돋보이며, 저자가 크게 탄복한 바 있다. 이 방언에서는 '가다'도 쓰이고, '글라'도 쓰인다. 저자의 직관에 따라 '걷다'와 '가다'의 '글-'을 활용시켜 보면 다음과 같이 다른 측면들이 나타난다. 그렇다면 같은 어원을 공유한 '글-'과 '걷-'이 상보 관계를 보이는 것도 아닌데, ① 제약이 왜 현격히 다르며, ② '걸으라'의 모습인 '*글으라'

'*글라양, *글라마씀'(스스로를 높여 대우할 수 없음);

ⓜ '우리 ~게²' ⇨ '-게게, -게겐, -게이'(화용 첨사의 융합), '-게양, -게마씀'(대우 화용 첨사가 붙어서 대우 등급이 전환됨);

ⓗ '우리 ~으카?/-을카?'(의문 서법의 종결 어미가 쓰여 간접적으로 청유를 표시함)

동사: 다른 사름덜신디도 다 알립주[다른 사람들에게도 다 알립시다]

우리만이라도 촐 비얾입주[우리끼리만이라도 꼴을 베고 있읍시다]

느도 우리영 같이 가주[너도 우리랑 같이 가자]

우리 다시 시작ᄒ자[우리 다시 시작하자]

아무도 모르게 곱저²⁴⁾ 불자[아무도 모르게 숨겨 버리자]

는 불가능하고 왜 꼭 '글라'만이 가능한지에 대해서도 설명해 주어야 할 것이다(최명옥, 1985, 「ᄑ-, ᄉ-, ᄐ- 변칙동사의 음운현상」, 『국어학』 제14호의 설명을 빌린다면, '걷-'은 변칙 용언을 설명해 주는 유성음 'ð'에 해당하나, 애초부터 '글-'은 다른 소리 'l'이었을 가능성이 있음).

<도표 15> 불구 동사 '글라'와 관련 동사의 활용 비교

활용 어간	명령(평대/대우) -으라, -거라/-읍서	청유(평대/대우) -자/-읍주	기원 -읍서	반말투 -어	서술(평대/대우) -얺+다/-얺+수다	격식적 서술 -엇읍네다
글	글라, * / 글읍서	* / *	*	글어	* / *	*
걷다	걸으라, 걷거라/걸읍서	걷자/걸읍주	걸으읍서	걸어	걸얺다/걸얺수다	걸엇읍네다
가다	가라, 가거라/갑서	가자/갑주	가읍서	가	값다/값수다	갓습네다

위 표에서만 보면, '글-'은 반말투 종결 어미(글어)와 일부 청유로 전환된 명령 종결 어미에만 나옴을 알 수 있다(글라, 글읍서). 즉, 화자와 청자가 같이 행동하는 청유의 뜻으로 되었을 경우에만 그러하다. 반말투가 어느 서법에서든 자유롭게 쓰이므로 이를 잠시 괄호를 쳐서 가려 놓는다면, 오직 얼굴을 마주보고 있는 장면에서만 '글-'이 실현됨을 알 수 있다. 나머지 종결 어미들은 제3자가 주어로 나올 수 있기 때문에 결합이 불가능한 것으로 보인다. 그렇다면 기본적인 의미 자질에서 이 방언에서 의문 서법 중 §.3-5-2 '-디아?/-다?/-디?' 계통의 종결 어미와 공유되는 특성이 있음을 알 수 있다(직접 얼굴을 마주보고 있는 상대방 청자를 상대로 함). 의문 서법은 일차적으로 상대방 청자에게 언어로 정보를 전달해 주도록 요구하지만, 청유 서법은 상대방 청자에게 함께 행동을 하자고 요구하고 있는 것이다. 이런 특성은 '글-'이 아무런 제약도 없는 '걷-'과 어원상으로 무관함을 시사하는 것으로 보인다.

24) '숨다'는 이 방언에서 '곱다, 숨다'가 다 쓰인다. 그런데 짧은 사역 형태로는 '곱지다, 숨기다/숨지다'로 나온다. 앞의 것은 완전히 구개음화가 일어났지만, 뒤의 것은 공통어의 영향 때문인지 두 모습이 다 가능해 보인다. 저자의 느낌으로는 '사람'을 숨길 수 있지만 곱질 순 없다(물건만 곱질 수 있음). 오직 곱을 수 있을 뿐이다. §.3-4-3의 각주 49)도

지들리지 말앙 우리만이라도 믄예 밥 먹없이자[기다리지 말고 우리만
이라도 먼저 밥 먹고 있자]

가네 안 오라도 우리만이라도 벌초 ㅎ엾이자25)[걔네들 오지 않더라도
우리끼리만이라도 벌초를 시작하고 있자]

굳이 밥 먹게[같이 밥 먹자]

등에 업은 아이부터 눅지게[등에 업은 아이부터 잠자리에 눕히자]

지들커에 불 슬르게/슀게26)[땔감에 불 지피자]

굳이 나가카?[같이 나갈까?]

보조동사 '-아 시-'[-아 있-] 구문: 우리 믄예 가 십주[우리 먼저 가 있으십시다]

그 돈 원금만이라도 우선 받아 시자[그돈 원금만이라도 우선 받아
둡시다]

청유는 화자와 상대방 청자가 한데 어울려 함께 행동을 하는 경우이
고, 권유는 상대방 청자에게 행동을 하도록 요청하는 경우이다. 당연히
명령 서법보다는 더 완화된 느낌을 준다. 클락(1996; 김지홍 뒤침, 2009),
『언어사용 밑바닥에 깔린 원리』(도서출판 경진)에 따르면, 의사소통을
진행하는 밑바닥 원리는 '공평성'과 '체면'이 동시에 작동한다. 후자는
다시 상대방 청자의 자율성 및 자존심을 높이고 낮추는 일과 관련된다.
명령은 상대방 청자로 하여금 스스로 결정하지 못하도록 하는 언어 행
위이지만, 청유나 권유는 상대방이 결정할 수 있는 소지를 더 남겨 준

참고 바람(300쪽).

25) 저자에게는 'ㅎ엾이자'가 편안하게 느껴진다. 그런데 최근에 어느 모임에서 대정 쪽의
어느 분이 'ㅎ엾자!'라는 발화를 자주 하는 것을 직접 들었다. 평생 처음으로 들었기 때문
에 저자의 귀에는 매우 낯설게 들렸다. 이들 중 어느 하나가 하위방언의 변이체인지,
아니면 둘 모두 기본 표상인지에 대해서는 잘 알 수 없다.

26) '불 사르다'는 이 방언에서 '불 슬르다/스르다'로 발음된다. 그런데 저자의 어린 시절
기억으로는 공통어의 '불 사르자/지피자/때자'라는 뜻으로 "우리 굳이 불 숨게!"를 썼던
듯하다. 된소리로 나오려면 어간의 받침소리에 내파 요소가 들어 있어야 할 듯하다. 청유
어미가 평음의 '-게'이기 때문이다. 명령형 '-으라!'로 활용하면 당연히 "불 슬르라!"로
말할 듯하다("??슴으라!"는 빨래를 '삶다'는 말 때문인지 아주 낯설게 느껴짐). "지들커"
[땔나무]라는 낱말에서는 '불 짇다'를 찾아낼 수 있다.

다는 점에서, 상대방 청자를 배려하는 화행에 속한다. 이런 점이 간접 화행으로 분류될 수도 있고, 공손성의 정도가 상대적으로 더 높아지는 것이다.

'-주²'는 서술 서법 중 §.2-2-4-나)의 '-주¹'(-앖주¹, -앗주¹)과 시상 형태와 결합하는 방식에서 차이가 나며(-앖이주², -아 시주²), 화용 첨사의 융합 모습도 서로 다르므로(-주²이 : -쥐¹), 이 책에서는 일단 서로 다른 범주에 속하는 것으로 나눠 놓았다. '-게²' 또한 서술 서법 중 §.2-2-3-다)의 '-게¹'과 다른 특성 때문에 일단 서로 다른 범주로 기술해 둔다. 392쪽의 ⓒ과 ⓔ에서, 대우 화용 첨사의 융합은 불가능하다. 화자와 청자가한데 합쳐 우리를 만들고 있는데, 상대방을 대우하는 특성상 우리 스스로를 높여 대접할 수 없기 때문이다.

§.4-5-5 약속을 나타내는 고유한 종결 어미 '-마', 그리고 양태 형태 '-으크'를 이용한 서술 서법 구성에서 화용상 약속의 속뜻이 생겨남:

동사: 보낸 거 잘 받으마[보낸 것 잘 받을 게]
　　　감재 다 쳐지민 먹으마[고구마 다 쪄지면 먹을 게]
　　　곧 장항 덖으마[곧 장독 덮을 게]
　　　가이신디 굴으마[그 애에게 말해 줄 게]
　　　가이신디 잘 굴으키어[그 애에게 잘 말해 줄게]
　　　가이신디 잘 굴으크라[그 애에게 잘 말해 주겠어]
　　　느신디 물려주키어[너에게 물려주겠다]
　　　나 곧 먹으크라[나 곧 먹겠어]

이 방언에서 약속 서법의 종결 어미에 대해서는 이숭녕(1957; 1978 재간행), 『제주도 방언의 형태론적 연구』(탑출판사) 78쪽에서 "서울말과 같다"고 지적한 바 있다. 아마 이 뒤의 연구에서는 성낙수(1992), 『제주도 방언의 통사론적 연구』(계명문화사)의 62쪽에 있는 언급이 유일한 듯한데, 254쪽에서는 '-으마'가 인용 구문으로 나올 경우에 '-으맨 곧더라/ㅎ더라'와 같이 실현됨을 지적하였다.

그렇지만 서술 서법을 응용해서도 약속의 의미를 만들어 낼 수 있다. 이 방언의 양태 형태 '-으크-'[-겠-]가 실현된 구성에서 화자 자신이 행위 동사의 주어로서 나오고, 동사가 투영해 놓은 사건이 미래 시점에서 일어난다면, 또한 미래 시점에서 해당 사건을 실천할 의지를 보여 주므로, 충분히 상대방 청자에게 약속한다는 화용 의미를 전달해 줄 수 있는 것이다. 서술 서법에서 '-으크-'[-겠-]은 고유한 종결 어미 '-이어'로도 나올 수 있고, 또한 반말투의 종결 어미 '-라'로도 나올 수 있다.

이상에서 소략하게 다룬 행동 관련 서법의 종결 어미들을 다음 목록으로 제시해 둔다. 또한 223쪽의 〈도표 4〉, 349쪽의 〈도표 11〉, 376쪽의 〈도표 12〉도 함께 비교해 보기 바란다.

〈도표 16〉 행동 관련 서법의 종결 어미 목록

독자적인 종결 어미				반말투의 종결 어미		
명령	-으라³			반말투	-어	
	-거라³					
	-읍서(대우)		〔마씀〕 연결 불가능			〔마씀〕 연결 가능함
어미 중첩	-어(반말투)+-으라(명령) ⇨ -어라			청유	-주² -읍주²(대우)	
청유	-자				-게	
					-으카?	
약속	-마			약속	-으크라	
	-으키어					
기원	-읍서('-오+읍서', 감탄 서법 분류도 가능)					

제5장

관형사 및 부사 부류

제5장에서는 관형사 및 부사들에 대하여 간단히 언급하기로 한다. 이 책에서 온 힘을 쏟는 주요한 핵심은 여러 서법들에 관련된 선어말 어미와 종결 어미들의 결합체에 대한 범주 확정과 융합 모습의 분석에 있었다. 따라서 상대적으로 이들 선어말 어미 또는 종결 어미와 관련되지 않은 대상들에는 현격히 소략한 기술과 설명이 베풀어질 수밖에 없다. 관형사 부류는 이 방언에서 명사와 합쳐져 '하나의 어절'을 이루기 때문에, 띄어쓰기가 이뤄질 수 없는 구성이 한둘이 아니다.

부사 부류는 크게 문장을 대상으로 하여 진리값을 바꾸거나 평가를 해 주는 '연산소(operator)'들로부터 시작하여(D. Davidson은 문장 부사들을 사건 부사로 부르며, 연접 구문의 형식으로 다뤘음), 동사 또는 동사구를 대상으로 한 것들에 이르기까지 걸쳐 있고(부가어는 논항구조에서 예측할 수 없는 만큼 화자가 마련해 놓은 정보 가치를 더 많이 담고 있으므로, 정보의 비중으로 보면 더 무거워질 수밖에 없음),[1] 이들을 자세히 다루려면 논의 내용이 양적으로 커질 수밖에 없다. 이런 일들은 다음날 저자가 기회를 얻는 대로 다뤄나가려고 한다. 여기서는 매우 소략히 관형사 및 부사 부류들을 주마간산 앞으로 어떻게 다룰지를 언급하는 정도로 그칠 것이다.

제1절 관형사

관형사는 크게 '이, 저, 그'로 대표되는 지시 관형사, '한, 둘' 따위의 수량 관형사, 대상의 모습이나 상태를 나타내는 성상 관형사로 나뉜다. 관형사의 내용도 또한 몇몇 다르게 바뀐 소리 부분만 제외한다면 공통어와 크게 다를 것이 없다.

§.5-1-1 지시 관형사: '이, 저, 그, 요, 조, 고', '이런, 저런, 그런', '어떤, 어느, 무신[무슨], 딴[다른], 웬'

<u>무신</u> 말이우꽈?[<u>무슨</u> 말입니까?],

무사 <u>딴</u> 소리 흐염이냐?[왜 <u>다른</u> 소리 하고 있느냐?],

<u>웬</u> 사름고?[<u>웬</u> 사람인가?]

지시 관형사 '이, 저, 그'는 더 작은 느낌을 주는 '요, 조, 고'가 있는데, 공통어와 동일하다. '이런, 저런, 그런, 어떤, 어느' 또한 그러하다. 공통어의 '무슨'은 이 방언에서 '무신'으로 소리 난다. 공통어의 '다른'은 이

---

1) 랭 외(Lang, Maienborn, and Fabricius-Hansen, 2003) 엮음, 『수식 기능의 부가어 처리 (*Modifying Adjuncts*)』(Mouton de Gruyter)에는 18편의 글이 실려 있는데, 소갯글을 읽어 보면 부가어를 처리하는 방식이 연산소(operator) 선호 방식 및 확대된 논항구조 선호 방식으로 대분됨을 알 수 있다. 후자는 전-동사구(pre-VP) 교점을 중심으로 하여 더 위에 교점을 설치하는 것과 더 아래 교점을 설치하는 것으로 나눌 수 있는데, 자칫하면 교점들을 엄격히 제약하는 일이 느슨해져 버릴 우려가 있다. 따라서 저자는 더욱 간단한 통사구조(simpler syntax or nut syntax)를 추구해 나가는 길이 옳다면, 개인적으로는 연산소 처리 방식이 더 우위에 있을 것으로 믿고 있다.

방언에서 '다른'으로 나오기도 하고, 때로 줄어든 형태로서 된소리 모습의 '딴'으로 나오기도 한다. 서로 간에는 다소 어감의 차이가 있을 듯하다.

§.5-1-2 수량 관형사: '한, 두, 한두, 시, 싀, 서, 석, 서너, 니 너, 다섯, 닷, 댓, 너댓, 여섯, 엿, 일곱, 으덥[여덟], 아홉, 열', '쳇차[첫째], 쳇채[첫째], 둘차[둘째], 둘채[둘째], 싯차[셋째], 섯차[셋째], 싯채[셋째]', '멧[몇], 멧멧[몇몇], 으라[여러, 여럿], 모든'

멧 사름 오랏수다[몇 사람 왔습니다]
멧멧은 몬예 떠낫수다[몇몇은 먼저 떠났습니다]
으라 사름이 반대홉데다[여러 사람이 반대하였습니다, 반대하더이다]
그 일로 으라이 다첫수다[그 일 때문에 여럿이 다쳤습니다]

수량 관형사들도 공통어와 형태와 쓰임새가 거의 같고, 따라서 따로 용례를 들지 않는다. 다만 순서를 나타내는 '째'는 '차, 채'로 발음되어 이 방언의 모습을 특색 있게 보여 준다. 수를 덩이 짓고 말할 적에 쓰는 공통어의 '몇, 몇몇'은 이 방언에서 '멧, 멧멧'으로 나온다. 다만 이 방언에서는 '여러'를 뜻하는 '으라'는[2] 관형사로도 쓰이지만, 또한 아무런 변화가 없이 명사로도 쓰여, '여럿'의 의미를 지닐 수도 있다.

---

2) 신경준(1750 추정) "운해 훈민정음"(원고본)에서 처음 주장된 '으'는 음성적 관찰에 따라 만든 것이 아니다. 하늘이 하나 'ㆍ', 땅이 둘 'ㆍㆍ'이라는 역 괘상으로부터 나온 것이다. 훈민정음 제작자들이 제안한 'ㅣ'보다 시각적 변별력이 높아서 계속 이 기호를 따라 쓰고 있지만, 본디 글자 창제의 기본 원리를 따르지 않는 이단의 기호이다. 저자의 판단으로는, 상향 반모음을 반영해 주므로 훈민정음 창제 때 글자가 더 옳다고 본다.

§.5-1-3 성상 관형사: '새, 헌, 옛, 참, 온, 온갖, 갖인[갖은], 베라벨[별별]'

그 사태로 <u>갖인</u> 고생 다 ᄒᆞ엿주[그 사태로 인해 <u>갖은</u> 고생을 다 겪었지], 그디 <u>베라벨</u> 거 다 싯주[거기에 <u>별별</u> 거 다 있거든]

모습이나 속성을 나타내는 성상 관형사도 공통어와 동일한 형태와 의미를 지닌 것들이 쓰이어 따로 용례를 들지 않는다. 단, '갖인[갖은], 베라벨[별별]'들은 이 방언에서 쓰이는 변이 모습의 형태이지만 그 의미나 쓰임은 공통어와 다르지 않다.

제2절 부사

저자는 이 방언의 부사 부류를 기술하기 위하여, 이미 출간된 선업들로서 공통어의 연구를 몇 권 훑어보았다. 손남익(1995), 『국어 부사 연구』(박이정)와 이익섭(2003), 『국어 부사절의 성립』(태학사)과 서정수(2005), 『한국어의 부사』(서울대 출판부)가 그러하다. 이들의 논의에서 '부사절'은 저자가 내포문으로 간주하는 부류로서,3) 핵어가 인용, 인식, 판단, 추측 등의 정신 작용과 관련된 인지 동사이다. 따라서 이를 내포문 구성으로 따로 다루는 것이 옳을 듯하다.

손남익(1995)에서는 통사상 자유 부사, 제약 부사, 준제약 부사로 구분하고, 의미상 8개의 범주로 나누었는데, 서법 부사, 접속 부사, 시간 부사, 공간 부사, 양태 부사, 정도 부사, 상징 부사, 부정 부사이다. 서정수(2005)에서는 통사적으로 자유 부사류와 제약 부사류를 나누어 놓고 나서, 의미 범주별로 하위 부사 범주들을 나누어 놓았다. 공간 부사,

---

3) 김지홍(1993), 「국어 부사형어미 구문과 논항구조에 대한 연구」, 서강대 박사논문.

시간 부사, 과정 부사, 양태 부사, 수량 부사, 부정 부사, 정도 부사이다. 남기심 외(2006), 『왜 다시 품사론인가?』(커뮤니케이션북스)에 있는 조민정 "부사"에서는 부사의 형태·통사·의미 차원의 삼원 좌표계로 부사를 재조명하고 있어서 부사에 대한 큰 지도를 그리는 데에 도움이 된다.

부사라는 언어 요소는 핵어가 아니다. 따라서 기능범주들이 관련되기보다는 오히려 낱말 파생에 관여하는 접사들이 주요한 논제가 될 듯하다. 이것이 형태·통사 측면에 계층 간 구별을 유효하게 만들어 줄 수 있을 것이다. 형태론의 임의 요소가 통사 구성을 다르게 만들어 버리면 더 이상 형태 축의 요소가 아니라, 오히려 통사의 대상으로 상승되어야 하는 것이다.

그런데 의미의 축은 어떤 이론을 세우느냐에 따라 현격히 달라질 듯하다. 수학에서는 두 점 사이의 '거리'가 매우 중요하다. 일부에서는 거리 없는 수학은 존재하지 않는다고 말하기까지 한다. 여기서 동일성(등호)과 차이(크다/작다 부등호)가 도입되고, 또한 좌표계 상에서 다시 면적들이 도입되고, 또 다시 입체가 새로 도입된다. 선과 면과 입체들 사이에 있는 관계들은 다변수 함수에 의해 복잡하게 변환된다.

형태·통사 측면이 거리 차원의 대상이라면, 이 대상을 연장하고 변화시켜 다양한 여러 세계들에 쓰임에 맞추는 것이 의미 차원으로 비교할 수 있다. 의미는 아무렇게나 도입되는 것이 아니라, 반드시 실생활 또는 실세계의 경험에 의해서 제약되고 재단된다. 이 방언에서 부사를 다룰 경우에, 비단 형태·통사 축만을 다루어 단순화시키기보다는, 좀 더 입체적으로 의미의 축도 필요한 제약들을 상정하면서 입체적으로 다뤄질 필요가 있을 것이다. 이미 공통어를 대상으로 하여 다룬 업적들로부터 이 방언 자료들을 비교하면서 서로 간의 공통성과 특이성들을 찾아내는 일이 선결되어야 할 것이다.

제3부

마무리

제주 방언의 통사 기술과 설명

무딘 재주를 채찍질하면서 저자의 모어 방언에 대한 어미의 결합 모습들을 소략하게 조감하는 일을 마치고, 이제 마무리 글을 쓸 차례가 되었다. 기술과 설명의 목적상 각 절마다 개별적인 결론들이 들어 있기 때문에, 따로 굳이 각 형태소들의 결합에 대하여 반복 서술할 필요는 없다고 본다.

제주 방언은 엄연히 한국어의 하위 방언일 뿐이다. 그 억양과 소리와 형태의 다름 때문에 '별종'처럼 관념되었고, 제주 '특별자치도'라는 행정 제도의 영향 때문인지, 제주 방언도 어쨌든 '특별해야' 되는 것인 양, 그래야 제주 방언을 아끼고 사랑하는 것인 양 치부하기에 이르렀다. 아끼고 사랑하는 것도 좋지만, 명확히 알고 나서 앞을 내다보면서 사랑을 펴야 하는 것이다. 긴 논의의 여정을 끝내면서 저자가 내리는 결론은 자명하고 매우 간단하다.

"제주 방언이 한국어의 하위 방언에 불과할 따름이다."

그 이상 더도 덜도 아니다. 이 방언이 특수하고 특이해야만 가치가 있는 것이 결코 아니다. 다만 바다로 뚝 떨어져 있었기 때문에 여러 다른 하위 방언들과의 간섭이 잦지 않았고, 그 결과 일정한 체계를 그대로 발달시키고 유지할 수 있었던 것이다. 이것이 저자가 거듭 확인할 수 있었던 엄연한 진리이다. 한 걸음 더 나아가, 삼성혈에서 세 신인이 '성읍' 국가를 세우기 이전에서부터 말해지던 말 또한 한국어의 하위 방언으로 존재했었으리라 굳게 믿는다. 학문은 학문이다. 곡학아세하는 것이 학문이 아니다. 이제 더 이상 왜곡되게 독립국처럼 행세하며 '제주어'라는 망언을 일삼는 식견 없는 일이 반복되지 않기를 바랄 뿐이다.

저자는 이 방언을 모어로 삼고 자랐고, 이 방언의 직관을 바탕으로 하여 현재까지 언어학 및 국어교육을 연구하는 힘을 얻고 있다. 우리말에서는 '아'해 다르고, '어'해 다르다고 말한다. 매우 소박한 표현이지만, 우리말의 정곡을 찌르는 통찰력을 담고 있다. 형태의 소리값이 약간만 달라지더라도 크게 말뜻에 영향을 끼치기 때문이다. 기능범주들에 대한 후보가 소수인 다른 인구어들과는 달리, 우리말 그리고 우리말의 하위 방언인 제주 방언에서는 '구조'로써 변화의 내용을 담기보다는, 오히려 소리값이 다른 형태들을 채택함으로써 소기의 목적을 실행하고 있는 것이다. 압도적인 숫자의 형태들의 존재 그 자체가 이 점을 웅변해 주고 있다. 아마 이것이 교착어 내지 부착어로 불리는 언어군의 실상일 듯하다. 교착어의 질서는 형태 연결을 통해 구현되며, 그 형태 연결은 서로 다른 '계층'을 가리켜 주는 지표이므로, 이를 통해 구조를 재구성해 줄 수 있는 것이다.

기본구문의 기능범주라는 부제를 내세워서, 명사 부류에서 관찰되는 조사 부류를 포함시키고, 관형사와 부사도 명목상 논의에 포함시켰다. 그렇지만 이 책에서 저자가 초점을 모은 목표는, 엄청나게 다양하고 많은 수에 이르는 이 방언의 용언 활용에 관련된 시상·양태·종결에 관련되는 기능범주들을 일반화하고, 동시에 내적 질서를 붙들어 내는 일이었다. 이는

223쪽의 〈도표 4〉, 349쪽의 〈도표 11〉, 376쪽의 〈도표 12〉, 396쪽의 〈도표 16〉

으로 그려 줄 수 있었다. 일부 이 방언의 연구자들은 가장 초보적인 형태소 확정조차 제대로 이뤄지지 않았음에 공감할 뿐만 아니라, 이 점을 통감하고 있다. 겉모습이 달라 보인다는 이유로 오래 전부터 크게 부각된 이 방언은, 연구자들의 수적 열세가 결정적으로 그 연구의 질적 향상에 발목을 붙잡는 최대의 걸림돌이었다. 한두 사람이 내세운 주장이 아직껏 다른 시각의 연구자들에 의해 적절한 비판도 받아 보지 못하였기 때문에, 마치 사실인 양 왜곡되게 자리 잡고 있다. 이런 지적에 조금이라도 동감하는 연구자라면 발분하여 연구 시각에서부터 형태소 분석 및 확정에 이르기까지 샅샅이 비판을 제대로 해 나가야 할 것이다.

모어 방언이더라도 이 방언의 선어말 어미와 종결 어미들의 덩이(결합체)가, 차근히 이 대상들을 다루어 나가기 이전에는 저자에게 막연하고 복잡다단해 보였었다. 일단 대우 표현에 관한 올바른 좌표계를 설정하고, 각 서법의 관련 범주들을 일반화해 나가면서, 비로소 가시적인 모습이 부각되어 도표를 만들 수 있었다. 또한 다행히 이를 불과 몇 가지 간단한 틀에 의해 설명할 수 있었다.

더욱 솔직히 다음처럼 말해야 하겠다. 저자는 이 방언의 형태소들이 도대체 어떻게 결합하는지 참 궁금하였었고, 저자의 기대와 생각의 일부를 자의적으로라도 이 책을 통해 표현하고 싶었을 뿐이다. 이 방언의 복합 구문의 기능범주들도 곧 이어서 다뤄나가야 하겠지만, 부모로부터 익힌 이 방언에서 얻은 힘을 이제 복잡하게 체계가 교란되어 있는 공통어와 한국어의 역사적 전개에도 잠정적인 결론들을 적용할 수 있을지 검토해 보고 싶다.

223쪽 이하의 〈도표 4〉에서 비록 몇 마디 나름대로의 해석을 일부 시도했지만, 이 일이 결코 저자만의 것일 수 없다. 급히 발간 일자에 맞추려고, 신중히 거듭 곱씹어 봐야 할 대목들도 하릴없이 대충대충 넘기며 실재를 흐려 놓은 것이 한두 개가 아니다. 부끄럽지만, 다른 분들의 비판을 듣고 싶다는 것으로 위안을 삼아 본다. 생각이 다르면 결론도 다르기 때문에, 더 다양하게 다른 시각이나 관점을 갖춘 연구자에 의해 새로운 해석이 더해질 적에, 장님들끼리 코끼리를 만지더라도 비로소 정합적인 큰 그림을 붙여나갈 수 있기 때문이다. 이제 다른 분들로부터 저자의 해석이 얼마나 잘못되고 자의적이며 실재를 왜곡시켰는지 비판받을 일만 남은 듯하다. 저자가 저지른 그런 치명적인 결함들이 하루속히 고쳐져서 이 방언의 가치를 더욱 높이게 되었으면 바랄 뿐이다.

부록

제주 방언의 통사 기술과 설명

제주 방언 통사 연구에서의 현황과 과제[※]

1. 서론

언어는 인간의 일부 생각을 반영해 주고, 언어학은 그 생각 속에 들어 있는 관계를 드러내고 다루는 학문이다. 근대에 들어서면서 신생 학문으로서 언어학은 많은 학파들의 부침 있었으나, 적어도 소쉬르의

※ 이 글은 2014년 제주발전연구원에서 발간한 『제주 방언 연구의 어제와 내일』에 실린 글이다. 이 글은 본디 2014년 8월 12일 「제주방언 연구의 현황과 과제, 그리고 표기법 해설」의 발표문을 수정한 것이다. 목포대학교 이기갑 선생님의 토론문으로부터 필자가 무심히 넘긴 여러 가지 점을 깨우칠 수 있었다. 고마움을 적어 둔다. 9항의 질문들에 대한 답변을 각각 각주에다 적어 놓았다.
　제주 방언의 (일부) 체계는, 여러 방언 간섭이 이뤄진 표준어와는 달리 다른 방언의 간섭과 영향을 받지 않은 상태로 여태 순수하게 일관된 틀을 유지하고 있다고 판단된다. 따라서 '상대적으로' 그런 틀을 관찰하기가 쉽다. 가령, 대우 관련 영역이나 종결 어미 영역들이 그러하다. 필자는 여기서 다룬 일관된 제주 방언의 체계에 근거하여, 복잡하게 뒤섞이고 얽힌 한국어의 관련 문법 영역을 기술하고 설명하는 일도 중요하고 가치 있는 일이라고 믿는다. 그렇다면, 우리말에서 여러 방언들의 가치가, 비단 국어사적 설명뿐만 아니라, 현대 한국어의 체계를 더욱 선명하고 일관되게 드러낼 수 있다는 사실을 눈여겨 보아야 한다. 다시 말하여, 앞으로 공통어로서의 우리말 통사의 서술은 개별 방언들의 직관으로부터 슬기를 얻어야 할 것이다.

구조주의와 이에 상응하는 미국 기술 언어학, 그리고 기술 언어학을 비판하면서 나온 촘스키의 생성문법은 크든 작든 우리 국어학의 연구에 영향을 끼쳐 왔다. 더 정확히 표현하면, 국어학 전공자들이 소쉬르의 책이나 미국 기술 언어학의 책자를 읽으면서 국어 자료들을 학문적 체계를 갖춘 독자적 영역으로 발전시켜 왔고, 또한 촘스키 교수의 방법들을 배우면서 언어학 이론을 나름대로 세련되게 만들어 왔다고 할 수 있다. 제주 방언의 통사론 연구에서도 이 사실을 쉽게 확인할 수 있다. 현평효(1975, 2008)에서는 기술 언어학의 원칙을 충실히 구현하고 있는데, 응당 국어학 연구사에서 일정한 지위를 차지해야 옳다. 또한 그 이후의 연구자들에게서는 압도적인 유행에 짓눌려 무늬만 생성문법으로 포장하든지, 아니면 그 속에 담긴 기본 정신을 수용하여 보편성을 추구하는 생성문법의 영향을 확인할 수 있다.

그런데 소쉬르의 구조주의나 미국 기술 언어학의 초점과 생성문법의 초점은 서로 다르다. 전자가 작은 영역에 속하는 음운론에서 형태론까지 집중하여 성과를 산출하였다면, 후자는 다소 큰 영역에 해당하는 문장을 중심으로 하여 성과를 산출하였다. 전자는 언어들 사이에서 관찰되는 차이들을 크게 부각하려고 하였던 반면에, 후자에서는 차이들보다 공통성에 더 가중치를 부여하려고 하였다.

한때 후자의 초점을 '코퍼니커스 전환' 따위로[1] 호들갑스럽게 포장된 적도 있다.[2] 그렇지만 기호학의 하위 영역으로 언어학을 상정하였던

---

1) 천동설을 버리고 과감하게 지동설을 주장했던 폴란드 학자 코퍼니커스(Nicolaus Copernicus, 1473~1543)는 파천황(破天荒)의 발상 전환을 대표하는 상징이다. '코퍼니커스 전환'이란 말은 칸트(1781; 백종현, 2006 뒤침: 182쪽)에서, 대상이 우리 인식을 만들어 내는 것이 아니라, 오히려 거꾸로 우리 인식이 대상을 만들어 낸다는 주장을 가리키는 용어이다. 언어학에서 미세한 대상을 첫 출발점으로 삼았던 미국 기술주의 언어학 내지 행동주의 언어학으로부터 이성주의 언어학에로의 전환을 '코퍼니커스 전환'으로 처음 언급한 것은, 1978년 워싱턴 대학에서 쏠 싸포터(Sol Saporta)가 촘스키 교수와 가졌던 면담으로부터 나왔다고 한다. 케이셔(Kasher, 1991) 엮음의 서문을 읽어 보기 바란다.

2) syntax(통사론)을 지금도 '통어론'으로 잘못 번역하는 이들이 있다. '통어'라는 말은 "낱말들을 거느린다"는 뜻이며, 철저히 구조주의 또는 기술언어학의 원자주의 시각을 반영하고 있다. 그렇지만 낱말과 낱말을 붙여 놓을 때에 갑자기 해당 낱말에 없던 새로운 의미나 기능이 생겨난다. 이를 설명하기 위하여 문장 단위로부터 거꾸로 작업을 진행해 나가

소쉬르(F. Saussure, 1857~1913)나 퍼어스(C. S. Peirce, 1839~1914)의 저작들에서는 엄연히 정신 작동 내지 사고 작용을 궁극적인 표적으로 삼고 있으며, 촘스키(N. Chomsky, 1928~) 교수의 내재적 언어(I-language)도 결국은 사고 작용을 촉발하는 접합면(interfaces)들에 대한 정보만을 담고 있다는 점에서, 여전히 같은 표적을 지닌 채 시작 단계에서 맴돌고 있음을 알 수 있다. 촘스키 교수의 스승이었던 해뤼스(Z. Harris, 1909~1992)는 미시언어학과 거시언어학(또는 담화)이라는 용어를 만들면서 그 기점을 문장으로 잡았었다. 반백년이 지난 오늘날 관점으로 보건대, 촘스키 혁명은 철저히 미시언어학 내부에만 갇혀 있는 '찻잔 속의 태풍'일 뿐이다.

하드먼 외(Hardman and Macchi, 2003) 엮음에 따르면, 사고 작용은 적어도 다음과 같이 연쇄적으로 네 가지 단계를 거치는 정신 활동이다.[3]

'표상 → 추론 → 판단 → 결정'

야 한다고 주장하였다. 이른바 '촘스키적 전환'이다. 다시 말하여, 촘스키 교수의 syntax (통사론)에서는 낱말(단어)보다 더 작은 단위가 주인이 된다. 국어학에서는 우연히 낱말(단어)보다 더 작은 단위를, '접사' 따위에서 보듯이 사(辭)로 부르고 있다. 더 구체적으로 말하여 통사론에서는 어휘범주와 기능범주를 다루는데, 전자는 후자에 의해서 지배된다. 기능범주가 통사의 주인인 것이다. 이를 가리키기 위해서는 '통어론'이 아니라, 반드시 '통사론'이라고 불러야 옳다.

3) 하드먼·마키(2003) 엮음에는 모두 16편이 실려 있다 우연히 네 단계의 사고 작용에 따라 논문들이 모아져 있지만, 모든 심리학자들이 이런 단계를 거쳐 사고 작용이 일어난다고 동의하는 것은 아니다. 의사결정 과정에 감성의 중요성을 부각시킨 논의는 특히 더마지우 교수의 책들인데, 더마지우(Damasio, 1994; 김린, 1999 뒤침)가 번역되어 있다.

인간의 사고가 반드시 네 단계의 진행 과정을 거친다고 말할 수는 없다. 사고 과정이 무의식 또는 잠재의식에서 진행된다고 주장되기도 하기 때문이다. 또한 이 단계가 더 줄어들 수 있다. 표상과 추론이 한데 묶일 수도 있고, 판단과 결정이 한데 묶일 수 있기 때문이다. 결정이 내려진 다음에는 두 가지 방식으로 다른 사람과 관계를 형성할 수 있다. 하나는 언어를 통한 관계이고 다른 하나는 비-언어(또는 행위나 행동)를 통한 관계이다.

희랍에서 인간의 복합 능력을 '진·선·미'로 파악하였던 일을, 사고 과정에서의 진행 단계로 재구성할 수 있다. 칸트가 순수이성으로 부른 '진'은 사고의 첫 단계인 표상과 추론을 묶어 줄 수 있다. 만일 판단과 결정이 최종적으로 감성에 의해 이뤄진다면 칸트가 판단력 비판으로 부른 '미'에 의해 묶일 수 있다. 그리고 마지막으로 이런 결정이 다른 사람이 관찰할 수 있는 방식으로 나오는 것이 바로 언어 및 행위(행동)인데, 도덕적 가치가 부여된 '선'(또는 칸트의 실천이성)으로 묶을 수 있다. 그렇다면 상호작용과 관련된 인간의 사고 과정은 '진 → 미 → 선'의 단계로 이어져 한 매듭이 되고, 상대방의 반응을 고려하면서 이 고리가 계속 순환되어 나가는 것으로 설명할 수도 있을 것이다.

여기서 표상은 의식적인 표상과 '무의식적' 표상이 입력물이 되며, 비록 추론 단계에서 오직 언어화된 의식적 표상만이 입력물이 되지만, 다시 판단과 결정 과정에서는 감성 요인도 중요하게 간여하므로, 사고 작용을 다루기가 간단치가 않음을 알 수 있다. 최근 발군의 언어학자인 제킨도프(Jackendoff, 2012)에서는4) '무의식적' 사고 과정을 크게 강조하여 이를 '무의식적 의미 가정(unconscious meaning hypothesis)'으로 부르며, 이런 사고가 의식화되는 단초를 음성 형식을 지닌 '부호 딱지(character tags)'로 본다. 이는 전-전두엽에 있는 인간의 작업기억(working memory)에 대하여 검박하게 공간-시지각 그림판(visuospatial sketchpad) 및 음운 순환회로(phonological loop)를 상정한 배들리(Baddley, 1986)의 모형을 연상시킨다. 사고 작용과 언어 사용은 많은 부분이 서로 겹치며, 무의식적인 영역과 감성적 영역을 따로 떼어 놓는다면 거의 중첩된다고 하여도 틀린 말이 아니다. 촘스키 교수의 업적을 거시적으로 평가한다면, 표상 단계에만 국한되어 있다고 말할 수 있다. 앞 단락에서 필자가 찻잔 속의 태풍이란 비유를 쓴 까닭은 표상 단계에서도 의식적인 표상, 그 중에서도 단지 미시언어학 표상, 그 중에서도 통사 구성만을 다루기 때문이다.

비록 앞으로 갈 길이 더 멀지만, 그럼에도 불구하고 세계 도처에서 '언어학과'를 만들 수 있도록 해 준 촘스키 학파의 50년이 넘는 여정은 언어 형식들을 제약해 주는 간단한 실체에 대하여 많은 사실을 깨닫게 해 주었다. 언어 형식은 결국 계층성을 구현해 주는 것이 불과하다. 이는 자연수의 본질을 반복 함수로 밝혀낸 프레게(G. Frege, 1848~1925)의 발견

---

4) 이미 제킨도프(1990; 고석주·양정석, 1999 뒤침)과 제킨도프(2002; 김종복·박정운·이예식, 2005 뒤침)가 널리 읽힌 바 있다. 최근에 제킨도프(2012)에서는 무의식적 사고 과정이 오직 음운 표상이 실마리가 되어 의식으로 끌어들일 수 있다고 본다. 이 때에라야 비로소 스스로 의식할 수 있는 '감각질(qualia)'이 되며, 이를 언어 감각질(linguistic qualia)이라고 부른다. 무의식 영역과 의식 영역 사이를 매개해 주는 고리를 음성 형식을 지닌 '부호 딱지(character tags)'로 명명한다. 배들리(1986)가 나온 뒤에 20년 동안 많은 논의들이 축적되었으며, 이를 배들리(2007)로 더욱 넓혀 보강하고 있는데, 감정(emotion)에 대한 요소와 구체적 사건 기억에 대한 임시저장고(episodic buffer)와의 관련성이 심층적으로 논의되고 있다.

을[5] 언어학적으로 재확인한 것에 지나지 않는다. 참스키의 통사 표상에 다 의미를 덧입혀 주는 논리 형식(LF) 부서도, 프레게가 마련한 양화 함수로 번역하는 일에 불과하다. 이는 만테규(R. Montague, 1930~1971)의 내포 의미론과 동형성을 확립시켜 준 파어티(B. Partee, 1940~) 교수의 노력에 힘입었다.

적어도 네 구비의 전환으로[6] 서술할 수 있는 참스키 교수의 업적들은 지엽적이고 개별적인 언어 표현이 어떻게 심층의 정신 작용의 구현으로 표상될 수 있는지를 잘 보여 준다. 언어는 핵계층(X-bar) 구조를 투영하는 범주의 투영 결과물이다. 일원론(monism) 또는 '가설-연역적 접근(hypothetical-deductive approach)'을 충실히 반영하는 핵계층 구조는

---

5) 자연수를 도출하는 방식을 페아노(Peano, 1858~1932)는 수학적 '귀납법'이라고 불렀다. 자연수의 본질과 개념 전개 방식을 다룬 프레게(1884; 박준용·최원배, 2003 뒤침)과 프레게(1893; 김보현, 2007 뒤침)을 참고하기 바란다. 프레게(1879) "개념 표기법" 또는 "개념 문자"는 뷘하이언오엇(van Heijenoort, 1967) 엮음에서 첫 논문으로 번역되어 있다. 생각 또는 사고의 기본 단위를 개념으로 상정하여 그 개념이 기호 표현을 양화사를 지닌 함수로 표상하고(함수는 반드시 논항으로 채워져야 함), 그 함수들의 전개과정을 형식화한 논문으로, 그에게 현대 학문의 '비조(forefather of modern sciences)'라는 명예를 안겨주었다. 프레게의 반복 함수(일본에서는 회귀 함수로 번역함)를 타스키(A. Tarski, 1956; 1983 재간행)의 편집자는 서문 17쪽, 21쪽에서 한 가지 '생성 문법(a generative grammar)'이라고 명시적으로 부르고 있어서 주목된다. 프레게의 공리계는 곧장 뤄쓸·화잇헤드(Russell and Whitehead, 1910~1913)에서 가설-연역계로 다뤄진다. 그렇지만 이런 가설-연역을 가능케 하는 공리계의 자족성에 형식 함의(formal implication)와 변항(variables)이 도입됨으로써, 스스로 그 체계 내에서는 완비성(completeness, 완벽성, 완전성) 증명이 이뤄질 수 없다는 사실이 괴델(Gödel, 1931)에 의해 대각선 논증으로 밝혀진 바 있다.

6) 1955년 박사논문과 1957년『통사의 구조(Syntactic Structures)』가 제1구비(표준이론)에 해당하고, 해석 의미론을 주장한 제자들(이들은 뒤에 '인지언어학' 흐름을 만듦)과 결별하는 1970년 "명사화에 대한 논의(Remarks on Nominalization)"가 제2구비(초기 단원체 이론)에 해당하며, 피사 강좌의 1981년『지배와 결속에 대한 이론(Lectures on Government and Binding)』이 제3구비(보편문법 이론)에 해당하고, 유표적으로 언어에만 관련된 개념들을 모두 추방시키려는 최소주의 착상이 시작된 2001년『최소주의 기획(The Minimalist Program)』이 제4구비(인지 접합면 이론)에 해당한다. 제4구비를 보면서 필자는 '붕어빵에는 붕어가 없다'는 말을 써서 "참스키 언어학에는 언어가 없다!"고 우스갯소리를 하는데, 성실한 그의 변증법적 발전을 잘 드러내 준다. 김지홍(2010b)에 있는 "내재주의 언어 철학에 대하여"를 읽어 보기 바란다. 제1구비에서는 전산학 개념들이 자주 쓰이지만, 제4구비에서는 묵시적으로 '사용'을 고려하기 때문에 경제학 개념들이 도입됨이 흥미롭다. 참스키 교수가 받아들인 정신 표상의 기본틀은 제대로 거론되지 않지만, 데이빗 마아(David Marr, 1945~1980)의 유작이다. 마아(1982)이며, 우리말 개관으로는 정찬섭(1989)를 읽어 보기 바란다.

핵어과 비핵어의 관계이다. 비핵어는 핵어로부터 유도되는 것을 논항이라고 부르고, 그렇지 않은 것을 부가어라고 부른다. 그런데 논항에 의미역이 배당될 수 있는지 여부에 따라 핵어는 어휘범주와 기능범주로 나뉜다. 어휘범주를 결정해 주는 요소는 명사 자질과 동사 자질이고, 기능범주를 결정해 주는 요소는 종결 자질과 비종결 자질이며, 비종결 자질은 다시 시제 자질과 일치 자질로 환원된다.

광복 이후 본격적으로 시작된 제주 방언 연구에 대한 통사 논의들을 개관하고 평가하며, 장차 해결되어야 할 과제들을 다루기 위하여, 이 글에서는 필자가 익숙히 다룰 수 있는 촘스키 교수의 업적들을 생성문법으로 부르고, 우리말의 매개변인 설정과 더불어 이런 보편 문법의 틀을 적용해 놓은 김지홍(2010)에 기대어 진행해 나가기로 한다. 철저히 구조 중심의 임의 요소 이동으로 설명되는 영어와는 달리, 교착어 질서를 따르는 우리말과 이 방언에서는 생성문법의 틀로 다루지 못하는 부분들이 쉽게 찾아지는데, 그런 부분들에 대해서도 초점 모아 부각시켜 나가기로 한다. 또한 논의 대상을 제주 방언 통사와 관련하여[7] 필자의 개인적 판단에 중요하게 거론되어야 할 논저들에 초점을 모아 나가기로 한다.

2. 어휘범주와 기능범주

언어를 크게 어휘범주와 기능범주로 나누는 일은 생성문법에서 보편 문법 이론의 단계로 발전하면서 이뤄졌다. 어휘범주는 기본적으로 명사 자질(±N)과 동사 자질(±V)의 배합으로 만들어지며, 네 가지 기본개념을 도출하게 되는데, 어린이들의 언어 습득에서도 관찰된다.[8] 하나

---

[7] 문순덕 박사의 '제주 방언 연구 목록'에 도움을 입었다. 그 목록을 보면 이 글에서 다루는 통사 분야의 논문을 여러 편 쓴 연구자는 타계한 분들을 모두 포함하여 고작 10명 정도에 불과하다.

는 대상을 가리키는 명사 [+N, −V]이며, 다른 하나는 일 또는 사건을 가리키는 동사 [−N, +V]이다. 다른 하나는 상태나 속성을 가리키는 형용사 [+N, +V]이며,[9] 마지막 하나는 시간과 공간의 관계를 가리키는 전치사 [−N, −V]이다. 어휘범주는 현재 어휘 의미구조나 사건 구조 등으로 확장되면서 어휘(특히 동사와 형용사)들 사이에 변동되거나 확장되는 일들을 상위 개념상의 제약들을 통해 심도 있게 연구되고 있다.[10] 아직 우리말을 대상으로 하여 이런 작업이 심도 있게 진행되고 있지 않지만, 간단히 '심리동사'들로 불리는 낱말을 놓고 예시해 보이면 다음과 같다.

여기서 '심리동사'라는 용어는 매우 포괄적이다.[11] 교착어로서의 우리말의 어휘를 대상으로 하면, 더 미세하게 감각동사나 감정동사의 무리를 구분할 수 있다. 우리말 감각동사는

'덥다 → 뜨겁다 → 더워하다/뜨거워하다'[→ 더워하게/뜨거워하게 만들다]
(내부 감각동사 → 외부대상 감각동사 → 상대방의 감각에 대한 묘사동사)

처럼 대립하면서 논항구조와 의미역 배당이 달라진다. 내부 감각동사는 경험주만 요구하는 동사이다(1항 동사임). 그러나 외부대상에 대하여 감각을 표현하려면, 여기에 다시 대상역이라는 의미역이 더 주어져야 한다(2항 동사임). '−어 하다' 구문은[12] 언제나 감각 내지 감정동사와 결

---

8) 우리말 습득과 관련하여 김영주 외 7인(1997), 조숙환 외 7인(2000), 이현진(2003)을 읽어 보기 바란다.

9) 우리말에서는 형용사 어간에 해당한다. 가령, '아름+답다'가 어간 및 계사류로 융합되어 있다('−답다' 접사가 계사의 하위 부류임). 이런 점 때문에 이례적인 제약이 많다.

10) 논의의 시작점에 헤일·카이저(Hale and Keyser, 2002)와 드보이스 외(Du Bois, Kumpf, and Ashby, 2003) 엮음이 있다. 특히 최근 나온 다음 편저 두 권을 통해서 마치 프리즘처럼 이 주제가 다양하게 탐구되고 있음을 알 수 있다. 바워먼·브라운(Bowerman and Brown, 2008) 엮음, 뢰퍼포엇호밥 외(Rapparport-Hovav, Doron, and Sichel, 2010) 엮음(16편의 논문이 들어 있음).

11) 필자가 언급하는 바와 논점이 다르지만 우리말 심리동사의 연구는 김홍수(1989)와 이익환·이민행(2005)를 참고할 수 있다.

합하는데, 감정이입을 통하여 관찰 대상이 되는 사람의 감각 상태를 전지적 시점으로 묘사해 주고 있다.[13] 이런 사건 구조는 다시 '-게 만들다' 따위와 결합하면서 인과의 힘을 지닌 복합사건 구조를 표상해 줄 수도 있다(더워하게 만들다/뜨거워하게 만들다).

감정동사도 우리말에서는 낱말 파생구조가 감각동사와 비슷할뿐더러, 또한 사건을 표상해 주는 방식에서도 일관된 틀을 따르고 있다.

'기쁘다 → 즐겁다 → 기뻐하다/즐거워하다'[→ 기뻐하게/즐거워하게 만들다]
(내부 감정동사 → 외부사건에 기인하는 감정동사 → 상대방의 감정에 대한 묘사동사)

낱말의 형태론적 구성에서 감각동사는 내파음 'ㅂ'[읍]으로, 감정동사는 외파음 'ㅂ'[브]으로 나뉘어 있어 차이가 난다. 그럼에도 불구하고 동일하게 경험주 의미역만 요구된다(1항 동사임). 그러나 '-업, -덥, -럽' 계열의 접사를 지닌 동사는 경험주 의미역 이외에도 반드시 대상 의미역이 배당되는 논항을 하나 더 갖고 있다(2항 동사임). 이를 어휘 해체

---

12) 민현식(1999; 2011 수정 4판: 217쪽)을 보면, '-아하다'를 붙여 쓰도록 한 것은 1964년 문교부에서 펴낸 『교정 편람』에서 '합성 용언'으로 규정한 일로부터이며, 저자가 이를 설명하면서 "논자에 따라서는 접미사로 볼 수도 있다."고 하여 마치 '-아하다'를 접미사로 간주한 듯한 인상이 든다. 한편, 이은정(1993) 엮음을 보면 문교부(1969), 『한글 전용 편람』에서 띄어쓰기 규정(원래 출처는 28~58쪽으로 표시됨)을 옮겨 실은 대목이 있다. 특히 이 책 16쪽에 '-어하다'와 관련하여, "형용사의 부사형 어미에 조동사 '하다'가 붙어서 다른 말로 전성할 경우, '하다'를 앞 말에 붙여 쓴다."라는 언급을 싣고 있다. 비록 왜 그런지에 대하여 논리적인 설명을 해 놓지는 못하였지만, 일찍이 문교부에서 펴낸 규정들의 집필자가 뛰어난 혜안을 적어 놓았음을 알 수 있다.

필자는 '-어하다'를 지니는 동사의 자연부류를 감각동사 및 감정동사 등의 심리동사로 파악하므로, 파생용언이 아니라(결코 접미사가 될 수 없음) 핵어인 동사가 어휘-통사적 구조를 투영하게 된다. "썰렁해하다, 안타까워하다, 답답하고 못견뎌하다, 자신 없어하다, 골치 아파하다"에서 모두 동일한 의미자질을 뽑아낼 수 있는 것이다. 이런 자연부류의 범주가 사실이라면, '-아하다'를 접미사로 보고 파생 용언으로 범주를 지정함은 잘못임을 알 수 있다. 그런데 심리동사도 또한 마음의 느낌이나 상태를 가리키므로, 상위범주가 형용사로 귀속될 수밖에 없다.

13) 맥락에 따라서 '철수가 더워한다'라는 표현이 때로 짤막하게 '철수가 덥다'로 발화될 수 있다. 그럼에도 이는 '덥다'의 사용 맥락에 따른 축약으로 설명하는 것이 온당하다.

방식으로 설명한다면, '기쁘다'에 대상 의미역이 더해진다면 '즐겁다'로 표상되는 것이다. 여기서 다시 '-어하다'가 붙는다면, 화자가 한 사건을 관찰하고 있고, 그 사건 내용이 감각동사 내지 감정동사로 표상된다. 이때 당연히 감각 주체나 감정 주체는 관찰되는 사람이며, 그 사람에게 경험주 의미역이 배당된다. 단, 비-대격 동사 구문은14) 대상역을 받는 논항이 반드시 비-대격으로 표지를 받게 되는데, 우리말에서는 주격을 받는다. 관찰자 겸 화자에 관련된 논항은 객관적 사실을 표현할 경우 언제나 잠재태 논항으로 바뀌어 표면 구조에 나타나는 없다. 가령,

"영이가 기뻐하다."(관찰자의 관찰 사건 묘사 "경험주와 내부 감정 표현")

는 꺽쇠 괄호에 있는 내용만이 언어로 표상되어 있다(1항 동사). 즉, 경험주 '영이'가 현재 화자가 관찰하는 대상 사건의 주체이며, 이 표현은 영이의 내부 감정을 묘사하고 있다. 반면에,

"영이가 즐거워하다."
(위와 동일한 상황에 "경험주와 외부 사건에 기인한 감정 표현")

에서는 화자가 관찰한 사건을 묘사하고 있다. 여기서는 영이의 특정한 감정을 일으키거나 촉발시킨 외부 사건(대상) 및 그 감정을 느끼는 주체를 언어로 표현하고 있다(2항 동사). 단, 필요할 경우에 감정을 일으킨 외부 사건은 이 구문에서 부가어('~ 때문에', '~하여' 등)로 도입될 수 있

---

14) 형용사 구문 등을 포함하는 이 구문의 논의는 레뷘·뢰퍼포엇호봠(Levin and Rappaport-Hovav, 1995)에서 처음 시작되었다. 형용사 구문이 초기표상에서 대격을 받는 요소가 표층에서 의무적으로 주격이 되어야 한다는 점을, 필자는 인지 동사 '여기다, 간주하다'(3항 동사)가 투영하는 대상역 논항과 처소역 논항이 외현되어야 하고 대상역 논항이 비어 있는 주어 위치로 필수적인 이동을 한다고 본다. 최근 나온 앨렉지아두 외(Alexiadou, Anagnostopulou, and Everaert, 2004) 엮음과 뢰퍼포엇호봠 외(Rappaport-Hovav, Doron, and Sichel, 2010) 엮음에서도 다양한 글들을 읽을 수 있다.

다. 이런 감정 표현도 또한 다시 외부 사건의 매개에 의해 인과 구조를 지닌 복합사건 연결체로 표현될 수도 있다. 이 경우에 우리말에서는 '-아게/-아하게 만들다' 구문으로 표상된다. 감각동사는 다소 변동 폭이 제한적이어서 논항구조와 의미역 설정이 쉽게 이뤄지지만, 감정동사는 다음에서 보듯이

'기쁜 소식/즐거운 소식, *기쁜 우리집/즐거운 우리집'
'슬픈 인생/서러운 인생, 슬픈 영화/*서러운 영화'

와 같은 관형절 분포까지 고려한다면 자못 복잡하여,15) 간단히 기계적인 적용만으로 문법성을 모두 설명할 수는 없다. 짐작하건대, 추가로 사건을 바라보는 시각 따위의 비-언어적 변수들이 고려되어야 할 것이다.16) 이 방언의 연구에서 낱말에 초점을 모은 경우는 강정희(2005)에

---

15) 이들 대립 분포가 가지런히 다 찾아지는 것도 아니다. 내부와 외부의 대립 짝을 찾을 수 있는 감각동사는

'덥다 : 뜨겁다, 춥다 : 차갑다, 아프다 : 괴롭다'

위이다. 그렇지만 짝을 찾을 수 없는 것들도 많은데, '답답하다, 시리다, (가슴이) 아리다, 가렵다, 마렵다' 등이다. 감정동사도 내부와 외부의 대립 짝을 찾을 수 있는 경우는

'기쁘다 : 즐겁다, 슬프다 : 서럽다, [두렵다] : 무섭다'

이다. 그러나 이런 대립을 찾을 수 없는 경우는 '(마음이) 가볍다/무겁다, 상쾌하다, 들뜨다, 싱숭생숭하다' 등이다. 아마 대립 짝의 어휘는 우리가 자주 쉽게 겪는 전형적인 경험에 한정될 수 있고, 그 이외의 것들은 이런 어휘 의미의 틀을 따라 추가되는 것일 수 있다.

16) 동일한 낱말이라도 통사 구조가 서로 다른 경우들이 관찰된다. 우리말에서도 아무렇게나 주격 표지로도 나타나고, 때로 대격 표지로도 나타나는 사례들이 있으며, 이들을 놓고 여러 가지 설명이 베풀어져 왔다.

| 대나무를 휘다 | 병을 옮다 | 힘을 펴다 | 힘을 다하다 | 손목을 삐다 | 종을 치다
| 대나무가 휘다 | 병이 옮다 | 힘이 펴다 | 힘이 다하다 | 손목이 삐다 | 종이 치다
| 가슴을 조이다 | 손을 묶이다 | 엉덩이를 받히다 | 몸을 부딪히다 | 손목을 잡히다
| 가슴이 조이다 | 손이 묶이다 | 엉덩이가 받히다 | 몸이 부딪히다 | 손목이 잡히다
| 침을 튀기다 | 냄새를 풍기다 | 종을 울리다 | 막을 내리다 | 낯을 가리다
| 침이 튀기다 | 냄새가 풍기다 | 종이 울리다 | 막이 내리다 | 낯이 가리다
| 차를 달리다 | 얼굴을 그을리다 | 차를 멈추다 | 마음을 상하다
| 차가 달리다 | 얼굴이 그을리다 | 차가 멈추다 | 마음이 상하다
| 울음을 그치다 | 힘을 뭉치다 | 목을 다치다 | 얼굴을 비치다 | 힘/영향을 미치다
| 울음이 그치다 | 힘이 뭉치다 | 목이 다치다 | 얼굴이 비치다 | 힘/영향이 미치다
| 바위를 움직이다 | 불빛을 깜박/반짝/번득이다 | 깃발을 펄럭이다/휘날리다/나부끼다
| 바위가 움직이다 | 불빛이 깜박/반짝/번득이다 | 깃발이 펄럭이다/휘날리다/나부끼다

서 일부 찾을 수 있지만, 어휘 자체의 논의만을 독자적으로 다룬 논의는 아직 일어나지 않은 듯하다.

기능범주는 통사론의 주인이며, 어휘범주처럼 두 가지 자질을 배합하여 네 가지 하위범주로 나뉜다. 종결 어미 자질(±C)과 시상 선어말어미 자질(±I)이다. 이들이 배합되면 종결 어미 [+C, −I], 연결 어미 [+C, +I], 시상어미 [−C, +I], 일치어미 [−C, −I]가 나온다. 이 범주들이 모든 언어의 문법 현상을 말끔히 설명해 줄 수는 없지만, 보편 문법을 상정할 경우에 가장 검박하게 요구되는 최소한의 범주로 이해된다. 필요한 경우에는 매개인자를 찾아내고서 각 언어의 개별성들을 보장해 줄 수 있는 것이다.

격은 낱말의 의미에 의해서 배당되는 경우(사격, 고유격)와 기능범주에 의해 배당되는 경우(정격, 구조격)로 나뉜다. 기능범주 핵어들은 자신이 지배하는 논항들을 이동시켜 여러 가지 문법 자질들을 배당하게 된다. 그런데 우리말에서는 그런 이동들이 없으며(같은 말이지만 '제자리 이동'으로도 부름), 화용 조건에 따라 일정 정도 문법 요소들이 추가되어

| 입을 삐죽거리다/실룩거리다 | 다리를 절뚝이다/절뚝거리다
| 입이 삐죽거리다/실룩거리다 | 다리가 절뚝이다/절뚝거리다

뢰퍼포엇호봅·레뷘(1998), "동사 의미 수립하기(Building Verb Meanings)"에서는 이런 현상이 인간 언어에서 일반적으로 관찰되는 현상이며, 동일한 낱말이 대격 표지로 나오는 경우에 행위나 과정을 가리키지만, 주격 표지로 나오는 경우에는 결과·상태를 표시해 준다고 본다. 우리말의 파생 낱말에서 진행·과정을 나타내는 접사 '-기'와 결과·상태를 표시해 주는 '-음'의 대립은 영어에서 각각 '-ing'와 '-ed'로 대응하며, 상태가 끝나고 나온 결과물은 전형적으로 접사 '-이'로 대표할 수 있는데, 영어의 '-er'와 대응한다. 의도를 지닌 행위 주체는 '진행 → 결과'라는 사건 전개구조를 따르지만, 목숨이 없는 대상들은 단순히 변화만을 거치므로 '과정 → 상태'로 표현될 수 있다.

한편, 앞의 우리말 대립 예문들이 모두 동일한 동사가 거느리는 논항이 '를'로 나오거나 '가'로 나오고 있음을 확인할 수 있다. 이들은 동사의 '의미 변동' 사례인데, 필자는 대격 '를'을 지닌 표현은 진행·과정을 드러내고 있고(행위주가 발현태로 외현될 수 있음), 주격 '가'를 지닌 표현은 결과·상태를 표현하고 있다고 본다(행위주가 잠재태로 억눌려 있음). 사건을 분할하는 보편적인 방식이 어느 언어에서나 동사의 투영 구조와 조어법에서도 한결 같이 적용되고 있다. 능동태와 수동태도 또한 이런 질서를 구문상에 반영하고 있는 것에 불과하다. 이런 보편적 현상에 대하여 레뷘·뢰퍼포엇호봅(Levin and Rappaport-Hovav, 2005)의 제4장에서는 그 설명 방식으로 적어도 네 가지 접근법들이 가능한데, 이들을 비교 검토하고 있어서 도움이 된다. ① 처소론적 접근, ② 사건 전개 모습 접근, ③ 상 및 논항 실현 접근, ④ 사역 구조 접근이다.

덧붙을 수 있다. 이렇게 추가되는 특성은 구조적인 설명이 불가능하다. 특히 이 방언과 관련하여, 구조격의 경우에는 격 표지가 전혀 없이 발화되는 일이 허다하다(무표격 또는 부정격으로도 불러 왔음). 그렇다면 격 표지 실현과 관련하여 매개인자 설정이 필요함을 알 수 있다.

생성문법의 시상어미는 시점들 사이의 대소 또는 등치 관계들을 나타내기에 안성맞춤이지만, 양태(modality) 또는 양상을 다루기에는 적절하지 않다. 영어에서는 특히 조동사 구문이 양태 또는 양상을 떠맡고 있고, 크게 이들을 인식 양태(앎 관련 양태)와 의무 양태(행위 관련 양태)로 대분해 왔다. 그러나 우리말과 이 방언에서는 양태 표현이 시간 또는 시상 표현과 뚜렷이 구별되어 표현되지도 않는다. 피상적으로만 보면, 양태 표현의 사용이 해당 사건에 대한 화자의 믿음 체계를 드러내어 줄 뿐만 아니라,17) 또한 상대방이 듣게 된 표현을 어떻게 표현할지에 대한 수사학적 관점까지도 관련되어 있다는 점에서, 단순하게 시상으로 다뤄질 수 없다. 더욱 큰 돋보기를 들이대고 양태 표현의 동기들을 찾아낼 필요가 있으며, 중요하게 매개인자로 설정되어야 하는 것이다.

우리말과 이 방언의 대우 표현은 일치 범주와 관련되어 있다. 영어가 성·수에 따라 일치(문법적 일치)를 구현한다면, 적어도 이 방언에서는 격식성·공식성(심리적 거리감) 여부에 따라서 일치(사회언어학적 일치)를 구현하고 있다. 형태론적으로도 고유하게 대우와 관련된 형태소들이 있는가 하면, 또한 반말투에 화용 첨사가 덧붙어 결과적으로 대우의 효과가 생겨나는 경우가 있다. 이런 측면도 응당 매개인자를 설정해 주어야 이 방언의 실상을 제대로 설명할 수 있는 대목이다.

---

17) '배 이야기(Pear Story)'로 불리는 자연스런 담화 연구의 표본을 실증적으로 보여 준 췌이프(Chafe) 교수의 연구진에서는, 양태에서도 서구 언어에서는 찾아볼 수 없는 '증거태'를 주장한 바 있다. 곧, 언어로 표현하는 사건이 ① 직접 화자 자신이 보고 들은 것인지, ② 다른 사람으로부터 전해 들은 것인지, 아니면 ③ 스스로 추론을 하는 것인지를 구별해 주는 일이다. 췌이프·니콜즈(Chafe and Nichols, 1986) 엮음을 보기 바란다. 일반 언어학에서 다뤄지는 양태(또는 양상)에 대한 개관은 이기갑(2008)을 참고하기 바란다. 또한 우리말에서 양태 표현 방식이 선어말어미뿐만 아니라 종결 어미나 이들의 복합체로 나타난다는 논의는 박재연(2006)을 보기 바란다.

제주 방언의 통사 연구들을 개관하고 과제를 찾아내는 일에서 필자가 취한 태도는, 생성문법의 보편성을 염두에 두되, 이 방언에서 찾아지는 독특한 측면들에 대하여 명백히 매개인자들을 찾아내고 설정해 줌으로써 그 개별성을 부각해 놓고자 한다. 그리고 이 방언의 통사 형식들이 모두 다뤄지는 것이 아니라, 생성문법의 틀 속에서 일부만 논의하게 됨을 미리 밝혀 양해를 얻고자 한다.

3. 명사 부류와 관련된 기능범주

이 방언의 격 조사들이 두 가지 시각에서 각각 연구되었는데, 기술 언어학 시각에서 처음 다룬 글은 일련의 강근보(1977a, 1977b, 1978)일 것이다.[18] 이어서 생성문법의 시각으로는 격 조사들을 강정희(1984)에서 포괄적으로 다뤘다.[19] 이는 다시 강정희(1988)에서 제2장으로 수록

---

18) 현평효 교수는 1982년『제주도지』에 기고한 「제주도 방언 개관」의 '형태' 부분에서 격 조사들을 간략히 다룬 바 있는데, 주격, 대격, 소유격, 절대격, 공동격, 열거격, 비교격, 처소격, 향진격이다(9개). 이는 현평효(1985), 제4부에 들어 있다.

19) 이 방언의 자료를 다루는 측면도, 비록 스스로 이 방언의 모어 화자이더라도, 자의성을 배제하기 위하여 가급적 이미 입말 기록 자료집들로부터 다수 인용해 놓고 있다. 이런 신중한 자료 수집 태도는 대표적으로 일련의 고영진(2007, 2008)에서 찾을 수 있다. 아마 생성문법에서 인용되는 예문들의 비문법성 판정 여부에 대한 시비를 상당 부분 누그러뜨릴 수 있는 고육지책으로 판단된다.

　임의의 예문에 대한 문법성 판정은 문법 제약 서술에 중요한 몫을 떠맡는다. 필자가 검토한 이 방언의 통사론 논문들에서도 예외가 아니다. 연구자들 간에 서로 직관 또는 통찰력의 차이로 말미암아 결정적인 예문에 대한 문법성 판정 시비가 다수 생겨날 수 있는 예민한 문제이다.

　일부에서는 이런 문법성 판정 시비를 '수용 정도성'의 문제로 바꾸어 버리기도 한다. 필자는 이를 논점을 흐려 놓거나 얼버무리는 잘못된 접근으로 판단한다. 있고 없음의 문제와 많고 적음의 문제는 서로 별개의 것이다. 정도성의 문제는 언어 표현 방식에서 다뤄져야 할 사안이며, 직접 표현으로부터 간접 표현에까지 이르는 긴 띠를 이룬다. 정도성을 부각시키는 일은 언어의 본질과 언어의 사용을 뒤섞어 버리는 오류로 부를 수 있다(본질과 사용의 혼효 오류임).

　벤담의 공리주의 표어 '최대 다수의 최대 행복'이란 말을 응용하여(패러디하여) 이 점을 쉽게 보여 줄 수 있다. 고전 문헌으로부터 내려오는 언어 본질에 대한 논의는 반드시 '모든 사람의 충분한 납득'이 필요한 옳고 그름에 관한 일이다. 그러나 한 개인의 언어 사용에 대한 논의는 전형적인 표현의 경우에 '최대 다수의 최다 이용'으로 말할 수 있다.

되어 있다. 특히 강정희(1988)에는 당시에 논의되던 국어학 업적들을 충실히 반영하여 보편이론 위에 매개인자를 찾아내고자 하는 의식이 명시적으로 적혀 있다. 매개인자들에 해당하는 자료들을 제시하면서 그 이유를 탐색하고 있다. 기술 문법과 생성 문법의 근거한 두 흐름의 연구는 삼사십 년이 지난 오늘날의 시점에서 보더라도 많은 시사점을 제공해 주고 있다.

동사를 중심으로 하여 관찰되는 격 조사는 크게 구조격(정격)과 고유격(사격, 어휘격)으로 나뉜다. 명사를 중심으로 하여 관찰되는 격조사도 또한 둘로 나뉜다. 하나는 어휘범주의 핵어 명사가 투영하는 구조에서 격이 표시되는 경우(관형격)이고, 다른 하나는 기능범주의 접속사가 핵어(&)로서 구조를 투영하여 표시되는 격(접속격)이다. 구조격은 주격과 대격을 가리키며, 각각 동사 핵어와 시상 형태소 핵어의 지배되는 구조 위에서 배당된다. 고유격은 구조격 이외의 격으로, 동사의 개별 의미 특징에 의해 그 동사가 요구하는 논항에 배당된다. 명사구가 확장되어 관형격이 배당되는 경우에도 문장으로부터 변형되어 나오는 경우와 고유하게 격을 갖고 있는 경우로 나뉘는데, 특히 후자의 경우에는 합성어(조어법)와도 경계가 겹쳐져 있다. 이들을 차례대로 다루어 나가기로 한다.

3.1. 구조격

흔히 주격과 대격을 싸안는 개념으로서의 구조격은, 전형적으로 문장에 다 들어 있는 것으로 치부되며, 핵어의 지배에 의해서 구조적으로 격이 배당된다고 가정된다. 그렇지만 격의 구현에 있어서 이 방언에서

다만, 창조적인 작가들의 경우에 '절대 소수의 최대 울림'이라고 표현해야 할 것이다. 본질의 문제는 옳고 그름에 관한 문제이므로, 반드시 모든 사람(인간의 이성)을 대상으로 한다. 그렇지만 사용의 문제는 정도에 관한 문제이므로, 최대 다수이든지 절대 소수이든지 통계적 접근으로 설명 가능한 문제가 된다.

는 두 가지 측면이 매개인자로 상정되어야 할 만큼 특이하다. 첫째, 격 표지 없이 발화되는 경우가 허다하다. 여기서는 이를 '무표지 현상'으로 부르기로 한다. 이를 강근보(1978: 56쪽)와 강정희(1988: 41쪽)에서 각각 '생략형'과 '생략이 활발하다'로 기술하였다. 이는 복원 가능성을 염두에 두고 언급한 것이다. 그러나 기본 표상이 구조적 지배에 의해 통사적으로 '무표지'가 실현된다고 본다면[20] 전혀 다른 설명이 가능하다. 즉, 화용 또는 담화 층위의 동기에 의해 무표지와 대립되는 격 표지가 실현된다고 말할 수 있다.

이 방언의 무표지 현상과 대립되어, 격 표지가 붙어 나온 경우를, 강근보(1978: 59쪽 이하)에서는

"느가 흔쓸 곱다."(네가 조금 더 곱다)

와 같은 상태 표현에서 기능적 대립을 부각시키거나 또는

"궨당이 촌에서 왓수다."(친척[眷黨]이 시골에서 왔어요)

에서 강조를 하는 것으로 보았고, 이를 '유일하고 특별한 대상'으로 개념화하였다. 강정희(1988: 41쪽 이하)에서는 강조로 보고, 임의 구절이 문 앞으로의 이동할 수 있으며, 이것이 주격 표지와 대격 표지를[21] 부착시켜 놓는다고 보았다.

여기서 '강조'라는 개념은 다소 막연해 보인다. 필자는 좀더 가시적

---

20) 화용적으로 청자와 화자 사이에서 명사구들이 쉽게 지각되거나 상대방 청자 또는 화자 자신과 같이 화용 맥락에서 충분히 알려져 정보가 잉여적으로 되었을 경우에는 명사구 조차 나오지 않을 수 있다. 이는 화용적으로 사건의 전개 단계나 사건의 속성 나열이 초점으로 부각되었을 경우에 그러하며, 서술어로만 일부 담화가 전개될 가능성이 있다.

21) 자동사 구문에서 관찰되는 대격 표지도 '강조'로 설명하였는데, 임홍빈(1972)에서 상정한 '비-대조적 대립'의 개념을 상정하였다. 개인적으로 필자는 이 개념 또한 청자에게 주의 력을 모으는 기능에서 주격에서의 강조 기능과 크게 다르지 않다고 이해한다.

으로 붙들 수 있는 터전이 화용 또는 담화상으로 다음처럼 마련될 수 있다고 본다. 담화에서 화자와 청자가 서로 문답을 진행한다고 하였을 경우에, 화자 쪽에서 가정하기를 '의문사(wh-word)'로 표상되는 임의의 요소에 초점을 모음으로써 청자가 주의력을 기울이도록 요구하거나 배려한다고 서술될 수 있다.[22] 화자 쪽에서 가정하는 의문사의 답변 낱말에 주격이나 대격 표지가 부착되면, 그 표지들의 존재 때문에 청자가 주의를 환기하여 감정이입의 모습으로 그 낱말에 초점을 모으는 것이다. 하나의 담화가 일관되게 하나의 주제를 놓고 전개될 적에, 하나의 문장에서도 초점이 하나 또는 둘 이상도 표현될 수 있다. 만일, 이를 통사 구조로 서술한다면, ① 임의 구조에다 새로 부가어 구조를 만들고서, ② 초점 요소를 새로 생긴 자리에 상향 이동시킨 뒤, ③ 이동이 일어났음을 표시하기 위하여 가시적으로 '이/가'나 '를'이 덧붙여 놓는 것으로 파악할 수 있다. 가령, 기본 표상은

[느 ᄒ쑬 곱다]$_{CP}$

이지만, 이 구조에서 맨위의 범주를 그대로 복사하여 부가어를 만들고서 새로 빈 자리가 생겨나면

[[ ]$_{Adjunct}$ [느 ᄒ쑬 곱다]$_{CP}$]$_{CP}$

그곳으로 청자의 주의력을 붙들어 둘 요소를 옮기면서 동시에 화용 첨사(또는 보조사) '이/가'를 이동의 증거로 붙여 놓는 것이다.[23]

---

22) 가령, 앞 단락의 자료를 써서 이를 풀어 서술하면 다음과 같다. "누가 ᄒ쑬 고운가?"(누가 조금 고운가?)라고 청자가 묻는다고 가정하고서, 화자가 청자에게 "느가 ᄒ쑬 곱다!"(네가 조금 곱구나)고 말하는 것이다. 즉, "ᄒ쑬 고운 것이 누구냐 하면 바로 너이다!"(조금 고운 것이 누구냐 하면 바로 너이다)로 풀어쓸 수 있다. 똑같은 방식으로 "누가 시골에서 왔는지 알아요? 바로 권당(眷黨) 구성원 한 사람이에요."로 풀어쓸 수 있다.

23) 임홍빈(1979)에서 용언의 '어근 분리 현상'으로 기술된 사례도 동일하게 설명할 수 있을

[[느]가 [t$_i$ ᄒ쏠 곱다]$_{CP}$]$_{CP}$

강근보(1978: 65쪽)과 강정희(1988: 38쪽 이하)에서는 모두 이 방언에서 관찰되는 독특한 주격 조사 '레'[24] 또는 '라'를 다루고 있다. 아마 '라'에서 개구도가 작은 '레'로 진행되었을 듯하다. 이 방언을 모어로 하는 50대 후반의 필자가 아직 직접 들어보지 못한 옛 모습의 격 표지이다. 특히 강정희 교수는 입말 기록물로부터 자료를 옮겨 놓고, 평안 방언·안동 방언·중세 국어 등에서 유관한 자료들을 같이 거론하면서, 홍윤표(1975)에 기대어 계사의 활용 모습 '-이라'로부터 기원할 수 있다고 보았다.

"그 사름이 **누게랑/누게랑으네/누게라** 우리 집의 오라시코?/오라실꼬?"
(그 사람이 누구<u>이</u>길래/누구<u>이</u>라서 우리 집에 왔을 것인가?)

만일 '-이길래, -이라서'로 대응되는 구문이 참이라면, 이는 부가어 구문이며, 계사의 연결 어미 모습을 '누구<u>이</u>라'처럼 단일 어절로만 파악

듯하다. ① 청자의 주의력을 붙들기 위하여 임의 구조에다 새로 부가어 구조를 만들고서, ② 초점 요소를 그곳으로 이동한 뒤에, ③ 그 요소가 이동되었음을 표시해 주기 위하여 가시적으로 화용 첨사(또는 보조사)인 '를'을 붙이는 것이다(단, t는 이동된 뒤 남은 흔적 trace이고, 'i'는 같은 대상을 가리키는 지표 index임).

[공부하다] → [[공부]를 [t$_i$하다]]

24) 강근보(1978: 65쪽)에서는 다음의 세 가지 예문을 들었다. 형태들을 드러내기 위해서 일부러 필자가 표기를 조금 고쳐 놓았는데, 이하에 있는 인용 사례들은 모두 형태를 밝히어 적기로 한다.
  ㉠ 손지<u>레</u> 서울 간댄 ᄒ여라(손자<u>가</u> 서울에 간다고 하더라)
  ㉡ 아시<u>레</u> 이 집의 살았저(아우<u>가</u> 이 집에 살고 있다)
  ㉢ 송아지<u>레</u> 석을 그치다(송아지<u>가</u> 고삐를 끊다)
강정희(1988: 38쪽)에서 인용한 여러 사례들 중에서 몇 개만 보이면 다음과 같다.
  ① 알동네 각시<u>라</u> 애길 배여신게(아랫동네 새색시<u>가</u> 아기를 배어 있구나)
  ② 물에는 출내<u>라</u> 나고, 펄내<u>라</u> 나고, ...(물에는 꿀/풀 냄새<u>가</u> 나고, 갯벌 냄새<u>가</u> 나고, ...)
  ③ 접시 두 개<u>라</u> 웃구나(접시 두 개<u>가</u> 없구나)
  ④ 물 막은 섬이<u>라</u> 갈 수<u>라</u> 싯느냐?(바닷물로 막은 섬이라서 갈 수<u>가</u> 있겠느냐?)
  ⑤ 누게<u>라</u> 되느냐? 새로 온 금상이 됩니다(누구<u>가</u> 되느냐? 새로 온 현재 임금<u>이</u> 됩니다)

하여 주격으로 지정하였을 개연성이 있다. 그렇지만 이런 구문을 해당 사례들에 모두 복원할 수 있는 것은 아니며, 계사로부터 이 격 표지를 유도하는 일은 결코 쉬운 일이 아니다. 이 방언에서 '라' 또는 '레'가 나올 수 있는 조건을 이들 선업에 기대어 더 세밀히 조사하고 찾아낼 필요가 있다.25)

둘째, 동일한 격들이 복사되어 계속 나올 수 있다(격 중출 현상). 격 중출뿐만 아니라 복수 접미사 '들'도 임의의 발화 안에서 계속 복사되어 나올 수 있는데, 동일한 범주의 언어 형식만이 아니라 종결 어미 뒤에까지 복사가 이뤄질 수 있다는 점에서 특이하다(너희들 다들 오너라 들!). 비록 논리형식에서 부정 표현이나 수량 표현이 양화사 위치에 자리를 잡고 있으므로, 격 중출과는 구조적 특성이 다르겠지만, 계속 복사하여 부착한다는 점은 청자로 하여금 복수의 대상에 의한 복수의 사건임에 계속 주목하도록 하는 화용적 효과를 노린 것이다. 격 중출 구문의 기본 표상은 강정희(1988)에서는 속격 관계나 수량사 구문, 그리고 대소 또는 포함 관계로부터 몇 가지 제약 조건이 만족될 경우에 나온다고 보았는데, 1980년대 초반까지 국내 언어학자들이 논의한 내용들을 충실히 검토한 바탕 위에서 나온 결론으로 평가된다.

---

25) 이 점과 관련하여(토론문의 질문 1항), 이기갑 교수는 계사 구문이 주격 조사로 문법화해 나가는 실마리로서 다음 예문을 제시하였다.

"내 집이 깁고 깁허, 뉘라셔 츠즐손야"(해동가요 시조)

이 구문은 아마 기저 표상이 "[그i가 누구;이길래], [그i가 나를 찾아올 수 있으랴?]" 또는 공범주 형태를 써서 "[ei 누구이라서], [ei 나를 찾을소냐?]" 정도를 상정할 수 있을 듯하며, '누구이라서'를 '하여간 어느 누구이든지 간에'로 풀어쓸 수 있다. 만일 이런 표상이 성립한다면, '부가어(adjunct)' 구조로 '누구이라서'가 실현되어 있는 것이다. 만일 이를 주어로 본다면, 부가어 구조가 각별히 모종의 동기에 의해서 논항 구조(일단, 주어를 인가해 주는 핵어가 무엇인지는 차치함)로 바뀌는 특별한 전환 과정이 설정되어야 할 것이다. 이는 아마 이례적이고 다시 되돌릴 수 없는 '불-가역적'인 과정이 될 듯하다.

이기갑 교수가 지적하였듯이, '문법화 기제가 작동될 경우에 본디 구문에로의 복원이 불가능하다'는 특성은, 필자는 이런 유표적인 구조 전환 과정을 반영하는 것으로 받아들인다. 그렇다면, 이런 문법화 과정과 관련하여, 모든 주격 구문이 언제나 다 계사 구문으로부터 나오는지, 일부만 그러한지에 대해서 더 면밀히 검토될 필요가 있다.

3.2. 고유격

고유격은 해당 명사구가 핵어(동사나 형용사)의 고유한 의미자질에 따라 투영되어 나온다는 뜻으로 붙여졌다. 동사의 의미자질에 따라 나오기도 하고 그렇지 않기도 하므로 사격이라고도 불린다. 연구자에 따라서는 격을 설정하는 숫자가 서로 다르다. 먼저 두 극점을 설정할 수 있는데, 처음부터 구별 가능한 고유격을 충실히 기술하기 위하여

① 소재나 움직임 관련: 처소격·여격·출발격(탈격)·목표격·방향격·연격(경과격)
② 대상이나 일의 기원이나 일의 수행 방식 관련: 자격격·원인격(이유격)·도구격
③ 둘 이상의 대상 또는 사건 관련: 비교격·공동격(여동격)

따위를 각각 따로 설정하기도 한다. 그렇지만 몇 가지 기본 개념들로부터 동사 의미가 추가되어 다양하게 여러 가지 고유격들이 생성되어 나온다고 보고서, 앞의 세 가지 부류의 격들의 추상적인 자질을 범주로 만들고 최소한의 고유격만 상정하기도 한다. 일부에서는 이들 두 태도 사이에서 중간 지점의 관점을 취하기도 하는데, 가장 세밀하게 나누어 놓는 고유격들 중에서 더 이상 분석할 수 없는 단일 형태와 둘 이상의 형태가 결합된 경우들을 구분하여 줄 수 있기 때문이다.

강근보(1977b)에서는 고유격 조사 '드레'를 놓고서 세 가지 조건을 기술하였다. ① 사람과 관련된 명사구에 붙으면 여격으로, ② 수사나 사물 대명사 뒤에 붙으면 처격으로, ③ 그 밖의 경우는 움직임의 방향을 가리키는 향격으로 구현된다는 것이다. '드레'는 기원적으로 곳(장소)을 가리키는 'ᵗ드/ᵗ디'와[26] 방향을 가리키는 접사 'ᵗ레'가 결합되었다고 보았

---

26) 국어사에서는 조어의 재구성 형태를 별표 '*'로 표시하는 관행이 있다. 그렇지만 여기서

으며,27) 또한 이 격조사는 다시 복합 형태의 격조사를 만들어낸다. 즉,

'안트레'(안쪽으로)

'신드레'(있는 곳으로)

로 결합하여 여격으로 쓰인다고 논의하였다. 강근보(1978)에서 처격·여격·공동격을 다루면서 '에, 의/이,28) 에서/의서/서, 드레' 등의 형태를 논의하였는데, '드레'만 제외하면

"이와 같은 처격의 용법에서 방언적 특색을 찾기 어렵다."

(강근보, 1978: 81쪽)

는 생성문법에서 관용적으로 쓰는 비문을 가리키는 약속으로만 쓰기로 한다. 따라서 이와 혼동을 피해서 대신 단검(dagger) '†' 기호로 바꿔 쓴다. 별표 '*'는 타자기를 쓰던 시절에 '+'와 '×'를 합쳐 쉽게 만들 수 있었던 기호였기 때문에 여러 사람들에게 애호되었던 듯하다.

'†ᄃ'라는 재구성 형태는 현대 국어(이주행, 1986)와 중세 국어(정호완, 1987)에서 찾아지는 유관 형태들과의 관련성 때문에 다른 연구자들에 의해서도 비슷하게 가정된 바 있다. 이 방언과 관련하여 강정희 교수가 문법화 과정과 관련시켜 두 편의 논문(1980, 2000)을 발표한 바 있고, 모두 강정희(2005)에 재수록되어 있다.

27) 고(故) 강근보 교수는 이 형태들이 6세기 신라노래에서는 각각 '矣'(ᄃᆡ)와 '良'(라)에 대응할 것으로 추정하였다. 그렇다면 이 방언의 '드레/디레'에 대응하는 복합격 '†矣良'이며, 더 나아가 이 방언의 '안트레'와 '신더레'에 대응하는 '†內矣良'과 '†在矣良/存矣良'을 상정할 수 있다(모두 필자의 재구 형식임). 이런 복합격들이 모두 뒤에 나오는 핵어 동사가 반드시 최소한 '움직임'과 '방향성'이라는 의미자질을 지니고 있어야 한다. 이런 접근법을 충실히 좀더 확대한다면, 아마 신라노래에 대한 새 연구 방향을 만들어 낼 수 있을 것으로 보며, 문장을 투영하는 핵어 중심 또는 의미자질 중심 해독법이라고 부를 법하다. 그런데 이런 복합격을 과연 현재 남아 있는 신라노래에서 찾을 수 있을 것인가? 이은규·노은주(1991)을 보면, 신라노래에서 矣는 17회(균여전에는 1회), 良은 23회(균여전에는 21회) 나온다. 그렇지만 '†矣良'의 복합격은 찾아지지 않는다.

28) 2014년 공표된 「제주어 표기법」에서는 한자어를 제외하고서 이 방언의 발음으로 이중모음 '의'를 인정하지 않고, 다만 단모음 '이'를 쓰도록 하였다. 그렇지만 이 글에서는 표면 발음 모습만을 따라 적을 수는 없다. 심층에서 문법 형태소를 구별하여 다뤄야 하기 때문에 불가피하게 이중모음 '의'를 상정하여야 한다. 따라서 다소 불편하더라도 '의/이'처럼 병기하도록 하겠다. 가령 '드레/디레'로 표기된 것도 기본 형태를 '듸레'로 잡고, 이 방언의 표면형에서 단모음으로 나오는 것으로 취급하는 것이 옳은 방식으로 판단한다. '남의'(타인의)라는 발화도 이 방언의 표면형에서는 'ᄂᆞᄆᆡ/ᄂᆞ미 집'(남의 집)로 나오므로, 기본 형태를 'ᄂᆞᆷ의'로 잡아야 함을 쉽게 알 수 있다.

고 보았다. 아마 '에'와 '의/이'가 수의적으로 교체되는 듯아 보았던 듯
하다. 그렇지만 필자의 직관으로는 '에'와 '의/이'는 전형적인 쓰임이
서로 다르다고 판단한다. 왜냐하면 다음과 같은 부류들에는 오직 '에'
만 결합하고, 결코 '의/이'가 결합된 모습이 관찰되지 않는다.

㉠ 시간 표현: 식겟날에(제삿날에)/*식겟날의, 혼날 혼시에(한날 한시에)/*
혼날 혼시의
㉡ 물건 담는 용기: 구덕에/*구덕의, 항아리에/*항아리의, 차롱에(채롱에)/
*차롱의
㉢ 신체 부위: 임댕이에(이마에)/*임댕이의, 손콥에(손톱에)/*손콥의, 풀에
(팔에)/*풀의
㉣ 경계가 닫힌 대상: 밥상에/*밥상의, 안거리에(안채에)/*안거리의, 고팡
[庫房]에/*고팡의
㉤ 외연이 확정된 일부 명사: 느 따문에(너 때문에)/*따문의, 그 깞에(그 값
에)/*깞의

이와는 반대의 경우가 있다. '의/이'가 결합된 모습이 제주 방언처럼
들리고, 이를 수의적으로 '에'로 바꾼 경우에 서울말처럼 들리는 경우
인데, 편의상 '의'로만 써 둔다.[29]

첫째, '밤, 낮'과 같은 시간 표현: 밤의 나댕기지 말라!(밤에 나다니지 말렴!)

---

[29] 이기갑 교수는 중세 국어에서도 비슷하게 '에/애/예'와 '의/의'가 서로 구분됨을 지적하
였다(토론문의 질문 제2항). 감사드린다. 관련 문헌들을 보면, 이런 현상이 이숭녕(1981)
과 홍윤표(1969)에서 비롯되었다. 안병희·이광호(1990: 177쪽 이하)에는 '이/의' 자음 받
침을 지닌 명사에 붙고, 의미 범주상 9가지로 구분된다(신체·방위·지리와 광물·천문과
시령·식물·음식·가옥·기구·숫자). 또한 속격 조사와 구분하기 위하여 각각 선행 명사가
유정 체언인지 무정 체언인지로 구분된다고 보았다(선행명사 조건). 또, 고영근(2010, 제
3판: 94쪽 이하)에서는 두 계열의 처격 조사를 '형태론적으로 조건 지어진' 변이형태라고
불렀고, 뒤에 이어지는 요소가 명사인지 아니면 동사인지에 따라 속격과 구분된다고 하
였으며(후행요소 조건), '이/의'가 붙는 100여 개의 낱말을 '특이 처격어'로 불렀다.

둘째, '집, 바당(바다), 낭ㄱ(나무)'와 같은 빈출 명사: 집<u>의</u> 글라!(집<u>에</u> 가자!)

셋째, '앞, 뒤, 안, 밖, 위, 아래, 옆, 곁'처럼 방향을 가리키는 명사: 앞<u>의</u> 보라!(앞<u>에</u> 보렴), 옾<u>의</u> 놓라!(옆<u>에</u> 놓으렴), 머리 우틔 낫저(머리 위에 났다), 밖<u>의</u> 싯저(밖<u>에</u> 있다)

한편 '의/이'는 지시 대명사와 곳(장소)을 나타내는 명사 'ㆍ듸'(데)에 결합하여 '이듸/이디(여기), 저듸/저디(저기), 그듸/그디(거기)'로 쓰일 뿐만 아니라, '밧듸'(밭에)나 '솟듸'(솥에)에서는 처소격으로 쓰인다. 앞의 '의/이'가 빈출하는 환경 및 이런 결합들을 고려하면서 제약 조건들이 찾아져야 할 듯하다.[30]

강정희(1988)에서는 고유격으로서 처격·기구격을 다루었다. 처격은 A류(듸, 레, 듸레, 이, 예, 에, 이서, 으로)와 B류(안틔, 앞의, 신듸)로 나누었는데, B류는 유정물에 붙는다고 보았다.[31] 그렇다면 처격을 여격과 함께 취급한 셈이다. 그렇지만, 그녀는 여격이란 범주를 인정하지 않고, 대신 '유정물 처격'으로 재범주화한다(77~78쪽). 강정희(1988: 67쪽)에서는 '의/이'가 붙을 수 없는 사례로서

'꿈에/*꿈의'(꿈에), '신에/*신의'(신발에)

---

30) 고영근(2010, 제3판: 95쪽)에서는 오늘날 대우 표현 격조사 '께'의 중세 국어 형태 'ㅅ긔/긔에'를 기능상 '낙착점 처소'로 불렀다. 필자는 아마 이를 '행위의 목표점'(확정된 영역)으로 재해석할 수 있을 듯하다. 영어에서는 정관사 'the'(철학에서는 '확정 표현'으로 부름)는 반드시 관련 명사가 경계를 명확히 확정해 놓을 경우에만 쓰이므로, 이런 속성을 경계 확정 속성(boundedness) 내지 확정성(definiteness)라고 부른다. 다양한 자료들을 참고하면서 따져 보아야 하겠지만, '의'를 대동하는 명사구들이 빈출 표현 또는 관용적인 표현에서 어떤 행위와 관련된 확정 영역(목표 영역)을 가리킬 가능성도 있다. 전체 영역(또는 전체 주연)에서 특정한 영역이 확정되어 목표 영역이나 그런 지점으로 구체화되는 일과 비슷할 듯하다.

31) 조상신이나 귀신 등에도 이런 격이 붙을 수 있다. "조상[祖上]신듸/할망당앞의 빌다." 그렇지만 이들은 살아 있는 존재가 아니다. 유정물과 무정물의 구분은 생명체인지 여부에 따라 나뉘는데(대략 생물과 무생물에 해당함), 그렇다면 이들을 '무정물 처격'이라고 불러야 할까? 아니다. 오히려 여격이라고 서술하여, 여격이 전형적으로 사람을 목표로 삼아 쓰인다고 본다면, 여격이 쓰이는 '사람' 속성이 확장 또는 유추되어 귀신까지 포함할 수 있을 듯하다.

를 제시하였으나, 왜 그런지에 대한 탐색이나 논의는 없이 현상만 기술하였다. 장차 좀 더 정밀한 관찰을 통하여 '에'의 '의'의 분포 차이를 확정한 뒤에, 왜 그런 차이가 나는지에 대하여 심층적인 논의를 할 필요가 있을 듯하다.[32]

---

32) 이 일이 간단치 않음을 쉽게 다음 사례로 짐작할 수 있다. 이 방언에서는 언제나 무표지로 나오는 '나 책, 나 옷, 나 밧'에 대해서 그 짝이 되는 낱말 '놈'(남)에서는 언제나 '놈의 책, 놈의 옷, 놈의 밧, 놈의 집'과 같이 반드시 '의'를 요구한다(??놈 책, ??놈 옷, *놈 밧, *놈 집). '사름'(사람)의 경우에는 '의'의 실현 여부로써, 다른 구성을 만들어 낼 수 있다. '사름의 ㅈ석'(사람의 자식)은 동격 구성이다. 마치 '성웅 이순신, 성군 세종대왕, 대도 조세형' 따위처럼

"사름의 ㅈ석이 그럴 수 있느냐?"(사람의 자식이/사람으로서 그럴 수 있느냐?)

라는 말은, '사람으로서' 그럴 수 있느냐는 반문이나 욕설이다.

그렇지만 '그 사름 ㅈ석'(그 사람의 자식)에서는 무표지로도 나오며, '의'를 수반하여 '그 사름의 ㅈ석'(그 사람의 자식)으로도 나올 수 있다. 만일 격표지가 나오지 않는 것이 이 방언의 초기값이라면 앞의 표현이 더욱 이 방언다운 맛을 준다고 말할 수 있다. 공통어에서는 '의'를 수반한 것이 더욱 자연스러우며, '의' 대신 짤막한 공백 또는 휴지 'Ø'로 대치될 수도 있다. 이기갑 교수는 토론문(질문 제3항)에서 이런 구문에서 관찰되는 차이가 일반속성의 총칭적인 '사람'과 지시 대명사를 지녀 특칭성(또는 한정성)을 띤 '그 사람'과의 구별에서 비롯될 수 있음을 지적해 주었다. 감사드린다.

한편, 필자는 우리말 수량사 구문을 다루면서 기본 표상이 '명사구+수량사 표현'으로 보았고, 언급하는 숫자가 완벽히 정해져서 전체를 구성하는 경우에는 '수량사 표현'이 앞으로 이동하여 '의'를 지닐 수 있다고 결론지은 바 있다(김지홍, 2010: 제2부). '사과 둘'이란 표현은 대상이 적어도 둘 이상 있다는 속뜻이 깔려 있지만, '두 개의 사과'는 대상이 언제나 둘밖에 없는 경우에만 쓰인다. 만일 이를 응용한다면, 전체 대상의 수량을 표현하는 구조가 이어지는 명사구와 동격 구성을 이룬다고 상정할 만하다. 외연의미만을 따질 경우에 전체 숫자 해석이 그대로 유지되는 길은 오직 동격 구성일 뿐이기 때문이다(동격 구성에서는 각 형태의 내포 의미만이 차이가 난다). '의'가 붙어 있다면, 비로소 통사적으로 더 앞으로 이동해 나갈 수 있으며

[엄청난 [그의 실수]] → 그의ᵢ [엄청난 [tᵢ 실수]]

그 결과 마치 '의' 뒤에 꾸밈말을 허용하는 듯이 보일 수 있다(그의 엄청난 실수). '의'가 붙어 나오므로 이 뒤에 나오는 명사를 찾을 때까지 통일된 하나의 해석 구조체로 관념하는 셈이다.

이런 점을 고려하면서 변별적인 통사 구성을 만들어 내려면, 아마도 동격 구성이 등위 또는 병렬 접속을 이루는 핵어처럼 기본 표상에서 '…의…의…의…'와 같은 모습을 지니되, 맨 마지막 '의'는 의무적으로 삭제되어야 한다는 유표적 조건을 부가할 수 있을 듯하다. 이렇게 취급하는 까닭은, 필자가 주장하려는 낱말보다 좀 더 큰 '어절' 단위에 적용을 받지 않을 수 있는 특성을 확보하기 위한 조치이다. 앞으로 더욱 심도 있는 논의가 필요하다.

3.3. 명사구에 관련된 격

동사에 의해서 유도되지 않고, 오히려 명사에 의해서 유도되거나 또는 발화를 개시하기 위해 주목하도록 요구하기 위하여 쓰이는 형태들이 있다. 이른바 접속격·호격·관형격·속격들인데, 명사와 인접해 있다는 점 이외에는 같은 계열로 묶이지 않는다. 호격은 문장 층위가 아니라, 발화 층위에서 도입된다. 상대방에게 주목하도록 요구하기 위해서이다. 관형격과 접속격은 서로 다른 방향으로 언어 형식을 이어나가는 일이다. 비유하자면, 전자가 탑을 쌓아 나가듯이 계속 상하(점층·점강) 의미 관계인 속격 또는 몸통에 날개를 달아 놓는 관계인 관형격이다. 그렇지만 후자는 나열이나 병렬을 가리키므로, 계속 좌우 또는 앞뒤로 지평을 넓혀 나가는 관계이다. 또한 일부에서 관형격과 속격을 같은 개념으로 취급하기도 하지만, 의미상 엄격히 따져보면 서로 다르다.[33] 그렇지만 임의의 문장이 명사구로 표현되는 경우[34)]

---

33) 속격은 소속되어 있음을 뜻하므로 소속과 소유(또는 '보유'로도 부름)를 포괄한다. 일부에서는 소유를 양도(alienation) 가능성 여부로써 더욱 잘게 나누기도 한다. 가령, 사람의 팔뚝과 같은 것은 결코 양도하거나 팔 수 없는 대상이다. 그렇지만 내가 갖고 있는 책은 다른 사람에게 넘길 수 있는 대상이다.

34) 임의의 명제는 언제나 문장으로 나오든지 아니면 명사구로 나올 수 있다. 어떤 모습으로 실현되느냐에 따라 표현의 가치가 달라진다. 이는 비판적 담화 분석에서 중요하게 다뤄지는 문제이다. 자세한 논의는 페어클럽(Fairclough, 2003; 김지홍 뒤침, 2012)의 제8장 '사회적 사건의 표상'을 읽어 보기 바란다. 문장으로 표현되면 듣는 이들이 즉시 그 참값 여부를 따질 수 있지만, 명사구로 표현되면 이미 참값이 주어져 있고 대상으로 확립되어 있어서 누구에게나 확정적인 듯이 관념되기 일쑤이다.

우리말에서는 문장으로 표현되어 있는지, 아니면 명사구로 표현되어 있는지를 따질 수 있는 문법적 기준이 주격 조사, 관형격 조사(속격 조사)의 대립이나, 시제 형태소의 보존 여부를 고려할 수 있다. '철수가 영이를 사랑했다'는 문장이다. 문장 표현은 듣자마자 과연 그런지 여부를 따져 그 문장의 참값 여부를 확정할 수 있다. 이 문장이 그대로 명사처럼 취급되려면 형식명사 '것'을 이용하거나 명사형 어미 '-기'나 '-음'을 이용한다. 이른바 명사절로 부를 수 있는 구문인데, 생성문법에서는 오직 XP를 부여하므로, 전통문법에서 상정했던 구와 절 사이의 구분이 사라져 버린다. 명사절로 표현된 모습은 '철수가 영이를 사랑한 것'이 되거나, '철수가 영이를 사랑했기, 철수가 영이를 사랑했음'이 된다. 물론 어떤 형식을 이용하는지에 따라서 뒤에 실현되는 표현들이 달라질 수 있다. 그런데 이미 명사처럼 바꾸면 주어진 사건에 참이라는 속뜻이 깃들어 가게 된다. 이런 점에 대해서는 페어클럽 교수가 처음으로 비판적 담화분석을 다루면서 논의한 바 있다.

그렇지만 이것이 끝이 아니다. 명사절이 다시 명사구로 바뀔 수 있다. 명사구에서는

434

'철수가 영이를 사랑한다' → '철수의 영이 사랑' → '철수의 사랑'

이들에서 찾아지는 '의'에는 더 이상 소속이나 소유란 의미가 전혀 들어 있지 않다. 따라서 소속과 소유의 관계를 찾을 수 없는 것들을 포괄하기 위하여 관형격이란 개념이 필요한 것이다. 다시 말하여, 의미상의 관계를 찾을 수 없는 표현을 포괄하기 위하여 문법상의 관계를 개념화해 놓을 필요가 있다. 접속격은 적어도 세 가지 계열로부터 유도된다고 알려져 있다. '싸우다, 닮다'와 같은 동사가 그 의미자질 때문에 요구하는 경우가 있고, 일부 동일한 두 개의 문장을 하나로 만들면서 나오는 경우가 있고(김완진, 1970에서 '문접속'으로 불렀음), 동사와 관련 없이 명사구들을 접속하기 위한 경우가 있다(김완진, 1970에서 '구접속'으로 부름). 맨 뒤의 경우의 핵어는 접속사(& 또는 Conj 범주)이므로, 비록 표면상 동일한 격 표지를 갖고 있다고 하더라도 기저 표상에서는 전혀 다르게 설정된다.

이 방언의 현상과 관련하여 중요하게 매개변인으로 확정되어야 할 사안은, 필자가 판단하기에 우선 '무표지' 현상이 있으며, 다음으로 속격으로 잘못 다뤄져 온 격 표지 '네' 및 'ㅅ'의 문제가 올바르게 고쳐질 필요가 있다. 이 글에서 접속격과 관련된 논의는 유보하기로 한다. 무표지 현상은 이 방언의 발화에서 무엇을 기본 단위로 파악해야 할지를 보여 주는 중요한 언어 현상으로 판단된다. 필자는 2013년 이 방언의 표기법을 정하는 모임에 참석하여, 띄어쓰기의 문제를 다룰 적에, 맞춤법의 기본 단위인 '낱말'(단어)은 잘못 설정된 것이고(1930년대 당시의 언

주격 조사가 관형격 조사로 바뀔 뿐만 아니라, 또한 시제 형태소도 억제된다(더 정확히 모든 시간과 모든 공간에 절대적으로 적용되는 아리스토텔레스 논리학의 '명제' 형식으로 됨). 가령 '철수의 영이 사랑'이다. 여기서 핵어 '사랑'을 빼고 모두 다 생략될 수 있다. "철수의 사랑", "영이 사랑", "사랑". 맨 마지막 표현은 논리학에서 이른바 전칭 양화를 갖는 모습이다. 그렇다면 문장과 절과 구가 기본적으로 동일한 표상을 갖고 있지만, 시제와 양태를 양화시키는지, 그리고 특칭 양화, 존재 양화, 전칭 양화를 갖는지 여부에 따라서 자연언어에서는 생략된 듯이 보이는 더 간단한 모습까지 지니게 되는 것임을 알 수 있다.

어학계 수준을 반영함), 이보다 조금 더 큰 단위인 '어절'이 되어야 한다
는 의견을 제시한 바 있다. 비록 너무 이례적인 발상처럼 취급되어 받
아들여지지는 않았지만, 이는 생성문법에서 통사론의 기본 단위를 낱
말이 아니라 오히려 문장으로 취급한다는 자명한 사실로부터도 쉽게
연역될 수 있다.35) 가령, 다음과 같이 말을 축약할 경우에 두 가지 가능
한 방식이 있다.

　　① 이 아이 → 이 애 → 애
　　② 이 아이 → 야이

①은 공통어에서 관찰될 수 있는 자연스런 준말 생성 과정인데, 송철의
(1993: 21쪽)에서 '이 아이'가 '이 애'를 거쳐 '애'로 줄어들고, 결코 '*야
이'로 줄어들지 않음을 지적한다. 그렇지만 공통어에서 불가능하다고
하는 ② 형식이 이 방언에서는 완벽히 가능하고, 오히려 자연스럽다.
공통어에서는

　　'저 아이 → 저 애 → 쟤'
　　'그 아이 → 그 애 → 걔'

에서도 동일한 축약이 일어나고, '*쟈이/*자이'나 '*갸이/*가이'가 불
가능하다. 그렇지만 이 방언에서는

---

35) 생성문법에서는 1980년대에 이르러 임의 구절 'XP'의 형식을 확정한 바 있다. 문장은
　　기능범주의 구절이고, 이는 궁극적으로 어휘범주의 투영을 논항으로 갖게 된다. 어휘범주
　　의 투영도 또한 임의 구절을 만들어 놓는다. 임의 구절 'XP'란 말의 뜻은, 결국 핵어의
　　투영에서 뭔가를 더 덧붙여 놓은 형식이 '자족적 단위'가 됨을 의미한다. 필자는 최소한의
　　자족 단위가 낱말(단어)이 아니라 이보다 조금 더 큰 어절로 봐야 한다고 보았던 것이다.
　　　만일 이 주장이 옳다면, 우리글 띄어쓰기도 결국 어절 단위로 이뤄져야 함을 알 수
　　있다. 국어학 전문가들조차 어렵게 여기는 띄어쓰기·붙여쓰기의 착종(특히 이익섭, 1992:
　　395쪽의 저자 각주 35를 보기 바람)은 결국 기본 단위를 잘못 잡은 데에서 말미암는 필연
　　적 귀결에 지나지 않는다. 이 방언에서의 명사구에서 찾아지는 현상(특히 준말 현상)은
　　자연스럽게 우리말의 기본 단위를 '어절'로 잡도록 실증해 주고 있다.

'저 아이 → 자이, 그 아이 → 가이, 이 아이 → 야이'

가 모두 완벽히 가능하고, 아주 자연스런 표면형이다.

이런 차이를 매개인자로 만들어 규칙 적용의 차이가 빚어낸 결과로 설명하기 위해서는 낱말보다 좀 더 큰 단위가 필요하다.36) '이 아이'는 현재 학교문법에서는 명사구라고 부르는데, '철수의 영이 사랑'까지도 명사구로 불린다. 그렇다면 후자를 제외하기 위해서는 확장 가능한 '명사구'라는 말보다 더 작은 단위를 가리키는 말이 필요하다. 아마 '어절' 정도가 그 후보가 아닐까 판단된다. 만일 어절이 성립 가능하다면, 격조사는 낱말(단어)에 붙는 것이 아니라, 낱말보다 조금 더 큰 '어절'에다 붙는 것이다.

무표지 형식은, 강정희(1988: 92쪽 이하)에서 두 개 명사가 서로 관련될 수 있는 형식을 모두 5개 유형으로 기술하면서,37) '명사 ∅ 명사'를 B형으로 규정한 바 있다. 그렇지만 다섯 유형이 평면적으로 병치되어 있어서, 이것이 기본값 구조임을 논의하는 데에까지는 이르지 못하였

---

36) 단, 여기서 제1음절에 초성 자음이 있으면 필수적 단모음화가 진행되어, '갸이 → 가이, 쟈이 → 자이'로 도출되어야 한다('ㅈ'은 이미 구개음화된 'ㅈ'이므로, 이 방언을 비롯하여 현대 국어에서는 [쟈]나 [자]가 서로 구분되지 않음). 공통어에서는 이미 '아이'와 '애'가 복수 어간(복수 어형)으로서 반드시 수의적 교체를 보이고 있어야만 송철의 교수의 주장이 성립될 수 있다. 그렇지만 이 방언에서는 '아이'만이 단일 어형(홑 어간)으로 기능하고 있다. 제주대 박물관(2005), 송상조(2007), 제주문화예술재단(2009)에서 모두 표제 항목으로서 '애'가 들어 있지 않음에 주목하기 바란다. 또한 지시사와 명사가 한 덩어리를 이루어 어절 단위의 명사구로서 하나의 기능(단일 지시 기능)을 맡고 있으므로, '이 아이'에서 음절 경계가 허물어지면서 재음절화가 이뤄져 비로소 '야이'로 음절이 줄어들 수 있다.

이 과정에서 독특하게 공통어에서 관찰되는 '나의 책, 너의 책, 그 사람의 책'이라는 구 단위가, 이 방언에서는 속격 조사의 매개 없이 '나 책, 느 책, 그 사름 책'처럼 표상된 다음에, 급기야 한 낱말처럼 행동하여 '나책, 느책 그사름책'으로 발화된다는 사실에 주목할 필요가 있다. 지시사와 명사가 결합되어 명사구를 이루는 경우와 소유 주체가 소유물과 긴밀히 결합되어 명사구를 이루는 경우가 하나의 자연스런 부류의 구조로서 한 낱말처럼 행동하는 듯하며(더 정확히 말하여 낱말보다 좀 더 큰 단위로서 '어절'을 상정할 수 있음), 이것이 기본 표상으로 파악된다. 인칭 대명사 '나, 느/너'(나, 너)는 서울말처럼 '내, 네'로 나오는 경우는 이 방언에서 관찰되지 않는다고 말할 수 있다.

37) 강정희(1988)에서 A형은 '명사-의 명사', B형은 '명사∅ 명사', C형은 '명사-엣 명사', D형은 '명사-ㅅ 명사', E형은 '명사-네 명사'로 제시되어 있다.

다. 따라서 먼저 속격이나 관형 구성으로 잘못 기술되어 온 '네'를 놓고 서, 왜 그런 주장이 잘못인지를 명시적으로 따져 나가기로 한다. 다음 에 'ㅅ'('사이시옷' 구문으로 부를 수도 있음)이나 복합 형태인 '윗, 엣'을 놓고서 이것 또한 속격이나 관형 구성이 아님을 논하기로 한다. 그렇다 면 남아 있는 것이 '의'를 매개로 한 관형 구성이다. 이는 기본값으로 상정되는 속격 구성의 무표지 형식과 어떤 차이가 있는지를 다뤄야 할 것인데, 엄청 복잡하고 논의 범위를 통제할 수 없는 주제이다. 그러므 로 임시 이 글에서는 오직 속격 구성이 아니라 유표적인 관형 구성이라 고 하여 범주를 달리 부여하는 정도에서 그치기로 한다.

'네'를 격표지로 다룬 첫 논문은, 오로지 '네'만을 대상으로 하여 비교 언어학 및 국어사의 방대한 자료들을 동원하여 깊은 논의를 진행한 강 근보(1977)에서이다.[38] 필자는 이 글로부터 많은 사실들을 배웠음을 밝 혀 고마움을 적어둔다. 그러나 필자는 '네'가 속격이라는 주장에 대한 반증 사례들 두 가지가 너무나 명백하므로, 속격이라는 주장에 오류가 있음을 보이고자 한다. 첫째, '네'는 한 사람의 소속을 표시해 주는 접미 사에 지나지 않는다. 이 소속이라는 의미자질이 곧 '집단'을 함의하므 로, 자연스럽게 복수의 뜻도 표시해 준다고 판단한다. 우리말의 하위 방언인 제주 방언에서도 또한 복수를 나타내는 접미사 '덜/들'(들)이[39] 쓰인다. 그렇지만 '덜/들'(들)은 둘 이상의 개체가 있음을 가리키므로, 결과적으로 복수라는 뜻을 갖고 있지만, '네'와는 기본 의미자질이 서 로 다르다. 이런 사실은 명백히 다음과 같은 통합체로 실증된다.

---

38) 강근보(1977: 11~27쪽)인데, 기술 언어학의 부호 약속으로 모두 짧은 줄표(하이픈)를 붙여 놓고 있다. 의존 형태소임을 표시한다. 이 글에서는 조사를 낱말(단어)로 보는 입장 을 따라, 조사에는 짧은 줄표를 붙이지 않고, 오직 어미와 접사들에만 붙여 놓기로 한다. 단, 선어말 어미는 앞뒤로 모두 다른 형태들이 붙여야 하므로 양 옆으로 짧은 줄표를 붙여 놓았다.
39) 형식 명사로 규정되어 띄어 쓰도록 하는 '들'은 글말에서만 그 효력을 찾을 수 있기에 논의에서 제외해 둔다. 만일 이들이 동음이의어가 아니라 다의어적 확장이라면 복수 개 체를 하나하나 가리키는 기본 의미에서 매거하는 기능을 부각시켜 부가 의미를 도출할 소지도 있다.

'가이네덜 주장'(걔네들 주장, 그 아이네들의 주장)

'야네덜 사진'(애네들 사진, 이 아이네들의 사진)

'자네덜 옷'(쟤네들 옷, 저 아이네들의 옷)

만일 '네'가 속격이었더라면, 속격 뒤에 다시 복수 접미사 '들'이 나온다는 사실을 설명할 수 없다. 복수 접미사는 낱말을 만드는 데에 쓰이므로, 반드시 격 조사보다는 선행해야 하기 때문이다. 공통어에서 '걔네들의 모임'과 같이 속격 내지 관형격 '의'는 반드시 개별체를 하나하나 가리키는 복수 접미사 '들' 뒤에 나온다는 사실로써, 이 점을 명백히 확정할 수 있다. 범주가 서로 다른 것이다. 오직 명사 뒤에 나온다는 사실에만 주목하여 접미사를 격조사와 동일시하는 오류를 범하였다.

뿐만 아니라 소속 접미사 '네'와 둘 이상의 개별체를 가리키는 복수 접미사 '들'이 통합 관계를 이룸에 주목하기 바란다. 이 통합 관계는 개념 형성 과정으로 보아 거꾸로 이뤄질 수는 없다. 반드시 소속이 되어야 집단이 나오고, 집단은 언제나 둘 이상의 복수 개체가 있으며, 그 복수 개체를 하나하나 가리킬 수 있기 때문이다. 이를 극적으로 대립시켜 의미를 다르게 만들 수 있다. '야네 사진'(애네 사진)은 만일 사진 속에 피사체가 하나만 있다고 하더라도 쓰일 수 있다(가령, '애네 집 사진'처럼). 그렇지만 '야네덜 사진'(애네들 사진)에서는 피사체에 찍힌 것이 바로 그 아이들로 해석된다.

둘째, 만일 '네'가 속격이었다면, 이 방언에서 다음과 같이 '낭ㄱ'(나무)와 결합된 표현이 아무런 지장도 없이 반드시 허용되어야 한다.[40]

'*그 낭네 고장'(*그 나무네 꽃)

---

40) 이 방언의 '고장'은 꽃을 가리킨다. 접미사 '-앙'과 '-앙이'가 서로 다른 계열로 낱말을 합성할 가능성을 보여 주는 좋은 사례이다. 호박 줄기에 호박고장(호박꽃)이 있고, 매화 낭(매화나무)에 매화고장(매화꽃)이 핀다. 그렇지만 '불꽃, 눈꽃'의 대응 형태인 '??불고장, ??눈고장'이라는 합성어는 필자의 느낌에 매우 어색하다. 왜 그런 것일까? 본디 그런 합성어가 이 방언에 없어서일까? 그 이유를 아직 필자로서는 잘 알 수 없다.

'그 낭ㄱ 고장'(그 나무의 꽃. '낭ㄱ, 낭그, 낭기'라는 발음이 모두 가능함)
'그 낭 고장'(그 나무 꽃)

그렇지만 '*낭네'는 결코 말해지지 않는다. '나무'가 사람처럼 임의 집단에 소속될 수 없기 때문이다. '낭ㄱ'에 '의'가 붙은 '낭긔'가 가능하며, 또한 [낭 꼬장]으로도 발화될 수 있기 때문에 아마도 사이시옷이 들어갈 수 있을 듯하다.

다음으로 'ㅅ'이 들어가 있는 사례들을 보기로 하겠는데, 이 형태소에는 '엣, 윗'도 복합격의 형태로서 같이 다뤄져 있다. 후핵성을 따르는 우리말의 질서로 보면, 복합된 형태들에서 맨 뒤에 붙어 있는 형태일수록 핵어로(지배의 주체로) 지정될 가능성이 크다.41) 강근보(1978: 74쪽)에서는 'ㅅ'(사이시옷)뿐만 아니라 'ㅎ'(사이히읗)도 논의하였지만, 강정희(1988)에서는 다뤄지지 않았다. 필자는 전자의 기술이 더 올바르다고 판단한다. 뿐만 아니라 'ㅂ'도 포함되어야 하는데, 이른바 '사이시옷, 사이히읗, 사이비읍' 현상이 동일하게 자연부류를 이룬다.42) 한글 맞춤법에서는 사이시옷을 음운 현상으로만 보았었다.

그런데 임홍빈(1981)에서는 사이시옷이 관찰되는 언어 환경에 통사적의 동기가 깃들어 있음이 본격적으로 논의되었다. 가령,

부사+명사: 눈에 가시 → 눈엣가시, 아래 사람 → 아랫사람

---

41) 이 글에서는 '복합격'에 대해서 별도로 다루지 않는다. 우리말에서 둘 이상의 형태로 분석할 수 있는 격 형태가 있는데, 이들을 통칭하여 복합격이라고 부를 수 있다. 복합격을 논의할 경우에, 구조격에서 복합적인 격 형태와 고유격에서 복합적인 격 형태는 서로 구분될 필요가 있다. 구조격에서는 덧붙는 형태가 격의 범주라기보다는 화용 층위의 첨사이지만, 고유격에서는 각 형태의 서로 다른 의미자질(또는 실사로부터 기원하는 의미)이 결합되는 모습을 포착할 수 있기 때문이다.

42) 역사적으로는 유희(1824)의 '언문지'에서 한자어 결합에서도 우리말의 사이시옷 현상이 일어나고 있음을 인식하고 이를 다음처럼 기록해 놓았다. "篷을 풀이하여 '빗돗'으로 말한 것은 배의 돗자리를 말하는 것이다. 舟의 풀이는 '비'이지, '빗'이 아니다. 席의 풀이는 '돗'이지, '옷'이 아니다. 다만 두 낱말을 뜻으로 이어놓으면 저절로 사이시옷 소리가 하나 생겨난다." 이에 대한 자세한 논의는 김지홍(2013)을 보기 바란다.

동사어간+명사: 건너 방→건넛방, 새 별→샛별

에서와 같이 비정상적임에 주목하고, 이를 통사적인 파격 환경이라고 불렀다. 사이시옷은 이런 파격을 막고 명사와 결합할 수 있도록 해 준다고 결론지었다. 그렇지만

명사+명사: 벽돌 집→벽돐집/벽돌집, 바늘 귀→바늢귀/바늘귀

의 정상적인 환경에서도 사이시옷이 관찰되기 때문에, 다시 이런 경우를 설명하기 위하여 의미 특수화 개념을 내세웠다. 따라서 사이시옷을 미리 갖고 있는 명사를 '사이시옷 전치 명사'로 범주화하였다는데, 다음과 같은 사례들이 있다.

ㅅ가: 길ㅅ가/길가, 내ㅅ가/냇가, 창ㅅ가/창가
ㅅ날: 이틀ㅅ날/이튿날, 잔치ㅅ날/잔칫날

우리말의 조어에서는 자주 '비통사적' 합성이란 말을 쓴다. 가령,

'늦더위, 덮밥'(늦은 더위, [오징어를] 덮은 밥)

처럼 관형형 어미를 쓰지 않은 채 용언 어근과 명사를 붙여 놓거나

'곧바르다, 감싸다'(곧고 바르다, 감고 싸다)

처럼 부사형 어미를 쓰지 않은 채 용언 어근과 용언 어근을 붙여 놓은 경우를 말한다. '비통사적'이란 용어가 필자의 직관에는 마치 '통사적'이라야 하는데 이 기준을 따르지 않은 채 비정상적인 방식으로 조어가 이뤄진다는 부정적인 속뜻이 깃든 듯이 느껴진다.

그렇지만 사이시옷과 같이 정상적인 궤도를 벗어난 듯이 기술되는 이런 현상들은, 어느 언어에서이든지 보편적이다. 그럴 뿐만 아니라, 언어가 낱말과 낱말의 결합을 통한 통사의 두 부서로 작동할 경우에, 우리의 두뇌 속에는 낱말 저장고와 통사규칙 저장고가 둘 모두 있어야 한다. 핑커 교수의 주장에 따르면,[43] 현재 두뇌 활동 영상 자료들을 통해서 알려진 바가 규칙적인 언어 사용과 관련된 두뇌 부서는 테두리 뇌(변연계의 뇌)로 알려진 제2 두뇌에서 혈류의 활성화가 관측된다. 그러나 예외적이고 규칙을 따르지 않는 언어 사용과 관련된 부서는, 구체적 사건 기억(episodic memory, 일화 기억)을 저장하는 제3의 두뇌 부서와 관련된다. 인간의 언어에서는 빈출 낱말들이 불규칙 활용을 하기 일쑤이다. 이는 쉽게 지각이 이뤄지도록 하려는 것으로 지각상의 현저성이라고 부른다.[44] 이른바 변이형태들이 어느 언어에서나 존재하는 이유가 바로 지각의 현저성을 이용하기 때문이다. 낱말은 통사와 다른 모습으로 존재해야 하며, 낱말을 만들기 위한 규칙을 따로 고유하게 만들기보다는, 통사 규칙을 일부러 위배함으로써 쉽고 자연스럽게 낱말로 정착시켜 제3의 두뇌 속에 저장해 놓게 되는 것이다.

만일 사이시옷을 음운론적 현상으로 보기보다는 낱말을 만들어 놓는 정상적인 방식으로 간주한다면, 우리말의 기술과 설명이 더욱 간단해지며, 좀더 두뇌 작용과 관련한 실재 모습으로 접근해 갈 수 있을 것이다. 필자는 이 방언에서 자연부류로 묶일 수 있는 '사이시옷, 사이비읍, 사이히읗' 현상이[45] 모두 낱말을 만들어 놓는 절차라고 기술하고 설명

---

43) 핑커(Pinker, 1999; 김한영, 2009 뒤침: 588쪽, 603쪽, 610쪽, 635쪽, 665쪽 등)를 보기 바란다. 변이형태가 굳이 왜 존재해야 하는지에 대한 물음은 누구에게나 들겠지만, 이에 대한 답변을 언어학자가 아닌 심리학자가 찾아내었다. 가령, 우리말 '하다'의 사역형이 규칙적으로 만들 수 있는 '*하이다'가 아니라, 불규칙적인 낱말 시키다로 쓰고 있다. 왜 그럴까? 그런 변이형태의 모습이 규칙적인 모습과 다르기 때문에 보다 더 '지각상의 현저성'을 보장해 주기 때문이다.

44) 과거 러시아 형식주의에서는 규칙 일탈 자체를 긍정적이고 생산적인 측면으로 간주한 바 있다.

45) 더 자세히 논의할 수는 없지만, 사이히읗을 쓰는 경우는 보수적인 노년층의 특징을 지니고, 사이시옷을 쓰는 경우는 표준어에 영향을 입은 젊은 사람들로 기술할 수 있다. 따라

하는 것이 온당할 것으로 본다. 이럴 경우에 복합격으로 서술해 놓은 '윗'과 '엣'도 동시에 합성어로서 간주하게 된다. 강정희(1988: 95쪽)에서 다루어진

'입엣 거'(입엣 것/입엣 구슬), 깍통엣 물 … 중통엣 물 … 상통엣 물(통[桶]엣 물) '산윗 낭ㄱ'(산엣 나무), '마당윗 흑'(마당엣 흙), '우틋 물'(위쪽엣 물), '밧딧 돌'(밭엣 돌)

들이 모두 합성어로서 기술될 수 있는 후보들이다.46) 사이시옷 뒤에 명사를 꾸며 주는 수식어를 집어넣을 경우(가령, '산윗 낭'에 '??산윗 높이 솟은 푸른 낭')에 필자의 직관으로는 수용성이 떨어진다.47)

서 사회언어학적 서술이 가능할 듯하다. 사이비읍은 공통어에서와 같이 흔히 곡물류들에서 찾아진다. 중세국어에서 다뤄지는 이른바 ㅎ-종성 체언은 곡용과 관련되므로, 이 방언의 합성어에서 찾아지는 사이히웋과 동일하다고 말할 수는 없을 듯하다. 이에 대해서는 좀 더 깊은 논의가 필요하다.

46) 이기갑 교수는 전남 방언에서도 같은 구성이 허용됨을 지적해 주었다(토론문 질문 제4항). 전남 방언에서는 더 나아가 "어디 가냣 소리여!"와 같이 완전한 문장 '어디 가냐'도 사이시옷을 매개로 하여 '소리'라는 명사와 결합할 수 있는데, 단, 뒤에 오는 핵어 명사의 의미가 '말'과 관련되어야 한다는 조건이 준수되어야 한다고 보았다. 그렇지만 만일 이런 것들도 합성어로 취급할 경우에, 합성어가 지수적으로 엄청나게 늘어날 터인데, 그런 폭발적 증가를 어떻게 제약할 것인지에 대하여 질문하였다. 필자는 이 질문이 과연 새로운 낱말이 무엇이냐에 대한 정의와 직접 관련된다고 본다.

필자는 언어가 세 가지 층위로 조직되어 있다고 본다. 간단한 문장을 중심으로 하여 그 내부 층위(낱말)와 그 외부 층위(담화)이다. 기존의 낱말은 통계 방식에 따라 각각 2만에서부터 5~6만을 거쳐 20만 개라고까지 주장된다. 언어 교육에서는 나규·앤더슨 (Nagy and Anderson, 1984)의 통계기법을 받아들여(Nagy and Herman, 1987을 보기 바람), 대략 5~6만 개의 낱말이 그물짜임 형식으로 들어 있다고 보며, 이를 '표준 추정치'로 부를 수 있다. 여기서 여전히 새로운 낱말이 계속 추가될 수 있겠지만, 결코 아무렇게나 덧붙여지는 것은 아니다. 반드시 구성원들과 공통된 경험을 나눌 수 있을 경우에라야 '고정된 사건 또는 대상'이 수립될 수 있고, 이것에 대하여 기존 낱말과의 유연성이 크든 작든 임의의 소리 형식이 부여될 수 있다. 합성어를 만들 수 있는 언어 구조는 열려 있다 (개방적 구조). 그렇지만 임의의 형식에 관습적으로 결합될 수 있는 내용은 한계 지워져 있다(구성원들의 공통된 체험 내용에 대한 제약). 따라서 이기갑 교수의 질문에, 합성어로서 자격이 완벽히 갖춰지려면 반드시 '공통 체험 내용'이 확보되어야 한다고 대답할 수 있다. 형식은 열려 있지만, 내용은 닫혀 있는 것이다. 실용적으로 쓰이는 낱말의 숫자는 결국 구성원들의 공통 체험 또는 내용에 의해서 일정하게 제약되어 있다.

47) 이와는 달리, '높이 솟은 푸른[산윗 낭]'은 완벽히 수용 가능하다. 이는 앞의 각주 25)에서 언급한 부가어 형성 구조에서, '산의, 산에'와 같은 형식이 사이시옷이 붙으면, 더 이상

이른바 사이시옷이 관찰되는 명사 연결 구조가 합성어이라면, 속격이나 관형격으로 다룰 수 있는 대상은 두 가지 환경뿐이다. 전형적으로 무표지 환경이고, '의'를 갖고 있는 환경이다. 앞으로 이 두 가지 환경에서 어느 하나를 기본값 구조로 간주한다면, 이를 벗어나는 구조를 유표적 구조로 설정할 수 있는데, 이런 논의가 가능할지에서부터 차근히 검토될 필요가 있을 듯하다.

3.4. 보조사와 화용 첨사

보조사와 화용 첨사는 학교문법에서는 하나의 범주로 묶여 있다. 아마 기본 문장 또는 발화 구조에서 추가된 것이 필시 '강조'일 것이라는 막연한 특성을 고려했음 직하다. 그렇지만 이들은 결과론적으로 상정한 이런 강조의 특성보다 오히려 차별적인 속성이 더 부각될 필요가 있다. 보조사는 의미 또는 의미 자질이 추가되는 요소들을 가리키나, 화용 첨사는 반드시 청자로 하여금 화자 자신의 발화에 주목하여 반응하도록 하는 요구를 담고 있다. 이를 각각 의미 추가와 청자 반응 요구로 표현할 수 있는데, 이것들로부터 공통 기반을 찾아내기가 힘들다는 점이 먼저 지적되어야 할 것이다.

만일 이 방언의 격 조사 형태가 무표지로 나오는 것이 기본값이라면, 주격 조사 '이/가'나 대격 조사 '를'이 나오는 모습은 화용적으로 생성해 놓은 부가어 위치에로 임의 명사구가 이동한 뒤에 이동된 모습을 보여 주기 위해 붙어 있다고 설명해 주어야 한다. 이른바 주격 조사와 대격 조사의 주제화로 불리는 현상이다.[48] 이 현상은 공통어에서와 같이 이 방언에서도 복합격을 관찰할 때에 맨 마지막 위치에 '이/가'와

부가어로의 이동이 허용되지 않는다고 통사 구조상의 설명을 베풀 수 있다. 곧, 사이시옷이 핵어와의 합성어 결합을 유도하므로, 그 결과 이동이 저절로 저지되는 것이다.

48) 임홍빈(2007)의 제7장 「이/가 주제와 배타적 제시」 및 제8장 「을/를 주제와 문제성의 제시」를 보기 바란다.

'를'이 나오는 특성을 고려한다면[49] 올바른 방향으로 생각된다. 격 표지가 보조사로 되는 이런 현상까지 고려한다면 보조사의 숫자가 더 늘어나게 된다.

이 방언의 연구로서 개별 논문으로 보조사와 화용 첨사를 다룬 글은[50] 강근보(1975)와 김창집(1980)과 강정희(1987, 1994)를 비롯하여, 2000년대에 나온 일련의 문순덕(2002, 2003, 2005a, 2005b)과 양창용(2009)가 있다. 보조사들은 크게 '은' 계통의 주제 표시 보조사와 기본적으로 한 낱말의 의미를 일부 보존한 채 문법화되어 있는 보조사들로 나눌 수 있다.

㉠ 주제 보조사: 은/는, 을라그넹에/을라그네/을랑으네/을랑/으랑(을랑),

㉡ 다른 보조사: 도, 만, 부터, 이나, 이나마, 조차, ㄲ정(까지), 대롬(대로), 처룩(처럼), 곧이(같이), 냥으로(양으로), 이사/이사말로(이야/이야말로), 만썩/만이(만큼), 뱃의(밖에), 알롸(아울러)

보조사의 목록은 아마 연구자의 태도에 따라 전체 숫자가 변동될 수 있을 듯하다. 또한 이 방언도 공통어에서와 같이 보조사들 뒤에 '이/가, 를' 주제화도 가능하며, 보조사끼리의 결합도 뜻을 합성하여 놓을 수 있을 때까지 계속 일어날 수 있다. 가령, '만썩'(만큼)을 예로 들어 보이면 다음과 같다.

만썩이나, 만썩조차, 만썩조차도, 만썩만, 만썩ㄲ정, 만썩ㄲ정만, 만썩ㄲ정도, 만썩ㄲ정이나, 만썩ㄲ정뱃의, 만썩ㄲ정이사

---

49) 강근보(1978)의 62쪽(주격 조사)과 72쪽(대격 조사)에서 이미 이런 현상을 지적해 놓으면서, 이들이 격 조사가 아니라 후치나 또는 보조사로 보고 '강조'를 나타낸다고 설명해 놓았다.

50) 문순덕 박사의 '제주 방언 연구 목록'에서 제목들을 보면서 뽑아 놓은 것이다. 아마 단행본에서 부분적으로 다뤄진 것들도 분명히 있겠지만, 필자가 여유를 갖고 충분히 검토하지 못하였다. 양해를 구하는 바이다.

보조사를 다룬 글들에 대해서는 필자가 굳이 따로 언급할 부분이 없다. 그러나 화용 첨사의 경우는 제대로 바닥 다지기 작업이 되어 있지 않은 듯하다. 따라서 앞으로 계속 연구되어 나올 경우를 위해서도, 화용 첨사의 연구에 필요한 기본 개념과 하위 범주(세 가지)를 필자 나름대로의 생각에만 의지하여 적어 두고자 한다.

화용 첨사는 단순히 뜻을 더해 주는 것이 아니라, 문장이나 발화를 대상으로 하여 전달 내용을 강조하거나 청자에게 주목하게 만들 뿐만 아니라, 청자에게 동의나 판단을 구하거나 의견을 묻는 일을 하므로, 여느 보조사와 같이 묶일 수 없음은 이미 앞에서 언급하였다.51) 화용 첨사는 또한 반말 투의 언어 요소에 붙어 청자에 대한 대우를 표시해 주기도 하는데, 대표적으로 '마씀'(대우 첨사, 공통어의 '말씀이에요/말씀입니다'에 대응함)과 '이'(평대 첨사)처럼 대립한다.52)

이 방언에서 화용 첨사는 아주 빈번하게 그리고 아주 풍부하게 나온다. 그럼에도 불구하고 지금까지 화용 보조사들의 전체 몸체가 제대로 드러나거나 다뤄진 적이 없다. 막연히 화용 첨사는 아무렇게나 쓰이는 듯이 오해를 빚기도 하지만, 이 방언의 화용 첨사들은 매우 체계적으로 쓰이고 있으며, 놀라울 정도로 엄격히 화자와 청자가 의사소통을 하는 데에 필요한 논리적 측면의 구성을 정연하게 보여 준다.

먼저 화용 첨사의 상위 개념으로서, 기능상 청자에게 요구하는 내용을 세 가지 부류를 나눌 수 있다. 청자에게 발화에 주목하도록 강조하는 화용 첨사와 그 내용을 이내 받아들이도록 재촉하는 화용 첨사와

---

51) 담화 표지(discoursal markers)라고도 부르는데, 이는 미시 표지와 거시 표지로 나뉜다. 미시 표지는 군말을 비롯하여 접속사 및 발화의 유창성을 촉진해 주는 여러 요소들을 포함할 수 있다. 거시 표지는 담화 전개에서 중요한 매듭이나 전환을 가리켜 주는 표지들이다. 언어 이해를 다루는 심리학 연구에서는 거시 표지들의 중요성을 아주 강조해 왔다. 그렇다면 담화 표지란 말은 아주 포괄적인 용어로 쓰임을 알 수 있다. 여기서는 화자가 얼굴을 마주한 청자에게 요구하는 기능을 담고 있다는 뜻에서 '화용 첨사'라는 말을 써 나가기로 한다.

52) 이기갑 교수의 토론문(질문 제5항)에서 이 첨사들이 억양이나 운율에 따라서 모두 세 가지 기능을 수행하는 것으로 보아야 함을 올바르게 지적하였다. 감사드린다.

청자에게 확인 반응이나 동의 여부를 보여 주도록 요구하는 화용 첨사이다. 이는 다음처럼 의사소통에서 화자가 청자에게 합리적으로 요구할 수 있는 세 가지 단계를 그대로 반영해 준다.

'주목하기 → 받아들이기 → 반응하기'

그렇지만 이를 다음처럼 크게 두 단계로도 나눌 수 있다.

'주목하여 받아들이기 → 즉시 판단하고 동의 여부를 드러내기'

앞의 세 단계를 묶어 간단히 두 단계로 나누고자 하는 이유가 있다. 동사 또는 문장 뒤에 붙는 화용 첨사는 세 단계의 구분이 분명히 드러난다. 그렇지만 명사에도 화용 첨사가 붙는다. 이 경우에는 더욱 간단히 두 단계의 구분만 가능할 뿐이다.

어떤 부류로 나누든지 간에, 이는 다시 하위 구분이 이뤄진다. 즉, 화용 첨사가 붙은 대상이 되는 최소 단위가, 다만 발화의 일부인지, 아니면 전체 발화인지에 따라 더 나뉜다. 또한 듣는 사람을 높이는지, 아니면 평대인지(대우하지 않는지)로 더 나눌 수 있다. 발화가 일부가 대상이 되는지 전체가 대상이 되는지 여부는, 독자적인 형태로 구분되지 않는다. 오직 화용 첨사가 일부 요소에 덧붙어 있는지, 아니면 발화의 맨끝에 붙어 있는지에 따라 구분될 뿐이다. 그렇지만 대우 여부를 보여주는 화용 첨사는 형태들이 서로 다르다. 이는 직접 청자를 직접 마주보고 있으므로, 보다 중요한 요소가 뒤쪽으로 자리 잡는 우리말(후핵성 매개인자)에서는, 상대방을 높여야 할지 여부를 언어 표현의 마지막 자리에서 결정하고, 그 결정의 결과를 언어 형식으로 바꾸어 주어야 하기 때문이다. 이 점이 이 방언에서 서로 두 가지로 대립하는

'대우 첨사 : 평대 첨사(또는 비-대우 첨사)'

로 나누어 놓는다. 공통어에서 찾아지는 3등급 대우 표현(존대 : 평대 : 자기 낮춤) 중에서 자기 낮춤의 공손법이나 겸양 방식은 이 방언의 화용 첨사에서는 찾아지지 않는다. 오직 두 가지 대우 또는 평대로써만, 다시 말하여 대우 여부로써만 나뉠 뿐이다.

만일 상위 부류를 두 단계로 나눌 경우에, 첫째 청자가 모르고 있거나 잘못 알고 있는 내용을 놓고서 청자에게 말하면서, 지금 통보된 전체 내용에 주목하여 신속히 받아들이도록 재촉하는 부류를 '주목 강조' 첨사나 '수용 촉구' 첨사로 부를 수 있다. 둘째, 화자가 자신이 말한 내용을 놓고서, 청자에게 이에 대한 긍정적인 확인 반응을 보이거나, 아니면 동의 여부를 드러내도록 요구하는 부류를 '청자 동의' 첨사로 부를 수 있다. 수용 촉구 첨사는 발화의 일부나 전체를 청자에게 주목하여 받아들이도록 강조한다(수용). 그러나 청자 동의 첨사는 전체 발화에 대한 청자의 판단을 화자에게 즉석에서 보여 주도록 요구하는 것이다(판단 반응). 이런 화용 첨사들은 단독으로 오직 하나만 나올 수도 있고, 서로 다른 이런 두 가지 다른 기능 때문에 화용 첨사들이 둘 이상 계속 붙어 나올 수 있다. 단, 둘 이상이 서로 결합되어 나올 경우에는, 자신이 말한 내용을 먼저 주목하여 받아들이도록 재촉한 뒤에, 그 내용에 대하여 청자의 판단을 즉각 나타내어 보이도록 요구할 수 있는 것이다. 이제 설명의 편의상 화용 첨사가 추가로 덧붙여짐을 드러내기 위하여 '+'로 표시해 둔다. 학교문법에서는 화용 첨사가 보조사로 쓰이므로, 띄어 쓰지 않고 언제나 앞 요소에 붙여 쓰기로 한다. 다음은 둘 이상의 화용 첨사가 나오는 경우들이다.

① 가이 그듸53) 간+마씀+양 (걔가 거기에 가서+라는 말씀입니다+요)

---

53) 2014년 제주도에서 고시한 「제주어 표기법」에 따르면 한자어를 제외하고서 중모음 'ㅢ' 표기를 인정하지 않으므로(발음만을 고려한 간편성 때문임), '그디'로 써야 한다. 그렇지만 여기서는 문법 형태소를 구분하여 주기 위하여 일부러 '그듸'로 써 둔다. 선업들에서는 기원적으로 이 형태를 지시 대명사와 장소를 가리키는 명사 'ᄃᆞ'와 처격 형태 '의'가 결합된 것으로 보았다.

①에서는 발화의 몸체인 '가이 그듸 간'이 있고, 이어 두 개의 첨사 '마씀'과 '양'이 덧붙어 있다. 앞의 몸체 '가이 그듸 간'(올림세 억양↗ 또는 내림세 억양↘)은 이 방언에서 두 가지 해석을 지닌다. 하나는 연결 어미 '걔가 거기에 가서'로 해석되고, 이 뒤에 후행절이 옴을 알려 주기 위하여 올림세 억양 '↗'으로 끝난다. 다른 하나는 완전히 끝났음을 알려 주는 내림세 억양 '↘'을 띠고, 종결 어미가 되어 '걔가 거기에 갔어'로 해석된다. 이 몸체 뒤에 이어진 첨사는 모두 청자를 높이는 것들이다. 대우하지 않을 경우에는 '+이+게'로 바뀌어야 한다. '마씀'은 공통어에서 '말씀입니다' 또는 '라는 말씀입니다'와 대응될 수 있다. 뒤의 '양'은 화자에 따라 마음대로 '예'로 바뀌거나 아니면 일부 지역에서 '야'로 바뀔 수 있다. 곧, '마씀+예'나 '마씀+야'로도 나올 수 있다. 이 '양' 또는 '예, 야'는 공통어의 '요'와 대응된다. 이 화용 첨사들의 결합은 청자를 높이어 주는 것이고, 그렇지 않을 경우에는 '+이+게'로 바뀌어 나온다.

그런데 마지막 자리에 나오는 화용 첨사는, 언제나 억양이 두 가지 다른 모습으로 나올 수 있다. 하나는 올림세 억양으로 끝나 청자에게 되묻는 확인 억양이다. "그듸 간+마씀+양?"[↘↗]. 다른 하나는 처음에 의문문처럼 올라갔다가 급속히 떨어지는 설의법의 억양 '↗↘'이다. "그듸 간+마씀+양~!"[↗↘]. 여기서 화용 첨사가 붙은 이 발화에 제일 먼저 붙은 화용 첨사 '마씀'은, 앞에 나온 발화 몸체의 정보에 청자가 주목하도록 강조하고 있다. 이 뒤에 다시 이어진 화용 첨사 '양'은 만일 의문 억양 "양?"일 때에 이제 막 전달한 정보가 맞는지 여부를 확인해 달라는 요청이 되고, 만일 올라갔다가 급격히 떨어지는 설의법 억양 "양~!"일 경우에 청자에게 화자 자신이 말한 내용을 받아들이도록 촉구하고 있는 것이다. 따라서 청자를 높여 주는 표현으로 "그듼 간+마씀+양"을 비롯하여

"그듸 간+마씀+예, 그듸 간+마씀+야, 그듸 간+마썸+양, 그듸 간+마썸

+<u>예</u>, 그듸 간+<u>마씸</u>+<u>야</u>"

가 사람에 따라 편한 대로 아무렇게나 바뀔 수 있다. 만일 청자를 높이지 않는다면 모두 평대의 화용 첨사로 나오면 다음처럼 나온다.

"가이 그듸 간+<u>이</u>+<u>게</u>"

화용 첨사가 두 개 결합되는 것은 아주 흔하고, 심지어 세 개까지도 결합될 수 있다. 먼저 두 개의 화용 첨사가 결합된 용례를 보기로 한다.

②가이 값어+<u>은게</u>+<u>마씀</u> [→ '감선게마씀'으로 발음됨)[54]

　　(걔가 가고 있다+<u>은다</u>+<u>는</u> 말씀입니다)

③가이 값인게+<u>게</u>+<u>마씀</u>

　　(그 아이 가고 있어+<u>요</u>+<u>라는</u> 말씀입니다)

②는 '그 사름 값어'(그 사람 가고 있어)라는 완벽한 종결 발화나 문장으로서, 반말투 종결 어미 '-어'가 들어 있다. ③에서는 이 종결 어미가 '-은게'(-은 거야)의 구성을 지닌 입말 투의 어미로 바뀌어 나왔다. 미세한 어감의 차이를 무시한다면, 두 어미는 동일한 기능을 지닌다. 이 종결 어미 뒤에 붙은 화용 첨사는 ②에서 '은게'이고, ③에서 '게'이다. 그런데 이들은 결코 동일한 것이 아니다. 왜냐하면 ②가 특별히 다음 ④처

---

54) 화용 첨사 '은게'에서 '으'는 앞 음절이 모음으로 끝날 때에 언제나 탈락하여 'ㄴ게'로 되며, 앞 종결 어미의 받침이 된다. 이 방언에서 '으' 탈락은 비단 이 경우만이 아니라, 동사 어간과의 결합에서도 일어난다. 따라서 매우 일반적인 탈락 규칙이다. ②의 '값어+은게+마씀'은 [감선게마씀]으로 소리난다. ④의 '값어+은게+게+마씀'은 [감선게게마씀]으로 소리난다. 또 '마씀'이란 화용 첨사는 화자에 따라 마음대로 '마씸'으로도 소리가 난다. 뜻 차이가 없이 아무렇거나 '으'와 '이'가 서로 바뀔 수 있는 것이다. 굳이 차이를 찾으라고 한다면 세대별 차이 정도를 생각해 볼 수 있다. 아마 '마씀'이 더 보수적인 느낌을 지니고, '마씸'이 젊은이들에게서 쓰일 듯하다. 이는 처격 조사의 변이에서 볼 수 있는 '가이<u>신드레</u>, 가이<u>신더레</u>'(걔에게, 걔 있는 쪽으로)의 대립에서도 마찬가지인데, 보수적인 느낌의 '으'와 더 젊은이 표현을 실어 나르는 '어'의 차이에서도 비슷한 듯하다.

450

럼 말해질 수 있기 때문이다.

④ 값어+은게+게+마씀[→ '감선게게마씀'으로 발음됨]
　(가고 있다+은다+야+라는 말씀입니다)
⑤ 값어+은게+게+이[→ '감선게게이'로 발음됨]
　(가고 있다+은다+야+그렇잖니)

여기 ④에서는 화용 첨사가 셋씩이나 붙어 있다. 먼저 '은게'가 있고, 다음에 '게'가 있으며, 마지막으로 '마씀'[라는 말씀입니다]이 있다. ⑤도 화용 첨사들의 기능이 동일하지만, 청자를 높이지 않은 평대 첨사의 모습이다. 이를 이 방언 형태들에 대응하도록 각각 공통어로 표현한다면 다음 정도로 번역할 수 있다.

⑥ "[가고 있단다야]라는 말씀입니다!/말씀이잖습니까?"
⑦ "[가고 있단다야] 그래!/그렇잖니?"

④와 ⑤에서 첫 번째 첨사 '은게'는 청자에게 발화 내용에 주목하도록 하는 강조 첨사이다. 그렇지만 두 번째 첨사 '게'는 청자에게 지금 말해진 발화를 받아들이도록 재촉하는 수용 촉구 첨사이다. 마지막으로 세 번째 나온 첨사 '마씀, 이'는 각각 청자를 높이거나 평대를 하는 첨사이다. 이들 각각은 서로 다른 기능을 떠맡고 있는 첨사들이다.
　이런 점을 고려한다면, ②의 발화에서는 ④의 두 번째 첨사 '게'가 나오지 않은 것이며, 오직 발화에 주목하도록 하는 강조 첨사 '은게'와 청자를 높여 주는 첨사 '마씀'이 이어져 있음 알 수 있다. 그런데 ③의 발화에서는 ④의 첫 번째 첨사 '은게'가 나오지 않았는데, ③의 발화는 동일한 형식 '은게'가 이미 종결 어미로 먼저 나와 있다. 따라서 중복을 허락하지 않은 채, 그대로 청자에게 지금 말해진 발화를 받아들이도록 재촉하는 촉구 첨사 '게'만 붙여 놓은 뒤에, 다시 청자를 높여 주는 첨사

'마씀'을 쓰고 있다.

이제 간략히 필자가 직관적으로 느끼는 이 방언의 화용 첨사들의 체계(세 가지 하위 범주)를 보이면 다음과 같다. 이 방언의 어떤 요소이든지 독자적으로 홀로 설 수 있는 가장 작은 단위에서부터 전체 문장이나 발화에 이르기까지 언제든지 마음대로 덧붙일 수 있다. 화용 첨사들은 '게'의 경우처럼 최대한 다음 세 가지 층위에 있는 것들이 서로 결합될 수도 있고, 그렇지 않고 두 개 층위의 결합으로 나올 수도 있으며, 오직 한 층위의 첨사만이 나올 수도 있다. 단, '게'를 제외하고서는 같은 형태의 첨사들이 그대로 중복되는 일이 없어야 하고, 또 높임 등급이 서로 모순되어서도 안 된다.

(1) 발화의 일부 또는 전체 내용에 주목하도록 강조하는 첨사가 있다(주의력 초점 첨사). 내림 억양 '↘'으로 발화된다. '은게, 게'는 평대이고 '마씀, 마씸'은 대우 첨사이다. 그 예는 다음과 같다.

"가이 언치냑 떠낫댄 ㅎ<u>연게</u>."(걔가 엊저녁 떠났다고 한다+<u>은다</u>)
"느<u>게</u> ᄒ저<u>게</u> 오라<u>게</u>."(너말야 빨리말야 오너라+<u>하는 말이다</u>),
"삼춘<u>마씀</u> 오늘<u>마씀</u> 이디 오라사컨게<u>마씀</u>."(삼촌말씀이에요 오늘말씀이에요 여기 오셔야 할 것이라는 말씀입니다)

(2) 청자에게 발화 내용을 받아들이도록 재촉하는 첨사가 있다(수용 촉구 첨사). 내림 억양 '↘'을 받는다. '기!, 게!'는 평대 첨사이고, '마씀!, 마씸!'은 대우 첨사이다. 그 예는 다음과 같다.

"서답 다 ᄆᆞᆯ랏주<u>기</u>!"(빨래 다 말랐다+<u>는 말이다</u>),
"비 오랎저<u>게</u>!"(비 오고 있다+<u>는 말이다</u>),
"그 일은 상관 읏곡<u>게</u>."(그 일은 상관없고+<u>란 말이다</u>),
"그 사름 막 오란<u>마씀</u>!"(그 사람 막 왔다는 말씀입니다)

452

(3) 청자에게 발화 내용에 대한 판단이나 동의 여부를 보여 주도록 요구하는 첨사가 있다(판단 제시 또는 동의 요구 첨사). 올라갔다가 급격히 내려오는 설의법 억양 '↗↘'으로 실현된다. '이?, 응?, 겐?'은 평대 첨사이고, '양?, 예?, 야?, ㅇ[받침 이응, ng]?, 마씀?, 마씸?'은 대우 첨사이다. 그 예는 다음과 같다.

"느네 삼춘 아팟주<u>이</u>?"(너희 삼촌 병이 들어 아팠지, <u>그렇지</u>?),

"느 밥 먹엇지<u>웅</u>?"(너 밥 먹었지, <u>그렇지</u>?),

"흔저 글라<u>겐</u>?"(빨리 가자, <u>안 그래</u>?),

"그 사름도 오랏수게<u>양</u>?"(그 사람도 왔지요, <u>안 그렇습니까</u>?),

"그 낭이 금방 컸수다<u>예</u>?"(그 나무가 빨리 크고 있습니다, <u>안 그렇습니까</u>?),

"어디 값수<u>광</u>?"(어디 가고 있습니까+<u>요</u>?),

"그 사름 언제 오켄 ㅎ여<u>마씀</u>?"(그 사람이 언제 오겠다고 했다+<u>는 말씀입니까</u>?)

이 체계에서 주의력 초점 첨사는 어느 언어에서나 찾아질 수 있는 언어 기제이다. 영어에서는 'it ~ that …' 구문으로 대표되며, that 이하의 문장에서 강조할 임의 요소가 '~' 자리로 이동하게 된다. 그렇지만 둘째 및 셋째는 오직 화용 또는 화행 중심의 언어에서만 찾아지는 것으로서, 흔히 지적되는 (화용상의) 생략 현상과 더불어 우리말이나 이 방언의 독특한 매개인자라고 할 만하다.

4. 동사 부류와 관련된 기능범주

우리말에서 화용 첨사 따위 화용 관련 요소를 제외한다면, 임의의 문장이나 발화는 통사의 상위 계층으로부터 따질 경우에, 먼저 종결어미가 있고, 그 속에 선어말어미가 나온다. 선어말어미는 다시 상위 계층 순서로 양태와 시상과 일치의 형태들로 나누어질 수 있다. 그렇지만 대우 일치(대우법)에 따라서 종결 어미들이 서로 다른 모습으로 구현되기 때문에, 일괄적으로 통사를 투영하는 기능범주들을 단계별로 가를 수 없다. 만약 그렇게 가르더라도 반드시 공기관계나 하위범주화 자질이나 선택제약 또는 이음말 형식으로 어미들 사이의 결합관계를 표시해 주어야 한다. 생성문법에서는 일원론적인 핵계층 이론을 명시적으로 따르기 때문이다. 그러나 지금까지 우리말의 문법을 기술하는 방식들은 대체로 생성문법의 서술 방식과 반대의 방향을 취하였다. 이는 글말로서 문장을 앞에서 뒤로 처리해 나가는 순서를 부지불식간에 따랐기 때문으로 생각된다. 이 글에서도 대우, 시상, 종결 어미의 차례로 논의를 전개해 나가기로 하되, 부정문이나 긴 형식의 피·사동 표현은 편의상 논의에서 제외한다.

필자의 판단으로는 지금까지 이 방언의 연구에서 크게 문제가 되는 것이 세 가지인 듯하다. 대우의 등급에 대한 논의, 시상에 대한 논의, 종결 어미 체계에 대한 논의이다. 이중 가장 논의가 활발하고 서로 주장들이 대립하는 것은 단연 시상에 대해서이며, 그 범위가 우리말 시상으로도 확대되어 이효상(2006)과 고영근(2004, 2007 보정판) 등에서도 이 방언의 시상을 집중적으로 다루고 있다. 그렇지만 시상에 대한 논의에서는 심지어 기본형태소에 대한 확정조차 합의되어 있지 않다. 늘 쓰이고 아주 당연시되는 발화에서 기본형태소를 확정하여 놓지 못한다는 현실은(대우 형태소, 시상 형태소, 종결 어미), 모어 방언 연구자로서 일견 자가당착인 듯이 느껴진다. 이런 느낌은 종결 어미들에 대한 논의로 들어서면, 더욱 암담한 것이 지금 있는 그대로의 현실이다. 예를 들어, 우리말에서 가장 빈번하게 쓰이는 반말투의 종결 어미 '-어'조차 제대로 확립되어 있지 않다. 이는 아마 이 방언의 종결 어미들이 너무 복잡하고 다양하여 전체적으로 가닥을 잡고 판을 짜기 힘들었던 사정에서 말미암았을 듯하다. 그렇다면 이제부터라도 올바른 그물짜임이나 이론 틀을 마련하는 논의를 시작해 나가야 할 것이다.55)

4.1. 대우 체계에 대한 재론

우리말에서 대우는 특정한 어휘를 쓰는 방식[56]과 용언에 붙는 어미로 대우하는 경우가 있다. 상호작용 사회학에서 거론되는 체면(face)의 문제까지 염두에 둔다면, 간접 표현 방식까지 상대방을 배려하는 목적을 지닌다는 점에서 대우의 범주에 들어가야 하겠지만, 아직은 우리말에서 이런 사회언어학적 논의가 사뭇 낯선 편이다.[57] 용언에 붙는 어미는 크게 선어말어미와 종결 어미로 나뉜다. 선어말어미에서는 대격 명사구를 높이는 형태는 없다. 대신 주격 명사구를 높이는 형태 '-으시-'와 관련해서는 이 방언의 연구자들 사이에서 사회언어학적 차이를 인정하는 쪽과 그렇지 않은 쪽으로 크게 나뉘는 듯하다. 이숭녕(1957, 1978 재간)과 박용후(1960)에서는 이 방언에서 '-으시-'의 사례들을 확인할 수 있지만, 이를 현평효(1974; 1985년 재수록: 71쪽)에서는

"오늘날까지 제주도 방언에서는 주체 존대를 표시하는 방법은 확립되어 있지 못하다."

---

55) 이하 §.4-1 및 §.4-2의 논의들은 제주학발전연구원(2014), 『제주어 표기법 해설』의 제11항 본디 꼴 '어간과 어미' 및 제13항 바뀐 꼴 '어간과 어미' 부분과 논지가 겹침을 밝혀 둔다(필자 집필 부분임). 다만, 그곳에서는 시상 형태소를 변이형태 '-앖-, -암시-' 및 '-앗-, -아시-'가 있는 듯이 서술해 놓았다. 종전에 마치 '-암시-'와 '-아시-'만 있는 듯이 논의되어 왔으므로, 그 환경을 찾아낸 뒤 변이형태처럼 잠정적으로 서술해 놓았다는 점에서 서로 차이가 난다. 여기서는 오직 하나의 형태 '-앖-'과 '-앗-'을 상정하고, 뒤따르는 '이'에 대한 정체를 구명해 내고자 시도하였다.

56) 필자의 기억으로는 이 방언의 옛 제주시 권역에서 '잡수시다/자시다', '드시다', '주무시다' 정도는 어휘적 대우로 분명히 쓰였다. 대우 형태소를 논의하는 자리에서 집필자는 익숙한 개인 경험을 통하여 분명히 '-으시-'를 써 왔고, 당연히 쓴다고 보았지만, 집필자의 이런 주장을 잘못되었다고 반박하는 경우도 있었다. 그렇다면, 필시 사회언어학에서 말하는 계층별 언어 사용의 차이일 듯하다(현평효, 1985: 159쪽도 보기 바람).

57) 특히 고프먼(Goffman, 1967, 진수미 2008 뒤침)에서 다뤄진 체면 보호 행위(face-saving act) 및 체면 위협 행위(face-threatening act)의 두 방향으로 작동한다. 이를 좀 더 쉽게 운용할 수 있도록 클락(Clark, 1996; 김지홍, 2009 뒤침)에서는 상대방에 관한 자율성(autonomy) 및 자존감을 높이거나 제약하는 원리로 재구성해 놓았다.

라고 강하게 표현하였다가, 다시 현평효(1977; 1985년 재수록: 159쪽)에서는 어조를 조금 누그러뜨리어

"언중의 일부층에서58) 발화해지는 현상에 불과하다."

라고 썼다. 필자는 아래 살펴볼 도표에서 격식 갖춘 대우 말투에서 찾아지는 '-읍네다, -읍네까?, -읍서!, -읍주!'라는59) 형태소가 이 방언의 입말 자료집에서 쉽게 찾을 수 있으므로, 자연스럽게 이 어미들과 '-으시-'가 결합할 것으로 본다. 그런 점에서 사회언어학적 변이모습을 인정해 주는 것이 온당하다고 본다. 한편, 강정희(1988: 37쪽)에서는 대우를 표시해 주는 주격 조사 '께서'가 쓰이지 않는다고 하면서, 이를 존대 표현법의 미-세분화(미분화) 현상으로 해석하였다.

이 방언에서 관찰되는 종결 어미의 대우 체계를 이숭녕(1957; 1978 재간: 80쪽 이하)에서는 서술문과 의문문을 중심으로 하여 네 단계로 나누어 놓았다.

'평칭, 중칭, 존칭, 극존칭'

---

58) '일부층'이라는 표현의 속뜻은 집필자 자신이 포함되지 않은 계층의 사람들을 가리킨다. 짐작하건대 아마 옛날 표현으로 '성안 사름'(城內 거주인) 또는 '모관 사름'(제주목 관아 인근의 거주인)들을 염두에 둔 듯하다. 다시 말하여, 당시 고(故) 현평효 교수가 그런 일부층에 속해 있지 않은 것이며, 그런 일부층의 일상 발화를 접하였음을 뜻한다. 필자는 바로 이 점이 이숭녕(1957)에서의 기술 내용과 차이를 보여 주는 것으로 이해된다.

59) 이 방언의 일상 표현에서는 '-습네다, -습데다'가 관찰되지 않는다. 왜 그런지 이유를 밝혀 놓은 글은 아직 없는 것으로 안다. 그렇지만 극히 일부에서는 '스오'로 나오는 듯이 기술하고, 또 이 뒤에 '스오+읍네다'(스읍네다 → 습네다)가 이어지는 듯이 써 놓은 경우도 있다(만일 이런 복합 형태소였더라면, 분석과 설명이 아주 쉽게 이뤄질 수 있음). 그렇지만 그런 형태가 인위적인 재구성 형태일 개연성(아마 역사 사극에서 임금과 신하의 대화를 듣고서 제주 방언 형태로 옮겨 놓았을 가능성)이 있다. 따라서 여태 직접 이런 발화를 들어본 적이 없는 집필자는 선뜻 믿고 따르기가 주저되고, 과연 토박이들이 그렇게 발화했는지(그런 발화가 쓰일 수 있는 상황이 과연 있었는지) 의심스럽다. 이 글에서는 일단 '-습네다'의 존재 여부에 대해서 더 깊이 들어가지 않는다.

그런데 토박이 연구자로서 박용후(1960: 333쪽 이하)에서도 네 단계를 나누어 놓았는데, 이를 극존칭(아주 높임), 보통 존칭(예사 높임), 보통 비칭(예사 낮춤), 극비칭(아주 낮춤)으로 불렀다. 이는 아마 최현배(1929; 1975년 제5 개정판: 262쪽)에 있는 등급 밖의 반말을60) 제외한 대우 체계를 받아들인 것으로 보인다. 한편, 현평효(1974, 1977)에서는 '하대, 평대, 존대'의 세 등급을 주장하였는데,61) 이를 명령형 어미로 표시하여 각각

  'ᄒ라체, ᄒ여체, ᄒ서체'

---

60) 『표준 국어 대사전』에는 '반말'의 어원을 '반쪽(半) 말투'로 풀이하였다. 이는 온전히 다 말할 것을 중간에서 끊어 생략해 버리는 데에서 나왔다고 본 것이다. 가령, '-는지' 뒤에 나오는 동사를 생략해서 "답장이 언제나 올는지…"라고 말하는 경우가 그러한데, '모르겠다, 알 수 없다, 예측하다' 따위의 인식 동사가 복원될 수 있다. 그렇지만 뒤에 생략이 되지 않은 채, 온전히 기본적인 말투로 끝나는 경우도 많다. '-어'가 대표적인 경우이다. "드디어 답장이 왔어."라고 말할 때에, 이 말 뒤에 어떤 말이 생략되어 있을까? 아무런 것도 생략되거나 중단되어 끊어진 것이 없다. 따라서 중간에서 끊어져 생략된 말투라는 어원은, 반말 어미들을 올바르게 포괄할 수 없음을 분명히 매듭지을 수 있다. 개인적으로 '반쪽 말투'라는 어원이 누군가의 착각에 의해 잘못 집어넣은 것을 인습하는 것으로 본다.
   오히려 '거스르다'는 뜻을 지닌 한자어 반(反)이 더욱 적합한 어원(反-말)일 수 있다. 순순히 공순하게 말을 하는 것이 아니라, 상대의 마음을 거스르거나(상하게 하거나) 기분 나쁘게 만들어 버리는 말투가 바로 '反말'인 것이다. 유교 경전에 반(反)의 용법 중에 자주 '거스를 반(扳)' 또는 '뒤집을 번(飜)'으로 해석되는 사례들이 많고, 오늘날에도 여전히 반역(反逆)이란 낱말로 쓰인다. 따라서 반말의 어원으로 가장 적합하다고 본다. 일부에서는 한문의 용법을 제대로 이해하지 못한 채, 이 말의 뜻을 오직 반대말(反對語)로만 간주할 소지도 없지 않다. 그렇지만 유교 경전에서 쓰는 용법들에는, 엄연히 반(反)의 내포 의미 속에 '거스르다(反逆)'는 뜻이 들어 있다. 이런 관점에서 보면, '반말'은 공순하지 않고 거스르는 말투, 또는 남의 마음을 상하게 만들거나 기분 나쁘게 하는 말투를 가리킨다. 만일 낯선 사람들 사이에서 감정을 거스르는 말투(반말)를 썼다가는 주먹다짐의 발단이 될 정도로, '반말' 또는 공손한 말에 대한 지표는 인간관계에서 매우 민감하다.
61) 전자는 박사학위 논문인데, 둘 모두 현평효(1985) 제1부에 재수록되어 있다. 또한 동일한 대우 등급이 현평효·김홍식·강근보(1974)에도 언급되어 있다. 그런데 현평효(1985: 147쪽)에서
   "이숭녕 박사도 등급을 존칭, 중칭, 평칭으로 삼등분한 바 있다."
   고 본 것은 자의적인 해석이다. 극존칭(필자의 도표에서는 격식 갖춘 대우 등급) 등급을 다분히 의도적으로 빼어 버렸기 때문이다. 이숭녕(1978: 80쪽, 81쪽)의 네 등급의 도표를 보기 바라며, 이는 153쪽에서 약호를 써서 '평(平), 중(中), 존(尊), 극(極)'으로 표시되어 있다.

로 불렀다. 아마 서로 직접 얼굴을 마주 보면서 대우의 등급을 명백히
보여 주는 일을 명령 서법으로 파악하였던 데에서 나왔을 것으로 짐작
된다.

사회언어학 관점에서 대우 표현을 구분하는 기준은 격식성 및 공식
성 여부로 나뉠 수 있다. 텔레비전의 9시 뉴스에서는 공식적이고 격식
적인 언어 사용 환경이므로, 우리말에서 '-습니다' 말투를 쓰게 된다.
이와는 달리, 가령 연예인 이경규 씨가 진행하는 면담 프로그램에서는
공식적이지만 격식을 갖추지 않은 채 대우하는 말투로 '요'(대우의 화용
첨사)를 쓸 수 있다. 후자는 흔히 반말투 종결 어미(여러 서법에 두루 쓰
임) '-어'로 대표되는 형태에 비격식적인 대우를 표시해 주는 화용 첨사
가 쓰인다. 이런 틀을 고려하면서, 필자는 이 방언의 종결 어미 대우
체계를 〈도표 1〉로 나타낼 수 있다고 본다.[62]

〈도표 1〉을 보면, 한눈에 현평효(1977)에서의 삼분 체계 '흡서, ㅎ라,
ㅎ여'가 오직 명령의 서법을 나타내는 종결 어미로만 이뤄졌음을 알아
차릴 수 있다. 'ㅎ라, ㅎ여'는 대우를 하지 않는 평대의 종결 어미인데,
전자는 고유한 서법으로만 쓰이고 후자는 억양만 달리하여 두루 여러
서법에 쓰이는 반말투의 종결 어미이다. 이들이 결코 평대와 하대로

---

[62] 이기갑 교수는 비격식투에서 ① 왜 명령과 청유 서법의 형태가 없는지, 그리고 ② 왜 회상
시제가 결여되어 있는지에 대하여 의문을 제기하였다(토론문의 질문 제6항). ①에 대해
서는 '간접 화법'으로 명령이나 청유 서법이 실현된다고 대답할 수 있다. 현재 얼굴을
마주보고 있는 상대방에게 어떤 행위를 명령하거나 청유하기 위해서는, '-으크-'(-겠-)을
이용하여 의문 형식으로 말할 수 있다. 가령, '먹으쿠과?'(먹+으크+으우+과?: 먹겠어
요?)라고 말함으로써 간접적으로 '먹으시오'라는 명령의 효력을 얻어내거나, 또는 "안
먹으쿠과?"(안 먹겠어요?, 먹도록 청함)라고 말함으로써 간접적으로 청유의 효력을 얻어
낼 수 있다.
　②의 질문에는 반말투의 어미 '-어'에 다시 종결 어미가 덧붙은 융합 형태로 회상시제
를 표현한다고 대답할 수 있다. 가령 '먹없수다'(먹+없+수+다, '머검쑤다'로 발음됨;
먹고 있어요)를 회상시제의 형식으로 발화하면,
　'먹엇언게마씀'([먹+엇+어]+은게+마씀, '머거선게마씀'으로 발음됨; 먹었더군요)
　'먹없언게마씀'([먹+없+어]+은게+마씀, '머검선게마씀'으로 발음됨; 먹고 있더군요)
으로 나온다. 회상시제 '-더-'는 이 방언에서 반말투 종결 어미 '-어'가 다시 '-은게'(관형
형 어미 '-은'과 형식명사 '거'와 종결 어미 '-이'가 녹아 있음)가 융합되어 평대(비-대우)
표현으로 되고, 여기에 다시 대우를 나타내는 첨사 '마씀'이 붙어 있는 형식이다. 반말투
종결 어미 '-어'와 관련된 융합어미들은 §.4.3에서 다시 다루게 된다.

<도표 1> 종결어미의 대우 체계

서법 \ 말투	마주하여 듣는 이를 대우함		평대(대우하지 않음)	
	격식투 '-읍-'	비격식투 '-수-/-으우-'	고유한 서법 형태	반말투
서술	-읍네다, -읍데다	-수다/으우다, -수게/으우께, -수께/으우께	-다(계사; 이어)	-어 (계사; 이라)
의문	-읍네까?, -읍데가?	-수과?/으우꽈?, -수가?/으우까?	-가?(계사; 이가?)	
명령	-읍서!		-으라!	
청유	-읍주!		-자!	

구분되는 것이 아니다. 평대가 곧 하대와 동일한 등급일 뿐인데, 그 까닭은 곧 박용후(1960)에서 예사 낮춤(보통 비칭)과 아주 낮춤(극비칭)이 성립될 수 없음을 비판하면서 같이 논의될 것이다(후술). 또한 그런 삼분 체계는 이 방언의 서술 및 의문 서법에서 관찰되는 종결 어미들을 제대로 구분해 내지도 못한다(-읍네다 : -수다, -읍네까? : -수과?).

이와는 달리, 이숭녕(1978 재간)에서의 중칭(中稱)을 '-어' 반말투로만 바꾼다면,63) 정확히 이 도표의 사분 체계와 일치한다. 평칭과 중칭은 각각 평대의 종결 어미와 반말투의 종결 어미이며, 그리고 존칭과 극존칭은 비격식투의 대우 '-수' 및 격식투의 대우 '-읍-'에 정확히 대응되기 때문이다.

박용후(1960)에서는 극비칭(아주 낮춤)의 형태소를 '-다'로, 보통 비칭(예사 낮춤)의 형태소를 '-어'로 상정하여 이들 사이에 높고 낮음 관계로 보았다. 그렇지만 낮춤에 보통 낮춤과 아주 낮춤이 있다는 의견에는 선뜻 동의할 수 없다. 왜냐하면 이 방언을 쓰는 토박이들 사이에서 신분 계층이 과연 평민과 천민 사이의 구분을 뚜렷이 의식하고 있는지에 대하여 의문이 들기 때문이다. 마찬가지로 현평효(1977)에서 주장한 평

---

63) 이숭녕(1978: 111쪽)에서 '먹엄서'의 형태소 분석을 '먹＋엄＋서'로 보았었다. 그런데 만일 시상을 표시해 주는 선어말어미를 필자의 주장과 같이 '-앖-'으로 확정한다면, 당연히 '먹＋없＋어'로 분석되고, 반말투의 종결어미 '-어'를 찾아낼 수 있다. 이는 중칭(中稱)을 중간 등급으로 보지 않고, 어중간한 등급으로 재해석해야 하는데, 곧 최현배(1975)에서의 '등급 밖'의 반말로 간주하는 셈이다. 아마 당시의 지식 수준으로는 억양만 달리하면서 모든 서법에 두루 쓰이는 반말투를 확정할 근거를 찾아낼 수 없었을 것으로 보인다.

대와 하대의 등급도 마찬가지로 서로 구분될 수 없다.

반면에, 필자는 이것들이 동일한 등급이라고 본다. 필자의 도표에서는 동일한 등급이지만, 서법마다 고유한 종결 어미를 지닌 경우와 그렇지 않고 억양만 달리하여 모든 서법에 두루 쓰이는 반말투의 종결 어미로 보는 것이다. 반말투의 종결 어미는 대우를 표시해 주는 화용 첨사가 더 붙어서 격식 갖추지 않은 대우 말투로 바뀔 수 있다. 마치 공통어에서 '요'가 붙어 비격식적인 대우 말투로 바뀌는 일과 동일하다.

만일 위와 같은 도표가 확정된다면, 대우의 말투에서 구별되는 형태소들에 대하여 다룰 수 있다. 격식 갖춘 말투 '-읍네다/-읍데다'의 구성은 '-읍-'에 각각 경험과 관련된 양태 형태소 '-느-'(현재 경험 가능함)와 '-더-'(이미 경험한 적이 있음)가 이어져 있고, 마지막으로 종결 어미 '-이다'가 결합되어 있다(읍+느/더+이다). '-읍-'은 객체를 높여 주는 중세 국어의 겸양법 '-ᅀᆞᆸ-/-ᅀᆞᆸ-'에, '-느-'나 '-더-'는 각각 중세 국어의 시상 형태 '-ᄂᆞ-'와 '-더-'에 대응함을 쉽게 짐작할 수 있다. 그런데 종결 어미 '-이다'가 분석 가능한지, 분석될 수 있다면 '-이-'가 상대방을 높이고 자기를 낮추는 공손법 '-이-'일 가능성이 아주 높다.

그런데 이 방언의 다른 어미 결합에서는 공손법과 무관한 '이' 요소가 다수 찾아진다. 가령, 양태 형태소 '-으크-' 뒤에 결합하는 종결 어미가 '-이어'이며, 상 형태소 '-앖-'과 '-앗-' 뒤에 결합하는 종결 어미에도 '-인게'(이+은게)처럼 나타난다.64) 만일 이런 부류가 계사 '이다'와 관련된다면 계사 어간의 생략 및 잠재된 'ㄹ'의 발현 모습이 확인되어야

---

64) 이런 고민을 풀기 위해 필자와 다른 두 분의 생각을 적어 둔다. 고영진 교수는 계사일 가능성을 탐색하였다. 그렇지만 이 방언에서도 계사가 어간 탈락 현상 및 잠재된 'ㄹ'의 발현을 보이는데, 논의 중인 '이'는 그런 속성을 지니지 않는 듯하다. 정승철 교수는 '으'가 전설모음 '이'로 바뀐다고 가정하는 듯하다('으크'와의 결합에서 계사 가능성도 타진한 적이 있는데, 각주 86을 보기 바람). 필자는 약한 모음이 탈락된다는 가정은 쉽게 받아들일 수 있다. 그렇지만 약한 모음이 강한 모음으로 된 뒤에, 다시 동화될 환경이 생겨서 전설모음으로 바뀐다고 하는 것은 매우 이례적으로 보인다. 또한 전설모음으로 만들어 놓는 음운론적 환경을 찾아내기도 쉽지 않을 것으로 본다. 좀더 뒤에서 필자는 고영진 교수의 가정을 수용하되, 두 개의 명사구 상당어가 나오지 않고, 오직 하나의 명사구 상당어만 나오게 되는 특정한 환경을 상정할 것이다.

할 것인데, 두 조건이 모두 만족되는 것은 아니다. 종결 어미들에서 찾아지는 '이'의 정체성 확정 문제는 이 방언 연구자들이 함께 숙고해 보아야 할 문제이다.[65)

　'-수'와 관련하여 현평효(1985)에서 음운론적으로 조건(모음 어간 뒤)에 따른 변이형태 '-우-'를 확정한 뒤에 뒷 연구자들이 그대로 따라 써왔다. 그렇지만 정승철(1995: 155쪽 이하; 1997: 79쪽 이하)에서는 비록 두 개의 형태를 음운론적으로 조건지어진 것으로 상정하면서도, 어간이 ㄹ 받침이나 모음으로 끝날 때에는 '-으우-'가 나오고,[66) 다른 환경에서는 '-쑤'가 나온다고 기술하였다. 이를 각각 '길다, 크다'와 '젊다, 덥다'로 예시하면 다음과 같다.

　　ㄹ 받침과 모음: '길/질+으우+다'('기/지우다'로 나옴), '크+으우+다'('크우다'로 나옴)
　　나머지 환경: '젊수다'('점쑤다'로 소리가 남), '덥수다'('덥쑤다'로 소리가 남)

여기서 '-으우-'의 설정은 다른 형태소들도 '으' 모음을 지닌 것들이 있으므로 자연부류를 이룰 수 있다고 보며, 다른 사례들을 추가하여 더 뒷받침해 놓을 수 있다. 정승철 교수의 혜안에서 나온 형태소 확정으로 평가된다.[67)

---

65) 지난번 발표문을 작성할 때까지는 혹 공손법 '-이-'와 대우상 짝이 되는 요소를 내세울 수 있을지 고민을 하였었다. 가상하여, 비음성 'ng'이 없으며 대립적으로 [-공손]의 자질을 지닌 형식을 생각해 본 것이다. 그렇지만 이는 다른 구문에서 실증성을 확보하기가 어렵고, 유일한 사례일 수밖에 없다. 언어의 체계성을 고려한다면 이런 가능성이 배제되어야 한다. 이를 인정하므로 더 이상 이런 가능성을 추구하지 않겠다. 대신, 제4장 2절에서는 고영진 교수의 제안을 받아들여, 유일하게 하나의 명사구 상당 표현만을 요구하는 조건을 찾는 해결책을 모색해 나갈 것이다.
66) 고영진(2002: 29쪽)에서는 더욱 정밀하게 다음처럼 정리해 놓았는데, 이런 접근에서는 '으' 탈락 규칙이 상정되지도 않아도 된다.
　　㉠ '-우'는 어간이 모음 및 'ㄹ'로 끝나는 형용사 및 잡음씨에 통합된다.
　　㉡ '-으우'는 어간이 'ㄹ'과 'ㅅ'을 제외한 자음으로 끝나는 형용사에 통합된다.
67) 이기갑 교수는 토론문(질문 제7항)에서 공통어에서도 그리고 전남 방언에서도 같은 현상이 있음을 지적하였다. 즉, 서울말 '하오체'에서는 자음 뒤에 '-소'와 '-으오'가 수의적으

가령, '족다'(작다)를 활용시켜 보면 필자의 발음은 늘 [족수다, 족수
과?]이다. 정승철 교수가 표기한 '족쑤꽈?'를 필자는 이전에 제주시에
살던 함경도 출신 인사로부터 '-쑤꽈?'라는 발음을 자주 들었던 기억이
난다. '족다'는 또한 정승철 교수의 지적처럼 [족으우다, 족으우꽈?]라
고도 발음된다. '-수'는 의문 종결 어미로 '-과?'가 자연스럽게 들리지
만, '-우'는 마치 중세국어에서처럼 사잇소리가 개재되어 언제나 '-우
꽈?'로 나온다('-ㅅ과?'로 분석될 수 있음). '-수과?'를 [수꽈?]로 발음한다
면, 필시 '-우꽈?'라는 형식에 이끌리어 그렇게 되거나, 아니면 표준어
의 '-까?' 형태를 복사하면서 나왔을 것으로 보인다. 그렇다면 이 방언
에서 '족다'는 비격식 대우 표현에서 [족수다]로 발음되거나 [족으우다]
로 발음되는데, 음운론적 조건에 따라 도출된 두 표면형은 물론 사회언
어학적 차등을 둘 수 있겠지만, 언제나 수의적인 교체라고 기술해 주어
야 할 듯하다.

'좋다'를 활용시켜 보면, 필자는 언제나 [조쑤다]로 발음된다. 이는
어간의 ㅎ이 내파음으로 되고 나서(ㅎ → ㄷ), 이 자질이 뒤따르는 자음
을 된소리로 만들어 놓는 것이다. 따라서 형태소를 밝혀 '좋수다'로 써
야 옳을 듯하다. 그런데, 구좌 쪽에서 자란 필자의 동료는 고향모임에
서 서로 제주 방언을 쓰는데, 그 분은 늘 [조으우다]라고 발음하는 것을
관찰할 수 있었다. 아마 지역 간의 차이일 듯하다. 이 발음은 결코 [^{??}조
우다]로 되지 않는 듯하다.68) 약한 모음 '으'는 모음 뒤에서 탈락되는
것이 일반적이지만, 이 환경에서는 탈락되어 발음되면 낯설게 들린다.

로 변동한다. 전남 방언에서는 '하요체'로 나오며, '-소, -요, -으요'가 쓰인다고 하였다.
그렇다면, 바로 이 방언에서 정승철 교수가 찾아낸 변이와 동일한 모습이다. 감사드린다.
68) 의문 형식 '좋+으우+꽈?'는 종결 어미 '-꽈?'에 있는 반모음 [w] 때문에 더욱 다양하게
발음될 듯하다. [좋으우꽈?], [조으우꽈?], [조으꽈?], [조 : 꽈?]가 다 수용될 것으로 보인
다. 두 번째 발음은 어간 ㅎ받침이 약화되더라도 음절 경계(coda)로서의 역할을 여전히
맡기 때문에 약한 모음인 '으' 탈락이 일어나지 않은 결과이다. 세 번째 발음은 '우'가
반모음 [w]로 바뀌고, 재음절화 과정에서 두 개의 반모음 [w][w]을 허용하지 않기 때문에
탈락되어야 가능한 발음이다. 마지막 발음은 '우'가 탈락된 뒤 계속 재음절화가 가속화되
어 급기야 어간에 남아 있던 음절 경계(coda)를 허물고 '으'가 탈락되어 보상적으로 조금
길게 발음되어 나온 결과이다.

그렇다면 '으' 탈락을 막는 자음 요소가 선행해야 하는데, 그 요소는 어간의 받침일 수밖에 없다. [조으우다]라는 발음은 '좋으우다'로 표기해야 할 듯하며, 어간 ㅎ받침이 비록 약화되더라도 탈락되지 않는다고 보아야 비로소 선어말어미의 약모음 '으' 탈락을 저지할 수 있는 것이다. 이 또한 분명히 정승철 교수의 '-으우-' 형태의 설정을 뒷받침해 주는 중요한 사례로 판단된다.

그렇지만 '-쑤'는 된소리(경음)를 지니고 있다. 만일 된소리를 인정한다면, 아마 유일 무이한 된소리 선어말어미일 것이며, 그만큼 유표적이고 이례적일 수 있다. 더욱이 필자가 스스로 정승철 교수가 '-쑤'로 표시해 놓은 환경을 발음해 보면, 예사소리(평음) '-수'로 나오는 것들이다. 아마 내파음 받침에 약한 휴지가 들어가서 다음 음절로까지 재음절화에 영향을 주지 않는 발음이 보수적인 발음일 개연성이 있다. 더군다나 형태소를 확정지는 작업은 표면형의 발음에 집착하기보다는 자동적인 음운과정의 변이로 볼 수 있는 것들은 제외하므로(이른바 '비자동적 교체'만을 표기에 반영함), '-쑤'의 형태소 설정은 자동적 음운과정에 따른 변이를 그대로 기본형으로 설정해 놓았을 가능성이 있다.

몇몇 글에서는 비격식적 대우투에서 관찰되는 '-수/-우(-으우-)' 형태소의 기원을 다룬 바 있다. 홍종림(1995: 162쪽)에서는 '슬/슬＋으이'로부터, 그리고 정승철(1995: 156쪽)에서는 모두 '슬/슬'으로부터 '-쑤/-으우-'가 나왔다고 가정하였다. 이는 결과에 비춰 과정을 추정하는 일 이외에, 음운론적 변화 과정도 자연스럽다고 보이지 않는다. 또한 이 방언의 격식 갖춘 대우와 비격식적 대우의 모습을 제대로 드러낼 수 없다. 반면에, 김지홍(2001: 27쪽)에서는 '슬/슬'은 격식 갖춘 대우 '-습네다/-읍네다'로 이어지며, 비격식적 대우의 형태 '-수/-우'는 따로 융합된 형식으로부터 나온다고 주장하였다. 즉, 종결 어미 '-소/-오'에 다시 화자가 상대방을 높이고 자신을 낮추는 공손법 '-이-'가 종결 어미와 같이 실현된 '-이다'가 융합된 것이다. 이는 텔레비전 사극에서 가끔 들을 수 있는 '-소이다/-오이다'를 거쳐, 무가들을 채록해 둔 기록들로부터 '-쉐다, -웨다'라는 중간 형태로 발전한 뒤에 마지막으로 모음이 줄어든 모습인 '-수다/-우다'로 된 것으로 보았다.[69]

4.2. 시상에 관련된 여러 주장, 그리고 새로운 양태 개념

여기서 시상이란 용어는 이 방언의 형태소를 논의해 온 연구자들이 동일한 형태소를 놓고서도 두루 '상, 시제, 양태'의 개념들을 상정하여 써 왔기 때문에, 불가피하게나마 임시 이들을 모두 포괄하는 의미로 쓸 수밖에 없다. 이 방언의 시상 형태들을 다룬 박사학위 논문이 이미 세 편이나 나와 있으며,[70] 앞으로도 계속 나올 것으로 전망된다. 그 중요성만큼이나 관련 내용을 다루는 이론적인 범위와 깊이에 따라, 도출되어 나오는 결론이 크게 달라져 버릴 것으로 보인다. 이 방언의 시상 관련 형태소가 또한 양태 표현에도 긴밀하게 관여하고 있다는 점에서, 적어도 '시제·상·양태(와 서법)'들이 부분적이든 아니면 한꺼번에 무더기로든 같이 다뤄질 수밖에 없는 형편이다. 이는 누가 이 방언의 시상 형태소를 다루든지 간에, '시제·상·양태·서법'의 개념에 대한 명백한 정의를 마련해 놓아야 함을 의미한다.

이런 점에서 ① 공통어 '-았-'의 발달 과정을 다룬 최명옥(2002), ②

---

[69] 이기갑 교수는 이중모음의 '쉐'[swe](또는 이중모음의 '쇠')가 단모음의 '수'로 바뀌는 모습을 뒷받침해 줄 다른 예가 더 있는지에 대하여 질문하였다(토론문의 질문 제8항). 이 질문은 앞으로 필자가 찾아보아야 할 숙제로 적어 둔다.

[70] 현평효(1975), 홍종림(1991), 우창현(1998)이다. 한편, 문숙영 교수는 문숙영(2005) 뒤에 제주 방언의 형태소를 '시제'로 주장하는 글을 『형태론』에 두 편 발표하였다(문숙영 2004, 문숙영 2006). 이런 주장을 반박하면서 미국 인디애너 대학 이효상 교수는 시제가 아닌 상으로 봐야 옳다고 주장한 바 있다. 필자도 이효상 교수의 주장에 전적으로 동감한다.
그런데, 공통어는 이미 시제와 상을 갖고 있는 것으로 기술되고 설명된다. 따라서 만일 엄격히 시제·상·양태(그리고 서법)에 대한 명백한 정의를 내리지 않은 채 막연히 이 방언의 시상 표현을 다룬다면, 공통어의 내용과 서로 뒤섞이고 불분명해질 소지가 많고, 이 방언에서 작동하는 밑바닥의 질서를 드러내는 데에 방해가 될 수 있다.
최근에 이 방언에서 형용사에만 시제 개념을 부여하는 접근이 있다. 그렇지만 시제의 대립 형태소들을 석연히 붙들어 드러낼 수 없다(대립 체계가 제안되지 않음)는 사실은, 오히려 양태와 서법의 관점에서 바라봐야 함을 시사해 주고 있다. 앞으로 계속 더 깊은 논의가 뒤따라야 할 것이다.

한국어 시상 표현에 전반적으로 적용되는 고영근(2004, 2007 보정판), ③ 제주 방언의 상을 새롭게 정의해 놓은 고영진(2008)은 모두 이 방언 형태소의 실체를 보다 분명히 알아볼 수 있도록 소중한 전환점을 마련해 놓은 역작들이다. 필자가 많이 배울 수 있었다.

고영진(2008)에서는 이 방언의 상 체계가 다음처럼 형태소의 결합 순서를 고려하면서 삼분 대립을 보임을 주장하였다.

'-느-(완전상) : -암시-(불완전상) : -아시-(완료상)'

이들의 대립은 각각 하나의 전체 사건을 드러내는 완전상, 사건의 진행 과정을 드러내는 불완전상(그렇다면, '不'보다 '非'를 써서 '비-완전상'으로 부르거나, '미-완결상'으로 부르는 편이 나아 보임), 사건이 다 끝나서 지금까지 그 결과 상태가 이어지는 완료상이라고 하였다. 만일 특별한 형태소가 없이도 상적인 특성을 실현하는 zero 형태소도 필요하다면(다음에 다룰 형용사의 경우에서도 또한 그러함), 다시 'Ø'(zero)가 추가될 수 있다.

그런데 기본형 '-느-'가[71] 서술문의 형용사와 계사 '이다'에 붙는 형

---

71) 형용사와 계사이므로, 기술언어학에서 내세운 '형태론적 조건'은 형태를 광의로 해석하지 않은 한 미진한 용어이다. 품사에 따라 달라지므로 이들 품사의 속성을 거론하여 조건을 표시해 주는 것이 온당할 듯하다. 그렇지만 '느'가 서술문에서는 '은'으로 바뀌지만, 의문문에서는 그대로 Ø와 대립하여 '느'로 나오므로, 조건을 명확히 규정하기가 만만치 않음을 알 수 있다.

그런데 이 방언의 동사가 "그 풀도 먹나"(그 풀도 먹는다)로 발화될 경우에, 여기에 '-느-'가 종결 어미에 녹아 있다고 볼 수 있을 것인가? 필자는 부정적이다. 일단, '-나'에서 종결 어미 '-아'를 분석해 내기는 쉽지 않다(뒤에 제시할 서술 종결 어미 목록에서는 고유하게 독자적인 서법을 지닌 종결 어미 속에 들어 있음). 이런 이유로 정성여(2013)에서는 복합 종결 어미로서 '-느다'를 설정한 것으로 보인다. 필자의 생각에 이는 '-은다'에서 '으'가 탈락되어 나오는 것이며, '-나'와는 계열이 다르다. '먹다' 동사에서와는 달리, 형용사의 의문문 활용에서는 '-느-'와 이에 대립하는 구문을 찾아낼 수 있다.

"이 신 느안티 크느냐?"
(이 신발이 너에게 큰가? → 항상 큰지 일반 속성을 묻고 있음)
는 분명히 다음 발화와 대립적인 뜻을 지닌다.
"이 신 느안티 크냐?"
(이 신발이 너에게 크니? → zero 형태가 들어 있고, 현재 상태를 물음)
'느'가 들어 있으면 언제 어디서나 그런 속성이나 성질이 있는지를 묻는 것이다. 그렇지만

태론적으로 조건이 지워진 변이형태로서 '-은-'을 갖고 있다고 기술할 수도 있지만, 의문 형식으로 될 경우에는 다시 '-느-'(이 신발 크느냐?)로 나오게 되므로, 변이형태에만 의지해서 말끔히 해결될 수는 없다. 고영진 교수는 현평효(1985)에서 내세운 '-암시-'와 '-아시-'를 기본형으로 보았는데, 여기서 변이형태로서 '-앖-'과 '-앗-'을 도출할 수 있는지 연구자마다 서로 의견이 갈릴 수 있다. 이 글에서는 거꾸로 '-앖-'과 '-앗-'이 기본형이라고 주장할 것이다.

편의상 평대(비-대우)로 불려온 서술 서법에서 고유하게 나오는 종결 어미의 모습을 중심으로 하여 다루기로 한다(대우하지 않는 등급에는 '반말투'도 있음).

"철순 바당의 잘 <u>간다.</u>"(철수는 바다에 잘 가는 습관이 있다)

"그 사름 벵 낫안 밥 잘 <u>먹은다.</u>"(그 사람이 병이 나아서 밥 잘 먹는 습관이 있다)

"그 사름 벵 낫안 밥 잘 <u>먹나.</u>"(앞의 발화와 동일 의미임)

여기서 찾아지는 '-은다'(은+다)는 어간이 모음으로 끝나는 경우에 '으'가 탈락되어 받침 'ㄴ'으로 바뀌고('간다'), 어간이 자음으로 끝나면 그대로 실현된다('먹은다'). 같은 상황이 '먹나'로도 표현될 수 있다. 여기서 '-나'라는 형태소를 "느+아"로 분석할 수 있을지, 아니면 분석 불가능한 종결 어미일지 여부는 좀더 숙고할 필요가 있다.[72] 동일한 상황이

___

zero 형태는 지금 이 시점에서 그 상태만을 묻고 있는 것이다. 이는 크랏저(Kratzer) 교수가 주장한 개체 속성 층위(individual level)의 진술과 현재 장면 층위(stage level)의 진술로 대립하고 있다. 다시 말하여, '느'가 명백히 양태 형태소로 지정되어야 옳다. 좀 더 뒤에서 이 방언의 계사 구문에서도 동일하게 이런 대립이 찾아짐을 다시 언급할 것이다.

72) 이 방언에서는 의문 서법의 종결어미 '-나?'(↗)도 있으므로 논의가 자못 복잡해진다. 이 의문 종결어미는 '-니아?'와 '-냐?'의 수의적 변이형태도 지닌다('-니아?'가 본딧꼴이며, '-냐?, -나?, -니?'의 준꼴 형태가 있음). 따라서 이런 수의적 교체 모습을 적용해 봄으로써, 쉽게 서술 서법의 종결어미 '-나'(↘)와 구별해 줄 수 있다. 서술 서법의 종결어미 '-나'는 시상 형태소 '-앖-, -앗-'와 결합되지 않는다. 이는 동일한 소리값을 지니더라도 이들을 서로 구별해 놓을 결정적인 근거가 된다. 또한 '-느-'를 분석해 낼 수 있는지 여부

에서도 서로 구분될 수 있을 것으로 보인다. 오직 의문 서법의 종결어미에서만 쉽게 '-느-'를 분석할 수 있기 때문이다.

의문 종결어미 '-니아?, -냐?, -나?'(↗)(이들은 본딧꼴과 준꼴 관계로 묶이며, '-니?'로도 줄어들 수 있지만, 이는 여기서 다루지 않음)에서는 '-느-'를 분석해 낼 수 있는 근거가 있다. "먹없니아?/먹없냐?/먹없나?"(↗)와 동일하게 의문 서법의 "먹없이아?/먹없야?/먹없아?"(↗)가 관찰될 수 있기 때문이다('-이아?, -야?, -아?'도 또한 본딧꼴과 준꼴 관계로 묶이고, '-이?'로도 줄어들 수 있으나 여기서는 다루지 않음). 본딧꼴과 준꼴에 대한 자세한 논의는 제주발전연구원, 2014,「제주어 표기법 해설」제17항 '준말' 제3조의 해설을 보기 바란다. 그곳에서는 시상 형태소를 지닌 '-앖다아?, -앖댜?, -앖다?, -앖디?'나 반말투 종결어미 '-어'에 관형형 어미 구문이 융합된 '-언디아?, -언댜?, -언다?, -언디?'나 '-엄디아?, -엄댜?, -엄다?, -엄디?'도 또한 같은 자연부류의 모습으로 논의되어 있다. 이들은 모두 내림세 억양(↘)을 지니면 의문사(wh) 의문으로 쓰이고, 올림세 억양(↗)을 지니면 '예-아니오' 질문으로 쓰인다. 이 각주에서는 편의상 '예-아니오' 질문의 경우만을 언급하기로 한다.

먼저 이들 사이에서 무엇이 공유되고, 무엇이 차이가 나는지를 살펴보기로 한다. 이들은 모두 동일하게 '-앖-'이라는 시상 형태소를 갖고 있음에 주목할 필요가 있다. 사건을 자신의 의도에 의해 일으키는 주체가 청자 '너'인 셈이다. 청자가 진행하고 있는 행위(사건)을 관찰하면서, 화자가 청자에게 그 행위 사건에 대하여 질문을 던지고 있는 것이다. 만일 이들이 공통된 사건을 묻는 상황에서 쓰임이 틀림없다면, 이들 사이에 차이점은 각각 '-니아?'와 '-이아?'에 있다. 이 점이 '-니아?'를 '느+이아'로 분석할 수 있게 해 준다. '-앖이아?'에서도 똑같이 시상 형태소 '-앖-'을 제외한 '-이아?'를 찾아낼 수 있기 때문이다. 만일 이런 분석이 가능하다면, 이들 의문 종결어미 두 계열의 차이는 '느'의 유무에 따라 나뉜다. 하나는 '-느-' 뒤에 '-이아?'가 융합하는 것이고, 다른 하나는 ∅에 '-이아?'가 융합하는 형식이다. 결국, 동사 어간에 시상 형태소 '-앖-'이 결합되고, 이 뒤에 양태 형태 '-느-'가 유무 대립 형식(느 : ∅)으로 융합되며, 마지막으로 의문 종결어미 '-이아?'(↗)가 결합된 셈이다.

그런데, 필자는 '-느-'를 양태 요소로 간주하고, 서술문에서는 청자 추체험 가능성을, 거꾸로 청자에게 질문을 할 경우에는 화자 추체험 가능성을 가리킨다고 본다. '-느-'가 표시되어 있다면, 현재 해당 사건을 관련 당사자(여기서는 질문을 던지는 화자)가 확실히 눈으로 직접 관찰하고 체험할 수 있다는 뜻이다. 다시 말하여, 생생한 현장 사건을 접하고 발화하는 것이다(지금 이 시각이라는 속뜻이 깃들어 있음). 그렇지만 '-느-'가 없는 '∅' 표현은 미완료 또는 비완전 시상 형태소 '-앖-'이 가리키는 사건 진행 폭이 현재뿐만 아니라 현재를 둘러싸고 있는 일정한 시폭(거리로 표현되는 시간) 동안 진행되고 있음을 가리킬 수 있다. 따라서 내일 일어날 사건도 미완료 사건 내지 비완전 사건이 되므로, '-앖-'으로 표현할 수 있는 것이다(시차를 두고 조금 뒤에 일어나는 사건부터 가까운 내일 사건까지 포함함).

의문 서법의 종결어미에서 '-느-'가 분석될 수 있는 또 다른 사례는 형용사의 구문에서 찾아진다. 형용사 구문에서도 의문 서법의 '-냐?'를 찾을 수 있다. "가이 지레 크냐?"(↗)(개 키가 크냐?(↗)). 이 경우에도 앞에서 살펴보았듯이 수의적인 변이 모습으로 '크니아?, 크냐?, 크나?, 크니?'가 동일하게 관찰된다. 이런 언어 사실들이 의문 서법의 종결어미에서 안전하게 '-느-'라는 양태 형태소를 분석해 낼 수 있게 보장해 준다.

그렇지만 서술 서법의 종결어미에서는 이런 분석을 진행할 수 없다는 점이 현재로서는 '느+아' 분석을 제안하는 데에 장애가 된다. 따라서 있는 그대로의 모습을 부각시켜 다음처럼 기술해 줄 수 있다. ㉠ 서술 서법의 종결어미 '-나.'는 변이 모습이 없이 단 하나의 유일한 형태일 뿐이지만, ㉡ 의문 서법의 종결어미 '-나?'는 '이'를 매개로 하여 '-느이아?' 또는 '-니아?'에서 마음대로 줄어들어 세 가지 변이 모습(-냐?, -나?, -니?)을 보인다.

다음처럼 반말투의 종결 어미 '-아'로도 나올 수 있는데, '-느-'를 대동하지 않기 때문이다.

"철순 바당이 잘 <u>가</u>."
"그 사름 뱅 나산 밥 잘 <u>먹어</u>."

만일 이들이 동일한 의미를 담고 있는 발화임에 틀림없다면, 여기서는 '-느-' 형태소가 찾아지지 않더라도 무표적인 형태 ∅(zero)를 갖고서 같은 내용을 전달하고 있는 것이다. 만일 동일한 의미를 종결 어미 '-아'에서도 찾을 수 있다면, 이는 '-나'를 '느+아'로 분석할 수 없도록 만드는 장애가 될 수 있다. 의문 서법에서도 소리가 같은 형태 '-나?'를 관찰할 수 있지만, 이는 '-니아?, -냐?, -나?, -니?'라는 준꼴로도 나온다('느+이아?'의 융합 어미로 설명됨). 이런 변동은 서술 서법의 종결 어미에서는 전혀 찾을 수 없으므로,[73] 현재로서는 동일한 구조와 의미를 지니고

---

[73] 특히 속담이나 경구에서 '-∅다, -은다, -는다'라는 종결 어미에 이어 '-나'로 끝나는 종결 어미도 곧잘 찾을 수 있다. 그렇다면 이들이 1회적 사건을 서술하는 것이 아니라 자주 반복되어 일어나는 일반적인 사건을 서술한다는 점에서 양태 의미를 갖고 있음을 짐작할 수 있다. 여기에 주목한다면 두 계열의 종결 어미가 서로 공통적인 의미자질을 가정하여 찾아나갈 수 있다. '-다'가 관찰되는 종결 어미 부류가 양태 형태를 지니고 있다. 그렇다면 나란히 '-나'도 양태 어미를 찾을 수 있어야 하겠는데, 이 점이 '느+아'로 분석할 가능성을 열어 준다. 그렇지만 의문 종결 어미에서처럼 양태 형태소 '-느-'를 분석할 수 있는 분명한 형태적 기반을 찾을 수 없다는 점이 현재 큰 장벽이다.
　서술 서법의 종결 어미 '-나.'에서 의문 서법의 종결 어미 '-니아?, -냐?, -나?, -니?'와 같은 수의적인 준꼴이 찾아지지 않는 까닭을 '이'의 유무에서 찾아낼 가능성이 있다. 의문 서법의 종결 어미 '-니아?'(느+이아)에서는 주제화 구문의 계사 어간으로 보이는 '이'가 들어 있다. 그러나 서술 서법의 종결 어미 '-나.'를 만일, 아직 확증되지는 않았지만 '느+아'로부터 도출해 낼 경우에, 그런 계사 어간이 없다는 점이 수의적 변이 모습들을 만들어 내지 못하는 것으로 가정할 수 있을지도 모른다. 이런 작업 가정에서는 왜 주제화 구문은 준꼴들을 허용하지만, 그렇지 않은 것은 유일하게 단일한 형태만을 지니는지에 대한 추가 설명을 요구한다. 이는 '산 넘어 산이고', '가도 가도 왕십리'이다. 그렇지만 이와는 달리, 매우 간단하게 처리해 줄 수도 있다. 서술 서법의 종결 어미 '-나'를 '-은다'의 변이형태라고만 기술하는 것이다. 그렇지만 이런 기술로 모든 일이 끝났다고 생각할 사람은 아무도 없을 것이다. 현재 더 깊은 논의는 필자의 능력을 벗어나 버린다. 장차 이 방언에서 융합 어미들이 만들어지는 동기와 형식에 대한 더 높은 수준의 통찰력만이 해답을 제시할 수 있을 것이다.

있다고 단정할 수 없을 듯하다.

필자는 항상 일어나는 일이나 습관 등이 양태와 관련된 것으로 본다. 양태를 서구의 언어에서처럼 의무 및 인식 두 범주만으로 국한할 것이 아니라, 경험이나 추체험과 관련하여

'언제 어디서나 겪는 일' : '이미 겪어 본 일' : '현 시점 이곳에서 겪는 일'

이 구분될 수 있을 듯하다. 이를 '경험 관련' 양태나 '추체험 확인 가능' 양태라고 부를 수 있다.

앞의 사례들에서 이 방언의 '-느-'와 '-은-' 형태에 관련된 것은 '언제 어디에서나 경험하는 일'을 가리킨다. 이와는 달리 '-더-'와 관련된 형태는 '이미 경험해 본 일'과 관련된다. 나머지는 ∅ 형태로(또는 아무런 형태가 없이) 현재 이곳에서 '한 시점의 사건에 대한 경험'을 가리킬 수 있다.

"철순 바당의 잘 <u>간다</u>."(철수는 바다에 잘 가는 습관이 있다)
"철순 바당의 잘 <u>가</u>."([현재 한 시점상] 철수는 바다에 잘 간다)

앞의 습관 해석을 만일 양화 표현으로 나타낸다면, 한 사건에 대한 전칭(for all x, there is x) 표현에 해당된다. 이와는 대조적으로, 뒤의 한 시점 해석은 특칭 표현(for some x, there is x & x is presently unique, 이른바 iota 표현임)에 해당된다. 전자는 이른바 '개체 층위'의 술어가 되며, 후자는 '장면 층위'의 술어가 되는 것이다. 특칭 표현이 늘 현재에서 참이 된다면, 특칭 표현이 한 사건을 언급할 때마다 쓰인다면, 결과적으로 누적되어 전칭 표현의 효력을 가질 수 있다(뒤에 있는 형용사 구문의 논의에서도 다시 거론됨). 여기서 ∅로 나타내는 한 시점에서의 경험을, 듣는 사람도 함께 경험할 수 있는지 여부를 표시하기 위하여 이른바 상 형태소 '-앖-'과 '-앗-'이 쓰이는 것으로 이해된다. 필자의 느낌으로는 '-앖-'이

들어 있는 표현은 청자인 상대방도 지금 현재 경험할 수 있음을 함의하고 있지만, '-앗-'은 반대로 그 사건을 상대방이 현재 경험할 수 없음을 함의하는 듯하다. 양태의 개념을 경험 여부에 관한 것으로 확대한다면, 다시 화자 혼자의 경험만을 가리킬 수 있고, 여기서 청자가 경험할 수 있는지 여부도 표시해 주려면 다시 시상 형태소를 도입하는 것으로 가정할 수 있는 것이다.

그렇다면 앞에서 보인 대립 사례 '잘 먹은다, 잘 먹나, 잘 먹어'는 어떻게 설명되어야 할까? '먹은다'는 전칭 표현을 지닌 개체 층위의 술어가 된다. 언제 어디서나 그런 일이 개체 또는 대상의 내적 속성 때문에 늘 일어나고 관찰되는 것이다. 그렇지만 '먹나, 먹어'는 특칭 표현을 지닌 장면 층위의 술어가 된다. 우연히 현재 한 시점에서 특정 일이 일어나는 것이다. 둘 모두 대우를 하지 않는 평대 표현이지만 '-나'는 아마 서술 서법에만 쓰이는 고유한 어미일 듯하고, '-어'는 억양만 달리하여 여러 서법에 두루 다 쓰이는 반말투의 종결 어미로 파악된다. 단, '-나'가 더 분석될지 여부에 대해서는 각주 73)을 보기 바라며, 비록 더 분석하고 싶지만 필자는 아직 분석할 수 있는 탄탄한 근거를 찾지 못하였음만을 적어 둔다.

그런데 현평효(1974)에서 동작상 '-암시-'(미완료 지속, 고영진, 2008의 불완전상, 또는 비완전상/미완결상)와 '-아시-'(완료 지속, 고영진, 2008의 완료상)로 규정된 형태소가 과연 제대로 분석된 것인지에 대하여 최근에 의문을 제기하면서74) 기본 형태소를 각각 '-앖-'과 '-앗-'으로 보기도

74) 현평효(1985)에서는 '-암저'라고 썼던 것을 이 방언을 예의 관찰하여 이남덕(1982)에서 '-암ㅅ저'로 올바르게 지적하였고, 이어 김지홍(1992)에서는 '-암쩌'로 표기하였다. 이후의 여러 연구에서 '-암ㅅ-'이란 형태소를 표기해 오다가, 2013년에 확정되고 2014년 공표된 「제주어 표기법」과 제주발전연구원(2014), 『제주어 표기법 해설』 제16항 바뀐 꼴 '어간과 어미'의 해설에서는 '-앖-'과 '-암시', 그리고 '-앗-'과 '-아시-'가 마치 변이형태인 것처럼 적어 두었고, '-암시-'와 '-아시-'가 관찰되는 분포를 명시해 놓았었다. 그러나 이 글에서는 고식지계를 벗어나서, 좀더 간결하게 '-앖-'과 '-앗-'이 기본 형태로 간주되고, 이 뒤에 주제화 구문으로서 하나의 명사구 상당어가 계사 구문으로 융합되어 것이 '앖+이'와 '앗+이'라고 주장하고 그 뒷받침 논증들을 전개한다.

한다. 이런 의문 제기는 '-암시-'나 '-아시-'를 기본형으로 보고, '-앖-'과 '-앗-'을 변이형으로 도출하도록 하는 '이' 탈락 규칙이 오직 이 형태소만을 위한 매우 유표적이고 이례적인 규칙이기 때문이다. 이런 유표적인 규칙을 설정하지 않으려면 이와는 반대의 길을 생각해 볼 수 있다. 곧, '-앖-'이나 '-앗-'을 기본형으로 보는 것이다. 그런데 이는 [암시]나 [아시]로 발음되는 환경을 기술하여 '-앖-'과 '-앗-'에 [이]가 뒤따르는 것으로 서술해 줄 수 있겠지만, 왜 이 형태소들 뒤에 군이 '이'가 붙는지 그 까닭을 합리적으로 설명해 주어야 한다. 다시 말하여, '이'의 정체를 제대로 밝혀내어야 한다. 그렇지 않을 경우에는 앞의 처리 방식과 오십보백보에 지나지 않는다.75)

먼저 종전에 내세웠던 '-암시-'와76) '-아시-'는 평대(비-대우) 관계를 중심으로 살펴보기로 하겠는데, 다음처럼 네 가지 환경으로부터 찾을 수 있다. ① 이 방언에서는 관형형 어미 '-은, -을'을 매개로 하여 종결 어미로 쓰이는 경우들이 많다. 서술 서법으로만 쓰이는 고유한 종결 어미로서 '-은 생이어, -을노라, -을로다'가 있고, 여러 서법에 두루 쓰이는 반말투의 종결 어미로서 '-은게, -은걸, -을로고나, -을테쥐, -을컬/으컬, -을커라/으커라'가 있다. 이들 환경에서는 언제나 다음처럼 '-암시-, -아시-'로 발음되어 나온다.

---

75) 제주발전연구원(2014), 『제주어 표기법 해설』 제16항 바뀐 꼴 '어간과 어미' 조항을 해설하면서, 필자는 '이'의 정체를 밝히지 못한 상태에서 잠정적으로 '-앖-'과 '-암시-'가 변이형태이고, '-앗-'과 '-아시-'도 또한 변이형태들로 서술해 놓았다. 종전에 내세웠던 '-암시-'와 '-아시-'는 적어도 평대(비-대우) 관계를 중심으로 하여 바로 이어지는 본문에서 알 수 있듯이 네 가지 환경으로부터 관찰된다.

76) 좀 복잡해지지만, 다음과 같은 융합형 종결어미들과도 구분이 되어야 한다. 명사형어미 '-음'과 계사가 이어진 구문(명사형어미 구문으로 부름)
   "느 이제 감이가?"(너 지금 감이냐?),
   "나 이제 옴이어!"(나 지금 옴이다)
에서 관찰되는 '음'과 구분되어야 한다. 여기서 찾아지는 계사는 주제화 구문을 만들어 놓는 것인데, 계사의 실현에 제약이 관찰되며, 아직 해결치 못한 '이'와 관련될 소지가 있다. 그리고 의문 서법의 종결어미로서 '-엄디아? : -언디아?'(먹엄디아? : 먹언디아?)의 대립에서 관찰되는 '엄'(반말투 종결어미를 매개로 하여 '어+음디아'가 융합된 구조임)과도 구분되어야 한다. 이 형태소들에 대해서는 뒤에서 다시 언급할 것이다.

[-암신/-아신 생이어], [-암실노라/-아실노라], [-암실로다/-아실로다], [-암
신게/-아신게], [-암신걸/-아신걸], [-암실로고나/-아실로고나], [-암실테쥐/
-아실테쥐], [-암실컬/-아실컬], [-암시컬/-아시컬], [-암실커라/-아실커라],
[-암시커라/-아시커라]

② 접속을 맡는 연결 어미 '-은디(-은데), -거든,77) -으민(-으면), -곡(-
고), -으난(-으니까)' 등에서도 [암시]와 [아시]가 관찰된다. 이들 연결 어
미는 화용적 맥락이 갖춰지면 종결 어미로 바뀌어 쓰일 수도 있다.78)

[-암신디/-아신디], [-암시거든/-아시거든], [-암시민/-아시민], [-암시곡/-아
시곡], [-암시난/-아시난]

③ 고유하게 서술 서법으로만 쓰이는 종결 어미들 가운데 '-저, -이,
-네/-니에, -으메'에서 각각 [암시]와 [아시]가 관찰된다. '-저'는79) 의도
의 뜻이 깃든 종결 어미로 시상 형태소와 결합하면 '-하고 있겠다/-해
있겠다'는 뜻을 나타낸다. '-네/-니에'와 '-으메'는 어미들이 융합된 형
식일 개연성이 있다.80) 이 종결 어미들이 모두 인용 형식과 융합되어

---

77) 다만 '-거든'에는 특이하게 두 형태들이 모두 결합할 수 있다. [-암시거든/-아시거든]도
   관찰되고, 또한 [-았거든(암꺼든)/-앗거든(안꺼든)]도 관찰된다. 필자의 직관에는 '-앖-'
   꼴에 붙은 경우에는 여전히 조건을 나타내는 연결어미로 느껴진다. 그러나 '-암시-' 꼴에
   붙은 경우 마치 종결어미처럼 느껴진다(연결어미가 특정 맥락에서 종결어미로 바뀌는
   경우임). 이들이 수의적인지, 아니면 의미 차이가 있는지 여부에 대하여 앞으로 더 깊은
   논의가 필요하다.
78) 나열된 차례로 서술하면, '-은디'(-은지)는 '-은디 모르겠다'의 의미로 쓰여 "가이 뭣사
   흐엾인디…?"(걔 뭘 하고 있는지…?)처럼 의문 서법을 지닐 수 있다. '-거든'(-거든)은 공
   통어에서처럼 서술 서법으로 쓰일 수 있다. '-으민'(-으면)은 '-으민 좋으켜!(-으면 좋겠
   다), -으민 싫으다!(-으면 싫다), -으민 흐다!(-으면 한다)'처럼 기원을 나타내는 감탄 서법
   으로 쓰일 수 있다. '-으곡'(-고)은 공통어에서처럼 "뭐라고?", "다 왔다고!", "좋다고"와
   같이 억양을 달리하여 의문 서법이나 감탄 서법이나 종결 서법으로 쓰일 수 있다. '-으
   난'(-으니까)은 이미 일어난 일에 대한 이유나 근거를 설명해 주는 맥락이 갖춰질 경우에
   뒤따르는 후행절이 생략되어 종결 어미처럼 쓰일 수 있다.
79) 내포문 구성으로 '-저 흐다/-저 말저 흐다'(-려고 하다, -려 말려 하다) 또는 '-고젼/-구쟝
   흐다'(-고자 하다)에서 관찰되는 '저'에서도 이 종결어미에서와 같이 의도(또는 장차 일
   어날 일)의 의미가 깃들어 있다.

'-젠'(저+인 또는 저+이어+은), -인(이+은), '-녠'(녜+인 또는 녜+이어+은), '-멘'(메+인 또는 메+이어+은)으로 나올 수도 있다.

[-암시저/-아시저], [-암시/-아시], [-암시녜/-아시녜], [-암시메/-아시메]
[-암시젠/-아시젠], [-암신/-아신], [-암시녠/-아시녠], [-암시멘/-아시멘]

④ 의문 서법에서도 '-암시아?/-아시아?'(암시/아시+아?)나 '-암시카?/-아시카?'(암시/아시+으크+아?)처럼 [암시]와 [아시]가 관찰된다. 앞의 형식은 [암샤?/아샤?]나 [암사?/아사?]로 소리 나고, 뒤의 형식은 [암시카?]와 [아시카?]로 소리 난다. '-으크-'(-겠-)의 형태소를 제외하면 이들은 동일한 구조를 지닌 듯하다. 다시 말하여 맨 뒤에 나온 의문 종결 어미 '-아?'는 동일한 형태소로 판단된다.

이상에서 평대(비-대우) 표현의 발화에서 '-암시-'와 '-아시-'가 관찰 가능한 것으로 서술해 놓은 환경은 모두 네 가지이다.

① 관형형 어미 '-은, -을'에 융합된 형식(암실노라, 암신게, 암시컬 등)
② 연결 어미 '-은디, -거든, -으민, -곡, -으난'
③ 서술 종결 어미 '-저, -이, -녜/-니에, -으메'
④ 의문 종결 어미 '-아?'

---

80) 각각 다음처럼 형태소를 분석할 수 있을 것으로 본다.
'앖(시상 형태)+이(계사 어간)+은(인용 어미)+이(형식명사)+이어(계사 활용)+이(화용첨사)'
'앖인이어이'는 재음절화 과정을 거쳐 '앖인여이 → 앖이녀이 → 앖이녜'와 같이 표면형으로 나오며,
'-음(명사형 어미)+이어(계사 활용)+이(화용첨사)'
'음이어이'는 재음절화 과정을 거쳐 '음여이 → 으며이 → 으메 → 으메'처럼 표면형으로 나올 듯하다. 이들 형식에서 맨 뒤에는 화용첨사로서 '이'라고 추정해 둔 것은 '-을테쥐'에서 관찰되는 하향 반모음 [j](또는 [y])를 염두에 두면서 상정해 놓은 것이다. '-녜'의 의문 서법 형태소 짝은 '-니아?/-냐?'이므로, 이를 고려하여 '-니에'로도 표기할 수 있다. 이런 복잡한 융합 형식이 일반적인 융합 허용 형식이 되는지 여부에 대해서는 아직 전혀 논의된 적이 없다. 따라서 필자가 지닌 하나의 작업 가정에 따라, 엄격한 논증을 거치지 않은 채 주먹구구식으로 설정해 본 것에 불과함을 밝혀 둔다.

아직 이들 환경을 묶어 주는 상위 범주를 찾아내기가 쉽지 않다. 일단 '-앖-'과 '-앗-'의 실현 모습을 보인 뒤에 '이'를 어떻게 처리하는 것이 가능성이 높은지를 타진하고자 하겠는데, 여기서는 일단 계사를 지닌 명사형 어미 구문(-음이다) 및 그리고 반말투 종결 어미 '-어'와 '-음/-은'이 융합된 형태에서 찾아질 수 있는 특정한 주제화 구문의 가능성을 추구할 것이다.[81]

앞의 네 가지 환경을 제외하고서는 다수의 종결 어미들에는 '-앖-'과 '-앗-'이 쓰인다. 동사 '가다'와 '먹다'의 어간을 대표로 내세워, 이런 사례들을 종결 어미들과 결합시켜 보이면 다음과 같다. 먼저 독자적인 서술 서법에만 나오는 종결 어미들과의 결합 모습이다.

"값다/갓다, 먹없다/먹엇다, 값저/갓저, 먹없저/먹엇저, 값다문/갓다문, 먹없다문/먹엇다문, 값네/갓네, 먹없네/먹엇네, 값데/갓데, 먹없데/먹엇데, 값고나/갓고나, 먹없고나/먹엇고나"

---

81) 후술될 내용이지만, 만일 청자나 화자가 현재 직접 경험하거나 추체험할 수 있는 현장 상황이 참값으로 전제되고, 이런 상황이 공범주 주제 요소 e(참값을 지닌 현재 상황)로 표시된다면, 이 상황에 대한 서술 내지 지정을 위하여 유표적으로 계사 구문이 주어질 수 있다고 가정하는 것이다. 평범한 계사 구문은 두 개의 명사구를 계사 '이다'가 결합시켜 놓는다. 그렇지만 특정한 이 주제화 구문에서는 하나의 명사구는 주어진 상황을 공범주 요소 e가 가리키는 것이므로, 이런 제약으로 말미암아 여느 계사 구문에서 관찰되는 ① 계사 어간의 생략 현상도 저지되고, ② 계사 속에 녹아 있다고 가정되는 'ㄹ' 소리의 발현도 저지된다고 덧붙일 수 있다. 이런 환경에서 상정되는 '이'는 다시 자연부류로 묶을 수 있는 세 가지 후보가 있다.

   ㉠ '-으키어'(으크+이+어, -겠다)

   ㉡ '-엄디아'(어+음+ᄃ+이+아) : '-언디아'(어+은+ᄃ+이+아)

   ㉢ '-음이어'(음+이+어)

㉠에는 양태 형태소 '-으크-'(-겠-)이 있고, 또한 같은 계열의 '-느-' 및 '-더-'와 융합된 종결 어미도 있는데(뒤의 각주 84, 85, 86을 보기 바람), 현재 논의 중인 '이'가 들어 있다(곧, 주제화 구문을 이끄는 '계사 어간'이라고 주장할 것임). ㉡에는 반말투 종결 어미 '-어'에 관형형 어미들이 결합된 뒤에 형식명사 구문이 이어져 있는데, 형식명사 구문에 계사가 융합되어 있다. ㉢은 명사형 어미가 있고 여기에 계사가 결합된 모습이다. 이런 분포에서 찾아지는 '이'가 모두 동일하다는 논증이 뒷받침되어야 하는데, 필자는 주제화 구문의 모습을 상정할 것이다. 이를 초점화로도 말할 수 있겠지만, 초점은 한 문장에 여러 개가 설정될 수 있으므로, 엄격히 따지면 오직 하나의 명사 상당어가 나올 뿐이므로, 초점화로 부르기가 온당치 않다.

뒤에 이어지는 종결 어미는 받침의 시옷 때문에 모두 된소리로 발음된다. 다만, 종결 어미가 유성 자음인 ㄴ으로 시작할 때('-나, -네, -노라, -냐' 따위)에는 선어말어미 '-앖-'에서 시옷이 발음되지 않는다. 이 이외에 환경에서는 모두 시옷이 발음에 영향을 끼친다. 종전에는 시옷이 없이 '-암-'으로만 써 왔는데,[82] 그렇게 되면 자칫 뒤에 이어진 자음이 유성음으로 발음되는 것으로 착각할 수 있다. 이는 사실과 다르다. 언제나 된소리(경음)로 나오기 때문이다. 따라서 '-앖-'을 써서 일관되게 된소리가 나오도록 표기해 주어야 한다. 여러 서법에 두루 쓰이는 반말투의 종결 어미들과의 결합 모습을 보이면 다음과 같다.

"갚어/갓어, 먹없어/먹엇어, 갚줘/갓줘, 먹없줘/먹엇줘, 갚주/갓주, 먹없주/먹엇주, 갚언게/갓언게, 먹없언게/먹엇언게, 갚어고나/갓어고나, 먹없어고나/먹엇어고나, 갚어네/갓어네, 먹없어네/먹엇어네, 갚어라/갓어라, 먹없어라/먹엇어라"

만일 모음으로 시작되는 종결 어미가 이어지면 겹받침으로 있던 시옷이 재음절화되어 종결 어미의 초성으로 발음된다. 앞의 예에서 모음으로 시작되어 재음절화되는 예를 차례대로 쓰면 다음과 같다.

[갑서], [가서], [머검서], [머거서], [갑선게], [가선게], [머검선게], [머거선게], [갑서고나], [가서고나], [머검서고나], [머거서고나], [갑서네], [가서네], [머검서네], [머거서네], [갑서라], [가서라], [머검서라], [머거서라]

지금까지 이 방언의 표면형에서 시상 형태소가 미완료 지속 또는 불

---

82) 이는 반말투 종결어미 '-아'와 명사형 어미 '-음'이 융합된 것이라고 뒤에서 논의할 것이다. 따라서 '-암-'이라는 형태소가 있는 것처럼 봤던 것은 분석을 잘못한 데에서 기인할 뿐이다. 시상 형태소는 '-앖-'과 이와 대립하는 '-앗-'이 있을 뿐이다. 각주 89)와 관련된 본문의 논의를 보기 바란다.

완전상을 표시하기 위하여 각각 '-암시-'와 '-앖-'이 관찰되고, 완료 지속 또는 완료상의 경우에 '-아시-'와 '-앗-'이 관찰됨을 확인하였다. 필자가 이 방언의 표기법을 해설하면서[83] 잠정적으로 서술하였던 변이형태 방식은 고식지계일 뿐이며, 궁극적이며 올바른 서술 방식은 아니다. 왜냐하면 구조주의 언어학에서 내세운 변이형태의 범주 중에서, 이들이 음운론적으로 조건 지워진 변이형태도 아니고, 그렇다고 형태론적으로 조건 지워진 변이형태도 아니기 때문이다. 일반적으로 수용되는 변이형태의 조건에 끼워 맞출 수 없는 것이다.

그렇다면 어느 하나를 기본형으로 놓고서 다른 것을 도출해 내는 방식을 추구할 도리밖에 없다. 두 가지 가능성 중에서 오직 하나의 형태소만을 위해 내세워야 하는 '이' 탈락 규칙은 규칙으로서 자격이 없다고 본다. 그렇다면 추구해야 할 길은 '-앖-'과 '-앗-'에서 '이'가 뒤이어져야 할 까닭을 찾아보는 것밖에 없는 셈이다. §.4.3에서 제시될 〈도표 2〉를 중심으로 평대(비-대우) 관계의 서술 종결 어미들의 목록 속에서 '이'라는 소리를 찾아보면, 두 가지 후보를 찾을 수 있다. 계사 '이다'와 관련된 형식과 독자적인 종결 어미 중에 기타에 올려놓은 '-이'(또는 반모음)이다. 먼저, 후자의 가능성부터 검토하여, 여기서 문제 삼는 '이'와 관련 없음을 드러낸 뒤에 제거하기로 한다.

"가이 느신듸 뭐랜 골앖에."([ㄱ람세]로 발음됨: 걔 지금 네게 뭐라고 말하고 있어)
"그 사름도 흑교 오랏데."([오랃떼]로 발음됨: 그 사람도 학교에 왔더라)
"가이네덜 지금 오랎네."(그 아이네들 지금 오고 있네)

위 발화에서 '마씀'을 덧붙여 말할 수 없으므로(*골앖에마씀, *오랏데마

83) 제주학발전연구원(2014), 『제주어 표기법 해설』의 제16항 바뀐 꼴 '어간과 어미'에 대한 해설을 보기 바람.

씀), 이들이 고유한 종결 서법의 형태소이거나, 아니면 '마씀'이 부착을 저지하는 화용 첨사임을 짐작할 수 있다. 이들이 동일한 계열에 속하는 지는 또 다른 논의거리이다. 왜냐하면 반모음 '이'를 제거한 뒤에도 여전히 일반 발화로 성립될 수 있는지 여부에서 차이가 나기 때문이다. '뭐랜 골앎에'(뭐라고 말하고 있어)는 '뭐랜 골앎어'(뭐라고 말하고 있어)라는 반말투 어미 '-어' 형식이 자주 쓰이므로, 형태소 결합을 '골+앎+어+이'처럼 분석할 수 있다. 반면에 회상 형태소 '-더-'나 현재 사건 관찰 양태 형태소 '-ᄂ-'(또는 '-느-')의 경우는 그렇지 않다. 반모음 '이'가 삭제된 뒤 '*오랏더'나 '*오랎ᄂ'(*오랎느)가 결코 관찰되지 않기 때문이다. 이 점이 회상 형태소나 현재 사건 관찰 양태 형태소 뒤에서는[84] 서술 종결을 떠맡는 형태로서 '-이'라는 종결 어미를 상정하도록 만든다.

그런데 '골앎어'에 융합되어 있는 '이'의 정체는 무엇일까? 두 가지 가능성이 있다. ① 하나는 고유한 서법의 독자적 종결 어미로서의 계사

---

84) 필자는 회상 형태소 '-더-'는 해당 사건을 청자가 추체험하지 못하도록 막아 버리는 양태이지만, '-느-'는 해당 사건을 청자가 직접 추체험할 수 있음을 드러내는 양태라고 가정하고 있다. 또한 이들에는 경험태(추체험 확인 가능성)라는 범주가 부여될 수 있다. 그런데 같은 계열의 형태소 '-으크-'(-겠-)는 앞의 두 형태소와는 달리 '이어'가 실현되어 있다. '느/더+이'와 '으크+이어'가 모두 계열체로서 존재하고 있음에 눈길이 간다. 구조주의 문법에서는 '이'와 '이어'가 형태론적으로 조건 지워진 이형태라고 말하게 된다.

그렇지만 애초에 두 계열에서 '이'가 다른 것이 아니라면, 다시 말하여 '으크+이어'에서 찾아지는 '이'가 형식명사가 아니고, 계사 후보일 가능성이 높다면, 공통된 표상에서 이들이 서로 달라졌을 가능성을 추구해 나갈 수 있다. 곧, '느/더'도 애초에 또한 '이어'가 융합되어 있었는데(느/더+ᆞ이어), 우연히 단절 현상이 일어나 '이'로만 되었을 개연성(느/더+이)을 추구해 볼 수 있다. 여기서도 가장 큰 문제는 '느/더/으크'가 명사 상당어가 되는지 여부이다. 이는 '앖/앗'에서도 똑같이 답변해 주어야 할 어려운 문제점이었다.

이런 추정과는 달리 '으크+이어'에서 '이'가 형식명사일 가능성이 있다면, '으크'는 관형형 어미 '-은, -을'과 같은 계열을 이룬다고 봐야 한다. '으크'가 관형형 어미의 범주를 지닌다면, 다시 문제가 생긴다. '을 것/을 이'(미래 예정된 사건 또는 확실성 있는 미래 사건)이 이미 있는데, 왜 굳이 '으크'라는 형태소가 존재해야 하는지에 대답을 해야 하는 것이다.

어느 작업 가정이든지 난점들이 들어 있는데, 양태를 표현하는 방식이 적어도 두 갈래로 나뉜다고 봐야 할 것 같다. 하나는 관형형 어미를 매개로 한 융합구조에 의한 것이다. 다른 하나는 고유한 양태 어미에 다른 형태가 눌러붙은 융합구조이다. 필자는 두 계열의 존재 이유를 다음처럼 추정하고 싶다. 오직 후자만이 청자가 추체험하여 해당 사건을 따질 수 있는지 여부를 열어 놓는다고 보는 것이다.

활용 '이어'에서 우연히 단절(truncation)이 일어나 계사 어간 '이'만이 종결 어미처럼 바뀐 경우이다. ② 이와는 달리 화용 첨사와 관련될 가능성도 있다. 이들 발화에 첨사를 덧붙일 경우에는 오직 현재 사건과 관련된 발화들에만 '게'(그렇잖니?)가 가능할 듯하다.

"글앖에-게!"(말하고 있어-그렇잖니!)
"*오랎데-게"
"오랎네-게!"(오고 있네-그렇잖니!)

와 같다. 이 첨사는 청자에게 발화 내용을 받아들이도록 재촉하는 '수용 촉구' 첨사(두 번째 층위의 첨사)로 이해된다. 만일 이런 직관이 사실이라면, 바로 앞에 상정한 첨사는 첫 번째 층위의 첨사인 '주의력 촉구' 첨사이어야 한다. 이 때 주의를 환기해 주는 구문 또한 주제화 내지 초점화 구문에서 유래될 수 있고, 이 구문은 다시 계사 구문으로부터 나올 개연성이 있다. 그렇다면 두 가능성이 모두 이런 점에서 서로 다른 출발점에 있지만 돌고 돌아 결국 비슷한 도달점에 이르게 될 듯하다. ①과 ②가 서로 같은 도달점에 이르는 일은 서로 형식명사 '이'일 가능성을 배제해 놓으며, 형식명사와 같이 수반되는 관형사형 어미 '-은, -을'이 드러내는 양태 표상과는 다른 방식으로 융합되어 있음을 깨닫게 한다.

그렇지만 이런 계사구문을 이끌어 주는 후보로서의 '이'는, 시상 형태소 '-앖-'과 '-앗-'에 수반되는 '이'와 성격이 같을 것인가? 만일 같은 기능을 지녔다고 한다면, '-앖-'과 '-앗-'에 '이'가 붙은 [암시]와 [아시]가 다른 형태의 도움이 없이도 종결되어야 할 것이기 때문이다. 그렇지만 이들은 반드시 다른 형태소가 덧붙어 종결된다. 마치 '-겠-'에 대응하는 이 방언의 형태소 '-으크-'가 반말투 어미로 나올 경우에 '으크+이어'로 결합되어 '-으키어' 실현되는 것과 비슷하다.85) 따라서 종결 어미 범주의 '-이' 형식과는 같은 계열이 아니며, 이제 이런 가능성을 배제할 수 있다.

그렇다면 이제 '계사' 구문의 가능성이 남아 있다. 이 가능성은 이미 고영진 교수에 의해서 타진된 적이 있음을 언급하였다.[86] 계사 구문은 ① 조금 뒤에 다뤄질 명사형 어미 '-음'과도 결합되어 '-음이다'로 쓰이기도 한다('동명사'로 다뤄진 적이 있음). ② 또한 공통어 '-겠-'에 대응하는 이 방언의 형태소 '-으크-'가 반말투 종결 어미로 실현될 경우에도 '-으키어'(으크+이어)처럼 나오고, ③ 관형형 어미를 매개로 한 '-은게'(은+것+이다)의 융합형 종결 어미에서도 계사가 결합하여 '-인게'(이+은게)로 실현된다.[87] 따라서 계사 구문으로의 가능성은 더욱 기반이 넓어진다. 그렇지만 계사 구문으로서의 단정을 가로막고 있는 장애물도 함께 찾아질 수 있다. ㉠ 먼저 계사 구문이 명사구 또는 명사 상당어를 요구하므로, 시상 형태소 '-앖-'과 '-앗-'이 명사 상당어에 해당하느냐 하면, 답변이 궁색해질 수밖에 없다. 명사가 아니라 시상 형태소 어미에 불과하기 때문이다. ㉡ 계사 구문은 전형적으로 두 개의 명사구 또는 명사 상당어를 묶어 준다. 그렇지만 시상 형태소 뒤에 계사 구문을 상

---

85) 김지홍(1992: 80쪽)에서는 양태 범주의 형태소 '-으크-'와 '-느-'(-ㄴ-)와 '-더-'가 모두 '-이어'와 이어져서, '으켜, 네, 데'로 실현되며, 이들이 하나의 자연부류가 되는 것으로 보았다.

86) 이남덕(1982: 40쪽)에서도 계사로 파악된 적이 있고, 정승철(1997: 75, 78쪽)에서도 그러하다. 김지홍(1992: 79쪽)에서는 서술문에서 '먹으키어'(으크+이어)가 의문문에서 '먹으카?'(으크+아?)로 대응되는데, 오직 한쪽의 서법에서만 '이'가 관찰되므로, 계사 구문으로의 가능성을 의심했었다. 만일 '먹언디아?'(먹+어+은디아?, 먹었니?)와 같이 의문문에 계사 후보가 들어 있다면, '*먹으키아?'(으크+아?)로 나왔을 듯하지만, 이는 이 방언에서 찾을 수 없는 형태소 결합이다.

그렇지만 지금 현재의 생각은 §.4.3에 있는 〈도표 2〉과 〈도표 3〉의 어미 목록들을 중심으로 가능한 어미의 결합 후보들을 검토하면서, 종결어미 '-이'와 계사 어간만이 있을 뿐임을 깨달았다. 만일 종결어미 '-이'가 계사 활용의 단절(truncation) 형식일 가능성이 있다면, 미지의 '이' 정체를 계사로 상정하고서 이 형태소가 왜 제약이 심한지에 대한 이유를 찾아보는 길이 한 가지 해결책이다.

87) "그거 가이 책인게!"(그거 그 애 책이로구나!)에서 명사와 계사가 이어진 형식을 확인할 수 있다. 만일 명사가 '편지'처럼 모음으로 끝나면 계사 어간이 생략되어 '편진게!'라고 말해진다. 구조 기술도 명사구이고, 계사의 어간 생략 현상도 관찰되므로 계사 구문임에는 틀림없다. 이를 거꾸로 말하여, 계사와 '-은게'가 융합된 형식의 종결 어미 '-인게'는 명사 상당 어구와 결합한다고 서술할 수 있을 것이다. 다만 '-앖-'과 '-앗-'에 결합될 경우에도 그러한지는 더 논증이 필요하다.

정하려면 두 개의 명사구가 아니라, 오직 하나의 명사 상당어만이 필수적이라고 지정해 주어야 한다. 이런 유표성에 대하여 적절히 변호되어야 한다. ⓒ 마지막으로 우리말에서 전형적인 계사 구문은 어간 생략 현상과 'ㄹ' 발현 현상이 관찰되는데, 이런 현상들이 이 방언의 시상 형태소가 기대는 구문에서는 관찰되지 않으며, 이는 계사 구문에서 이례적인 경우이다.

우선 계사 구문이라고 보지 못하게 가로막는 장애들을 제거해 나가기로 한다. 먼저 ⓛ의 장애를 없애고, 오직 하나의 명사 상당어만을 요구하는 동기를 마련하기로 한다. 그런 다음에 이런 유표성이 자연적으로 ⓒ의 현상도 적용받지 않도록 만든다고 논의할 것이다. 마지막 남은 ⓒ은 현재 필자의 능력으로서는 시상 형태소가 명사 상당어가 되어야 할 동기를 마련해 놓지 못하므로, 공시태 범위에만 국한할 경우 현재의 필자 능력으로서는 제거할 수 없을 것임을 미리 적어 둔다.

곧 뒤에서 다시 '-음이다'라는 명사형 어미 구문에서도 같이 언급되겠지만, 이 방언에서 관찰되는 특이한 주제화 구문이[88] 있다. 이는 청자 화자 사이에 어떤 상황이 문제가 되고 있다는 믿음이 공유되고, 오직 그 상황에 대한 내용에다 초점이 모아져 있는 특이한 조건이다. 다시 말하여 이런 명사화 구문의 형식을 빌려 서술되는 주제화 구문에 주목하기로 한다. 이런 구문에서는 현재 주어진 발화 상황이 청자와 화자에게 공유되고 있으므로, 오직 하나의 명사구나 명사 상당어로서의 문장만을 발화의 내용으로 채워 놓도록 요구하게 된다. 참여자들에게 서로 궁금히 여기는 현안이 명사화 구문을 빌려 표현되는 것이다.

오직 하나의 명사구 또는 명사 상당어만을 요구하는 이런 주제화

---

88) 하나의 주제가 부각되면 그 주제를 언급하는 동일한 발화 속에 초점이 하나뿐만 아니라 둘 이상도 나올 수 있다. 따라서 주제화 구문이라고 부르면 오직 하나의 명사 상당어만을 도입하게 되지만, 초점화 구문이라고 말한다면 둘 이상의 명사 상당어도 도입될 소지가 있으므로, 엄격히 말할 적에 초점화라고 말해서는 안 된다. 오직 느슨하게 주제화를 초점화로 부르는 경우도 있기 때문에, 그런 점을 고려하면 괄호 속에 초점화를 덧붙여 놓을 수 있다.

동기에 따라, 자연스럽게 ⓒ과 관련된 제약을 상정할 수 있다. 즉, 계사의 어근 '이'에 제약이 가해졌던 '어근 생략' 현상도 일어나지 않고, 어간에 녹아 있던 'ㄹ 발현' 현상도 일어나지 않는다고 가정하는 것이다. '주제화'의 전제에는, 청자가 함께 상황을 공유하여 쉽게 추체험할 수 있는(추체험 확인 가능) 상황이 주어졌다는 속뜻이 깔린다. 이 상황은 이 방언에서 유표적으로 하나의 시상 형태소 '-앖-'이나 '-앗-'을 지닌 문장으로 나오거나, 또는 명사화 어미 '-음'이 계사와 융합된 구문이 나오는 것이다.

이제 이 방언에서 명사형 어미 '-음'과 계사를 이용하여 서술되는 구문을 살펴보기로 한다.89) 또한 이런 계사 구문과 관련해서도 특이하게 '-엄-'이 관찰되는 경우가 있다. 먼저 명사형 어미 '-음'과 계사가 이어진 사례를 보기로 한다.

"느 어디 갊이가?"(너 어디 가는 건가?, 어디 가는 거냐?)90)

"나 이제사 옮이어."(나 지금에야 오는 거야.)91)

---

89) 이 방언에서 찾아지는 이런 구문을 놓은 선업으로서 알타이 어에서 찾아지는 '동명사'와 관련하여 다룬 한영균(1984)이 있다. 또한 강정희(2008)에서는 이 방언에서 찾아지는 '음 → 기'와 '음 → 은'의 변화와 이런 명사화 구문이 시상을 표시하는 문법화 과정을 논의하였다.

90) 이 '예-아니오' 질문에 대하여('갊이가?' 㗊에 올림세 억양이 없힘) "오, 어디 갊이어."(응, 어디 가는 거야)라고 대답할 수도 있다. 이와는 달리, 의문사(wh)-낱말 '어디'에 대하여 강세가 주어지고 '갊이가?' 㗊에 내림세 억양이 없히면, 의문사(wh)-질문으로 바뀌게 되어 의문사-낱말에 대한 정보를 주면서, "학교 갊이어."(학교 가는 거야)라고 대답할 수 있다.

91) 이 서술문에는 "느 어느제 오랏어?"(너 언제 왔어?)에 대한 질문에 대한 답변으로 나올 수 있다. 또한 계사 '이어'는 '이다'로도 실현될 수 있다. "나 이제사 옮이다."(나 지금에야 오는 거다). 여기서 '이어' 형식은 독자적인 종결 어미의 실현으로 간주된다. 오직 서술 서법에만 쓰이고, 다른 서법(의문, 감탄 따위)에는 쓰일 수 없기 때문이다. §.4-3의 〈도표 2〉에서 고유한 서법의 종결 어미를 보면, '-다'가 있고, 계사에 '이어'가 있다. 만일 계사 표현을 '옮이다'라고 말하면 일부에서는 서울말에 영향을 입은 것으로 여기기도 한다. 이 점을 필자는 이 방언의 표기법 해설에 관한 모임에서 확인할 수 있었는데, '옮이다'라는 발화는 제주 방언답지 않은 표현으로 판정될 수 있다. 송상조 선생과 오창명 선생이 이런 사실을 깨우쳐 주었음을 적어 둔다. 이런 지적을 뒷받침하는 사례가 있다. 이 방언에서는 형용사 구문에서 관찰되는 종결 어미 '-다'가 양태 의미를 지니는데, 계사 구문에서는 '-은다'가 결합되어 '인다'로 발화되는 것이 통례이다(각주 101과 관련된 본문에서

이런 구문은 특이하게 주어가 없는 구문 또는 무주어 구문으로 다뤄져 왔다.[92] 공통어에서 거론되던 사례들은 다음과 같다.

"불이야!, 도둑이다!, 참 좋은 날씨네!"

이때 상황이라는 막연한 주어 또는 공범주(empty category) 형태의 주어 'e'도 설정되기도 하는데, 다음처럼 표시해 놓을 수 있다.

e 불이야!, e 도둑이다!, e 참 좋은 날씨네!

이들이 모두 계사 '이다'를 구현한다. 그런데 무주어 문장에서는 오직 하나의 명사구 또는 명사 상당어가 선행된다. 이 방언에서도 동일한 구문이 확인된다. 그런데 이 방언에서는 명사형 어미 '-음'이 선행되는 구문도 쓰이며, 앞에 제시한 사례가 바로 그런 경우이다. 앞의 예는 이 방언의 고유한 서법에 쓰이는 종결 어미들지만, 이들이 모두 반말투 종결 어미로도 교체될 수 있다. 계사의 반말투 종결 어미는 '이라'로 실현되며, 이 경우에 억양만을 달리하여 두루 여러 서법(의문 서술 감탄 명령 등)에 쓰일 수 있다.

"느 어디 <u>감이라</u>?"(너 어디 가는 거야?)
"나 이제사 <u>옴이라!</u>"(나 지금에야 오는 거야.)

자세히 논의됨). 따라서 '-은다'를 붙여 활용하면 '*<u>옴인다</u>'로 실현되어야 하겠는데, 이 방언에서는 결코 관찰되지 않는 결합이다.

반면에, 계사가 반말투의 종결 어미를 가질 수도 있으며, 이 경우에는 '이라'로 실현된다. '이라'는 서로 다른 억양이 걸리면서 여러 가지 다른 서법에 두루 다 통용될 수 있다. 〈도표 2〉를 보면, 계사는 고유한 종결 어미로 쓰일 때 '이어'로 실현되고, 여러 서법에 두루 쓰이는 반말투로 쓰이면 '이라'로 실현된다.

92) 이숭욱(1975; 1997 재수록: 91쪽 이하)에서 무주어 구문의 논의를 보기 바란다. 상황 공범 주의 설정은 특히 임홍빈(1985)에서 처음 주장되었다. 비록 임홍빈 교수는 문체론적 공범 주와 통사론적 공범주를 구분하였지만, 공범주를 해석하는 원리는 동일하게 작동한다.

특이하게 명사형 어미와 계사로 구성된 이 구문은, 관찰 중이거나 일어나고 있는 현재 사건에 대해서만 쓰이는 경향이 있다.93) 공통어에서 명사형 어미가 시제 형태소를 허용하여 '었+음'('먹었음, 떠났음' 따위)으로 나오는 현상과는 달리, 이 방언에서는 '*앗+음'의 결합이 관찰되지 않으며, 공통어와 이 방언 사이에 아주 차별되는 특성이다. 물론 앞에 쓰인 명사형 어미 구문(명사형 '-음'+계사)이 모두 수의적으로 '-앖-'으로 교체되어 쓰일 수 있다.

고유한 의문 서법어미: "(느) 어디 값나?"94)['감나'로 소리 남]
고유한 서술 서법어미: "나 이제사 왎다/오랎다."['왐따/오람따'로 소리 남]
두루 서법(반말투) 어미: "(느) 어디 값어?"['감서'로 소리 남]
두루 서법(반말투) 어미: "나 이제사 왎어/오랎어."['왐서/오람서'로 소리 남]

그렇다면 두 가지 구문, 즉 '-음'과 계사로 이뤄진 명사형 어미 구문 및 일반적인 시상 형태소 '-앖-'을 지닌 구문 사이에는 어떤 의미 차이가 있는 것일까?

아직 이런 질문이 진지하게 제기되지 않았고, 따라서 해답이 모색된 바도 없다. 그렇지만 '-앖-'과 '-음'이 실현되는 환경 또는 분포가 분명히 서로 차이가 있다.95) 만일 필자의 개인적 직관에만 의지하여 서술한

---

93) 한영균(1984: 232쪽)에서는 형용사에도 이 구문이 관찰된다고 하면서 다음 예를 제시하였다. "방이 무사 이추룩 어둑음고?"(방이 왜 이렇게 어둡니?), "전기 나가 부난 어둑음이어."(전기가 나가 버려서 어둡다).

94) 앞에서 서술 서법의 종결 어미 '-나'를 다루면서 이 의문 종결 어미 '-나?'('느+이아?'로 분석됨)를 각주 72)에서 이미 언급한 바 있다. '값느아?, 값나?, 값나?, 값니?'는 모두 본딧꼴과 준꼴의 관계에 있다. 이는 또한 동일한 시상 형태소를 지닌 의문 종결 어미 '값이아?, 값아?, 값아?, 값이?'[각각 '감시아?, 감샤?, 감사?, 감시?'로 소리가 남]와도 동일한 자연부류의 준꼴을 수의적으로 갖고, '값디아?, 값댜?, 값다?, 값디?'와도 그러하다. 단, 후자에서는 받침 'ㅅ'이 이어지는 소리를 바꾸지 않고, 오히려 '값니아?'에서와 같이 'ㅅ' 탈락이 일어나는데, 그 까닭은 서술 종결 어미 '값다!'[감따!]가 된소리를 만들어 주는 일과 구별하려는 동기가 들어 있는 듯하다.

95) 각각 '-앖-'은 발화시 현재에서 관찰되는 사건들에 두루 나올 수 있다. 그렇지만 명사형 어미 '-음'과 계사로 이뤄진 구문(명사형 어미 구문)은 마치 영어의 강조 구문 'it ~ that

다면, 특정 상황이 청자와 화자에게 문제로 상정되어 주제화되고 있는지 여부가 핵심이 될 듯하다. 이런 '특정 조건'이 차이를 낳지만, 이런 주제화 여부를 제외한다면, 수의적으로 교체될 듯하다. 다시 말하여, 유표적인 '-음이다'의 명사형 어미 구문은 언제나 시상 형태소 '-앖-'을 지닌 기본구문으로 바뀔 수 있다. 그렇지만 거꾸로, 모든 '-앖-'이 나오는 구문이 명사형 어미 구문으로 바뀌는 것은 아니다. '-앖-'이 실현된 구문의 일부('이'와 관련하여 주제화 구성이 가능한 의문 서법의 경우)에서만 '-음이다'의 명사형 어미 구문으로 교체될 수 있을 것으로 본다. 그렇지만 이런 필자의 직관이 얼마나 설득력이 있는지를 놓고서 앞으로 더 많은 논의가 필요하다.

이 명사형 어미 구문 이외에도 또한 '-엄'이 나오는 환경이 더 있다. 다음 예들과 같이 청자를 마주하여 청자에게 묻는 의문 서법으로만 쓰이고, '-엄' 뒤에는 반드시 '디'(형식 명사와 관련이 있을 것으로 추정됨)가 나오게 된다.

의문 서법의 '예-아니오' 질문: "(느) 밥 먹엄디아?"[96] (너 밥 먹고 있니?)

~'(밑줄 부분에 강조된 요소가 실현됨)처럼 기본적으로 청자와 화자에게 주어진 상황이 공유되어 있고, 그 상황의 내용을 자세히 밝히거나 지정해 주도록 요구하는 특성을 지닌다. 즉 유표적인 실현 환경을 지니는 것으로 판단된다. 가령, "e 불이야!, e 도둑이야!"라는 발화에서 공범주로 표시되는 상황 주어가, 이 발화를 듣는 청자에게도 공유되고 같이 체험할 수 있는 공통의 상황인 것이다.
  이런 점에서 필자는 이 방언의 명사형 어미 구문을 알타이 조어의 '동명사 구문'과 형태적 유사성을 가지고 비교하는 일에 유보적이며, 신중히 접근해야 할 것으로 본다. 왜냐하면 이 방언에서 명사형 어미 구문이 오직 유표적 환경(청자 화자 사이에 문제가 되고 있는 사건이 참값을 지닌 것으로 성립되고 이어 이것이 주제화되어 있다고 전제함)에서만 쓰이고 있을 뿐임에 주목해야 하기 때문이다. 이런 유표적 환경이 계사의 '어근 생략' 현상이나 'ㄹ 발현' 현상을 저지해 주는 것으로 짐작된다. 이 방언의 명사형 어미 구문은 오직 유표적 환경에서 관찰되는 것이므로, 알타이 조어의 일반 현상으로까지 확대하는 일이 주저된다.
96) '먹엄디아'는 세 가지 표면형으로 실현된다. [머검디아?], [머검댜?], [머검다?]이다. 여기서 '디'가 결코 된소리 '띠'로 바뀌지 않으므로, 바로 앞에 있는 형태소가 '없'이 될 수 없음을 확인할 수 있다. 첫 번째 모습은 기본형과 동일하되 재음절화된 것만이 차이가 난다. 두 번째 모습은 '디'의 모음이 반모음 'j'(또는 y)로 바뀌어 뒤에 있는 모음에 덧얹혀 '야'로 바뀌었다(상향 반모음으로 얹힘). 세 번째 모습은 '디'의 모음이 탈락되어 버리고 다시 맨 뒤의 모음과 재음절화가 이뤄졌다. 옛 제주시에서 성장한 필자에게는 첫 번째와

고유한 서술 서법으로 된 대답: "어, 지금 먹없저/먹없다." (응, 지금 먹고 있다)

두루 여러 서법(반말투)의 대답: "어, 지금 먹없주/먹없어." (응, 지금 먹고 있어)

의문 서법의 '의문사'(wh) 질문: "(느) 뭐 먹엄디?" (너 뭐 먹고 있니?)

고유한 서술 서법으로 된 대답: "(나) 밥 먹없저/먹없다."(나 밥 먹고 있다)

두루 여러 서법(반말투)의 대답: "(나) 밥 먹없주/먹없어."(나 밥 먹고 있어)

여기서 '-엄'이 과연 앞에서 다뤄 온 시상 형태소 '-없-'과 관련이 있는지 여부가 문제가 된다. 필자는 두 가지 사실을 들어 '-엄'이 앞에서 다뤄 온 '-없-'과 다르다고 주장하려고 한다(대우 명제에 대한 부정임). 첫째, 만일 이들이 동일한 형태소였더라면, '-엄' 뒤에 오는 '디'는 된소리(경음)로 바뀌어 '띠'로 나왔을 것이다. 그렇지만 이들 환경에서는 결코 된소리(경음)로 나오지 않는다(*먹엄띠아?, *먹엄띠?). 둘째, 이들이 동일한 형태소였더라면, '-엄'이 나온 환경에서 '-없-'의 시상 대립 형태소인 '엇'이 나올 수 있어야 한다. 다시 말하여 '먹엄디아?, 먹엄디?'에서 시상 형태소가 교체되어 응당 '*먹엇디아?, *먹엇디?'로 나올 수 있어야 한다. 그렇지만 이런 형태소 연결은 결코 관찰되지 않는다. 대신 이들이 이미 일어난 사건을 가리키는 경우에는 다음과 같은 형태소가 나온다.

"느 밥 먹언디아?"(너 밥 먹었니?)

"느 뭐 먹언디?"(너 뭐 먹었니?)

두 번째 모습의 발음이 익숙하다. 그러나 세 번째 모습은 서귀포 지역의 화자에게서 들을 수 있다. 그렇다면 '디'의 모음이 반모음으로 바뀌느냐 아니면 탈락하느냐의 선택이 작은 매개변인으로 상정되는 것이다.

다시 말하여, '먹엄디아?'(먹고 있니?)에 대립하여, 이미 일어난 사건을 가리키려면 '먹언디아?'(먹었니?)가 쓰이는 것이다. 특히, 후자의 경우는 반말투 종결 어미 '-어'에 관형형 어미 구조를 지닌 '-은디아'가 융합되어 있다.[97] 이런 융합 구조가 [+완료](청자가 더 이상 경험할 수 없는 사건임을 가리킴)의 의미자질을 지닌 관형형 어미 '-은'의 속성으로 말미암아, 현재 발화시점에서 관찰 또는 경험 가능한 사건이 아니라, 이미 일어나서 더 이상 경험할 수 없는 과거 시점의 사건을 가리키는 것으로 보인다(상대방으로서는 추체험으로 확인할 수 없음).

만일 이런 분석과 설명이 성립된다면, 동일한 틀을 '먹엄디아?, 먹엄디?'에도 그대로 적용할 수 있다. 이들은 '*먹엄+디아?, *먹엄+디?'로 분석되는 것이 아니다. 오히려

'먹어+음디아?, 먹어+음디?'

로 분석되어야 한다. 그럴 적에라야 비로소

'먹어+음디아?' : '먹어+은디아?' (먹고 있니? : 먹었니?)

의 대립을 확보할 수 있는 것이다. 여기서 찾아지는 '-음 : -은'의 대립은 강정희(2008: 23쪽 이하)에서 형식 명사를 매개로 이뤄진 변화 사례들을 통해서도 재확인할 수 있다.

'글음후제 간' : '글은 후제 간'(말함 뒤에 가서 : 말한 뒤에 가서)

---

97) §.4.3에서 〈도표 3〉으로 제시될 (평대 관계) 의문 어미들의 목록을 보면, 반말투 종결 어미 '-어' 뒤에 관형형 어미의 구조를 지닌 '어+은가?, 어+은이?, 어+은디아?'와 같은 융합 형태소들이 더 있음을 알 수 있다. 관형형 어미 '은'은 언제나 형식 명사나 의문문 첨사를 요구하므로, '은' 뒤에 있는 '가, 이, 디아'를 의문첨사 '가'와 형식 명사 '이, 디'로 더 구분해 줄 수 있다. '디'가 더 분석될 수 있는지 여부에 대해서도 따져 봐야 하겠지만, 이곳 논의에서 본령이 아니므로 더 이상 논의하지 않는다.

'숨 안 떨어짐 뿐' : '숨 안 떨어진 뿐'(숨 안 끊어짐 뿐 : 안 끊어진 것 뿐)

그곳에서의 논의 초점은 '글음 후제'(말할 뒤에)라는 형태가 보수적이며, 이것이 '글은 후제'(말한 뒤에)로 바뀌었음을 입증하려는 데에 있다. 그렇지만 '먹엄디아? : 먹언디아?'에서 찾아지는 '-음 : -은'의 대립은, 적어도 이 형태소들이 여전히 공시적으로도 변별되어 쓰이고 있음을 잘 보여 준다.

그런데 만일 '-디아?'로 표시되는 의문 서법에서 현재 이후에 일어날 사건을 가리키려면, 이 방언에서 관형형 어미 '-을'을 써서 '-을+디아?'로 표현한다.

'예-아니오' 질문: "(느) 밥 먹을디아?"98) (너 밥 먹을 거니?, 너 밥 먹을래?)
고유한 서술 서법의 대답: "어, 먹으키어."99) (응 먹을게, 응 먹겠다)
두루 서법(반말투)의 대답: "어, 먹으크라." (응, 먹겠어)

'의문사' 질문: "(느) 무시거 먹을디?" (너 뭐 먹을 거니?, 너 뭐 먹을래?)
고유한 서술 서법의 대답: "(나) 밥 먹으키어." (나 밥 먹겠다.)
두루 서법(반말투)의 대답: "(나) 밥 먹으크라." (나 밥 먹겠어.)

여기서 두 가지 중요한 물음이 뒤따른다. 아직 아무도 이를 제기하지 않은 듯하다. 따라서 이에 대한 답변도 첫 시작으로서 사적인 필자의

---

98) 이 구문은 [머글띠아?, 머글티아?, 머글땨?, 머글탸?, 머글따?, 머글타?]와 같이 여러 모습으로 소리 난다. '-을' 뒤에 사이시옷이나 사이히읗이 들어가 있는 모습이다. 더 나아가 '-을' 뒤에 의문 종결 어미(의문 첨사) '-가?, -고?'나 형식 명사 '거'(을+것)가 이어지면, '-카?, -코?' 또는 '-커?'로도 발음되는데, 이 경우에는 관형형 어미의 받침 'ㄹ'이 탈락되어 '-으카?, -으코?'나 '-으커-'로 나오기도 한다(『제주어 표기법 해설』 제17항 준말에 대한 해설을 보기 바람). 다만 이런 변화가 '디'의 경우에는 관찰되지 않는다.

99) 이 구문에서 '-으크-'(겠)는 수의적으로 '으'가 탈락될 수 있으며, [머그키어, 머그켜, 먹키어, 머켜]로 다양하게 소리 날 수 있다. 이런 표면형의 변동은 이하에서도 동일하며, 따로 적어 놓지 않는다.

의견만으로 채워 넣을 수밖에 없다. 첫째, 만일 이들이 같은 계열(관형형 어미+형식명사)의 구문이라면 이들과 일반적인 시상 형태소 '-없- : -엇-' 계열의 구문이 서로 어떤 차이를 지니는지 설명해 주어야 한다. 둘째, 이 계열의 구문에서 '-은 : -음 : -을'이 의미 대립을 낳는다고 한다면, 왜 반말투 종결 어미 '-어'가 '-은, -음'에서만 관찰되고, '-을'에서는 관찰되지 않는지에 대해서 합리적인 설명을 해 주어야 한다.

먼저, 두 번째 물음에 대한 필자의 생각을 적어 놓기로 한다. 비록 반말투의 종결 어미 '-어'이지만, 이 종결 어미를 하나의 문장이나 명제를 완결시켜 준다는 차원에서 살펴보면, '먹어'라는 하나의 사건이 듣는 사람으로 하여금 사건이 진행되거나(-음디아?) 사건이 끝났음(-언디아?) 표시해 줄 수 있다. 이와는 달리 관형형 어미로 실현된 경우에는 해당 사건이 아직 시작되지도, 일어나지도 않았음을 표시해 준다. 반말투 종결 어미 '-어'의 유무가 사건의 시작 여부를 구분해 주는데, 맥락에 따라서 여러 양상(양태)을 가리켜 줄 수 있다(하나의 사건 : 일반적인 총칭 사건). 그런데 '-음 : -은'이 결합되어서 각각 이들이 지닌 의미자질로부터 [현재 진행되는 상태]와 [다 끝난 상태]를 가리킬 수 있다. 이런 차이가 바로 언어 형식으로 나타나서 각각

-음(-어+-음+디아?): 하나의 사건이 현재 진행되고 있는 상태
-은(-어+-은+디아?): 하나의 사건이 이미 다 끝난 상태
-을(-을+디아?): 하나의 사건이 아직 시작되지도 일어나지도 않은 상태

를 구별하여 가리키게 되는 것이다. 그렇지만, 이런 시상 구분은 '-앖- : -앗- : -으크-'와 같은 다른 형태소들에 의해서도 지시될 수 있기 때문에, 왜 이런 형태소들이 굳이 쓰여야 하는지에 대한 물음이 뒤따른다.

따라서, 다시 첫 번째 물음으로 되돌아간다. 이는 매우 중요한 물음이다. 이 방언에서 기본적으로 시상 형태 '-앖- : -앗-'이 쓰이지만, 이 형태들과는 별개의 시간 표현을 갖고 있기 때문이다. 이 물음에 대한

답변은, 필시 기본적인 시상 형태소와는 달리 왜 군이 관형형 어미와 형식 명사를 매개로 한 구조(명사형 어미 구문)를 갖고 있는지에 대한 설명을 요구하고 있다. 필자는 '-앖- : -앗-' 계열의 구문이 무표적이고 기본적 구문이라고 한다면, 명사형 어미 구문의 분포를 유표적이라고 본다. 왜냐하면 '-엄디아?, -언디아?'를 구현하는 명사형 어미 구문은 반드시 얼굴을 마주보고 있는 상대방 청자의 행위(자유의지를 지닌 의도적 행위)와 관련해서만 쓰이기 때문이다(청자의 행동에 대하여 물음). 이런 점에서 '유표적'이라고 언급하는 것이다.[100] 일반적인 상황이나 사태에 대해서는 '-엄디아?, -언디아?, -을디아?' 구문이 쓰일 수 없다.

"*밖에 비 오랍디아?"

라는 표현이 불가능하다. 지금 현재 얼굴을 마주보고 있는 청자의 일과 관련해서만 쓰이기 때문이다. 일반 사건일 경우에는 오직 다음과 같은 표현이 가능할 뿐이다.

"밖에 비 오랎이아?"(밖에 비가 오고 있니?)

---

100) '동작상'이란 용어를 사용한 의도가 만일 자유의지를 지닌 주체의 의도에 의해서 일어나는 행위나 행동을 가리켰다면, '-엄디아?, -언디아?, -을디아?' 구문의 특성과 정확히 일치하는 용어이다. 그렇지만 '-앖- : -앗-'은 인간의 행위와 관련 없는 일반적인 사건이나 사태에도 쓰이기 때문에, 이 형태소에 '동작상'이라는 범주를 부여하는 것은 거리가 있음을 적어 둔다. 우리말에서 '동작'은 '거지(擧止: 시작과 끝)'와 이음말로 쓰이며, 의도를 지닌 행위로서 특히 자유의지를 지닌 인간과 관련하여 쓰이는 것이다. 여기서 필자가 '시상'이라는 용어를 쓴 것은 자연계의 사건이나 사태도 가리키고, 자유의지를 지니고서 의도를 갖고 행동하는 인간이 일부러 일으키는 사건이나 상황도 가리키기 위한 조치이다. 더 나아가, 시상이 가리키는 사건의 모습을 어떤 용어로 써야 할지에 대해서도 이런 시각에서 선택을 할 수 있다. '완료, 완결, 완전' 등이 후보인데, 완료나 완결은 아마 자유의지를 지닌 인간의 동작과 관련하여 선택될 수 있고, 완전은 대상을 가리키는 데 쓰이므로 사건의 결과·상태를 표현할 수 있을 듯하다. 고영진(2008: 109쪽 이하)에서 perfect(결과 상태가 현재에 영향을 주는 '완료')와 perfective(전체로서 하나의 사건을 바라보는 '완전')의 구분을 위해 어떤 용어가 바람직한지를 꼼꼼히 따지고 있어서 도움을 준다.

따라서 이제 첫 번째 질문에 다음처럼 대답할 수 있다. 임의의 사건에 대하여 청자와 화자 사이에 문제를 삼을 수 있음이 서로 합의되어 주제화가 전제된다면, 주제화를 만들어 주는 명사형 어미 구문이 쓰일 수 있고('-음이다' 구문), 여기서 다시 해당 사건이 특히 상대방 청자의 의도나 의지에 의해서 일어날 수 있다면 '청자의 행동'과 관련하여 '-엄디아?, -언디아?, -을디아?' 구문을 쓰게 된다.

여기서 이 방언의 '-앖-'과 대립하는 시상 형태소 '-앗-'의 형태(홑받침)에 대해서 잠깐 언급하기로 한다. 이 방언에서는 여전히 홑받침을 지니지만, 서울말에서는 겹받침을 지녀 '-았-'으로 소리가 난다. 이 변화에 대해서는 허웅(1982: 41쪽)에서와 최명옥(2002: 153쪽 이하)에서 논의되고 있다. 전자에서는 오분석으로 설명하였고, 후자에서는 '있다' 어간의 변화에 따른 단일화 요구로 설명하였다. 만일 후자 쪽에서 바라보면, 이 방언에서 '-앗-'을 홑받침으로 써야 하는 까닭을 설명할 수 있다. 공통어 '있다'는 이 방언에서 여전히 복수의 어간인 '이시다, 시다, 잇다, 싯다'를 관찰할 수 있고, 홑받침 시옷으로 쓰인다. 여전히 보수적인 세대에서는 '-앗-'을 유지할 듯하지만, 표준어 교육을 받은 세대에서는 '있다'라는 낱말을 쓰고 있으므로, 앞으로 차츰 이 형태를 '-았-'으로 관념할 듯하다. 그런 변화가 생겨나면 '-앗-'은 겹받침을 지닌 '-았-'으로 바뀔 수밖에 없을 것이다.

박사학위 논문 이후로도 꾸준히 이 방언의 시상 형태소에 대해 일련의 논문(2001, 2004, 2008)을 써 온 우창현 교수는[101] '-엇-'을 이미 시제

---

101) 우창현(2001)에서는 '-엇-'과 '-어시-'가 변이형태가 아니라 각각 서로 시제와 상을 나타내는 다른 형태소라고 주장한다. 그렇지만 이는 과거시제 형태소 '-았-'의 발달을 논의한 최명옥(2002)에서의 주장과 정면으로 충돌한다. 왜냐하면 후자의 주장에서는 부사형어미 '-아'와 '있다'라는 동사로부터 '-아 잇-'이라는 구조가 만들어지고(이 방언에서는 "이거만이라도 먹어 시라!"[이것만이라도 먹어 있으렴!]처럼 '-아 시-'로 나옴), 중간 단계에서 이중모음으로서 '-앳-'과 단모음으로서 '-앗-'이 관찰되는데(이 방언에서는 '-앗-'만 관찰됨), 마지막 단계에서 '-앗-'만이 남게 되기 때문이다. 이런 여러 단계들에서 의미는 그대로 동일하게 유지되고 있어야만 비로소 음운 발달의 단계가 진행되는 것이다. 표준어의 과거시제 발달에 대한 이런 주장은, 그대로 이 방언에서도 관찰되고 적용된다고 필자는 믿고 있다. 단, '이중모음'으로서 '-앳-'은 이 방언의 모음체계에서 존재할 수 없으

형태소로 발달하였다고 주장한 바 있다. 문숙영 교수도 한국어의 전반적인 시제를 염두에 두면서, 제주 방언에서도 시제 형태소가 있다고 주장을 하였다. 그렇지만 다른 연구들에서 동일한 형태소를 놓고서 상이나 양태로 다루고 있는 내용들과 서로 겹친다는 사실을 간과할 수 없다. 언어는 대립 체계로 구현된다는 자명한 사실을 염두에 두면서, 직관적으로 어떤 형태소들이 대립되는지를 드러낸 다음에, 그 대립의 내용을 여러 이론적 관점에서 다룰 필요가 있을 것이다. 현재로서 이 방언의 시제 형태소를 단정하기에는 더 깊은 논의가 있어야 할 것이다.

한편, 이 방언에서 형용사의 시상 표현이 실현되는 방식을 놓고서도, 문숙영(2006)과 고영진(2007)과 정성여(2013)에서 시상 형태들이 논의되고 있다. 이는 형용사가 지시하는 상태나 속성 그 자체와 관계되는 것이라기보다, 오히려 그런 상태나 속성의 존재 여부 또는 경험 가능성 여부에 대하여 언급하는 양태 측면에 초점이 모아져 있다. 예를 들어, 홍종림(1991)에서는

"이 ᄂᆞ물은 맛이 쓰다."(이 나물이 맛이 쓰다)
"이 ᄂᆞ물은 맛이 쓴다."(이 나물은 맛이 쓴 법이다)

와 같은 대립 모습을 처음으로 다루었다. 앞의 '쓰다'는 현재 나물에 대한 맛을 서술해 주고 있다. 지금 현재 상태로서의 맛을 가리킨다. 그

므로, 오직 단일한 '-앗-'만이 존재하는 차이가 있을 뿐이다.

박용후(1960: 341쪽)에 목록으로 올라 있고, 본격적으로 우창현(2001)에서 논의된 '-없엇주, -없엇지'('-고 있었다)의 복합 형태소는 특이하게 '-엇-'이 뒤이어진 구성이다. 필자는 뒤에 있는 형태소는 양태 또는 양상을 가리키는 것으로 보며(더 이상 추체험하여 참인지 여부를 확인할 수 없음을 가리키며, 이런 점에서 양태 범주임), 같은 범주의 '-으크-'가 계열관계로 실현됨을 확인할 수 있다. 가령, '-없이키어, -없이커라'('-고 있겠다)와 같다. '없+엇+주'의 결합에서 '-엇-' 대신 '-으크-'가 계열체로 나올 수 있는 것이다. 종결 어미 '-주'(없엇주) 대신에 계열체로 다른 형태소 '-지'(없엇지)가 올 수 있다. '-으크-'가 나오면 '-어라'(없이커라)나 또는 '-이어'(없이키어)가 나올 수 있다. 여기서 종결 어미 앞에 있는 '-엇-, -으크-' 계열체가 긴밀히 서법과 함께 융합 형태소처럼 행동하여 양태를 나타내는 것으로 보인다. 이를 '시제' 범주로 귀결시켜서는 곤란할 듯하다.

렇지만 뒤의 '쓴다'(쓰+은+다)는 그 대상에 대한 내재적 속성을 언급하는 것이다. 따라서 언제나 쓴 성분이 들어 있기 때문에 그 맛이 쓸 뿐이다. 이런 특성은 문법 형태소를 빌려 구분될 수도 있고, 그렇지 않고 맥락에 따라 구분될 수도 있다. 가령, 계사 '이다'로 예를 들어 보면,

"저 소방관은 미남이다 : 소방관은 이타적이다/이타적인다"102)

에서 앞의 발화는 대상의 현재 상태에 대하여 서술해 주고 있다. 그렇지만 뒤의 발화는 소방관이라는 직업에 내재된 근본적인 속성에 대하여 서술해 주고 있다. 이 방언에서는 형용사에서처럼 계사 '이다'에도 '-은다'를 붙여 명확히 양태를 나타내어 주고 있다. 공통어에서는 비록 문법 형태상 다른 점이 전혀 없지만, 이런 차이점을 일찍이 크롯저 (Kratzer, 1988) 교수는 이를 각각 장면 층위 술어와 개체 속성 층위 술어로 따로 불러 구분하였다. 이를 고영진(2007)에서는 '현재 시제'로 보고 그 속성을 각각 일시성과 항상성이라고 불렀다. 정성여(2013)에서는 '양태'로 보아 각각 현실태와 비현실태(irrealis)로103) 불렀다.

---

102) 서울말에서 전혀 구분되지 않는 이 구문(이다 : 이다)이 특이하게도 이 방언에서는 다음처럼 대립적으로 발화될 수 있다.

"저 소방관은 미남이다/이어 : 소방관은 이타적인다"

'이다/이어'로 표현된 앞의 진술은 현재 대상을 경험하는 상태에 대한 서술이지만, '인다'로 표현된 뒤의 진술은 언제나 어디서나 발현되는 필연적인 속성에 대한 서술이다. 철학에서는 흔히 이를 우연적 사실 및 필연적 진술로 대립시킨다. '이다/이어'에서 이 방언의 전형적인 표현은 오직 '이어'라고 말할 수 있고, '이다'는 서울말의 영향을 그대로 반영하는 것일 수 있다. 이 점에 대해서는 각주 90)을 보기 바란다.

비록 필자의 설명 방식과는 다르더라도, 이런 현상이 이미 홍종림(1991: 43, 51쪽)에서 화자의 경험을 토대로 하여 (기억해 둔 추상적 인식 중에서 실제로 늘 일어나게 마련인 사건에 관한) '실연 판단'으로 맨 처음 다뤄졌다. 필자의 이해가 올바르다면 '실연'보다는 '필연' 판단으로 이름 붙여 놓았더라면 독자들이 혼동 없이 더 쉽게 이해하였을 것으로 보인다. 설명이 전혀 없이, 고재환(2011 하: 188쪽 이하)에도 이런 자료가 제시되어 있다. 이 방언에서는 계사 '이다'에도 '-은다'가 붙어 '-인다'로도 쓰일 수 있다는 점이 특별한 것이다. 이 때 '은'은 바로 "쓴다"(쓰+은+다)에서 찾아지는 '은'과 동일한 것이며, 대상의 내재적 속성(불변 속성)을 가리킨다. 즉, 언제 어디에서나 보존되고 발현되는 속성인 것이다. 이는 크롯저 교수의 '개체 속성 층위'를 가리킨다.

103) '비실현태'에 대한 그녀의 용법은 '화자의 지식을 이용'하는 것이다. aorist(무시제문)와

용어의 정의와 사용 방식이 연구자들에 따라서 서로 다르다고 하더라도, 개체 속성 층위 술어나 항상성이나 비현실태는 언제 어디서나 누구든지 다 경험할 수 있다는 점에서 공통 속성을 찾을 수 있다. 이와 대립되는 장면 층위 술어나 일시성이나 현실태는 현재 이 자리에서 체험한다는 공통점이 있다. 이런 공통성을 가리키는 범주는 따로 설정되는 것이 아니라, 양태 범주의 한 갈래에 해당하는 것이다.

이 논의를 매듭짓기 전에 필자의 생각을 적어 놓기로 한다. 이 방언의 시상에 관한 논의는, 우선 양태 범주를 가리키는 경우를 따로 떼어놓아야 문제의 초점이 더욱 선명해질 것으로 판단된다. 많은 논의와 시험을 거쳐야 할 것이지만, 작업 가정으로서 필자는 이 방언의 자료들과 관련하여 양태 범주로서 청자가 추체험할 수 있는지 여부를 따지는 '경험태'(또는 '추체험 확인 가능태'로도 부를 수 있음)를 상정하는 것이 한 가지 길이라고 본다. 이런 양태 범주와 관련하여 언제 어디에서나 경험 가능한 경우들을 제외한다면, 비로소 상 또는 시상 자료들이 남게 된다. 이는 개체 층위의 술어와 장면 층위 술어로 나누는 일과도 서로 겹치는 일이다. 상 또는 시상에 관한 표현은 장면 층위에만 초점이 맞춰져 있다고 보는 것이다. 그런데, 상에 대한 의미자질을 해석할 경우에 화자에만 초점을 맞출 것이 아니라, 청자에게도 초점을 맞추어서 '-앖-'의 경우에 청자도 또한 해당 사건이나 사실을 여전히 확인할 수 있는 속뜻을 배당할 수 있고, '-앗-'의 경우에는 그러할 수 없음을 속뜻으로 깔고 있다고 제안하였다.

이런 속뜻은 순수한 상(aspect)의 개념이 아니다. 오히려 화행 또는 화용 중심의 언어에서 하나의 사건을 표현하면서 청자에게 떠맡기는 몫을 찾으려고 할 때에 비로소 부각될 수 있는 것이다. 필자는 우리말이 교착어 또는 부착어라고 하면서도, 왜 종결 어미들을 덩어리로 묶어서 제시해 놓는지에 대하여 늘 의구심이 들었다. 교착어라면 레고 블록

─────────────────

관련하여 쓰는 용법과는 차이가 있으므로 주의를 요한다.

처럼 명확히 하나씩 붙거나 떨어져야 옳다. 그러나 우리말 문법서에서는 조사들이 복합된 경우에는 분명히 하나씩 단계별로 서술해 놓지만, 어미들 쪽에서는 반대의 태도를 보여 준다. 왜 이런 모순스런 태도가 나오게 된 것일까? 현재로서는 상과 양태와 종결 어미들이 서로 공모하여 '청자'에게도 화행 또는 화용과 관련된 사건에 참여하도록 제시하기 때문에, 종결 어미들이 덩어리져 있는 것이 아닌가 짐작할 뿐이다.

4.3. 종결 어미들의 그물 짜임새

이 방언의 종결 어미들에 대해서는 누구나 일부를 대상으로 하여 계속 작업해 왔으며, 단연 이숭녕(1957, 1978), 박용후(1960), 현평효(1974, 1985)의 선업이 논의의 첫 출발점이 될 것이다. 후속 논의들 중에서도 특히 홍종림(1975, 1994, 1999)에서는 의문 및 서술 서법의 종결 어미들의 목록을 포괄적으로 확정하려고 노력하였다. 홍종림 교수의 상 및 양태에 대한 논의들도 또한 모두 종결 어미들의 논의와 긴밀히 관련되어 있다.

필자는 이 방언의 종결 어미들이 너무나 복잡 다양하고 융합된 어미들이 많아서 아직까지 큰 그물 얼개가 짜이지 않았다고 판단한다. 따라서 상위 개념을 먼저 확정하여야 전반적으로 그물 짜임새가 만들어질 수 있을 것으로 본다. 그러기 위하여 두 가지 변수를 먼저 고려한다. 첫째, 대우체계에서 평대(대우하지 않음)를 대상으로 하되, 각 서법에 고유한 종결 어미(이하, '고유 서법 어미'로도 부름)와 억양만을 달리하여 여러 서법 두루 쓰이는 반말투 종결 어미('반말투 어미')를 구분한다. 특히, '-어'와 융합된 어미 형태들을 제대로 찾아낸다. 둘째, 종결 어미들이 형태소 범주의 결합 관계를 분류하여 고유 서법 어미와 반말투 어미에서 동형인지 여부를 확인한다.

이 절에서는 필자 나름대로 크게 두 가지 일을 진행한다. 하나는 반말투 어미 '-어'를 확정하여, 이 어미와 융합된 형식들을 놓고서 융합 자체가 어떤 상 또는 양태의 변화를 이끌어내는지를 논의한다. 둘째, 기본적인 종결 어미뿐만 아니라 복합적으로 형성되어 나온 종결 어미들의 형태소 범주를 분류하고서, 대우하지 않는 평대의 서술 서법과 의문 서법에 대한 종결 어미 도표를 만든다. 중요한 과제이지만 현재 필자에게 주어진 시간이 너무 촉박하여, 각 개별 종결 어미들이 지닌 의미자질과 통사 특징들에 대한 검토와 논의는 이 글에서 제외한다. 또한 종결 어미들이 결합되어 나오는 범주들에 대한 논의도 심도 있게 진행되어야 하겠지만, 이 또한 다른 날로 미루기로 한다.

한국어에서 가장 보편적으로 격식 갖추지 않은 발화를 끝내어 주는 반말투의 어미 '-어'를 먼저 이 방언에서 찾아내기로 한다. 이 방언에서도 동일하게 이 반말투 종결 어미가 쓰이는데, 특이하게도 종결 어미를 끝내고 다시 종결 어미가 붙는 융합된 종결 형태의 모습에서 마치 기본적인 융합 요구의 형태소인 양 허다하게 쓰인다. 이 방언에서 반말 투의 종결 어미인지 여부를 찾아낼 수 있는 잣대는 화용 첨사 '마씀'을 붙여 보는 일이다. 이 반말 투의 어미 '-어'에는 화용 첨사가 쉽게 붙어서, '-어+마씀'의 형식이 쉽게 관찰된다. 그런데 이 어미는 독자적인 서법에서 쓰이는 종결 어미 '-다'와 대립된다. 고유 서법의 종결 어미 '-다'에는 결코 화용 첨사 '*-다+마씀'을 붙여 놓을 수 없다.

만일 계사 '이다'에 반말투 어미가 이어지거나 또는 추측이나 의지를 나타내는 양태 선어말 어미 '-으크-'(-겠-)에 이어지면, 이 어미 '-어'가 각각 '-이라'와 '-으크라'로 바뀌게 된다. 이는 변이형태들의 관계가 된다. 이 발화에 내림세 억양이 붙으면 서술문의 발화로 이해되고, 올림세 억양이 붙으면 의문문의 발화로 이해된다. 그렇지 않고 길게 빼면서 물결처럼 오르내린다면 반문하거나 감탄의 발화로 해석하게 된다.

"그 사름 왔어.104)"(그 사람 왔어)

---

104) 이 방언에서 완료를 나타내는 시상 형태소 '-앗-'은 서울말 형태소 겹받침 쌍시옷과는

"그 사름 가방이라."(그 사람 가방이야)

"그 사름 곧 오크라."(그 사람 곧 오겠어)

이 발화들을 해석하는 기준 시점은, 현재 발화 시점이다. '왔어'는 현재 발화 시점에서 완료상 형태소 '-앗-'이 한 사건이 완료되어 있음을 보여 준다(그 사람이 온 사건이 완료됨). 나머지 발화에서는 모두 현재 가방이라는 대상을 지정해 주고, 현재 발화 시점에서 추정하고 있다.

그런데 이 발화들은 특이하게 한 번 더 종결 어미들을 붙일 수 있다. 전문적으로 이를 '융합 형태소'라고 부르는데,[105] 원래 발화를 구분해 놓기 위하여 꺾쇠 괄호를 쓰기로 한다.

"[그 사름 왔어]라!"(그 사람 왔더라)

"[그 사름 가방이라]라!"(그 사람 가방이더라)

"[그 사름 곧 오크라]라!"(그 사람 곧 오겠더라)

종결 어미 뒤에 종결 어미가 다시 덧붙어 있는 부분은 밑줄로 그어 놓았다. 밑줄 그은 부분은 각각 "와서라, 가방이라라, 오크라라"로 음절이 조정되어('재음절화'로 불림) 소리가 난다. 이 또한 반말 투의 종결 어미들이므로, 여기에 얹히는 억양의 모습에 따라서

달리 홑받침 시옷으로 쓰인다. 소리값이 없이 모음으로 시작하는 종결 어미가 이어지면 음절 재구조화가 이뤄져, [와서]처럼 소리가 난다. "오+앗+어"라는 기본 표상에서 [와서]로 발음되어 나오는 것이다. 그런데 이런 표면 형식을 종전에는 "오(어간)+아시(완료상)+어(종결어미)"라고 잘못 분석했었다. 이런 표상에서는 표면 형식이 [*와셔]라고 발음될 터인데, 이 방언에서는 결코 이런 소리를 들을 수 없다. [와서]로 도출하려면 '-아시-'에서 '이'를 탈락시키는 유일한 규칙을 세워야 한다. 그렇지만 이 형태소를 '-앗-'으로 본다면, 쉽게 "오(어간)+앗(완료상)+어(종결어미)"로 표상하고, 아무런 어려움 없이 재음절화를 거쳐 발음이 [와서]로 나오게 된다.

105) 종결 어미들의 융합 형식을 처음 밝혀낸 논문은 임홍빈(1984)이다. 이어 안명철(1990)과 이지양(1998)과 김수태(2005)와 허경행(2010) 등이 있다. 여러 방언에서 이런 융합 어미들이 많을 것으로 짐작된다. 그렇지만 더 이상 융합 형식들에 대한 논의가 크게 일어나기를 기대해 본다.

서술, 의문, 반문, 명령, 청유, 감탄

등의 서법 기능을 지니게 된다. 그런데 특이하게도 이 융합 형태의 서술 시점이 현재 발화 시점보다 더 앞선 시점으로 이동되어 있다. 이런 일은 비록 동사에 현재 서술 서법으로 나온 경우라고 하더라도, 다시 융합 형태소를 이루는 경우에 그대로 동일한 일이 일어남을 확인할 수 있다.

"이거 먹<u>어</u>."(이것 먹어)

"[이거 먹<u>어</u>]고나."(이것 먹더구나)

"[이거 먹<u>어</u>]은게." → "먹언게"로 재음절화됨(이걸 먹던걸, 먹더구나)

"이거 먹어"는 맥락에 따라서 명령 서법이나 의문 서법으로도 쓰일 수 있고(현재 동작 표현), 먹을 수 있는 대상임을 가리키는 내부 속성 표현의 서술 서법으로도 쓰일 수도 있다(영속적인 대상의 속성을 서술해 주는 표현임).106) 이 표현이 다시 융합 표현으로 나와서 '먹어고나, 먹언게'로 되면, 앞에서와 같이 '-고나'(-구나)와 '-은게'(-은 것이다)가 가리키는 현재 발화 시점보다 한 시점을 더 앞선 사건을 가리키게 된다. 이 동사가 완료 시상 형태소 '-앗-'을 가질 수도 있다. 그 경우는 다음과 같으며, 공통어로 모두 '-었더-'로 번역된다.

"이거 먹<u>엇어</u>." → "먹어서"로 재음절화되어 발음됨(이것 먹었어)

"[이거 먹<u>엇어</u>]고나." → "먹어서고나"로 재음절화되어 발음됨(이걸 먹<u>었더</u>구나)

"[이거 먹<u>엇어</u>]은게." → "먹어선게"로 재음절화되어 발음됨(이걸 먹<u>었던</u>걸,

---

106) 이는 크룻저(Kratzer, 1988)에서 각각 장면 층위 술어와 개체 속성 층위 술어에 해당한다. 또한 비슷하게 고영진(2007)에서 지적한 일시성 대 항상성과도 일치한다. 이것이 비단 형용사에만 국한되는 것이 아니고, 동사에서도 그대로 관찰되는 것이다.

먹었더구나)

이런 규칙적인 융합 어미의 형성 방식은 매우 중요한 양태 해석을 시사
해 준다. 맨 뒤의 종결 어미는 화자의 현실 경험태(경험 확인태)를 가리
키지만, 바로 앞선 종결 어미는 사건 실현태(실현 기술태)를 가리켜 줄
수 있기 때문이다. 이런 양태의 계층 구분이 공통어로 번역될 경우에,
과거에 경험한 사실을 지금 현재 언급하는 형태소 '-더-'를 끌어들이게
되는 것이다.107) 현재까지 이 방언의 연구에서 여러 표기들이 혼재해
있는데, 이런 기본구조에 대한 인식이 없었기 때문에, 그냥 소리대로
써 놓았을 뿐이다. 그렇지만 이제 기본형식을 확정할 수 있으므로, 응
당 기본형을 내세워 적어 줄 필요가 있다.108)

　　오직 고유한 서법에만 나오게 되는 종결 어미 '-다'(-다)도 또한 계사
'이다'에 이어질 적에는 변이형태로 '이+어'로 나온다.109) 이는 반말투

---

107) 이 방언에도 물론 회상을 나타내는 '-더-'가 관찰된다. 특히 회상 형태소의 확립과 관련
　　하여, 현평효(1974; 1984 재수록)에서 무려 12개씩이나 남발하여 상정된 회상 형태소를
　　비판한 고영진(1991)은 이 방언의 형태소 확정을 익힐 수 있는 중요한 논문이다. 필자는
　　아직 '-더-'가 쓰이는 분포를 조사해 보지 않아서 그 전체 윤곽을 명확히 서술할 수 없지
　　만, '가다' 동사를 활용시켜 보면 '갓더라, 갑데다/갑디다, 가던걸, 가데' 등과 같이 자연스
　　럽게 관찰된다. 회상 형태소가 12개나 되는 것이 아니라, 오직 하나의 '-더-'만으로 충분
　　하다고 고영진 교수가 주장을 한 바 있다. 필자도 전적으로 고영진 교수의 주장을 지지한
　　다. 그런데 문제는 '-더-'로 실현되지 않았더라도 결과적으로 회상의 기능을 떠맡는 융합
　　형태소들에 대한 성공적인 논의(본디 회상의 의미가 없는 형태소가 어떻게 하여 회상의
　　의미를 표시하게 되는지) 여부에 달려 있다. 특히 반말투 종결 어미 '-어'와의 융합 형태
　　들이 그러하다.
108) 이기갑 교수의 토론문에서 마지막 질문이 '-더-'와 관련된 것이다(제9항). 표준어에서
　　회상시제 형태소 '-더-'가 오래 전에서부터 있었는데, 융합 형태에 의해 제주 방언에서
　　후대에 생겨났다고 가정하는 것이 부자연스러움을 지적하였다. 옳은 지적이다. 이는 순
　　전히 필자가 이 방언에서 융합 형식 이외에도 본디 '-더-'도 쓰이고 있음을 제대로 서술해
　　주지 못하여 빚은 오해이다. 그렇다면 이 방언에서 '-더-'를 구현하는 어미 배열 및 그렇
　　지 않은 채 회상의 기능을 드러내는 융합 형태들 사이에
　　　① 서로 배타적(상보적) 분포로 기술될 수 있을지
　　　② 만일 그렇지 않다면, 서로 내포 의미가 어떻게 차이가 나는지
　　에 대해서 논의가 더 진행되어야 할 것이다. 이는 뒷날의 과제로 미루어 둔다.
109) 추측이나 의도의 양태 선어말 어미 '-으크-'에 이어질 적에도 또한 '으크+이어'로 분석
　　되며, 약모음 '으' 탈락이 일어나 재음절화되어 "-으키어"로 소리 난다. 여기서 찾아지는
　　'이'가 또한 계사인지 여부는 아직 잘 알 수 없다. 이 방언에서도 계사는 공통어에서처럼

어미 '-어'와 철저히 상보적인 분포를 보여 준다는 점이 특이하다.

"그 사람 일찍 떠낫다.110)"(그 사람은 일찍 떠났다)

"이거 그 사름 책이어."(이것은 그 사람의 책이다)

"내일 비 하영 오키어."(내일 비 많이 오겠다)

이들은 기본적으로 화용 첨사를 붙일 수 없기 때문에111) 고유한 서법
을 나타내는 종결 어미에 속한다.

이제 잠정적으로 평대 관계의 서술 종결 어미의 목록 및 의문 종결
어미의 목록을 〈도표 2〉와 〈도표 3〉으로 제시한다. 단, 기호 약속으로
'wh'는 의문사 '어디, 무사(왜), 누구, 언제'와 같은 낱말 부류를 가리키
고, 억양은 서술문의 무표적인 경우를 제외하고서 각각 화살표를 이용
하여 내림세를 '(↘)'으로, 올림세를 '(↗)'로, 길게 늘여 빼는 감탄 어조

어간이 임의로 생략되거나(어간 생략 현상) 또는 잠재되어 있는 'ㄹ' 소리가 구현되어
나오기도 한다(ㄹ 발현 현상). 그렇지만 '-으크'와 결합하는 '이'는 이런 일을 보여 주지
않는다. 만일 이런 현상을 저지하는 조건을 찾아낼 수 있다면, 계사 구문으로의 가능성을
추구할 수 있다. 필자는 일반적인 계사 구문이 두 개의 명사구가 필요하지만, 이런 구문
이 성립될 가능성으로 오직 하나의 명사구 상당어만을 요구하는 조건을 상정하여 계사
구문의 가능성을 논의하였다(상황 공범주 e 및 명사구 상당어만이 나오는 주제화 구문).

110) 이런 발화는 ① 참값을 지닌 하나의 완결된 사건을 가리킬 경우, ② 서로 내기하는 상황
에서 장차 '그 사람이 일찍 떠날지 여부'에 대하여 떠날 것이라는 강한 확신을 지니고
말할 경우에 나올 수 있다. 서술 서법에서 관찰되는 종결 어미 '-다'는 흔히 속담이나
경구에서 찾아지며, 시상 또는 양태 형태소가 융합되어 '-∅다, -은다, -는다'의 모습으로
실현된다(고재환, 2013을 보기 바람). '-앗다, -앗다'는 지속 폭을 지니고서 일어나고 있거
나 일어난 1회적 사건을 가리키기 위하여 쓰인다. 그렇지만 속담이나 경구는 반복되어
자주 일어나는 일반화된 사건을 가리키므로, 1회적 사건을 가리키는 '-앖-'이나 '-앗-'이
라는 시상 형태소가 실현되지 않고, 오히려 양태를 가리킬 수 있는 형태가 들어 있는
것이다. '∅, -은-, -는(느+은)'은 양태의 의미를 지니고 있는데, 시상과 양태에 대한 논
의를 보기 바란다.

111) 여기에도 원래 발화를 그대로 흉내 내면서 "[원래 발화] 마씀~?"과 같이 반문하는
경우가 있다. 이는 반말 투의 융합 구조와는 속성이 전혀 다르다. 꺾쇠 괄호에 있는 원래
발화는 고립된 섬처럼 전혀 변화가 없이 그대로 따온 것일 뿐만 아니라, 이는 원래 발화
보다 해당 발화를 만들어 낸 원래 의도를 겨냥하여 되묻는 일이 된다. 따라서 발화에
초점이 있는 것이 아니라, 발화의 이면에 묻혀 있는 화자 의도에 초점이 모아져 있는
것이다. 다시 말하여, "[원래 발화] 라고 말하는 저의가 대체 무엇입니까?"라고 번역할
수 있으며, 발화가 대상이 아니라, 그보다 더 높은 의도가 대상이 되는 것이다.

독자적인 종결 어미			반말투의 종결 어미		
종결 고유 서법 어미	-다(계사와 추측 양태 뒤에 '-이어, -으키어')	화용 첨사 {마씀} 연결 불가능	반말투	-어(계사와 추측 양태 뒤에 '-이라, -으크라')	화용 첨사 {마씀} 연결 가능함
	-저			-쥐, -주ㅣ	
	-과라, -고라		어미 중첩	-어(반말투)+은게	
	-노라			-어(반말투)+고나	
	계사 '이게' 형식			-어(반말투)+ㄴ	
겸용 서법	-네(↘), 감탄(→)			-으메+ㄴ	
	-데(↘), 감탄(→)		관형형, 형식 명사 구문	-은게, -는게, -던게	
	-녜/-니에(↘), 감탄(→)			-은걸, -는걸, -던걸	
	-예/-이에(↘), 감탄(→)			-을컬, -으컬	
	-으라(명령)+문(↘), 감탄(→)			-을커라, -으커라	
	-나(↘), 감탄(→)			-은/을/는/던 생이라	
				-을테쥐, -을테주	
관형형, 형식 명사 구문	-으니, -느니, -으리			-을로고나	
	-은/을/는/던 생이어		접속문 전성	-은디, -는디, -던디	
	-을노라			-거든	
	-을로다, -을로고			-민	
	-으리라, -으려			-곡	
어미 중첩	-다+문(↘),감탄(→)			-곡 말곡	
	-어(반말투)+네			-다 마다	
	-어(반말투)+라		내포문 전성	-갠/잰/줸, -낸, -낸, -댄, -랜	
기타	-이			-고랜, -노낸, -푸댄	
	반모음 'y'			-젠	
	-으메, -을커메			-나여, -다여, -라여	
	-게			-라사주	
	-에				

를 '(→)'으로 표시해 두기로 하며, '+'는 종결 어미들이 융합되는 모습을 가리키기로 한다.112) 여기서 구분해 놓은 형태소들이 서로 결합하

---

112) 이 도표는 오직 '잠정적'인 것에 지나지 않으며, 앞으로 계속 추가되어야 한다. 따라서 연구가 진척됨에 따라 여기 제시된 일부 융합된 어미들에 대한 해석이 달라질 수도 있음을 미리 밝혀 둔다. 이 책의 본문에서는 서법에 따라 각각 〈도표 4〉, 〈도표 11〉, 〈도표

<도표 3> 평대 관계의 의문 종결 어미 목록(잠정적임)

독자적인 종결 어미				반말투의 종결 어미		
종결 고유 서법 어미	-가?	마씀 연결이 불가능함 (×)		반말투	-어?(계사와 추측 형태 뒤에 '-이라?, -으크라?')	마씀 연결이 가능함 (○)
	-고?, wh-고?(↘)					
	-냐?, wh-니?(↘)				-쥐?, -주¹?	
	-나?			어미 중첩	-어(반말투)+은가?, wh-어(반말투)+은고?(↘)	
	-댜?/다?, wh-디?(↘)				-어(반말투)+ㄴ?	
	-야?/아?, wh-이?(↘)				-으메(고유 어미)+ㄴ?	
어미 중첩	-어(반말투)+냐?, wh-어(반말투)+니?(↘)			관형형, 형식 명사 구문	-은가?, -는가, -던가?, wh-은/-는/-던고?(↘)	
	-어(반말투)+은댜?/다?, wh-어(반말투)+은디?(↘)				wh-은/-는/-던디?(↘)	
	-어(반말투)+음댜?/다?, wh-어(반말투)+음디?(↘)				-을카?, -으카?, wh-을코?/-으코?(↘)	
관형형, 형식 명사 구문	-은/-는/-던댜?/다?, wh-은/-는/-던디?(↘)				-을커라?, -으커라?	
	-으랴?, wh-으리?				-은거라?, -은게라?	
	wh-을리?/-으리?(↘)			내포문 전성	인용: -갠?, -괜?/꿴?, -낸?, -낸?, -댄?, -랜?, -고랜?, -푸댄, -노낸?	
	-을컷가?, -으커가?					
	-은 것가?, -은 거가?					
	-을래?, -을라?					
	-을러냐?, wh-을러니?(↘)					
	-을탸?/타?, wh-을티?(↘)					
	-을커냐?, -으커냐?, wh-으커니?(↘)					
장년 여성	-순?, -심?, -산?				의도: -젠?	

는 범주(고유 범주, 전용 범주)에 관한 해석도 장차 깊이 있게 진행되어야
할 것이다.

---

12), <도표 16>으로 수정 제시하였다.

5. 내포 구문과 접속 구문

마지막으로 내포 및 접속에 대하여 간단히 논의하기로 한다. 우리말에서 내포와 접속에 대한 논의는 매우 불분명하게 진행되어 왔다. 그이유는 아마 핵어(head)의 개념을 확정짓지 못하는 데에서 비롯되었을 것으로 보인다. 어미만을 중심으로 다룬다면 내포를 맡는 어미와 접속을 이끌어 가는 어미가 서로 동일한 경우가 있기 때문에(가령, 내포절의 '-고'와 접속절의 '-고'), 내포의 개념과 접속의 개념이 동일한 것으로 잘못된 결론을 내려 버리는 경우도 없지 않았다. 내포절은 항상 동사의 논항구조로 자리를 잡게 되므로, 그 핵어는 동사이다. 이 동사는 절/문장을 허용해 주기 위해서, 반드시 남의 말 인용을 포함하여 인식이나 추정과 관련된 자질을 품고 있어야 한다. 그렇지만 접속을 허용해 주는 핵어는 기능범주 '&'(접속사)이다. 내포를 허용하는 핵어와 접속을 허용하는 핵어는 범주가 근본적으로 다른 것이다. 접속은 크게 접속이 계속 일어나는 병렬 또는 등위 접속과 오직 두 절 사이에서만 일어나는 종속 접속으로 나뉜다. 유표적으로 수의적인 종속 접속과 부가 접속도 다뤄져야 하겠지만, 기본 형상에서 매개인자를 설정하여 변용할 수 있다.

이 방언과 관련하여 선별적으로 내포 구문에서는 이른바 '인용'과 관련된 인용문 구조를 검토하고, 접속 구문에서는 선행절과 후행절 사이에서 상 또는 시상 정보를 주고받을 수 있는 지배 관계를 다루기로 한다. 인용은 최근 입말 담화를 전산 처리하면서 자주 일상생활에서 쓰이고 있을 뿐만 아니라, 담화 속에서 여러 가지 기능들을 떠맡고 있음이 밝혀졌다.113) 따라서 발화의 무대를 마련하거나 출처를 밝힌다는 의미에서 직접 인용과 간접 인용만이 아니라, 아직 발화되지 않은 상대방의

---

113) 머카씨(MaCarthy, 1998; 김지홍, 2010 뒤침)의 제8장 「그래서 매뤼가 말하더군요: 일상대화에 있는 인용」과 페어클럽(Fairclough, 2003; 김지홍, 2012 뒤침)의 제3장 5절 「서로 얽힌 텍스트 속성」을 읽어 보기 바란다. 인용을 이용하는 일은 결국 자신의 발화에 합당성을 부여해 주려는 동기를 깔고 있다. 후자의 제5장 6절 「합법화」를 참고하기 바란다.

마음이라고 추정하여 인용의 형식으로 표현할 수도 있고, 인용될 화행의 종류를 범주로 만들어서 언급할 수도 있는 것이다.

이 방언의 내포와 접속에 대한 논의에서 흔히 눈에 띄는 것이 내포와 접속과 양태의 뜻을 담고 있는 보조동사(비록 학교문법 수준에서는 '보조적 연결 어미'란 말을 쓰고 있지만 사실은 내포문의 일종임)를 아무런 구분이 없이 뒤섞어 논의하는 일이다. 필자도 1982년 석사논문을 쓸 때에 전혀 이런 개념이 서 있지 않다 보니, 어미의 형태들만 따져 이내 실수를 저지르고 말았다. 필자가 저질렀던 실수를 다른 연구자들이 거듭하는 경우도 여전히 눈에 띈다. 내포문은 인지 동사 부류(생각/평가/추측 따위)나 화행 동사 부류와 같은 핵어에 의해 마련되지만, 접속문은 기능 범주의 핵어(접속어미 부류)에 의해 인허된다.

이 방언에서 인용을 맡고 있는 어미는, 연구자에 따라 '-인'으로도 또는 '-엔'으로도 상정된다. 공통어에서 직접 인용의 경우에는 '하다'라는 묘사동사(depict verb)가 관찰되고, 간접 인용의 경우에는 계사가 관찰된다.114) 원래 인용 이전의 발화 억양까지 복사되는 경우에는 묘사동사

---

114) 머카씨(1998; 김지홍, 2010 뒤침)에서는 직접 인용과 간접 인용, 그리고 녹여 놓은 인용으로 구분하고 있다. 현실 발화에서는 맨 마지막의 인용 빈도가 압도적인데, 이는 상위 차원의 화행 범주뿐만 아니라, 상대방의 마음을 추정하는 일까지도 제대로 구분될 수 없는 채 포괄될 수 있기 때문이다. 따라서 인용 형식을 운용하는 주체의 의도를 날카롭게 문제 삼아 주시해야 하는 것이다. 비록 이런 세 가지 범주의 구분이 일관되게 엄격히 실행되는 것은 아니더라도, 흔히 직접 인용과 간접 인용은 형식상으로 구별되는 특징들을 추려내어, 원래 발화 억양의 존재 여부나 서술 관점의 전환(시제 및 대명사를 바꿈) 따위로써 명시적으로 나눌 수 있다. 이것이 생생한 재현인지 여부를 구분해 준다.

필자는 우리말에서 이런 구분이 아마 인용을 인허해 주는 핵어에 의해서도 구분될 수 있으며, 각각 묘사동사(depict verb) '하다'와 계사 '이다'에 의해 달라지는 것으로 본다. 묘사동사 '하다'의 의미자질은 또한 접사 '-하다'(반짝반짝하다)에서도 찾을 수 있고, 계사는 내포 의미나 내부 속성을 지정해 준다('있다'는 존재 또는 외연의미를 지시해 줌). 그런데 계사 '이다'에 의해 인용되는 경우에 다시 '…이라고 하더라'와 같이 '하다'가 다시 나오는데, 이는 '곧다, 말하다, 탄식하다' 따위를 대신하는 대동사(proverb)로 봐야 할 듯 하다. 필자는 이 방언에서 관찰되는 '-인' 또는 '-엔' 형태에서 계사라고 추정하고 있지만, 아직 단정하기에 넘어야 할 장애들이 있다. 계사 어간이 흔히 생략되기 일쑤이며(어간 생략 현상), 또한 표면에 없던 'ㄹ'소리가 나오는 경우가(ㄹ 발현 현상) 있다. 계사라고 단정하려면 이런 계사의 속성을 그대로 따라야 하겠지만, 그렇지 않기 때문에 필자로서는 아직 선뜻 증명할 수 없다.

강정희(1988: 143쪽 이하)에 제시된 예문들에서 핵어 동사를 쉽게 확인할 수 있는데

가 적합하게 쓰일 것이지만, 그렇지 않은 경우에는 계사가 쓰이어 인용되고 있음을 표시할 수 있다. 그런데 제주 방언에서 관찰되는 '-인' 또는 '-엔'이라는 어미는 결코 '*-에네'나 '*-이네'로 형태가 늘어날 수 없다. 의도를 나타내는 구문 '-저 하다'(-려고 하다)나 '-으켜 하다'(-겠다 하다)도 인용의 형태인 '-젠 하다'와 '-으켄 하다'로 나올 수 있다. 이 또한 결코 '*-제네 하다'나 '*-으케네 하다'로 형태소가 늘어날 수 없다.115)

어미 형태의 이런 특성은 접속 구문에서 나오는 연결 어미 '-앙'과 '-안'이 상과 양태의 대립을 보이는데, 각각 다음처럼 형태가 늘어날 수 있는 것과는 크게 대조가 된다. 미완료 또는 불완전상('비-완전상, 비-완결상')을 지니고 있고, 청자가 여전히 경험할 수 있다는 양태의 속뜻을 지닌 전자가 수의적으로 '-아그넹에, -아그네, -앙그네'나 또는 'ㄱ' 소리가 받침 이응에 동화된 모습의 '-앙으네, -앙으넹에'로 늘어날 수 있다.116) 반면에 완료상을 지니고 청자가 더 이상 경험할 수 없다는

'ᄒ다, 곧다(曰), 듣다(聞)'이다. 정승철(1997: 84쪽)에서는 이 방언에서 직접 인용과 간접 인용이 형태상으로 구분되지 않는다고 보았는데, 아마 '이엔 ᄒ더라' 구문(계사+하다)을 염두에 두고 있는지 궁금하다. 필자의 직관으로는 직접 인용과 간접 인용은 핵어 동사가 '하다 : 이다'로 구분되는 듯하다. 직접 인용 뒤에서 관찰되는 대용 표현이 '경햇저'(그렇게 말했다)라는 점도 두 인용 사이의 구분을 시사해 준다. 또한 원래 발화의 억양을 살려 그대로 모방할 수 있는 구조는 '하다' 구문밖에 없을 것으로 본다.

115) 정승철(1997: 99쪽)을 보면 '-엔'이 인용 동사(강정희 교수는 '전달 동사'로 부름) 'ᄒ다'에 붙는 연결 어미 'ᄒ연'으로부터 나왔다고 적어 놓았다. 그렇다면 인용절 어미를 인허해 주는 핵어 동사는 무엇일까? 'ᄒ연'은 접속절이므로 언제나 'ᄒ연네'로 늘어날 수 있어야 한다. 이는 인용절의 어미가 결코 늘어날 수 없다는 사실('*-에네'는 불가능함)과도 합치되지 않는다. 그리고 정승철(1997: 102쪽)에서 '-곤, -닌, -준, -콘, -딘'에서 관찰되는 '-ㄴ'을 '엔'에서 '에'가 탈락된 것으로 기술하였는데, 아마 '에'를 탈락시킬 음운적 동기를 찾을 수 없었기 때문인 듯하다. 그렇지만 모든 것을 음운 현상으로 보는 일에는 무리가 있을 듯하다. 아마 이들 어미가 본디 서술 서법 이외의 어미들이라는 사실에서부터 차근히 해결책을 모색하는 것이 순서가 아닐까 한다.

116) 적어도 7개의 변이 모습을 지닌 이런 표면형들이 만일 동일한 형태라면, 반드시 기본 형태를 정하고 여기에서부터 여러 표면형을 도출해 줄 수 있어야 한다. 아직 본격적인 논의가 이뤄지지 않아서, 어떤 기본 형태가 어떤 절차로 나올지는 잘 알 수 없다. 첫 시도로서 필자는 아마 '-아그네'가 기본 형태가 된다고 보고, 도출 과정을 예시해 둔다. '-아그네'에서 'ㄱ' 소리에 이끌리어 역행 동화가 일어난 모습이 '-앙그네²'로 판단된다. '-앙그네'에는 두 가지 선택지가 있다. 동화를 일으킨 주체와 그 뒤에 있는 요소 '그네'가 모두 함께 탈락되어 '-앙³'으로 되든가, 아니면 다시 동화를 일으킨 주체 'ㄱ'만이 탈락되어 '-앙으네⁴'가 나올 수 있다. 가장 긴 형태는 '그네'가 증가된 모습으로 설정되지만, 현재 필자의 능력으로는 왜 '형태소 증가'(그네+그네)가 일어나야 하는지에 대한 이유를 제시

할 수 없음을 적어 둔다(김완진 1975에서 처음으로 '을'의 중가 형태 '를'과 '은'의 중가 형태 '는'을 논의함). 중가된 모습 '아그네+그네'에서 뒤에 있는 'ㄱ'이 역행 동화를 일으킨다면 '-아그넹에[5]'가 나올 수 있다. 만일 두 개의 'ㄱ' 소리가 모두 역행 동화를 일으킨다면, '-앙그넹에[6]'가 나오며, 여기서 맨 앞의 동화주가 탈락되면 '-앙으넹에[7]'처럼 발음된다.

이것들이 모두 '-아그네'에서 도출되거나 유도될 수 있다고 하더라도, 흔히 왜 하필 이 방언의 연구자들이 '-앙'으로만 대표하여 제시하는 것일까? 필자의 답변은 다음과 같다. 기능범주에 속한 형태소는 오직 변별 기능만을 유지한다면 다른 것들이 치덕치덕 붙지 않더라도 충분히 제값을 발휘한다. 서울말 '-아서'에 대응하는 이 방언의 연결어미는 시상 대립을 보인다. 이들은 '-안'(-아네)과 '-앙'(-아그네)이며, 가장 작은 수의 소리들로써 서로 구별되는 대립적 가치를 다 발휘하고 있다. 이런 측면이 1음절로 된 '-앙'을 대표 형태소로 내세우게 만드는 배경이라고 판단한다.

여기서 놓치지 말아야 할 형태상의 중요한 대립 특징이 있다. '-아그네[1]'(-앙[3])와 대립하는 시상 연결어미는 '-아네'가 기본형이며, 여기서 음절이 줄어들어 '-안'으로 발화된다. 그렇다면 기본적으로 '-아그네'와 '-아네'가 시상에서 서로 대립하고 있음을 알 수 있다. 이는 'ㄱ'의 유무(ㄱ : ∅)에 따라 두 형태소가 구분되는 것이다. 매우 특이한 대립 모습이다. 그렇지만 또한 종결 어미에서 찾아지는 시상 형태소에서도 비슷한 유무 대립을 찾을 수 있다. '-앖-'과 '-앗-'이 똑같이 이분 대립을 보인다. 여기에서도 받침소리 'ㅁ'의 유무(ㅁ : ∅)에 따라 이들 형태소가 나뉨을 확인할 수 있다. 교착어 또는 부착어의 질서 위에서는, 형태들을 계속 일직선상으로(또는 일렬로) 붙여 나가는 선택밖에 없다. 이를 구현하는 길이 유무 대립과 이항 대립이다. 그렇지만 이 방언에서 찾아지는 기능범주의 형태소 대립은 기능 형태소의 세부 위계(계층)가 완벽히 확정되어 있지 않으므로, 그런 점에서 유무 대립도 아니고, 이항 대립도 아니다. 오히려 중간에 'ㄱ' 소리와 받침 'ㅁ' 소리가 끼어들어 있다고 볼 수 있다. 시상 형태소의 내부 계층을 세세하게 확정하여 따로 내세우지 못하는 현재 상태로는 오직 그렇게 기술할 수밖에 없다. 이는 교착어 질서에 예외가 된다. 일직선상의 배열에서는 중간에 형태가 끼어 있으므로, 배열상의 '단절'이라고 말할 수 있는 것이다.

이를 교착어 질서에 편입시켜 유무 대립이나 이항 대립으로 서술해 주려면, 두 층위에 서술이 불가피하다. 첫 층위에서는 시상 형태소가 반드시 연결어미에 붙는 시상이 '-네'로 끝나거나 종결 어미에 붙는 시상이 '-ㅅ'으로 끝나야 한다고 약정을 내세워야 한다. 두 번째 층위에서는 유무 대립을 도입하여 연결어미에 'ㄱ' 또는 종결 어미에 받침 'ㅁ'이 도입되면 '미완료/불-완전/미-종결/비-완료' 따위의 해석이 주어진다고 서술해 주어야 한다. 두 번째 층위의 약정은 반드시 첫 번째 층위가 적용된 뒤에 작동하게 된다. 이는 시상 형태소의 존재 또는 시상 형태소의 기본값이 '완료/완결/완전'을 담고 있어야 함을 함의하고 있다. 이런 함의는 논리적으로 완료/완결/완전/종결 등의 선행되어야 함을 요구한다. 이는 완료되거나 완전히 끝난 사건을 논리학에서 대상과 동일하게 취급하고, 대상이 논리학에서 무정의 용어(undefined term)로 도입되는 점과도 유의미한 관련성을 지니고 있는지 여부도 검토해 봐야 할 것이다.

이 방언에서 미완료/불완전 시상 형태와 관련하여 연결어미에는 'ㄱ'가 종결 어미에는 받침 'ㅁ'이 변이형태로 존재한다. 만일 '경제성'만을 추구한다면 이들 변이형태의 존재는 손해만 입힌다. 그렇지만 두드러지게 쉽게 지각할 수 있는 '현저성'을 고려한다면, 소리 선택이 가장 먼 것들을 뽑는 것이 최선이다. 'ㄱ'와 'ㅁ'은 조음 위치가 서로 대척점에 있다. 변이형태가 도입되어야 하는 동기들을 완벽히 따르고 있는 셈이다. 그렇지만 이 소리들이 또한 하나로 묶일 수 있다. 이병근(1979: 3쪽~9쪽)에서는 우리말에서 'ㅂ'과 'ㄱ' 사이에 일어나는 음운 변화(역사적으로 '붊→북' 따위)나 음운 동화(방언에서 '어둡다→어둑다' 따위)를 설명하기 위하여 변방성 자질(grave)을 설정해야 한다고 보았다. 즉, 구강의 앞부분(순음)이나 뒷부분(아음)이 모두 협착되어야 소리를 낼 수 있으므로,

양태의 속뜻을 지닌 후자는 오직 '-아네'로만 늘어난다. 필자는 이런 측면이 등위 또는 병렬 접속(다항 접속) 구문에 걸맞는 어미 형태라고 본다. 왜냐하면 접속절들이 계속 늘어나기 위해서는 절 자체의 시상/시제가 매듭지어 있는 편이 계속해서 더욱 더 나열될 수 있는 토대가 되기 때문이다. 반면에, 종속 접속을 맡고 있는 조건절은 '-민'(-면)으로 대표될 수 있다. 이 연결 어미도 앞에서 인용절 어미와 같이 늘어날 수 없다. '*-미네'라는 형태는 존재하지 않는 것이다. 종속 접속은 언제나 2항 접속이기 때문에 그럴 개연성도 있다. 지금까지의 연구에서는 이런 점들에 대하여 제대로 지적되지 않은 듯하다.

인용문을 다루면서 연구자들 사이에 인용절 어미의 기본형에 대해서 이견이 있는 듯하다. 강정희(1988: 160쪽 이하)에서는 특이하게 'ᄀᆞ다'(말하다) 동사에 '-인 : -잉'이라는 시상 대립을 주장한 바 있다. 만일 연결 어미와 같은 부류의 시상 대립이라면 응당 '*-이네 : *-잉그네'로 교체되어야 할 터인데, 이런 일은 불가능하며, 한 가지 형태소의 변이모습을 적어 놓은 것으로 보인다.[117] 이와는 달리 고영진(1984: 17~18쪽)에서는 인용 어미로서 '-엔'을 제안하였고, 정승철(1997)에서도 같은 형태소가 주장되었다. 만일 이를 '-엔 ᄒᆞ다'로 바꾼다면, 공통어의 인용 구

이들이 모두 동일한 조음 원리에 의해서 하나로 묶이는 것이다. 만일 '변방성 자질'을 이용한다면, '-아그네'의 'ᄀ'와 '-앖-'의 받침 'ㅁ'이 또한 동일한 부류의 소리에 속함을 알 수 있다. 그렇다면 독자적으로 발달하여 다른 방언에서는 찾아볼 수 없는 독특한 시상 형태소 '-아그네'와 '-앖'은, 밑바닥에서 엄연히 한국어의 소리 규칙을 그대로 따르고 있다고 매듭지을 수 있다.

117) 강정희(1984; 1988로 재수록됨)의 주장은 성낙수(1984: 95쪽~109쪽)의 결론과 동일하지만, 전자는 시상 대립을 가정하며, 후자는 다만 수의적 변이체라고 본다. 한편, 대립적인 '-인 : -잉' 인용어미 설정의 문제점들은 고영진(1984: 11쪽 이하)에서 다각도로 논의되었다. 이 방언에서는 '-인 ᄒᆞ다'(이라고 하다)가 접속 구문으로 활용하여 '-인 ᄒᆞ연/ᄒᆞ여네'(이라고 하여서)으로 나올 뿐이다(ᄒᆞ연 → ᄒᆞ여네). 그러나 인용어미가 늘어나 '*-이네 ᄒᆞ연'로 발화되는 법은 없다. 강정희(1988: 162, 164쪽)에서는 '-인 : -잉'으로 적어 놓았지만, 접속 어미에서처럼 시상 또는 양태적인 대립을 보이지 않는다. 인용어미가 '*-이네'나 '*-이그네'로 늘어날 수 없다면, 단지 표면형의 변이모습을 적어 둔 것으로 보아야 옳을 듯하다. 그런데 홍종림(2001: 278쪽)에서도 인용어미 '-인 : -잉'의 대립을 논의하면서, '-인'이 불가능한 사례들을 제시한다. 옛 제주시에서 자란 저자에게는 명백히 수의적 변이체에 불과한데, 문법성 판정 직관이 서로 다르다. 홍종림 교수와 강정희 교수가 모두 성산 지역 출신이므로, 하위 방언의 차이인지 자못 궁금할 뿐이다.

조 '-이라고 하다'와 긴밀히 대응될 수 있다는 장점이 있다. 물론

"누게네 물곤?"(누구네 집 말인가라고?)
"그 사름 누게닌?"(그 사람 누구냐고?)

과 같이 직접 인용(누게네 물고?, 그 사름 누게니?) 뒤에 종성 'ㄴ'만이 인용되었음을 표시해 주고 있다. 이것이 '-인' 또는 '-엔'과 상보적 관계인지 여부('간접 인용 : 직접 인용'의 대립인지 여부)도 면밀히 따져 보아야 할 것이다.

공통어에서 인용을 주도하는 어미는 '-이라고 하다'이므로, '-인' 또는 '-엔'에는 계사 요소와 인용 형태소로 재분석될 가능성이 있다. '-엔'은 이 방언의 계사 활용 모습 '이어'(필자가 제시한 도표에서는 고유한 서법의 활용임)와 관련성을 찾을 수 있을 듯하다. 그렇지만, 계사로 볼 경우에 어간 생략 현상이나 'ㄹ' 발현 현상이 없다는 점이 문제이다. 다른 한편으로, 강정희(1988)에서 분석해 낸 '-인'의 '이'를 이 방언의 '-으키어'에서 찾아지는 '이'나 '-앖-'과 '-앗-'에 결합하는 '이'와 자연부류를 생각해 볼 수 있을 듯하다. 그렇지만 이 경우 어떤 범주의 형태인지 쉽게 결정할 수 없다는 점이 결함이다. 현재로서는 아직 필자는 두 가지 중 어느 선택이 더 옳을지 잘 알 수 없다. 그러나 만일 공통어 형식 '-이라고'를 염두에 둔다면, 고영진 교수가 내세운 '-엔'이 '-인'보다 좀 더 유연성('이라'는 '에'에, '고'는 'ㄴ'에 대응함)이 있는 듯하다.

접속절의 구조에서는 후행절의 시제나 시상 요소가 어떻게 선행절을 지배할 수 있도록 만들지, 그리고 그런 지배를 막을 방벽을 세워 놓을지가 현안 과제이다. 이 과제를 풀기 위한 결정적 자료를 이 방언에서 제공해 줄 수 있음을 논의하기로 한다. 생성문법에서는 종결 어미가 한 문장의 최고 층위의 핵어가 되며, 아래에 있는 모든 교점들을 지배할 수 있다. 시제 또는 시상 요소는 바로 종결 어미 층위 아래에 자리를 잡고 있으므로, 부사령관의 역할을 맡는다. 그렇다면 접속사 '&'(또는

Conj) 범주에 의해서 투영되어 나오는 접속절의 구조를 어디에다 위치시킬 것인지를 논제로 삼아야 옳다. 필자는 접속사 범주가 [+C, +I]의 자질로 이뤄지기 때문에, 후행절의 시제 또는 시상 교점에 반드시 지배를 받는 것이 아니라, 대등하게 구조를 만들 수 있다고 본다. 필자가 앞에서 제시해 놓은 종결 어미들의 목록에서 접속절을 이끄는 어미들이 종결 어미로 쓰일 수 있는 것도 이런 자질 배합을 그대로 반영해 주는 것이다.

필자는 이 방언에서 찾아지는 '-안'(완료상, 청자의 확인 추체험이 불가능한 양태)과 '-앙'(불완전상/비종결상,[118] 청자의 확인 추체험이 가능한 양태)이라는 서로 다른 의미자질이 후행절로부터 시제 또는 시상 해석을 막아 주는 방벽이 된다고 가정한다. 이를 통사 구조 교점에다 표시해놓을 수도 있고, 아니면 시제 또는 시상 해석 규칙을 따로 세워서 전체 문장의 시제나 시상을 읽어 나갈 수 있다. 그렇지만 연결 어미가 지닌 고유한 대립 자질들은 해석 규칙을 따로 세우는 일이 우원한 방식일

---

118) 고영진(2008)에서는 종결 어미에서 찾아지는 '-앖- : -앗-'의 시상 대립을 불완전상(사건이 현재 전개되고 있음)과 완료상(현재 완료로서 그 완료된 상태가 지속됨)으로 부른 바 있다. 연결어미에서도 비슷한 시상 대립이 바로 '-아그네 : -아네'(또는 '-앙 : -안')에서 찾아진다. 이것들도 같은 범주의 시상을 나타내는 것으로 보아야 온당할 것이며, 각주 116)에서 언급한 대로 이것들이 모두 변별성 자질을 지니는 소리들('ㄱ'와 'ㅁ')을 이용하여 구별 짓고 있다. 그렇다면 그 용어를 그대로 적용하여 '-아그네'는 불완전상(사건이 현재 진행되고 있음)을 나타내고, '-아네'는 완료상(현재 완료로서 그 완료 사건이 지속되고 있음)이라고 말할 수 있다. 그렇지만 필자는 '-앖'과 '-앗'이 추체험 확인 가능성 여부에서 차이가 난다고 본다. 즉, 양태의 속성도 지니는 것이다. 이는 '-아그네 : -아네'(또는 '-앙 : -안')의 대립에서도 마찬가지이다. '-아그네' 또는 준꼴 '-앙'은 해당 사건을 청자(서술 서법에서)나 화자(의문 서법에서)가 추체험하여 여전히 확인할 수 있다는 뜻이 들어있지만, '-아네' 또는 준꼴 '-안'은 당사자들이 더 이상 추체험하여 확인할 수 있는 가능성이 없다.

이런 시상 및 양태의 개념을 싸잡아 나타내려면, 필자는 개인적으로 '(아직) 안 끝남 : 다 끝남'이란 용어를 쓰고 싶다. 전자는 한자어로 미(未, '아직 ~ 않다'는 뜻으로 진행·과정에 초점이 있음)나 비(非, '상태가 ~아니다'는 뜻으로 결과·상태에 초점이 놓임)를 붙여 놓을 수 있는 미완료/비완료, 미종결/비종결, 미완결/비완결 등에서 골라 쓰거나 또는 '불완전'을 택할 수 있을 것이다. 다만, 한자를 쓸 경우에 자유의지를 지닌 인간이 전개하는 사건인지, 아니면 자연적인 진행 과정인지를 구별해 줄 필요가 있을 듯하다. 만일 우리가 쉬운 말로 학문을 해야 하는 당위성을 염두에 둔다면, 상위의 개념으로 '안 끝남 : 다 끝남'이란 말을 쓰고, 하위 개념으로서 인간의 의도적 행위를 가리키기 위하여 '안 마침 : 다 마침'이라는 용어도 훌륭한 후보가 될 듯하다.

뿐이며, 바로 의미자질을 고려하면서 해당 교점에서 시제나 시상을 확정해 놓도록 중요한 단서를 주는 것으로 파악한다.

  ㉠ "가이 이레 왕 밥 먹어 앗엉 값저."(걔가 여기로 와서 밥 먹고서 가고 있다)
    가이ᵢ [[tᵢ 이레 왕]&P [proᵢ 밥 먹어 앗엉]&P [proᵢ 가∅-]&P] -값저]

만일 위 발화의 구조를 표시하면 세 가지 절이 접속되어 있다. 이를 &P로 표시해 놓았다. 각 절의 주어는 맨 앞의 부가어 자리를 만들어 이동한 '그 사름'에 의해서 같은 지표를 받아 해석이 이뤄진다. 첫째 절에는 이동의 흔적(t)이 표시되어 있고, 둘째 절과 셋째 절에는 공범주 대명사(pro)가 표시되어 있고 맨 앞의 '그 사름'과 동일한 지표를 부여받는다. 셋째 절의 핵어인 접속사는 의무적인 탈락으로 인해 ∅로 표시되어 있다. 여기서 문제는 종결 어미와 함께 있는 시상 요소 '-값-'이 앞의 접속사들을 지배해야 하는지를 결정해야 한다. 이를 결정하는 데에 이 방언의 사례는 큰 도움을 준다.

  ㉡ "가이 이레 완 밥 먹어 앗안 값저."

먼저 '값저'(가고 있다)가 실현되어 있을 때에 선행절의 시상을 모두 '-안'(완료상, 청자의 확인 추체험이 불가능한 양태)을 배합시켜 문법성 여부를 보기로 한다. ㉡은 여기 온 사건과 밥 먹은 사건이 모두 끝나 버렸고 (두 사건이 일련의 복합사건으로 표현됨), 이제 다른 데로 가고 있다는 정보를 화자가 직접 대면하고 있는 청자에게 전해 주고 있다. ㉠과 ㉡은 어느 것도 비문법성에 저촉되지 않는다.

  ㉢ "*가이 이레 완 밥 먹어 앗안 가키어."
  ㉣ "가이 이레 왕 밥 먹어 앗앙 가키어."

이제 ⓒ을 살펴보기로 한다. 후행절에 '가키어'(가겠다)가 나오면, 이는 아직 일어나지 않은 일을 추측하고 있다. 그런데 선행절에는 이미 두 사건이 끝나 있다. 필자에게는 이런 발화가 모순스럽게 느껴진다. 필자에게는 비문이다. 오직 ⓓ과 같이, 선행절에 '-앗'이 실현되어야만, 오는 사건 먹는 사건 가는 사건이 모두 미래에 일어날 일이 되며, 이를 추측하고 있다. 세 가지 사건이 모두 일련의 복합사건을 구성한다고 인식하기 때문이다. 적어도 ⓒ과 ⓓ은 후행절에 있는 '-으크-'(-겠-)의 시상 해석이 선행절에까지 영향력을 미치고 있음을 실증해 준다. 이런 일이 구조적으로 가능해지려면 반드시 '-으크-'가 접속사 &보다 구조적으로 더 높이 위치해야 할 것이다. 다시 다음 사례를 살펴보기로 한다.

ⓜ "^{??}가이 이레 왕 밥 먹어 앗앙 갓저."
ⓝ "가이 이레 완 밥 먹어 앗안 갓저."

여기서는 마지막 후행절에 완료상(그리고 청자의 확인 추체험이 불가능한 양태)이 나와 있다. 만일 여기로 온 사건과 밥 먹은 사건과 떠난 사건이 일련의 연속 사건이라면, 필자의 느낌으로는 ⓝ이 아무런 장애도 없이 자연스럽게 느껴진다. ⓜ의 수용성 여부는 아마 연구자들마다 변동될 가능성이 있을 듯하다. 변동이 일어날 수 있는 까닭은 어느 사건을 일련의 복합사건으로 묶을지에 사람마다 다를 수 있기 때문이다. 만일 필자의 직관에만 충실한다면, ⓜ이 받아들여지지 않고, 오직 ⓝ만 가능하다. 그 까닭은 화자가 이 발화를 말하려고 준비하면서 세 가지 사건을 일련의 복합사건으로 기획하였고, 그 복합사건이 이미 일어났음을 말하려고 의도하였기 때문이다. 여기서도 '-으크-'의 경우처럼, 최종 후행절의 시제 또는 시상 요소가 앞의 선행절들에 영향을 미치고 있음을 확인한다. 이는 접속절의 교점이 후행절 시상 또는 시제 교점에 의해 적절히 지배를 받는 구조를 그려야 함을 시사해 준다. 아직 이 방언의 이런 특질들을 놓고 시제나 시상이 계산되는 모형이나 구조를 그려 본적이 없는 것으로 안다.119) 이 방언에서만 관찰되는 이런 접속문의 매개인자가 우리말의 접속 구조를 그리는 데에도 중요한 근거로 부각될 수 있다.

6. 결론

제주 방언은 다른 방언에 비해서 겉모습이 도드라지게 다르므로, 일찍부터 주목을 받은 만큼 많은 연구가 이뤄져 있을 법하다. 고동호(2014)를 보면, 1백 년 동안 458편의 학술 연구 논저가 있다. 양적으로만 보면 대단한 분량이다. 그럼에도 불구하고 이 연구가 매우 소수의 연구자에 의해서만 이 방언이 다뤄져 왔음을 알 수 있다. 이는 결코 질적인 향상이나 발전을 보장해 주는 것이 아니다. 오히려 자칫 편견에 기대어 잘못된 식견만이 횡행할 소지를 안고 있다. 이른바 오웰(Owell)의 문제가 생겨나며, 이는 오직 겸손한 회의주의를 받아들임으로써 해결될 수 있을 뿐이다.

이 방언의 통사론 논저는 크게 세 가지 측면에서 평가가 이뤄질 수 있다.

① 자료의 문제(수용 가능한 자료인지 여부)

② 이론의 문제(일관되고 유기적인 이론인지 여부)

③ 방언 위상의 문제120)

---

119) 홍종림(2001)에서 선행절과 후행절의 시상 형태소들을 '호응 관계'로 논의하여 도표로 제시한 바 있어 도움이 크다. 평면적인 호응 관계를 계층적 질서로 보면 지배와 방벽의 개념으로 재구성할 수 있다. 방벽의 의미 자질이 종결 어미 '-으라, -게, -으마, -저'와 선어말어미 '-으크-, -을거-/-으커-'에서는 김지홍(1982)에서 제시된 [+착수] 속성이 관여할 수 있을 듯하다. 그리고 송상조(2011)도 이 방언의 접속문 연결 어미들을 다루는 데에 크게 기여하고 있으며, 반드시 뒷날 연구들이 기대어 힘을 얻을 명저이다.

120) 방언의 매개인자 설정뿐만 아니라, 좀 더 나아가 이 방언에서 찾아지는 '청자'를 중심으로 한 양태(modality, 양상) 설정(추체험 확인 가능성 여부)은 아마 일반 언어학에 기여하

그렇지만 심도 있게 이런 평가가 진행되려면, 먼저 다양한 이론과 시각에 의해서 다뤄진 제주 방언 논저들이 상당량 주어져 있어야 한다. 이 방언의 통사론 논저들이 이런 전제를 만족하기에는 양적으로 너무 열악하고, 타계한 분들을 모두 포함하여 기껏 10명 남짓한 연구자를 손꼽을 수 있을 뿐이다. 또한 고영진(2002, 2003, 2007, 2008)에서 거듭 지적되었듯이, 이 방언 통사의 '형태소 확정'도 제대로 이뤄지지 못한 영역이 적지 않다. 이는 '초보 수준'을 벗어나지 못하였음을 뜻한다. 이 글도 그러한 기존의 논저들과 직접 상호작용하고 있는 만큼, 이 방언의 통사론 연구에서 내일에 이바지하기에는 한계가 너무 뚜렷하다. 비록 언어학 및 국어학의 발전된 논의들을 밑거름으로 하여, 필자 나름대로 이론을 세워 논의를 진행하고자 노력하였지만, 무딘 솜씨로 매우 성글고 보잘 것 없다. 이제 이를 요약하는 것으로 결론을 삼고자 한다.

가설-연역적인 일원론 접근 또는 핵계층(X-bar) 이론 위에서, 이 글은 기능범주의 논의들을 대상으로 삼아 현황과 전망을 적어 두었다. 기능범주는 동사류를 거느리는 것이 우선되고, 이어 명사류의 기능범주들이 논의되어야 한다. 그렇지만 순서를 바꾸어 명사류의 기능범주를 논의하고 나서 동사류의 기능범주를 다루었다. 편의상 전자는 복잡한 이론을 상정하지 않고서도 다루어 나갈 수 있기 때문이다. 그렇지만 후자는 필자의 능력으로써 풀 수 없는 의문들이 여전히 남아 있다.

명사류 기능범주에서 이 방언의 자료는 구조격이 무표지 또는 zero로 나오는 것을 기본값으로 상정하였고, 표지를 지닌 것들은 이동된 뒤에 붙는 것으로 보았다. 고유격은 동사의 의미자질로부터 유도된다

는 개념으로도 제안될 수 있다. 이 방언을 포함하여, 한국어의 발화 특징들을 면밀히 분석할 경우, 화용상으로 깔려 있는 속뜻(일상언어 철학자 오스틴은 il-locution으로 부름)을 명시적으로 진술할 수 있는 이론도 마련될 수 있다. 현재 이 속뜻을 계산하기 위해 그의 후배인 그롸이스(Grice, 1989)의 대화 규범에 의존하고 있는데, 이는 대화상의 속뜻과 낱말에 깃든 속뜻(conventional implicatures)으로만 구분한다. 이와는 달리 화용 중심으로 작동하여 생략이 잦은 우리말을 놓고서, 작지만 분명한 융합 어미 형태소들의 대립 층위를 확정하는 일이 성공을 거둔다면, 여러 가지 관련 속뜻들(화용을 통해서 어떤 관계를 확정하고자 하는지)을 명시적으로 밝힐 수 있을 것으로 본다.

는 의미를 지닌다. 그렇지만 이 방언에서는 복합격의 형태가 고유한 자질들을 여전히 지니고 있었는데, 이는 동사의 의미자질로부터 유도될 수 없는 것들이었다. 0' 점은 보조사 범주에 들어가는 형태소들의 속성과 나란하다. 명사구들 사이에서 관찰되는 격들에서도 무표지 형식이 기본값으로 지정된다. 이 방언에서는 접미사를 잘못 격조사로 지정했던 경우도 있었다. 그런데 명사구들의 연결은 우리말의 기본 단위를 낱말이 아닌, 어절 단위로 더 넓혀서 봐야 할 가능성을 열어 놓는다. 보조사들에 대해서는 따로 언급할 것이 많지 않지만, 화용 첨사와 관련해서는 이 방언에서 억양을 이용한 매우 특징적인 현상들이 관찰된다. 필자는 크게 세 가지 범주로 나누어 놓았다. 주의력 초점에 관련된 첨사, 발화 내용의 수용을 촉구하는 첨사, 판단이나 동의 제시를 요구하는 첨사이다.

동사의 기능범주와 관련하여 앞으로 논의되어야 할 문제들이 산더미 같다. 이 기능범주들을 앞에서 뒤쪽으로 관찰할 때, 대우 체계가 먼저 다뤄진다. 기존에 삼분 체계와 사분 체계의 논의가 있었는데, 필자는 이숭녕(1978 재간)에서의 결론이 더 온당함을 확인하였다. 이는 〈도표 1〉로 나타낼 수 있다. 잘못된 삼분법은 격식성 및 공식성의 얼개를 세워 놓지 못하고, 여러 서법에 두루 쓰이는 반말의 존재(융합 형태소를 이루는 기본임)를 아예 무시해 버린 데에서 나온 듯하다. 비격식투의 대우에서 관찰되는 대우 형태소에서 음운론적으로 제약된 변이형태 '-수-'와 '-으우-'와 이 형태소가 나올 수 있었던 역사적 동기도 함께 다루었다.

그런데 시상 형태소는 형태소의 확정부터 간단치가 않다. 또한 범주 부여에 대한 논란도 전혀 합의되지 않음을 드러내었다. 필자는 시제 체계보다는 여전히 이 방언의 형태소들이 '상'적 특징을 많이 지니고 있다고 논의하였다. 이는 동작상이라기보다는 오히려 일반적인 사건의 전개 과정과 관련된다(시상이란 용어를 쓴 이유임). 각주 100)에서 지적하였듯이, '-엄디아?, -언디아?, -을디아?'라는 의문 종결 어미들에서는 반드시 얼굴을 마주보는 청자의 '의도'에서 비롯되는 동작이나 행위가 전제된다. 오직 이들 어미에서만은 동작상이라고 말할 수 있다. 그렇지만 일반적인 '-앖-'과 '-앗-'은 '자유의지'나 '의도'가 없이도 일어나는 무생물 관련 일반 사건의 진행 과정도 가리킬 수 있으므로, 동작상이라고 부를 수 없다.

이런 일반적인 상(시상) 형태소도 맥락에 따라 청자가 추체험하여 관련 사건의 진위 여부를 확인할 수 있는지 알려 주는 역할을 한다. 이는 상의 특성이 아니라, 양태에 속한다. 이를 위해 필자는 '청자 경험태'(추체험 확인 가능성 여부)라는 범주를 제안하였다. 이런 양태 표현과 관련하여 형용사에서도 분명히 무표지 형태소와 '-은' 형태소의 대립을 확인할 수 있었다. 이는 현재 일시적인 상태를 가리키는 장면 층위 표현과 언제 어디서나 성립하는 영구적인 개체 층위 표현으로 재해석된다. 다시 말하여 각각 특칭 표현과 전칭 표현으로 번역해 놓을 수 있는 것이다.

'-앖-'(불완전상/비완전상)과 '-앗-'(완료상)은 세 가지 환경에서는 '이'를 동반하여 '-앖이-'와 '-앗이-'로 실현된다고 논의하였다. 이때 시상 형태소에 뒤이어진 '이'는 오직 하나의 명사 상당어만을 요구하는 주제화 또는 초점 내용 표현 구조로 상정하였다. 이는 형태 배열상 명사형 어미 '-음'이 계사를 수반하는 경우나, 양태 형태소 '-으크-'의 반말투 종결 어미 결합 모습 '-으키어'나, 관형형 어미 '-은' 따위를 매개로 한 융합된 종결 어미 '-은게'(먹없인게, 먹엇인게)가 계사 어간에 붙는 경우를 들어 구조적 동형성을 확보하려고 하였다. 그러나 이 시상 형태소가 명사 상당어에 해당하는지를 물을 수 있다. 현재 필자로서는 이를 방어할 수 없음도 한계로 적어 놓았다.

더 중요한 논의거리는 이 방언에서 관찰되는 종결 어미의 짜임새이다. 소수의 연구자들이 부단히 노력해 왔지만, 여전히 복잡다단하고 예외들이 많다. 필자는 평대(비-대우) 관계의 종결 어미들을 대상으로 하여 서술 서법 및 의문 서법에서 공통된 틀과 몇 가지 범주를 제안하였다. 오직 잠정적이지만, 이는 〈도표 2〉와 〈도표 3〉으로 제시되어 있다. 필자로서는 다음 단계의 진전된 논의가, 왜 그런 하위 범주들이 두 서법에 나란히 존재하는지를 설명하려는 노력으로부터 시작될 것으로 믿는다.

마지막으로 내포와 접속에 대한 논의를 다뤘다. 이는 우리말 연구에서 가장 취약한 분야이다(형태소 중심 접근의 한계임). 이 방언에서도 또한 여태 내포와 접속에 대한 개념이 혼동된 채 이뤄지고 있음을 지적하였다. 내포문의 핵어(head)는 어휘범주의 동사이지만, 접속문의 핵어는 기능범주의 접속사이다. 따라서 이들이 요구하는 논항들의 성격이 동일할 수가 없음을 알 수 있다. 혼동의 주된 요인은 형태소의 소리값이 서로 동일하다는 점에만 집착하기 때문이다. 이는 언어가 기호 또는 상징이란 초보적 사실을 무시하는 데에서 일어난다. 동일한 소리값이라 하더라도 그 결합 내용이 달라질 수밖에 없는 것이 인간이 쓰는 기호의 특징이다. 내포문을 인가해 주는 핵어는 그 자질이 '생각, 인용, 추측, 희망' 등의 인지적 특징을 담고 있으며, 각기 내포문의 형태소들을 요구한다(김지홍, 1993). 접속문은 크게 등위 접속(다항 접속)과 종속 접속(이항 접속)으로 나뉘며, 화용상의 필요에 의해 설치되는 부가 접속이 있다. 이 방언의 자료들은 시상 형태를 이른바 연결 어미에서도 구현해 주므로, 접속문에서 시상(시제) 해석이 어떻게 이뤄지는지를 구조적으로 명확히 나타낼 수 있는 장점을 지니고 있다고 논의하였다.

제주 방언의 표기에서 '띄어쓰기' 문제※

"새 술은 새 부대에 담아야 한다."는 말이 있다. 비록 우리나라 속담은 아니라 하더라도, 새로운 생각은 새로운 질서로 구현되어야 한다는 서양 사람들의 지혜로 생각된다. 이 글에서는 제주 방언(이하 '이 방언'으로 부름)의 표기법 논의와 관련하여 띄어쓰기의 원칙을 마련하기 위하여 씌어졌다. 이미 두 차례의 방언 표기법 회의를 통하여 근본적인 쇄신안에 합의를 하였으므로, 이에 걸맞게 띄어쓰기도 근본적인 성찰과 원칙이 요구된다. 따라서 수십 종이나 되는 '한글 표기법'에[1] 관한 해

※ 이 글은 2013년 이 방언의 표기 지침을 정하는 모임에서 '띄어쓰기' 분야도 저자가 맡았는데, 그 당시에 썼던 원고이다. '어절' 단위로 띄어 쓰자는 저자의 주장은 '한글 맞춤법'의 낱말 단위 띄어쓰기를 무너뜨리기 때문에 채택되지는 못하였다. 그렇지만 저자는 이 방언의 표기뿐만 아니라, 한글 맞춤법의 띄어쓰기도 어절 단위로 되어야 한다고 본다. 왜 그렇게 판단하는지에 대한 근거로서 이 글을 〈부록 2〉로 실어둔다. 이전의 해설에는 거의 찾을 수 없는 언어 이론의 내적 일관성과 심리 작용의 측면을 부각시켰는데 한글 맞춤법에 대한 이전 논의와는 선명히 대조를 이룰 듯하다.

1) '맞춤법'의 상위 개념이 표기법이다. 표기법의 갈래가 다수 있으며, 특정 영역에서 특정한 표기 원칙만을 선별적으로 규범성 및 강제성을 부여한 것이 맞춤법이다. 즉 옳고 그름에 관한 일이다. 영어의 경우에 대체로 소자본가 내지 소상공인의 출현과 더불어 자본주의

설서를 그대로 답습하기보다는, 비판적으로 새로운 생각을 세워 나가는 쪽으로 시도하려고 한다. 이는 남북 쪽에서 종전에 익숙히 상정해 온 '단어'(낱말) 중심의 기준을 벗어나서, 이보다 좀 더 큰 단위를 설정하는 일로 귀결될 것이며, 궁극적으로 이를 '어절'로 부를 것이다.[2] 물론 엄격히 말하여, 단어의 정의나 어절의 정의가 단순하고 완벽히 이뤄질 수는 없겠지만, 입말과 글말의 공통성에 근거하여 설정하는 기본 단위로서 낱말 이상의 것이 요구됨을 확인하고, 이를 보완하여 새로운 띄어쓰기 기본 단위를 상정하기로 한다.[3]

한글이 오랫동안 우리말을 표기해 왔더라도, 띄어 쓰는 일은 19세기 말에 와서야 처음 시작된다고 알려져 있다. 선교사 로스(J. Ross, 1877), 『초급 한국어(A Corean Primer)』에서 처음 예문들을 띄어쓰기 시작한 뒤, 본격적으로 낱말이나 어구 단위마다 띄어 쓴 것은 1896년 『독립신문』으로 알려져 있다. 흔히 영문판과 함께 발간되었다는 점에서, 영어의 자연스런 단어별 띄어쓰기를 받아들여 응당 한글도 띄어쓰기를 해야

가 제 궤도에 자리를 잡으면서 당연하게 통일성과 표준화의 요구가 생겨났고, 맞춤법의 경우도 이런 흐름을 그대로 반영하고 있다. 필자가 알기로는 영어에서는 '맞춤법' 논의가 집단적으로 이뤄진 바 없으며, 오직 미국의 웹스터 사전이나 또는 영국에서 더 늦게 나온 머뤼(편집자) 등이 몇 십 년 작업한 옥스퍼드 사전의 표제 항목들이 맞춤법의 전범으로 자리 잡았다. 우리나라는 개화와 더불어 언문일치의 운동이 시작되었고, 표기법 내지 맞춤법에 대한 자각도 생겨났는데, 이는 규범성을 반영해 주는데, 통일성의 개념으로 포장되어 있다. 그렇지만, 이 방언은 다양한 변이체의 모습을 잘 지니고 있으며, 그 생명력을 붙들어 내기 위하여 규범성을 벗어나서 '기술성'을 원칙으로 삼았다. 필자는 이 회의의 이름도 이런 측면을 반영하기 위하여 상위 개념인 '표기법'으로 합의되어 있다고 이해한다.

2) 아마 김민수(1973), 『국어 정책론』(고려대 출판부), 210쪽의 '어형식[語形式] 띄어쓰기'를 수정한 것으로 판단되는데, 민현식(1999), 『국어 정서법 연구』(태학사), 167쪽에서 쓰인 단어와 동일한 개념의 '어절'과는 다르다. 이 글에서는 '어절'(단어의 마디)이란 용어를, 단어(낱말)보다는 크고, 구절보다는 작은 단위를 말한다. 다시 말하여, 단어라는 중핵 요소에다 이와 유관한 기능범주 요소가 붙어 마디가 완성된 자족적 단위를 가리킨다.

3) 필자가 아직 '표기법'에 관한 글을 써 본 적이 없다. 따라서 여기서의 주장은 다만 이 방언의 표기법과 관련하여 현재 필자가 제시할 수 있는 최선의 방안을 적어 놓는 일에 불과하다. 다시 말하여, 더욱 이론적으로 일관된 입론 입증을 계속 해 나가야 하는 것임을 의미한다. 아직까지 표기법의 하위 개념으로서 '한글 맞춤법'의 띄어쓰기에 대한 입말 접근이나 심리적 접근은 시도되어 보지 않았다. 이는 이런 시도가 불필요하다는 뜻이 아니라, 오직 그런 쪽의 연구가 온축되어 있지 않았기 때문에, 그리고 그런 개념들을 제대로 이해하지 못하였기 때문에 빚어진 편견 내지 치우침 현상에 지나지 않는다.

하는 것으로 보았다고 뒤의 연구자들은 해석한다. 그러다가 '한글 맞춤법 통일안'에서부터 다수의 예시를 제시하면서, 일단 띄어쓰기의 원칙에 대한 가닥이 잡혔다. 그렇지만 많은 사람들이 그 원칙을 준수하지 않은 경우들이 있어 왔다. 1988년 '한글 맞춤법'에서는 제41항에서부터 제50항까지 9개 항에 걸쳐 띄어쓰기를 규정해 놓았는데,4) 이전과는 달리 붙어 씀을 허용하는5) 조항들이 들어 있다.

띄어쓰기의 문제는 비단 지금까지의 연구가 집착해 왔던 듯이 문법적 기준이나 어학적 기준만 작용하는 것이 아니다. 또한 우리 머릿속에서 작동하는 언어 처리 절차에도 깊이 의존하기 때문에, 엄격히 일방적인 언어 형식의 기준만으로 강요할 수 없는 것이다. 특히 언어 처리 방식의 경우에, 일상적인 의사소통이 많은 경우에 '입말'로 이뤄지기 때문에, 입말의 처리 단위가 글말의 처리 단위에 계속 영향력을 미치고 있는 것이다. 지금까지 띄어쓰기는 오직 글말로서만 자립적으로 작동하는 듯이 논의되어 왔기 때문에, 그리고 글말이 직접 언어학 지식에 따라 작동되는 듯이 관념해 왔기 때문에, 왜 띄어쓰기를 어려워하고,

---

4) 해설서들이 일일이 셀 수 없을 만큼 많이 나와 있다. 띄어쓰기 부분만을 중심으로 하여, 필자가 참고할 수 있었던 주요한 선업들은 다음과 같다.
　① 이희승·안병희·한재영(2010), 『증보 한글 맞춤법 강의』(신구문화사)
　② 김민수(1973), 『국어 정책론』(고려대 출판부)
　③ 신창순(1992), 『국어 정서법 연구』(집문당)
　④ 이익섭(1992), 『국어 표기법 연구』(서울대 출판부)
　⑤ 이은정(1993) 엮음, 『어문 규정에 따라 정리한 띄어쓰기 용례 및 해설』(백산출판사)
　⑥ 이현복·임홍빈·김하수·박형익(1997), 『한글 맞춤법, 무엇이 문제인가?』(태학사)
　⑦ 민현식(1999), 『국어 정서법 연구』(태학사)
　⑧ 강희숙(2003), 『국어 정서법의 이해』(역락)
　⑨ 한국논술교육원(2009) 엮음, 『한글 띄어쓰기 큰 사전』(스타북스)
　⑩ 정희창(2007), 『우리말 맞춤법·띄어쓰기』(랜덤하우스 코리아)

5) 민현식(1999: 231쪽)을 보면, 북쪽에서는 김일성 교시의 권장에 따라 1966년 '조선말 규범집'에서 붙여쓰기를 지향하였다. 그렇지만 북쪽에서도 '단어'를 기본 단위로 잡고 있어서, 좌충우돌하는 예외들이 많이 생겨나게 된다. 만일 붙여쓰기를 지향한다면, 그리고 붙여쓰기가 기본이라면, 당연히 '단어'보다 좀더 큰 단위를 기본 단위로 잡아야 옳을 것이다. 그렇지만 필자가 보기에, 북쪽도 그런 성찰이나 자각은 없었던 듯이 판단된다. 북쪽의 띄어쓰기에 대한 해설은 유목상(1989), 「북한의 맞춤법」, 고영근 엮음, 『북한의 말과 글』, 을유문화사에서도 읽을 수 있다.

왜 잘 지켜지지 않는지에 대한 핵심을 간과한 측면이 없지 않다. 입말
과 글말에 공통적으로 작용하고 있는 질서를 먼저 파악하고 나서, 글말
에서만 고유한 속성들을 추가해 나가는 것이 마땅한 접근 방법으로 판
단된다.

입말에 대한 연구는 최근 두드러지게 발전해 왔다. 언어 자료를 전산
처리하는 '말뭉치'(전산 언어학) 연구의 성과에 힘입어 이전에 잘 드러나
지 않았던 측면들이 새롭게 부각되었다.[6] 이제 말뭉치 영역은 언어학
이나 언어교육자들의 전유물이기보다, 오히려 자연언어 처리를 다루는
심리학자나 인공지능 전문가들이 더 많은 연구 업적들을 쌓는다는 점
에서,[7] 교차 학문적 영역으로 자리를 굳히고 있다. 띄어쓰기와 관련하
여 주목할 점은, 자족적인 의미 단위가 단어(낱말)보다 더 큰 단위라는
데에 있다.

컴퓨터 시대에 들어서서 처음 탄생한 '코빌드(COBUILD)'[8] 전자사전
의 편찬을 주도한 영국 버밍엄 대학(University of Birmingham)의 씽클레어
(Sinclare, 1933~2007) 교수는 일련의 연구를 통해서 꾸준히 이음말(collocation,
연어)을 만들어 놓는 구(pharse)가 생각의 기본 단위임을 주장해 왔다.[9]

---

6) 영국 입말 말뭉치의 연구와 활용에 대해서는 머카씨(McCarthy, 1998; 김지홍 뒤침, 2012,
   개정 증보판), 『입말, 그리고 담화 중심의 언어교육』(도서출판 경진)을 읽어보기 바란다.
7) 조명한 외 11인(2003), 『언어 심리학』(학지사)에서 전반적 개관을 읽을 수 있다. 언어
   산출에 대해서는 르펠트(Levelt, 1989; 김지홍 뒤침, 2008), 『말하기: 그 의도에서 조음까
   지 I, II』(나남), 언어 이해에 대해서는 킨취(Kintsch, 1998; 김지홍·문선모 뒤침, 2010), 『이
   해: 인지 패러다임 I, II』(나남)과 그 속에 들어 있는 뒤친이 해제들을 읽어보기 바란다.
8) 콜린즈 출판사와 영국 버밍엄 대학에서 공동으로 구축한 말뭉치를 기반으로 이뤄진 사전
   으로, Collins Birmingham University International Language Database(콜린즈 버밍엄 대학
   국제 언어 자료 기반)의 첫글자 모음.
9) 씽클레어(1991)의 『말뭉치·용례·이음말(Corpus, Concordance, and Collocation)』(Oxford
   University Press), 씽클레어(2003)의 『용례 해석(Reading Concordance)』(Pearson), 씽클레어
   (2004)의 『덩잇말을 믿으라: 언어 말뭉치와 담화(Trust the Text: Language corpus and
   discourse)』(Routledge), 씽클레어·모뢰넌(Sinclair and Mauranen, 2006)의 『선조적 단위 문
   법: 입말과 글말의 통합(Linear Unit Grammar: Integrating Speech and Writing)』(John
   Benjamins).
   허브스트·폴하버·우리그(Herbst, Faulhaber, and Uhrig, 2011) 엮음, 『언어의 구론적 관점:
   씽클레어 교수께 헌정(The Phraseological View of Language: A Tribute to John Sinclair)』
   (De Gruyter Mouton).

여기서 이음말(collocation, 연어)은 미리 짜인 단위로서, 관용적 결합원리에 의해 지배되고, 머릿속에서 한 덩어리로 저장된 것으로 상정된다. 이 단위는 더 큰 단위를 만들어 내기 위하여, 개방적 선택원리의 적용을 받는데, 단순히 문장뿐만 아니라 이보다 더 큰 단위인 거시언어학의 담화를 산출하는 데에까지 이어진다. 따라서 여기서 구는 두 가지 속성을 지닌다. 하나는 붙박이 이음말을 이루는 속성이고, 다른 하나는 새로운 문장을 엮어 더 확장되어 나가는 속성이다.

교착어의 특성을 지닌 우리말의 띄어쓰기와 관련해서도 씽클레어 교수의 주장은 경청할 만하다. 왜냐하면 띄어쓰기의 기본 단위를 '단어'(홑 낱말)로 지정하였기 때문에, 맞춤법 통일안을 고시한 1933년 이래 몇 가지 문제가 지속적으로 제기되고 있는 실정이다.10) 1988년 고시된 맞춤법의 띄어쓰기는 다음과 같이 4개의 절로 나뉘어 있다.

제1절 조사
제2절 의존 명사, 단위를 나타내는 명사 및 열거하는 말 등
제3절 보조 용언
제4절 고유 명사 및 전문 용어

생각 또는 사고의 기본 단위에 대한 논의는 크게 세 종류로 정리될 수 있다. 첫째, 단어(낱말)이다. 둘째, 구절이다. 셋째, 명제(가장 단순한 문장)이다. 이들 세 종류도 서로 통합될 수 있는데, 촘스키 교수의 경우 구절이면서 명제가 만들어질 수 있는 형식을 제안하는데 최대 투영 구절(XP)이다. 좀 더 자세한 것은 김지홍(2012), 「언어 산출과 이해에 대한 '다중 처리' 모형」, 『일본어 교육』 제62집(1~20쪽)을 읽어보기 바란다.

10) 민현식(1999: 240쪽)에서 핵심 쟁점을 다음 7가지 영역으로 보았는데, 모두 '자립체'(자립성을 지닌 최소체)와 관련된 것들이다. 또한 띄어쓰기 절대론을 주장하는 쪽에 이희승(1959)와 조영희(1988)을 들고, 붙여 쓸 수 있도록 허용하는 상대론 쪽에 남광우(1977), 조문제(1971), 유목상(1990)을 들었다.
  ① 조사-형식 명사
  ② 단위 형식 명사
  ③ 수
  ④ 의존용언
  ⑤ 합성어
  ⑥ 파생어
  ⑦ 고유명사 및 전문용어

이뿐만 아니라, 복합어 중에서 합성어의 범위도 언제나 문제가 된다. 이들 요소들이 언제나 단어(낱말) 단위를 넘어서서 이웃 요소와 결합하는 것으로 관념되는 것이다.

만일 이들 요소가 다른 이웃한 요소와 결합하여 자족적이거나 자립적인 성격을 띤다면, 그런 단위를 규정해 줄 필요가 있는 것이다. 그런 자립적 성격의 요소가, 또 다른 자립적 성격의 요소와 이어지면서 통사가 구성되고, 다시 더 나아가 담화 차원으로 진행되는 것이다.11) 그렇다면, 단어(낱말)보다 좀 더 크고, 완벽한 구절보다 더 작은 단위로서 그 후보는 무엇일까? 국어 문법에서 다뤄온 것으로는 '어절'이 있다. 어절 속에는 중핵 요소인 단어가 들어 있고, 이 요소가 자립할 수 있도록 요구되는 기능 요소들도 채워짐으로써, 자립하여 담화의 단위가 되며('자립체'로 불릴 수 있음), 또한 자유로이 이동될 수 있는 것이다. 어절은 일상적인 발화에서도 잠깐 멈출 수 있는 단위가12) 된다. 이에 반하여 구절(phrase)은 통사 규칙에 의해 짜얽히는 특징이 있으므로, 어떤 구절이라고 하더라도 반드시 분절될 수밖에 없다. 이런 점에서 자립체로 불리는 어절과는 달리 '분절체'로 불릴 수 있다. 분절체는 자립체들이 연결되어 이뤄지게 마련이다.

11) 담화 차원에서는 통사에 적용되는 원리를 벗어나서 새로운 원리들이 등장한다. 지금까지의 연구에서는 고정된 언어 표지를 지닌 통사 결속 요소들과 언어 표지가 없이 이뤄지는 의미 연결 요소들이 있다. 전자는 cohesion(통사 결속)으로 불리고, 후자는 coherence(의미 연결)로 불린다. 더러 전자를 응집성, 후자를 통일성이란 잘못된 용어로 번역되어 쓰이기도 한다. 문장과 문장이 연결되어 나가는 것을 문장 전개(펼쳐져 나감)라고 말한다. 그렇지만 응집은 한 점에 집중한다(모인다)는 뜻을 지니므로, 전개와는 정반대의 개념이 되어 버린다. 통일성 또한 문단들의 일관성에 대한 판정을 내린 뒤에 나오는 상위 개념이다. 따라서 이것들이 마뜩한 번역 용어가 될 수 없다. 자세한 논의는 김지홍(2010), 『언어의 심층과 언어교육』(도서출판 경진)을 읽어보기 바란다.

12) 일상적인 의사소통에서 멈춤 또는 공백은 심리적으로 흔히 '1초' 기준에 따라, 1초 이내의 간격과 1초 이상의 간격을 구분한다. 여기서 1초는 실제 측정 시간의 평균치가 아니고, 심리적으로 발화가 이어져 간다는 느낌을 주느냐, 도중에 끊긴다는 느낌을 주느냐 하는 구분이다. 북미 영어에서는 1초 이내의 공백을 채우기 위해서 uh(어)가 쓰이고, 1초 이상의 공백을 채우기 위하여 uhm(엄)이 쓰인다고 보고되어 있다. 1초 이내의 공백을 채우는 군말은 화자의 인출 대기시간을 벌기 위한 전략이고, 1초 이상의 공백을 채우는 군말은 마땅한 정보를 찾고 있는 중이므로 상대방인 청자로 하여금 화자 자신에게 도움을 달라는 요청 신호로 해석된다.

그렇지만 자립적인 단위를 찾아내어 모두 붙여 쓰는 일만이 능사가 아니다. 자립 단위가 문장에서부터 절과 구를 거쳐 어절까지 분포하기 때문이다. 언어의 가장 큰 장점은, 언어 사용 주체들로 하여금 한 대상이나 사건의 내부 속성을 분석해 낼 수 있도록 해 주는 것이다. 이는 종으로서 인간이 획득한 지혜의 핵심이다.[13] 이런 최대 장점이, 하나의 문장을 적의한 내부 구성요소들로 나눠 놓도록 계속 요구하게 된다. 가령, 몇 개의 명사가 나열되면서 하나의 대상이나 사건을 가리킨다고 할 때, 하나의 대상에 대한 고유 명칭이라고 하여 무조건 붙여 쓸 것은 아니다. 언어의 최대 강점인 분절성(또는 마디에 따른 분석성)을 보장해 주기 위하여, 언제나 분절 가능한 단위를 분명히 구분하여 띄어 써 놓는 일이 중요하다. 이 글에서는 분절성을 구현하는 '구절'이란 용어를, 자립성을 보이는 어절과 대립적으로 쓰려고 한다. 이 때 분절의 방식은 입말을 대상으로 하여 소쉬르가 언급한 선조적 방식에 따라 계열체와 통합체의 개념을 적용할 수밖에 없다.

이제 띄어쓰기와 관련하여, 다음과 같이 근본적인 몇 가지 질문을 제기하고, 이 질문에 답변을 해 나감으로써, 이 방언 표기법에서 어떤 단위로 띄어 쓰도록 할 것인지를 다뤄나가기로 한다.

---

13) 리버먼(Lieberman, 2006), 『언어의 진화 생물학(*Toward an Evolutionary Biology of Language*)』(Harvard University Press)과 리버먼(1991; 김형엽 뒤침, 2013), 『언어의 탄생』(글로벌콘텐츠)에 따르면, 대략 5만 년 전에서부터 네안데르탈 인(주로 외침이나 콧소리를 이용하여 소통하였음)과는 두드러지게 다른 크로마뇽인이 출현하였다. 그들은 성대의 하강을 통하여 공명실을 확보함으로써 분절음을 말할 수 있게 되었고, 이에 따라 단순한 부르짖음(call)을 벗어나 비로소 말(language)을 쓰게 되었다. 미국 철학자 써얼(Searle, 1995), 『사회적 실체의 구성(*The Construction of Social Reality*)』(Free Press)과 써얼(2001; 김기현 외 4인 뒤침, 2001), 『합리성의 새로운 지평』(철학과현실사)에서는 인간 종이 언어를 획득하면서 동시에 조직화된 사회를 이루게 되고, 언어에 기댄 정신의 상징성 운용 능력에 따라 더욱 분화되고 계층화된 사회를 이루는 것으로 보고 있다.

한 걸음 더 나아가, 전통적으로 서구의 수사학에서는 분석 지침까지도 6하 원칙으로 기본 틀을 제시해 놓았다. 이른바 6하 원칙은 인과 관계로 묶은 두 가지 사건을 가리키는데, 여기서 '왜'를 제외한다면 5개의 요소가 하나의 사건을 구성해 놓는 틀이 된다. 이틀도 크게 무대와 사건, 또는 배경과 초점으로 나뉜다. '언제, 어디서'가 무대 또는 배경에 해당한다. 마지막으로 남은 '누가 무엇을 어떻게'가 하나의 사건을 분석하는 언어학적 틀이 된다. 여기서 '어떻게'는 언어에 따라 문법 구현 방식이 많이 변동된다.

1. 왜 띄어 써야 하는가?

2. 띄어 쓰는 기준은 무엇인가?

3. 띄어쓰기에 융통성이 왜 허용되는 것일까?

4. 어디까지 융통성이 허용되어야 할까?

1. 왜 띄어 써야 하는가?

이 질문에 대해 매우 빈번히 써 온 답변은 '이해 수월성'이나 '가독성'
을 높인다(또는 이독성[易讀性]으로도 번역함)는 주장이다. 이 주장이 잘못
된 것은 아니다. 그렇지만, 보다 더 근원적인 답변은 찾아져야 한다.
필자의 생각에 그 답변은 인간의 생각이 '분절적'이라는 것이다. 철학
이나 논리학 쪽에서 이를 합성성 원리 또는 첫 토대를 마련한 창시자를
기려 프레게(Frege) 원리라고 부른다.14) 우리 생각이 분절적이라는 것
은, 한 대상이나 사건의 내부 구조를 뜯어본다는 말과 동일하다. 쉽게
뜯어 볼 수 있도록 행간을 띄어 써 줌으로써, 각 항목 사이의 관계를
생각해 볼 계기가 마련되는 것이다. 이런 속성의 결과로서 독자들이
글을 읽어 나갈 때에 이해의 수월성이나 가독성(이독성)이 촉진되는 것
이다.

---

14) 합성성 원리(compositionality principle)를 준수하는 수학이나 논리학은 철두철미하게 방
법론적 일원론(methodological monism) 위에서 작업이 이뤄진다. 이런 일원론을 맨 밑에
서 뒷받침해 주는 터전을 공리계(axiomatic system)라고 부른다. 이런 엄격성을 바탕 위에
서 고된 작업을 하면서, 최종적으로 추구하는 것은 올바른 판단(judgement)이다. 즉 참과
거짓에 대한 확정 판결이다.
  흔히 일반 사람들은 엄격한 일원론을 따르기보다는 느슨하게 모순 없는 전개 방식 정
도만을 채택하되, 올바른 생각과 모순 없는 판단을 내리는 쪽이다. 그렇다면 돌아가든
질러가든, 일반사람들이 추구하는 쪽과 수학자 내지 논리학자들의 최종 목적지는 동일
한 셈이다.

2. 띄어 쓰는 기준은 무엇인가?

우리의 생각이 분절적이라는 점에 합의한다면, 분절된 사고가 포장되는 방식을 다뤄야 한다. 지금까지는 포장 방식은 언어 기호 또는 수학 기호를 쓴다.[15] 이 방언의 표기법을 다루는 데에서는, 언어 기호로 포장되는 쪽을 다뤄야 한다. 직관적으로 생각의 단위들을 의미 단위로 부르거나 개념 단위로 부르기도 하지만, 수학자 프레게는 엄격하게 이를 논항(argument)이라고 부른다.[16] 최근 언어학의 논의에서는 이 개념을 받아들여 '논항구조'란 용어도 쓰고 있다. 촘스키 언어학에서 논항은 임의의 최대투영 구절(XP)로 표상된다. 이 형식은 언제나 계층성을 구현하므로, 음절 구성에서부터 시작하여 문장 구성에 이르기까지 미시언어학의 전 영역에 모두 관여하고 있다.

띄어쓰기와 'XP'의 속성이 관련될 수 있을까? 이는 분명히 자립적인 단위이므로, 어절과 직접 관련된다. 곧, 중핵 요소로서의 단어(홑 낱말)와 이 요소가 요구하는 기능 요소가 결합한 뒤 하나의 매듭을 이루는 것이 '어절'(낱말 매듭, 낱말 마디)이기 때문이다. 이는 간단하게 하나의 동사나 형용사(계사를 포함하여)가 활용되는 경우에 매우 분명하다. 하나의 명사가 격조사나 보조사를 거느리는 경우에도 문제가 될 게 없다. 맞춤법에서 규정한 의존 명사와 보조 용언도 앞의 중핵 요소와 더불어 하나의 어절로 간주된다면, 당연히 붙여 쓸 수 있는 것이다. 단어마다 띄어 써 나가는 것이 아니라, 어절마다 띄어쓰기 때문이다.

그렇지만 복합 구조를 지닌 형식들이 명사와 동사에 모두 나타날 수 있고, 이럴 경우에 자립적인 낱말 매듭을 결정하기가 간단치 않다. 명사들이 나열되어 명사 합성어가 되는 경우,[17] 그리고 동사들이 계속

---

15) 만일 예술이 추가된다면 그림이나 소리와 같이 감각 자료들도 더 추가될 수 있을 것이다.
16) 프레게는 기본을 함수(function)로 부르고, 이 함수의 빈 자리를 채워 주는 것을 논항 (argument)이라고 불렀다. 같은 시대의 수학자 칸토어의 용어로는 집합과 원소라고 부를 수 있다. 촘스키 교수는 함수를 핵어(head)라는 용어로 바꿔 쓴다.
17) 신창순(1992: 167쪽)에서 검토했던 복합 구성이 '학사운영업무개선방향'이다. 맞춤법의

이어져 연속동사 구성을 이루는 경우가[18] 그러하다. 현행 맞춤법에서는 해결책으로 편의주의를 명시해 놓았다. 일관되게 붙여 쓸 수도 있고, 띄어 쓸 수도 있는 것이다.

그러나 그런 제안은 결코 해결책이 될 수 없다. 이는 무원칙이 곧 원칙이라고 강변하거나 스스로 세운 원칙을 무너뜨리는 일에 다름 아니기 때문이다. 이는 띄어쓰기의 단위를 '단어'(낱말)로 정했기 때문에 귀결될 수밖에 없는 한계이었다. 이를 극복하기 위하여 제시할 수 있는 대안은, 단어보다 크지만 완벽한 구절보다는 작은 단위로서 '어절'이 되며, 어절이 최소 자립적 속성을 지니므로, 어절마다 띄어쓰기를 해 나갈 수 있다.

그렇더라도 복합 구조를 이루는 대상이나 사건의 경우에, 하나의 어절과 같이 모두 붙여 써 놓아야 할 것인가? 만일 그렇다면, 이는 사건의 내부구조를 분석하는 인간 사고의 지혜를 글말이 포기해 버리는 일에 다름없다. 이러한 분절 구조는 언어 층위에서는 구절(phrase)로 구현된

편의주의에 따르면, 다 붙여 쓸 수도 있고, 다 띄어 쓸 수도 있다. 또한 어느 정도 붙이고, 어느 정도 띄어 놓을 수도 있다. 다 붙여 쓰거나 다 띄어 쓰는 경우는 최악의 경우이다. 중간에서 어느 것을 붙이고, 어느 것을 띄어야 하는지를 결정하는 일이 중요하다. 이는 특정한 업무를 놓고서, 내적 구조를 어떻게 볼 것인지에 따라 달라질 것이다. 이는 어절(붙여 씀)에서 구절(띄어 씀)로 한 계층이 높아짐을 뜻한다. 빈출하는 일이 '하나의 개념'이 되고, 이 개념이 언어상 어절로 표현되는 것이다. 그리고 어절들이 모여 구절을 이루는 것이다.

① 우선 '개선방향'이 하나로 묶일 수 있고, 그 대상이 '운영업무'이며, 운영업무의 하위 갈래가 '학사'이므로, "학사 운영업무 개선방향"으로 띄어 쓸 수 있고, 발화시 짧막한 쉼으로도 이런 내적 구조가 표시될 수 있을 것이다. 이는 학사·기획·재정 등 여러 분야의 개선방향을 다루는 부서에서의 표현 방식이다.

② 이와는 달리, 가장 빈출하는 일이 무엇인지에 따라, '학사운영', '개선업무', '방향'으로도 띄어 쓸 수도 있는데, "학사운영 개선업무 방향"과 같다. 이는 학사부 내부의 구성원들에게 적용되는 분절 방식일 것이다. '학사운영'이 더 분석할 수 없는 하나의 개념으로 표현되기 때문이다.

18) 비록 '-아' 구성을 보이는 억지 예가 되겠지만, "쳐먹어들어가버려봐주었으면"에서는 적어도 4개의 동사 어절을 찾을 수 있고(쳐먹다, 들어가다, 버려보다, 주다), 더욱 잘게 나눠 놓을 수도 있다(쳐먹다, 들어가다, 버리다, 보다, 주다). 만일 4개의 동사(단어보다 더 큰 어절임)가 이 사건의 내적 구조를 드러내는 데에 적합하다고 본다면, "쳐먹어 들어가 버려봐 주었으면"과 같이 띄어 쓸 수 있다. 어절과 구절의 구분은 누구에게나 다 일치될 수 없다. 경험에 따라서 화자마다 달리 구분할 가능성이 언제나 있는 것이다.

다. 따라서 어절을 중심으로 띄어쓰기를 하는 경우에는, 어절과 구절 사이에 마땅한 구분을 마련해 놓은 일이 중요해진다.

만일 어떤 대상이나 사건이 복합 구조를 이루는 경우, 어떻게 띄어쓰기를 해야 할까? 이는 어절에서 한 단계 높은 구절로 진행하는 일에 해당한다. 달리 말하여, 어절과 구절을 구분해 주는 원리는 무엇인가? 아직 어절과 구절 사이의 구분은, 사안마다 하나하나 다뤄야 할 만큼, 간단한 해결책은 없다.[19]

국어학이나 언어학에서도 아직 어절과 구절을 구분하자는 제안이 본격적으로 나온 바도 없다. 그러나 언어 심리학의 연구에서는 최근에 낱말을 처리하고 저장하는 두뇌 부서와 통사 구성을 관장하는 두뇌 부서가 서로 구분되어야 한다는 보고들이 이어지고 있다.[20] 제2의 뇌(테두리 뇌로서 일본 번역 용어로 변연계)에서는 규칙적이고 구성적인 간단한 일들을 처리한다. 그러나 제3의 뇌에서는 구체적 사건이나 구체적 사례의 개별적 처리에 관여한다. 더욱 대립시켜 표현한다면, 낱말들은 제3의 뇌에서 저장되지만, 통사는 제2의 뇌에서 처리된다. 어휘부 속에서도 규칙적인 낱말 구성은 제2의 뇌에서 처리되지만, 불규칙적이고 예외적인 낱말들은 제3의 뇌에서 하나의 덩어리로 기억된다.

이런 정보에 기대어 해답을 모색해 본다면, 어절은 제3의 뇌에서 하나의 덩이로 기억될 소지가 있고, 구절은 제2의 뇌에서 구조와 규칙의 적용을 받으면서 처리될 개연성이 높다. 그 차이는 즉, 늘상 쉽게 경험하는 대상이나 사건들을 하나의 개념으로 받아들여 어절로 포장해 둔

---

19) 씽클레어 교수가 이음말에 관여하는 구(phrase)와 통사 구성에 관여하는 구를 구분한 것과 비교될 수 있다. 이음말에 관여하는 구는 예측 가능하며(달리 말하여 사람들의 머릿속에 기억되어 있으며), 말뭉치에서 확률이 높든 낮든 반드시 포착된다. 그렇지만 통사 구성에 관여하는 구는 개방성을 구현하고 있으므로(기억되어 있지 않고, 대신 즉석에서 만들어 내므로), 원칙적으로 예측률이 0%이며, 구성의 방식은 순전히 인간의 자유의지에 달려 있는 것이다. 이 글에서 다루고 있는 어절은 이음말에 관여하는 구에 비유될 수 있고, 구절은 통사 구성에 참여하는 구에 일치된다. 영어와 달리 우리말은 교착어의 질서를 구현하므로 씽클레어 교수의 주장은 조금 가다듬어질 필요가 있다.

20) 핑커(Pinker, 1999; 김한영 뒤침, 2009) 『단어와 규칙』(사이언스 북스)과 잉그뤔(Ingram, 2007; 이승복·이희란 뒤침, 2010), 『신경 언어학』(시그마프레스) 등을 참고하기 바란다.

다. 그렇지만 덜 익숙하거나 새롭게 경험하는 대상이나 사건들은, 내부 구성을 파악하는 방식으로 구절을 통해서 진행된다. 이제 만일 필자 나름대로 주먹구구식 판단 원칙을 상정해 본다면 다음처럼 진술할 수 있다.

'빈출하는 일 또는 자주 경험하는 대상은 하나의 개념으로 간주되어 한 어절로 표현된다.'

이는 사람마다 경험의 양과 폭이 다르므로, 필연적으로 빈출의 기준에 대한 판단이 달라짐을 의미한다. 그럼에도 늘상 반복되는 사건과 일이 있으며, 그런 사건들은 머릿속에서 하나의 개념으로 저장되는데, 그 방식이 바로 어절이 된다. 이를 흔히 '공유된 지식(shared knowledge)'이라고 부른다. 예전에 관습이나 관례로 부르던 것들이다.

이를 염두에 두면, 띄어 쓰인 '초등∨학교'는 단어(낱말)가 두 개 들어 있는 구절 표현이지만(언제나 분절성을 보장하며, 내부 구조가 투명함), '초등학교'는 누구나 경험하는 대상이므로 하나의 개념과 하나의 어절로 표현된 것이다(자립체이며 분절되지 않은 채 구조가 불투명함).

만일 어절을 띄어쓰기의 기본 단위로 상정한다면, 여느 학생들을 골치 아프게 만드는 '는∨데 : 는데', '은∨지 : 은지' 따위의 구분은 무위로 돌아간다. 모두 다 한 어절이기 때문이다. 이런 것이 골치 아프다는 사실 그 자체가, 일반 사람들의 직관을 무시하고서 오직 언어학적 분석에만 골몰하여 전문가가 얻어낸 결과이며(물론 뜻 구분 때문에 그런 일을 요구하는 것이라고 모든 해설서에서 강변하지만), 반민중적이라는 사실 자체가 잘못된 분석일 개연성을 시사해 준다.[21] 국어학자들이 소중하게

---

21) 이런 구분을 가끔 가르치면서, 도대체 이 구분을 알았다고 하여, 젊은이들의 인생에 대체 무슨 덕이 되는 것일까 하는 짙은 의심을 놓아 본 적이 없다. 띄어 쓰고 붙여 쓴다고 하여, 입말이 더욱 올바르게 되는 것도 아니고, 사고가 더 분명해지는 것도 아니다. 그럴진대 이것이야말로 전형적인 '공리공담'이 아닐까? 입말 의사소통에서는 이를 구별할 방법이 없다. 오직 그런 부분을 들어가면서 동시에 상위 의식에서 분석을 해 나가야만

찾아낸 결과를 무시하라는 주장이 아니다. 그런 뜻 구분은 다의어나 동음이의어의 뜻 구분과 마찬가지로, 문법 형태소들 사이에서도 나란히 적용될 수 있다고 간명하게 처리할 수 있기 때문이다. 붙여 쓴다고 하더라도 우리가 귀로 말을 들을 때처럼 자연스럽게 동음이의 처리 방식으로 구분해 나갈 수 있다. 띄어 써 놓은 의존 명사 구문이, 입말에서 잠깐 멈춤이 일어날 리 없으며, 그런 만큼 입말의 자연성을 무시하고 있다. 어떤 것이 더욱 현명한 결정인지를 이제 본격적으로 숙고해 보아야 할 일이다.[22]

3. 왜 융통성이 허용되는 것일까?

복합 구성을 이룰 경우에, 자신의 경험에 비추어 하나의 개념(늘상 일어나는 일, 늘상 접하는 일이 하나의 개념으로 자리잡음)으로 묶는 일은 사람마다 달라질 수 있다. 더욱 직접적으로 표현하여 본다면, 자신의 언어를 깊이 되돌아 볼 수 있는 전문 언어학자와 언어에 대한 성찰 없이 삶의 현장에서 바삐 살아가는 평범한 일상인 사이에는 분절의 범위와 깊이에 분명히 차이가 있게 마련이다. 전문가일수록 소쉬르의 계열-통합 구성 방식을 적용하여 더욱 분절적으로 띄어 쓰는 경향이 있다. 반면에 비전문가일수록 큰 덩이로 파악하여 하나의 자립체 범위를 크

가능한 일이다. 그렇지만, 입말 의사소통에서는 그런 짓은 쓸데없는 일이다. 왜냐하면 입말 의사소통에서는 상대방의 의도를 탐색하는 일(의도 파악)이 처음부터 끝까지 전념하여 이뤄져야 하기 때문이다.

[22] 이 방언의 사전들과 개론적인 연구서들을 검토하면서, 줄곧 필자의 분절 의식과는 다른 표기들을 접할 기회가 많이 있었다. 처음에는 완고히 필자의 구조적 분절에 무게를 두었었다. 형태소나 단어에 초점을 둔 구조적 분절 의식이다. 그렇지만 점차 그런 다수의 사례들을 접하면서, 오히려 분절 없이 통째로 표기하는 것도 하나의 방법이라는 판단이 들었다. 이는 어절이나 구절을 중심으로 하여 표기에 반영해 놓는 셈이다. 이 경험은 필자가 읽었던 뤄쓸(1919), 『수리 철학 입문』의 서문에 쓰인 경구를 곱씹어 보게 하였는데, 우리에게는 맨눈으로 보는 세계가 있고, 현미경으로 보는 세계가 있으며, 천체 망원경으로 보는 세계가 있다. 직관에 따라 일상적으로 봐야 하는 대상이 있고, 미세하게 관찰해야 하는 대상이 있으며, 거시적으로 살펴야 하는 대상도 있는 것이다.

게 잡을 개연성이 높다. 이는 경험의 차이를 정직하게 반영해 준다. 따라서 띄어 쓰는 방식은 불가피하게 삶의 경험에 따라 달라지지 않을 수 없다. 임의의 복합 사건을 전문가들은 구절로 파악하여 분절하지만, 비전문가들은 어절로 파악하여 자립체로 간주할 수 있는 것이다. 이를 인정한다면, 융통성을 인정하되 어떤 공통 기반 위에서 허용되어야 함을 알 수 있다.

4. 어디까지 융통성이 허용되는가?(융통성의 규제 방법이란 없다)

이 방언의 표기에서는 어절마다 띄어쓰기를 한다고 할 적에, 다음의 일거리는 어떤 범위가 어절이고, 어떤 범위가 구절인지를 명시적으로 서술해 주는 것이다. 어절은 자립체인 생각의 단위이고, 일반 사람들이 나누지 않는 덩어리로 관념하는 언어학적 대상이다(또한 삶 속의 경험 실재물과도 일치하는 대상이다). 그렇지만 구절은 한 대상이나 사건의 내부 구조를 들여다보기 위하여 분석적으로 생각을 진행한 결과로서 나온 언어 산출물이다. 따라서 분석되고 구조를 지니어서 쉽게 전체를 얽을 수 있는 대상이 된다. 영어에서 첫 글자만 따서 묶어 놓은 약자는 정확히 '어절'에 해당하고, 약자에 주의를 기울이지 않는 한 원래 글자를 복원할 수 없다. 앞에서 봤던 코빌드(COBUILD)란 약자도 그러하다. 언어 공동체 구성원들이 누구나 다 공통되게 경험하는(했거나 할 수 있거나 하고 있거나 간에) 대상이나 사건은, 하나의 개념으로 자리잡고 언어상으로는 어절로 포장된다. 그렇지만 이를 기계적으로 판정해 주는 원리는 없다. 오직 스스로 성찰하여 누구나 쉽게 경험하는 공통의 사건이나 대상이라면, 하나의 개념으로 잡을 수 있을 뿐이다.

만일 어절이 띄어쓰기의 기본 단위라고 결정한다면, 시급히 이뤄져야 할 다음 단계의 작업은 어절이 심리적 실재이고, 단어가 심리적 실재가 아님을 실증하는 일이 된다. 이 일이 통계적으로 유의미해진 다음에는(입증 작업이 받아들여진 다음에는), 언어학에서 어절의 구성체를 분석하여 얻어지는 단어(낱말)에 대한 정의와 규정을 새롭게 해 나가는 일이 이어져야 한다.

현재로서 필자는 어절 단위 띄어쓰기를 뒷받침하는 결정적인 증거로서 의존 형태소 부류와 관련된 사례들을 대략 다섯 가지 정도 들 수 있다.

(1) 이 방언에서 대명사 부류와 이어지는 낱말들이 한 덩어리처럼 붙어 줄어드는 현상이 아주 잦게 일어난다. 가령,

그 아이는 → '가인'
이 아이는 → '야인'
저 아이는 → '자인'
그거는 → '건'
그영[그렇게] ᄒ민 → '게민'
그영[그렇게] ᄒ난 → '게난'

따위이다. 이렇게 줄어든 것들은 단어를 중심으로 쓸 수 없고, 오직 줄어든 결과를 하나의 어절로 써야 한다.

(2) 또한 '거'[것]과 이음말(연어)을 이루는 구적 낱말(phrasal word)이 모두 모두 된소리로 되면서 결코 중간에 수식어를 집어넣을 수 없이 하나의 어절로 행세한다.

느[네] 거는 → '느껀'
나[나의] 거는 → '나껀'
가이[그 아이의] 거는 → '가이껀'
그 사름 거는 → '그 사름껀'

완벽히 하나의 어절로 굳어져 있는 결과물들은 중간에 수식 어구를 집어 넣을 길이 없다. 따라서 일부러 '네 작은 것은'과 같은 구성을 구현해 보면, [*느 작은 껀]과 같이 발음되어 나올 것이지만, 결코 이런 표현이 성립할 수 없고, 오직 수식 어구가 어절 밖에 위치해 있어야 한다. '즉은 느껀'과 같다. 하나의 어절 '가이껀'으로 줄어든 사례에서도 수식 어구는 이 어절의 밖에 있어야만 성립된다. '큰 가이껀'과 같다.

(3) 인칭 대명사의 구성에서도 이 방언에서는 '나의 것'을 나타내는 [나꺼]의 구성에서 알 수 있듯이, '나 책'이23) 하나의 어절 구성 [나책]을 이루므로,24) '것' 구성에서와 동일하게 '푸른 나책'과 같이 반드시 수식어가 이 어절 밖에서 꾸며 주어야 한다.

*나 푸른 책

은 이 방언을 모어로 삼고 있는 필자의 직관에는 비문법적이며, 수용 불가능하다. 이는 구조상으로 따질 때에

[나 [푸른 책]]

---

23) 아마 제주 방언을 모어로 삼고 있는지 여부를 가늠할 수 있는 리트머스 시험지가 바로 '나 책'과 같은 구성이다. 2인칭이나 3인칭은 복수 형태인 '느네, 가이네'가 가능하기 때문에, 1인칭 대명사 '나'와는 다르게 행동한다. 제주 방언을 모어로 삼고 있는 화자는, 십중팔구 '내 책'이라고 말하지 않고, 대신 '나 책'으로 말한다. 이는 한 어절로서 하나의 낱말(단어)처럼 '나 책'을 분석하지 않은 채, 하나의 덩어리로 머릿속에 기억하고 있을 것이기 때문으로 판단된다. 혹시 더 깊이 탐구한다면, 원초적으로 관형 구성을 이루는 형태가 아마 명사 나열을 합성어처럼 묶어 놓고서 하나의 어절처럼 쓰는 것일 개연성이 있는지 여부도 본격적으로 논의되어야 할 것이다.

24) 이를 오직 잠정적으로만 '어절 구성'으로 본다. 일후, 어절을 이루는 이 구성 방식이 합성어 구성을 포함하는지 여부에 대해서 더 정밀한 논의가 필요하다. 왜냐하면 필자의 머릿속에는 하나의 낱말(단어)이 주요소가 되고, 이 주요소에 딸려 나올 수 있는 기능 요소들이 자연스럽게 덧붙어, 어절을 이루는 것으로 가정하기 때문이다. 이런 가정 위에서는 합성어 구성도 주요소와 부차 요소로 재구성되어야 일관된 어절 정의에 부합될 수 있다. 적어도 합성어가 두 개 이상의 자립 낱말(단어)이 붙는 것이라면, 어절 정의 방식을 바꾸거나 또는 어절과 다른 부류라고 상정해 주어야 하기 때문이다.

이므로, '철수네 멋진 자동차'처럼 명사 구절들 사이에 확장이 이뤄져야 하겠지만, 직관적으로 이런 확장 형태가 불가능하다는 것은, 이 방언에서 이 구성이 계층화되어 있지 않고, 오직 한 덩이로 융합되어 있음을 전제해야 한다. 즉, 하나의 '어절'로 굳어져 있는 것이다. 반면, 공통어에서는 '나의 푸른 책'이 언제나 성립 가능한데, 아마 속격 조사가 구적인 확장을 가능하게 만들어 주는 듯하다.

(4) 이 방언의 어미들 중에서 '-을 것'의 구성으로 만들어진 부류들이 많다. 특히 '어지다' 보조용언으로 형성된 '먹어질 거냐?, 오라질 거냐?'[먹어 질#것이냐?, 와 질# 것이냐?]와 같은 구문은, 중간 과정으로서 '먹어질커냐?, 오라질커냐?'라는 구성을 거쳐서 마침내 관형형 어미가 탈락된 다음에, 분석될 수 없는 하나의 어미처럼 '먹어지커냐?, 오라지커냐?'로 쓰인다. 이 방언을 다룬 사전에서도 이 어미를 '-라지커냐?'처럼 분석하지 않은 채 싣고 있어서, '융합 구성'의 어미로 파악하였음을 알 수 있다.[25] 형식명사를 매개로 하여 관형형 어미 '-을'이 융합한

---

25) 비슷하게 복잡하게 결합된 어미 활용 모습의 '-앖이커라'에서도 구성상 '앖+이+을#거라'를 찾아낼 수 있다. 시상으로서 당시 현재 진행 지속 형태소 '-앖-'과 주제화 구문을 형성하는 계사 어간 '이'가 결합된 복합형태 '앖+이'에, 다시 관형형 어미 '을', 그리고 형식 명사 '거'와 계사로 이뤄진 종결어미 '이다'의 변이형 '이라'가 이어져 있다. 이 구성도 당연히 [-앖일커라]와 [-앖일꺼라]도 가능하다. 그렇지만 이미 완전히 융합된 형태로 파악되어 방언 사전들에서는 '-암시커라'로 올려 놓았다(어미 형태소들을 밝혀 '-앖이커라'로 표기해야 함). 어떤 풀이에서는 관형형 어미가 형식명사에 녹아 있는 '커'(을+것)를 '으크' 형태로 잘못 파악하여, 심지어 추측을 나타낸다고 그릇된 설명까지 하였다. 그렇지만 '-을 것' 구문은 언제나 예정된 미래 사건을 가리키는 데에 쓰인다. 가령, 방송 뉴스에서 내일 예정된 대통령의 취임사를 언급할 적에는 반드시 '을 것이다' 구문(이 방언의 형태는 '-으 커/-을 꺼')이 쓰일 뿐이지, '겠' 구문(이 방언의 형태는 '-으크-')은 쓰이지 않는다.

현평효·강영봉(2011), 『제주어 조사·어미 사전』(도서출판 각)의 94쪽에서는 '-람시크라'(형태를 밝힌 올바른 표기는 '-랎이크라')로 올리고('오다' 등에 연결되는 변이형태), 233쪽에서는 '-엄시커라고'(형태를 밝힌 올바른 표기는 '-없이커라고')로 서로 일관성 없이 올려놓았고('크'와 '커'는 서로 다른 형태들임), 잘못되게 모두 추측을 나타낸다고 설명하였다. 96쪽에서는 비록 '-람실 거여'(형태를 밝힌 올바른 표기는 '-랎일 거여')의 '-람실'(형태를 밝힌 올바른 표기는 '-랎일')을 목록으로 올려놓았으나, 이것과 '-랎이컬, -랎이커라'와의 관련성을 포착하지 못하였다. 명확한 형태소 인식에 근거하지 않고 막연히 유사성에만 집착하여 서술해 놓은 것에 지나지 않는다.

복합어미들은 '-을커라, -으커라'와 '-을테쥐, -을테주'에서도 관찰되는데, 유독 '거'(것)에서는 보수적인 융합형태에서는 '커'로 실현되고, 젊은 층들에게서는 된소리(경음)로 표현되어 '꺼'로 나오기도 한다. 가령 '가다' 동사를 활용시켜 공통어에서 '갈 것이다'로 나오는 표현이, 이 방언에서 반말투의 종결 어미로 말하면, '갈 거라' 또는 형식명사 뒤에 종결 어미들이 단절(truncation)되어 '갈 거'로 실현된다. 이 중 반말투 종결 어미를 지닌 '갈 거라'는 '갈커라'나 '갈꺼라'로 표면형이 나온다. 이 중에서 '갈커라'는 다시 관형형 어미 '을'이 'ㅎ'로 약화된 다음 탈락되어 남아 있는 'ㅎ'이 뒤에 있는 자음을 거센소리(격음)로 만들어 주어 '가커라'로 소리 나게 된다.

이 방언의 어미를 다룬 목록에서 '커'로 등록되어 있는 부류는 형식 명사 '것'이 매개된 구문에서 나오는 것이지만, 잘못 선어말어미 '-으크-'와 동일시되어 있는 경우가 있다. 서로 혼동되는 듯하지만 명확히 구

만일 진정으로 '-으크-'가 구현되어 있었더라면(공통어의 '-겠-'처럼 의도와 추측의 두 해석을 모두 지님), '앖+이+으크+이어'의 구성으로서, 당연히 약한 모음 '으'의 탈락·반모음화·음절재구성을 거쳐 '앖이으크이어 → 앖이키어 → 암시켜'[암시켜]라고 발음되어 나와야 한다. 실제로 '-앖이켜'(변이형 '-랎이켜')의 융합 어미도 방언 사전들에 이 방언의 어미 실현으로 올라 있다.

그렇지만 만일 '-앖이커라'가 도출되기 위하여 '으크'가 구현되어 있는 '-앖이켜' 뒤에 계사의 반말투 종결어미 '-이라'가 융합되어 있다고 설명할 길 이외에는 다른 방법이 없다. 만일 '-앖이켜'에 '-이라'가 융합된다면, 계사 어간의 탈락을 거쳐 [*-암시켜라, *-람시켜라]처럼 발음되어야 한다. 그렇지만 이런 모습의 어미 실현은 이 방언에 존재하지 않는다. 따라서 '-앖이커라'의 형태소 분석에서 '으크'를 상정하는 분석은 잘못임을 알 수 있다.

이와는 달리 '-을 것'(관형사어미와 형식명사로 이뤄짐)에 터전을 둔 '-으커' 구성은 표면형을 제대로 도출해 낸다. 시상 형태소 '앖'이 계사 어간으로 보이는 '이'이 결합된 뒤에 관형형 어미 '-을'이 붙은 모습이 '-앖일'('오다' 동사에서는 잠재태로 있던 어간의 ㄹ이 발현되어 '-랎일'로 되며, 이것이 형식명사 구문을 이뤄서 '-앖일 거이어/거이라'라는 표상이 만들어진다. 형식명사 구문은 계사 '이다'의 고유한 서술 서법의 종결어미를 실현하면 '거이어, 거여'로 나오고, 억양만 달리하여 여러 서법에 두루 나오는 반말투 종결어미를 실현하면 '거이라, 거라'로 나올 뿐만 아니라 또한 이들의 단절(truncation) 형태인 '거'만으로도 쓰일 수 있다. 따라서 이 복합 어미는 반말투 종결어미의 구현으로서 '-앖일 거이라(초기 표상) → -앖일거라(융합어미로 되면서 앞에서 밑줄 그은 계사 어간 탈락) → -앖이커라(앞에 밑줄 그은 관형형 어미가 'ㅎ'로 줄어들면서 후행자음에 얹힘) → 암시커라(음절 재조정됨)'의 융합과정을 거쳐 표면형으로 나오는 것임을 쉽게 확인할 수 있는 것이다.

분해 주는 방법이 있다. 곧 그 기원을 역추적하는 방식이다. '-을 거'(-을 것)를 대치하여 그 성립 여부를 판정하는 것이다. 오직 형식명사를 지닌 구성만이 성립 가능한 판정을 받을 뿐이다. 여기서 관형형 어미와 형식 명사가 융합되어 있는 다수의 사례들은 띄어쓰기가 단어가 아니라 어절 단위로 이뤄져야 함을 실증해 주는 중요한 증거에 속한다.

(5) 어절 뒤에 잠깐 멈출 수 있는 휴지 현상과 정도를 들 수 있다. 아마 반증 증거로서 자연스런 발화에서는 의존 명사나 수 단위 명사들의 앞이나 뒤에 어떤 휴지 현상도 허용되지 않는다는 점도 채택될 수 있을 것이다.

(6) 이 방언의 화용 첨사들은 발화 또는 문장의 최소 자립단위 뒤에 붙을 수 있다. 거꾸로 이들 첨사가 붙일 수 있는 단위를 찾아내어, 그 단위를 자립단위로 규정할 수도 있는데, 이는 바로 앞의 휴지 단위와도 중첩된다. 무표적인 첨사가 '이'가 있고, 이에 대립하는 '양, 예, 마씀, 마씀예' 등은 듣는 이를 높여 주는 첨사이다(구별을 위해 밑줄을 그었음). 이 화용 첨사들이 모두 언제나 앞에서 제시된 어절 단위 뒤에 나오며, 어절 속에 있는 개별 낱말 또는 단어에 붙을 수 없다는 특징이 있다. 가령 (1)에서 제시된 용례에서 '가이'(그 아이) 또는 '가이가'(그 아이가)는 하나의 어절이며, 이 첨사들은 '가이+이' 또는 '가이가+이'로 나오거나 '가이+양' 또는 '가이가+양'으로 나온다. 결코 어절 중간의 낱말에 붙어 나올 수는 없다. '*가+이+이', '*가이+이+가', '*가+양+이', '가이+양+가'.

지금까지 비록 현재 여섯 가지 정도만 증거로 제시할 수 있지만, 앞으로 다른 연구자들에 의해서도 실증할 수 있는 다른 부류의 사례들이 더욱 많이 추가될 수 있을 것으로 본다. 또한 '어절' 단위의 심리적 실재 여부에 대한 논의가 본격화되기를 희망한다.

참고문헌

강근보(1972), 「제주도 방언 '잇다' 활용고」, 제주대 『논문집』 제4집.

강근보(1975), 「제주도 방언 어휘고(2): 곡용에서의 {-마씀}을 중심으로」, 제주대 국어국문과 『국문학보』 제7집.

강근보(1977a), 「속격 {-네}의 연구: 제주도 방언의 {-네}를 중심으로」, 제주대 『논문집』 제8집.

강근보(1977b), 「제주도 방언의 접미사 연구: 특히 {-드레}를 중심으로」, 제주대 『논문집』 제9집.

강근보(1978), 「제주도 방언의 곡용에 대하여」, 제주대 『논문집』 제10집.

강정희(1987), 「제주 방언의 명사류 어미의 한 종류 '-(이)랑'에 대하여」, 『한남어문학』 제13집, 한남대 국어국문과.

강정희(1988), 『제주 방언 연구』, 한남대 출판부.

강정희(1994), 「방언 분화에 의한 형태 분화: 제주 방언의 '이랑'과 문헌어의 '으란'을 중심으로」, 『이화 어문논집』 제13집, 이화여대 국어국문과.

강정희(2005), 『제주 방언 형태 변화 연구』, 역락.

강정희(2008), 「제주 방언 동명사 구문의 문법화 연구」, 『어문연구』 제57집, 한국어문교육연구회.

고동호(1991), 「제주 방언의 구개음화와 이중모음의 변화」, 『언어학』 제13호, 대한언어학회.

고동호(1995), 「제주 방언의 움라우트 연구」, 『언어학』 제17호, 대한언어학회.

고동호(2014), 「제주 방언 연구 총론」, 『제주 방언의 어제와 내일』, 제주발전연구원.

고영근(2010, 제3판), 『표준 중세국어 문법론』, 집문당.

고영근(2004, 2007 보정판), 『한국어의 시제·서법·동작상』, 태학사.

고영근·구본관(2008), 『우리말 문법론』, 집문당.

고영진(1984), 「제주 방언의 인용문 연구」, 연세대 석사논문.

고영진(1991), 「제주도 방언의 회상법의 형태와 관련된 몇 가지 문제: 회상법의
형태소 정립을 위하여」, 『갈음 김석득 교수 회갑기념 논문집, 국어의 이해
와 인식』, 한국문화사.

고영진(2002), 「제주도 방언의 상대높임법의 형태론」, 『한글』 제256호, 한글학회.

고영진(2003), 「제주도 방언의 의문법의 형태론: 이른바 'ᄒ라체'를 중심으로」, 『한
글』 제262호, 한글학회.

고영진(2007), 「제주도 방언의 형용사에 나타나는 두 가지 '현재 시제'에 대하여」,
『한글』 제275호, 한글학회.

고영진(2008), 「제주도 방언의 형태론적 상 범주의 체계화를 위하여」, 『한글』 제
280호, 한글학회.

고재환(2011), 『제주어 개론』(상·하), 보고사.

고재환(2002, 2013 개정 증보판), 『제주 속담 사전』, 민속원.

고창운(1995), 『서술씨끝의 문법과 의미』, 박이정.

김경훈(1998), 「시제·상·서법의 상관관계에 대한 일고찰: 제주 방언 시상 형태를
중심으로」, 『개신어문연구』 제15집, 충북대 국어국문과.

김광웅(2001), 『제주 지역어의 음운론』, 제주대 출판부.

김수태(2005), 「'-느-'와 종결어미의 융합」, 『우리말 연구』 제16호, 우리말학회.

김영주 외 7인(1997), 『언어학 이론과 한국어 의미·통사 구조 습득 I』, 민음사.

김완진(1970), 「문접속의 '와'와 구접속의 '와'」, 『어학 연구』 제6권 2호, 서울대
어학연구소.

김완진(1975), 「음운론적 유인에 의한 형태소 증가에 대하여」, 『국어학』 제3호,
국어학회.

김지은(1998), 『우리말 양태용언 구문 연구』, 한국문화사.

김지홍(1982), 「제주 방언의 동사구 보문 연구」, 한국학대학원 석사논문.

김지홍(1992), 「{-겠-}에 대응하는 {-으크-}에 대하여: 특히 분석 오류의 시정과

분포 확립을 중심으로 하여」, 『현용준 박사 화갑기념 제주도 언어 민속 논총』, 도서출판 제주문화.

김지홍(1993), 「국어 부사형어미 구문과 논항구조에 대한 연구」, 서강대 박사논문.

김지홍(2001), 「제주 방언 대우법 연구의 몇 가지 문제」, 『백록어문』 제17호, 제주대 국어교육과.

김지홍(2010a), 『국어 통사·의미론의 몇 측면: 논항구조 접근』, 도서출판 경진.

김지홍(2010b), 『언어의 심층과 언어교육』, 도서출판 경진.

김지홍(2013), 「언문지의 텍스트 분석」, 『진단학보』 제118호, 진단학회.

김홍식(1979), 「제주도 방언 '가쟁이'어고」, 제주대 『논문집』 제11집.

김홍식(1982), 「제주도 방언의 '낭'어고」, 제주대 『논문집』 제14집.

김홍식(1983), 「제주도 방언의 접미사 고: 인칭 접미사를 중심으로」, 『탐라문화』 제2집, 제주대 탐라문화연구소.

김홍수(1989), 『현대국어 심리동사 구문 연구』, 탑출판사.

남기심(1996), 『국어 문법의 탐구 I: 국어 통사론의 문제』, 태학사.

남기심·고영근(1985, 2011 개정 제3판), 『표준 국어 문법론』, 탑출판사.

남길임(2004), 『현대 국어 '이다' 구문 연구』, 한국문화사.

문숙영(1998), 「제주도 방언의 시상 형태에 대한 연구」, 서울대 석사논문.

문숙영(2004), 「제주 방언의 현재시제 형태소에 대하여」, 『형태론』 제6권 2호, 박이정.

문숙영(2005), 「한국어 시제 범주 연구」, 서울대 박사논문.

문숙영(2006), 「제주 방언의 '-엄시-'의 범주와 관련된 몇 문제」, 『형태론』 제8권 2호, 박이정.

문순덕(2002), 「제주 방언 보조조사의 담화 기능」, 『영주 어문』 제4집, 제주대 국어국문과.

문순덕(2003a), 『제주 방언 문법 연구』, 도서출판 세림.

문순덕(2003b), 「제주 방언 반말체 첨사의 담화 기능」, 『영주 어문』 제5집, 제주대 국어국문과.

문순덕(2005a), 「제주 방언의 간투 표현」, 『한글』 제269호, 한글학회.

문순덕(2005b), 「제주 방언 높임말 첨사의 담화 기능: '마씀, 양, 예'를 중심으로」,

『언어 연구』 제20호 3권, 한국현대언어학회.

민현식(1999, 2011 수정 4판), 『국어 정서법 연구』, 태학사.

박용후(1960, 철필 등사본), 『제주 방언 연구』, 동원사.

박재연(2006), 『한국어 양태 어미 연구』, 태학사.

박철우(2003), 『한국어 정보구조에서의 화제와 초점』, 역락.

서태룡(1988), 『국어 활용어미의 형태와 의미』, 탑출판사.

성낙수(1984), 『제주도 방언의 풀이씨의 이음법 연구』, 정음사.

성낙수(1992), 『제주도 방언의 통사론적 연구』, 계명문화사.

송상조(2007), 『제주말 큰사전』, 한국문화사.

송상조(2011), 『제주말에서 때가림소 '-ㅇ, -ㄴ'과 씨끝들의 호응』, 한국문화사.

송철의(1993), 「준말에 대한 형태·음운론적 고찰」, 『동양학』 제23집, 단국대 동양
    학연구소.

신선경(2002), 『'있다'의 어휘 의미와 통사』, 태학사.

안명철(1990), 「국어의 융합 현상」, 『국어국문학』 제103호, 국어국문학회.

안병희(1978), 『15세기 국어의 활용어간에 대한 형태론적 연구』, 탑출판사.

안병희·이광호(1990), 『중세국어 문법론』, 학연사.

양창용(2009), 「제주 방언 '양'에 대한 통사·담화론적 고찰」, 『한국 언어문학』 제69
    집, 한국언어문학회.

양용준(2004), 「제주 방언의 상과 화행에 대한 고찰」, 『언어학 연구』 제9권 1호,
    한국언어연구학회.

양정석(2002), 『시상성과 논항 연결: 시상성 가설 비판을 통한 연결이론의 수립』,
    태학사.

양정석(2005, 2010 개정판), 『한국어 통사 구조론』, 한국문화사.

엄정호(2005), 『국어의 보문과 보문자』, 태학사.

우창현(1998), 「제주 방언의 상 연구」, 서강대 박사논문.

우창현(2001), 「제주 방언 선어말 어미 '-엇-'에 대하여」, 『순천향 어문논집』 제7집,
    순천향대 국어국문과.

우창현(2004), 「제주 방언 '-아시-'의 문법화와 문법 의미」, 『한국어학』 제24호,

한국어학회.

우창현(2008), 「제주 방언 선어말 어미 의미 해석 문제: '-암시-, -아시-'를 중심으로」, 『민족문화 논총』 제40집, 영남대 민족문화연구소.

유현경·한정한·김광희·임동훈·김용하·박진호·이정훈(2011), 『한국어 통사론의 현상과 이론』, 태학사.

윤석민(2000), 『현대 국어의 문장 종결법 연구』, 집문당.

이강식(1989), 「제주도 방언의 존대의문법 고찰」, 『청람어문학』 제2권 1호, 한국교원대 국어교육과.

이기갑(2008), 「양상(Modality)의 유형론」, 김원필 외 18인, 『언어 유형론: 시제와 상, 양상, 조동사, 수동태』, 도서출판 월인.

이기석(2004), 「제주 방언의 등위 접속사 '광'의 분석」, 『언어학 연구』 제9권 1호, 한국언어연구학회.

이남덕(1982), 「제주 방언의 동사 종결어미 변화에 나타난 시상체계에 대하여」, 『논총』 제40집, 이화여대 한국문화연구원.

이병근(1979), 『음운현상에 있어서의 제약』, 탑출판사.

이숭녕(1957, 1978 재간), 『제주도 방언의 형태론적 연구』, 탑출판사.

이은규·노은주(1991), 「향가 용자례 연구」, 『한국 전통문화 연구』 7집, 효성여대 전통문화연구소.

이은정(1993) 엮음, 『어문 규정에 따라 정리한 띄어쓰기 용례 및 해설』, 백산출판사.

이익섭(1992), 『국어 표기법 연구』, 서울대 출판부.

이익섭(2003), 『국어 부사절의 성립』, 태학사.

이익섭(2005), 『한국어 문법』, 서울대 출판부.

이익환·이민행(2005), 『심리동사의 의미론: 영어, 한국어와 독일어의 대조연구』, 역락.

이정복(2008, 2011 개정 증보판), 『한국어 경어법, 힘과 거리의 미학』, 소통.

이주행(1986), 「의존명사의 의미 분석」, 『임동권 박사 송수기념 논문집』, 중앙대 국어국문과.

이지양(1998), 『국어의 융합 현상』, 태학사.

이현진(2003), 「언어 습득과 언어 발달」, 조명한 외, 『언어 심리학』, 학지사.

이효상(2006), 「제주 방언의 '-엄시-'에 대하여: 상 표지인가, 시제 표지인가?」, 『형태론』 제8권 1호, 박이정.

임홍빈(1972), 「국어의 주제화 연구」, 서울대 석사논문

임홍빈(1979), 「용언의 어근 분리 현상에 대하여」, 『언어』 제4권 2호, 한국언어학회.

임홍빈(1981), 「사이시옷 문제의 해결을 위하여」, 『국어학』 제10호, 국어학회.

임홍빈(1984), 「청자 대우법 상의 '해' 체와 '해라' 체」, 『소당 천시권박사 화갑기념 국어학 논총』, 경북대 국어교육과.

임홍빈(2005), 『우리말에 대한 성찰 1』, 태학사.

임홍빈(2007), 『한국어의 주제와 통사 분석: 주제 개념의 새로운 전개』, 서울대 출판부.

임홍빈·이홍식 외(2002), 『한국어 구문 분석 방법론』, 한국문화사.

정성여(2013), 「제주방언의 '-ㄴ 다'와 관련된 어말형식들의 대립에 대하여」, 『방언 학』 제17호, 한국방언학회.

정승철(1985), 「제주도 방언의 의문법 어미에 대한 일고찰」, 『관악어문연구』 제10 집, 서울대 국어국문과.

정승철(1995), 『제주도 방언의 통시 음운론』, 태학사.

정승철(1997a), 「제주도 방언 어미의 형태음소론: 인용어미를 중심으로」, 『애산 학보』 제20호, 애산학회.

정승철(1997b), 「제주 방언의 특징」, 『한국 어문』 제4호, 한국 정신문화연구원 한국 어문연구실.

정승철(1998a), 「제주 방언의 특징에 대하여」, 『새국어생활』 제8권 제4호, 국립국 어원.

정승철(1998b), 「제주 방언」, 『이익섭 선생 회갑 기념 논총: 문법 연구와 자료』, 태학사.

정승철(2000), 「제주 방언의 음운론」, 『탐라문화』 제21호, 제주대 탐라문화연구소.

정영진(1983), 「제주 방언의 종결어미 연구: 동사의 종결어미를 중심으로」, 『동악 어문논집』 제18호, 동국대 국어국문과.

정찬섭(1989), 「시각 정보처리 계산 모형」, 이정모 외, 『인지과학: 마음·언어·계산』, 민음사.

정호완(1987), 『후기 중세어 의존명사 연구』, 학문사.

제주대 박물관(1995) 엮음, 『제주어 사전』, 제주도.

제주문화예술재단(2009 개정 증보판) 엮음, 『제주어 사전』, 제주특별자치도.

조명한 외 11인(2003), 『언어 심리학』, 학지사.

조숙환 외 7인(2000), 『인간은 언어를 어떻게 습득하는가: 언어의 의미, 통사구조, 습득에 관한 연구』, 아카넷.

조태린(2014), 「제주어와 제주방언, 이름의 정치언어학」, 『제주방언 연구의 현황과 과제, 그리고 표기법 해설』(학술발표회 논문집 31~51쪽), 제주발전연구원.

최명옥(2002), 「과거시제 어미의 형성과 변화」, 『진단학보』 제94집, 진단학회.

최명옥(1996), 『국어 음운론과 자료』, 태학사.

최현배(1929, 1975 제5 개정판), 『우리 말본』, 정음사.

한길(2004), 『현대 우리말의 마침씨끝 연구』, 역락.

한영균(1984), 「제주방언 동명사 어미의 통사구조」, 『국어학』 제13집, 국어학회.

허경행(2010), 『한국어 복합 종결어미』, 박문사.

허웅(1975), 『우리 옛말본: 15세기 국어 형태론』, 샘문화사.

허웅(1982), 「한국말 때매김법의 걸어온 발자취」, 『한글』 제178호, 한글학회.

현용준(1956), 「제주 방언에서의 'ㆍ'고」, 『국문학보』 제1호, 제주대 국어국문과.

현평효(1974), 「제주도 방언의 정동사 어미 연구」, 동국대 박사논문(현평효, 1985 재수록).

현평효(1985), 『제주도 방언 연구: 논고편』, 이우출판사.

현평효·김홍식·강근보(1974), 「제주도 방언 활용어미에 대한 연구」, 제주대 『논문집』 제6집.

홍재성 외(1997), 『현대 한국어 동사 구문 사전(기초편)』, 두산 동아.

홍종림(1987), 「제주 방언의 아스펙트 형태에 대하여」, 『국어국문학』 제98호, 국어국문학회.

홍종림(1991a), 「제주 방언의 양태와 상범주 연구」, 성균관대 박사논문.

홍종림(1991b), 「제주 방언의 상체계 검토」, 『국어학의 새로운 인식과 전개』, 민음사.

홍종림(1994), 「제주방언 평서법 어미에 대한 고찰 (1)」, 『선청어문』 제22집, 서울
    대 국어교육과.

홍종림(1995), 「제주방언의 상대 존대 형태에 대하여: 사라진 '-으/으이-'의 자취를
    찾아서」, 『기곡 강신항박사 정년퇴임기념: 국어국문학 논총』, 태학사.

홍종림(1999), 「현대 국어의 의문법 체계 고찰(1): 제주 방언을 중심으로」, 청주교
    대 『논문집』 제36집.

홍종림(2001), 「제주 방언 연결어미 'ㄴ', 'ㄴ'에 대하여」, 『국어학』 제38집, 국어학회.

Alexiadou, A., E. Anagnostopulou, and M. Everaert(2004) eds., *The Unaccusativity
    Puzzle: Explorations of the Syntax-Lexicon Interface*, Oxford University
    Press.

Baddeley, A.(1986), *Working Memory*, Oxford University Press.

Baddeley, A.(2007), *Working Memory, Thought and Action*, Oxford University
    Press.

Bowerman, M. and P. Brown(2008) eds., *Cross-linguistic Perspectives on Argument
    Structure*, Lawrence Erlbaum.

Chafe, W. and J. Nichols(1986) eds., *Evidentiality: The Linguistic Coding of
    Epistemology*, Alex Pub.

Clark, H.(1996; 김지홍, 2009 뒤침), 『언어사용 밑바닥에 깔린 원리』, 도서출판
    경진.

Damasio, A.(1994; 김린, 1999 뒤침), 『데카르트의 오류』, 중앙문화사.

Davidson, D.(1980; 배식한, 2012 뒤침), 『행위와 사건』, 한길사.

Du Bois, J., L. Kumpf, and W. Ashby(2003) eds., *Preferred Argument Structure:
    Grammar as Architecture for Function*, John Benjamins.

Fairclough, N.(2001; 김지홍, 2011 뒤침), 『언어와 권력』, 도서출판 경진.

Fairclough, N.(2003; 김지홍, 2012 뒤침), 『담화 분석 방법』, 도서출판 경진.

Frege, G.(1879), 「개념 표기법(개념 문자)」, van Heijenoort(1967) ed., *From Frege to Gödel: A Source Book in Mathematical Logic, 1878~1931*, Harvard University Press.

Frege, G.(1884; 박준용·최원배, 2003 뒤침), 『산수의 기초』, 아카넷.

Frege, G.(1893; 김보현, 2007 뒤침), 『산수의 근본 법칙 I』, 울산대학 출판부.

Goffman, E.(1967; 진수미, 2013 뒤침), 『상호작용 의례: 대면 행동에 관한 에세이』, 아카넷.

Grice, H. P.(1989), *Studies in the Way of Words*, Harvard University Press.

Hale, K. and J. Keyser(2002), *Prolegomenon to a Theory of Argument Structure*, MIT Press.

Hardman, D. and L. Macchi(2003) eds., *Thinking: Psychological Perspectives on Reasoning, Judgment, and Decision Making*, John Willey & Sons.

Ingram, J. C. L.(2007; 이승복·이희란, 2010 뒤침), 『신경 언어학: 언어처리와 언어 장애의 신경과학적 이해』, 시그마프레스.

Jackendoff, R.(1990; 고석주·양정석, 1999 뒤침), 『의미 구조론』, 한신문화사.

Jackendoff, R.(2002; 김종복·박정운·이예식, 2005 뒤침), 『언어의 본질: 통사·의미·인지구조를 중심으로』, 박이정.

Jackendoff, R.(2012), *A User's Guide to Thought and Meaning*, Oxford University Press.

Kant, I.(1781; 백종현, 2006 뒤침), 『순수 이성 비판』, 아카넷.

Kasher, A.(1991) ed., *The Chomskyan Turn*, Basil Blackwell.

Kratzer, A.(1988), "Stage-level predicates and Individual-level predicates", Carlson and Pelletier(1995) eds., *The Generic Book*, Chicago University Press.

Levin, B. and M. Rappaport-Hovav(1995), *Unaccusativity: At the Syntax-Lexical Semantics Interface*, MIT Press.

Levin, B. and M. Rappaport-Hovav(2005), *Argument Realization*, Cambridge University Press.

MaCarthy, M.(1998; 김지홍, 2010 뒤침), 『입말, 그리고 담화 중심의 언어교육』, 도서출판 경진.

Marr, D.(1982), *Vision: A computational investigation into the human representation and processing of visual information*, W.H. Freeman & Company.

Nagy, W. and P. A. Herman(1987), "Breadth and Depth of Vocabulary Knowledge: Implications for Acquisition and Instruction", M. McKeown and M. Curtis eds., *The Nature of Vocabulary Acquisition*, Lawrence Erlbaum.

Pinker, S.(1997; 김한영, 2007 뒤침), 『마음은 어떻게 작동하는가: 과학이 발견한 인간 마음의 작동 원리와 진화심리학의 관점』, 동녘사이언스.

Pinker, S.(1999; 김한영, 2009 뒤침), 『단어와 규칙』, 사이언스북스.

Rapparport-Hovav, M., E. Doron, and I. Sichel(2010) eds., *Lexical Structure, Syntax, and Event Structure*, Oxford University Press.

Tarski, A.(1956; 1983 재간), *Logic, Semantics, Meta-mathematics*, Hackett Pub.

찾아보기

554

어미 형태 찾아보기

지은이 **김지홍**

제주대학교 국어교육과 졸업, 경상대학교 국어교육과 교수, 도서출판 경진에서 2010년 『국어 통사·의미론의 몇 측면: 논항구조 접근』과 『언어의 심층과 언어교육』을 출간하였다. 글로벌콘텐츠에서 2013년 루오마(Luoma), 『말하기 평가』를 출간하였고, 벅(Buck), 『듣기 평가』를 출간하였으며, 올더슨(Alderson), 『읽기 평가』를 번역하고 있다. 범문사에서 '옥스퍼드 언어교육 지침서' 12권 중 8권(『말하기』, 『듣기』, 『읽기』, 『쓰기』, 『어휘』, 『문법』, 『담화』, 『평가』)을 출간하였고, 도서출판 경진에서 2011년 페어클럽(Fairclough), 『언어와 권력』, 2012년 페어클럽, 『담화 분석 방법: 사회 조사연구를 위한 텍스트 분석』을 출간하였다.

· 누리집: www.gnu.ac.kr/hb/jhongkim
· 전자서신: jhongkim@gnu.ac.kr

제주발전연구원 제주학총서 ⑫

제주 방언의 통사 기술과 설명: 기본구문의 기능범주 분석

© 김지홍, 2014

1판 1쇄 발행_2014년 11월 10일
1판 2쇄 발행_2015년 09월 10일

지은이_김지홍
펴낸이_양정섭
펴낸곳_도서출판 경진
    등록_제2010-000004호
    블로그_http://kyungjinmunhwa.tistory.com
    이메일_mykorea01@naver.com

공급처_(주)글로벌콘텐츠출판그룹
    대표_홍정표
    편집_김현열 송은주 **디자인**_김미미 **기획·마케팅**_노경민 **경영지원**_안선영
    주소_서울특별시 강동구 천중로 196 정일빌딩 401호
    전화_02) 488-3280 **팩스**_02) 488-3281
    홈페이지_http://www.gcbook.co.kr

값 30,000원
ISBN 978-89-5996-425-3 93700